广东省卫生中等职业教育规划教材

（供护理、助产、药剂专业使用）

疾病学基础

主　编　杨德兴　熊群英

副主编　张小丹　李　梅　吴雪兰　钟　云　李良础

编　委　（按姓氏拼音排序）

陈健忠（广东省江门中医药学校）
陈少华（广东省广州卫生学校）
陈小芳（广东省茂名卫生学校）
胡　婷（广东省广州卫生学校）
李　梅（广东省惠州卫生学校）
李华汉（广东省江门中医药学校）
李良础（广东省连州卫生学校）
梁观林（广东省湛江中医学校）
梁俊晖（广东省韶关学院医学院）
罗肖华（广东省茂名卫生学校）
邱玉林（广东省嘉应学院医学院）
唐毓流（广东省湛江卫生学校）
吴绍芬（广东省潮州卫生学校）
吴雪兰（广东省河源市卫生学校）
熊群英（广东省江门中医药学校）
徐雪冬（广东省连州卫生学校）
徐燕玲（广东省新兴中药学校）
杨德兴（广东省广州卫生学校）
杨迎平（广东省嘉应学院医学院）
叶　薇（广东省惠州卫生学校）
袁锦玉（广东省东莞卫生学校）
曾茂森（广东省嘉应学院医学院）
张　凯（广东省广州卫生学校）
张清露（广东省茂名卫生学校）
张小丹（广东省潮州卫生学校）
张小红（广东省江门中医药学校）
钟　云（广东省东莞卫生学校）
钟苗英（广东省河源市卫生学校）
钟宇飞（广东省肇庆医学高等专科学校）

北京大学医学出版社

JIBINGXUE JICHU

图书在版编目（CIP）数据

疾病学基础/杨德兴，熊群英主编．—北京：北京大学医学出版社，2010.12（2023.1 重印）
ISBN 978-7-5659-0072-3

Ⅰ.①疾… Ⅱ.①杨…②熊… Ⅲ.①疾病学—专业学校—教材 Ⅳ.①R336

中国版本图书馆 CIP 数据核字（2010）第 248106 号

疾病学基础

主　　编： 杨德兴　熊群英
出版发行： 北京大学医学出版社
地　　址：（100191）北京市海淀区学院路 38 号 北京大学医学部院内
电　　话： 发行部 010－82802230；图书邮购 010－82802495
网　　址： http：//www.pumpress.com.cn
E - mail： booksale@bjmu.edu.cn
印　　刷： 北京市荣盛彩色印刷有限公司
经　　销： 新华书店
责任编辑： 陈　奋　**责任校对：** 金彤文　**责任印制：** 罗德刚
开　　本： 787 mm×1092 mm　1/16　**印张：** 32　**字数：** 805 千字
版　　次： 2010 年 12 月第 1 版　2023 年 1 月第 14 次印刷
书　　号： ISBN 978-7-5659-0072-3
定　　价： 79.00 元

广东省卫生中等职业教育规划教材
编写委员会

前　言

本教材为广东省规划的护理、助产、药剂等相关医学专业中等职业教育首版教材，根据全国中等卫生职业教育的要求，“坚持三基”（基本理论、基本知识、基本技能）、“三特”（特定对象、特定要求、特定限制）和“五性”（思想性、科学性、启发性、先进性、实用性）。

为适应新世纪教育改革的需要，我们在编写过程中紧紧围绕护理、助产、药剂等相关医学中等职业教育面向基层、农村和社区医学卫生人才的培养目标，紧扣中等职业医学教育三年制教学大纲、护士执业考试大纲，以中等职业教育课程——病原生物学与免疫学基础和病理学基础为主要内容，既注意继承其他教材优秀和成熟的地方，又注意到介绍本教材所涉及专业的有关新知识、新成果和新技术，并在加强基本知识、基本理论和基本技能的同时，注意理论联系临床。

在编写内容上遵照“必需、够用和实用”的原则，力求简明扼要、通俗易懂、突出重点，概念准确，便于学生理解和掌握。

本书每章附有学习目标、课后小结和自测题，适当引入案例。通过对案例的思考和分析，锻炼学生的理解能力、综合分析能力以及解决实际问题的能力，使学生能从中将所学知识融会贯通，学以致用。

本次新教材的编写得到了广东省卫生厅、广东省卫生职业教育协会、北京大学医学出版社以及参编单位有关领导和众多院校同仁的大力支持和热心帮助，在此一并表示衷心的感谢！鉴于我们的学术水平和写作能力有限，编写时间仓促，不足之处，恳请各位师生在使用时随时指正，使之日臻完善。

杨德兴　熊群英

2010 年 10 月

目　录

第一篇　绪　论

第二篇　医学微生物学总论

第三篇　医学免疫学基础

第四篇　医学相关病毒学

第五篇　人体寄生虫学

第六篇 病理学

第一篇 绪 论

第一章 疾病学概论

学习目标

1. 掌握疾病、健康、亚健康、脑死亡的概念。
2. 熟悉疾病发生的原因和致病条件、疾病的转归。
3. 了解疾病发生发展的一般规律。

案例 1

患者女性，35 岁，公司销售职员。就诊时自述的情况：近年来经常感冒，而且自觉疲乏无力，伴胸闷、头晕、理解能力下降、注意力不集中、情绪不稳定、失眠、多梦等症状。曾多次到各大医院做检查，均未发现有器质性疾病，医生建议患者先进行心理调整。心理医生经了解得知该患者近一年多来工作压力大，经常加班，但业绩并无好转，有被裁员的可能。根据以上情况，心理医生对她进行了心理疏导与治疗。3 个月后，该女士以上症状逐渐减轻，半年后基本消失。

讨论：该患者属于健康人群吗？若不是，应为哪种状态？

案例 2

患者男性，20 岁。因车祸导致脑外伤急诊入院，CT 诊断为脑干大出血。患者处于深度昏迷。经积极抢救，次日患者瞳孔散大、固定，对光反射、角膜反射均消失，无自主呼吸，经人工呼吸抢救 20 分钟后仍无自主呼吸，但心跳仍然维持。经检查，患者的脑血流已停止。

讨论：该患者是否已经死亡？需要继续治疗吗？

第一节 疾病与健康的概念

在现代的生物-心理-社会医学模式中，健康的理念随着医学的不断进步而逐步深化。健康与疾病是相对应的，它们之间没有明确的界限。而亚健康是指介于健康与疾病之间的状态，即指非病、非健康状态，是现代提出的一个新概念，又称为“次健康”、“第三状态”等。

一、疾病的概念

（一）定义

疾病是指机体在一定的条件下，受到各种致病因素的作用而导致自稳调节紊乱，从而引起异常生命活动的过程。

（二）疾病的表现

疾病过程中，机体发生了形态结构、生理功能代谢紊乱和（或）心理、社会适应的异常，临床可表现为相应的症状、体征、心理障碍和社会行为异常，包括对环境的适应能力和劳动能力的下降。但是疾病的发生是一个动态的连续过程，有些疾病在早期没有明显的临床表现，如动脉硬化、癌症早期等。

二、健康的概念

（一）定义

目前，世界卫生组织（WHO）对于健康所下的定义是：健康不仅是没有疾病或病痛，而是躯体、心理、社会和道德上都处于良好状态。也就是身体健康、心理健康、社会适应性良好、道德健康，符合现代医学模式对健康的要求。但是健康的标准不是固定的，在不同的区域、不同的群体、不同的社会发展阶段，健康的标准可不相同。

（二）健康的表现

世界卫生组织认为健康应有如下表现：①精力充沛；②处事积极乐观；③善于休息，睡眠好；④能适应不同环境，应变能力强；⑤对一般的感冒和传染病有一定的抵抗力；⑥体重适当，体态均匀；⑦眼睛明亮，不发炎，反应敏锐；⑧牙齿清洁，无缺损，无疼痛，牙龈颜色正常，无出血；⑨头发光洁，无头屑；⑩肌肤有光泽，有弹性，走路轻松。现代人将健康的表现总结为“五快”、“三良好”，即吃得快、便得快、睡得快、说得快、走得快及良好的人格个性、良好的处事能力、良好的人际关系。

三、亚健康的概念

（一）定义

亚健康是近二十年来提出的一种新的医学概念，是介于健康与疾病之间的一种生理功能低下的状态，故又称为“第三状态”。

（二）亚健康的表现

亚健康的表现复杂多样，现在国际上还没有一个具体的标准化诊断参数。以WHO四位一体的健康新概念为依据，亚健康可划分为：①躯体亚健康：主要表现为不明原因或排除疾病原因的疲劳、虚弱、全身不适、月经周期紊乱等；②心理亚健康：主要表现为不明原因的情感障碍、思维紊乱、焦虑以及情绪低落等；③社会适应性亚健康：突出表现为对周围的环境难以适应，人际关系难以协调；④道德方面的亚健康：主要表现为世界观、人生观和价值观上存在着明显的损人害己的偏差。此外，还可将亚健康分为前后衔接的三个阶段，一是与健康紧紧相邻的“轻度身心失调”，它常以为疲劳、失眠、食欲差、情绪不佳等为主症，这些失调若恢复了则与健康人并无不同；二是“潜临床”状态阶段，可为以上失调的持续发展结果，此时，已呈现出发展成某些疾病的高危倾向，可表现为慢性疲劳或持续的身心失调；三是介于潜临床和疾病之间的状态，可称为“前临床”状态阶段，指已经有了病变，但症状还不明显或即便医生做了检查，但一时尚未查出来。由此可见，亚健康是健康和疾病的过渡阶段，提高对其的认识，可能会防止亚健康向疾病发展，有利于促进健康和疾病的早期预防。

第二节　病因学概论

任何疾病的发生主要决定于致病原因和致病条件。

一、疾病发生的原因

致病原因是指引起某种疾病并决定该疾病特征的因素。导致疾病发生的原因有很多，大致有以下几种：

（一）生物性因素

这是最常见的一类病因，主要包括各种病原微生物（如细菌、病毒、衣原体、真菌、支原体、立克次体、螺旋体等）和寄生虫等。这些病原体通过一定的途径侵入人体，引起一定的病变。机体是否发病决定于病原体侵入宿主的数量、致病力（毒力、侵袭力）和宿主机体本身的免疫力等。

（二）物理因素

如机械力、电离辐射、电流、温度、大气压变化等，这些因素对机体是否能致病及其致病的严重程度，主要决定于它们的持续时间、作用部位与作用强度。

（三）化学因素

如强酸、强碱、化学毒物、生物性毒物等。同物理性因素不同，化学因素对机体的致病部位大多有一定的选择性。如一氧化碳中毒是一氧化碳与血液中的血红蛋白结合力很强，大大减弱甚至失去了红细胞携氧能力，而导致机体缺氧中毒；巴比妥类药物主要作用于中枢神经系统等。

（四）营养性因素

营养过剩或不足均可引起疾病，包括维持生命活动的基本物质如水、氧气等；各种营养素如糖、蛋白质、脂肪、维生素等及微量元素如碘、锌等。例如长时间过量吸氧引起氧中毒、维生素D缺乏可引起佝偻病、碘缺乏可引起甲状腺肿大等。

（五）遗传性因素

指由于遗传物质的改变而导致机体病变的因素。一般有两种情况：①遗传因素直接作用，亲代的遗传物质基因突变或染色体畸变遗传给后代而致病，如白化病、先天愚型等；②遗传易感性，亲代的某些遗传素质使后代有某些疾病的倾向，在一定的时期或条件下发病，如糖尿病、高血压病等。

（六）先天性因素

是指非遗传性因素，即损害胎儿的有害因素。如病毒、某些药物和化学物质及不良的生活习惯（吸烟、酗酒）等。

（七）免疫性因素

免疫反应过高或免疫缺陷均可使机体受到损害。免疫反应过高又称为变态反应或超敏反应，如青霉素过敏引起的休克、花粉等引起的支气管哮喘等；对自身抗原发生免疫反应而导致机体损害，称为自身免疫性疾病，如类风湿关节炎、系统性红斑狼疮等；还有免疫功能缺陷或不足引起的疾病，如艾滋病等。

（八）精神、心理、社会因素

随着现代医学模式的深化，精神、心理、社会因素对人类健康与疾病的影响越来越受到重视。如长期的焦虑、精神紧张等可使各系统功能失调和免疫功能异常，导致高血压病、溃疡病、神经症等疾病的发生。而社会因素如社会卫生条件、社会环境、社会经济等是否改善均与疾病的发生有着密切关系。

二、疾病发生的条件

致病条件是指致病原因存在于机体的前提下，促进疾病发生、发展的因素，包括临床所说的诱因。致病条件虽不是引起疾病的直接原因，但对很多疾病的发生、发展起着十分重要的作用。如高血压和动脉硬化是脑出血的主要病因，但脑出血的发生往往是在寒冷、情绪激动、用力等诱因的情况下，血压突然升高使脑血管破裂。因此，在疾病的预防中，重视致病条件的作用能消除诱因。

值得注意的是，致病原因和条件并不是绝对的，同一因素对某种疾病是病因，而对另一种疾病则为条件。如营养不良是营养不良症的病因，同时也是结核病的致病条件。因此，明确某一具体的疾病应具体分析其致病原因及致病条件，对疾病的防治具有积极的作用。

第三节　发病学概论

疾病在其发生、发展的过程中普遍存在着一些基本规律。

一、患者机体自稳调节紊乱

在正常状态下，机体是通过神经与体液的调节，维持全身各系统器官的正常功能与代谢，使机体内环境保持相对稳定，这就是自稳态，或称内环境稳定。但在疾病状态下，由于致病因子的损伤作用，机体的自稳态发生紊乱，从而导致机体的功能与代谢发生异常，临床出现相应的症状与体征。

二、疾病过程中的因果转化

在疾病发展的过程中，因果是可以相互转化和交替的。原致病因素作用于机体后，机体产生一定的变化，这些变化在一定的条件下转化为病因，又引起机体新的变化。这种因果的不断变化可以形成恶性循环，使病情不断加重，所以临床治疗必须阻止因果关系的不断转化，才能使机体向良性方向发展。

三、疾病过程中损害与抗损害反应

在疾病状态下，致病因子可导致机体受损伤，但同时机体会调动各种防御、代偿机制来抗损伤。损伤与抗损伤是相互联系、相互斗争，并贯穿于疾病的整个过程中的，占主导作用的一方将决定疾病的转归。但在疾病发展的过程中，损伤与抗损伤作用是在不断变化的，也可以相互转化。

四、局部与整体的相互影响

疾病有局部的和全身的，这两者并不是绝对没有关系。任何疾病都有局部表现和全身表现，正确认识局部与整体的关系，找出主导方面，对诊治疾病具有重大意义。如局部的疖，在抵抗力下降或局部感染处理不当时，严重者可引起败血症，即有发热、白细胞升高等全身性的表现；同样是皮肤的疖肿，也有可能只是糖尿病（全身性疾病）的局部表现，那么必须先控制好血糖才能彻底治愈疖肿。

第四节　疾病的经过与转归

疾病一般都有一个发生、发展和转归的过程。疾病的经过大致可以分为四个期：

一、潜伏期

指从致病因素作用于机体到出现最初症状之前的这段时间。不同疾病的潜伏期长短不一样，大多数传染病的潜伏期比较明显，但有些疾病没有潜伏期，如烧伤、创伤等。正确认识传染病的潜伏期有利于早期隔离，早期治疗。

二、前驱期

指从疾病最初的临床症状到典型的症状出现之前的这段时间。此期的临床症状主要是非特异性的，如发热、乏力、食欲差等。及时发现前驱期的症状有利于疾病的早期诊断与治疗。

三、症状明显期

指疾病出现典型症状与体征的时期。此期的临床表现常作为疾病的主要诊断依据。

四、转归期

指疾病发展的最后阶段。疾病的转归取决于疾病过程中损伤和抗损伤的力量对比及治疗的情况。可出现三种情况：

1. 完全康复　指疾病所表现的临床症状和体征完全消失，受损伤的组织和细胞的形态结构、代谢和功能得到完全的修复。

2. 不完全康复　指机体的损伤得到了控制，主要症状已消失，但受损伤的组织和细胞的形态结构、代谢和功能未得到完全的修复，基本病理变化没有完全消失，有时留下后遗症，通过机体代偿后，能保持正常的生命活动。

3. 死亡　指生命活动的终结。传统观念认为死亡的标志是呼吸、心搏停止和反射消失，并认为死亡是一个过程，将其分为三个阶段：濒死期、临床死亡期、生物学死亡期。濒死期主要表现为意识模糊或丧失、呼吸不规则、心跳减弱、血压下降等；临床死亡期主要表现为心跳、呼吸停止，反射消失；生物学死亡期指死亡过程的最后阶段，整个机体已经不能复苏。但近年来随着医疗技术水平的提高，尤其是器官移植术的开展和需要，对死亡有了新的认识，提出了“脑死亡”的概念。脑死亡指包括端脑、间脑、脑干在内的全脑功能不可逆的永久性停止。脑死亡的主要判断标准为：①不可逆性深昏迷；②自主呼吸停止，进行人工呼吸 15 分钟以上仍无自主呼吸；③脑神经反射消失；④瞳孔散大、固定；⑤脑电波消失呈直线；⑥脑血液循环停止（脑血管造影）。脑功能的停止是不可逆转的，而脑死亡时各器官、组织并非同时死亡，这为器官移植提供了良好的材料。以脑死亡为标准宣告死亡，能为国家节省大量卫生资源，同时提倡脑死亡标准也是尊重生命的一种美德。脑死亡是以科学结论为依据的，并有严格规定的医学标准，我们应以科学的态度来对待脑死亡这个新鲜事物。

小　结

疾病、健康、亚健康的概念都应强调生物、心理、社会三个方面。任何疾病的发生主要决定于致病原因和致病条件，疾病的病因种类很多，生物性因素是最常见的一类原因，致病原因和条件并不是绝对的，同一因素对某种疾病是病因，而对另一种疾病则为条件。

机体自稳调节紊乱是疾病发生的基础。损伤与抗损伤是相互联系、相互斗争，并贯穿于疾病的整个过程中的，其力量的对比决定着疾病的转归。

疾病的发生发展过程通常分为潜伏期、前驱期、症状明显期、转归期四个阶段，其中疾病的转归包括完全康复、不完全康复、死亡。

传统观念将死亡分为濒死期、临床死亡期、生物学死亡期。近年来随着医学的发展，尤其是器官移植术的开展和需要，提出了脑死亡的概念。脑死亡指主要包括端脑、间脑、脑干在内的全脑功能不可逆的永久性丧失。

自　测　题

一、名词解释

1. 疾病
2. 健康
3. 亚健康
4. 脑死亡

二、单项选择题

1. 关于疾病的概念以下哪种说法较为确切
   A. 疾病是细胞受损的表现
   B. 疾病是不健康的生命活动过程
   C. 疾病是机体对环境的适应能力降低
   D. 疾病是机体在一定病因的损伤性作用下，因自稳调节紊乱而发生的异常生命活动
   E. 疾病即指身体感到不舒服

2. 引起疾病最常见的原因是
   A. 变态反应
   B. 化学因素
   C. 物理因素
   D. 遗传因素
   E. 生物因素

3. 对于疾病的诊断依据主要取决于
   A. 前驱期
   B. 潜伏期
   C. 转归期
   D. 症状明显期
   E. 康复期

4. 判断疾病是否完全康复的主要依据是
   A. 主要症状消失
   B. 主要体征消失
   C. 病因完全消失
   D. 是否留有后遗症
   E. 器官功能的恢复程度

5. 现代医学认为死亡的标志是
   A. 呼吸、心跳停止、反射消失
   B. 脑死亡
   C. 全身细胞死亡
   D. 植物人状态
   E. 机体功能代谢停止

三、简答题

1. 疾病的病因和转归有哪些?
2. 简述脑死亡的主要诊断标准。

（李　梅）

第二篇　医学微生物学总论

第二章　医学微生物学概述

学习目标

1. 掌握微生物的概念。
2. 熟悉微生物的种类与特点、病原微生物的概念。
3. 了解微生物与人类的关系、医学微生物学概念、微生物的发展史与现状。

第一节　微生物的概念与种类

一、微生物的概念

微生物是存在于自然界肉眼不能直接看到，必须借助光学显微镜或电子显微镜放大几百倍乃至几万倍后才能观察到的微小生物的总称。微生物具有个体微小、结构简单、繁殖迅速、种类繁多、分布广泛等特点。

二、微生物的种类与特点

自然界存在的微生物达数十万种。根据微生物有无细胞的基本结构、分化程度、化学组成等特点，可将其分为三大类。

（一）非细胞型微生物

是最小的一类微生物，能通过滤菌器。无完整的细胞结构，由单一类型的核酸（RNA/DNA）和蛋白质外壳组成，缺乏产生能量的酶系统，必须在活细胞内才能生长繁殖。病毒属于此类微生物。

（二）原核细胞型微生物

具备细胞结构，但细胞核无核膜和核仁，仅有核质DNA团块结构（原始核），细胞器只有核糖体。该类微生物包括细菌、衣原体、立克次体、支原体、螺旋体和放线菌。

（三）真核细胞型微生物

细胞核的分化程度较高，具有核膜和核仁，具备典型的细胞核形态，胞浆内的细胞器完整。真菌属于此类微生物。

三、微生物与人类的关系

自然界存在的绝大多数微生物对人类和动植物的生存是有益无害的，有些甚至是必需的。自然界的物质循环依靠微生物的代谢活动而进行；人类已在食品发酵、工业（纺织、石油、化工、冶金、污水处理等）、农业、医药等许多方面充分利用微生物为人类谋福利；生命科学领域将微生物作为研究材料或模型已被广泛应用，如应用大肠埃希菌、酵母菌等作为基因载体来生产多种生物制剂，如乙肝疫苗、胰岛素、干扰素等。

但微生物中也有一小部分可引起人类与动植物的疾病，将这些具有致病性的微生物称为病原微生物。

四、医学微生物学的概念

微生物学是研究微生物在一定条件下的形态结构、生命活动和规律以及与人类、动植物、自然界相互关系的一门科学。

医学微生物学是微生物学的一个分支，它主要研究与人类疾病相关的致病菌的生物学特性、致病性、机体的抗感染免疫、检测方法及防治原则的一门科学。医学微生物学是临床医学的重要基础。

第二节　医学微生物学的发展简史与现状

人类与微生物的关系源远流长，且从未间断。

一、微生物学的发展简史

史前时期（1650 年以前）：微生物尚未发现，预防天花的人痘接种法已在我国广泛使用。

奠基时期（1650—1850 年）：荷兰人列文虎克创制第一台显微镜后发现微生物的存在。

黄金时期（1850—1920 年）：建立了一套独特的微生物研究方法，将微生物与人类生产实践联系起来。主要代表人物有法国的巴斯德（LouiSPasteur. 1822—1895）和德国的柯赫。各种病毒相继被分离与鉴定。

成熟时期（1920 年以后）：随着各门学科的发展，实验与检测技术的进步，人们能更加清楚地认识病原微生物的结构与功能，为人类防治传染病作出巨大贡献。

二、微生物学的发展现状

随着医学微生物学的飞速发展，一些新的病原微生物不断被发现，一些过去已被基本控制的致病微生物又重新流行。目前国际上将新发现的微生物引起的传染病称为新现传染病，如 SARS 冠状病毒引起的严重急性呼吸综合征（SARS，俗称非典型肺炎），H1N1 型流感病毒引起的流感；将由过去已被基本控制的微生物重新流行所致的传染病称为再现传染病，如霍乱弧菌引起的霍乱、结核杆菌引起的结核病、疟原虫引起的疟疾等。

近年来，在测定病原微生物的基因组序列的基础上阐明了微生物基因的结构与功能、基因表达的调控、致病岛基因、微生物与宿主细胞相互作用的物质基础等，为研制新型疫苗、新型药物、预防和治疗疾病带来了新的突破。

小　结

肉眼不能直接看见的生物为微生物。微生物的种类繁多，可分为三大类、八种。绝大多数微生物对人类有益，少数对人、动植物有致病作用的为病原微生物。

自 测 题

一、名词解释

1. 微生物
2. 病原微生物

二、单项选择题

1. 属于非细胞型微生物的是
   A. 细菌
   B. 病毒
   C. 真菌
   D. 螺旋体
   E. 支原体

2. 属于真核细胞型微生物的是
   A. 细菌
   B. 病毒
   C. 真菌
   D. 放线菌
   E. 衣原体

3. 不属于原核细胞型微生物的是
   A. 细菌
   B. 衣原体
   C. 真菌
   D. 螺旋体
   E. 放线菌

（熊群英）

第三章　细菌的形态与结构

学习目标

1. 掌握细胞壁结构及功能。
2. 熟悉细菌大小与形态，特殊结构的种类、功能及其医学意义。
3. 了解细菌细胞膜、细胞质、核质的组成及功能，革兰染色法及其意义。

第一节　细菌的大小与形态

一、细菌的大小

细菌个体微小，一般需用显微镜放大一千倍以上才能看到。细菌常用微米（1μm＝1/1000mm）作为测量其大小的单位。各种细菌大小不一，多数球菌的直径为1μm，杆菌长2～3μm，宽0.3～0.5μm。

二、细菌的形态

细菌有球形、杆形和螺形三种基本形态，根据其形态可将细菌分为球菌、杆菌和螺形菌三大类（图3－1）。

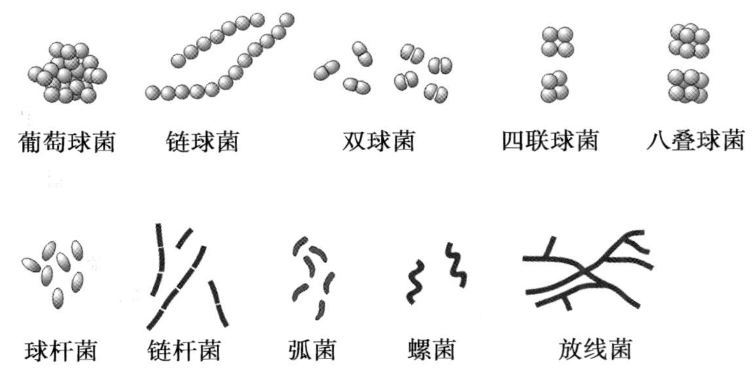

图3－1　细菌的基本形态

（一）球菌

外形呈球形或近似球形。根据细菌分裂的平面和菌体之间排列方式不同可分为双球菌、链球菌、葡萄球菌等。

（二）杆菌

外形一般呈直杆状，有的稍弯。杆菌的种类很多，不同杆菌的大小、粗细、长短差异较大，根据菌体形状及排列方式不同，可将杆菌分为球杆菌、分枝杆菌、棒状杆菌和链杆菌等。

（三）螺形菌

菌体弯曲，可分为弧菌和螺菌。弧菌只有一个弯曲，呈弧形或逗点状，如霍乱弧菌。螺菌有数个弯曲，如鼠咬热螺菌。个别菌体细长弯曲呈弧形或螺旋形，称为螺杆菌，如幽门螺杆菌。

第二节　细菌的结构

细菌的结构包括基本结构和特殊结构（图 3－2）。

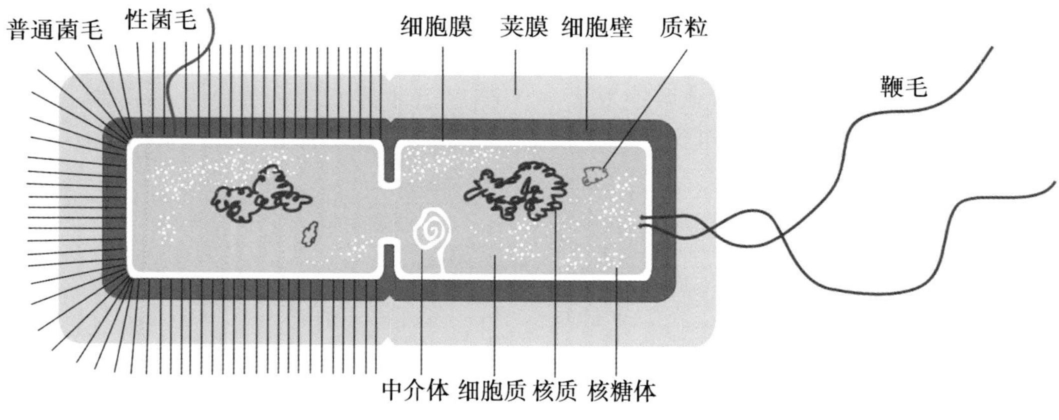

图 3－2　细菌细胞结构模式图

一、细菌的基本结构

基本结构为各种细菌所共有的结构，包括细胞壁、细胞膜、细胞质和核质。

（一）细胞壁

细胞壁是位于细菌细胞膜外的一层坚韧而富有弹性的膜状结构。其主要功能有：①维持细菌的固有外形；②保护细菌抵抗低渗环境；③与细胞膜一起参与细胞内外的物质交换；④具有免疫原性。

细胞壁的化学组成比较复杂，并随不同细菌而异。细菌经革兰染色可分为两大类，即革兰阳性菌和革兰阴性菌。两类细菌细胞壁的结构和化学组成都有明显差异（表 3－1）。

表 3-1　革兰阳性菌与革兰阴性菌细胞壁结构比较

细胞壁	革兰阳性菌	革兰阴性菌
强度	较坚韧	较疏松
厚度	厚，20～80nm	薄，10～15nm
肽聚糖层数	多，可达 50 层	少，1～3 层
肽聚糖含量	多，占细胞壁干重的 50%～80%	少，占细胞壁干重的 10%～20%
磷壁酸	有	无
外膜	无	有

革兰阳性菌和革兰阴性菌细胞壁的主要区别在于革兰阳性菌含有大量的磷壁酸，而革兰阴性菌没有。磷壁酸是革兰阳性菌的重要表面抗原，并与细菌的致病性有关（图 3-3）；而革兰阴性菌在肽聚糖结构层外还有一层外膜，革兰阳性菌则没有。外膜由内及外分别为脂蛋白、脂质双层和脂多糖（LPS）三层组成（图 3-4），其中脂多糖是革兰阴性菌的内毒素，与细菌的致病性有关。外膜占细胞壁干重的 80%，是革兰阴性菌细胞壁的重要结构。青霉素能干扰肽聚糖的合成，故对革兰阳性菌有杀灭作用，由于革兰阴性菌肽聚糖结构层有外膜的屏障保护，青霉素难以渗透其内破坏肽聚糖，故革兰阴性菌对青霉素不敏感。

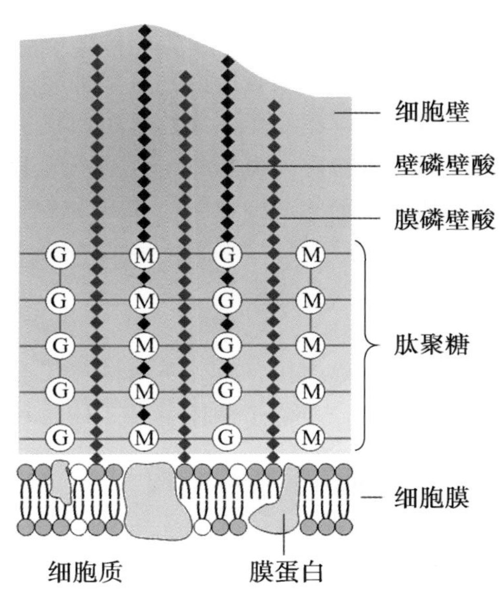

图 3-3　革兰阳性菌细胞壁结构模式图

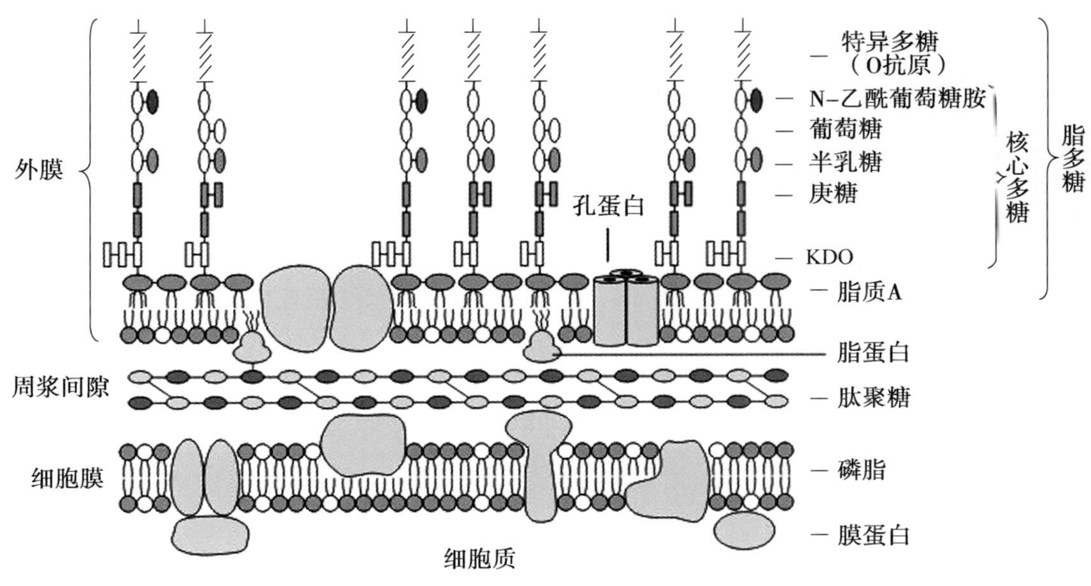

图 3-4　革兰阴性菌细胞壁结构模式图

如果细胞壁受损，细菌在高渗环境中仍可生长繁殖，这种细胞壁缺陷的细菌则称 L 型细菌。

（二）细胞膜

细胞膜位于细菌细胞壁内侧，紧包在细胞质外面，是一层柔软、致密而富有弹性的半透性薄膜。细胞膜的主要化学成分为脂质、蛋白质及少量多糖，其基本结构为脂质双层，其内镶嵌着多种具有特殊作用的酶和载体蛋白。

细胞膜的主要功能有：①参与细胞内外的物质交换；②参与细胞的呼吸过程；③是细菌生物合成的重要场所。此外，细胞膜与细菌的分裂有关。

（三）细胞质

细胞质是由细胞膜包裹的透明溶胶状物质，其基本成分是水、蛋白质、脂质、核酸及少量糖和无机盐。细胞质内含有多种酶系统，是细菌进行新陈代谢的主要场所，其中包含以下重要结构：①核糖体：又称核蛋白体，是细菌合成蛋白质的场所。②质粒：质粒是细菌染色体外的遗传物质，由环状闭合的双链 DNA 组成。质粒带有遗传信息，可以自我复制，控制细菌某些特定的遗传性状。如 R 质粒（耐药性质粒）、F 质粒（致育性质粒）等。③胞质颗粒：细胞质含有多种颗粒，多数为细菌营养储藏物。异染颗粒是其中一种，因为经染色后着色较深，故称异染颗粒。异染颗粒常见于白喉棒状杆菌，可作为鉴别该菌的依据。

（四）核质

核质或称拟核，由一条双链环状 DNA 分子反复盘绕卷曲而成，无核膜和核仁，与细胞质界限不清，多位于菌体中央。核质具有细胞核的功能，控制细菌的绝大多数遗传性状。

二、细菌的特殊结构

特殊结构为某些细菌在一定的条件下所特有的结构，包括荚膜、鞭毛、菌毛、芽胞。

（一）荚膜

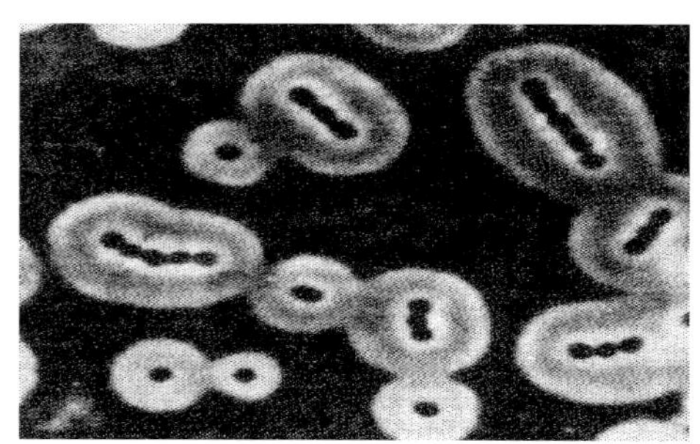

图 3－5 细菌的荚膜

荚膜是某些细菌分泌并包绕在细胞壁外的一层黏液状物质，在机体内或营养丰富的环境中才能形成。普通染色荚膜不易着色，在普通显微镜下只能看到菌体周围有一层透明圈（图 3－5），必须用特殊的荚膜染色法才能将荚膜染成与菌体不同的颜色。荚膜的化学成分因菌种而异，大多数为多糖，具有免疫原性，可作为细菌鉴别和分型的依据。

荚膜的功能：①抗吞噬作用：荚膜具有抵抗吞噬细胞吞噬的作用，是病原菌的重要毒力因子，与细菌的致病性有关。②抗有害物质的损伤作用：荚膜对补体、溶菌酶、抗菌药物等有害物质的损伤有一定的抵抗力。③抗干燥作用。

（二）鞭毛

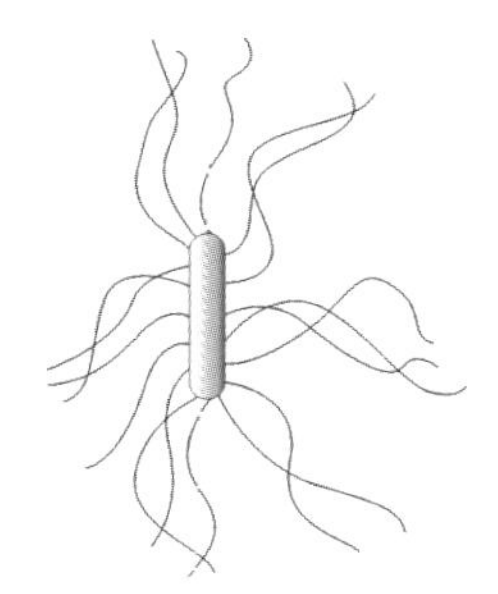

图 3－6 细菌的鞭毛

鞭毛是某些细菌菌体上附着的细长并呈波状弯曲的丝状物（图 3－6）。经特殊染色后才能在普通显微镜下看到。鞭毛的化学成分主要是蛋白质，具有免疫原性，一般称为 H 抗原，可用于细菌的鉴别。

根据鞭毛的数目和部位，可将有鞭毛的细菌分为四类（图3－7）：①单毛菌；②双毛菌；③丛毛菌；④周毛菌。

鞭毛的功能：①与细菌的运动有关。有鞭毛的细菌能运动，无鞭毛的细菌不能运动；②与致病性有关。有些细菌如霍乱弧菌通过鞭毛的运动穿透小肠黏膜表面的黏液层，黏附于肠黏膜上皮细胞而导致病变的发生。

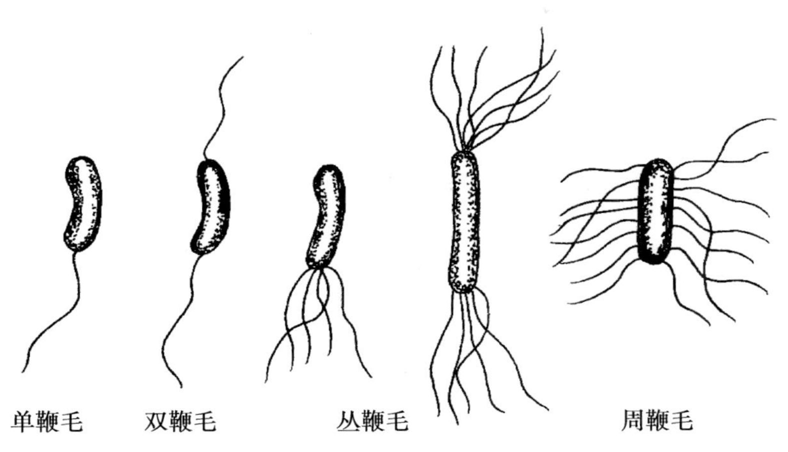

图 3－7　细菌的鞭毛的类型

（三）菌毛

菌毛是许多革兰阴性菌和少数革兰阳性菌菌体表面附有较鞭毛更细、更短、更直的丝状物。菌毛只有用电镜才能观察到，其化学成分为蛋白质，与细菌的运动无关。菌毛根据其功能可分为两类：①普通菌毛：数量多，具有黏附作用。通过黏附于消化道、呼吸道、泌尿生殖道黏膜上皮细胞表面而引起感染，故普通菌毛与细菌的致病性密切相关；②性菌毛：数量少，仅见于少数革兰阴性菌。细菌可通过性菌毛在细菌间传递遗传物质（质粒），如细菌的耐药性质粒可通过此方式传递。

（四）芽胞

某些细菌在一定的环境条件下，细胞质脱水浓缩，在菌体内部形成一个圆形或椭圆形的小体称为芽胞。芽胞壁厚，不易着色，经特殊染色后才能在普通显微镜下看到。芽胞是细菌的休眠状态，当营养物质缺乏时易形成，而环境条件适宜时，芽胞可发育为菌体，只有菌体才能进行分裂繁殖，故将未形成芽胞的菌体称为繁殖体。一个细菌只能形成一个芽胞，一个芽胞发芽也只能形成一个繁殖体，所以芽胞不是细菌的繁殖方式。芽胞具有多层致密的膜状结构，内含水分少，故对热、干燥、辐射及消毒剂等理化因素均有极强的抵抗力。

芽胞在医学实践中的意义是：①指导灭菌：由于芽胞有很强的抵抗力，故临床上对医疗器械、敷料、培养基等进行灭菌时，以杀灭芽胞为标准。杀灭芽胞最有效的方法是高压蒸汽灭菌法；②鉴别细菌：芽胞的大小、形状和在菌体中的位置随菌种而异，有助于鉴别细菌（图 3－8）。

图 3-8 细菌芽胞的形态、大小与位置模式图

第三节 细菌形态检查法

细菌的个体微小，需用显微镜放大后才能观察。细菌常规的形态学检查方法有不染色标本检查法和染色标本检查法。

一、不染色标本检查法

不染色标本一般用于活菌的观察，其目的在于观察细菌的动力及其运动情况。

二、染色标本检查法

1. 单染色法 用一种染料将细菌染色的方法称单染色法。可观察细菌的形态及排列方式。

2. 复染色法 通常用两种以上的染料将细菌染色的方法称复染色法。

（1）革兰染色法：是最常用的染色法。染色过程如下：将细菌涂片标本先用结晶紫初染，再用碘液媒染，然后用95%乙醇脱色，最后用稀释复红复染。结果被染成紫色者为革兰阳性菌（G^+菌），染成红色者为革兰阴性菌（G^-菌）。

革兰染色法的意义：①鉴别细菌：此法将细菌分为G^+菌与G^-菌两大类；②指导选择用药：通常G^+菌对青霉素、红霉素、头孢菌素等药物敏感，而G^-菌对链霉素、庆大霉素等药物敏感；③判断细菌致病性：G^-菌主要以内毒素致病为主，而G^+菌主要以外毒素致病为主。

（2）抗酸染色法：染色过程如下：将细菌涂片标本先用苯酚复红染色，加温促使菌体着色，再用3%盐酸乙醇脱色，最后用吕氏美蓝复染。结果被染成红色者为抗酸性细菌，被染成蓝色者为非抗酸性细菌。此法常用于分枝杆菌的染色。

另外，负染色法是较为特殊的一种染色方法，染色的对象并非菌体本身，染色后只是背景着色，细菌不着色。主要用于观察不易染色的细菌，故又称“衬托染色法”。

小 结

细菌属原核细胞型微生物。细菌的个体微小，结构简单。根据其形态可将细菌分为球菌、杆菌和螺形菌三大类。细菌的基本结构包括细胞壁、细胞膜、细胞质和核质，特殊结构包括荚膜、鞭毛、菌毛和芽胞。了解细菌的形态与结构对于鉴别细菌、研究细菌的致病性、诊断疾病等均有重要的意义。

自 测 题

一、单项选择题

1. 细菌的测量单位是
   A. 厘米
   B. 微米
   C. 纳米
   D. 毫米
   E. 分米

2. 细菌的特殊结构不包括
   A. 荚膜
   B. 鞭毛
   C. 质粒
   D. 芽胞
   E. 菌毛

3. G^+ 菌和 G^- 菌细胞壁的共同成分是
   A. 肽聚糖
   B. 磷壁酸
   C. 脂蛋白
   D. 脂多糖
   E. 外膜

4. 灭菌是否彻底的标准是
   A. 杀死所有繁殖体
   B. 杀死所有致病菌
   C. 细菌细胞壁被破坏
   D. 菌体蛋白变性
   E. 杀死所有芽胞

5. 最常用的细菌染色法是
   A. 单染色法
   B. 抗酸染色法
   C. 负染色法
   D. 革兰染色法
   E. 鞭毛染色法

二、简答题

1. 革兰阳性菌与革兰阴性菌的细胞壁有何区别？
2. 青霉素破坏革兰阳性菌的机制是什么？

（唐毓流）

第四章　细菌的生长繁殖与代谢

学习目标

1. 掌握细菌生长繁殖的条件。
2. 熟悉细菌的繁殖方式、速度与规律，细菌在液体培养基中的生长现象，细菌合成代谢产物及其医学意义。
3. 了解培养基的概念与种类，细菌在固体、半固体培养基中的生长现象，细菌分解代谢产物的医学意义。

第一节　细菌的生长繁殖

一、细菌生长繁殖的条件

1. 营养物质　一般细菌所需的营养物质包括水分、无机盐类、蛋白胨和糖等，对营养要求高的细菌还需要生长因子。细菌通过吸收周围环境中的营养物质以维持其生存，营养越丰富，细菌生长越快。

2. 酸碱度　大多数病原菌的最适酸碱度为pH7.2～7.6。个别细菌如霍乱弧菌在pH8.4～9.2的碱性培养基中生长良好，结核分枝杆菌在pH6.5～6.8的偏酸环境中生长良好。

3. 温度　大多数病原菌生长的最适温度为人体正常体温，即37℃。

4. 气体　细菌生长繁殖需要的气体主要是氧和二氧化碳。不同细菌对氧的需求不同，据此可将细菌分为四类：①专性需氧菌：必须在有氧的环境中才能生长，如结核分枝杆菌；②专性厌氧菌：必须在无氧的环境中才能生长，如破伤风梭菌；③兼性厌氧菌：不论在有氧或无氧的环境中都能生长，但在有氧时生长较好，大多数病原菌都属于此类，如葡萄球菌；④微需氧菌：在低氧含量（5%～6%）的状态下生长最好，若氧含量大于10%，对其生长则有抑制作用，如空肠弯曲菌。一般环境中的二氧化碳即可满足多数细菌生长的需要，但某些细菌如脑膜炎奈瑟菌在初次分离培养时，必须供给5%～10%的二氧化碳才能生长。

二、细菌的繁殖方式与速度

细菌的繁殖方式是二分裂法。在适宜的条件下，细菌繁殖的速度很快。大多数细菌（如大肠埃希菌）繁殖一代只需20～30分钟，个别细菌繁殖速度较慢，如结核分枝杆菌繁殖一代需18～20小时。

三、细菌生长繁殖的规律

细菌繁殖很快，如以每20分钟繁殖一代计算，10小时后，一个细菌可分裂达10亿个以上，而实际上并非如此。由于营养物质不断消耗，有害代谢产物逐渐积累，故细菌的繁殖速度渐减。如将一定数量的细菌接种于适当的液体培养基后，定时取样检测活菌数，以细菌数的对数为纵坐标，生长时间为横坐标，绘出一条曲线（图4－1），此曲线称为细菌生长曲线。

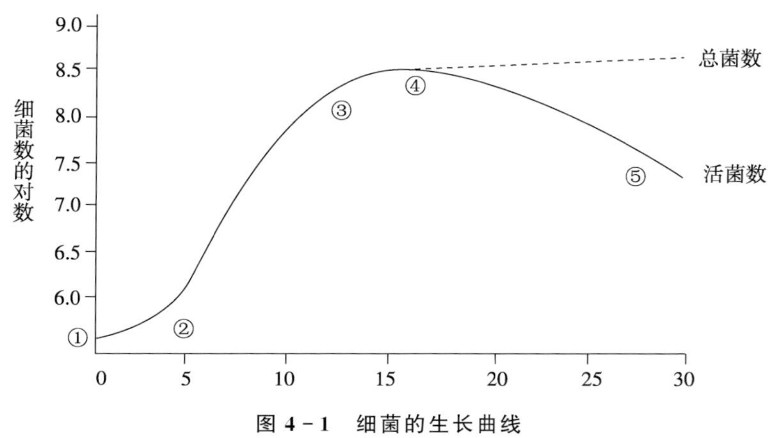

图4－1　细菌的生长曲线

通过该曲线可发现细菌生长的规律，并将细菌生长分为如下四期：①迟缓期：此期为最初培养细菌的1～4小时。此期菌体增大，但分裂迟缓，细菌数增加不明显，是细菌适应新环境的过程。②对数期：此期细菌生长迅速，菌数以几何级数增加，其大小、形态、染色性及生理特性等都很典型，对外界环境因素（如抗生素）的作用比较敏感。③稳定期：对数期后，培养基中的营养物质消耗，有害代谢产物的积累等，使细菌繁殖速度逐渐下降，细菌繁殖数与死亡数接近，活菌数相对稳定。此期细菌产生大量的代谢产物，如外毒素、抗生素等，芽胞也在此期形成。④衰亡期：由于营养耗竭和有害代谢产物的聚集，细菌的繁殖速度由缓慢趋于停止，死菌数迅速超过活菌数。此期细菌变形、肿胀，出现多种形状的衰退型，甚至菌体自溶。

第二节　细菌的人工培养

一、培养基的概念及种类

用人工方法配制的适合细菌生长繁殖的营养基质，称为培养基。培养基的种类很多，按营养组成和用途可分为基础培养基、营养培养基、选择培养基、鉴别培养基和厌氧培养基等；按其物理性状可分为固体、液体和半固体培养基。

二、细菌在培养基中的生长现象

将细菌接种到培养基中，一般经37℃培养18～24小时后，在不同培养基中可出现不同的生长现象。

1. 在固体培养基中的生长现象

细菌在固体培养基上可形成菌落。菌落是单个细菌在固体培养基上分裂繁殖成一堆肉眼可见的细菌集团。不同细菌在固体培养基上形成的菌落大小、形状、颜色、透明度、湿润度及在血平板上的溶血情况等均有所不同，可借此鉴别细菌。当细菌在固体培养基表面密集生长时，多个菌落融合成片，称为菌苔。

2. 在液体培养基中的生长现象

不同细菌在液体培养基中出现不同的生长现象：①均匀混浊生长：多数兼性厌氧菌呈此生长现象；②沉淀生长：属厌氧菌或少数链状细菌沉积于管底；③菌膜生长。需氧菌在液体表面呈膜状生长。在临床护理实践中，如注射液出现以上现象将视为细菌污染，应严禁使用。

3. 在半固体培养基中的生长现象

将细菌穿刺接种于半固体培养基中，有鞭毛的细菌可沿穿刺线向四周扩散，呈羽毛状或云雾状混浊生长，无鞭毛的细菌只沿穿刺线生长。可借此来判断细菌有无鞭毛和动力。

第三节　细菌的新陈代谢

细菌的生长繁殖实际上是新陈代谢的过程。在分解与合成代谢过程中产生的多种产物在医学上具有重要意义。

一、细菌的分解代谢产物

不同细菌具有不同的酶系统，对营养物质的分解能力和代谢途径也不同，因此其代谢产物也各不相同。可利用这些特点，并通过不同试验来鉴别细菌。如糖发酵试验、靛基质试验、VP 试验、甲基红试验、枸橼酸盐利用试验、硫化氢试验、尿素酶试验等。

二、细菌的合成代谢产物

1. 热原质　热原质是细菌合成的一种进入人体或动物体内能引起发热反应的物质。产生热原质的细菌大多为革兰阴性菌，热原质即细胞壁中的脂多糖，少数革兰阳性菌也产生热原质。热原质耐高温，高压蒸汽灭菌（121.3℃，20 分钟）难以将其破坏，经 250℃ 高温干烤才能将其破坏。在制备生物制品、注射药液过程中必须严格遵守无菌操作，避免热原质污染。

2. 毒素和侵袭性酶　毒素是病原菌合成的对人体和动物有毒性作用的物质，包括外毒素和内毒素。侵袭性酶是某些病原菌合成的胞外酶，促进细菌扩散，增强病原菌的侵袭力。如链球菌的透明质酸酶、产气荚膜梭菌的卵磷脂酶等。

3. 维生素　某些细菌能合成一些维生素，除供自身需要外，还能分泌到菌体外。如大肠埃希菌在人体肠道内能合成 B 族维生素和维生素 K 等，可供人体利用。

4. 抗生素　某些微生物在代谢过程中产生的一种能抑制或杀灭其他微生物和肿瘤细胞的物质称抗生素。细菌产生的抗生素很少，如多黏菌素、杆菌肽等，大多数抗生素由放线菌或真菌产生，如青霉素、链霉素等。临床上，抗生素主要用于细菌感染性疾病和肿瘤的治疗。

5. 细菌素　细菌素是某些细菌产生的抗菌作用的蛋白质。由于细菌素的抗菌作用范围狭窄，仅对近缘菌株有杀伤作用，故多用于细菌的分型鉴定和流行病学调查。

6. 色素　某些细菌能产生不同颜色的色素，分为脂溶性和水溶性两种，前者如金黄色葡萄球菌产生的金黄色色素，仅见菌落染色；后者如铜绿假单胞菌产生的绿色色素，使培养基、伤口浓汁和敷料染成绿色，这有助于细菌的鉴别。

知识链接

青霉素的发明

1928年的一天，英国学者弗莱明在一间简陋的实验室培养葡萄球菌。由于盖子没盖好，培养基上污染了青霉菌，弗莱明惊讶地发现青霉菌周围的葡萄球菌都不见了。此后经过多次试验揭开了其中的奥妙：原来青霉菌产生的一种代谢产物将葡萄球菌杀死了，这种代谢产物正是目前广泛用于抗感染治疗的青霉素。

小　结

细菌的生长繁殖与外界环境密切相关，其生长繁殖的条件包括营养物质、酸碱度、温度、气体。细菌可以进行人工培养，并在不同的培养基中出现不同的生长现象。细菌的生长繁殖就是新陈代谢的过程，其代谢产物有的对人体有害，有的有益，有的有助于细菌的鉴别。

自　测　题

一、名词解释

培养基

二、单项选择题

1. 细菌生长繁殖的条件不包括
   A. 营养物质
   B. 酸碱度
   C. 温度
   D. 气体
   E. 阳光

2. 对人体有害的细菌代谢产物有
   A. 毒素
   B. 维生素
   C. 色素
   D. 抗生素
   E. 细菌素

3. 细菌的繁殖方式是
   A. 复制
   B. 二分裂法
   C. 孢子生殖

D. 有性繁殖
E. 配子生殖

4. 大多数病原菌生长的最适温度为
A. 25℃
B. 0℃
C. 37℃
D. 100℃
E. 30℃

5. 细菌生长繁殖最快、形态和生理特性最典型的生长时期是
A. 迟缓期
B. 对数期
C. 稳定期
D. 衰亡期
E. 对数期和稳定期

三、简答题

简述细菌生长繁殖的条件。

（唐毓流）

第五章 微生物的分布

学习目标

1. 掌握正常菌群的概念和正常人体的无菌部位。
2. 熟悉正常人体的微生物分布情况。
3. 了解微生物在自然界的分布情况。

第一节 微生物在自然界的分布

一、土壤中的微生物

土壤中含有大量的微生物，其中以细菌为主，此外还有放线菌、真菌、螺旋体等。土壤中的细菌数量庞大，种类繁多，1克土壤可含上亿个细菌。土壤中的细菌大多数对人类有益，致病菌仅占极少数，致病菌主要来源于人和动物的排泄物及死于传染病的人、畜尸体。有些致病菌还能形成芽胞，在土壤中可存活数年，如破伤风芽胞梭菌、产气荚膜梭菌等，可通过伤口感染人体。

二、水中的微生物

水也是微生物生存的天然环境。水中微生物的种类与数量因水源不同而异。水中的病原微生物主要来自于土壤、垃圾以及人畜的排泄物等。如痢疾志贺菌、伤寒沙门菌、霍乱弧菌、甲型肝炎病毒、钩端螺旋体等。因此，加强粪便管理、避免水源污染在控制和消灭消化道传染病方面具有重要意义。

三、空气中的微生物

由于缺乏营养物质，加上阳光照射及干燥作用，故空气中微生物的种类和数量较少。空气中的微生物主要来自人畜呼吸道的飞沫及尘埃。空气中常见的病原菌有金黄色葡萄球菌、结核分枝杆菌、乙型溶血性链球菌、脑膜炎奈瑟菌、肺炎链球菌等，可引起呼吸道传染病及伤口感染。另外，空气中的微生物也容易造成培养基、生物制品、药品的污染。因此，手术室、病房、制剂室、细菌接种室等都要定期进行空气消毒，以防止感染或污染。

第二节　微生物在正常人体的分布

一、正常菌群

正常人体的体表以及与外界相通的腔道中存在着不同种类和数量的微生物，这些微生物通常对人体无害，故称正常微生物群，常称正常菌群。正常人体各部位正常菌群分布的情况见表5－1。

表5－1　人体常见的正常菌群

部位	主要菌类
皮肤	葡萄球菌、类白喉棒状杆菌、非致病性分枝杆菌、丙酸杆菌、铜绿假单胞菌、大肠埃希菌等
口腔	葡萄球菌、甲型和丙型链球菌、肺炎链球菌、奈瑟菌、乳杆菌、类白喉棒状杆菌、类杆菌、白假丝酵母菌、放线菌、螺旋体等
鼻咽腔	葡萄球菌、甲型和丙型链球菌、肺炎链球菌、奈瑟菌、类白喉棒状杆菌、支原体等
外耳道	葡萄球菌、类白喉棒状杆菌、铜绿假单胞菌、非致病性分枝杆菌等
眼结膜	葡萄球菌、干燥棒状杆菌、奈瑟菌等
肠道	大肠埃希菌、双歧杆菌、产气肠杆菌、变形杆菌、铜绿假单胞菌、葡萄球菌、肠球菌、类杆菌、产气荚膜梭菌、破伤风梭菌、真杆菌、乳杆菌、白假丝酵母菌等
前尿道	葡萄球菌、乳杆菌、甲型和丙型链球菌、大肠埃希菌、白假丝酵母菌、类白喉棒状杆菌等
阴道	乳杆菌、大肠埃希菌、类白喉棒状杆菌、白假丝酵母菌、葡萄球菌等

除上述部位外，正常人体的中枢神经系统（脑脊液）、循环系统（血液）、运动系统、内脏、皮下组织等部位是无菌的。

二、正常菌群的生理意义

1. 拮抗作用　正常菌群通过营养竞争、代谢产物等方式可抵抗病原菌入侵机体，防止病原菌感染。

2. 营养作用　正常菌群参与机体的物质代谢、营养转化和合成。如肠道中大肠埃希菌能合成维生素B、维生素C、维生素K等，供机体利用。

3. 免疫作用　正常菌群可持续刺激机体产生免疫应答，促进机体免疫器官的发育，提高机体的免疫力。

此外，正常菌群还有抗衰老、抗肿瘤的作用。

三、条件致病菌

正常情况下，正常菌群不会致病，但在一定条件下，正常菌群与机体之间的生态平衡被破坏，正常菌群也能致病。此时，正常菌群就变成条件致病菌或称机会致病菌。正常菌群致病的条件主要包括：①寄居部位改变：如大肠埃希菌从肠道进入腹腔或尿道，可分别引起腹膜炎和尿道炎；②免疫功能低下：如使用大剂量皮质激素、抗肿瘤药物、放射治疗、大面积烧伤、长期消耗性疾病、过度疲劳等均可导致机体免疫力低下。③滥用抗菌药物：如长期大量应用广谱抗生素，造成正常菌群中的敏感菌被抑制或杀灭，耐药性细菌趁机大量繁殖，由此产生一系列的临床症状，称为菌群失调症或二重感染，如假膜性肠炎、鹅口疮等。

小　结

微生物广泛分布于自然界，空气、水、土壤、人体体表及其与外界相通的腔道都存在种类不一、数量不等的微生物，有的对人类有益，有的对人类有害。正常菌群的生理作用包括拮抗、营养、免疫等作用。正常菌群一般不致病，但在特殊条件下，正常菌群与机体之间的生态平衡被破坏，正常菌群也能致病，此时正常菌群即称为条件致病菌或机会致病菌。

自测题

一、名词解释

1. 正常菌群

2. 机会致病菌

二、单项选择题

1. 正常菌群致病的条件有
   A. 细菌数量多
   B. 细菌繁殖快
   C. 细菌合成代谢产物增多
   D. 细菌毒力增强
   E. 细菌寄居部位改变、免疫功能低下、滥用抗菌药物

2. 正常人体的无菌部位是
   A. 肠道
   B. 血液
   C. 皮肤
   D. 口腔
   E. 阴道

3. 正常菌群的作用不包括
   A. 拮抗作用
   B. 营养作用
   C. 致癌作用
   D. 免疫作用
   E. 抗衰老作用

三、简答题

简述正常菌群的致病条件。

（唐毓流）

第六章　消毒与灭菌

学习目标

1. 掌握消毒、灭菌、无菌与无菌操作的概念。
2. 熟悉常用的物理消毒灭菌法、常用化学消毒剂的应用和影响因素。

微生物极易受外界各种因素的影响。当环境条件适宜时，微生物繁殖极为迅速；环境条件变化过剧，微生物的代谢会发生障碍，生长繁殖就受到抑制甚至死亡。因此，在医学实践中，通过改变条件，可抑制或杀灭环境中的病原微生物和其他微生物，以达到阻止传染病传播、防止医院内交叉感染、减少微生物对食物和物品的污染的目的。

第一节　消毒与灭菌的基本概念

1. 消毒　是指杀灭物体上的病原微生物的方法。消毒不能杀灭细菌的芽胞。用于消毒的化学试剂称为消毒剂。

2. 灭菌　是指杀灭物体上所有微生物（包括病原微生物和非病原微生物、细菌的繁殖体和芽胞）的方法。灭菌比消毒的要求高，能达到无菌状态。

3. 防腐　是指防止或抑制微生物生长繁殖的方法。此状态下细菌一般不死亡。同一种化学试剂在高浓度时为消毒剂，低浓度时常为防腐剂。

4. 无菌　是指不存在活的微生物的状态。无菌往往是灭菌处理的结果。

5. 无菌操作　是指防止微生物进入人体或其他物品的操作方法。

第二节　物理消毒灭菌法

具有消毒与灭菌作用的物理方法有很多。本节仅介绍常用的热力、微波、紫外线、电离辐射与过滤除菌等消毒灭菌法。

知识链接

灭菌作用：热力、电离辐射、微波、红外线与激光

消毒作用：紫外线、超声波

自然净化作用：冷却、冰冻、干燥

机械除菌作用：打扫、通风、过滤

一、热力消毒灭菌法

热力消毒灭菌法是利用高温杀死微生物的方法，主要包括干热灭菌法与湿热灭菌法两大类（表6-1）。在相同温度下，后者的效力较前者大，这是因为：①湿热状态下，菌体蛋白较易凝固；②湿热的穿透力比干热大；③湿热的蒸汽有潜热存在。

表6-1　热力消毒灭菌法

种类		方法	用途	备注
干热	焚烧	燃烧	废弃的污物、有传染性的尸体	
	烧灼	直接用火焰灭菌	接种环、试管口	
	干烤法	烤箱中热空气，160℃ 2h或170℃ 1h	耐高温物品如玻璃器皿、瓷器等	也可用红外线、强光照射等
湿热	煮沸法	煮沸100℃ 5min可杀死细菌的繁殖体	外科器械、注射器和食具等的消毒	若水中加入2%碳酸氢钠，可提高沸点至105℃，并可防止金属器械生锈
	巴氏消毒法	61.1～62.8℃，加热30min或71.7℃加热15～30s	牛奶、酒类	可杀死病原菌或特定微生物而不破坏营养物质
	高压蒸汽灭菌法	高压蒸汽灭菌器，103.4kPa，温度121.3℃，维持15～20min	适用于耐高温和不怕潮湿的物品，如培养基、生理盐水、手术器械、注射器、手术衣、敷料和橡皮手套等	是灭菌效果最好、目前应用最广泛的灭菌方法
	流通蒸汽消毒法	用蒸笼或蒸锅，80～100℃加热15～30min	外科器械、注射器和食具等的消毒	不能破坏芽胞
	间歇灭菌法	流通蒸汽灭菌15～30min，移入37℃温箱过夜，如此连续3次	不耐高温的含糖、牛奶、血清、蛋黄的培养基	可达到灭菌效果

二、辐射杀菌法

1. 紫外线　波长为200～300nm的紫外线具有杀菌作用，其杀菌机制是破坏细菌的DNA构型，干扰DNA正常碱基配对，导致细菌死亡或变异。紫外线穿透力弱，普通玻璃、纸张、尘埃、水蒸汽等均能阻挡紫外线穿过，故紫外线只适用于手术室、传染病房、细菌实验室的空气和物体表面的消毒。紫外线对眼睛与皮肤有损害作用，使用时注意防护。（想想：用于室内空气消毒的紫外灯的开关安装在哪较合适？）

知识链接

日光主要是通过紫外线起消毒作用，需要直接暴晒数小时才能杀灭细菌。

紫外线消毒室内空气时，有效距离不超过 2m，时间不少于 30min，从灯亮 5～7min开始计时。注意最好不在紫外线直接照射下工作。

2. 微波 是一种波长为 1～1000mm 的电磁波，可穿透玻璃、塑料薄膜与陶瓷等，但不能穿透金属表面。多用于耐热非金属器械、食品、餐具、药杯、某些针剂药品与中药丸剂等的消毒。

3. 电离辐射 包括高速电子、γ 射线和 X 线等，可对细菌产生致死效应。常用于一次性医用不耐热的塑料注射器、吸管、导管等的灭菌，消毒食品时不会破坏其营养。

三、滤过除菌

滤过除菌是用机械方法除去液体或空气中细菌的方法。利用具有微细小孔的滤菌器过滤和吸附作用，使带菌液体或空气通过滤菌器后成为无菌液体或空气。该法常用于不耐热的血清、抗生素及药液等的除菌。

第三节 化学消毒灭菌法

利用化学药物杀灭或抑制微生物生长繁殖的方法称为化学消毒法，所用的化学药物称为化学消毒剂。消毒剂对人体组织细胞有毒害作用，所以只能外用或用于环境消毒。

一、消毒剂的作用机制

1. 使菌体蛋白质变性或凝固 如重金属盐类、氧化物剂、醇类、酚类、醛类、酸碱等。

2. 干扰细菌的酶系统和代谢 如重金属盐类、某些氧化剂。

3. 损伤细菌细胞膜或细胞壁 如酚类、表面活性剂、脂溶剂等能导致细菌细胞膜的通透性增加，细胞外液内渗致细菌破裂。

二、消毒剂的种类与使用方法

（一）种类

根据消毒剂杀灭微生物作用的强弱分类，可分为高、中、低效三类。

1. 高效消毒剂 可杀灭所有微生物包括芽胞，如甲醛、戊二醛、环氧乙烷、过氧乙酸、高浓度碘酒及含氯消毒剂等。

2. 中效消毒剂 能杀灭细菌芽胞以外的一切微生物，如乙醇、含氯消毒剂、碘附、来苏儿。

3. 低效消毒剂 能杀灭细菌繁殖体、包膜病毒和部分真菌，但不能杀灭细菌芽胞、结核分枝杆菌和无包膜病毒的消毒剂，如酚类（低浓度）、新洁尔灭、洗必泰等。

（二）消毒剂的使用方法

消毒剂的使用方法包括：①浸泡、擦拭、喷洒或喷雾，多数消毒剂都可采用此种方式。②熏蒸，主要是杂环类气体消毒剂（如环氧乙烷）、甲醛、过氧乙酸以及含氯消毒剂。③直接用药物粉剂处理，主要是含氯消毒剂。

三、常用消毒剂的应用

常用消毒剂的种类和用途见表 6－2。

表 6－2　常用消毒剂的种类和用途

种类	名称	用途
氧化剂	2%红汞	皮肤黏膜小创伤消毒，不能与碘酒同时使用
	0.01%～0.1%硫柳汞	生物制品防腐，皮肤、手术部位消毒
	1%硝酸银	新生儿滴眼，预防淋球菌感染，有腐蚀性
	0.1%高锰酸钾	皮肤尿道消毒，蔬菜水果消毒，需新鲜配制
	3%过氧化氢	口腔黏膜消毒，冲洗伤口，防止厌氧菌感染
	0.1%～0.5%过氧乙酸	塑料、玻璃、人造纤维、皮毛、食具消毒。原液有腐蚀性
	0.2～0.5ppm 氯	饮水及游泳池消毒，对金属有腐蚀性
	10%～20%漂白粉	地面、厕所及排泄物消毒，饮水消毒
	1∶200“84”消毒液	玻璃、搪瓷、橡胶及金属等各种器械消毒
	0.2%～0.5%氯胺	空气及物品表面消毒（喷雾），浸泡衣服。须新鲜配制
	2.5%碘液	皮肤消毒；不能与红汞同用，刺激性大，用乙醇脱碘
烷化剂	10%甲醛	浸泡、物体表面消毒，空气消毒；挥发慢，刺激性强
	50mg/L 环氧乙烷	消毒手术器械、敷料
	2%戊二醛	精密仪器、内镜消毒
醇类	70%～75%乙醇	皮肤、体温计消毒；易挥发，有刺激性，不宜用于黏膜及创伤
酚类	3%～5%石炭酸、2%来苏儿	地面、家具、器皿的表面消毒及排泄物消毒。来苏儿也用于手和皮肤消毒；苯酚的腐蚀性强，杀菌力弱，现已少用
表面活性剂	0.02%～0.05%氯己定	术前洗手，腹腔、膀胱、阴道冲洗。不能与升汞同用
	0.05%～0.1%苯扎溴铵	手术前洗手、皮肤黏膜消毒，器械浸泡消毒。遇肥皂或其他合成洗涤剂时作用减弱
	0.05%～0.1%度米芬	皮肤伤口冲洗，金属器械、棉织品、塑料、橡皮制品消毒；遇肥皂或其他合成洗涤剂时作用减弱
染料	2%～4%龙胆紫	浅表创伤消毒，对葡萄球菌作用强
酸碱类	生石灰，1∶4 至 1∶8 加水配成糊状	消毒排泄物及地面。新鲜配制，有强腐蚀性

知识链接

碘附与碘酊

碘酊俗称碘酒，医学上一般称碘酊。碘附与碘酊的药效成分均为碘。所不同的是，碘酊是以乙醇为溶媒，碘附是以水为溶媒，二者的作用相同。碘附对皮肤、黏膜、伤口没有刺激性，这是它比碘酊优秀的地方，现普遍用于肌内注射、静脉注射、外伤、手术等皮肤的消毒剂。

四、影响消毒灭菌效果的因素

1. 消毒剂的种类、浓度与作用时间

大多数消毒剂浓度越大，作用时间越长，则杀菌效果越好，但乙醇例外。实验证明，70％～75％乙醇的消毒效果最好。由于高浓度的乙醇可以使菌体表面蛋白质迅速凝固，影响乙醇渗入菌体内而减弱杀菌作用。

2. 细菌的种类与数量

不同种类的细菌对消毒剂的敏感性不同，不同状态的细菌对消毒剂的抵抗力也存在差异。细菌的芽胞比繁殖体抵抗力强；处于对数生长期的细菌对消毒剂敏感；微生物的数量越大，所需的时间就越长。

3. 环境中有机物的存在

环境中有机物如血液、痰、食物残渣、粪便等对细菌有保护作用，同时还能与消毒剂结合，减弱消毒剂的杀菌作用。因而消毒皮肤和器械时，宜先洗净再消毒。

此外，温度、湿度和酸碱度也会影响消毒剂的灭菌效果。

小　结

改变外界条件可以抑制或杀灭微生物。常用的物理消毒灭菌法有高压蒸汽灭菌法和紫外线消毒法。化学消毒剂对人的细胞有毒害作用，只能外用。使用时根据需要选择：①合适的消毒剂种类和浓度；②合适的使用方法；③消除影响效果的不利因素。

自 测 题

一、名词解释

1. 消毒
2. 灭菌
3. 无菌
4. 无菌操作

二、单项选择题

1. 判断灭菌是否彻底的主要依据是
   A. 杀死细菌的繁殖体
   B. 杀死细菌的芽胞
   C. 破坏菌体的 DNA 结构
   D. 菌体蛋白变性凝固
   E. 使菌体酶活性丧失

2. 临床上最常用、最有效的灭菌方法是
   A. 干烤灭菌法
   B. 紫外线照射
   C. 间歇蒸汽灭菌法
   D. 高压蒸汽灭菌法
   E. 煮沸法

3. 消毒体温计常采用的方法是
   A. 高压蒸汽灭菌法
   B. 煮沸法
   C. 70%～75%乙醇浸泡
   D. 巴氏消毒法
   E. 紫外线照射

4. 患者排泄物消毒宜采用的方法是
   A. 20%漂白粉
   B. 0.1%高锰酸钾
   C. 3%过氧化氢
   D. 0.5%碘附
   E. 70%～75%乙醇

5. 不宜用于皮肤黏膜消毒的消毒剂是
   A. 0.1%高锰酸钾
   B. 3%过氧化氢
   C. 0.05%～0.1%新洁尔灭
   D. 2%～4%龙胆紫
   E. 5%过氧乙酸

三、简答题

1. 在温度和时间相同的前提下，为什么湿热灭菌的效果优于干热灭菌？
2. 简述影响化学消毒剂作用的因素。

（熊群英）

第七章 细菌的遗传与变异

学习目标

1. 熟悉细菌变异的实例。
2. 了解细菌遗传与变异的概念、细菌的遗传变异在医学实践中的意义。

第一节 细菌遗传与变异的概念

一、细菌的遗传

遗传和变异是所有生物的共同生命特征。细菌的遗传就是在一定条件下，细菌的生物学性状代代相传，保持相对稳定称遗传。遗传使细菌的种属性状保持稳定。

二、细菌的变异

细菌子代与亲代之间或子代之间生物学性状出现差异称为变异。变异可使细菌产生变种和新种，有利于物种的发展和进化。根据变异过程中基因结构是否改变而引起的变异，细菌的变异分为遗传型变异和非遗传型变异（表 7－1）。

表 7－1 遗传型变异和非遗传型变异的比较

	遗传型变异	非遗传型变异
基因型	基因改变	未改变
稳定性	比较稳定	不稳定
可逆性	不可逆	可逆
遗传性	可遗传	不可遗传

第二节 细菌的变异现象

一、形态与结构的变异

细菌的形态和结构常受外界环境的影响而可发生变异。如鼠疫耶尔森菌在含 3％～6％氯化钠的培养基中，其形态可由球杆状变为球状、哑铃状、棒状等多种形态。肺炎链球菌在人工培养基上反复传代可失去荚膜。

二、毒力变异

细菌的毒力变异包括毒力的增强和减弱。Calmette 和 Guerin 把有毒力的牛型结核分枝杆菌接种在含甘油、胆汁和马铃薯的培养基中，经过 13 年传 230 代，得到一株毒力减弱但仍保持免疫原性的菌株，即卡介苗，属于毒力减弱。无毒或毒力弱的细菌也可通过易感机体使其毒力增强。

三、耐药性变异

细菌对某种抗菌药物由敏感变成耐药的变异，称为耐药性变异。如青霉素在 20 世纪 40 年代问世时对金黄色葡萄球菌感染的治疗效果显著，但目前已发现 80%以上的金黄色葡萄球菌对青霉素产生了耐药性。耐药菌株的形成和逐渐增多，对感染性疾病的防治是极为不利的。

第三节　细菌变异的实际应用

一、诊断方面

由于细菌变异可导致其生物学性状出现不典型的特征，给实验室诊断带来一定困难，故需注意鉴别，以免造成误诊和漏诊。

二、治疗方面

耐药菌株的出现常给感染性疾病的防治带来困难。对临床分离的致病菌进行药物敏感试验，将有利于指导正确选择抗菌药物并防止耐药菌株的产生和扩散。

三、预防方面

采用人工诱导方法使细菌毒力减弱或消失，制备出保留免疫原性的减毒活疫苗，用于某些传染病的预防，其预防效果优于死疫苗，如卡介苗用于预防结核病。

四、基因工程中的应用

通过基因工程技术，将目的基因转移到受体菌体内，使受体菌表达目的基因产物。应用这一技术大量生产胰岛素、生长素、干扰素等。

知识链接

基因工程生产的胰岛素

过去生产胰岛素是从几百头猪的胰腺中提取，才能获得 3～5mg 胰岛素，现在利用基因工程，只需少量培养液，就可以生产同样数量的产品。

小　结

细菌可发生形态、结构、毒力、耐药性等变异，其变异可分为遗传型变异与非遗传型变异。细菌的变异在疾病的诊断、治疗、预防等多方面均有重要的应用。

自　测　题

一、名词解释

耐药性变异

二、单项选择题

1. 卡介苗是根据细菌哪种变异获得的
   A. 形态变异
   B. 毒力变异
   C. 耐药性变异
   D. 结构变异
   E. 抗原变异

2. 以下哪项不是遗传型变异的特点
   A. 基因改变引起
   B. 变异性状比遗传较稳定
   C. 变异性状可遗传
   D. 变异性状不可逆
   E. 环境改变引起

三、简答题

细菌有哪些变异现象？

（邱玉林）

第八章　细菌的致病性与感染

学习目标

1. 掌握致病性、感染的概念和细菌致病性的影响因素。
2. 熟悉细菌的致病因素和感染的类型。
3. 了解感染的来源、传染方式与途径及医院内感染。

第一节　细菌的致病性

一、致病性、病原菌的概念与影响因素

在自然界中，大多数细菌对人类有益无害。少数能引起人类或动植物疾病的细菌称为病原菌或致病菌。病原菌引起疾病的能力称致病性，不同的病原菌致病性不相同，通常把这种不同程度的致病能力称为毒力。

病原菌能否引起疾病，取决于病原菌的致病因素、机体的防御功能、环境因素影响等。细菌的致病性是由细菌的毒力、侵入数量（菌量）和侵入门户决定的。

二、病原菌的毒力物质

（一）侵袭力

是指细菌突破机体的防御功能，在体内生长繁殖和蔓延扩散的能力。构成侵袭力的主要物质包括侵袭性酶类和菌体表面结构。

1. 侵袭性酶　是一类本身不具有毒性，但在感染过程中可协助病原菌抵抗吞噬或向四周扩散。如金黄色葡萄球菌产生血浆凝固酶、A 群链球菌产生的透明质酸酶。

2. 菌体表面结构　包括荚膜和其他表面物质，具有抗吞噬及抵抗体液中杀菌物质的作用；菌毛等黏附因子，有利于病原菌在体内定居，使病原菌在体内迅速繁殖，引起病变。如肺炎链球菌、炭疽芽胞杆菌的荚膜、淋病奈瑟菌的菌毛等。

（二）毒素

是细菌合成的对机体有毒害作用的代谢产物。按其来源、性质和作用的不同，可分为外毒素和内毒素两大类。

1. 外毒素　是细菌在生长过程中合成并分泌到菌体外的毒性物质。多数由革兰阳性细菌产生，如破伤风梭菌、肉毒梭菌等。某些革兰阴性菌如霍乱弧菌也可以产生外毒素。

外毒素的化学成分大多是蛋白质，性质不稳定，易被热、酸及蛋白酶破坏，如破伤风外毒素加热 60℃经 20 分钟即被破坏。外毒素毒性及抗原性均强，其对机体组织有选择性毒

害，可引起特殊病变。

2. 内毒素　是革兰阴性菌细胞壁中的脂多糖成分，只有当细菌死亡裂解或用人工方法破坏菌体后才能释放出来。

内毒素的化学成分是脂多糖，耐热，160℃加热 2～4h 可被破坏。内毒素毒性及抗原性均较弱，其对机体组织器官的选择性不强，可引起发热反应、白细胞反应、内毒素血症与休克、弥散性血管内凝血（DIC）等病理变化。

外毒素与内毒素的主要区别见表 8－1。

表 8－1　外毒素与内毒素的主要区别

区别要点	外毒素	内毒素
来源	革兰阳性菌及革兰阴性菌分泌或少数细菌溶解后释放	革兰阴性菌细胞壁成分，菌体裂解后释放
化学成分	蛋白质	脂多糖
稳定性	不稳定，60℃以上能迅速被破坏	耐热，160℃ 2～4h 被破坏
免疫原性	强，刺激机体产生抗毒素，甲醛处理脱毒后可成为类毒素	较弱，甲醛处理不能成为类毒素
毒性作用	强，各种细菌外毒素对组织器官有选择性毒害作用，引起特殊临床症状	较弱，各种细菌内毒素的毒性作用大致相同，可引起发热反应、白细胞反应、内毒素血症与休克、弥散性血管内凝血

三、病原菌的其他致病条件

（一）侵入数量

病原菌侵入人体后是否引起疾病，除了毒力外，还与侵入病原菌的数量有关。侵入人体的病原菌量越多，引起疾病的可能性越大。毒力弱的病原菌数量足够多才能造成人体的损害；而毒力强的病原菌少量也可致病。

（二）侵入途径

病原菌只能由一定的途径侵入人体，在一定的组织器官定位繁殖才引起疾病。如破伤风梭菌侵入厌氧伤口，其繁殖产生破伤风痉挛毒素引起破伤风；肺炎链球菌如从消化道进入人体则不引起疾病。但有些病原菌如结核分枝杆菌能通过多途径进入人体，定位多种组织器官，引起多系统的结核病。

第二节　细菌感染的发生发展与结局

在一定条件下，病原菌突破机体的防御功能，与机体相互作用而引起不同程度的病理过程称感染，又称传染。

一、感染的来源

感染的来源也称为传染源，是指体内有致病菌生长繁殖，并能将致病菌排出体外的人和动物。分为外源性感染和内源性感染。

1. 外源性感染　感染来源于宿主体外的称外源性感染。外源性感染源主要有患者、带菌者、患病或带菌动物。

2. 内源性感染　感染来自患者自身体内或体表的感染，称为内源性感染。引起该类感染的病原菌多为体内正常菌群的条件致病菌。

二、感染的传播方式与途径

根据病原菌侵入途径的不同，细菌传播方式主要有经呼吸道感染、消化道感染、皮肤黏膜创伤感染、接触感染、节肢动物媒介感染。

三、感染的类型

感染的发生、发展和结局取决于机体与病原菌相互作用的结果。根据两者力量对比，感染可出现隐性感染、显性感染和带菌状态三种类型。

（一）隐性感染

机体抗感染的能力强或侵入机体的病原菌毒力较弱，数量少，感染后不引起机体出现明显的临床症状，称为隐性感染。如脑膜炎奈瑟菌常引起隐性感染。隐性感染可获得抗感染特异性免疫，同时也是危险的传染源。

（二）显性感染

机体抗感染的能力较弱或侵入机体的病原菌毒力较强，数量多，感染后引起明显的病理损害及临床症状，称为显性感染。显性感染根据病情急缓，分为急性感染和慢性感染；按感染部位及性质，分为局部感染和全身感染。

全身感染：病原菌或其毒性产物进入血流，向全身扩散，引起全身症状者，称为全身感染，全身感染又可分为毒血症、菌血症、败血症和脓毒血症。

毒血症：病原菌侵入机体后在局部组织生长繁殖，不侵入血流，但细菌产生的毒素进入血流，引起全身症状称毒血症，如破伤风、白喉等疾病。

菌血症：病原菌侵入机体后由原发部位一时性或间歇性侵入血流，但未在血中繁殖称菌血症，如伤寒早期的菌血症。

败血症：病原菌侵入机体后进入血流，并在其中大量繁殖，产生毒素，引起严重全身中毒症状称败血症。

脓毒血症：化脓性细菌引起败血症时，细菌通过血流扩散到全身其他脏器或组织，引起新的化脓性病灶称脓毒血症。

毒血症、菌血症、败血症和脓毒血症之间的鉴别要点见表 8－2。

表 8－2　毒血症、菌血症、败血症和脓毒血症的区别

类型	毒素入血流	病原菌入血流	病原菌在血中繁殖	全身多发化脓病灶
毒血症	＋	－	－	－
菌血症	－/＋	＋	－	－
败血症	＋	＋	＋	－
脓毒血症	＋	＋	＋	＋

（三）带菌状态

机体内带有病原菌而无临床症状，称为带菌状态。处于带菌状态的人称为带菌者，包括健康带菌者、潜伏期带菌者和恢复期带菌者。由于带菌者不断排出病原菌，而其本身又无症状，故是危险的传染源。

第三节　医院内感染

一、医院内感染的概念

医院内感染又称医院获得性感染，常称院内感染。广义的医院内感染是指住院患者、医院职工、陪护者、探视者、医院来访客人等在医院内获得的感染。不管被感染者在医院期间是否出现症状，都属于医院内感染。如果是在住院前获得的感染，住院后才发病则不属于医院内感染。在住院期间获得的感染，出院后才发病也属于医院内感染。狭义的医院内感染是指住院患者及医院职工在医院内受到的感染。

二、医院内感染的类型

1. 自身感染

传染源是内源性的，主要指患者的抵抗力下降，由自身条件致病菌引起的感染，或是在住院期间由自身耐药菌株引起的二重感染等。

2. 交叉感染

传染源是外源性，指患者从他人（其他患者或医护人员）直接或间接获得的感染。从患者到患者、从患者到医院职工、从医院职工到患者的感染都属交叉感染。

三、医院内感染发生的原因

发生院内感染的主要原因：①传染源集中且密切接触；②广泛使用抗生素，感染菌株多为耐药菌株；③感染菌株由于反复在人群中传播，毒力强；④各种插入性操作如导尿、动静脉插管、移植等的应用，增加了感染机会；⑤被感染的机体多为患者，其抵抗力低，易被感染。

四、医院内感染的预防原则

预防医院内感染主要有以下措施：①建立防感染管理组织机构，并完善相应的规章制度；②建立并完善医院内感染的监测机构；③加强宣传工作，提高患者及医务人员对医院内感染的认识；④严格执行医院清洁、消毒、灭菌和隔离制度，严格无菌操作；⑤加强对重点科室的管理如供应室、手术室、血库、实验室等的管理；⑥加强对重点患者如传染病患者、免疫机能低下患者等的管理；⑦合理使用抗生素，避免耐药菌株的产生。切实做到这些，就可以防止医院内感染的发生。

小 结

细菌感染后是否发病取决于细菌的致病性、机体的免疫性以及环境因素影响等方面。细菌的致病因素包括细菌的毒力、侵入数量与侵入途径，构成细菌毒力的物质基础是侵袭力和毒素。细菌的侵袭力有利于细菌在体内生长繁殖和扩散。而外毒素毒性强，对组织器官有选择性毒害作用，引起特殊临床症状；内毒素为革兰阴性菌细胞壁成分，其毒性较弱且作用基本相似。感染的细菌可来自体外，也可来源于患者体内，而医院内感染越来越受到人们的重视。细菌进入机体后，可出现隐性感染、显性感染和带菌状态等。

自 测 题

一、名词解释

1. 败血症
2. 毒血症
3. 类毒素
4. 医院内感染

二、单项选择题

1. 细菌侵入血流并在其中大量繁殖，产生毒素引起严重中毒症状称为
   A. 毒血症
   B. 败血症
   C. 菌血症
   D. 脓毒血症
   E. 病毒血症

2. 有关内毒素特性描述，下列错误的是
   A. 耐热
   B. 经甲醛处理可成为类毒素
   C. 菌体裂解后释放
   D. 对组织毒害作用相似
   E. 毒性较弱

3. 下列各项中，不属于细菌侵袭力是
   A. 菌毛
   B. 荚膜
   C. 黏附因子
   D. 血浆凝固酶
   E. 芽胞

三、简答题

1. 细菌的内毒素与外毒素有何主要区别？
2. 简述医院内感染的预防原则。

（邱玉林）

第三篇 医学免疫学基础

第九章 免疫学基础概述

学习目标

掌握免疫及医学免疫学的概念。

第一节 免疫及医学免疫学的概念

免疫的传统概念是“免除瘟疫（传染病）”的意思。随着免疫学的发展，免疫的现代概念是指机体免疫系统识别“自己”和“异己”（非己）抗原异物，并通过免疫应答排除抗原异物，以维持机体自身生理平衡和稳定的功能。换言之，在正常情况下，机体免疫系统能识别“非己”抗原异物，对其产生免疫应答并清除之，对自身组织成分则不产生免疫应答，即免疫耐受，对机体有利；反之（免疫功能异常），也可造成组织损伤。

医学免疫学是一门研究人体免疫系统结构与功能，免疫相关疾病的发生机制以及免疫诊断与防治手段的生物学科。医学免疫学既是一门生物学科，又是一门应用学科，是医学生必修的学科。

第二节 学习免疫学的目的

随着免疫学的发展并向医学各学科的渗透，产生了许多免疫学科，如基础免疫学、免疫病理学、免疫遗传学、移植免疫学、生殖免疫学、肿瘤免疫学、临床免疫学等。学习医学免疫学的目的是能应用有关理论知识解释机体的保护性免疫功能、临床常见的免疫现象和免疫性疾病的发生机制；运用免疫学理论和方法对相关免疫性疾病进行诊断与防治；为学习其他基础医学课、临床医学课及预防医学课奠定理论基础。

小　结

免疫的概念是指机体免疫系统识别“自己”和“异己”（非己）抗原异物，并通过免疫应答排除抗原异物，以维持机体自身生理平衡和稳定的功能。通常对机体有利。但在某些条件下，也可造成机体伤害。

医学免疫学是研究机体免疫系统的组织结构与生理功能的一门生物学科。运用免疫学的理论和方法，可以对相应免疫性疾病进行有效的预防、诊断与治疗。

（梁观林）

第十章 免疫系统

学习目标

1. 掌握免疫系统的三大功能。
2. 熟悉免疫系统的组成、中枢免疫器官和外周免疫器官的组成及功能、T 细胞和 B 细胞的功能。
3. 了解 T 细胞的表面受体及分类、其他免疫细胞的功能、免疫分子的组成。

第一节 免疫系统的组成

免疫系统是机体免疫功能发生的场所，由免疫器官、免疫细胞和免疫分子组成。

一、免疫器官

按功能的不同，免疫器官可分为中枢免疫器官和外周免疫器官。

（一）中枢免疫器官

中枢免疫器官是免疫细胞发生、分化、发育、成熟的主要场所，并对外周免疫器官的发育起主导作用。人和其他哺乳类动物的中枢免疫器官包括骨髓和胸腺，鸟类腔上囊（法氏囊）的功能相当于骨髓。

1. 骨髓 位于骨髓腔中，是重要的中枢免疫器官。

骨髓的功能包括：①是各类血细胞和免疫细胞发生的场所。骨髓是造血器官，骨髓中的多能干细胞分化成髓样干细胞和淋巴干细胞，髓样干细胞是粒细胞、单核-吞噬细胞系统、红细胞和血小板的母细胞，淋巴样干细胞是 T 细胞、B 细胞和 NK 细胞等淋巴细胞的母细胞。②是 B 淋巴细胞分化成熟为的场所。同时，骨髓也是 NK 细胞发育成熟的场所。

2. 胸腺 位于胸腔纵隔上部、胸骨后方。是 T 细胞分化、发育和成熟的主要器官。来自骨髓的淋巴样干细胞进入胸腺后，在胸腺微环境的诱导下，发育成具有免疫活性的成熟 T 细胞，移行至外周淋巴器官和血液中，介导细胞免疫。

（二）外周免疫器官

外周免疫器官是 T 细胞和 B 细胞定居、增殖的场所，也是发生免疫应答的重要部位。包括淋巴结、脾和黏膜相关淋巴组织。

1. 淋巴结 淋巴结分为皮质和髓质两部分。皮质的深皮质区（副皮质区）和淋巴小结周围是 T 细胞定居部位，称胸腺依赖区；皮质的浅皮质区、淋巴小结的生发中心及髓质的髓索为 B 细胞定居部位，称非胸腺依赖区。

主要功能有：①是T淋巴细胞、B淋巴细胞定居和增殖的场所；②是T淋巴细胞、B淋巴细胞受抗原刺激后发生特异性免疫应答的重要部位；③参与淋巴细胞的再循环；④过滤作用，能滤过和清除病原微生物和肿瘤细胞。

2. 脾　为人体最大的淋巴器官，分为白髓和红髓。红髓是T细胞定居的部位，白髓中的淋巴小结生发中心和红髓的髓索是B细胞定居的部位。

脾的主要功能有：①是淋巴细胞增殖和定居的场所；②是T淋巴细胞、B淋巴细胞受抗原刺激后发生特异性免疫应答的重要部位；③过滤血液（清除血中的病原生物及其有害代谢产物，清除体内损伤、衰老、死亡的血细胞，使血液净化）。

3. 黏膜相关淋巴组织　主要包括扁桃体、肠系膜淋巴结、阑尾及其他弥散淋巴组织等。其主要功能有：①是阻挡病原生物等侵入机体的主要物理屏障；②是执行局部特异性免疫功能的主要部位。

二、免疫细胞

指与免疫应答有关的所有细胞的总称，包括T淋巴细胞、B淋巴细胞、NK细胞等。

（一）T淋巴细胞

简称T细胞，来源于胸腺的淋巴细胞，受Ag刺激后，转化为淋巴母细胞，再分化、增殖为致敏淋巴细胞，介导细胞免疫。根据其免疫效应功能不同，T细胞可分为辅助性T细胞（Th）、细胞毒性T细胞（Tc或CTL）、调节性T细胞（Tr）。

1. 分类

（1）辅助性T细胞（Th）：即$CD4^+$辅助细胞，分为Th1、Th2、Th3三种。Th1细胞与Tc细胞的增殖、分化、成熟有关，介导与局部炎症有关的免疫应答，参与细胞免疫及迟发型超敏反应炎症的形成。Th2与B细胞的增殖、分化、成熟有关，可促进抗体的生成，增强抗体介导的体液免疫。Th3细胞具有抑制Th1细胞、Tc细胞和NK细胞的生物学活性，参与免疫应答的负调节作用。

（2）细胞毒性T细胞（Tc或CTL）：即$CD8^+$杀伤性T细胞，在细胞免疫中发挥重要作用，可特异性杀伤靶细胞而自身不损伤。

（3）调节性T细胞（Tr）：主要功能是通过抑制性调节，抑制靶细胞的活化、增殖与分化，间接抑制Th1细胞的活化而抑制免疫应答的强度。

2. T细胞表面主要标志

（1）抗原（识别）受体：是T细胞表面能特异性识别和结合抗原的结构，简称T细胞受体（TCR）。TCR只能识别经抗原提呈细胞加工、处理后表达于细胞膜上的抗原分子，而不能识别其他抗原分子。

（2）绵羊红细胞受体（E受体）：人类成熟T细胞表面有绵羊红细胞受体，能与绵羊红细胞结合形成玫瑰花样花环（E花环），此试验即E花环形成试验。E花环形成试验可用于检测外周血T细胞的数量，测知机体的细胞免疫水平。

（二）B淋巴细胞

简称B细胞，来源于骨髓的淋巴细胞，受抗原刺激后可转化为浆母细胞，再分化、增殖成浆细胞，后者产生抗体，参与体液免疫。

（三）自然杀伤细胞（NK细胞）

来源于骨髓的淋巴细胞。为原始杀伤细胞，可直接杀伤某些靶细胞，具有抗感染、抗肿瘤及免疫调节功能。

（四）抗原提呈细胞

抗原提呈细胞（APC）是指能摄取、加工、处理抗原，并将抗原信息提呈给T淋巴细胞、B淋巴细胞识别的一类免疫细胞。主要包括单核-吞噬细胞系统、树突状细胞和B细胞。

1. 单核-吞噬细胞系统　包括骨髓内的前单核细胞、外周血中的单核细胞和组织内的巨噬细胞。主要功能：①提呈抗原：参与摄取、加工、处理、提呈抗原给T淋巴细胞、B淋巴细胞。②吞噬杀伤作用：可吞噬杀伤病原生物，杀伤细胞内寄生的病原体，直接清除各种异物。③抗肿瘤作用：能直接杀伤肿瘤细胞。④合成、分泌细胞因子：如白细胞介素-1（IL-1）、白细胞介素-2（IL-2）、干扰素（INF）等，参与免疫应答调节。

2. 树突状细胞　是一大类重要的专职抗原提呈细胞（摄取、加工、处理、提呈抗原给T淋巴细胞、B淋巴细胞）。

（五）其他免疫细胞

包括中性粒细胞、嗜酸性粒细胞、肥大细胞、红细胞等。

三、免疫分子

包括抗体（将在第十二章学习）、补体（将在第十五章学习）和细胞因子。

第二节　免疫系统的功能

根据识别、排除抗原异物的种类不同，免疫系统主要有以下三种功能（表10-1）。

一、免疫防御

即抗感染免疫，主要指机体针对外来抗原（如微生物及其毒素）的免疫及对机体的保护作用。在异常情况下，此类功能也可能对机体产生不利影响，表现为：若应答过于强烈或持续时间过长，则在清除抗原的同时，也可导致组织损伤和功能异常，即发生超敏反应；若应答过低或缺如，会出现反复感染，出现免疫缺陷病。

二、免疫稳定

即能识别和清除衰老、损伤、死亡的自身细胞，调节维持自身生理功能的平衡和稳定。若该功能紊乱，可引起自身免疫病。

三、免疫监视

即识别和清除机体内出现的突变细胞，发挥抗肿瘤免疫功能。若该功能失调，突变细胞可逃避机体的免疫监视而生长、增殖，形成肿瘤。

表 10-1　免疫系统的三大功能

功能	正常	异常
免疫防御	防御病原体的侵袭及中和其毒素	反应过高：引起超敏反应 反应过低：反复感染，出现免疫缺陷病
免疫稳定	清除衰老、损伤、死亡的细胞	自身免疫病
免疫监视	清除自身体内突变的细胞（癌细胞），防止持续感染	肿瘤发生，持续感染

知识链接

免疫缺陷：指免疫功能不全或缺失，可分为体液免疫缺陷、细胞免疫缺陷、联合免疫缺陷、补体缺乏、吞噬功能缺陷等。

自身免疫病：指机体免疫调节功能失常，破坏自身正常组织的病理过程。

小　结

机体的免疫功能是由免疫系统完成的。免疫系统由免疫器官、免疫细胞和免疫分子组成。免疫器官又分中枢免疫器官和外周免疫器官。中枢免疫器官包括骨髓和胸腺。骨髓是B细胞和NK细胞发育成熟的场所，胸腺是T细胞发育成熟的场所。外周免疫器官包括淋巴结、脾和黏膜相关的淋巴组织，是T细胞和B细胞定居、增殖及发生特异性免疫应答的场所。免疫细胞是指参与免疫应答所有细胞。主要是淋巴细胞、抗原提呈细胞如单核-吞噬细胞系统、树突状细胞和其他免疫细胞如中性粒细胞、嗜酸性粒细胞、嗜碱性粒细胞等。

免疫系统的三大功能是免疫防御、免疫稳定和免疫监视。免疫防御功能正常，能阻挡病原体的侵入及中和其产生的毒素，发挥抗感染的功能，对机体有利；免疫应答过高，可出现超敏反应；应答过低或功能不全，可出现反复感染或免疫缺陷。免疫稳定功能正常，能识别和排除机体内损伤、衰老、死亡的细胞，维持自身生理平衡和稳定。免疫监视能识别和排出机体内突变细胞，发挥抗肿瘤功能，功能低下可发生肿瘤。

自　测　题

一、名词解释

1. 免疫
2. 中枢免疫器官
3. 免疫细胞

二、单项选择题

1. 下列哪项是中枢免疫器官
   A. 骨髓、淋巴结
   B. 淋巴结、脾
   C. 骨髓、胸腺
   D. 胸腺、脾
   E. 淋巴结、胸腺

2. 下列哪项是外周免疫器官
   A. 淋巴结、脾
   B. 骨髓、胸腺
   C. 骨髓、淋巴结
   D. 胸腺、脾
   E. 淋巴结、胸腺

3. 机体内最大的淋巴器官是
   A. 骨髓
   B. 胸腺
   C. 淋巴结
   D. 脾
   E. 扁桃体

4. T 细胞成熟的场所是
   A. 骨髓
   B. 胸腺
   C. 淋巴结
   D. 脾
   E. 血液

5. 人类 B 细胞成熟的场所是
   A. 骨髓
   B. 胸腺
   C. 淋巴结
   D. 脾
   E. 扁桃体

6. 具有绵羊红细胞受体的细胞是
   A. 中性粒细胞
   B. 单核细胞
   C. T 细胞
   D. B 细胞
   E. NK 细胞

7. 合成并分泌抗体的细胞是
   A. T 细胞
   B. 浆细胞
   C. B 细胞
   D. 红细胞
   E. NK 细胞

三、简答题

简述免疫系统的三大功能。

（梁观林）

第十一章 抗 原

学习目标

1. 掌握抗原的概念及抗原的特性。
2. 熟悉抗原的特异性，影响抗原免疫原性的条件，医学上重要的抗原物质。
3. 了解佐剂的作用。

第一节 抗原的概念与特性

一、抗原的概念

抗原（antigen，Ag）是指能与T细胞受体（TCR）及B细胞受体（BCR）结合，促使其增殖、分化，产生抗体和（或）致敏淋巴细胞，并能与之特异性结合，进而发挥免疫效应的物质。

二、抗原的特性

抗原的特性包括免疫原性和免疫反应性。

1. 免疫原性　抗原能刺激机体产生免疫应答，产生抗体和（或）致敏淋巴细胞的能力。

2. 免疫反应性　抗原能与其所诱生的抗体和（或）致敏淋巴细胞发生特异性结合的能力。

三、抗原的分类

同时具有免疫原性和免疫反应性的抗原称完全抗原，仅具备免疫反应性而不具备免疫原性的抗原称不完全抗原，又称半抗原。半抗原若与大分子物质（载体）耦联（结合），即成为完全抗原。

根据抗原刺激B细胞是否需要T细胞辆辅助分为胸腺依赖性抗原（TD-Ag，TD抗原）和非胸腺依赖性原（TI-Ag，TI抗原）。TD抗原在刺激机体B细胞产生抗体的过程需要T细胞的辅助和参与，TI抗原在刺激机体B细胞产生抗体的过程不需要T细胞的辅助和参与。

四、抗原的特异性

即某一特定抗原刺激机体只能产生特异性的抗体或致敏淋巴细胞，且仅能与该抗体或致敏淋巴细胞特异性结合的高度专一性。

抗原决定基（抗原表位）是抗原分子中决定抗原特异性的特殊化学基团。抗原决定基是免疫细胞识别的部位，也是决定抗原特异性的物质基础。

两种不同抗原物质上具有相同或相似的抗原决定基，称为共同抗原。具有共同抗原的两种抗原物质，其中一种抗原物质刺激机体产生的抗体也可与另一种抗原物质结合并发生反应，称为交叉反应。

第二节 影响抗原免疫原性的因素

一、异物性

异物性是抗原的重要性质。异物为非自身物质，即胚胎时期未与免疫细胞接触过的物质，均可视为异物。抗原与机体之间的亲缘关系越远，组织结构的差异越大，其免疫原性就越强。如病原微生物、寄生虫、动物血清、异体组织、改变了的自身成分或隐蔽组织（甲状腺球蛋白、脑组织、眼晶体蛋白、精子等）。

二、理化性状

1. 分子量的大小与化学组成

一般而言，抗原的分子量越大，含有抗原决定基越多，其免疫原性越强。通常抗原的分子量在 10 000 以上的物质有免疫原性。蛋白质、多糖是良好抗原，核酸无免疫原性。

2. 化学结构和易接近性

抗原分子除应为大分子外，也要求其化学组成和结构有一定的复杂性。如明胶的分子量虽大，因其是直链结构，不稳定，易被降解，故免疫原性很弱；含芳香族氨基酸的环状结构物质结构复杂、稳定，免疫原性强。易接近性是指抗原决定基是否易被淋巴细胞抗原受体接近的程度。抗原决定基位于抗原分子表面易与淋巴细胞细胞接近，反之则难。

三、其他因素

1. 遗传因素 机体对抗原的应答是受遗传（基因）控制的。个体遗传基因不同，对同一抗原刺激产生的免疫应答强弱程度各异。

2. 机体因素 个体年龄、性别、健康状态、心理状态，均可影响免疫应答的强弱。青壮年动物比幼年或老年动物对抗原的免疫力强；新生动物或婴幼儿由于 B 细胞尚未成熟，对多糖类抗原不应答；雌性动物比雄性动物抗体生成多，但怀孕动物受到显著抑制。

第三节 医学上重要的抗原

一、异种抗原

是指来自其他物种的抗原性物质，与医学有关的异种抗原包括：

1. 病原生物 包括细菌、病毒、螺旋体等病原微生物和人体寄生虫都是良好抗原，进入机体能引起免疫应答。还可用病原生物制备疫苗，用于传染病的预防。

2. 细菌外毒素与类毒素 外毒素能刺激机体产生抗体并能与此相应的抗体发生特异性

结合。类毒素为细菌的外毒素经甲醛处理后，失去毒性，保留免疫原性而制成，能刺激机体产生中和相应外毒素毒性的抗体。

3. 动物免疫血清　通常是将抗原物质（如类毒素）注射给动物如马，待动物产生抗体后，抽取血清精制而成。动物免疫血清对人的作用有双重性：既是抗体，又是抗原。作为抗体，注入体内能中和相应外毒素的毒性，起防病、治病的作用；作为抗原，对人是异物，再次使用则可能发生超敏反应。因此，应用这类生物制剂前，必须做皮肤过敏试验。

4. 其他与医学有关的异种物质　植物花粉、青霉素、磺胺类药物，鱼、虾、蛋、奶类等食物以及某些化妆品、化工原料等完全抗原和半抗原，有时可引起超敏反应。

二、同种异型抗原

同一种属不同个体之间组织器官或细胞表面的不同抗原成分称同种异型（体）抗原。人类重要的同种异型抗原有：

1. 血型抗原

（1）人类 ABO 血型系统：根据红细胞膜上所含的抗原不同，可将人类血型分为 A 型（含 A 抗原）、B 型（含 B 抗原）、AB 型（含 A、B 抗原）、O 型（不含 A、B 抗原）4 型。不同血型的人相互间输血，必须按配血原则输血，否则会引起严重的输血反应。

（2）Rh 血型系统：有些人红细胞膜上有与恒河猴红细胞膜相同的抗原成分，称 Rh 抗原。有此抗原者为 Rh 阳性，缺乏此抗原者为 Rh 阴性。我国人群中 99% 为 Rh 阳性，人血清中不存在 Rh 抗原的天然抗体，只有在该抗原刺激下才能产生 Rh 抗体。在妊娠时，如果母亲为 Rh 阴性，胎儿为 Rh 阳性，而母亲因分娩或输血受过 Rh 抗原刺激，血清有 Rh 抗体，该抗体可通过胎盘与胎儿红细胞结合导致溶血，引起胎儿死亡、流产。

2. 主要组织相容性抗原　该抗原存在各种有核细胞表面，是引起器官移植排斥反应的主要抗原。因首先在白细胞表面发现，故又称人类白细胞抗原（HLA）。

三、自身抗原

来自自身组织的抗原物质。自身组织在一定条件下可成为自身抗原并引起自身免疫病。

1. 隐蔽自身组织的释放　胚胎期未与免疫系统接触的自身组织称自身隐蔽性抗原。如眼晶体蛋白、甲状腺球蛋白、精子等。若这些组织与免疫系统接触，可引起异常的免疫反应。

2. 修饰的自身组织　正常的自身组织因感染、电离辐射、烧伤、药物等影响，分子结构发生改变而成为自身抗原。

四、异嗜性抗原

异嗜性抗原是一类与种属无关，存在于人、动植物和微生物中的共同抗原，是免疫性疾病的病原之一。如乙型链球菌的细胞壁成分与人的肾小球基底膜、心脏瓣膜、心肌细胞有共同抗原，能引起肾小球肾炎、心肌炎、风湿病等。

五、肿瘤抗原

肿瘤抗原是细胞癌变过程中出现的新抗原或过度表达的抗原物质的总称。

1. 肿瘤特异性抗原　存在于某种肿瘤细胞表面，而不存在于正常细胞或其他肿瘤细胞表面的抗原。

2. 肿瘤相关抗原　非肿瘤细胞所特有，正常细胞表面也可出现微量表达，只有在细胞发生肿瘤时其含量可明显增高的抗原。

3. 胚胎抗原　指在胚胎发育阶段产生的正常成分，出生后逐渐消失或残留极微量，只有癌变时此类抗原重新生成。分两种：①分泌性抗原：如肝细胞癌变时产生的甲胎蛋白（AFP）；②与癌细胞膜有关的抗原：疏松地结合在细胞表面，如肠癌产生的癌胚抗原（CEA）。

六、超抗原

超抗原（SAg）是一类特殊的抗原物质，只需极低浓度即可引起机体极强的免疫应答，故称为超抗原。它包括金黄色葡萄球菌产生的肠毒素、链球菌致热外毒素等。

免疫佐剂是指与抗原同时或先于抗原注入机体内，可增强机体对抗原的免疫应答或改变免疫应答类型的物质，简称佐剂。佐剂的种类较多，如无机物佐剂、生物性佐剂、人工合成佐剂、油剂等。

小　结

抗原是一类能与T淋巴细胞、B淋巴细胞的抗原受体结合，促使其增殖、分化，产生抗体或致敏淋巴细胞，并与之特异性结合，进而发挥免疫效应的物质。抗原有两种特性：即免疫原性和免疫反应性。特异性是免疫应答的最重要的特点，也是免疫学诊断与防治的理论依据。决定抗原特异性的物质基础是抗原分子中的抗原决定基。根据抗原性能的不同，抗原可分为完全抗原和半抗原。完全抗原具有免疫原性和免疫反应性，半抗原单独存在时没有免疫原性，但有免疫反应性，半抗原若与大分子物质结合即可成为完全抗原。影响抗原诱导免疫应答的因素主要包括抗原分子的异物性及其理化性状，异物性是抗原的重要性质，大分子及结构复杂的物质免疫原性强。

医学上重要的抗原有以下几种：异种抗原、异嗜性抗原、同种异型抗原、自身抗原、肿瘤抗原。

自 测 题

一、名词解释

1. 抗原
2. 异嗜性抗原
3. 抗原决定基

二、单项选择题

1. 完全抗原是指
   A. 具有免疫原性和免疫反应性的物质
   B. 所有的大分子物质
   C. 化学结构复杂的物质
   D. 只有免疫原性的物质
   E. 只有免疫反应性的物质

2. 半抗原
   A. 有免疫原性和免疫反应性
   B. 没有免疫原性没有免疫反应性
   C. 有免疫原性没有免疫反应性
   D. 没有免疫原性有免疫反应性
   E. 以上都不对

3. 类毒素
   A. 有免疫原性，有毒性
   B. 有免疫原性，没有毒性
   C. 没有免疫原性，没有毒性
   D. 没有免疫原性，有毒性
   E. 细菌的内毒素经甲醛处理制成

（梁观林）

第十二章　免疫球蛋白

学习目标

1. 掌握免疫球蛋白、抗体的概念、各类免疫球蛋白的功能。
2. 熟悉免疫球蛋白的基本结构、免疫球蛋白各功能区的功能及水解片段的功能。
3. 了解单克隆抗体、基因工程抗体。

第一节　免疫球蛋白与抗体的概念

抗体（antibody，Ab）是指B细胞受抗原刺激后转化成浆细胞产生的，能与相应抗原特异性结合的具有免疫功能的球蛋白。

免疫球蛋白（immunoglobulin，Ig）是指具有抗体活性（能与相应抗原特异性结合）或化学结构与抗体相似的球蛋白。

Ab与Ig的关系：Ab是生物学和功能上的概念，Ig是结构和化学本质的名称。一切Ab都是Ig，但Ig不一定都是Ab（Ig不一定都具有Ab活性）。

第二节　免疫球蛋白的结构

一、免疫球蛋白的结构

（一）基本结构

由二硫键连接的四条多肽链组成的对称性单体分子。长的一对称重链（H链），短的一对称轻链（L链）（图12－1）。L链N端的1/2与H链N端的1/4，称可变区（V区）；L链C端的1/2与H链C端的3/4，称恒定区（C区）。

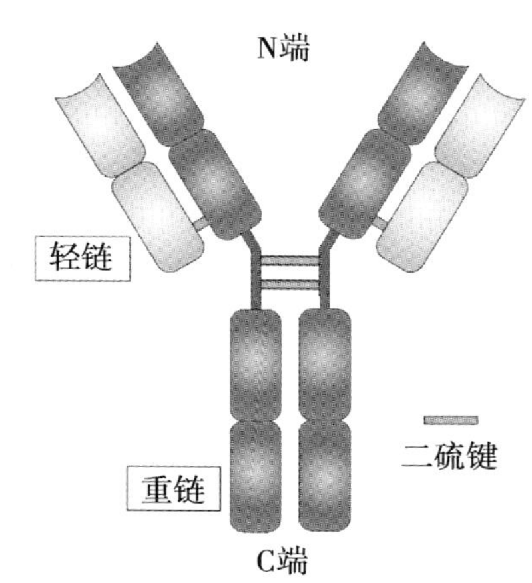

图12－1　免疫球蛋白的基本结构

（二）其他结构

连接链（J链）：连接Ig单体的成分。

分泌片（SP）：与J链共同组成分泌型IgA（双体），有稳定IgA的功能。

铰链区：位于CH1和CH2之间可转动的区域（仅IgG和IgM有），适于抗体变构，易于与Ag结合。

根据重链（H）C 区所含抗原表位不同，将重链分为 γ、α、μ、δ、ε 链五种，与此相对应的 Ig 分为五类，即 IgG、IgA、IgM、IgD、IgE；IgG、血清型 IgA、IgD、IgE 为单体；分泌型 IgA（SIgA）为双体（由 2 个单体组成）；IgM 为五聚体（由 5 个单体组成）。

二、免疫球蛋白的功能区、水解片段与生物学功能

1. 功能区　L 链分为 VL、CL，H 链分为 VH、CH1、CH2、CH3、CH4（IgM、IgE）。VH、VL 组成可变区，是结合 Ag 的部位。CH1、CL 是遗传标志所在。CH2（IgM 为 CH3）是结合补体的部位，CH3（IgE 为 CH2 和 CH3）与组织细胞表面 Fc 受体结合（图 12-2，彩图 12-2）。

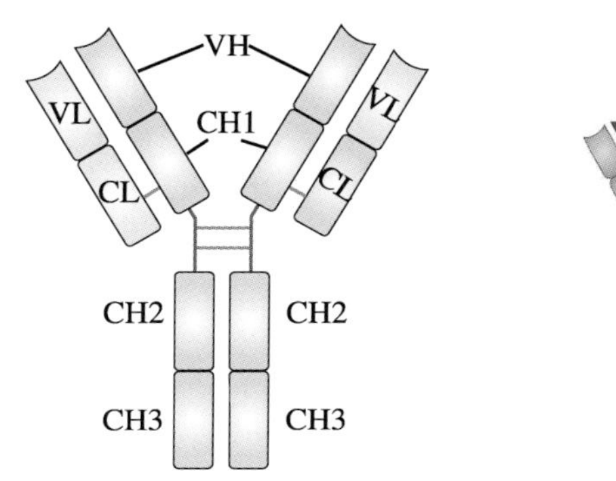

图 12-2　免疫球蛋白的功能区

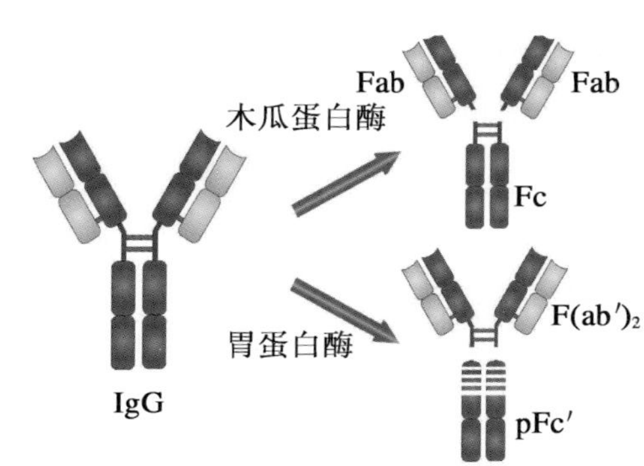

图 12-3　免疫球蛋白的水解片段

2. 水解片段

（1）用木瓜蛋白酶水解 IgG 获得 3 个片段，即两个 Fab 和一个 Fc（图 12-3，彩图 12-3）。

Fab 由一条完整的轻链及重链 N 端 1/2 组成，包括 VL、CL、VH、CH1，能与一个 Ag 分子结合，是具有抗体活性的部分。

Fc 由两条重链 C 端 1/2 及双硫键组成，包括 CH2、CH3（CH4），有补体结合点，并能与组织细胞的 Fc 受体结合，具有各类 Ig 重链的抗原性及相应功能区的生物学活性。

（2）用胃蛋白酶水解 IgG 得 F（ab′)$_2$ 和 pFc′。

F（ab′)$_2$ 功能与 Fab 相同，pFc′不具生物学活性。白喉或破伤风抗毒素经胃蛋白酶消化后精制，可减少超敏反应发生，其原因就是去掉了重链部分的 Fc 段。

第三节　各类免疫球蛋白的主要特性

一、IgG

IgG 主要为脾和淋巴结中的浆细胞产生，分布于自身体液中。五类 Ig 中，IgG 含量最多，占血清 Ig 总量的 75%～80%，半衰期最长，约 23 天，是机体抗感染免疫的主要抗体，大多数抗菌、抗病毒、抗毒素抗体都属于 IgG。IgG 是唯一能通过胎盘的抗体，在新生儿的抗感染免疫中起重要作用。

二、IgM

为五聚体，是分子量最大的免疫球蛋白，称巨球蛋白。约占血清 Ig 总量的 10%。IgM 是个体发育过程中最早合成和分泌的抗体，也是机体受抗原刺激后最早产生的抗体。IgM 具有很强的结合抗原能力、激活补体能力及调理作用，是机体早期重要的抗感染抗体。脐带血中的 IgM 升高提示胎儿有宫内感染，检查出 IgM 抗体水平升高可用于传染病的早期诊断。

三、IgA

IgA 占血清 Ig 总量的 10%～20%，分血清型和分泌型（SIgA）。血清型为单体，免疫功能不强；分泌型 IgA（SIgA）为双体，由呼吸道，消化道，泌尿生殖道等的黏膜下的浆细胞产生，存在于初乳、唾液、呼吸道分泌物、胃肠液及泌尿生殖道分泌液中，是机体黏膜局部防御感染的重要因素，有局部抗体之称。婴儿出生后 4～6 个月才能产生，可通过初乳获得 SIgA。

四、IgD

含量极低，为 B 细胞膜上的受体，血清 IgD 的功能尚未清楚。

五、IgE

含量极微，其 Fc 段可与肥大细胞、嗜碱性粒细胞表面的 Fc 受体结合，故称亲细胞抗体。是介导Ⅰ型超敏反应的抗体，并可抗寄生虫感染。

知识链接

调理作用：IgG 的 Fab 段与相应的细菌 Ag 结合，再通过 Fc 段与吞噬细胞的受体结合，利于吞噬细胞对细菌的吞噬。

第四节 人工抗体的制备

一、多克隆抗体

天然抗原常含有多种不同的抗原决定基，注入机体后，刺激多个 B 细胞克隆所产生的抗体是针对多种抗原决定基的混合抗体，故称之为多克隆抗体。因特异性不高，从而使应用受限。

二、单克隆抗体

由单个 B 细胞增殖而形成的细胞纯系所产生，是只识别抗原分子上某一特定抗原决定基的抗体，称单克隆抗体。其特异性强，效价高，交叉反应较少，制备成本低，因而应用广泛。

三、基因工程抗体

基因工程抗体也称重组抗体。其原理是应用DNA重组和蛋白质工程技术，根据不同的目的在基因水平上对免疫球蛋白分子进行切割、拼接或修饰，重新组装成新型抗体分子。该抗体具有广泛的应用前景。

小 结

抗体是介导体液免疫的重要效应分子。具有抗体活性或化学结构与抗体相似的球蛋白称免疫球蛋白。免疫球蛋白由2条重链（H）和2条轻链（L）间二硫键连接形成“Y”字形结构。免疫球蛋白有IgG、IgA、IgM、IgD、IgE等五类。免疫球蛋白分子结构可分为可变区（V区）、恒定区（C区）和铰链区。

IgG在血清中含量最高，是唯一可穿过胎盘的抗体，是机体抗感染的“主力军”。IgM的相对分子量最大，是个体发育中最早合成和分泌的抗体，也是初次体液免疫应答中最早出现的抗体，是机体抗感染的“先头部队”。IgA有血清型和分泌型（SIgA），SIgA是外分泌液中主要的抗体，参与黏膜局部免疫。IgD为B细胞膜上的受体。IgE含量极微，为亲细胞抗体，是介导Ⅰ型超敏反应的抗体，并可抗寄生虫感染。

人工制备的抗体主要有多克隆、单克隆抗体和基因工程抗体3种类型。

自 测 题

一、名词解释

1. 抗体

2. 免疫球蛋白

二、单项选择题

1. 免疫球蛋白的基本结构是由
   A. 双硫键连接起来的四条多肽链组成
   B. 由四条多肽链组成
   C. 一条轻链和一条重链组成
   D. 两条重链组成
   E. 两条轻链组成

2. 在血清中含量最高的是
   A. IgG
   B. IgA
   C. IgM
   D. IgD
   E. IgE

3. 受抗原刺激最先产生的抗体是
   A. IgG
   B. IgA

C. IgM
D. IgD
E. IgE

4. 新生儿从初乳获得的免疫球蛋白是
A. IgG
B. SIgA
C. IgM
D. IgD
E. IgE

5. 如有宫内感染，胎儿或新生儿血液内可出现高浓度的免疫球蛋白是
A. IgG
B. IgA
C. IgM
D. IgD
E. IgE

（梁观林）

第十三章　主要组织相容性抗原

学习目标

1. 熟悉 HLA、MHC 的概念，MHC 分子的分布及主要功能。
2. 了解 HLA－Ⅰ类分子和 HLA－Ⅱ类分子的结构，MHC 分子的医学意义。

第一节　HLA 与 MHC 的概念

同一种属不同个体间进行组织或器官移植所发生的排斥反应，由细胞表面的同种异型抗原所诱导。这种同种异型抗原称为组织相容性抗原。现已经证实，机体的组织相容性抗原系统多达 20 个以上，其中凡能引起强而迅速排斥反应的称为主要组织相容性抗原（major histocompatibility antigen）；引起较弱排斥反应的称为次要组织相容性抗原。由于人类的主要组织相容性抗原首先在白细胞上发现，故又称为人类白细胞抗原（human leucocyte antigen，HLA）。

编码哺乳类动物主要组织相容性抗原的基因群，称为主要组织相容性复合体（major histocompatibility complex，MHC）。编码 HLA 的基因群称为 HLA 复合体。

第二节　HLA 的分子结构

HLA 分子分为两类，即 HLA－Ⅰ类分子和 HLA－Ⅱ类分子，其结构模式见图 13－1。

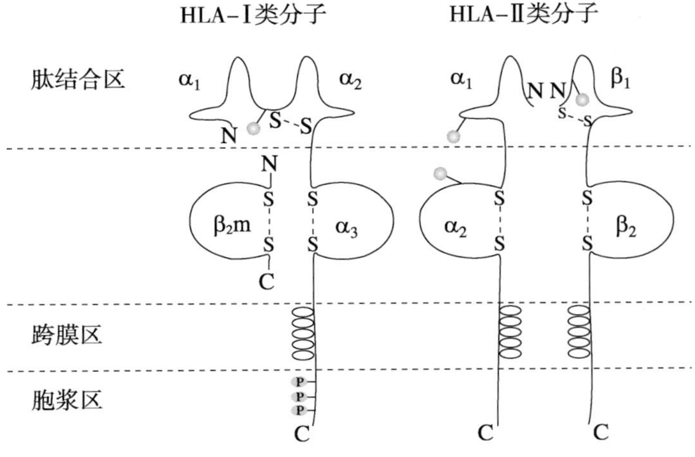

图 13－1　HLA－Ⅰ类分子和Ⅱ类分子的结构模式图

一、HLA－Ⅰ类分子的结构

HLA－Ⅰ类分子是由两条多肽链组成，即由主要的 α 链和 β_2－微球蛋白组成。其中 α 链由三个细胞外结构域（即 α_1、α_2 和 α_3）、跨膜区和胞质区三部分组成。α_1、α_2 结构域构成 HLA－Ⅰ类分子的抗原肽结合区。α_3 结构域是 HLA－Ⅰ类分子与 T 细胞表面 CD8 分子相结合的部位。β_2 微球蛋白并不插入细胞膜，其作用是稳定 HLA－Ⅰ类分子的构象。

二、HLA－Ⅱ类分子的结构

HLA－Ⅱ类分子是由 α 链和 β 链组成的异二聚体。与Ⅰ类分子轻链不同，α 链和 β 链各自均有两个胞外结构域（α_1、α_2 和 β_1、β_2）、跨膜区和胞质区。α_2/β_2 结构域与Ⅰ类分子的 α_3 结构域相似，能与 T 细胞表面的 CD4 受体结合。与Ⅰ类分子不同，Ⅱ类分子的抗原结合区分别由 α 链的 α_1 结构域和 β 链的 β_1 结构域构成。

第三节 HLA 的分布和主要功能

一、HLA 的分布

1. HLA－Ⅰ类分子 HLA－Ⅰ类分子广泛分布于体内各种有核细胞、血小板和网织红细胞表面。成熟的红细胞一般不表达 HLA 分子。

2. HLA－Ⅱ类分子 HLA－Ⅱ类分子分主要分布在抗原提呈细胞和活化的 T 细胞等表面。此外，内皮细胞和某些组织的上皮细胞也可表达 HLA－Ⅱ类分子。

HLA－Ⅰ类分子和 HLA－Ⅱ类分子也以可溶性的形式出现于血液、尿液、唾液、精液、乳汁等体液中。

二、MHC 分子的主要功能

1. 抗原提呈作用 MHC 分子在机体正常情况下的最主要功能是以抗原肽－MHC 分子复合物的形式提呈抗原给 T 细胞，从而启动适应性免疫应答。

抗原提呈细胞对抗原进行加工处理后，最终以抗原肽－MHC 分子复合物的形式呈现在细胞表面，供 T 细胞识别。T 细胞对抗原肽－MHC 分子复合体的识别，既要识别抗原肽同时也要识别 MHC 分子的类型，即双识别。抗原肽－MHC－Ⅰ类分子复合物供 $CD8^+$ T 细胞识别，抗原肽－MHC－Ⅱ类分子复合物供 $CD4^+$ T 细胞识别。

2. MHC 限制性 T 细胞受体（TCR）在识别 APC 细胞或者靶细胞上的 MHC 分子所提呈的抗原肽时，必须同时识别抗原肽以及与抗原肽结合的 MHC 分子类型，此现象即 MHC 限制性。也就是免疫细胞间相互作用的限制性。

3. 参与对免疫应答的遗传控制 机体对特定抗原物质是否应答以及应答的强弱受遗传控制。其本质就是不同个体的 MHC 分子抗原肽结合槽（抗原肽结合区）能否结合特定抗原肽以及其亲和力的大小。

4. 参与免疫调节 MHC 分子参与抗原提呈并制约免疫细胞间相互作用，从而调控机体免疫应答的发生及其强弱。MHC 分子表达水平高低也直接影响免疫应答的强弱。

5. 参与 T 细胞在胸腺的发育、成熟 早期 T 细胞在胸腺中发育为成熟 T 细胞的过程中，必须与表达 MHC－Ⅰ或Ⅱ类抗原的胸腺上皮细胞接触才能分别分化成 $CD8^+$ 或 $CD4^+$ T 细胞。

第四节　HLA 在医学上的意义

一、HLA 与同种异体的干细胞移植、组织或器官移植关系

移植的成功与否在很大程度上取决于供者、受者间 HLA 型别的差异。移植术前寻找适合供者的主要依据是供受者之间进行 HLA 配型。

二、HLA 与某些疾病的关联

通过群体调查比较患者与正常人 HLA 的频率，发现某些疾病与特定 HLA 型别相关联。如北美白人强直性脊柱炎患者有 91%以上携带 HLA－B27。HLA 与疾病相关联的机制尚未阐明。

三、HLA 表达异常与疾病的关系

某些疾病状态可出现 HLA 表达异常，其机制和意义尚不清楚，可能与这些疾病的发生、发展有关。如 AIDS 患者单核细胞 HLA－Ⅱ分子表达明显减少；许多人类肿瘤或肿瘤衍生的细胞株，HLA－Ⅰ类分子表达缺失或密度降低。

四、HLA 在法医学上的应用

由于 HLA 复合体的高度多态性，个体的 HLA 复合体可视为伴随个体终生的特异性遗传标记，HLA 基因型和（或）表现型的检测，已成为法医学上个体识别和亲子鉴定的重要手段 。

小　结

MHC 分子在机体正常情况下的最主要功能是以抗原肽－MHC 分子复合物的形式提呈抗原给 T 细胞，启动适应性免疫应答。

MHC 分子在免疫细胞间作用、对免疫应答的遗传控制、免疫应答的调节以及 T 细胞在胸腺内的发育成熟过程等方面起着主要的作用。

MHC 分子在同种异体的干细胞移植、组织或器官移植排斥反应方面有重要作用，与强直性脊柱炎等疾病具有关联性，与人类多种肿瘤的发生、发展有密切关系，在法医学上是应用于个体识别和亲子鉴定的重要手段。

自 测 题

一、名词解释

1. HLA

2. MHC

二、单项选择题

1. 下列细胞通常不表达 HLA－Ⅰ类抗原的是
   A. 单核细胞
   B. B 淋巴细胞
   C. 皮肤细胞
   D. T 淋巴细胞
   E. 红细胞

2. MHC－Ⅰ类分子的肽结合区是由哪些功能区组成的
   A. $\alpha_1\beta_1$
   B. $\alpha_1\alpha_2$
   C. $\beta_1\beta_2$
   D. $\alpha_2\alpha_3$
   E. α_1、β_2－微球蛋白

3. CD8 分子识别的 MHC－Ⅰ类分子功能区是
   A. α_1
   B. α_3
   C. α_4
   D. α_2
   E. β_2－微球蛋白

三、简答题

简述 MHC 分子的主要功能。

（钟宇飞）

第十四章　适应性免疫应答

学习目标

1. 掌握适应性免疫应答、细胞免疫、体液免疫的概念以及抗体产生的一般规律。
2. 熟悉适应性免疫应答的基本过程、细胞免疫和体液免疫的效应。
3. 了解细胞免疫应答和体液免疫应答的发生过程。

第一节　概　述

一、适应性免疫应答的概念

机体的免疫应答可分为固有免疫应答和适应性免疫应答。固有免疫应答的有关知识将在第十五章中学习。适应性免疫应答亦称特异性免疫应答或获得性免疫应答，是指机体的抗原特异性淋巴细胞（T 细胞或 B 细胞）接受抗原刺激后，自身活化、增殖、分化，进而产生免疫效应的全过程。适应性免疫应答具有多方面特点，如特异性、获得性、多样性、记忆性、转移性、耐受性等。

二、适应性免疫应答的类型

根据机体免疫系统对抗原物质刺激的反应状态和最终结果的不同，可分为正免疫应答和负免疫应答。正免疫应答就是通常所指的适应性免疫应答。负免疫应答又称为免疫耐受，是指机体免疫系统对抗原识别后所产生的特异性无应答状态。在正常情况下，机体对“非己”抗原产生正应答，从而发挥抗感染、抗肿瘤等免疫效应；而对自身正常的成分则产生免疫耐受，以维护自身的内环境的平衡和稳定。在异常情况下，如自身耐受被打破可导致自身免疫性疾病；反之当机体针对肿瘤细胞或病原微生物产生耐受则可导致肿瘤和感染。

根据参与免疫应答细胞种类及其机制的不同，可将适应性免疫应答分为 B 细胞介导的体液免疫应答和 T 细胞介导的细胞免疫应答两种类型。

当适应性免疫应答的效应导致了机体的生理功能紊乱或（和）组织细胞损伤时，被称为超敏反应或变态反应。

三、适应性免疫应答的发生场所

淋巴结、脾等外周免疫器官是适应性免疫应答的主要场所。骨髓是体液免疫再次应答的主要部位。骨髓中分化成熟的浆细胞，缓慢而持久地产生大量抗体（主要是 IgG，其次为 IgA），成为体液免疫再次应答中抗体的主要来源。

四、适应性免疫应答的基本过程

适应性免疫应答的基本过程可人为地分为三个阶段：

1. 识别启动阶段（感应阶段）　是指抗原提呈细胞（APC）对抗原的摄取、加工处理和提呈以及抗原特异性 T 细胞或 B 细胞对抗原的识别，启动活化的阶段。

2. 活化、增殖、分化阶段（反应阶段）　是指抗原特异性 T、B 淋巴细胞识别抗原后的活化、增殖、分化阶段。其中，T 淋巴细胞增殖、分化形成效应 T 细胞（Th1、CTL）；B 细胞增殖、分化形成浆细胞并产生抗体。

在此阶段，部分 T 细胞和 B 细胞分化成记忆细胞。记忆细胞是长寿细胞，介导再次应答。即当机体再次接触相同抗原时，记忆细胞可迅速增殖分化，产生相应体液免疫效应和（或）细胞免疫效应。每次的再次应答过程都会形成一批新的记忆细胞，机体针对某种抗原的特异性免疫力因此得以维持和增强。

3. 效应阶段　指效应 T 细胞（Th1、CTL）、抗体与相应抗原结合，分别发挥 T 细胞介导的细胞免疫效应和 B 细胞介导的体液免疫效应，可以产生对机体有利的免疫保护效果和对机体不利的免疫病理效果。

第二节　细胞免疫应答

一、细胞免疫应答的概念

T 细胞介导的免疫应答简称为细胞免疫应答或细胞免疫，是指抗原特异性 T 细胞识别抗原后活化、增殖、分化，形成效应 T 细胞并产生特异性免疫效应的过程。

二、细胞免疫应答的发生过程

抗原提呈细胞（如巨噬细胞）加工、处理抗原后，抗原肽与 MHC 形成复合物并表达于细胞表面，与 T 细胞的相应受体结合，使 T 细胞活化（图 14－1）；活化后的 T 细胞开始增殖、分化并最终形成效应 T 细胞（CTL、Th1），部分 T 细胞分化为 T 记忆细胞，介导再次细胞免疫应答。

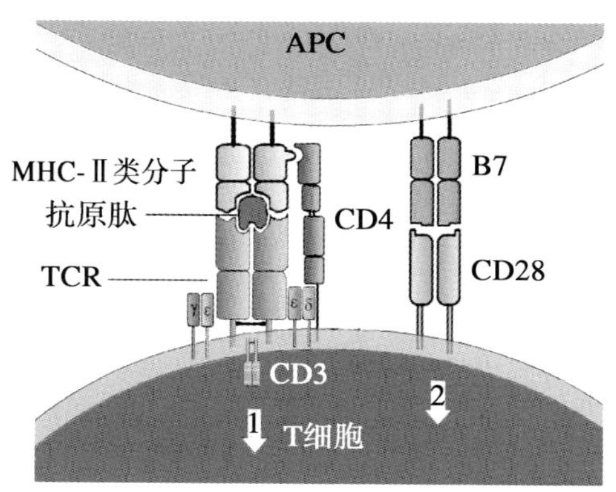

图 14－1　T 细胞的活化

1. $CD4^+$ T 细胞的作用　效应 Th 细胞包括 Th1 细胞和 Th2 细胞。

Th1 细胞通过释放 IL－2（白细胞介素 2）、IFN－γ（干扰素 γ）、TNF（肿瘤坏死因子）等细胞因子，引起以淋巴细胞和单核巨噬细胞浸润为主的慢性炎症反应或迟发型超敏反应。

Th2 细胞主要辅助 B 细胞对 TD 抗原的体液免疫应答。其分泌的细胞因子也可以激活肥大细胞、嗜碱性粒细胞和嗜酸性粒细胞，参与超敏反应和抗寄生虫感染。

2. $CD8^+$ CTL 的作用　效应性 CTL 能特异性识别靶细胞表面的抗原肽－MHC－Ⅰ分子复合物，因此能特异性杀伤靶细胞。

CTL 对靶细胞的杀伤作用具有特异性、MHC－Ⅰ类分子限制性和连续高效性。

CTL 导致靶细胞的死亡主要通过两条途径：①通过穿孔素/颗粒酶途径导致靶细胞裂解或凋亡；②通过 Fas/FasL 途径导致靶细胞凋亡。

三、细胞免疫的生物学效应

1. 抗细胞内感染　机体抵抗细胞内感染的病原体，包括某些细菌（如结核分枝杆菌、麻风分枝杆菌、伤寒杆菌等）、病毒、真菌及某些寄生虫等，主要依靠细胞免疫应答。

2. 抗肿瘤　CTL 能特异性杀伤肿瘤细胞；分泌的 TNF、IFN、IL－2 等细胞因子，直接或间接发挥杀伤肿瘤细胞作用。

3. 引起免疫损伤　细胞免疫效应参与了Ⅳ型超敏反应、移植排斥反应、某些（器官特异性）自身免疫性疾病等的发生、发展过程。

第三节　体液免疫应答

一、体液免疫应答的概念

B 细胞介导的免疫应答，是指抗原特异性 B 细胞识别抗原后活化、增殖、分化成记忆细胞和浆细胞，后者合成和分泌抗体，进而产生特异性免疫效应的过程。由于抗体存在于体液中，故简称为体液免疫应答或体液免疫。

二、体液免疫应答的发生过程

体液免疫应答分为对 TD 抗原的应答和对 TI 抗原的应答两种。

1. TD 抗原诱导的体液免疫应答　诱导 B 细胞介导体液免疫应答的抗原，大多数为胸腺依赖性抗原（即 TD 抗原）。TD 抗原需 T 细胞辅助才能最终使 B 细胞活化。TD 抗原诱导的体液免疫应答需要 APC、Th 细胞与 B 细胞协同作用才能完成免疫效应，整个过程还有多种分子参与。

TD 抗原诱导的体液免疫应答基本过程如下：APC 捕捉外来抗原并在胞浆中降解成小分子多肽，以抗原肽－MHC－Ⅱ类分子复合物形式表达在 APC 表面，提呈给 $CD4^+$ Th 细胞。$CD4^+$ Th 细胞接受刺激活化后，辅助 B 细胞活化。B 细胞活化后，随即增殖、分化为 B 记忆细胞和浆细胞（图 14－2）。浆细胞合成并分泌特异性抗体，抗体与相应抗原结合而发挥体液免疫效应。

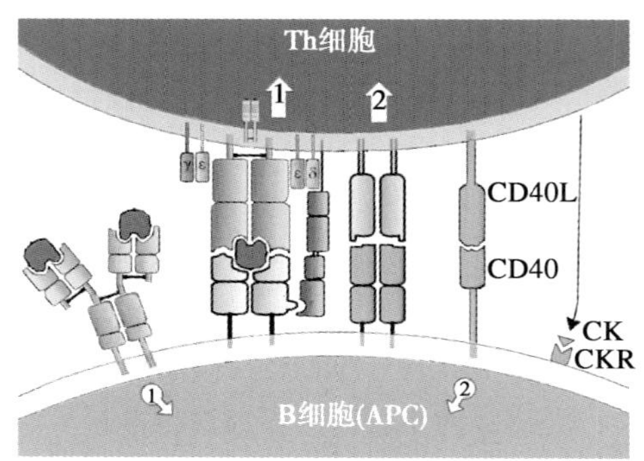

图 14-2 B 细胞的活化

2. TI 抗原诱导的体液免疫应答 某些细菌的多糖、多聚蛋白质及脂多糖等抗原，在不需抗原特异性 T 细胞辅助的情况下可直接活化 B 细胞。受 TI 抗原刺激通常只产生 IgM 类抗体，抗体的亲和力也较低，不形成 B 记忆细胞。

三、抗体产生的一般规律

是指机体对特定抗原初次刺激与再次刺激所发生的体液免疫应答（即初次应答和再次应答）的规律，见图 14-3。

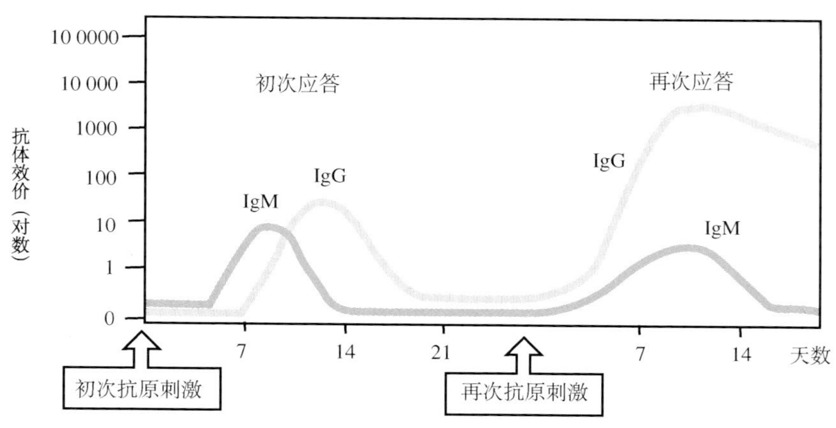

图 14-3 抗体产生的一般规律

初次应答是指抗原第一次进入机体时引起的免疫应答。其特点是：①潜伏期长，需经1～2周血清中才能出现抗体；②抗体的效价低；③抗体的维持时间短；④抗体以 IgM 为主；⑤抗体的亲和力低。

再次应答或称回忆应答是指相同抗原再次进入机体所引起的免疫应答。其特点是：①潜伏期短；②抗体的效价高；③抗体的维持时间长；④抗体以 IgG 为主，IgM 含量与初次应答相似；⑤抗体的亲和力高。

掌握抗体产生的一般规律有以下几方面的意义：①预防接种及制备动物免疫血清时，应进行再次免疫，才能达到更好的免疫效果。②抗体含量的变化可作为疾病诊断或病情评估的依据。③检测 IgM 有助于疾病的早期诊断或宫内感染的诊断。

四、体液免疫的生物学效应

体液免疫的生物学效应表现在：

1. 中和作用　抗体（抗毒素）与游离的细菌外毒素结合，中和其毒性；抗体与病毒结合，阻止病毒进入宿主细胞。

2. 调理作用　IgG 和 IgM 类抗体与抗原结合后，可促进吞噬细胞对抗原性物质的吞噬。

3. 激活补体作用　抗体（IgG 或 IgM）与抗原结合成复合物，激活补体经典途径；IgG4、IgA 和 IgE 的凝聚物可激活补体旁路途径，进而发挥补体的作用。

4. 抗体依赖性细胞介导的细胞毒作用（ADCC）　抗体（IgG）与靶细胞特异性结合后再通过其 Fc 段与 NK 细胞、巨噬细胞等表面存在的 IgGFc 受体结合，靶细胞被 NK 细胞、巨噬细胞等杀伤，此作用称为 ADCC。

5. 抑制病原体对黏膜的黏附　存在于外分泌物中的 SIgA 与相应病原体特异性结合后，能阻止病原体对黏膜的吸附与入侵，起到局部抗感染作用。

6. 免疫损伤作用　抗体参与Ⅰ、Ⅱ和Ⅲ型超敏反应，自身免疫病，移植超急排斥反应等的病理损伤过程。

小　结

适应性免疫应答是指机体的抗原特异性淋巴细胞（T 细胞或 B 细胞）接受抗原刺激后，自身活化、增殖、分化，进而产生免疫效应的过程。其基本过程可分为三个阶段，即识别启动阶段，活化、增殖、分化阶段和效应阶段。适应性免疫应答可分为细胞免疫应答和体液免疫应答。细胞免疫效应由 $CD4^+$ Th 细胞和 $CD8^+$ CTL 介导的效应组成，主要参与机体的抗胞内感染、抗肿瘤以及Ⅳ型超敏反应。体液免疫效应由抗体与抗原特异性结合所驱动，主要效应包括对细菌毒素和病毒的中和作用、调理作用、激活补体、ADCC 作用以及参与Ⅰ、Ⅱ和Ⅲ型超敏反应等。再次应答与初次应答比较，速度加快了，作用更强、更持久了，掌握这一规律对预防接种方案的设计、血清学检验结果的判断、感染早诊断和宫内感染诊断等实际工作具有重要的意义。

自测题

一、名词解释

1. 适应性免疫应答
2. 免疫耐受
3. 再次应答

二、单项选择题

1. 下列哪一种杀伤细胞兼有抗原提呈作用
   A. CTL
   B. 巨噬细胞
   C. NK 细胞
   D. 中性粒细胞
   E. 嗜酸性粒细胞

2. 特异性细胞的免疫效应是由下列哪些细胞介导的
   A. Th1、Th2
   B. Th1、Ts
   C. Th1、CTL
   D. Th2、CTL
   E. Th2、Ts

3. Th1 细胞的免疫效应为
   A. 非特异性直接杀伤靶细胞
   B. 分泌抗体
   C. 特异性直接杀伤靶细胞
   D. 释放细胞因子产生免疫效应
   E. ADCC 作用

4. 属于初次应答特点的是
   A. 潜伏期短
   B. 抗体主要为 IgG
   C. 抗体效价高
   D. 抗体的维持时间长
   E. 抗体的亲和力低

5. 体液免疫再次应答的介导细胞是
   A. 巨噬细胞
   B. 树突状细胞
   C. B 记忆细胞
   D. B 细胞
   E. $CD8^+$ T 细胞

6. 抗体的下列哪个作用属于中和作用
   A. 增强吞噬细胞的吞噬作用
   B. ADCC
   C. 阻止病毒吸附易感细胞
   D. 溶解病毒
   E. 激活补体裂解细菌

7. 能发挥 ADCC 作用的细胞是
   A. B 细胞
   B. T 细胞
   C. NK 细胞
   D. 红细胞
   E. 中性粒细胞

三、简答题

1. 简述免疫应答的基本过程。
2. 简述抗体产生的一般规律及其意义。

（钟宇飞）

第十五章　抗感染免疫

学习目标

1. 掌握固有免疫和适应性免疫的概念和特点。
2. 熟悉固有免疫的组成因素及其作用，适应性免疫中体液免疫、细胞免疫抗感染的特点。
3. 了解固有免疫中体液因素的抗感染作用。

第一节　概　述

机体抵抗病原生物感染的功能即称为抗感染免疫。机体抗感染能力的强弱主要决定于机体的免疫功能，此外还与遗传因素、年龄、机体的营养状态等有关。

根据抗感染免疫发生机制的不同，可将其分为固有免疫和适应性免疫。病原体侵入机体后，首先遇到的是固有免疫的抵抗，一般经1～2周后机体才产生适应性抗感染免疫。此后，固有免疫和适应性抗感染免疫既可单独发挥抗感染作用，又可相互协作，共同抵抗病原体的入侵。

第二节　固有免疫的抗感染作用

一、概念与特点

固有免疫是人类在长期的种系发育和进化过程中逐渐形成的抵抗病原生物侵害的功能。固有免疫有多个名称，因机体天然具备该功能，故称为先天性免疫或天然防御功能；因固有免疫无特异性，故常被称为非特异性免疫。

固有免疫在机体防御机制中具有重要意义，病原体要侵入机体或病原体进入机体后，首先遇到的是机体固有免疫的抵抗。

固有免疫具有以下特点：①先天具备，人人都有，可遗传；②对病原体的抵抗无特异性，对所有病原体均有一定的作用；③无免疫记忆性；④免疫作用迅速。

二、组成因素及其作用

机体的固有免疫由屏障结构、固有免疫细胞、体液中的抗微生物物质三个部分组成。

（一）屏障结构

指机体先天具备的能够阻挡病原微生物或大分子毒性物质等进入机体的结构。机体的屏障结构包括以下几种。

1. 体表屏障（皮肤黏膜屏障）　完整健康的皮肤黏膜是机体抵抗病原体入侵的第一道防线，能机械阻挡病原体侵入机体，因此当皮肤黏膜受损时机体易于发生感染。皮肤黏膜的附属结构也有排菌抗菌作用，如呼吸道黏膜的纤毛能排除病原体，皮肤黏膜的分泌液如汗液中的乳酸、胃液中的胃酸、阴道分泌液中的酸性物质均具有杀菌作用。皮肤黏膜表面的正常菌群对病原体也具有拮抗作用，能阻止或限制外来微生物的定居和繁殖。

2. 血脑屏障　主要由软脑膜、脑毛细血管壁和壁外胶质膜组成。结构非常致密，病原体及其他大分子物质一般不易通过，其作用是阻止微生物及其代谢产物从血液进入大脑或脑脊液，从而保护中枢神经系统。小儿血脑屏障发育不完善，因此，较成人更易发生颅内感染。

3. 胎盘屏障　由母体子宫内膜的基蜕膜和胎儿绒毛膜滋养层细胞共同组成。此屏障的作用是阻止母体血液中的病原体及其代谢物进入胎儿，因此能保护胎儿免受感染。在妊娠的前三个月，胎盘屏障发育不完善，此阶段孕妇如感染某些病毒，可导致胎儿畸形、流产、死胎等。

（二）固有免疫细胞

病原体突破体表屏障后，机体的固有免疫细胞可发挥免疫作用，能吞噬杀伤进入体内的病原体。

1. 吞噬细胞　包括中性粒细胞和单核-巨噬细胞系统，在固有免疫中发挥重要作用，是清除病原微生物的重要效应细胞。

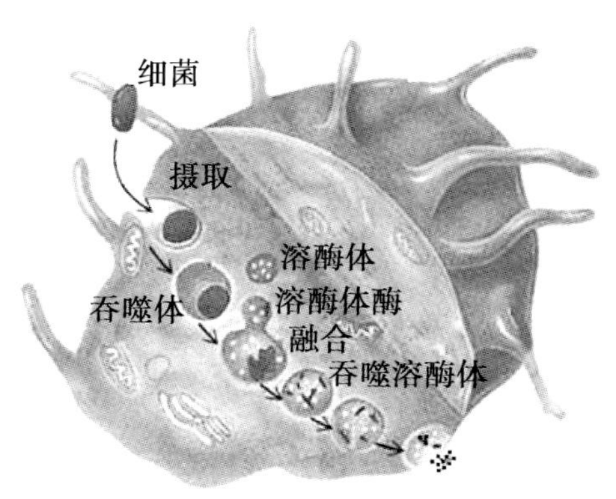

图 15-1　吞噬细胞吞噬、杀菌过程示意图

血液中的中性粒细胞又称小吞噬细胞，数量多，更新快，最早到达病原微生物所在部位；血液中的单核细胞和组织中的巨噬细胞又称大吞噬细胞，1～2天后才到达感染部位，但作用更持久，是固有免疫后期应答的主要效应细胞。

吞噬细胞的吞噬过程为：定向移动、吞入、杀死破坏病原体（图 15-1）。

2. 其他细胞　主要是 NK 细胞，能非特异杀伤病原体。

（三）体液中的抗微生物物质

体液中的一些分子也具有非特异性抗感染作用，这些分子主要有补体、干扰素、溶菌酶等，其中最重要的是补体。

1. 补体　补体是存在于正常人或动物体液中的一组与免疫有关、经活化后具有酶活性的球蛋白。补体主要参与非特异的抗感染免疫，是机体的主要防御系统之一。

补体主要存在于血清中，性质不稳定，在体外极易失活。正常情况下补体无活性，需被激活才有免疫作用，补体系统激活的途径有经典途径、旁路途径和 MBL 途径。补体的激活受体内多种因素的调节与控制，以防止补体成分过度消耗或活化范围过大而造成组织损伤。补体激活后产生的多种活性产物，可介导溶菌溶细胞、调理吞噬、趋化作用、过敏毒素作用等。

2. 溶菌酶　由巨噬细胞产生的一种碱性蛋白质，广泛分布于血清及泪液、唾液、鼻涕等多种分泌液中，其作用是能溶解破坏革兰阳性菌的细胞壁的肽聚糖，使细菌裂解，从而杀伤细菌。在抗体与补体的参与下，溶菌酶也可溶解某些革兰阴性菌。

3. 干扰素　由病毒感染的细胞或致敏 T 细胞等产生的一种糖蛋白，作用于临近细胞后能诱导细胞产生抗病毒蛋白，从而能保护易感细胞，并能干扰病毒在细胞内的复制，限制病毒的扩散。另外，干扰素还可激活 NK 细胞、Tc 细胞和单核吞噬细胞。

第三节　适应性免疫的抗感染作用

一、概念与特点

适应性免疫是指个体在后天生活过程中，受某种病原微生物等抗原物质刺激引起的免疫应答，或被动获得特异性抗体等免疫物质所产生的免疫。因适应性免疫是后天获得并具有特异性，故又称为获得性免疫或特异性免疫。

适应性免疫具有以下特点：①后天获得，针对特定病原体的免疫并非人人具备，不可遗传；②具有特异性；③具有免疫记忆性；④主动免疫产生免疫效应需一定的时间，被动免疫可立即起作用。

根据适应性免疫的获得方式可将其分为自动免疫、被动免疫两种；根据适应性免疫发生的机制又可将其分为体液免疫的抗感染作用、细胞免疫的抗感染作用。

二、体液免疫抗感染的特点

体液免疫抗感染也就是通过抗体来清除病原体及其代谢物。因抗体主要存在于体液中，体积较大，难以进入细胞内对胞内微生物发挥作用，故体液免疫的抗感染具有以下特点：

1. 参与的抗体类型是 IgG、IgM、SIgA，在抗感染中起主要作用的是 IgG。

2. 既可发挥直接抗感染作用，中和细菌外毒素、中和病毒；也可发挥间接抗感染作用，即抗体与病原体结合后，病原体并未被杀死或破坏，还需通过补体、NK 等将病原体清除。

3. 主要对细胞外生长的病原体起作用，对真菌、寄生虫等较大的病原体也较难发挥抗感染作用。

三、细胞免疫抗感染的特点

1. 效应 T 细胞有两类，CD_8^+ T_C能直接杀伤病原体寄生的靶细胞；CD_4^+ Th1 能释放淋巴因子，通过巨噬细胞杀灭清除病原体寄生的靶细胞。

2. 产生免疫效应缓慢，炎症局部有淋巴细胞和单核细胞聚集。

3. 主要对细胞内寄生的病原体起作用，可对真菌、寄生虫等较大的病原体发挥抗感染作用。

第四节　固有免疫与适应性免疫在抗感染过程中的关系

固有免疫和适应性免疫协同完成机体的防御功能，两者之间具有互补性和相互促进性（表 15－1）。

在抗感染过程中，固有免疫出现快，通常情况下可在感染初期的三四天内起作用，作用范围广，但强度较弱，尤其是对某些致病性较强的病原体则难以消灭。适应性免疫出现较慢，常在感染后5～7天后才起作用，但作用的针对性强，作用的强度也超过固有免疫。因此两者之间具有互补性。

固有免疫可促进适应性免疫的形成。大部分进入机体的抗原，都需经过吞噬细胞的加工处理才能刺激免疫系统，从而产生相应的适应性免疫。而适应性免疫反过来又可增强机体的固有免疫。例如，人体接种卡介苗以后，除了增强人体对结核杆菌的免疫能力以外，还增强了吞噬细胞对布氏杆菌和肿瘤细胞的吞噬、消化能力，并增加了干扰素的含量等。因此，两者之间还具有相互促进性。

表 15－1　固有免疫和适应性免疫的特点比较

	获得方式	遗传性	特异性	免疫记忆	作用顺序
固有免疫	先天	可遗传	无	无	先
适应性免疫	后天	不可遗传	有	有	后

小　结

固有免疫是机体先天具备的抗感染能力，对病原体的抵抗作用无特异性。其组成成分包括屏障结构、固有免疫细胞、体液中的补体和干扰素等。

适应性抗感染免疫是机体后天获得的一种对抗病原体感染的能力，具有特异性、记忆性、获得性等特点。根据适应性免疫发生的机制可将其分为体液免疫的抗感染作用和细胞免疫的抗感染作用。

固有免疫和适应性免疫协同完成机体的防御功能，两者之间具有互补性和相互促进性。

自 测 题

一、单项选择题

1. 机体固有免疫的组成，**错误**的是
   A. 补体
   B. 胎盘屏障
   C. 中性粒细胞
   D. T淋巴细胞
   E. 皮肤黏膜

2. 机体抵抗病原体入侵的第一道防线是
   A. 血脑屏障
   B. 皮肤黏膜屏障
   C. 胎盘屏障
   D. 吞噬细胞
   E. 补体

3. 关于适应性免疫，**错误**的是
   A. 又称为获得性免疫
   B. 具有特异性
   C. 可遗传
   D. 有免疫记忆性
   E. 后天获得

二、简答题

1. 比较固有免疫和适应性免疫的特点。
2. 简述固有免疫和适应性免疫在抗感染中的关系。

（钟　云）

第十六章　超敏反应

学习目标

1. 掌握超敏反应的概念、Ⅰ型超敏反应的防治原则。
2. 熟悉Ⅰ型超敏反应的发生机制，Ⅰ、Ⅱ、Ⅲ、Ⅳ型超敏反应的常见疾病。
3. 了解Ⅱ、Ⅲ、Ⅳ型超敏反应的发生机制。

第一节　概　述

一、超敏反应、变应原的概念

超敏反应是指机体接受同一抗原再次刺激后发生的一种以机体生理功能紊乱或组织损伤为主的特异性免疫应答，又称为变态反应或过敏反应。

引起超敏反应的物质称为变应原。常见的变应原有：①吸入物：尘土、花粉、动物皮毛等；②食物：主要为动物蛋白（鱼、蛋、奶类等），少数植物性食物也可引起超敏反应；③药物：如抗生素（青霉素、磺胺类）、麻醉剂等；④其他：油漆等化工制剂、塑料及橡胶等。

二、超敏反应的类型

根据超敏反应的发生机制及临床特点，可将超敏反应分为四型：Ⅰ、Ⅱ、Ⅲ、Ⅵ型超敏反应。

知识链接

超敏反应与适应性免疫应答的联系与区别

超敏反应与适应性免疫应答本质上都是机体对某些抗原物质所发生的特异性免疫应答，两者均具有特异性和记忆性。适应性免疫应答属于生理性免疫应答，其免疫应答强度正常，应答结果能清除异物但不对机体造成损害，对机体有利；但超敏反应属于异常的或病理的免疫应答，反应程度增高，导致机体的组织损伤和（或）生理功能紊乱，对机体有害。

第二节　Ⅰ型超敏反应

Ⅰ型超敏反应由特异性 IgE 介导产生，可发生于局部，也可发生于全身。因症状出现迅速，又称为速发型超敏反应。

一、发生机制

Ⅰ型超敏反应的发生机制分为两个阶段（图 16－1）。

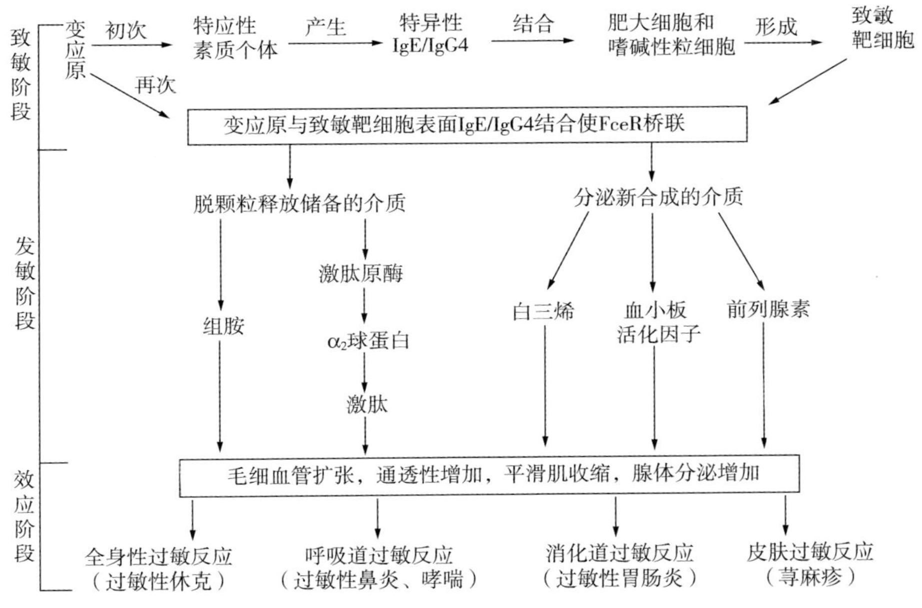

图 16－1　Ⅰ型超敏反应的发生机制

（一）致敏阶段

变应原初次进入机体，刺激机体产生针对变应原的 IgE 或 IgG4 抗体；IgE 的 Fc 段与机体肥大细胞或嗜碱性粒细胞膜表面的 Fc 受体结合，使机体处于致敏状态，此阶段为Ⅰ型超敏反应发生的先决条件，机体不表现出任何症状。

（二）发敏阶段

处于致敏状态的机体如再次接触相同变应原，变应原与肥大细胞或嗜碱性粒组胞表面的 IgE 结合，肥大细胞或嗜碱性粒细胞的细胞膜的稳定性下降，通透性增强，细胞内颗粒脱出（图 16－2），颗粒中含有大量组胺、激肽原酶、白三烯、前列腺素等生物活性介质，这些生物活性介质作用于靶器官，迅速引起平滑肌收缩、腺体分泌增加、毛细血管扩张且通透性增加等病理改变，从而出现临床症状。如呼吸道平滑肌收缩引起呼吸困难；胃肠道平滑肌收缩和腺体分泌增加，引起腹痛、腹泻；毛细血管扩张且通透性增加引起组织水肿、血压下降甚至休克。

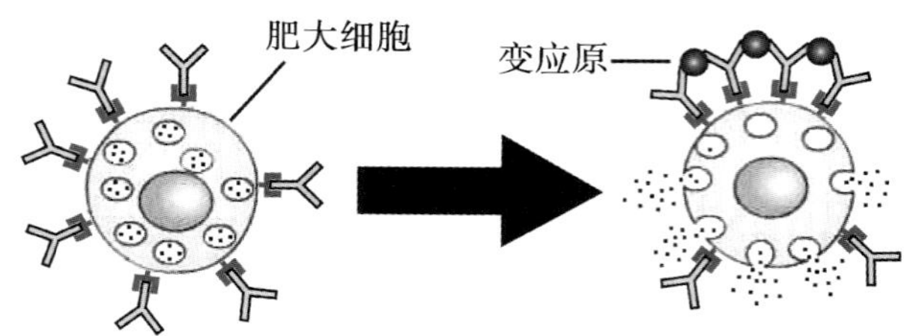

图 16－2　肥大细胞脱颗粒

二、Ⅰ型超敏反应的特点

1. 症状出现快，消退也快。
2. 通常只导致机体生理功能紊乱，极少引起组织损伤。
3. 参与的抗体为 IgE，效应细胞是肥大细胞或嗜碱性粒细胞。
4. 有明显个体差异或遗传倾向。

三、常见疾病

（一）过敏性休克

是最严重的一种超敏反应，常见的有药物过敏性休克、血清过敏性休克。通常在数秒到数分钟之内发生，迅速出现胸闷、气急、呼吸困难以及出冷汗、脸色苍白、肢冷脉细、血压下降等循环衰竭的表现，少数患者可在短时间内死于休克或窒息。

1. 药物过敏性休克

青霉素是引起过敏性休克最常见的药物，头孢菌素、链霉素、普鲁卡因等也可引起。这些半抗原能与机体组织蛋白结合成为完全抗原，从而刺激机体产生针对青霉素的 IgE 而致敏，当再次接触青霉素时，能迅速引起Ⅰ型超敏反应，严重者出现过敏性休克甚至死亡。

2. 血清过敏性休克

应用动物免疫血清如破伤风抗毒素进行紧急治疗或预防时，有些患者可因曾经注射过相同的血清，机体已被致敏，从而发生过敏性休克，严重者可在短时间内死亡。

近年来由于使用纯化精制的抗血清，故血清过敏性休克的发生率已明显降低。

知识链接

初次注射青霉素也可发生过敏

临床发现少数人在初次注射青霉素时也发生过敏，这可能与其曾经使用过被青霉素污染的注射器等医疗器械或吸入空气中青霉菌孢子而使机体处于致敏状态有关。

（二）呼吸道过敏反应

常见的呼吸道过敏有支气管哮喘和过敏性鼻炎。支气管哮喘好发于儿童和青壮年，变应原使支气管平滑肌痉挛，出现胸闷、哮喘、呼吸困难等症状；过敏性鼻炎主要因吸入植物花粉等变应原引起，患者表现为分泌物增多、流涕、喷嚏等，该病有较明显的季节性。

（三）消化道过敏反应

少数人进食鱼、虾、蛋、奶类等食物或服用某些药物后，可出现恶心、呕吐、腹痛、腹泻等症状。食入的变应原多为可抵抗消化酶作用的蛋白质，有的可伴有皮肤反应或过敏性休克。

（四）皮肤过敏反应

主要包括皮肤荨麻疹、湿疹和神经血管性水肿，一般可在15～20分钟或数小时后消失。可由药物、食物、肠道寄生虫、理化因素刺激等引起。

四、防治原则

（一）查明变应原、避免再接触

查明变应原、避免接触，是预防超敏反应的最理想的方法。但临床实际工作中常出现查明困难或难以避免接触的情况。

1. 询问病史　询问患者及家庭成员有无过敏史，如已查明患者对某种物质过敏，则应禁止使用该药物或进食该食物。

2. 皮肤过敏试验　使用最广泛的皮肤试验是皮内试验，具体方法是皮内注射少量可疑变应原，15～20分钟后，若注射局部皮肤出现红晕、风团，且直径＞1cm，则为皮试阳性，表示受试者使用该物质可发生Ⅰ型超敏反应。

（二）脱敏治疗

1. 异种免疫血清脱敏疗法　适合于抗毒素皮试阳性但又必须注射者。方法是小剂量、短间隔（20～30分钟）、多次皮下注射抗毒素。经此处理后立即大剂量注射该血清时即不发生过敏反应。但这种脱敏是暂时的，经一段时间后机体又可重新致敏。

2. 特异性变应原脱敏疗法　适合于已查明对某种物质过敏，但又难以避免接触该物质的个体，如花粉、尘螨等。方法是小剂量、间隔时间逐渐延长（每周2次至每2周1次）、多次皮下注射特定变应原进行脱敏。

（三）药物治疗

Ⅰ型超敏反应的治疗应根据超敏反应的发生机制，针对其发生的主要环节选择不同的药物，阻断、干扰或抑制超敏反应的进程，从而达到治疗的目的。

常用的药物有：①抑制生物活性介质的合成和阻断其释放：主要有阿司匹林、色甘酸二钠、糖皮质激素、氨茶碱。②拮抗生物活性介质：主要有苯海拉明、扑尔敏、异丙嗪等。③改变效应器官的反应性：主要有肾上腺素、葡萄糖酸钙、氯化钙、维生素C等。

第三节　Ⅱ型超敏反应

Ⅱ型超敏反应是发生于细胞膜上的抗原抗体反应，其结果是导致细胞或组织的破坏，因此又称为细胞毒型或细胞溶解型超敏反应。

一、发生机制

靶细胞表面的抗原，或细胞表面吸附的抗原、半抗原刺激机体产生IgG、IgM类抗体，该二类抗体与靶细胞表面的抗原结合形成抗原-抗体复合物；通过以下机制导致靶细胞溶解破裂：①激活补体，导致细胞溶解。②IgG、IgM通过调理作用促进吞噬细胞对靶细胞的杀伤。③IgG 通过 ADCC 效应杀伤靶细胞（图 16－3）。

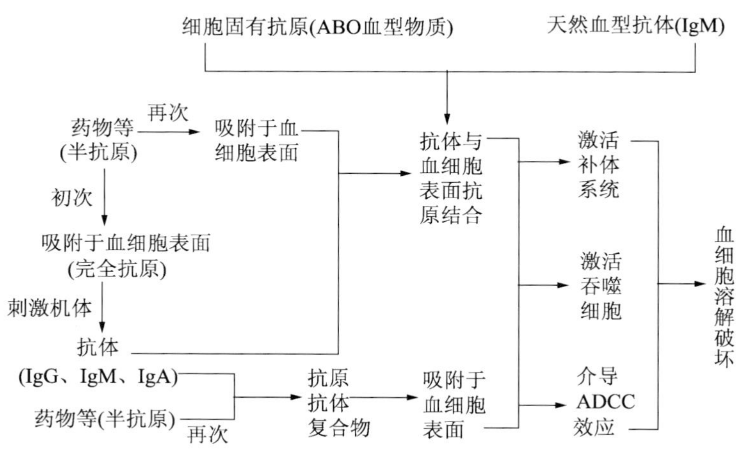

图 16－3 Ⅱ型超敏反应的发生机制

二、Ⅱ型超敏反应的特点

1. 有 IgG、IgM 参与。
2. 结果是靶细胞死亡、破裂。
3. 常损害血细胞。

三、常见疾病

1. 药物过敏性血细胞减少症　一些药物半抗原如磺胺，能吸附于血细胞膜上而成为完全抗原，刺激机体产生抗体，引起红细胞、血小板、粒细胞等的破坏。

2. 输血反应　多发生于 ABO 血型不符的输血，引起红细胞溶解破裂，严重者可致死。因血型抗体天然存在于血清中，故初次输血即可发生输血反应。

3. 新生儿溶血症　因母子间血型不符引起，Rh 血型不符和 ABO 血型不符均可导致。母子 Rh 血型不符引起的新生儿溶血，发生率低但症状严重。

4. 自身免疫性溶血性贫血　甲基多巴类药物或某些病毒如 EB 病毒，可使红细胞膜表面的成分发生改变，成为自身抗原，产生自身抗体，使红细胞溶解破裂，引起贫血。

第四节　Ⅲ型超敏反应

Ⅲ型超敏反应是抗原与体内相应抗体（IgG、IgM）结合形成免疫复合物，在某些条件下，免疫复合物激活补体，吸引中性粒细胞及其他细胞，引起血管及其周围炎症反应和组织损伤，故又称为免疫复合物型超敏反应或血管炎症型超敏反应。

一、发生机制

体内抗原抗体结合，形成的中等大小可溶性免疫复合物（IC）常沉积于血压较高且血流缓慢的毛细血管，如肾小球基底膜、关节滑膜、皮下等处的毛细血管。这些沉积的 IC 能激活补体，引起血管及其周围炎症反应和组织损伤。

二、Ⅲ型超敏反应的特点

1. 中等大小的可溶性免疫复合物沉积引起。
2. 参与的抗体主要是 IgG、IgM。
3. 补体参与反应。

三、常见疾病

1. 免疫复合物型肾小球肾炎　常发生于 A 群链球菌感染后 2～3 周，多数为急性扁桃体炎后。链球菌可溶性抗原与相应抗体结合，形成的免疫复合物（IC）沉积于肾小球基底膜，导致基底膜炎症反应。

2. 血清病　通常在初次大量注射异种免疫血清 1～2 周后发生，表现为发热、全身荨麻疹、淋巴结肿大等。其病因是患者体内产生的抗毒素抗体与尚未完全排除的抗毒素结合，形成中等大小的可溶性 IC 所致。

3. 类风湿关节炎　患者体内的 IgG 发生变性成为自身抗原，刺激机体产生自身抗体（类风湿因子），自身抗体与变性 IgG 形成 IC，反复沉积于小关节滑膜，引起关节损伤。

4. 系统性红斑狼疮（SLE）　SLE 患者体内出现多种自身抗体，如抗核抗体。自身抗体与自身成分形成 IC，沉积与多处毛细血管基底膜，导致组织损伤，表现为全身多器官病变。

第五节　Ⅳ型超敏反应

Ⅳ型超敏反应属于 T 细胞介导的免疫应答，没有抗体和补体参与，所导致的组织损伤是以淋巴细胞单核细胞浸润为主的炎症反应。由于该型超敏反应的发生比Ⅰ、Ⅱ、Ⅲ型缓慢，故又称为迟发型超敏反应。

一、发生机制

Ⅳ型超敏反应与细胞免疫应答的机制完全一致。前者主要引起机体组织损伤，后者则以清除病原体或异物为主，两者可以同时存在。致敏 T 细胞中的 CD_8^+ Tc 能释放穿孔素和颗粒酶直接使靶细胞裂解或凋亡，引起组织损伤；CD_4^+ Th1 能释放多种细胞因子，使病变部位出现淋巴细胞、单核-巨噬细胞浸润为主的炎症反应，活化的单核-巨噬细胞释放溶酶体酶导致局部组织损伤。

二、Ⅳ型超敏反应的特点

1. 由致敏 T 细胞介导，无须抗体或补体参与，属于细胞免疫应答。
2. 发生缓慢（24～72h），消退也慢。
3. 病变特征是以单个核细胞浸润为主的炎症反应。
4. 部分Ⅳ型超敏反应性疾病的个体差异不明显。

三、常见疾病

1. 传染性超敏反应　当胞内寄生菌（如结核杆菌）感染时，病原体可刺激机体产生Ⅳ

型超敏反应，这种超敏反应是在传染过程中发生的，因此又称为传染性超敏反应。当机体再次感染该病原体时，这种特异性免疫力的作用具有两面性，一方面是使病灶局限、不扩散；另一方面强烈的免疫应答使再次感染的病灶出现坏死、液化和空洞。

2. 接触性皮炎　部分个体的皮肤接触某些小分子物质后24小时左右，出现皮炎，48～72小时后局部皮肤出现红肿、水泡，严重者出现剥脱性皮炎。引起接触性皮炎的常见物质有油漆、农药、染料、药物、化妆品等。

3. 移植排斥反应　在进行同种异体组织器官移植时，如果供体与受体之间的组织相容性抗原不一致，供体组织可刺激受体产生致敏淋巴细胞，引起Ⅳ型超敏反应，数周后移植物被排斥、坏死、脱落。

上述四型超敏反应各具特征。在免疫类型方面，Ⅰ～Ⅲ型均有抗体参与，属于体液免疫，Ⅳ型超敏反应由致敏T细胞介导，属于细胞免疫；在反应速度方面，Ⅰ型最快，Ⅳ型最慢；在反应结果方面，Ⅰ型只有生理功能紊乱，一般无组织损伤，而Ⅱ、Ⅲ、Ⅳ型均有组织损伤。

临床实际情况是复杂的，超敏反应常为混合型，但以某一型为主。另外，一种抗原在不同条件下也可引起不同类型的超敏反应。

小　结

超敏反应是指机体受同一抗原物质再次刺激后发生的一种以机体生理功能紊乱或组织损伤为主的特异性免疫应答。引起超敏反应的抗原称为变应原。超敏反应与适应性免疫应答的本质都是特异性免疫应答。

Ⅰ型超敏反应的发生有两个阶段：致敏阶段和发敏阶段。Ⅰ型超敏反应具有发生快、导致机体生理功能紊乱、明显的个体差异等特点。过敏性休克是最严重的超敏反应。预防Ⅰ型超敏反应最有效的措施是找出变应原并避免再接触，皮肤过敏试验是寻找并确定变应原的有效方法。对血清过敏的患者如必须注射血清，可先进行脱敏治疗。治疗Ⅰ型超敏反应的药物有肾上腺素等。

Ⅱ型超敏反应是抗体与相应变应原在靶细胞表面结合，使靶细胞溶解破裂。Ⅱ型超敏反应常损害血细胞。Ⅲ型超敏反应是免疫复合物沉积于毛细血管基底膜，引起沉积部位的血管炎症反应。Ⅳ型超敏反应与细胞免疫的机制一致，但引起了组织损伤，Ⅳ型超敏反应发病缓慢。

自测题

一、名词解释

1. 超敏反应
2. 传染性超敏反应

二、单项选择题

1. Ⅰ型超敏反应发生的过程包括
   A. 致敏阶段、脱敏阶段
   B. 发敏阶段、减敏阶段
   C. 致敏阶段、发敏阶段
   D. 发敏阶段、脱敏阶段
   E. 减敏阶段、脱敏阶段

2. 以下哪项**不属于**Ⅰ型超敏反应性疾病
   A. 皮肤过敏
   B. 消化道过敏
   C. 接触性皮炎
   D. 过敏性休克
   E. 呼吸道过敏

3. 关于Ⅲ型超敏反应的叙述，**错误**的是
   A. 由中等大小的可溶性免疫复合物引起
   B. 免疫复合物沉积于毛细血管壁
   C. 通过激活补体导致组织损伤
   D. 病损器官组织较固定
   E. 属于细胞免疫应答

4. 属于Ⅳ型超敏反应性疾病的是
   A. 传染性超敏反应
   B. 新生儿溶血症
   C. 过敏性休克
   D. 肾小球肾炎
   E. 血清病

三、简答题

1. 以青霉素引起的过敏性休克为例，简述Ⅰ型超敏反应的发生机制。
2. 简述Ⅰ型超敏反应的防治原则。

（钟　云）

第十七章　免疫学的应用

学习目标

1. 掌握人工自动免疫与人工被动免疫的概念、特点和制剂。
2. 熟悉抗原抗体反应的特点与应用。
3. 了解儿童计划免疫的程序、免疫检测的方法、免疫治疗的常见类型。

免疫学在医学中的应用包括免疫预防、免疫治疗和免疫检测。

第一节　免疫学预防

免疫预防就是通过人工刺激机体产生免疫活性物质，或直接输入免疫活性物质来预防疾病的措施，也即用人工免疫的方法来预防传染病。免疫预防在人类抵抗传染病的斗争中发挥了巨大作用，使得某些严重危害人类健康和生命的疾病如天花被消灭或得到有效控制。

人工免疫的方法有人工自动免疫和人工被动免疫。

一、人工自动免疫

（一）概念与特点

人工自动免疫是给机体接种疫苗等抗原性物质，使机体自动产生特异性免疫力的方法，又称为人工主动免疫。

人工自动免疫具有以下特点：①输入的物质是抗原；②产生免疫效果较慢，抗原进入机体后刺激机体产生特异性免疫力需要一定的时间；③免疫效果维持较长久，一般可维持数月至数年；④主要用于传染病的预防。

（二）生物制剂

用于人工自动免疫的生物制剂包括疫苗和类毒素。疫苗是用各种病原微生物制备的抗原性制剂，国外将疫苗和类毒素统称为疫苗。

1. 灭活疫苗　是将培养增殖的标准株微生物经灭活后制备而成，也称为死疫苗。灭活疫苗不能感染机体，也不能增殖，其免疫效果不如活疫苗。但灭活疫苗有安全、易保存、易运输的优点。

2. 活疫苗　是用减毒或无毒的活微生物制备而成。该疫苗无毒性无致病性，但能在体内增殖，其免疫效果较灭活疫苗好。但减毒疫苗的安全性不如灭活疫苗，且需低温保存，保存时间不长。常用的活疫苗有卡介苗（BCG）、牛痘、麻疹和骨髓灰质炎疫苗等。

3. 类毒素　将细菌外毒素用0.3%～0.4%甲醛溶液处理而制成。类毒素不具有外毒素的毒性，但保留免疫原性，可刺激机体产生抗毒素。常用的类毒素主要有破伤风类毒素、白喉类毒素。类毒素还可接种于动物（如马），从而获得大量抗毒素。

4. 自身疫苗　是用患者自身病灶中分离获得的细菌制成的死疫苗。常用于治疗慢性反复发作的细菌性感染。

5. 亚单位疫苗　是用化学方法提取病原微生物中有效免疫成分制成的纯化疫苗。这种新型的疫苗不但能提高免疫效果，而且能降低接种疫苗后所产生的副作用。目前已经研制成功的有脑膜炎奈瑟菌夹膜多糖疫苗、流感球菌多糖疫苗、流感病毒血凝素等。

6. 合成肽疫苗　是将具有保护性免疫作用的人工合成的多肽抗原与适当载体结合后组成的疫苗，为提高其免疫原性，可以与佐剂一起使用。目前，根据疟原虫孢子表位研制的疟疾疫苗已进入临床试验阶段；细菌毒素、HIV 和肿瘤等合成肽疫苗也在研制之中。

7. 基因工程疫苗 主要包括重组抗原疫苗、重组载体疫苗和 DNA 疫苗。

（三）计划免疫

计划免疫是根据某些特定传染病的疫情检测和人群免疫状况分析，按规定的免疫程序有计划地进行人群预防接种，提高人群免疫水平，达到控制以至最终消灭相应传染病的传播而采取的重要措施。

免疫程序的制定是实施计划免疫的重要内容，目前广东省实施的儿童计划免疫程序见表 17－1。

表 17－1　广东省国家免疫规划疫苗免疫程序

年龄	疫苗名称										
	卡介苗	乙肝疫苗	脊髓灰质炎疫苗	百白破疫苗	白破疫苗	（麻疹疫苗）	麻腮风疫苗	乙脑减毒活疫苗	A 群流脑疫苗	A＋C 群流脑疫苗	甲肝减毒活疫苗
出生时	第 1 剂	第 1 剂									
1 月龄		第 2 剂									
2 月龄			第 1 剂								
3 月龄			第 2 剂	第 1 剂							
4 月龄			第 3 剂	第 2 剂							
5 月龄				第 3 剂							
6 月龄		第 3 剂							接种 2 剂次，第 1、2 剂次间隔 3 个月。		
8 月龄						第 1 剂		第 1 剂			
18 月龄				第 4 剂			第 1 剂				第 1 剂
24 月龄								第 2 剂			
3 周岁										第 1 剂	
4 周岁			第 4 剂								
6 周岁					第 1 剂					第 2 剂	

来源于粤卫办〔2008〕62 号文

二、人工被动免疫

（一）概念与特点

人工被动免疫是给机体输入含特异性抗体的血清或细胞因子等制剂，使机体立即获得某种特异性免疫力的方法。人工被动免疫的本质是被动接受其他个体或动物的免疫效应物质，免疫力并非自己产生。

人工被动免疫具有以下特点：①注射的物质是抗体等可直接抗感染的物质；②注射后立即获得免疫力；③免疫力维持时间短（2～3 周）；④主要用于紧急预防和治疗。

（二）生物制剂

人工被动免疫主要使用以下制剂：

1. 抗毒素　是用细菌外毒素或类毒素免疫动物制备的免疫血清，具有中和外毒素毒性的作用。抗毒素具有双重性，可以中和毒素，但又可引起超敏反应。因此注射抗毒素前必须皮试。

2. 人免疫球蛋白制剂　是从大量混合血浆或胎盘血中分离制成的免疫球蛋白浓缩剂，主要用于免疫功能较低的个体。

3. 其他　主要有 IFN－γ、IL－2 等。此外，单克隆抗体制剂等也正在开发和应用于人工被动免疫之中。

人工自动免疫和被动免疫的比较见表 17－2。

表 17－2　人工自动免疫人工和被动免疫的比较

项目	人工自动免疫	人工被动免疫
输入物质	抗原	主要是抗体
产生免疫力时间	慢（2～3 周）	快（输注即生效）
免疫力维持时间	数个月至数年	2～3 周
主要用途	预防	治疗或紧急预防

第二节　免疫学检测

免疫学检测即用免疫学方法检测病原体、疾病相关因子或评估机体的免疫功能状态。免疫学检测包括抗原或抗体检测、免疫细胞功能测定。

一、抗原或抗体的检测

（一）抗原抗体反应的原理及应用

在一定条件下（温度、pH、离子浓度等），抗原与相应抗体在体外可特异性结合，并出现可见现象。即体外抗原-抗体反应具有特异性和可见性，应用该原理可对抗原、抗体进行定性和定量检测。①定性检测：可用已知的抗原检测未知的抗体，也可用已知的抗体检测未知的抗原。如用乙肝病毒的抗体与患者血清反应来判断患者体内是否存在乙肝病毒，从而诊断乙型肝炎。②定量检测：根据特异性抗原-抗体反应程度的不同，可对某些物质进行定量检测。如用肥达反应检测患者体内的伤寒抗体含量。

（二）常见的抗原、抗体检测类型见表17－3。

表17－3　常见的抗原、抗体检测类型

	概念	主要技术类型	应用
凝集反应	颗粒性抗原与相应抗体在一定条件下出现的肉眼可见的凝集现象	直接凝集反应、间接凝集反应、间接凝集抑制试验	抗原、抗体的定性或定量检测
沉淀反应	可溶性抗原与相应抗体在一定条件下形成的肉眼可见的沉淀现象	单向免疫扩散、双向免疫扩散、免疫电泳、免疫比浊	抗原、抗体的定性或定量检测
免疫标记技术	是用某些物质来标记抗原或抗体而进行的抗原、抗体反应	免疫荧光技术、放射免疫分析、酶免疫分析	抗原、抗体的定性或定量检测，具有快速、微量、可以定位的优点

二、免疫细胞功能测定

免疫细胞功能检测常用于对机体免疫状态进行评估或对疾病疗效的监控。免疫细胞功能检测的主要方法见表17－4。

表17－4　免疫细胞功能检测的主要方法

	方法	原理	意义
T细胞	E花环试验	只有T细胞表面才有绵羊红细胞受体，T细胞与绵羊红细胞结合后形似花环，称为E花环	E花环的数量即为T细胞总数，可检测机体的T细胞总数
	淋巴细胞转化试验	T细胞表面有有丝分裂原（PHA等）受体，在体外可接受PHA等刺激，使T细胞体积增大、分裂增殖。体积已增大但未分裂的T细胞即为淋巴母细胞	淋巴细胞转化率可反映机体内可活化的T细胞数量，能反映机体的细胞免疫水平
B细胞	体液中的抗体测定	不同抗体检测方法的原理不一	体液中各类抗体的含量可反映B细胞的功能
	抗体形成细胞测定（溶血空斑试验）	绵羊红细胞（SRBC）免疫动物后，脾细胞和SRBC在琼脂中混匀，倾注于平皿，计算溶血空斑的数量	溶血空斑的数量即为分泌特异性抗体的B细胞数量

第三节　免疫治疗

针对机体低下或亢进的免疫状态，人为地增强或抑制机体的免疫功能以达到治疗疾病目的的治疗方法，称为免疫治疗。根据用途的不同，免疫治疗可分为免疫功能调节、免疫重建、免疫替代疗法。

一、免疫功能调节

免疫功能调节就是通过使用免疫调节物质，人为地干预机体的免疫功能，使机体免疫功能达到或接近正常水平，免疫功能调节分为免疫增强和免疫抑制两种方法。免疫增强疗法多用于免疫功能低下的患者，常用制剂有细胞因子，微生物制剂如卡介苗，中草药如人参、黄芪等。免疫抑制疗法常用于自身免疫、器官组织移植、超敏反应性疾病的预防和治疗，常用的制剂有糖皮质激素、抗肿瘤药物（环磷酰胺等）、真菌代谢物（环孢素 A 等）、中草药如雷公藤、川芎等。

二、免疫重建

免疫重建是将造血干细胞或淋巴细胞移植给免疫缺陷的个体，使后者的免疫功能全部或部分得到恢复。包括骨髓移植和免疫效应细胞输注疗法。此法主要适合于因先天或后天原因导致的机体免疫功能严重低下患者，如治疗免疫缺陷病、再生障碍性贫血等。

三、免疫替代疗法

免疫替代疗法是因机体缺乏某种免疫活性物质，通过给机体输入该物质，从而维持机体的免疫功能。如对性联先天无丙种球蛋白血症患者，持续输入正常人免疫球蛋白，可在较长时间内维持其生命。

小　结

免疫预防是人为地给机体输入某种制剂，从而使机体获得相应的免疫力。免疫预防的方法有人工自动免疫和人工被动免疫，人工主动免疫和人工被动免疫在输入物质、起效快慢、维持时间、主要用途方面均有不同。制定有效的计划免疫程序，严格按计划程序预防接种是控制某些传染病的有效措施，预防接种应注意接种后的副作用及接种禁忌证。

免疫检测包括抗原抗体检测、免疫细胞功能测定两大类。抗原抗体反应可用于病原体或疾病相关因子的检测，常见的抗原抗体反应有凝集反应、沉淀反应、免疫标记技术。

免疫治疗即用免疫学方法治疗疾病。目前常用的免疫治疗措施有免疫功能调节、免疫重建、免疫替代疗法。

自测题

一、名词解释

1. 人工自动免疫
2. 疫苗
3. 类毒素
4. 人工被动免疫
5. 抗毒素

二、单项选择题

1. 注射哪种物质属于人工自动免疫
   A. 破伤风抗毒素
   B. 丙种球蛋白
   C. 卡介苗
   D. 白喉抗毒素
   E. 免疫球蛋白

2. 下列哪项不是人工被动免疫的生物制品
   A. 抗毒素
   B. 丙种球蛋白
   C. 细胞因子
   D. 类毒素
   E. 单克隆抗体

3. 关于抗原抗体反应的叙述正确的是
   A. 具有特异性和可见现象
   B. 只可用于定性不可定量检测
   C. 可检测抗原，不可检测抗体
   D. 只能用于病原体的检测
   E. 均为凝集反应

三、简答题

比较人工自动免疫和人工被动免疫的主要区别，并列举各自的常用制剂。

（钟　云）

第十八章　病原性球菌

学习目标

1. 掌握葡萄球菌和链球菌的致病性。
2. 熟悉葡萄球菌和链球菌的主要生物学特性，肺炎链球菌、奈瑟菌属的致病性。
3. 了解各种病原性球菌的微生物学检查与防治原则。

球菌的种类很多，其中对人有致病性的球菌称为病原性球菌，主要引起化脓性炎症，故又称为化脓性球菌。临床常见的病原性球菌主要有葡萄球菌属、链球菌属、肠球菌属、奈瑟属等。根据革兰染色不同，可分为 G^+ 球菌，如葡萄球菌、链球菌、肠球菌等；G^- 球菌，如奈瑟菌等。

第一节　葡萄球菌属

葡萄球菌是最常见的化脓性球菌，广泛分布在自然界，如水、空气、土壤、皮肤表面等处，多数为非致病菌，少数引起化脓性感染和食物中毒，也是医院交叉感染的重要来源。

一、生物学特性

（一）形态与染色

G^+ 球菌，排列成葡萄串状（图 18－1，彩图 18－1），无鞭毛、芽胞、一般不形成荚膜。

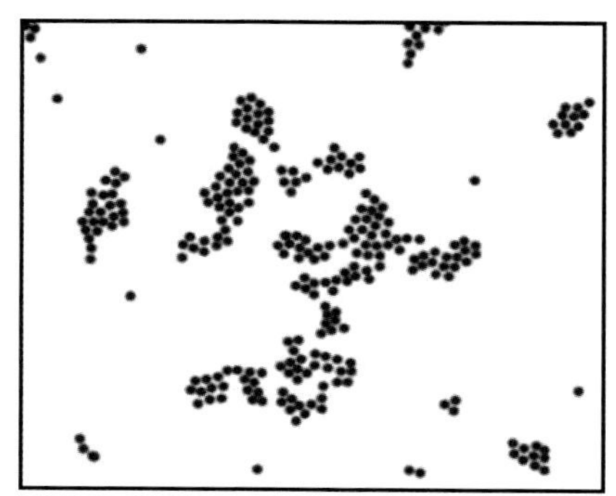

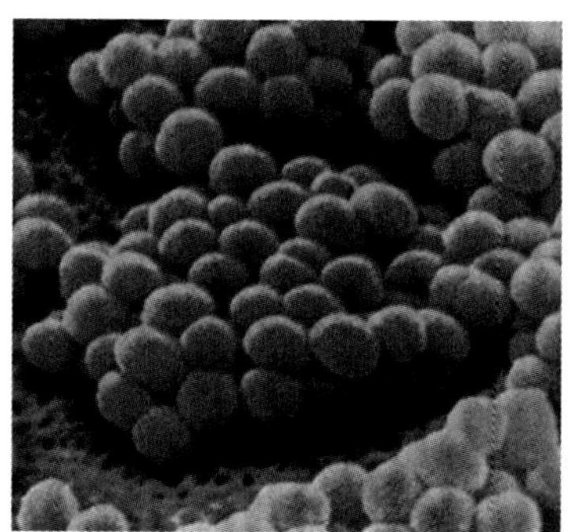

图 18－1　金黄色葡萄球菌形态

左为光镜下形态，革兰染色，×1000；右为扫描电镜，×13 500

（二）培养特性

需氧或兼性厌氧菌，营养要求不高。在液体培养基中呈混浊生长，在普通平板上可形成圆形突起、边缘整齐、表面光滑湿润菌落，不同菌株可产生不同的脂溶性色素，如金黄色、白色等；在血平板上多数致病性葡萄球菌能产生溶血素，菌落周围形成透明溶血环（图18－2，也见彩图18－2）。

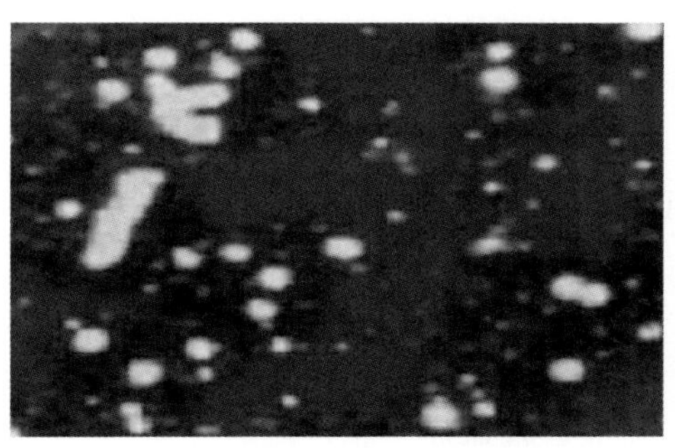

图18－2　金黄色葡萄球菌的溶血现象

（三）分类

根据其色素、生化反应等不同可分为金黄色葡萄球菌、表皮葡萄球菌和腐生葡萄球菌三种，其中金黄色葡萄球菌多为致病菌，表皮葡萄球菌偶尔致病，腐生葡萄球菌一般不致病。按能否产生凝固酶分为凝固酶阳性和凝固酶阴性的葡萄球菌两大类。过去认为凝固酶阳性的葡萄球菌的致病性强，而凝固酶阴性的葡萄球菌（CNS）则为正常菌群，现已证明CNS是医院内感染的重要病原微生物，并且对多种抗生素耐药。

（四）抵抗力

葡萄球菌是抵抗力较强的无芽胞细菌。耐干燥，在干燥的脓汁、痰液中可存活2～3个月；耐热，加热80℃ 30～60分钟才被杀死；对某些染料（如龙胆紫）敏感；易产生耐药性。抗生素的滥用使得耐药菌株逐年增多，对青霉素的耐药菌株已达90%以上。

知识链接

耐甲氧西林金黄色葡萄球菌（MRSA）

MRSA自从在英国1961年被首次发现以来，感染日益增多，并在全球流行，耐药性强。近年来感染率、发病率、致死率均有所增加，位居医院内感染病原菌之首，被称为“超级细菌”。目前与乙型肝炎、AIDS被认为是世界上最难解决的三大感染性难题。

二、致病性

（一）致病物质

金黄色葡萄球菌侵袭力强，能产生多种毒素及侵袭性酶。

1. 血浆凝固酶 是一种能使含有抗凝剂的人或兔血浆凝固的酶。致病菌株多能产生此酶，是鉴别葡萄球菌有无致病性的重要指标。细菌侵入机体后，使血液或血浆中的纤维蛋白沉积于菌体表面，阻碍体内吞噬细胞对细菌的吞噬及杀菌物质的杀伤作用。该酶能使病灶处的细菌不易扩散，所形成的化脓性感染病灶比较局限，脓汁黏稠。

2. 葡萄球菌溶血素 是一种外毒素，能溶解人和多种动物的血细胞。

3. 杀白细胞素 能破坏中性粒细胞和巨噬细胞。

4. 肠毒素 肠毒素是一组对热稳定的可溶性蛋白质，100℃ 30分钟仍能保持部分活性，可引起食物中毒。

（二）所致疾病

金黄色葡萄球菌可引起化脓性炎症、毒素性疾病。

1. 化脓性炎症

（1）局部感染：如疖、痈（图18－3、图18－4，彩图18－3、彩图18－4）、伤口化脓、脑膜炎、肺部感染等。

（2）全身感染：包括菌血症、败血症、脓毒血症等。

2. 毒素性疾病

（1）食物中毒：由葡萄球菌肠毒素引起，出现剧烈的恶心、呕吐及腹泻症状，以呕吐最为突出，多数患者1～2天内可恢复。

（2）剥脱性皮炎：多见于幼儿及免疫功能低下的成人（图18－5，彩图18－5）。

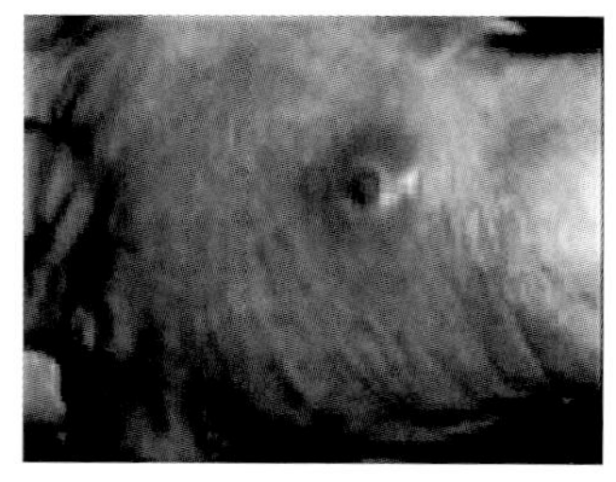

图18－3 疖

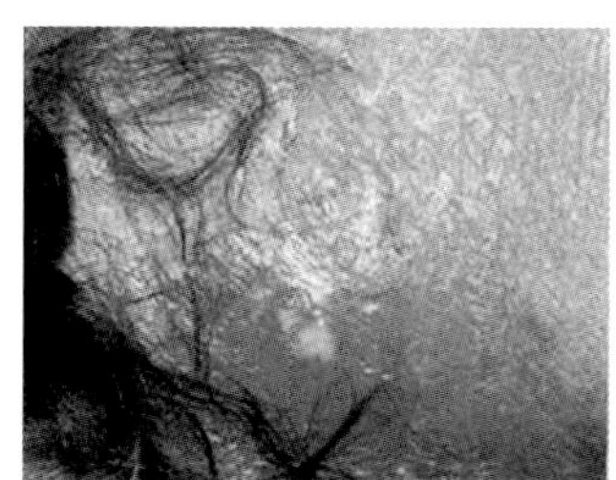

图18－4 痈

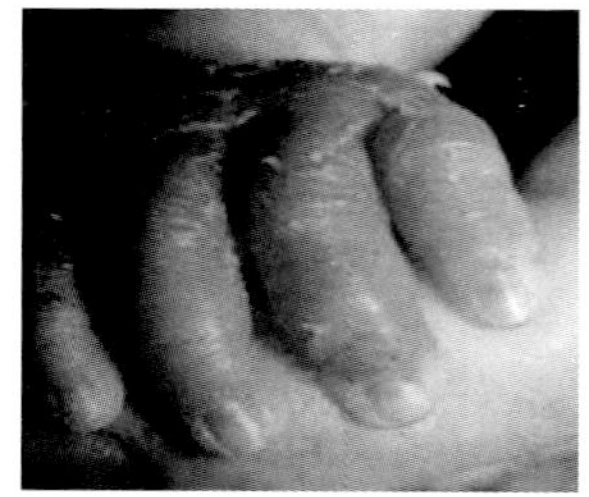

图18－5 剥脱性皮炎

3. 假膜性肠炎 由于长期使用广谱抗生素，肠道中正常菌群被杀灭或被抑制，使耐药的金黄色葡萄球菌大量繁殖产生肠毒素，引起以腹泻为主的菌群失调性肠炎。肠黏膜上覆盖一层由炎症渗出物、肠黏膜坏死块和细菌组成的炎性假膜。

三、微生物学检查

1. 标本采集 根据疾病类型不同采取不同的标本，如化脓性病灶采取脓液、渗出液，败血症取血液，食物中毒采取患者的剩余食物或呕吐物等。

2. 检查 一般取标本直接涂片，革兰染色后用油镜观察。根据细菌形态、排列方式及染色性做出初步诊断。进一步检查可做分离培养，根据菌落特点、凝固酶试验、生化试验、药敏试验、肠毒素试验做出鉴定。

四、防治原则

注意个人卫生，创伤应及时做好消毒处理；加强食品卫生管理；严格无菌操作，防止医源性感染；根据药敏试验选择药物，合理使用抗生素。

第二节 链球菌属

链球菌属细菌为 G^{+} 球菌，广泛分布于自然界和人的呼吸道、肠道等处，大多为正常菌群。对人致病的主要是 A 群链球菌和肺炎链球菌，引起各种化脓性感染。

一、生物学特性

（一）形态与染色

G^{+} 球菌，排列成链状，链的长短不一，无鞭毛、芽胞（图 18－6，彩图 18－6）。

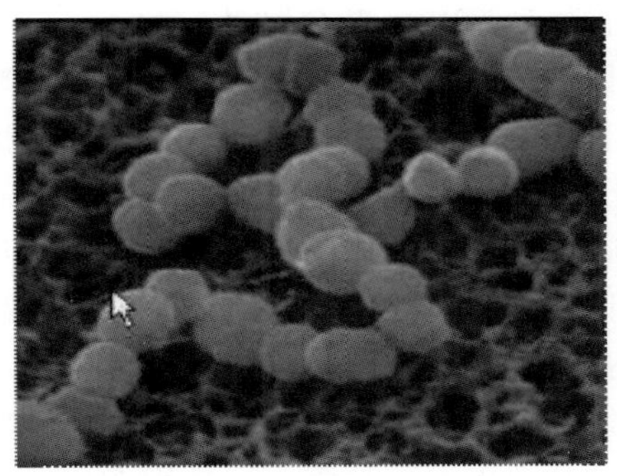

图 18－6 链球菌

左为革兰染色，×1000；右为扫描电镜，×13 000

（二）培养特性

本菌需氧或兼性厌氧，少数厌氧。营养要求高，在含葡萄糖、血清、血液的培养基中生长良好。在液体培养基中呈絮状沉淀生长；在血平板上形成灰白色、针尖样小菌落，不同的菌株可出现不同的溶血现象（图 18－7，彩图 18－7）。

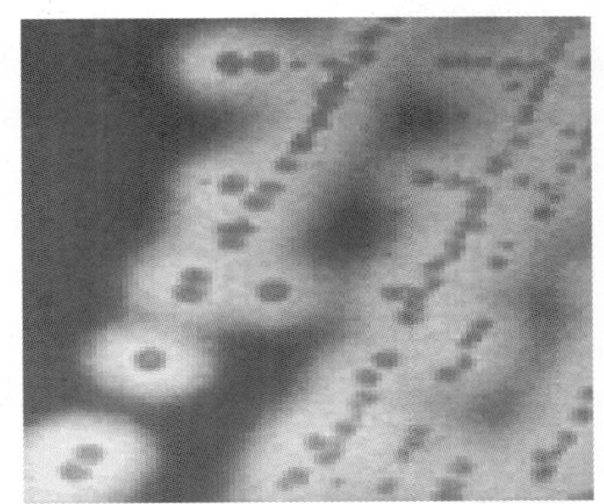

图 18－7 乙型链球菌的溶血现象

（三）分类

1. 根据溶血现象分类

（1）甲型溶血性链球菌：菌落周围形成半透明狭窄溶血环并伴有绿色素生成，故又称为草绿色溶血性链球菌，多为条件致病菌。

（2）乙型溶血性链球菌：菌落周围形成宽大的透明溶血环，故又称为溶血性链球菌，其致病力强。

（3）丙型链球菌：不产生溶血素，菌落周围无溶血环，一般不致病。

2. 根据抗原结构分类

根据链球菌细胞壁中多糖抗原性不同将链球菌分为 A、B、C、D……20 个群。对人有致病作用的链球菌 90％属于 A 群。

（四）抵抗力

链球菌的抵抗力较弱，对干燥、湿热和常用消毒剂敏感，60℃ 30 分钟可被杀死（少数例外)。对多种抗生素治疗敏感，但也存在耐药菌株。

二、致病性

(一) 致病物质

1. 脂磷壁酸　与宿主细胞膜有高亲和力，是该菌黏附定居在体的主要侵袭因素。

2. M 蛋白　具有抗吞噬作用，还可以引起某些超敏反应性疾病。

3. 致热外毒素　又称为红疹毒素或猩红热毒素，引起发热、皮肤红疹，是猩红热的主要致病毒素。

4. 链球菌溶血素　具有溶解红细胞、破坏白细胞及损伤心肌的作用，主要有溶血素 O (SLO) 和溶血素 S (SLS) 两种。SLO 抗原性强，大多数患者在感染链球菌后 2～3 周，体内可产生抗链球菌溶血素 O 抗体 (抗 O 抗体，ASO)。风湿热尤其是活动期患者的 ASO 明显增高，因此临床上检测 ASO 含量可辅助诊断风湿热及其活动性或作为链球菌近期感染的指标之一。SLS 的抗原性弱，病后不易查到相应抗体，无诊断价值。

5. 侵袭性酶

(1) 透明质酸酶：能分解细胞间质的透明质酸，有利于细菌在组织中的扩散。

(2) 链激酶：可使血浆中的纤维蛋白溶解酶原 (纤溶酶原) 转变成纤维蛋白溶解酶 (纤溶酶)，溶解血块或阻止血浆凝固，增强细菌的扩散能力。

(3) 链道酶：可降解黏稠的 DNA，使脓液稀薄，有利于细菌的扩散。

链球菌具有以上三种酶，因此引起的化脓性感染病灶与周围组织界限不清，有扩散趋势，脓汁稀薄。

(二) 所致疾病

链球菌所致疾病中 90% 由 A 群链球菌引起，传染源主要是患者和带菌者，主要通过空气飞沫、皮肤伤口等途径传播，引起的疾病有三类。

1. 化脓性感染　丹毒、淋巴管炎、蜂窝组织炎、痈、脓疱疮、化脓性扁桃体炎、咽炎、鼻窦炎、中耳炎等。

2. 中毒性疾病　猩红热，儿童多见，是一种急性呼吸道传染病。

3. 超敏反应性疾病　以风湿热、急性肾小球肾炎较常见。

甲型溶血性链球菌是寄居在人体口腔、上呼吸道、消化道等处的正常菌群，在某些情况下可引起亚急性细菌性心内膜炎和龋齿。

知识链接

龋齿的形成

龋齿俗称“虫牙”或“蛀牙”，是一种引起牙齿硬组织结构慢性破坏的疾病，病齿因缺损而形成“洞”。古代人认为龋洞是虫蚀而成，过去也有一些巫医用骗人的手法从病牙洞内挑出所谓的“虫子”，实际上是腐蚀的牙质和嵌入的腐败食物残渣。现代医学研究表明，龋齿主要是由变异链球菌将食物中的糖和淀粉酵解产酸，逐渐使牙齿脱矿缺损而形成的。

三、微生物学检查

（一）病原学检查

根据不同疾病采取不同的标本，如脓液、痰液、咽拭子、血液等。取标本直接涂片，革兰染色镜检。根据细菌形态、排列方式及染色性做出初步诊断。进一步检查可做分离培养及有关鉴定试验。

（二）血清学试验

抗链球菌溶血素O试验（抗O试验），是检测血清中链球菌溶血素O抗体含量的中和试验。常用于风湿热及急性肾小球肾炎的辅助诊断，活动性风湿热患者血清中抗O抗体效价在1∶400以上。

四、防治原则

及时治疗患者和带菌者，以减少传播机会；注意对空气、器械、敷料的消毒处理。对乙型溶血性链球菌引起的感染应早诊断、早治疗，防止风湿热、急性肾小球肾炎等超敏反应性疾病的发生。治疗首选青霉素。

第三节　其他常见病原性球菌

一、肺炎链球菌

肺炎链球菌在自然界中分布广泛，主要存在于正常人的上呼吸道中，多数不致病，少数致病力较强。

肺炎链球菌为革兰染色阳性，菌体似矛头状，成双或成短链状排列的双球菌，有荚膜，无鞭毛、芽胞（图18－8，彩图18－8）。抵抗力较弱，对一般消毒剂敏感。肺炎链球菌的主要致病物质是肺炎链球菌溶血素及荚膜。

该菌经呼吸道感染，主要引起大叶性肺炎。预防的关键在于养成良好的卫生习惯，保持环境卫生。必要时对体弱儿童及老年人接种疫苗进行预防。青霉素等治疗有效。

二、肠球菌

肠球菌是人类和动物肠道正常菌群，为革兰阳性球菌，呈单个、成对或短链状排列，无荚膜、芽胞。抵抗力较强，易产生耐药性。可通过接触、污染医疗器械或消化道传播，是重要的医院内感染病原性球菌（以粪肠球菌多见），不仅可引起尿路感染、皮肤软组织感染，还可引起败血症、脑膜炎等，由于其固有耐药性，所致感染治疗困难。因此要严格无菌操作，防止医源性感染，合理用药，防止耐药性产生。

三、脑膜炎奈瑟菌

革兰染色阴性，菌体呈肾形成对排列，凹面相对，无鞭毛、芽胞，有菌毛、荚膜（图18－9，彩图18－9）；营养要求高，常用巧克力色平板，初次分离培养时，需提供5%～10%的CO_2气体。该菌能产生自溶酶，标本应保温保湿立即送检。抵抗力弱，不耐干燥和寒冷，对一般消毒剂敏感。

人类是脑膜炎奈瑟菌唯一的易感宿主，引起流行性脑脊髓膜炎（简称流脑），主要经飞沫传播。致病物质有荚膜、菌毛、内毒素。流行期间，正常人群鼻腔带菌率较高，多数人感染后表现为带菌状态或隐性感染，只有少数免疫力较弱的感染者，细菌在鼻咽腔大量繁殖后入血，引起明显的临床症状。

潜伏期约1～4天，表现为3种临床类型：①普通型：约占90%，表现为初期感冒样症状，继而出现菌血症，皮肤有出血性皮疹，严重者细菌侵犯脑脊髓膜，出现脑膜刺激症（头痛、喷射性呕吐、颈强直等），可危及生命；②暴发型：病情急剧凶险，常于24h内危及生命；③慢性败血症型：见于少数成年患者，病程可迁延数日。感染患者与带菌者体内能产生特异性抗体，6个月内的婴儿可通过母体获得特异性抗体，故很少发生感染。儿童的免疫力较弱，感染后发病率较高，需接种疫苗进行特异性预防。治疗首选青霉素，对青霉素过敏者可用氯霉素或红霉素。

四、淋病奈瑟菌

又称淋球菌，革兰染色阴性，形态与培养类似脑膜炎奈瑟菌（图18－10，彩图18－10）。抵抗力弱，对冷、热、干燥和一般消毒剂敏感，易产生耐药性。

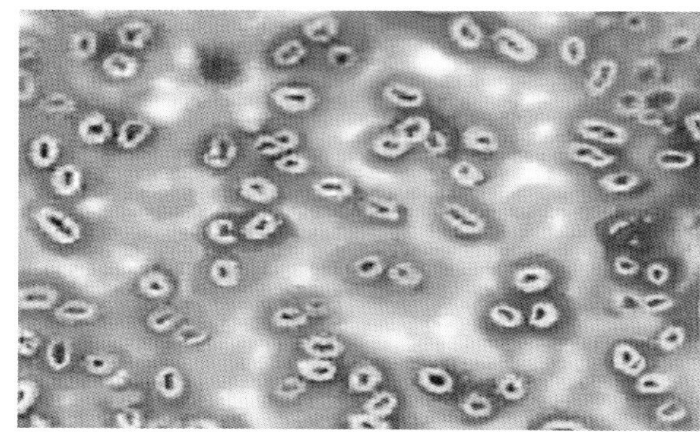

图18－8　肺炎链球菌（荚膜染色）

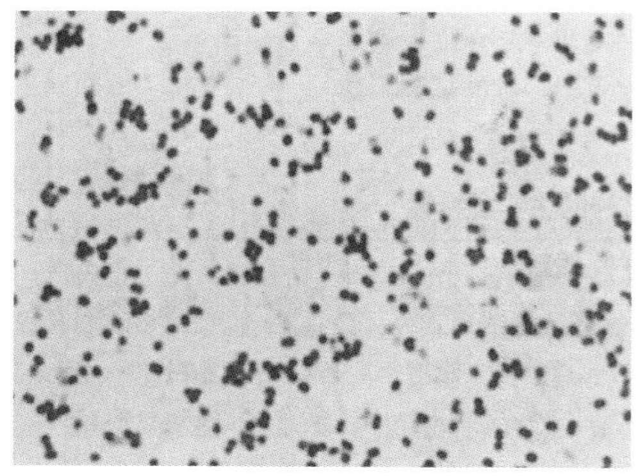

图18－9　脑膜炎奈瑟菌

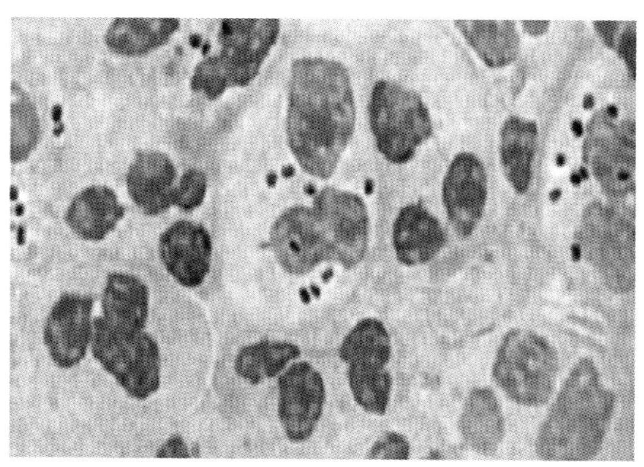

图18－10　淋病奈瑟菌

淋病奈瑟菌引起淋病。人类是淋病奈瑟菌唯一的天然宿主，致病物质有荚膜、菌毛、内毒素。通过性接触直接感染，或污染的衣物、毛巾、浴盆等间接感染，引起泌尿生殖系统化脓性症状。淋病是重要的性传播疾病之一。新生儿经产道时，可被感染而患淋病性眼结膜炎。

预防淋病应取缔娼妓、防止不正当的两性关系。防止新生儿感染淋病奈瑟菌，用1%硝酸银滴眼，也可用红霉素、四环素眼药膏等替代硝酸银。

小　结

葡萄球菌是引起化脓性感染的最常见病原菌之一，能引起化脓性炎症和毒素性疾病。凝固酶阳性的葡萄球菌致病性强，凝固酶阴性的葡萄球菌目前是医院内感染的最重要细菌。

链球菌也是引起化脓性感染的主要病原菌，对人有致病作用的链球菌90%属于A群，引起化脓性感染、猩红热和某些超敏反应疾病。肺炎链球菌是引起大叶性肺炎的主要病原菌。

肠球菌为G^+，是人体的正常菌群，但由于抗生素的大量应用，耐药性强，已成为仅次于葡萄球菌的医院内感染细菌。

脑膜炎奈瑟菌引起流脑，经呼吸道传播，可用流脑疫苗特异性预防。淋病奈瑟菌引起淋病，是最常见的性传播疾病之一。

自 测 题

一、单项选择题

1. 下列无芽胞细菌中，抵抗力最强的是
   A. 金黄色葡萄球菌
   B. 乙型溶血性链球菌
   C. 脑膜炎奈瑟菌
   D. 淋病奈瑟菌
   E. 肺炎链球菌

2. 葡萄球菌引起的化脓性感染，病灶局限的原因，是由于该菌产生
   A. 透明质酸酶
   B. 血浆凝固酶
   C. 链球菌溶血素
   D. 链道酶
   E. 链激酶

3. 链球菌感染后引起的超敏反应性疾病是
   A. 产褥热
   B. 风疹
   C. 风湿热
   D. 波状热
   E. 中耳炎

4. 下列哪种是最常见的化脓性球菌
   A. 葡萄球菌
   B. 淋病奈瑟菌
   C. 肺炎链球菌
   D. 脑膜炎奈瑟菌
   E. 肠球菌

二、简答题

1. 葡萄球菌和链球菌引起的化脓性感染有何不同？为什么？
2. 简述葡萄球菌的致病物质和所致疾病。
3. 简述乙型链球菌的致病物质和所致疾病。

（陈健忠）

第十九章　肠道杆菌

学习目标

1. 掌握志贺菌属、沙门菌属的致病性。
2. 熟悉大肠埃希菌的致病性与卫生细菌学检查的意义，肠热症的标本采集与病程的关系。
3. 了解其他肠道杆菌的致病性。

案例

患者男性，27 岁，因发热、腹痛、腹泻 3 天入院。患者 3 天前出现发热，最高体温 38.7℃，伴腹泻，初为黄色烂便及水样便，便前脐周疼痛，便后可缓解，此后出现脓血黏液便，里急后重感明显，每日达 10 余次。

讨论：1. 本病例最可能的诊断是什么？该病原菌如何传播？

2. 进行微生物学检查时，应如何取材？采送时应注意哪些问题？

第一节　概　述

肠道杆菌是一大群寄居在人和动物的肠道中，生物学特性相似的革兰阴性杆菌，随人和动物的粪便排出，广泛分布于水、土壤或腐物中。多数属于肠道的正常菌群，但在宿主免疫力下降或寄居部位改变时也可引起疾病。少数是致病菌，如伤寒沙门菌、志贺菌、致病性大肠埃希菌等。

肠道杆菌具有下列共同特性：

1. 形态与结构　均为革兰阴性，中等大小杆菌，无芽胞，多数有鞭毛，致病菌多有菌毛，少数有荚膜或微荚膜。

2. 培养特性　营养要求不高，需氧或兼性厌氧，普通培养基上生长良好。

3. 生化反应　活泼，能分解多种糖类和蛋白质，产生不同的代谢产物。乳糖发酵试验常作为肠道杆菌有无致病性的初步鉴定依据，非致病菌大多能分解乳糖，致病菌多数不能分解乳糖。

4. 抗原结构　较为复杂，主要有菌体（O）抗原、鞭毛（H）抗原和包膜（K）抗原。

5. 抵抗力　不强，加热 60℃ 30 分钟可被杀死，对一般化学消毒剂敏感。

第二节　埃希菌属

大肠埃希菌俗称大肠杆菌，在婴儿出生不久即进入肠道，并伴随终生，在肠道中能合成维生素 B、K 供人体利用。大肠埃希菌一般无致病性，为肠道中的正常菌群，但当宿主免疫力下降或细菌侵入肠外组织器官时，可引起肠道外感染。某些菌株致病性强，可直接引起肠道感染。

一、生物学特性

革兰阴性杆菌，有菌毛，多数菌株有周身鞭毛。在肠道选择性培养基上，因能分解乳糖产酸使菌落呈粉红色。抵抗力不强，对常用消毒和抗菌药物剂敏感。本菌主要有 O、H 和 K 三种抗原。

二、致病性

1. 肠道外感染　以泌尿系统感染为主，如尿道炎、膀胱炎、肾盂肾炎。也可引起腹膜炎、胆囊炎、败血症、新生儿脑膜炎等。

2. 肠道感染　为外源性感染，与食入被该菌污染的食品或饮水有关，引起急性腹泻。根据致病机制，将引起肠道感染的大肠埃希菌分为五种类型：①肠产毒性大肠埃希菌（ETEC)；②肠致病性大肠埃希菌（EPEC)；③肠侵袭性大肠埃希菌（EIEC)；④肠出血性大肠埃希菌（EHEC)；⑤肠集聚性大肠埃希菌（EAEC)。

三、微生物学检查

（一）临床细菌学检查

标本：肠道外感染取中段尿、血液、脓液等；肠道感染则取粪便。粪便标本可直接接种在肠道选择性培养基上，鉴定需用生化反应。

（二）卫生细菌学检查

寄居于肠道中的大肠埃希菌可不断随粪便排出，污染周围环境和水源、食品等。标本中大肠埃希菌越多，表示被粪便污染越严重，提示有肠道致病菌污染的可能。因此，该菌在卫生学上常作为检测饮用水、食品被粪便污染的指标之一。我国规定的卫生标准：每 1ml 饮用水中细菌总数不得超过 100 个；在每 1000ml 饮用水中大肠埃希菌群数不得超过 3 个。

四、防治原则

改善环境卫生，加强食品的检查与监测。治疗可用庆大霉素、诺氟沙星、新生霉素等。

第三节　志贺菌属

志贺菌属是人类细菌性痢疾（菌痢）最为常见的病原菌，通称痢疾杆菌。

一、生物学性状

革兰阴性杆菌，无鞭毛和荚膜，多数有菌毛（图 19－1)。营养要求不高，在肠道选择培养基上形成无色菌落，抵抗力不强，对酸敏感。

根据抗原的构造和生化反应不同，可将志贺菌分为4群：痢疾志贺菌（A群）、福氏志贺菌（B群）、鲍氏志贺菌（C群）、宋内志贺菌（D群）。我国主要以B群和D群流行为主。

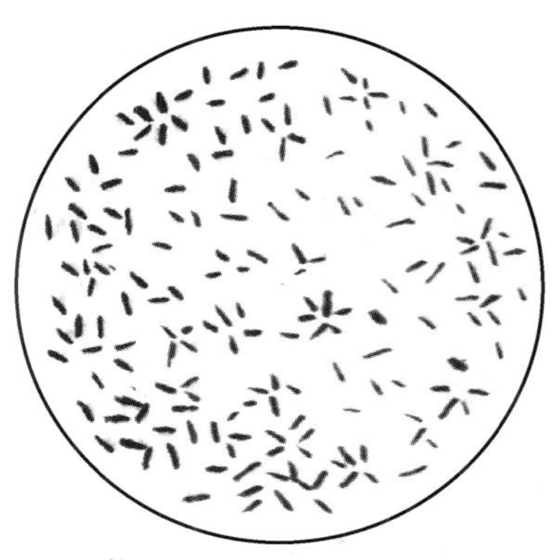

图19－1 痢疾志贺菌

二、致病性与免疫性

（一）致病物质

菌毛能黏附于结肠黏膜的上皮细胞，有利于细菌侵入细胞内繁殖。内毒素使肠壁通透性增高，促进毒素吸收；破坏肠黏膜，形成炎症、溃疡；作用于肠壁自主神经系统，导致肠功能紊乱。外毒素多由A群志贺菌产生，具有神经毒性、细胞毒性和肠毒性，可引起神经麻痹、细胞坏死和水样腹泻。

（二）所致疾病

细菌性痢疾简称菌痢，为最常见的肠道传染病。传染源主要为患者和带菌者，经消化道传播。细菌性痢疾有三种类型：

1. 急性菌痢　常有发热、腹痛、里急后重、排脓血黏液便等症状。若及时治疗则预后良好。

2. 中毒性菌痢　多见于小儿，表现为全身中毒症状，如高热、DIC、感染性休克、脑水肿等，死亡率高。

3. 慢性菌痢　急性菌痢治疗不彻底，可反复发作，病程多在2个月以上者。

（三）免疫性

抗感染免疫主要是消化道黏膜表面的SIgA，但免疫力不持久。

三、微生物学检查法

在用药前取患者新鲜粪便的脓血或黏液部分做标本，立即送检。若不能及时送检，可将标本保存于30%甘油缓冲液内。中毒性菌痢可取肛拭子。标本直接接种肠道选择性培养基上，通过生化反应和血清学凝集试验做出鉴定。

四、防治原则

对患者和带菌者进行及时诊断、隔离和彻底治疗。加强水源和粪便的管理及食品卫生的监督。特异性预防采用多价减毒活疫苗。治疗可用诺氟沙星、氨苄西林、庆大霉素等，但易产生耐药性。

第四节　沙门菌属

沙门菌属是一群寄生于人类和动物肠道中，生物学性状相似的革兰阴性杆菌。细菌的血清型有2000多种，但对人致病的只有少数，主要有引起肠热症的伤寒沙门菌、甲、乙、丙型副伤寒沙门菌；引起食物中毒和败血症的鼠伤寒沙门菌、猪霍乱沙门菌、肠炎沙门菌等。

一、生物学特性

沙门菌属均为革兰阴性杆菌，多数有鞭毛和菌毛（图 19－2），无芽胞和荚膜。营养要求不高，在肠道选择培养基上形成无色菌落，抵抗力不强。

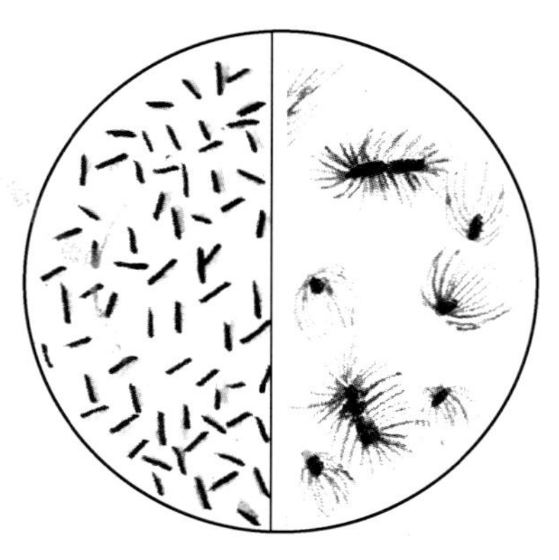

图 19－2　伤寒沙门菌

沙门菌属抗原构造复杂，主要有菌体抗原（O 抗原）和鞭毛抗原（H 抗原）。少数菌有表面抗原即毒力抗原（Vi 抗原）。

二、致病性与免疫性

（一）致病物质

1. 侵袭力　菌毛可黏附于肠黏膜上皮细胞；Vi 抗原有抗吞噬作用。

2. 内毒素　沙门菌有较强的内毒素，可引起机体发热、白细胞下降和中毒性休克。

3. 肠毒素　某些沙门菌可产生，可引起水样腹泻。

（二）所致疾病

1. 伤寒和副伤寒　统称为肠热症，由伤寒沙门菌引起伤寒，甲、乙、丙型副伤寒沙门菌引起副伤寒，其临床症状不易区别。只是伤寒的病程较长，为 3～4 周，症状较重；副伤寒的病程较短，为 1～2 周，症状较轻。传染源为患者和带菌者，细菌随污染食物进入肠黏膜下的淋巴组织繁殖后进入血流，引起第一次菌血症。此时患者有发热、全身不适、乏力等症状。细菌进入骨髓、肝、脾、肾、胆囊、皮肤等并在其中繁殖后再次进入血流，引起第二次菌血症。此期症状明显，患者出现持续高热、相对缓脉、肝脾大、中性粒细胞减少、皮肤出现玫瑰疹等全身中毒症状。胆囊中的细菌随胆汁排至肠道，并从粪便排出。部分细菌可再次侵入肠壁淋巴组织，出现Ⅳ型超敏反应，引起局部坏死和溃疡，严重者发生肠出血和肠穿孔等并发症。肾中的细菌可随尿排出。部分患者痊愈后可继续排菌数周至数月，成为恢复期带菌者。少数患者排菌达一年以上，可成为慢性带菌者。

2. 急性胃肠炎（食物中毒）　为最常见的沙门菌感染。多由摄入大量鼠伤寒、猪霍乱、肠炎沙门菌等污染食品引起急性胃肠炎症状，多数 2～3 天自愈。

3. 败血症　常由猪霍乱沙门菌、丙型副伤寒沙门菌、鼠伤寒沙门菌、肠炎沙门菌等引起。患者多为儿童和免疫力低下的成人。

（三）免疫性

伤寒或副伤寒病后可获得牢固的免疫力，以细胞免疫为主。

三、微生物学检查法

1. 标本

肠热症应根据病程不同采取不同标本，通常第 1 周取外周血，第 2 周取血、粪便或尿液，全程可取骨髓。急性肠炎取患者呕吐物、粪便或可疑食物，败血症取血液。

2. 分离培养与鉴定

血液和骨髓标本先增菌培养，其他标本可直接接种于肠道选择培养基上进行分离培养，再做生化反应及血清学鉴定。

3. 血清学诊断

常用肥达试验。用已知的伤寒沙门菌 O、H 抗原和甲、乙、丙型副伤寒沙门菌的 H 抗原与患者血清作定量试管凝集试验，以辅助诊断肠热症。一般是伤寒沙门菌 O 凝集效价≥1∶80，H 凝集效价≥1∶160，副伤寒沙门菌 H 凝集效价≥1∶80 时才有诊断价值。

四、防治原则

早期发现、隔离、治疗患者或带菌者，加强食品、饮水卫生及粪便管理；对易感人群进行伤寒、副伤寒行疫苗预防接种；治疗可选用氯霉素、氨苄西林、复方新诺明等药物。

第五节 其他肠杆菌科细菌

克雷伯菌属、变形杆菌属的主要特性见表 19－1。

表 19－1 克雷伯菌属、变形杆菌属的主要特性

菌属	菌种	主要生物学特性	所致疾病
克雷伯菌属	肺炎克雷伯菌、臭鼻克雷伯菌等 7 种	有荚膜，无鞭毛，多数有菌毛。黏液型菌落，挑可拉成丝	条件致病菌，可引起肺炎、尿路感染、创伤感染、败血症、脑膜炎、腹膜炎、慢性萎缩性鼻炎等
变形杆菌属	普通变形杆菌、奇异变形杆菌等 4 种	有明显多形性，有周鞭毛、菌毛、迁徙生长现象。某些菌株与立克次体有共同抗原	条件致病菌，可引起尿路感染、慢性中耳炎、创伤感染、食物中毒、婴儿腹泻等

小 结

大肠埃希菌为肠道正常菌群，多为条件致病菌，可引起肠外感染。致病性大肠埃希菌引起肠内感染。卫生学上常以检测大肠埃希菌群数和细菌总数作为饮水、食品被粪便污染的指标。

志贺菌属是引起人类细菌性痢疾的病原菌，经临床分为急性细菌性痢疾、慢性细菌性痢疾两型。

引起人类疾病常见的沙门菌有伤寒、甲、乙、丙型副伤寒、肠炎、猪霍乱、鼠伤寒沙门菌等。可引起肠热症、急性肠炎、败血症等。肥达试验可作为伤寒、副伤寒的辅助诊断检查手段。

克雷伯菌属的肺炎克雷伯杆菌可引起医源性感染等。变形杆菌属条件致病菌，可引起尿路感染、食物中毒等。该菌属的某些菌株与立克次体有共同抗原。

自测题

一、名词解释

肥达试验

二、单项选择题

1. 关于肠道杆菌生物学特性描述错误的是
   A. 革兰阳性
   B. 大多是肠道中的正常菌群
   C. 革兰阴性杆菌
   D. 不形成芽胞
   E. 仅靠形态、染色性不易区别

2. 对于肠热症患者在发病 1 周内应取下列哪种标本进行病原学检测
   A. 粪便
   B. 尿液
   C. 血液
   D. 胃液
   E. 胆汁

3. 作为检测饮用水、食品被粪便污染的指标的肠道杆菌是
   A. 大肠埃希菌
   B. 伤寒杆菌
   C. 痢疾杆菌
   D. 副伤寒杆菌
   E. 甲型副伤寒杆菌

三、简答题

具有致病性的沙门菌有哪些？有哪些致病物质？可导致哪些疾病？

（杨迎平）

第二十章　螺形菌

学习目标

1. 掌握霍乱弧菌的致病性及防治原则。
2. 了解副溶血性弧菌和幽门螺杆菌的致病性。

螺形菌是一类菌体弯曲的细菌，包括弧菌属和螺菌属。主要致病菌有霍乱弧菌、副溶血性弧菌、幽门螺杆菌等。

第一节　弧菌属

弧菌属细菌是一群菌体短小，弯曲成弧形的革兰阴性菌。广泛分布于自然界，尤以水中多见。对人致病的主要有霍乱弧菌和副溶血性弧菌，分别引起霍乱和食物中毒。

一、霍乱弧菌

霍乱弧菌是引起烈性传染病霍乱的病原体。分为两个生物型：古典生物型和埃托(El Tor)生物型。

（一）生物学特性

1. 形态与染色　革兰阴性，呈弧形或逗点状，有菌毛、单鞭毛（图 20－1，彩图 20－1）。在液体中可作“穿梭”样运动。

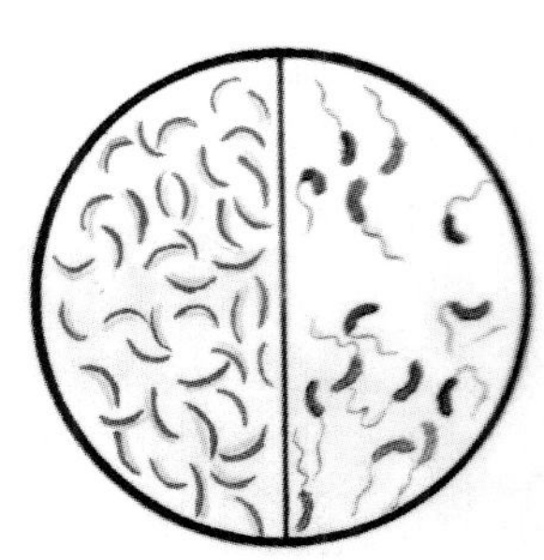

图 20－1　霍乱弧菌

2. 培养特性　兼性厌氧，耐碱不耐酸，在 pH8.8～9.0 的碱性培养基中生长良好。

3. 抵抗力　较弱，在正常胃酸中仅能存活 4min。55℃湿热 15min，100℃煮沸 1～2min 即能杀死霍乱弧菌。在水中可存活 1～3 周。1：4 的漂白粉处理患者的排泄物或呕吐物 1h 可达到消毒目的。

（二）致病性与免疫性

1. 致病物质

（1）鞭毛和菌毛：鞭毛运动有助于细菌穿过肠黏膜表面的黏液层，菌毛黏附于小肠黏膜上皮细胞。

（2）霍乱肠毒素：是目前已知的致泻毒素中最为强烈的毒素，由 A、B 两个亚单位组成。主要引起严重的呕吐和腹泻。

2. 所致疾病　引起烈性肠道传染病——霍乱，是我国的甲类法定传染病。传染源是患者和带菌者，传播途径主要是通过污染的水源或食物经口感染。在感染细菌后 2～3 天突然出现剧烈腹泻、呕吐，排出如米泔水样粪便，严重时，每小时失水量可高达1L。由于大量水、电解质丢失，引起脱水、外周循环衰竭、电解质紊乱和代谢性酸中毒，严重者可因肾衰竭、休克而死亡，死亡率可高达50%～70%。

3. 免疫性　病后免疫力持久，以体液免疫为主，肠道黏膜分泌的SIgA起主要作用。

知识链接

历史上霍乱的流行情况

自1817年以来，霍乱在人类历史上曾发生过7次世界大流行。前6次均起源于印度恒河三角洲，由古典生物型所引起的，1961年的第七次起源于印尼苏拉威西岛，由埃托生物型引起。1992年在印度和孟加拉湾附近的一些国家又暴发了一种新的霍乱血清群（O139）引起的一种新型霍乱，并很快在亚洲传播。

（三）微生物学检查

对首例患者的病原学诊断应快速、准确，并及时做出疫情报告。标本主要采集“米泔水”样粪便或呕吐物，应立即送检，不能及时送检时，应将标本存放于保存液中，标本要严密包装，专人运送。

（四）防治原则

加强检疫，及时发现、隔离治疗患者，必要时可封锁疫区。对患者的粪便及呕吐物要严格消毒处理，防止污染水源及食品。有计划地进行霍乱疫苗的接种，以提高人群的免疫力。治疗以补充液体和纠正电解质紊乱为主，同时用抗生素治疗。

二、副溶血性弧菌

副溶血性弧菌是一种嗜盐性弧菌，存在于海水、海鱼及海贝类等海产品中。本菌呈弧状、杆状等多形性。革兰阴性，有鞭毛，在3.5%NaCl培养基中生长良好，无盐则生长差或不能生长。

因食入本菌污染的海产品或盐腌制品可引起食物中毒。主要症状为腹痛、腹泻、呕吐、发热、水样便等。恢复较快，病后免疫力不强，可重复感染。

注意饮食卫生，对海产品、盐腌制品应充分加热后食用，是预防的主要措施。治疗可选用庆大霉素、诺氟沙星及磺胺类药物。

第二节　弯曲菌属和螺杆菌属

弯曲菌属是一类呈逗点状或S形的革兰阴性菌。该菌属有13个菌种，广泛分布于动物界的肠道中，可引起人类和动物的腹泻、胃肠炎、与肠外感染等。对人致病的主要有空肠弯曲菌、大肠弯曲菌和胎儿弯曲菌。

螺杆菌属是从弯曲菌属中划分出来的新菌属，代表菌种是幽门螺杆菌。

空肠弯曲菌、幽门螺杆菌的主要生物学特性与致病性见表20－1。

表 20-1　空肠弯曲菌、幽门螺杆菌的主要生物学特性及致病性

菌名	主要生物学特性	致病性
空肠弯曲菌	革兰阴性，形态细长，呈弧形、S形或螺旋形等，有单鞭毛	经消化道传播，能产生肠毒素，引起婴幼儿肠炎或食物中毒
幽门螺杆菌	革兰阴性，形态细长弯曲呈螺形。两端有鞭毛，具有高活性脲酶	传播途径尚不清楚，与人类慢性胃炎、消化性溃疡和胃癌等有关

小　结

霍乱弧菌是霍乱的病原体，引起烈性肠道传染病霍乱。传播途径主要是通过污染的水源或食物经口感染。主要的致病物质是霍乱肠毒素，导致严重的呕吐和腹泻。可用霍乱疫苗进行特异性预防；治疗以补液为主，同时使用抗菌药物。

副溶血性弧菌为革兰阴性弧菌，有嗜盐性，主要存在海鱼、海贝等海产品中，引起食物中毒。

空肠弯曲菌主要引起婴幼儿肠炎或食物中毒。幽门螺杆菌与人类慢性胃炎、消化性溃疡和胃癌等关系密切。

自　测　题

一、单项选择题

1. 霍乱弧菌的主要致病物质是
   A. 鞭毛
   B. 黏液素酶
   C. 菌毛
   D. 霍乱肠毒素
   E. 荚膜

2. 吃海产品引起食物中毒常与哪种细菌有关？
   A. 副溶血性弧菌
   B. 痢疾志贺菌
   C. 金黄色葡萄球菌
   D. 变形杆菌
   E. 破伤风杆菌

二、简答题

简述霍乱弧菌的致病性。

（杨迎平）

第二十一章　厌氧性细菌

学习目标

1. 掌握破伤风梭菌的致病性与防治原则。
2. 熟悉肉毒梭菌的致病性。
3. 了解常见厌氧性细菌的生物学特性。

案例

患者，男，47岁，因“吞咽困难1天，全身抽搐2次”入院。患者7天前左手背部刺入一长约2厘米的竹刺，自行拔除，未做任何医疗处理。5天后患者感觉颈部不适，活动受限；7天后患者出现吞咽困难，并出现全身抽搐2次，抽搐时意识清楚，表情痛苦。

讨论：1. 本病例最可能的诊断是什么？诊断依据是什么？
2. 伤口应如何处理？

厌氧性细菌是一群必须在无氧环境中才能生长繁殖的细菌，包括厌氧芽胞梭菌和无芽胞厌氧菌两大类。

第一节　厌氧芽胞梭菌

厌氧芽胞梭菌均为革兰阳性大杆菌，芽胞直径比菌体宽，使菌体膨大呈梭状，故称梭菌。多数必须在严格厌氧条件下才能生长，少数可在微氧环境中繁殖，大部分为腐生菌。能引起人类疾病的主要有破伤风梭菌、产气荚膜梭菌和肉毒梭菌。

一、破伤风梭菌

破伤风梭菌是破伤风的病原菌。广泛分布于自然界，以土壤、人和动物肠道中多见。

（一）主要生物学特性

革兰阳性细长杆菌，芽胞正圆形位于菌体一端，其直径大于菌体横径，呈鼓槌状（图21-1），有周身鞭毛，无荚膜（图21-2）。芽胞形成后易转为革兰阴性。创伤内细菌常为革兰阴性，不易查见芽胞。专性厌氧，常用庖肉培养基来培养。芽胞的抵抗力强，通常能耐煮沸1小时，土壤中可存活数十年，高压蒸汽121.3℃ 15～30min、干热160～170℃ 1～2h

可将其杀死。其繁殖体对青霉素敏感。

（二）致病性与免疫性

1. 致病条件　本菌主要经伤口感染，对伤口污染率较高。但是否会引起感染并致病，重要条件是局部能否造成厌氧微环境：①深而狭窄的伤口（如刺伤），混有泥土和异物；②大面积创伤、烧伤，坏死组织多，局部组织缺血；③同时有需氧菌混合感染的伤口等均易造成厌氧环境。

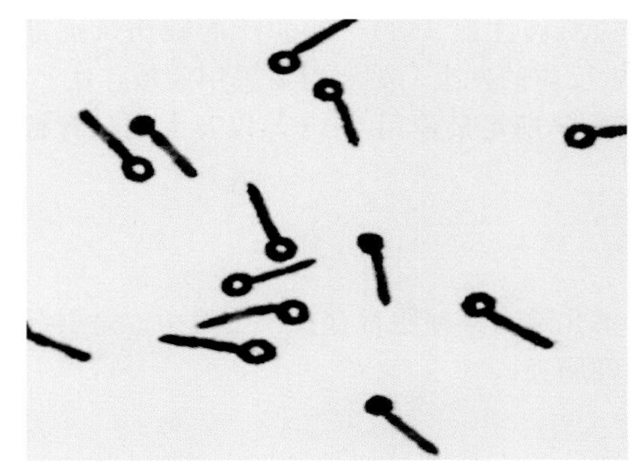

图 21－1　破伤风梭菌
芽胞位于菌体一端呈鼓槌状

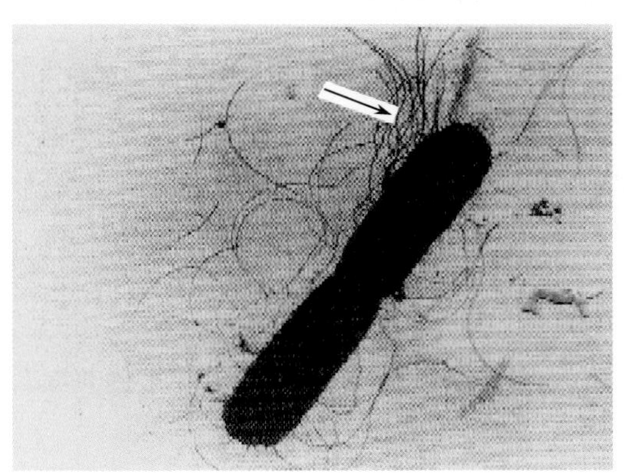

图 21－2　破伤风梭菌（电镜）
显示周身鞭毛

2. 致病物质　本菌能产生破伤风溶血毒素和破伤风痉挛毒素。前者可溶解红细胞，但与致病性无关；后者是一种嗜神经毒素，对脑干神经和脊髓前角细胞有高度亲和力。破伤风痉挛毒素的毒性很强，对人的致死量小于 1μg，但不耐热，65℃ 30min 可被破坏，也易被蛋白酶分解，故在胃肠道内无致病作用。

破伤风痉挛毒素进入血液后随血流到达中枢神经系统，选择性地与脑干和脊髓前角细胞突触膜上的神经节苷脂结合，封闭脊髓的抑制性突触，阻止神经细胞抑制性介质的释放，破坏正常的抑制性反馈调节功能，使脊髓前角细胞兴奋冲动可下达，但抑制性反馈信息不能上传，导致伸肌与屈肌同时强烈收缩，使肌肉发生强直性痉挛（俗称抽搐）。这种抽搐在光亮和声音的刺激下更明显，所以破伤风患者怕光、怕声音。

3. 所致疾病　破伤风潜伏期不定，可从几天至几周，平均 7～14 天，潜伏期与原发感染部位距离中枢神经系统的远近有关，潜伏期越短，病死率越高。发病早期有发热、头痛、流涎、出汗和激动等前驱症状，随后出现局部肌肉群抽搐，咀嚼肌痉挛，张口困难，典型的表现是牙关紧闭，苦笑面容，颈项强直，角弓反张。严重者因呼吸肌痉挛而窒息，病死率较高。

4. 免疫性　破伤风痉挛毒素毒性很强，极少量毒素即可致病，但少量的毒素尚不足以引起免疫应答，故一般病后不会获得牢固免疫力。此病病愈后的患者，仍需注射破伤风类毒素，使其获得免疫力。

（三）微生物学检查

典型的症状和病史即可做出临床诊断。伤口直接涂片镜检和病菌分离培养的阳性率很低，故一般不采用。

（四）防治原则

1．人工自动免疫　接种破伤风类毒素，对象为儿童、军人和其他易受外伤的人群。对于儿童，通常注射百白破三联疫苗，可同时获得对三种常见病（百日咳、白喉、破伤风）的免疫力。免疫程序为婴儿出生后第3、4、5月连续免疫3次，2岁、7岁时各加强一次，以建立基础免疫。今后如有可能引发破伤风的外伤，立即再接种一针类毒素以引起回忆反应，血清中抗毒素滴度在几天内即可迅速升高。

2．伤口处理　及时清创扩创，首选3%双氧水清洗，防止厌氧微环境的形成。

3．人工被动免疫　对伤口较深且污染者，应肌肉注射1500～3000U的破伤风抗毒素（TAT）作紧急预防。注射前须作皮试，以防超敏反应的发生，必要时需采用脱敏疗法。

4．治疗　使用TAT和抗生素。对已发病者应早期足量使用TAT，以及大剂量青霉素等抗生素，同时使用镇静解痉药物对症治疗。

二、产气荚膜梭菌

产气荚膜梭菌广泛分布于自然界及人与动物消化道，其芽胞常存在于土壤中。是引起气性坏疽的主要病原菌，还可引起食物中毒及坏死性肠炎。

（一）主要生物学特性

本菌为革兰阳性粗大杆菌，两端钝圆，芽胞呈椭圆形，位于菌体中央或次极端，直径小于菌体横径，在体内能产生荚膜，无鞭毛（图21－3，也见彩图21－3）。本菌是不严格的厌氧菌，有少量氧也能生长。在血平板上形成双层溶血环，代谢活跃，可分解多种糖类，产酸产气，在牛奶培养基上形成“汹涌发酵”现象。

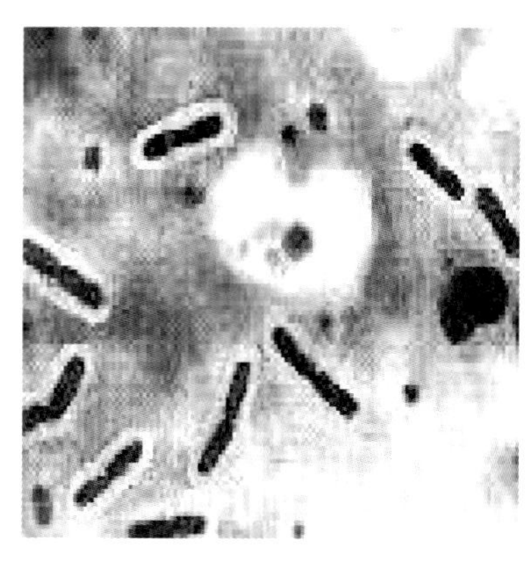

图21－3　产气荚膜梭菌

荚膜染色，显示荚膜

（二）致病性

1．致病物质　本菌具有荚膜，产生多种侵袭性酶和外毒素。根据产毒素的不同，将本菌分为A、B、C、D、E五型。对人致病的主要是A型。主要致病物质是卵磷脂酶。

2．所致疾病

（1）气性坏疽：是严重的创伤感染性疾病，多见于战伤、伤口污染的骨折及软组织损伤。致病条件与破伤风梭菌相同。本病潜伏期短，一般仅为8～48h，发展迅速，病情险恶。以局部组织坏死、气肿、水肿（触之有捻发音）、恶臭、剧痛及全身中毒症状为主要特征。

（2）食物中毒：食入A型产气荚膜梭菌污染食品后可引起，潜伏期约10小时，机体以腹痛、恶心及吐泻为特征，1～2d后自愈。如不进行细菌学检查常难确诊。

（3）坏死性肠炎：C型产气荚膜梭菌产生的β肠毒素可引发坏死性肠炎，此病发病急，有腹痛、腹泻、血便。要注意与菌痢、出血性肠炎相区别。常见于食入烹调不当的被污染的猪肉引起，病死率高达40%。

（三）微生物学检查

1．直接涂片镜检，是极有价值的快速诊断法。取创伤分泌物及组织涂片，革兰染色镜检可见革兰阳性大杆菌。

2. 分离培养与动物试验，取坏死组织制成悬液，接种血平板或疱肉培养基厌氧培养，观察生长情况，取可疑菌落涂片镜检并用生化反应进一步鉴定。

（四）防治原则

主要是伤口及时清创、扩创、局部用3%双氧水冲洗、湿敷，破坏厌氧微环境。感染早期可用多价抗毒素血清和青霉素。治疗则以对感染局部施行手术，切除坏死组织为主，必要时截肢。近年来用高压氧舱法治疗气性坏疽，可提高血液和组织的氧含量。

三、肉毒梭菌

肉毒梭菌是一种厌氧性腐物寄生菌，广泛存在于土壤、海洋沉积物以及动物粪便中。

（一）主要生物学特性

本菌为革兰阳性粗大杆菌，两端钝圆，单个或成双排列，有时可呈链状，无荚膜，有周鞭毛，芽胞呈椭圆形，宽于菌体，位于次极端，使菌体呈网球拍状（图21-4）。严格厌氧，营养要求不高。芽胞的抵抗力很强。

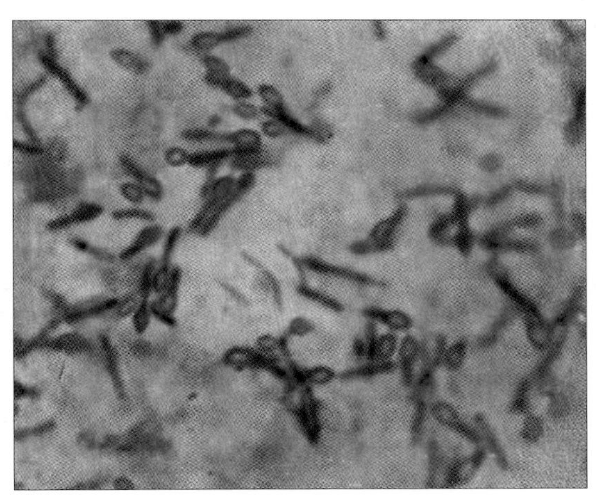

图21-4　肉毒梭菌的形态

革兰染色，×1000

（二）致病性

1. 致病物质　为肉毒毒素，是已知最剧烈的毒物，毒性比氰化钾（毒性比砒霜稍强）强1万倍，对人的致死量约为0.1μg，为嗜神经毒素，其作用是阻碍胆碱能神经末梢释放乙酰胆碱，影响神经冲动的传递，导致肌肉松弛性麻痹。肉毒毒素不耐热，煮沸1分钟即被破坏。

2. 所致疾病

（1）食物中毒：由食入含有肉毒毒素的食品如罐头、腊肠、火腿、发酵豆制品（如臭豆腐）等引起，潜伏期可短至数小时，先有乏力、头痛，接着出现眼球肌肉麻痹症状（复视、斜视及眼睑下垂）和咽部肌麻痹（吞咽困难、口齿不清），进而因呼吸肌麻痹、心肌麻痹而死亡。患者神志清楚，不发热，胃肠道症状少见。

（2）婴儿肉毒中毒：常因食入被肉毒梭菌芽胞污染的食品（如蜂蜜等）引起，临床表现为便秘、吃乳无力、吞咽困难、哭声低弱。

(3) 创伤感染中毒：伤口被肉毒梭菌芽胞污染后，如具备厌氧环境，也会产生毒素，引起机体中毒。

(三) 防治原则

加强食品卫生管理和监督。食品加热消毒是预防本病的关键。对患者及早注射多价抗毒素，同时加强护理和对症治疗，特别是维护呼吸功能，以降低死亡率。

第二节　无芽胞厌氧菌

无芽胞厌氧菌的种类繁多，主要存在于人及动物的肠道、口腔、上呼吸道及泌尿生殖道等处，有革兰阳性或阴性的球菌和杆菌。在人体正常菌群中占绝对优势，是其他细菌的10～1000倍，如在肠道菌群中，厌氧菌占99.9%。在一定条件下，作为条件致病菌而引起内源性感染。在细菌感染中，约60%有厌氧菌参与，其中90%为无芽胞厌氧菌。

临床常见的无芽胞厌氧菌主要为G^-的脆弱类杆菌、产黑素普氏菌、卟啉单胞菌、核梭杆菌和G^+的消化链球菌，约占临床厌氧菌感染的2/3。

一、致病性

1. 致病条件　会引起内源性感染的条件：①寄居部位改变；②菌群失调，长期使用抗生素、激素等；③免疫力下降，如患慢性消耗性疾病、老年人、使用免疫抑制剂等；④局部形成厌氧微环境。

2. 感染特征　①属内源性感染，感染可遍及全身，呈慢性过程；②无特定病型，大多为化脓性感染；③分泌物或脓汁黏稠，血色或棕黑色，伴恶臭或有气体；④使用氨基糖甙类抗生素（如链霉素、庆大霉素）长期无效；⑤分泌物涂片可见细菌，但普通培养无菌生长。

3. 所致疾病　主要为化脓性感染，可引起各种炎症、脓肿、组织坏死和败血病等（表21－1）。

表21－1　无芽胞厌氧菌感染部位及所致疾病

感染部位	所致疾病	厌氧菌所占比例（%）
皮肤软组织	由外伤、局部缺血造成广泛的组织炎症和坏死	40～60
口腔和咽部	溃疡性牙龈炎、牙周炎、坏死性口腔炎	50
鼻窦及颅内	慢性中耳炎、乳突炎、鼻窦炎、脑膜炎、脑脓肿等	60～90
肺部和胸膜	肺脓疡、吸入性肺炎、坏死性肺炎、脓胸等	50～80
腹腔和盆腔	肝脓肿、盆腔脓肿、输卵管及卵巢脓疡、子宫内膜炎、产褥期败血症、脓毒性流产等	60～100
败血症	原发灶可能是盆腔或腹腔感染	10～20

二、标本的采集与送检

无芽胞厌氧菌是人体正常菌群，标本应从感染中心处采集避免正常菌群的污染。如血液、腹腔液、深部脓肿等，采集标本后应立即排除空气，使其处于无氧环境中，迅速送检。

三、防治原则

目前无特殊预防方法。防止致病条件的形成是预防感染的基本原则。治疗可用青霉素、头孢菌素、甲硝唑等。

小　结

厌氧性细菌包括厌氧芽胞梭菌和无芽胞厌氧菌两大类。前者均为 G^{+} 大杆菌，有芽胞，抵抗力强，产生强烈的外毒素致病，引起特殊严重的症状；后者是机体正常菌群的一部分，可作为条件致病菌而引起内源性感染。

破伤风梭菌经创伤感染，厌氧微环境是致病的重要条件，其致病物质是破伤风痉挛毒素，破伤风的典型表现是牙关紧闭，苦笑面容，预防原则包括伤口处理、人工主动免疫和人工被动免疫。产气荚膜梭菌也是经创伤感染，致病条件与破伤风梭菌相同，主要致病是气性坏疽。肉毒梭菌的致病物质是肉毒毒素，是已知最强的毒物，可引起严重的食物中毒。

无芽胞厌氧菌种类繁多，是人体正常菌群的重要组成菌，在一定条件下，作为条件致病菌可引起内源性感染。

自 测 题

一、单项选择题

1. 破伤风梭菌感染的重要条件是
   A. 菌群失调
   B. 伤口厌氧微环境
   C. 其芽胞污染伤口
   D. 其繁殖体污染伤口
   E. 机体无免疫力

2. 足底被生锈铁钉扎伤，冲洗伤口最好选择
   A. 20％肥皂水
   B. 生理盐水
   C. 3％过氧化氢溶液
   D. 2％红汞
   E. 1％硝酸银溶液

3. TAT 能治疗破伤风的原理是
   A. 抑制细菌的繁殖
   B. 阻止细菌合成毒素
   C. 阻止毒素进入血液
   D. 中和游离毒素
   E. 中和与细胞结合的毒素

4. 厌氧芽胞梭菌能耐受恶劣环境条件的菌体结构是
   A. 荚膜
   B. 鞭毛
   C. 菌毛
   D. 中介体
   E. 芽胞

5. 肉毒毒素是已知最剧烈的______毒素，其毒性比氰化钾强______倍
   A. 神经，1000
   B. 神经，10 000

C. 肠，10 000

D. 细胞，10 000

E. 细胞，1000

二、简答题

1. 哪些伤口可能感染破伤风？
2. 简述破伤风的防治原则。
3. 无芽胞厌氧菌的感染特征是什么？

（熊群英）

第二十二章　分枝杆菌属

学习目标

1. 掌握结核分枝杆菌的致病性、免疫性和防治原则。
2. 熟悉结核杆菌的主要生物学特性。
3. 了解麻风分枝杆菌和少数非结核分枝杆菌。

案例

患者男性，52岁，主诉咳嗽1个月余，近1周咳嗽加重，并伴有胸痛、低热、痰带有血丝。X线检查可见双肺纹理增粗，右肺上叶下部有片状阴影，结核菌素试验（PPD）强阳性，痰涂片检查抗酸杆菌阳性。诊断：肺结核。

讨论：1. 引起肺结核的病原体是什么？如何传播？该如何检查和防治？

2. 什么是结核菌素试验？有何意义？

分枝杆菌属是一类细长略弯曲或直的杆菌，因繁殖时有分枝生长的趋势而得名。由于细胞壁中含有大量的脂质，革兰染色一般不易着色，但加温或延长染色时间着色后能抵抗3%盐酸乙醇的脱色，故又称抗酸杆菌。

本属包括多种细菌，对人有致病作用的主要有结核分枝杆菌、麻风分枝杆菌和少数非结核分枝杆菌。

第一节　结核分枝杆菌

结核分枝杆菌简称结核杆菌，是引起人和动物结核病的病原菌，对人致病的主要是结核分枝杆菌（人型），其次是牛分枝杆菌（牛型）。两者在生物学性状、免疫性及所致疾病的表现极其相似，且均可侵犯全身多个器官，但以引起肺结核最为常见。

一、生物学特性

（一）形态与染色

结核分枝杆菌一般呈细长杆状略带弯曲，无芽胞、鞭毛和荚膜。常采用抗酸染色法染色，结核分枝杆菌被染成红色，而其他非抗酸菌及背景则呈蓝色（图22－1）。镜下分布不均匀，常堆积成团、束状或单个散在排列。

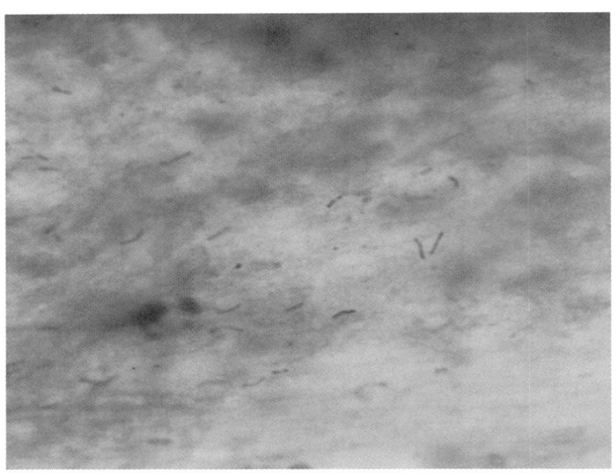

图 22－1　结核杆菌抗酸染色

（二）培养特性

结核分枝杆菌为专性需氧菌，营养要求高。生长缓慢，繁殖一代需 18～24 小时。分离培养常用罗氏培养基，经 2～4 周才出现肉眼可见的菌落（图 22－2），菌落干燥、表面呈颗粒状、米黄色，形似菜花样（图 22－3）。

图 22－2　结核杆菌在罗氏培养基上的生长情况

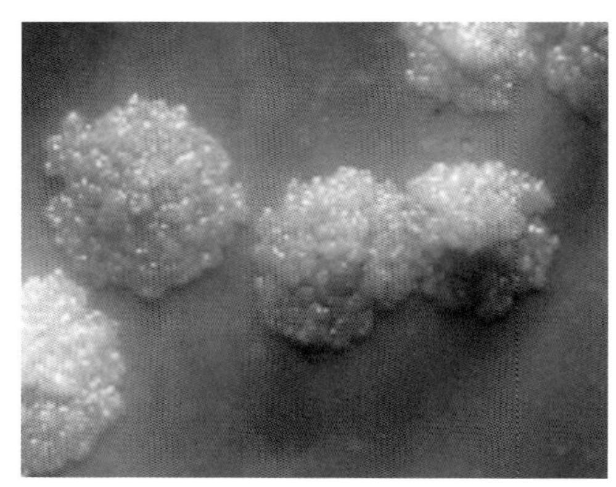

图 22－3　结核分枝杆菌的菌落形态

（三）抵抗力

结核分枝杆菌耐干燥，在干燥痰中可存活 6～8 个月；耐酸碱，常用酸碱处理标本以杀死杂菌和消化标本中的黏稠物质。对青霉素等常用抗生素不敏感。但结核分枝杆菌对乙醇、湿热及紫外线抵抗力较弱。如用 75％乙醇作用 5～10 分钟，湿热 62～63℃ 15 分钟或直接日光照射 2 小时均可被杀死。

（四）变异性

结核分枝杆菌的形态、菌落、毒力及耐药性等均可发生变异。卡介苗（BCG）就是将有毒的牛型结核分枝杆菌培养于含甘油、胆汁、马铃薯的培养基中，经 230 次移种传代，历时 13 年而获得的减毒活菌株，目前广泛用于人类结核病的预防。

二、致病性

结核分枝杆菌不产生内、外毒素，其致病性可能与细菌在组织细胞内大量繁殖引起的炎症、菌体成分和代谢物质的毒性以及机体对菌体成分产生的免疫损伤有关。

（一）致病物质

1. 类脂　能使本菌在吞噬细胞中顽强增殖，并诱导机体产生Ⅳ型超敏反应，形成结核结节等病变。

2. 蛋白质　主要的蛋白质是结核菌素，能与蜡质D结合，能引起较强的Ⅳ型超敏反应。

3. 多糖　多糖可使中性粒细胞增多，引起局部病灶细胞浸润。

（二）所致疾病

结核分枝杆菌可经呼吸道、消化道、破损的皮肤黏膜等多种途径进入机体，侵犯多种组织和器官，如肺、脑、肾、骨骼、关节等，引起相应的结核病。

肺结核是最常见的结核病，细菌通过飞沫或尘埃经呼吸道进入，引起肺部感染。由于结核分枝杆菌的毒力、数量、次数、感染者的免疫状态不同，肺结核分为原发感染和原发后感染。

知识链接

结核病的流行情况

肺结核是一种慢性呼吸道传染病，被称为“白色瘟疫”，在全球仍然广泛流行。在我国结核病患者数量居世界第二位，死亡人数居各类传染病之首。据2000年全国抽样调查结果显示，我国结核病疫情现状为“五多一高”的特点：结核感染人数多、现患肺结核患者多、结核病死亡人数多、耐药结核患者多、农村结核患者多、传染性肺结核患者疫情居高不下。从1995年起，WHO将每年的3月24日定为“世界防治结核病日”。

广东户籍居民如咳痰超过2周，可凭本人身份证到结核病防治机构接受免费的结核病检查。若确诊为结核病，政府将提供免费的抗结核药物治疗。

三、免疫性与超敏反应

（一）免疫性与超敏反应

感染结核分枝杆菌或接种卡介苗后，机体可产生特异性免疫力。此种免疫力的维持依赖于结核分枝杆菌在体内的存在，这种免疫称为带菌免疫，属于细胞免疫。细胞免疫与迟发型超敏反应同时存在，二者均为T细胞介导的结果。

（二）结核菌素试验

是用结核菌素检测受试者对结核分枝杆菌有无免疫力的迟发型超敏反应皮肤试验。结核菌素有两种：旧结核菌素（OT）和纯蛋白衍生物（PPD），目前主要用PPD。

1. 方法及结果　取PPD 5单位注入受试者左前臂掌侧皮内，48～72小时后测量注射局部红肿硬结直径。直径<5mm 者为阴性反应；>5mm 者为阳性，≥15mm 或出现水泡为强阳性（图 22－4）。

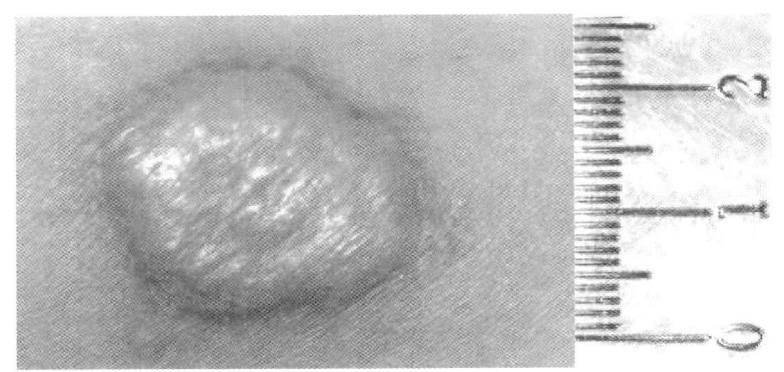

图 22－4　PPD 试验强阳性

2. 意义　阳性反应表明机体已感染过结核枝杆菌或卡介苗接种成功，对结核分枝杆菌有一定免疫力。强阳性反应则表明可能有活动性结核病，应进一步追查病灶。阴性反应表明未感染过结核分枝杆菌或未接种过卡介苗，对结核杆菌无免疫力，但应排除以下情况：原发感染早期、正患严重结核病或其他传染病、细胞免疫功能低下者（如用过免疫抑制者）等。

3. 应用　结核菌素试验用于：①用于选择卡介苗接种对象和免疫效果测定；②婴幼儿结核病的辅助诊断；③结核病流行病学调查；④测定机体细胞免疫的功能状态。

四、微生物学检查

根据感染部位不同采取相应标本，如痰、尿、粪、脑脊液及胸、腹水等。肺外感染还可取血、病变部位的分泌物或组织细胞等。

检查方法以直接涂片抗酸染色法最为常用，其他还有荧光染色法、培养法、动物试验、PCR 技术、免疫学检查等。

五、防治原则

给结核菌素试验阴性者接种卡介苗（BCG），一周岁以内儿童可直接接种。接种后 3 个月宜再做结核菌素试验，若为阴性需复种，接种后获得的免疫力可维持 3～5 年。

治疗原则是早期、联合、规范、足量、全程用药，尤其以联合和规范用药为重要，有协同作用，且能降低耐药性的产生。常用药物有异烟肼、利福平、链霉素、对氨基水杨酸、乙胺丁醇等。

知识链接

卡介苗接种

卡介苗接种被称为“出生第一针”，新生儿一出生就应接种。如果出生时没有及时接种，应在 1 岁以内到当地结核病防治机构或其他卡介苗接种站补种。

第二节　其他分枝杆菌

一、麻风分枝杆菌

麻风分枝杆菌俗称麻风杆菌，可引起麻风病，人是它的唯一宿主。麻风病是一种慢性传染病，世界各地均有流行。新中国成立后，我国对麻风病采取了积极的防治措施，目前发病率已很低。

麻风杆菌的形态、染色性与结核分枝杆菌相似，体外人工培养尚未成功。对干燥、低温有抵抗力，对紫外线及湿热敏感。

麻风的传染源主要是患者。细菌由患者鼻腔分泌物、痰、汗、乳汁、精液或阴道分泌液中排出，主要通过破损皮肤黏膜、呼吸道和密切接触等方式传播，家庭内传播多见。病菌主要侵犯皮肤、黏膜和外周神经组织，很少侵犯内脏。皮肤形成结节、红斑，周围神经变粗、变硬，出现感觉、运动功能障碍。麻风病的临床类型有结核样型、瘤型、界线类与未定类（图 22－5、图 22－6、图 22－7）。

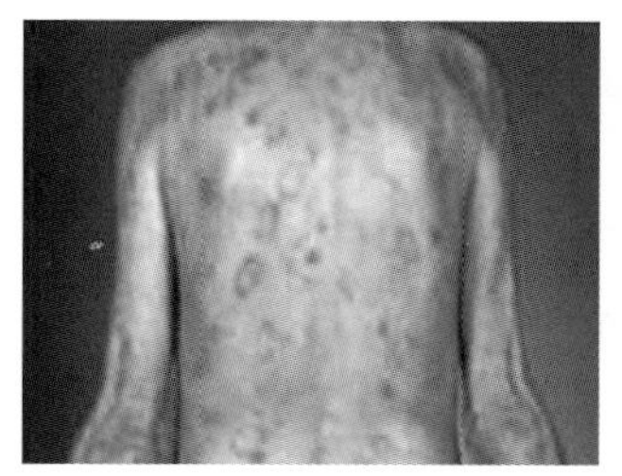

图 22－5　结核样型麻风

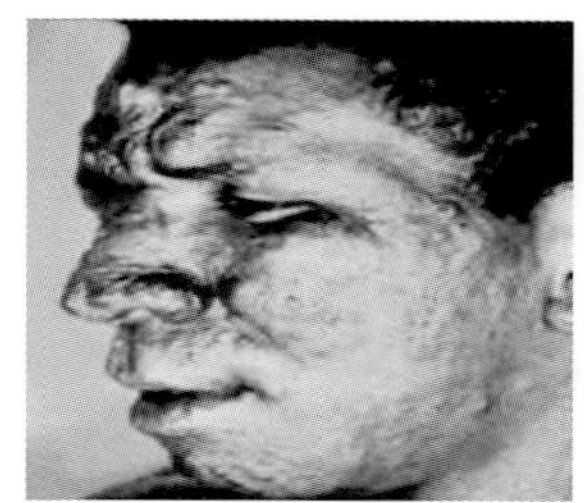

图 22－6　瘤型麻风

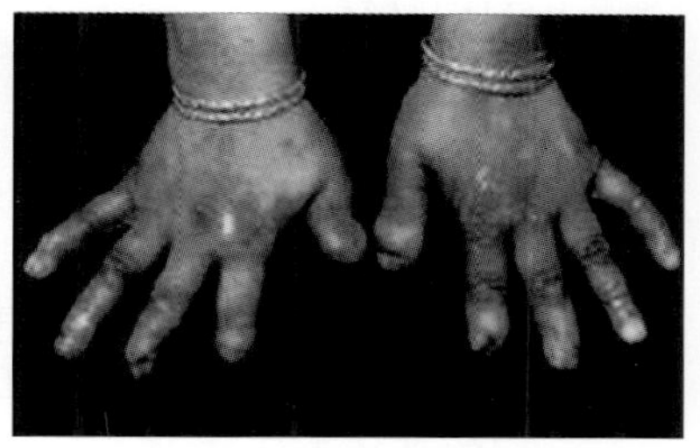

图 22－7　界线类麻风

目前尚无特异性的预防疫苗，主要措施是早期发现、早期隔离及早期治疗患者，特别对密切接触者要做定期检查。治疗麻风药物主要是砜类和利福平，为防止耐药性产生应采用多种药联合治疗。

二、非结核分枝杆菌

分枝杆菌属中除结核分枝杆菌群和麻风分枝杆菌外，其他统称为非结核分枝杆菌（NTM）。其形态、染色性与结核分枝杆菌相似，但对酸、碱比较敏感；对常用的抗结核菌药物耐受；多存在于环境中为条件致病菌。根据菌落色素与生长速度将非结核分枝杆菌分为四个群：Ⅰ群（光产色菌）、Ⅱ群（暗产色菌）、Ⅲ群（不产色菌）、Ⅳ群（快速生长菌）。

NTM 病多继发于慢性肺病如慢性阻塞性肺疾病、支气管扩张、尘肺和肺结核等，是 HIV 感染者和 AIDS 患者的常见并发症，也可以因消毒不严而引发院内感染。NTM 肺病无论在症状、体征、X 线表现、痰检、病理改变等均酷似肺结核，易误诊为肺结核，临床治疗效果大多不理想。第四次全国结核病流行病学调查资料及近年来不时有 NTM 爆发感染报道，表明 NTM 病有逐渐增加的趋势，加上治疗困难，已在国内引起高度重视。

小　结

结核分枝杆菌是引起人和动物结核病的病原菌，经抗酸染色后被染成红色，营养要求较高，生长缓慢。致病以肺结核多见，也可引起肺外结核，可用结核菌素试验作为辅助诊断。特异性预防措施是接种卡介苗。

麻风分枝杆菌是麻风病的病原菌，主要通过破损皮肤黏膜、呼吸道和密切接触等方式传播。目前尚无特异性的预防疫苗。非结核分枝杆菌多为条件致病菌，对抗结核药物和很多抗生素不敏感。两者的形态、染色性与结核杆菌相似。

自 测 题

一、名词解释

1. 卡介苗（BCG）
2. 结核菌素试验

二、单项选择题

1. 有关结核菌素试验，下述错误的是
   A. 皮肤反应程度以局部红肿、硬结的直径为标准
   B. 可检测机体对结核分枝杆菌的免疫状况
   C. 属于皮肤迟发型超敏反应
   D. 12～18 小时后观察结果
   E. 可检测机体细胞免疫功能

2. 结核菌素试验为阳性反应的意义，下列判断错误的是
   A. 机体已感染过结核分枝杆菌
   B. 机体对结核分枝杆菌有一定的特异性免疫力
   C. 机体接种卡介苗成功
   D. 机体对结核分枝杆菌有迟发型超敏反应
   E. 机体对结核分枝杆菌无免疫力

3. 结核杆菌侵入机体的途径，不可能的是
   A. 呼吸道
   B. 消化道
   C. 破损的皮肤
   D. 泌尿道
   E. 节肢动物的叮咬

三、简答题

试述结核菌素试验的原理、意义及应用。

（陈健忠）

第二十三章　其他致病性细菌

学习目标

了解其他细菌的生物学特性、传播途径和所致疾病。

除前面介绍的细菌外，其他能引起人类疾病的细菌还有不少，部分细菌的生物学特性、传播途径、所致疾病见表 23－1。

表 23－1　其他致病性细菌

细菌名称	生物学特性	致病物质	传播途径	所致疾病
铜绿假单胞菌	即绿脓杆菌，G^-杆菌，有荚膜、端鞭毛；产生水溶性色素和生姜气味；抵抗力强	内毒素、外毒素、荚膜、胞外酶	接触、空气	1. 原发性化脓性感染 2. 继发感染
流感嗜血杆菌	G^-小杆菌，有菌毛，生长需用含 X 因子和 V 因子，可形成“卫星现象”	荚膜、菌毛、内毒素	呼吸道	原发感染：脑膜炎、鼻咽炎等，多见于儿童；继发感染：鼻窦炎等，多见于成人
嗜肺军团菌	G^-小杆菌，有鞭毛和菌毛，抵抗力强	内毒素、外毒素、多种酶	呼吸道	军团菌病
百日咳鲍特菌	G^-小杆菌，部分菌株有荚膜和菌毛，营养要求高	荚膜、菌毛、毒素	呼吸道	百日咳（小儿多见）
白喉棒状杆菌	G^+杆菌，无荚膜，一端或两端膨大呈棒状，有异染颗粒	白喉外毒素	呼吸道	白喉
炭疽芽胞杆菌	G^+粗大杆菌，两端平切、排列呈竹节状，有荚膜和芽胞，专性需氧	荚膜、炭疽毒素	皮肤、消化道、呼吸道	人畜炭疽病
耶尔森菌属	G^-短杆菌，两端浓染，有荚膜。在不同条件下，菌体的大小与形态可有差异	多种抗原、鼠疫毒素、内毒素	鼠蚤叮咬、呼吸道	鼠疫（烈性传染病）

自测题

单项选择题

1. 下列细菌中，哪种能产生水溶性绿色色素并具有生姜味
   A. 变形杆菌
   B. 铜绿假单胞菌
   C. 金黄色葡萄球菌
   D. 大肠埃希菌
   E. 流感嗜血杆菌

2. 关于炭疽芽胞杆菌，下列哪项是错误的
   A. 革兰阴性大杆菌
   B. 有荚膜且与致病力有关
   C. 是人畜共患病原体
   D. 临床可致皮肤炭疽、肺炭疽等
   E. 通过皮肤、消化道、呼吸道传播

3. 培养可以出现“卫星现象”的是
   A. 炭疽芽胞杆菌
   B. 铜绿假单胞菌
   C. 金黄色葡萄球菌
   D. 大肠埃希菌
   E. 流感嗜血杆菌

4. 下列哪些细菌引起的疾病可以用百白破三联疫苗进行预防
   A. 百日咳鲍特菌
   B. 白喉棒状杆菌
   C. 破伤风梭菌
   D. 流感嗜血杆菌
   E. A＋B＋C

（陈健忠）

第四篇　医学相关病毒学

第二十四章　病毒学总论

学习目标

1. 掌握病毒的概念。
2. 熟悉理化因素对病毒的影响、病毒的增殖方式、干扰现象、传播方式和病毒性疾病的防治原则。
3. 了解病毒的大小、形态和结构。

第一节　病毒学概述

病毒是一类非细胞型微生物。其基本特征是：①体积微小，需用电子显微镜才能看到；②结构简单，只含一种类型核酸（RNA或DNA）；③严格细胞内寄生，必须在活的易感细胞内生存；④以复制的方式增殖；⑤对抗生素不敏感；⑥人类的传染病70%～80%由病毒引起。对病毒性疾病，目前缺乏有效的治疗药物。学习病毒的基本知识，对了解病毒的致病、诊断和防治有重要意义。

除病毒外，目前还发现比病毒更小更简单的传染性因子，称为亚病毒，包括类病毒、拟病毒和朊粒。

第二节　病毒的大小与形态

一、病毒的大小

病毒的体积微小，须用电子显微镜放大数千倍乃至数万倍才能看到，以纳米（nm，1nm=1/1000μm）为测量单位。各种病毒的大小相差悬殊，最大病毒的直径约为300nm，最小病毒的直径仅为20nm，大多数病毒直径在150nm以下（图24-1）。

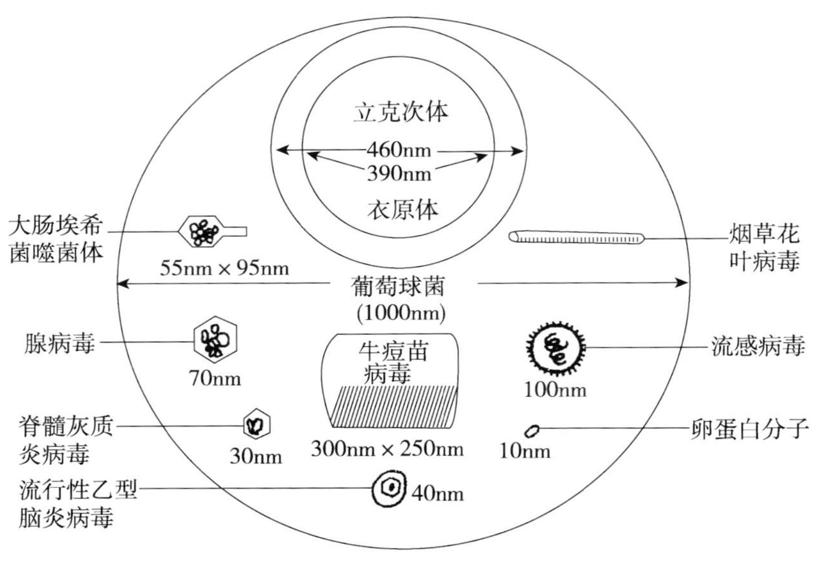

图 24-1　微生物大小的比较

二、病毒的形态

大多数病毒呈球形，有的呈杆状、砖状、丝状和弹头状。细菌的病毒（噬菌体）呈蝌蚪状，使人和动物致病的病毒多为球状（图 24-2）。

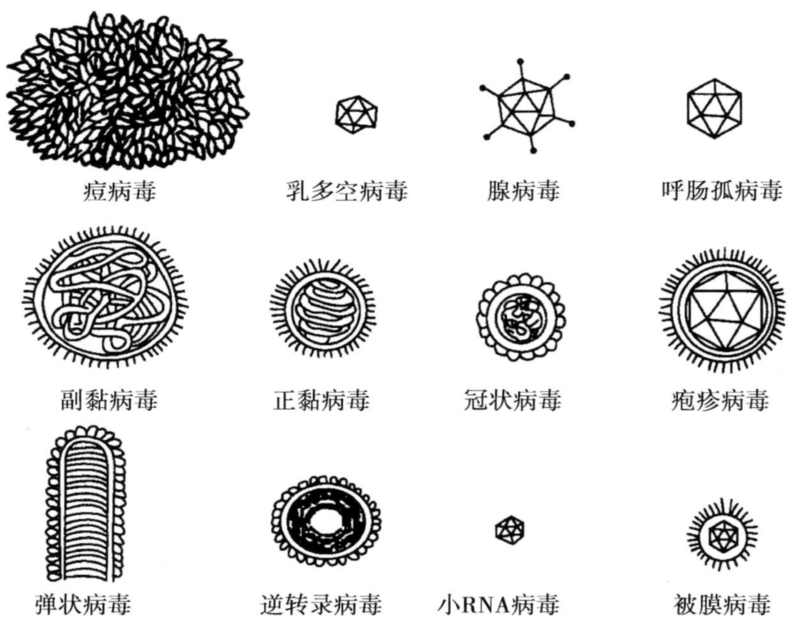

图 24-2　各种病毒的形态与结构示意图

第三节　病毒的结构与化学组成

最简单的病毒只有核心和包绕在外面的衣壳两个部分组成，称为核衣壳，又称裸露病毒；有些病毒在衣壳外面还有一层包膜，称为包膜病毒（图 24－3）。

1. 核心　为病毒的中心部分，由核酸组成，一种病毒只含一种核酸（DNA 或 RNA）。核酸携带着病毒的遗传基因组，是决定病毒遗传、变异、增殖、传染等生命活动的物质基础。核酸若被破坏，病毒即失去活性。除去衣壳后，裸露的核酸仍能感染宿主细胞并复制病毒，称为感染性核酸。

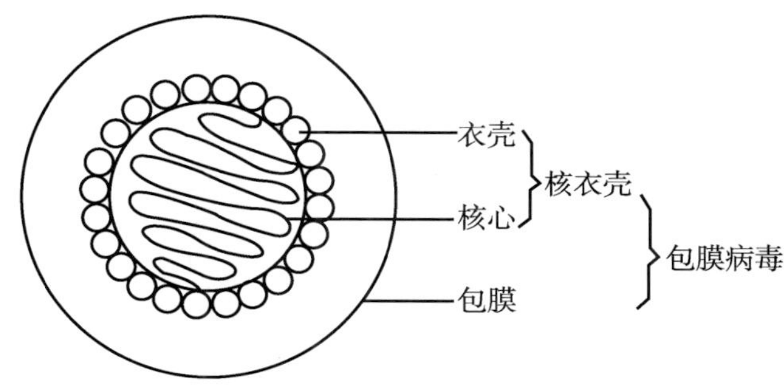

图 24－3　病毒结构模式图

2. 衣壳　包绕在核心外面，其化学成分是蛋白质，作用是保护核酸，并能选择性吸附于易感细胞表面，协助病毒侵入宿主细胞内。此外，衣壳具有抗原性，可诱导机体产生免疫应答。

3. 包膜　有些病毒在核衣壳的外面，还包有一层由类脂、蛋白质和糖类构成的膜，称包膜。包膜对衣壳有保护作用，并构成病毒的表面抗原，还与病毒的吸附作用有关。

第四节　病毒的增殖

一、病毒的增殖

病毒缺乏完整的酶系统和细胞器，不能独立代谢，必须依靠宿主细胞提供原料、能量和场所，在病毒核酸的控制下，宿主细胞复制病毒的子代核酸和蛋白质，然后装配成成熟的病毒，再以不同方式释放出宿主细胞外。这种增殖方式称为复制。其过程可分为吸附、穿入、脱壳、生物合成及组装、释放等步骤（图 24－4）。

二、异常增殖与干扰现象

1. 异常增殖　病毒在宿主细胞内复制时，可发生异常增殖。

（1）顿挫感染：病毒进入宿主细胞后，如细胞不能为其提供所需要的酶、能量及其他必要成分，病毒就不能合成本身的成分，或只能部分合成，但不能组装成完整的病毒，称为顿挫感染。

（2）缺陷病毒：因病毒基因不完整或发生改变，而复制出不完整的病毒，称为缺陷病毒。缺陷病毒不能独立复制。

2. 干扰现象　两种病毒同时感染同一种细胞时，可发生一种病毒抑制另一种病毒增殖的现象，称干扰现象。干扰现象的发生，与产生干扰素有关。在预防接种时，应避免干扰现象的发生。

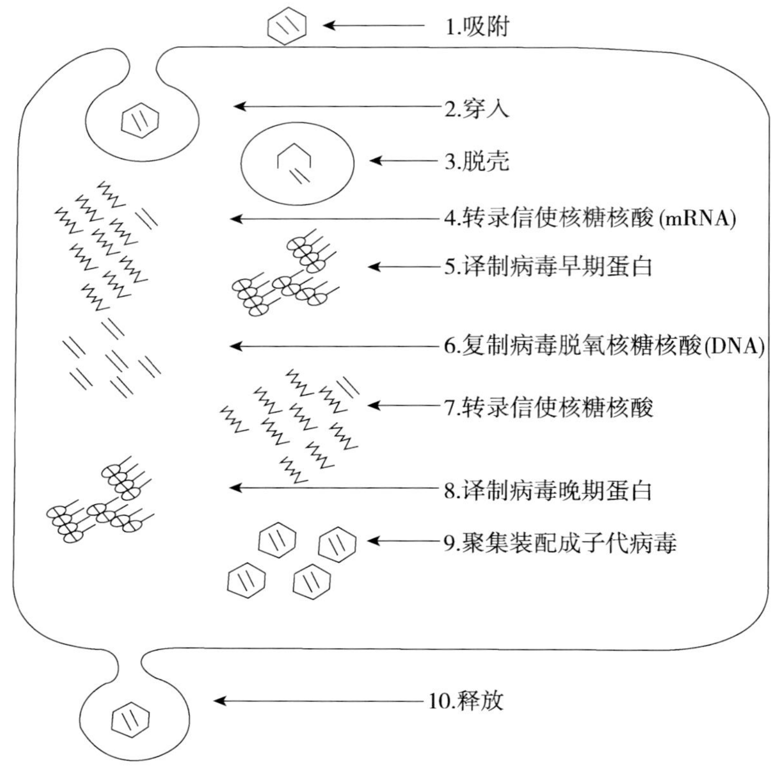

图 24－4　病毒复制模式图

第五节　理化因素对病毒的影响

一、物理因素

大多数病毒耐冷不耐热，室温下只能存活很短时间，加温 60℃ 30 分钟（肝炎病毒例外）即灭活，温度越低，存活越久，经冷冻干燥后可长期保存。X 线、γ 射线、紫外线可使病毒灭活。

二、化学因素

过氧乙酸、升汞、来苏儿、乙醇、甲醛、碘等对病毒均具有一定的灭活作用。乙醚、氯仿等脂溶剂能破坏包膜病毒。抗生素和磺胺对病毒无抑杀作用。

第六节　病毒的感染与抗病毒免疫

一、病毒的感染

1. 感染方式

（1）水平感染（后天感染）：指病毒在出生后的不同个体之间传播。

（2）垂直感染（先天感染）：病毒经胎盘或产道传播，称垂直感染，又称母婴传播。

2. 感染途径 主要通过呼吸道、消化道、伤口、血液、性接触、动物媒介等传播。

3. 病毒的致病机制

（1）直接损害宿主细胞：病毒增殖时，或干扰宿主细胞的正常代谢，或引起宿主细胞释放溶酶体酶，或导致细胞膜通透性异常改变，均可导致细胞死亡，或使其转化成为肿瘤细胞。

（2）导致宿主免疫损伤：病毒感染后，诱导机体发生免疫应答，既可表现为对机体的保护作用，也可导致免疫损伤。如引起Ⅱ型、Ⅲ型超敏反应。

（3）在宿主细胞内形成包涵体。

4. 病毒感染的类型

（1）隐性感染：病毒侵入机体后，不引起临床症状者称隐性感染。隐性感染者可向外界播散病毒，是重要的传染源。

（2）显性感染：病毒侵入机体引起明显的临床症状，称为显性感染，分为急性感染和持续性感染。

急性感染一般潜伏期短，发病急，病程为数日至数周，病愈后体内不再有病毒存在，如普通感冒。

持续性感染是指病毒在体内的存活时间长，可达数月、数年甚至终生。根据病毒在体内存在的状态可分为慢性感染、潜伏感染和慢发病毒感染三种类型。①慢性感染：病毒感染机体后，病毒长期存在体内，机体有临床症状，病程持续时间较长，如艾滋病、慢性乙型肝炎等。②潜伏感染：原发感染后，病毒长期潜伏于机体的某一特定组织内，既不增殖又不引起临床症状，与机体处于相对平衡状态。当这种平衡状态被破坏时，潜伏的病毒便增殖并引起临床症状。如水痘-带状疱疹病毒。③慢发病毒感染：其特点是潜伏期较长，可达数月至数年，甚至数十年，一旦出现临床症状，病情多呈亚急性进行性发展过程，直至死亡。如亚急性硬化性全脑炎（SSPE）就是由麻疹病毒引起的迟发感染。

二、抗病毒感染免疫

（一）非特异性免疫

1. 干扰素（interferon，IFN） 由病毒或IFN诱生剂诱导人体细胞产生，有广谱抗病毒及免疫调节作用，分α、β、γ三种。α、β型统称为Ⅰ型干扰素，抗病毒作用较强；γ型又称Ⅱ型，其免疫调节作用较强。

干扰素的作用特点：①间接性：干扰素不能直接灭活病素，通过诱导细胞产生抗病毒蛋白等效应分子抑制病素。②广谱性：抗病毒蛋白是一类酶类，作用无特异性。对多数病毒均有一定抑制作用。③种属特异性：一般在同种细胞中活性高，对异种细胞无活性。④发挥作用迅速：干扰素既能中断受染细胞的病素感染又能限制病毒扩散。在感染的起始阶段，体液免疫和细胞免疫发生作用之前，干扰素发挥重要作用。

2. NK细胞、单核吞噬细胞的吞噬作用。

（二）特异性免疫

1. 体液免疫的抗病毒作用 机体感染病毒或接种疫苗后，产生特异性抗体，发挥如下作用：

（1）中和病毒作用：特异抗体能阻止病毒与细胞结合，或使病毒聚集成小团块而失去感染性，称为中和病毒作用。

（2）调理作用：特异抗体与病毒结合后，能增强吞噬细胞对病毒的吞噬，或激活补体导致靶细胞溶解，称调理作用。

2. 细胞免疫的抗病毒作用　由于病毒是胞内寄生的微生物，故细胞免疫在抗病毒免疫中发挥主要作用。

（1）Tc细胞：直接杀伤被病毒感染的靶细胞，是终止病毒感染的主要机制。

（2）Th1细胞：释放多种淋巴因子，激活巨噬细胞和NK细胞，促进Tc细胞增殖和分化。

第七节　病毒感染的诊断、预防与治疗

一、病毒感染的诊断

（一）标本的采集

根据病情的需要采集标本，如呼吸道感染取痰液、肠道感染取粪便等。标本可置50%甘油盐水中低温保存，立即送检。若为污染标本，可加抗生素处理后送检。如做血清学检查，应取急性期和恢复期双份血清送检，以了解抗体的含量变化，有助于诊断。

（二）检查方法

1. 形态学检查　用光学显微镜检查包涵体，用电子显微镜观察病毒标本。

2. 病毒分离培养　有动物接种、鸡胚培养、组织培养等方法。

3. 免疫学检查　检查病毒抗原抗体或基因物质，方法有中和试验、酶联免疫吸附试验（ELISA）、聚合酶链反应（PCR）技术等。

二、病毒性疾病的防治原则

（一）特异性预防和治疗

1. 人工主动免疫　接种病毒疫苗，使机体产生特异性免疫，是预防病毒感染的有效措施。常用的有活疫苗（如脊髓灰质炎、麻疹疫苗等）及死疫苗（乙脑、狂犬病疫苗等）等。

2. 人工被动免疫　常用胎盘球蛋白、丙种球蛋白等对病毒感染做紧急预防。

（二）药物和生物制剂治疗

1. 化学治疗剂　常用药物有金刚烷胺、阿糖腺苷、阿昔洛韦等。

2. 干扰素及干扰素诱生剂　α-干扰素、聚肌胞等对病毒感染的防治有一定作用。

3. 中药　常用方药有金银花、板蓝根、银翘散、荆防败毒散等，按中医辨证论治的方法使用，对病毒感染有较好的疗效。

小　结

病毒是一类体积微小、结构简单、只含有一种类型核酸，必须在活的细胞内以复制的方式繁殖的非细胞型微生物。人类传染病70%～80%由病毒引起。提高人群免疫力对预防和控制病毒性疾病有重要意义，中医药辨证论治治疗病毒感染有较好的疗效。

自 测 题

一、名词解释

1. 垂直感染
2. 干扰现象

二、单项选择题

1. 病毒的增殖方式是
   A. 芽生
   B. 二分裂
   C. 复制
   D. 分枝
   E. 复印

2. 病毒大小的测量单位是
   A. 微米
   B. 纳米
   C. 厘米
   D. 毫米
   E. 米

3. 下列哪项不是病毒的特征
   A. 结构简单
   B. 体积微小
   C. 只含一种核酸
   D. 对抗生素敏感
   E. 属非细胞型微生物

三、简答题

1. 比较细菌与病毒生物学特性的异同。
2. 叙述病毒性疾病的防治原则及特异性预防措施。

（李良础）

第二十五章　呼吸道病毒

学习目标

1. 掌握流行性感冒病毒的生物学特性、致病性及防治原则。
2. 熟悉流感病毒的变异性与流感流行的关系。
3. 了解麻疹病毒、腮腺炎病毒、SARS冠状病毒、风疹病毒、腺病毒、鼻病毒的致病性。

呼吸道病毒是指由呼吸道入侵，在呼吸道黏膜上皮细胞中增殖，引起呼吸道局部感染或呼吸道以外的其他组织器官损害的病毒总称。在急性呼吸道感染中，90%以上是由病毒所致。这类疾病的传染源主要是患者及病毒携带者，经飞沫传播。其特点是潜伏期短、传播快、发病率高、流行广泛。

第一节　流行性感冒病毒

流行性感冒病毒（influenza virus）简称流感病毒，属于正黏病毒科，是引起流行性感冒（流感）的病原体。人类流感病毒有甲、乙、丙三型。流感是一种急性呼吸道传染病，发病率高，由于该病毒抗原性易发生变异，常造成局部流行，并曾多次引起世界性大流行。

一、生物学特性

1. 形态结构与培养

流感病毒为有包膜的RNA病毒，多呈球形，直径80～120nm。其结构分为三个部分，内层是病毒核心，由核蛋白（衣壳）缠绕着RNA组成核衣壳，呈螺旋对称；中层是一种膜结构，称为膜蛋白（M蛋白）；最外层是脂质双层组成的包膜，其上镶嵌有血凝素（HA）和神经氨酸酶（NA），呈放射状突起，称为刺突，具有免疫原性（图25-1）。流感病毒可用鸡胚和细胞培养。

2. 分型与变异

根据核蛋白和M蛋白抗原的不同将流感病毒分为甲、乙、丙三型；甲型又根据存在于病毒包膜上的血凝素和神经氨酸酶的抗原不同分为若干亚型和株。乙型、丙型流感病毒至今尚未发现亚型。

甲型流感病毒的包膜抗原HA和NA最易发生变异。变异幅度的大小直接影响流感流行的规模。当变异幅度小，属于量变，即亚型内变异，称为抗原性漂移或小变异，可引起中、小型流行；若变异幅度大，形成一个新的亚型，属于质变，称为抗原性转变或大变异，由于人群对新亚型普遍缺乏免疫力，因此，常引起较大规模的流行，甚至世界性大流行（表

25－1）。

目前已从禽类鉴定出 HA 有 16 个亚型（H_1～H_{16}），NA 有 9 个亚型（N_1～N_9）。在人间流行的流感病毒主要是 H_1、H_2、H_3 和 N_1、N_2。禽流感病毒 H_5N_1、H_9N_2 也可感染人类，引起疾病。

图 25－1 流感病毒结构示意图

表 25－1 甲型流感病毒亚型与流行年代

病毒亚型	原甲型	亚甲型	亚洲甲型	香港甲型	新甲型与香港甲型
抗原结构	H_0N_1	H_1N_1	H_2N_2	H_3N_2	H_1N_1 H_3N_2
流行年代	1918—1946	1946—1957	1957—1968	1968—1977	1977 以后

3. 抵抗力

其抵抗力较弱，不耐热，56℃ 30min 即被灭活；在 0～4℃能存活数周，－70℃以下可长期保存。对干燥、日光、紫外线、甲醛、乙醚、酸等敏感。

二、致病性与免疫性

流感病毒所致疾病为流感。传染源主要为患者，发病初期 2～3d 内鼻咽分泌物中病毒最多，传染性最强；传染途径是通过飞沫经呼吸道传播。潜伏期为 1～4d。临床表现为鼻塞、流涕、咽痛、咳嗽等局部症状；也可引起全身症状，如病毒产生的毒素样物质进入血流可引起发热、头疼、全身肌肉疼痛等。少数患者尤其是年老体弱、婴幼儿和慢性患者可继发细菌感染而导致肺炎。无并发症患者，病程一般为 5～7d。

病后机体可产生中和抗体，包括 IgG、IgM、SIgA，特别是 SIgA 在呼吸道局部阻止病毒感染中起重要作用；病后对同型病毒有一定的免疫力，但亚型之间无交叉免疫。

三、防治原则

流感以预防为主。流行期间尽量避免人群聚集，公共场所应通风换气。早期发现患者并及时隔离治疗。接种流感病毒疫苗是最有效的预防方法，但需及时检测病毒变异动态，选育毒株制备相应的疫苗进行人群预防接种，以防流感流行。流感疫苗有灭活疫苗和减毒活疫苗两种，国内外对流感病毒 HA 和 NA 亚单位疫苗及基因工程疫苗正在研制中。

治疗上无特效疗法，主要是对症治疗和预防继发细菌感染。盐酸金刚烷胺是目前防治甲型流感的常用药物，可减轻全身中毒症状；此外，中草药如板蓝根、金银花等有一定的疗效。

第二节　其他呼吸道病毒

一、麻疹病毒

麻疹病毒是麻疹的病原体。麻疹是一种儿童常见的以发热、呼吸道卡他症状及全身斑丘疹为特征的急性呼吸道传染病，传染性强。易感者接触后90%以上会发病，因以全身皮肤斑丘疹为其临床特征，故称麻疹。

麻疹病毒呈球形，核酸为单链RNA，核衣壳为螺旋对称型，外有包膜，包膜上有血凝素和血溶素两种刺突，抗原性强且稳定，只有一个血清型，对各种理化因素抵抗力较弱。麻疹病毒所致疾病为麻疹。传染源主要是患者。传染途径主要是通过飞沫经呼吸道传播。临床表现主要有发热、咳嗽、流涕、眼结膜充血、口颊黏膜斑（柯氏斑）及全身皮肤相继出现红色斑丘疹，其中口颊黏膜斑有早期诊断意义；皮疹出全24h后，体温下降，若无并发症，可自然痊愈。但有极个别麻疹患者病愈多年后，出现亚急性硬化性全脑炎（SSPE）。病后人体可获得持久免疫力，一般不会再感染。

预防麻疹的主要措施是对儿童进行人工主动免疫，提高机体免疫力。目前国内外普遍实行麻疹减毒活疫苗接种。我国免疫程序是8个月龄为初次免疫，学龄前再加强免疫1次。对接触麻疹的易感儿童，可紧急采用人工被动免疫，即注射丙种球蛋白，可防止发病或减轻症状。

二、腮腺炎病毒

腮腺炎病毒是流行性腮腺炎的病原体，是单负链RNA病毒，呈球形，有包膜，包膜上有HA和NA等刺突，抗原性稳定，只有一个血清型。

流行性腮腺炎多发于儿童和青年，传染源主要是患者，主要通过飞沫传播。病毒在呼吸道上皮细胞中增殖，随后进入血流引起病毒血症，以发热、腮腺肿胀、疼痛为其主要临床表现。有时病毒可侵犯睾丸、卵巢、胰腺等，引起相应的并发症状。病后或隐性感染后可获得牢固的免疫力。

预防流行性腮腺炎应及时隔离患者，以减少传播机会，接种腮腺炎疫苗可获得明显的预防效果。丙种球蛋白有防止发病或减轻症状的作用。

三、SARS冠状病毒

SARS冠状病毒是严重急性呼吸综合征（SARS）的病原体。SARS是2002年底至2003年上半年在世界上流行的一种急性呼吸道传染病，死亡率达11%。

SARS冠状病毒是单正链RNA病毒，呈不规则形，有包膜，其包膜表面有向四周伸出的突起，形如花冠（图25-2）。

传染源主要是SARS患者，传染途径是以近距离飞沫传播为主，同时可以通过接触患者呼吸道分泌物经口、鼻、眼传播，不排除经粪-口等其他途径传播。病毒感染后潜伏期为

2～10d，一般为4～5d。临床以发热为首发症状，体温高于38℃，可伴有头痛、乏力、关节痛等，继而出现干咳、胸闷、气短等症状。肺部X线片出现明显的病理变化，双侧（或单侧）出现阴影。严重者肺部病变进展很快，出现多叶病变，X线胸片48h内病灶达50%以上，同时出现呼吸困难和低氧血症。进而有的患者产生严重肺渗出，出现呼吸窘迫，常伴有过敏性血管炎，出现休克、DIC、心律紊乱等症状，此种患者传染性极强，死亡率很高。病后免疫力不强，可发生再次感染。

核酸检测是目前对SARS冠状病毒进行快速诊断最好方法。对SARS的预防措施主要是隔离患者、切断传播途径和提高机体免疫力。SARS疫苗的研制已完成一期临床试验。

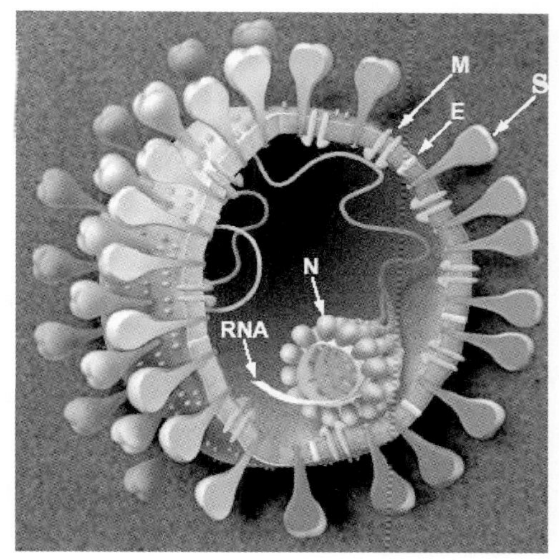

图25-2 SARS冠状病毒结构模式图

四、风疹病毒

风疹病毒是风疹（又称德国麻疹）的病原体。病毒呈不规则球形，核心为单正链RNA，衣壳呈20面体立体对称，包膜上有刺突，刺突具有凝血和溶血活性。风疹病毒只有一个血清型。

人是风疹病毒的唯一宿主，经呼吸道感染，引起风疹，其临床症状主要为发热、咽痛、咳嗽、耳后和枕下淋巴结肿大，随后面部出现浅红色斑丘疹并迅速遍及全身。孕妇感染风疹病毒，病毒可通过胎盘感染胎儿，引起流产、死胎或导致胎儿发生先天性风疹综合征（胎儿畸形）等。病后可获得持久免疫力。

接种风疹减毒活疫苗可获得良好的预防效果。对接触风疹患者的孕妇应立即注射大剂量丙种球蛋白进行紧急预防。

五、腺病毒

腺病毒呈球型，为双股DNA无包膜的病毒，核衣壳呈20面体立体对称。抵抗力强。腺病毒主要通过呼吸道、眼结膜或胃肠道等途径传播，引起流行性角膜结膜炎、原发性非典型肺炎、胃肠炎等。

六、鼻病毒

鼻病毒呈球型，为单股RNA无包膜病毒，核衣壳呈20面体立体对称。对酸敏感，在pH3.0时迅速失活。

鼻病毒是普通感冒最重要的病原体，引起至少50%的上呼吸道感染，主要通过呼吸道、眼结膜或胃肠道等途径传播，引起婴幼儿支气管炎、支气管肺炎、成人普通感冒等。

知识链接

感冒与流感

感冒即普通感冒，是由多种病毒引起的一种急性上呼吸道传染病，其中30%～50%由鼻病毒引起，其次为冠状病毒、副流感病毒、呼吸道合胞病毒等。起病较急，初为咽干、咽痒或灼热感，后有喷嚏、鼻塞、流清鼻涕、咽痛，有时流泪；流感则由流感病毒引起，起病急，全身症状较重，如高热、全身肌肉酸痛、头痛等，但呼吸道局部症状相对较轻。

小　结

呼吸道病毒是引起人类急性呼吸道感染的主要病原体，经飞沫传播。主要有流感病毒、麻疹病毒、腮腺炎病毒等。流感病毒容易发生抗原变异，因此易导致流行。麻疹病毒是儿童较常见的呼吸道传染病，易感者接触病毒后，90%以上会发病，病后可获得持久免疫力，可用麻疹疫苗进行预防。SARS的病原体是一种新的冠状病毒，是严重急性呼吸道综合征的病原体。腮腺炎病毒主要引起流行性腮腺炎，有时病毒可侵犯睾丸、卵巢、胰腺、脑组织等，引起相应的症状。病后或隐性感染后可获得牢固的免疫力。风疹病毒主要通过呼吸道感染，引起风疹，也可发生垂直感染。腺病毒是引进流行性角膜结膜炎、原发性非典型肺炎、胃肠炎的病原体。鼻病毒是引起普通感冒最重要的病原体。

自 测 题

一、名词解释

1. 抗原性漂移
2. 抗原性转变

二、单项选择题

1. 以下最易发生变异的是
   A. 流感病毒
   B. 麻疹病毒
   C. 伤寒杆菌
   D. 霍乱弧菌
   E. 甲肝病毒

2. 造成流感世界性大流行的主要原因是流感病毒
   A. 毒力强
   B. 分布广
   C. 抵抗力强
   D. 易发生变异形成新的亚型
   E. 人群易感

3. 麻疹病毒的致病性与免疫性，下列说法错误的是

A. 通过呼吸道传播
B. 易并发肺炎
C. 病后免疫力不牢固
D. 全身斑丘疹为其特点
E. 有柯氏斑

4. 关于腮腺炎病毒，下列哪项是错误的
A. 传染源是患者
B. 一侧或双侧腮腺肿大
C. 有时病毒侵犯性器官
D. 隐性感染后免疫力不牢固
E. 有传染性

三、简答题

1. 简述甲型流感病毒变异与流行的关系。
2. 人类对流感病毒和麻疹病毒的免疫力有何区别？

（陈少华）

第二十六章　肠道病毒

学习目标

1. 熟悉脊髓灰质炎病毒、柯萨奇病毒的致病性和防治原则。
2. 了解消化道病毒共同特征、轮状病毒、柯萨奇病毒的致病与防治原则。

肠道病毒属小RNA病毒科，包括脊髓灰质炎病毒、埃可病毒、轮状病毒及新型肠道病毒68、69、70、71型等。

肠道病毒有以下共同特征：①体积小，大多数直径为22～30nm，球形，无包膜；②核心为单股RNA；③耐酸、耐乙醚、耐胆汁；④通过粪-口途径传播。

第一节　脊髓灰质炎病毒

脊髓灰质炎病毒引起脊髓灰质炎，病毒主要损害脊髓前角运动神经细胞，引起肢体弛缓性麻痹，多见于儿童，故又称小儿麻痹症。

一、生物学特性

1. 形态与结构　病毒为球形，直径27～30nm。核心为单股RNA，有衣壳。

2. 型别　根据抗原不同，将本病毒分为3个血清型，各型之间无交叉免疫。

3. 抵抗力　对外界抵抗力较强，在污水和粪便中可存活数个月，耐胃酸和胆汁。高锰酸钾、双氧水、漂白粉等可使之灭活。对紫外线、干燥、热敏感，加热56℃ 10min可被灭活，－70℃可长期保存。

二、致病性和免疫性

传染源为患者和病毒携带者。病毒经粪便排出，污染食物、手指和玩具等，经口侵入人体后，在咽部或肠壁淋巴组织中增殖，多数人表现为隐性感染；少数人感染后，病毒经淋巴组织进入血流形成第一次病毒血症，表现为发热、头痛、恶心等症。当病毒在淋巴组织大量增殖后，可再次侵入血流形成第二次病毒血症，极少数免疫功能低下者，病毒可侵入中枢神经系统，主要在脊髓颈膨大和腰膨大的前角运动细胞内增殖，引起细胞病变：轻者导致暂时性肌麻痹，以四肢多见，下肢尤甚。重者可造成肢体弛缓性麻痹。极个别病例可发生延髓麻痹而死亡。

脊髓灰质炎病毒显性或隐性感染后，可获得对同型病毒牢固免疫力。

三、防治原则

1. 一般预防　早发现、早隔离治疗患者；对患者排泄物、餐具进行消毒；加强粪便、水源管理；灭蝇防蝇。

2. 人工主动免疫　口服脊髓灰质炎三价混合活疫苗（糖丸），预防效果甚好。忌用热开水溶化送服糖丸，也不要在哺乳前后服用，因母乳中含有特异性抗体。

3. 人工被动免疫　对未服用疫苗又与脊髓灰质炎患者有密切接触的儿童，注射人丙种球蛋白或胎盘球蛋白可减少发病率。

第二节　柯萨奇病毒

1948 年，在美国的柯萨奇镇首先发现本病毒，因而命名为柯萨奇病毒（Coxsackie virus）。本病毒的生物学性状、传播途径及致病过程与脊髓灰质炎病毒基本类似，以隐性感染多见，可侵犯多种组织器官，如呼吸道、肠道、皮肤、心脏及中枢神经系统。其致病特点是：同一型病毒可引起不同的疾病，同一疾病又可由不同型的病毒引起。在我国，病毒性心肌炎多数为本病毒感染所致，新生儿心肌炎也可通过宫内感染引起。

人感染本病毒后获得特异性抗体，对同型病毒有持久免疫力。仅根据临床症状不能对病因作出准确诊断，必须进行病毒培养或血清学检查。目前尚无特异性防治方法。

知识链接

手-足-口病的病原体

引起手-足-口病的肠道病毒包括肠道病毒 71 型（EV71）和 A 组柯萨奇病毒（CoxA）、埃可病毒（Echo）的某些血清型。EV71 感染引起重症的比例较大，传染性强，易致暴发或流行，是 2010 年国内流行的手-足-口病的主要病原体。

肠道病毒 EV71 感染多发生于学龄前儿童，尤以 3 岁以下年龄组的发病率最高。可引起手、足、口腔等部位的斑丘疹、疱疹，个别患者可引起脑炎、脑脊髓炎、肺水肿、循环衰竭等。传染源为现症患者和隐性感染者，主要通过消化道、呼吸道和分泌物密切接触等途径传播。

第三节　轮状病毒

轮状病毒是引起婴幼儿急性胃肠炎的主要病原体。

一、生物学性状

1. 形态结构　球形，直径 60～80nm，有双层衣壳如车轮状排列，因此得名。

2. 型别　根据抗原的差异，分成 A～G 7 组，引起人类腹泻的主要是 A 组。

3. 抵抗力　对理化及外界因素抵抗力强，在粪便中可存活数日或数周，耐酸碱，在 pH3.5～10 的环境中仍具有感染性。不耐热，55℃ 30min 可被灭活。

二、致病性与免疫性

传染源是患者及带毒者，消化道、呼吸道均可传播。易感者为 6 个月～2 岁的婴幼儿，秋冬季节流行。病毒侵入人体后在小肠黏膜增殖，破坏其吸收功能，导致腹泻。特点是：潜伏期短，起病急，大量水样腹泻、腹痛、呕吐、发热等症状。严重者因脱水、电解质紊乱而致死。轻者 3～5d 后康复。

机体感染后可产生特异性抗体，对同型病毒再感染有保护作用，但不同型间无交叉免疫。新生儿可从母体获得特异性 IgG，或从初乳中获得 SIgA，因而新生儿常不受感染。

三、微生物学检查

实验诊断方法包括从粪便中检出病毒、病毒抗原或核酸以及血清学试验，常用 ELISA 法检测标本中的病毒抗原，方法简便、快速。

四、防治原则

目前无特异的防治方法。乳汁中的 SIgA 能阻止轮状病毒进入肠道上皮细胞，所以，母乳喂养婴儿非常重要。治疗以对症为主，及时纠正脱水和电解质紊乱，防止酸中毒的发生。

小　结

肠道病毒经消化道传播为主，在肠黏膜上皮细胞增殖，可经血液侵入多种组织器官。最严重的是脊髓灰质炎病毒，能引起脊髓灰质炎，可采用脊髓灰质炎疫苗（糖丸）预防。EV71 病毒可引起手-足-口病。

自 测 题

一、单项选择题

1. 脊髓灰质病毒引起
   A. 流感
   B. 麻疹
   C. 小儿麻痹症
   D. 乙型脑炎
   E. 甲型肝炎

2. 脊髓灰质炎的预防，下列最重要的是
   A. 消灭苍蝇
   B. 隔离患者
   C. 口服脊髓灰质炎活疫苗糖丸
   D. 注射丙种球蛋白
   E. 禁食

二、简答题

1. 列出消化道病毒的名称及引起的疾病。
2. 说出口服脊髓灰质炎活疫苗的注意事项。

（李良础）

第二十七章　肝炎病毒

学习目标

1. 掌握甲、乙、丙型肝炎病毒的致病性与免疫性、防治原则。
2. 熟悉乙型肝炎病毒的生物学特性、抗原抗体系统和实验室检查。
3. 了解其他肝炎病毒的致病性。

肝炎病毒（hepatitis virus）是引起病毒性肝炎的病原体，目前发现的有甲型（HAV）、乙型（HBV）、丙型（HCV）、丁型（HDV）和戊型（HEV）等。肝炎病毒可分为两类：一类主要经粪-口传播，引起急性肝炎，包括甲型和戊型；另一类主要经血液传播，可致慢性肝炎或肝硬化，包括乙、丙、丁型。除乙型肝炎病毒为DNA病毒外，其余均为RNA病毒。

第一节　甲型肝炎病毒

一、生物学特性

甲型肝炎病毒（HAV）为单股RNA病毒，球形、直径约27nm，无包膜。只有一个血清型。抵抗力强，对乙醚、酸性环境（pH=3）和热均有较强抵抗力。加热100℃ 5min可使病毒灭活，对甲醛、次氯酸钠、漂白粉等敏感。

二、致病性与免疫性

HAV引起甲型肝炎，传染源是急性期患者和隐性带毒者。病毒随粪便排出体外，污染水源、食物、食具等，经口感染。潜伏期为15～50d。病毒侵入人体后，先在咽部或肠黏膜局部淋巴组织中增殖，然后侵入血流形成病毒血症，最后进入肝，在肝细胞内增殖。人类感染HAV后，多数表现为隐性感染，少数为急性肝炎。其致病机制，早期是病毒的直接损伤作用，随后发生病理性免疫损伤。临床表现为发热、疲乏、食欲不振、肝大、压痛、肝功能损害、黄疸等。本病预后良好，通常可完全恢复。

患病或隐性感染后，机体可产生特异性抗体，免疫力持久。

三、微生物学检查

常用ELISA法检测患者血清中的抗原抗体，HAV IgM阳性可作为早期诊断的指标。

四、防治原则

加强粪便、水源管理，注意饮食卫生。患者的排泄物、食具及用具要彻底消毒处理。对可疑患者注射丙种球蛋白有一定的防治作用。接种甲肝疫苗可获得特异免疫力。

第二节　乙型肝炎病毒

乙型肝炎病毒（HBV）的感染率高，呈世界性分布，我国约有十分之一的人口被慢性感染或携带 HBV。

一、生物学特性

1. 形态与结构　完整的 HBV 为直径 42nm 的大球形颗粒，又称 Dane 颗粒，由外壳和核心组成。包膜（外衣壳）含有乙型肝炎病毒表面抗原（HBsAg），核心为环状双股 DNA，衣壳（内衣壳）含有 HBV 核心抗原（HBcAg）（图 27-1）。

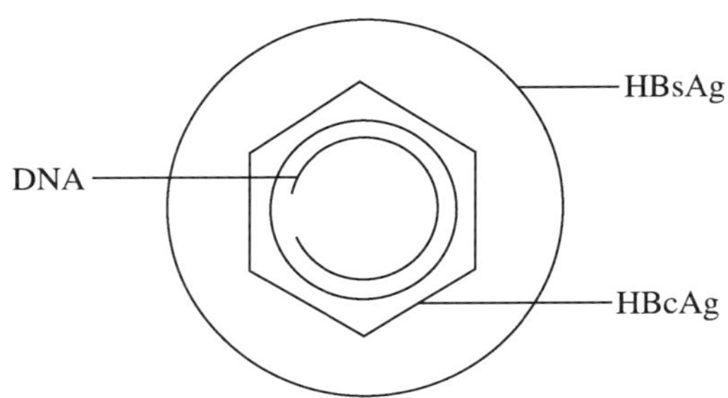

图 27-1　乙型肝炎病毒颗粒示意图

在 HBV 感染者的血清中，除 Dane 颗粒外，还可见到大量直径为 22nm 的小球形颗粒和少量直径为 22nm、长 50～700nm 的管型颗粒。这两种颗粒不含 DNA，主要成分为乙型肝炎病毒表面抗原，可能是装配 Dane 颗粒时过剩的病毒外壳（图 27-2）。

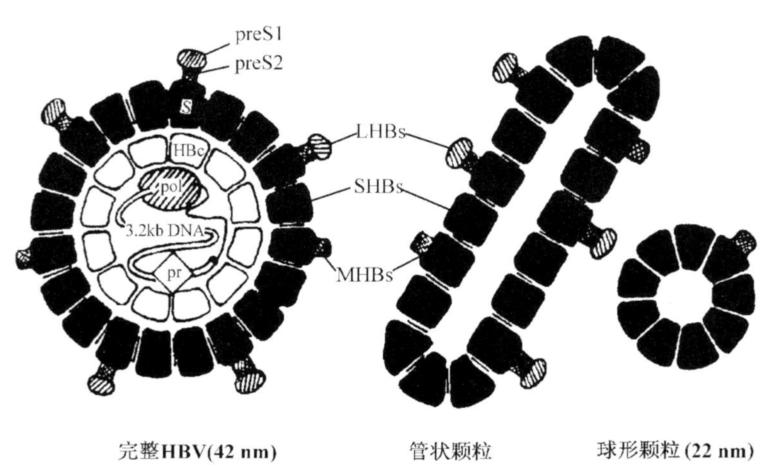

图 27-2　HBV 结构示意图

2. 抵抗力　HBV 的抵抗力较强。对低温、干燥、紫外线及常用化学消毒剂均有耐受性，加热 100℃ 10min 方失去传染性。高压蒸汽灭菌法、5%的过氧乙酸、3%漂白粉、5%次氯酸钠可使病毒灭活。

二、抗原抗体系统

HBV 的抗原组成复杂，主要组分如下：

1. HBV 表面抗原（HBsAg）

存在于 Dane 颗粒的表面及小球形颗粒和管形颗粒中，是人体感染 HBV 的主要标志。在急性乙型肝炎患者及无症状 HBV 携带者血清中可持续存在多年，甚至终生。

HBsAg 有抗原性，能诱导机体产生抗- HBs，抗- HBs 对乙型肝炎病毒的感染有保护作用。

2. HBV 核心抗原（HBcAg）

存在于 Dane 颗粒的核心和乙型肝炎患者的肝细胞核内。是 HBV 复制的标志。由于 HBcAg 存在于 Dane 颗粒的核心，其外面被 HBsAg 覆盖，因而不易在血液中检出。

HBcAg 能诱导机体产生抗- HBc，抗- HBc 对 HBV 无中和作用。检出抗- HBc 表示病毒在肝细胞内持续复制。

3. HBV e 抗原（HBeAg）

HBeAg 实际上是 HBcAg 完整肽链上的一部分，当 HBcAg 被蛋白酶裂解后，即产生 HBeAg。HBeAg 阳性是 HBV 在体内复制和血清具有较强传染性的标志之一。

HBeAg 可诱导机体产生抗- HBe，抗- HBe 不是中和抗体，但检出抗- HBe 提示病毒复制速度减慢，血清传染性降低。

三、致病性与免疫性

HBV 引起乙型肝炎，传染源是患者和 HBsAg 携带者，后者分布广、数量多，是重要的传染源。传播途径主要是通过血源传播（输血、血液制品、注射、外科或牙科手术、针刺、公用剃刀、外伤等）、密切接触及垂直传播。HBV 的传染性很强，极微量含病毒的血液进入人体即可引起感染。

乙型肝炎的发病机制复杂，主要由病理性免疫反应引起。由于个体的免疫状态不同，导致免疫损害的程度不同，患者的临床表现及转归亦不相同。可表现为无症状 HBsAg 携带者，或急性、慢性肝炎或重症型肝炎。少数患者还可并发肾小球肾炎、关节炎等肝外病变。急性乙型肝炎易转化成慢性肝炎或肝硬化，近年发现 HBV 感染可诱发肝癌。

HBV 感染机体后，能诱导机体产生相应的抗体，目前已确定有保护作用的是抗- HBs，其作用主要是清除细胞外的 HBV，而杀灭细胞内的病毒主要依赖细胞免疫的作用。

四、微生物学检查

1. HBV 抗原抗体系统检查　主要检测 HBsAg、抗- HBs、HBeAg、抗- HBe 及抗- HBc 五项，俗称“两对半”。

2. HBV DNA 和 DNAP（DNA 多聚酶）检查　检测 HBV DNA 是了解血液中有无 Dane 颗粒存在的直接依据；测定血清中 DNAP 的活性是判断病毒是否增殖的敏感依据。常用分子杂交技术及 PCR 法进行检查。各种检查结果及意义见表 27 - 1。

表 27－1　HBV 抗原抗体检测结果及临床意义

HBsAg	抗-HBs	HBeAg	抗-HBe	抗-HBc	临床意义
+	－	－	－	－	HBV 感染或携带者
+	－	+	－	－	急、慢性乙肝或携带者
+	－	－	+	+	急性感染趋向恢复（俗称小三阳）
+	－	+	－	+	急、慢性乙型肝炎，传染性强（俗称大三阳）
－	+	－	－	－	感染或接种过疫苗，有免疫力
－	－	－	－	－	未感染过 HBV，无免疫力

五、预防原则

1. 控制传播　严格筛选献血者；做好患者血液、分泌物、餐具用具等的消毒处理；医疗器械要严格灭菌，推广使用一次性手术、注射用具，杜绝医源性传播。

2. 人工主动免疫　接种乙型肝炎疫苗，可获得特异性免疫力，是最根本的预防措施。

3. 人工被动免疫　用于密切接触乙肝患者的易感人群、HBsAg 和 HBeAg 阳性母亲所生新生儿、误用 HBsAg 阳性的血液等的紧急预防，可肌注含高效价特异性抗-HBs 的人免疫球蛋白（HBIg），随之再进行人工自动免疫。

第三节　丙型肝炎病毒

丙型肝炎病毒（HCV）是输血后肝炎的主要病原体。

一、生物学特性

病毒呈球形，直径 30～60nm，核心为单股 RNA，有包膜。抵抗力较强，耐热，对一般化学消毒剂敏感，煮沸、高压灭菌、紫外线均可使其灭活。

二、致病性与免疫性

丙型肝炎的传染源是患者和无症状带毒者，主要经输血和注射传播。高危人群包括受血者、注射药物成瘾者、血液透析患者及接触血液的医护人员；也可经性接触和母婴垂直传播。潜伏期为 2～26 周，临床症状较轻，通常为亚临床感染，只有 20%～30%的患者出现症状，但易演变为慢性肝炎，甚至发展为肝硬化。HCV 与肝癌的相关性比 HBV 更重要。病后或隐性感染后无特异性免疫力。

三、微生物学检查

检测患者血中的抗-HCV 或病毒 RNA，可协助诊断丙型肝炎。

四、防治原则

目前尚无疫苗预防丙型肝炎。其他预防措施与 HBV 相似。

第四节 其他肝炎病毒

一、丁型肝炎病毒

丁型肝炎病毒（HDV）呈球形，直径35～37nm。核心除含有单股环形RNA外，还含有HDV抗原（HDAg），外面包绕一层由HBsAg组成的衣壳。HDV是缺陷病毒，必须在HBV的辅助下才能复制。

丁型肝炎的传染源是患者。潜伏期4～8周。传播途径与乙型肝炎相似，主要通过输血、注射传播。人类感染丁型肝炎病毒有同时感染和重叠感染两种形式。同时感染HBV和HDV者称同时感染，引起类似急性乙型肝炎的临床症状，预后较好；重叠感染是指HBsAg携带者或慢性乙肝患者再感染HDV，往往导致原有的症状加重，诱发重症肝炎。

检测HDAg或抗-HD有助于诊断丁型肝炎。预防措施与乙型肝炎相同。

二、戊型肝炎病毒

戊型肝炎病毒（HEV）为球形，直径27～34nm，无包膜，核心为单股RNA。

传染源是潜伏期和急性期患者，病毒随粪便排出，经消化道传播。常因污染水源或食物而引起暴发流行。潜伏期2～11周。临床表现与甲型肝炎相似，一般不发展为慢性肝炎，极少数发展为重型肝炎。孕妇患病后病死率较高，并可引起流产或死胎。

检测抗-HEV可协助诊断戊型肝炎。预防方法与甲型肝炎相似。

三、庚型肝炎病毒

庚型肝炎病毒（HGV）为单股RNA病毒，经输血、母婴垂直传播、性接触等方式传播。

四、TTV病毒

输血传播的肝炎病毒（transfusion transmitted virus，TTV），是1997年发现的新肝炎病毒，为单股环状DNA病毒，直径30～50nm。可通过输血、消化道、性接触等途径传播。

小 结

肝炎病毒分为HAV、HBV、HCV、HDV、HEV等。HAV与HEV由消化道传播，引起急性肝炎；HBV传染途径多样，主要有输血、注射、密切接触、母婴垂直传播等，检测HBV“两对半”有一定诊断意义；HCV是输血后肝炎的主要病原体；HDV是一种缺陷病毒，必须在HBV的辅助下才能复制，它的传播途径与HBV类似，主要引起与乙型肝炎的重叠感染或共同感染；可用疫苗特异性预防HAV和HBV感染。

自测题

一、名词解释

1. HBsAg 携带者
2. HBeAg
3. Dane 颗粒

二、单项选择题

1. HBsAg 阳性者，下列正确的是
   A. 是乙肝患者
   B. 是健康带毒者
   C. 绝对不能供血（献血）
   D. 是乙肝病毒近期感染
   E. 有特异免疫力

2. 甲型肝炎的传播途径是经
   A. 粪-口
   B. 输血
   C. 吸毒
   D. 胎盘
   E. 伤口

3. 下列哪项不是 HBV 的传播途径
   A. 输血
   B. 注射
   C. 呼吸道
   D. 垂直传播
   E. 伤口

三、简答题

1. 叙述 HBV 的抗原、抗体组成，解释其临床意义。
2. 比较 HAV、HBV 致病性的异同。

（李良础）

第二十八章　逆转录病毒

学习目标

1. 掌握 AIDS 的传播途径、所致疾病及防治原则。
2. 了解人类嗜 T 细胞病毒的致病性。

第一节　人类免疫缺陷病毒

人类免疫缺陷病毒（human immunodeficiency virus，HIV）是获得性免疫缺陷综合征（acquired immunodeficiency syndrome，AIDS，音译为艾滋病）的病原体。HIV 在分类学上属逆转录病毒科。HIV 主要有两型：HIV－Ⅰ与 HIV－Ⅱ，前者流行于全球，后者只在西非呈地区性流行。

自 1983 年世界上首次报道第一例 AIDS 以来，病例逐年剧增，迅速蔓延至全世界各地。AIDS 具有潜伏期长、传播迅速、病情凶险、死亡率高的特点，是目前危害人类健康最严重的疾病之一，已引起世界各国的高度重视。

一、生物学特性

1. 形态与结构

HIV 呈球形，直径 100～120nm，核心为两条单股正链 RNA，并含有逆转录酶、蛋白酶和整合酶。病毒外层为脂蛋白膜，其中嵌有 gp120 和 gp41 两种病毒特异的糖蛋白。gp120 仅与表面有 CD4 分子的细胞结合，故与宿主识别、吸附易感细胞有关（图 28－1）。gp41 为跨膜蛋白。

2. 抵抗力　HIV 的抵抗力较弱，加热 56℃ 30min 可被灭活。HIV 在 20～22℃室温中可保存活力达 7 天，在 23～28℃室温液体（如血液）环境中可存活 15 天以上。多种消毒剂均可灭活 HIV，如 75％乙醇、0.2％次氯酸钠、1％戊二醛、0.1％家用漂白粉等均可灭活病毒，但 HIV 对紫外线及 0.1％甲醛有较强的抵抗力。

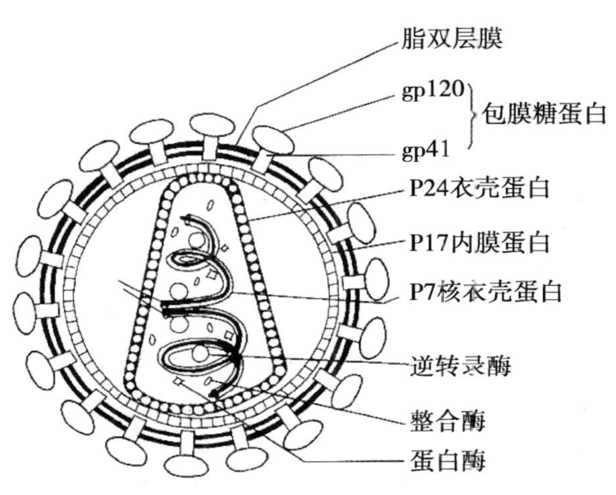

图 28－1　HIV 结构模式图

二、致病性与免疫性

1. 传染源和传播途径

AIDS的传染源是艾滋病患者和HIV无症状携带者。HIV可存在于血液、精液、阴道分泌物、乳汁、唾液、骨髓、脑脊液、皮肤及中枢神经组织等标本中。传播方式主要有三种：①通过异性或同性间的性行为；②血源途径，输入含有HIV的血液或血制品、器官或骨髓移植、静脉药瘾共用污染的注射器及针头、人工授精等；③母婴垂直传播。

2. 感染过程与致病机制

HIV侵入人体后，病毒通过gp120刺突选择性侵犯并破坏带有CD4分子的T细胞（以Th细胞为主），使感染者血循环中$CD4^+$ T细胞数减少和HIV量增多，机体免疫功能下降，可表现为发热、淋巴结肿大、肌痛、关节痛等原发症状，随后转入慢性或持续性感染。当机体受到某些诱因刺激后，HIV大量增殖，最后发展成为艾滋病，患者出现免疫功能极度低下的相应表现，容易继发各种机会感染和恶性肿瘤，导致患者死亡。

3. 免疫性

机体感染HIV后，诱发机体产生细胞免疫和体液免疫应答，但不能清除有HIV潜伏感染的细胞。因此，一旦感染HIV，便终生携带。

知识链接

世界艾滋病日

自1981年美国研究人员发现世界首例艾滋病病例后，艾滋病在全球范围内迅速蔓延。为提高人们对艾滋病危害的认识，世界卫生组织于1988年1月在英国伦敦会议确定每年12月1日为世界艾滋病日，号召世界各国在这一天举办各种活动，宣传和普及预防艾滋病的知识。

三、微生物学检查

HIV感染的实验室检测方法主要包括两大类：一类是血清学诊断，采集感染者血清送检以测定相应抗体，是目前最常用的方法。常用ELISA、RIA等方法作为HIV抗体的初筛，如连续两次阳性，再经免疫印迹法（WB）确证试验确证，方可确诊。另一类是采集患者血液进行病毒分离，是确诊的最直接证据。但病毒分离需严格的工作条件，且需时间长、价格昂贵，故不宜用于临床诊断。

四、防治原则

由于AIDS的高度致死性与惊人的蔓延速度，WHO和许多国家都制订实施了预防HIV感染的综合措施，包括：①建立HIV感染和AIDS的监测网络，控制疾病的流行蔓延；②进行广泛的宣传教育，取缔娼妓，防止性传播疾病的流行，抵制吸毒等社会弊病；③检测高危险人群包括供血员、同性恋、静脉注射毒品成瘾者、血友病患者，国外旅游者和外事使馆人员等；④禁止进口血液制品，如凝血因子Ⅷ等；⑤加强国境检疫、留检等。

目前尚无理想的特异性疫苗和治疗药物。

第二节 人类嗜 T 细胞病毒

人类嗜 T 细胞病毒（HTLV）是人类 T 细胞白血病及淋巴瘤的病原体，又称人类 T 细胞白血病病毒，是一种属逆转录病毒科的 RNA 肿瘤病毒亚科。主要分为Ⅰ型（HTLV-Ⅰ）和Ⅱ型（HTLV-Ⅱ）两个亚型。

HTLV-Ⅰ和 HTLV-Ⅱ在电镜下呈圆形，大小约 100nm。病毒包膜表面的刺突嵌有病毒特异的糖蛋白（gp120），能与细胞表面的 CD4 受体结合，与病毒感染、侵入细胞有关。中心含病毒 RNA 及逆转录酶。

HTLV 可通过输血、注射或性接触等途径传播，也可经胎盘、产道或哺乳等途径传播。

HTLV-Ⅰ可导致的成人 T 淋巴细胞白血病，还可引起热带下肢痉挛性瘫痪和 B 细胞淋巴瘤。HTLV-Ⅱ则引起毛细胞/白血病和慢性 $CD4^+$ 细胞淋巴瘤等。

检查 HTLV-Ⅰ或 HTLV-Ⅱ感染所用的病毒分离和抗体测定方法与检查 HIV 相似。

预防 HTLV 感染的措施包括：加强卫生知识的宣传、避免与患者的体液尤其是血液或精液等接触。对供血者可行 HTLV 抗体检测，保证血源的安全性等。目前尚没有研制出有效的抗 HTLV 疫苗。

小　结

人类免疫缺陷病毒（HIV）是引起艾滋病的病原体。$CD4^+$ 细胞（主要是 TH 细胞）减少导致机体免疫功能缺陷，尤以细胞免疫功能低下为主。HIV 无症状携带者和患者是传染源，主要通过性行为、血液和垂直方式传播。病毒侵入机体后，可表现为发热、淋巴结肿大、肌痛、关节痛等原发症状，随后转入慢性或持续性感染。当机体受到某些诱因刺激后，HIV 大量增殖，从而表现出艾滋病相关综合征，最后发展成为艾滋病，患者主要表现免疫功能低下、合并各种机会感染、恶性肿瘤，导致患者死亡。艾滋病需检测 HIV 抗体以确诊。目前尚无理想的特异性疫苗和治疗药物。

人类嗜 T 细胞病毒（HTLV）是人类 T 细胞白血病及淋巴瘤的病原体 HTLV 可通过输血、注射或性接触等途径传播，也可经胎盘、产道或哺乳等途径传播。

HTLV-Ⅰ可导致的成人 T 淋巴细胞白血病，还可引起热带下肢痉挛性瘫痪和 B 细胞淋巴瘤。HTLV-Ⅱ则引起毛细胞/白血病和慢性 $CD4^+$ 细胞淋巴瘤等。

自　测　题

一、单项选择题

1. 属于逆转录病毒的是
   A. HBV
   B. HAV
   C. HIV
   D. HCV
   E. HEV

2. HIV 的传播途径不包括
   A. 同性或异性间的性行为
   B. 药瘾者共用污染 HIV 注射器
   C. 输血和器官移植
   D. 日常生活中的一般接触
   E. 输血

二、简答题

1. 简述 HIV 的致病机制。
2. HIV 的传播途径有哪些？怎样预防 HIV 感染？

（陈少华）

第二十九章 疱疹病毒

学习目标

1. 熟悉人类疱疹病毒的种类及共同特点。
2. 了解常见疱疹病毒的致病性及防治。

疱疹病毒是一组中等大小、有包膜的DNA病毒，现已发现的有110种以上。引起人类疾病的疱疹病毒称为人类疱疹病毒，主要有单纯疱疹病毒、水痘-带状疱疹病毒、EB病毒、巨细胞病毒等。

疱疹病毒的共同特点为：

1. 病毒呈球形，直径为120～200nm，有包膜的DNA病毒（图29－1）。

2. 除EB病毒外，人类疱疹病毒均能在人二倍体细胞核内复制，形成多核巨细胞，核内出现嗜酸性包涵体。

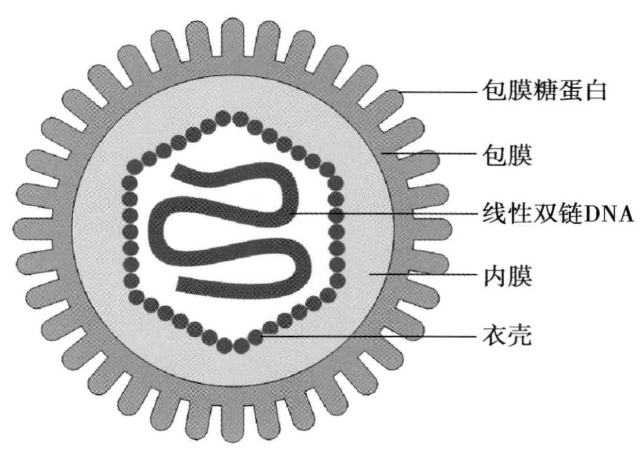

图29－1 疱疹病毒结构模式图

3. 病毒可通过呼吸道、消化道、泌尿生殖道等侵入宿主细胞，可表现为增殖性感染和潜伏状态：增殖性感染为病毒增殖并引起细胞破坏；而潜伏感染则病毒不增殖，其DNA稳定地潜伏于细胞核内，病毒基因表达受抑制，但当病毒受刺激因素激活或抵抗力下降时又可转为增殖性感染而引起疾病。

4. 病毒可通过垂直感染胎儿和新生儿，造成胎儿畸形、流产或死产，出生者可有发育迟缓、智力低下等缺陷。

5. 除水痘外，原发感染多为隐性感染。

一、单纯疱疹病毒

单纯疱疹病毒（HSV）感染非常普遍，主要引起皮肤和黏膜的局部疱疹，也可引起三叉神经炎、小儿脑膜脑炎等。

1. 血清型

分为单纯疱疹病毒-1（HSV－1）和单纯疱疹病毒-2（HSV－2），两型病毒的DNA有50%同源性，人群中HSV－1感染非常普遍，30岁以上的成年人感染率达80%～90%，而与性传播有关的HSV－2占15%～30%。传染源是患者和健康带病毒者，直接密切接触或性接触为主要传播途径。

2. 原发感染

6个月以后的婴儿易发生HSV－1的原发感染，多数无明显症状。少数引起牙龈炎、唇疱疹、角膜结膜炎或脑炎等；HSV－2主要引起生殖器疱疹。

3. 潜伏与再发感染

单纯疱疹病毒原发感染后，机体可迅速产生特异性免疫力而康复，但不能彻底清除病毒，单纯疱疹病毒从侵入部位沿感觉神经髓鞘上行至感觉神经节。HSV－1潜伏于三叉神经节和颈上神经节；HSV－2潜伏于骶神经节。当机体受到各种非特异性刺激（如发热、寒冷、日晒、月经、感染等）或免疫功能下降时，潜伏病毒被激活，转为增殖性感染，引起局部皮肤或黏膜疱疹的复发。

二、水痘-带状疱疹病毒

水痘-带状疱疹病毒（VZV）在儿童初次感染时引起水痘，潜伏多年后在成年人中再发则表现为带状疱疹，故称为水痘-带状疱疹病毒。

水痘-带状疱疹病毒只有一个血清型，其基本特性与单纯疱疹病毒相似。人是水痘-带状疱疹病毒的唯一自然宿主，主要的靶细胞是皮肤。病毒经呼吸道侵入人体。

1. 原发感染——水痘

儿童初次感染（因无特异性免疫力）后约经2周潜伏期后，全身皮肤出现斑丘疹、水疱疹，可发展为脓疱疹。皮疹分布呈向心性，病情较轻，偶有并发病毒性脑炎或肺炎。但在细胞免疫缺陷、白血病或正在接受皮质激素治疗的病儿，则常易患重症水痘。成人首次感染水痘-带状疱疹病毒者常引起病毒性肺炎，病情较重，死亡率较高。孕妇患水痘的表现也较重，可引起胎儿畸形、流产或死胎。

2. 再发感染——带状疱疹

儿童水痘痊愈后，因机体获得持久的特异性免疫，可阻止病毒的再感染。但对于已潜伏在脊髓后根神经节或颅神经节内的病毒则不能发挥有效的清除作用。成年以后机体受到有害因素刺激或细胞免疫功能降低时，潜伏病毒可被激活，沿感觉神经轴索到达所支配的胸腹或面部皮肤细胞内增殖，导致疾病的复发。因为疱疹沿感觉神经支配的皮肤分布，串联成带状，故称带状疱疹。

三、EB病毒

EB病毒（EBV）是1964年Epstein和Barr从非洲儿童恶性淋巴瘤的培养细胞中发现的

一种新病毒，故名之。是传染性单核细胞增多症的病原体。现已证实 EBV 与鼻咽癌的发生密切相关。

1. 生物学特性

EBV 在电镜下的形态与疱疹病毒相似，但免疫原性不同。EBV 潜伏感染时表达的抗原为核抗原（NA）和膜抗原（MA）；当 EBV 增殖感染时则出现早期抗原（EA）（为病毒增殖的标志）和衣壳抗原（VCA）。EBV 的膜抗原（MA）是 EBV 的中和抗原，其中的糖蛋白 gp320/220 能诱导机体产生中和抗体。

2. 致病性

EBV 是一种主要侵犯 B 细胞的病毒，在人群中感染非常普遍，我国 3～5 岁儿童的 EBV IgG/VCA 抗体阳性率达 90％以上，感染后多数无明显症状或引起轻度咽炎和上呼吸道感染。EBV 主要通过唾液传播，偶可经输血感染。侵入机体的病毒可能先在口咽部上皮细胞形成增殖性感染，释放的病毒再感染局部黏膜的 B 细胞，然后再进入血液循环而引起全身性感染。与 EBV 感染有关的疾病主要有三种：

（1）传染性单核细胞增多症：是一种急性全身淋巴细胞增生性疾病，在青春期初次感染较大量 EBV 时发病。临床表现为发热、咽炎、淋巴结炎、脾大、肝功能异常、外周血中单核细胞显著增多等。

（2）非洲儿童恶性淋巴瘤：又称 Burkitt 淋巴瘤，多见于 6～7 岁儿童，发生在非洲中部和新几内亚某些热带雨林地区。

（3）鼻咽癌：EB 病毒对鼻咽黏膜细胞有特殊亲嗜性，鼻咽癌组织中可检出 EBV 的 DNA 和核抗原（NA），血中 EBV 抗体含量较高，在鼻咽癌治疗好转后 EBV 抗体水平下降。这些研究表明 EBV 与鼻咽癌的发病有密切关系。该病多见于 40 岁以上的中老年人，是我国广东、广西和湖南等地的一种常见恶性肿瘤。

四、巨细胞病毒

巨细胞病毒（CMV）是引起新生儿巨细胞包涵体病的病原体，由于感染细胞肿胀明显，核变大，故称为巨细胞病毒。

1. 生物学性状

在体内人巨细胞病毒可感染各种不同的上皮细胞、白细胞和精子细胞等；但体外培养只能在人成纤维细胞中增殖。其特征是：病毒复制周期长，增殖缓慢，细胞肿胀，核变大并形成巨大的核内嗜酸性包涵体。包涵体外有一晕轮围绕，形如“猫头鹰眼”状。

2. 致病性

巨细胞病毒在人群中感染非常广泛，通过口腔、生殖道、胎盘、哺乳、输血、器官和骨髓移植等多种途径传播。①先天性感染：是造成胎儿畸形的常见病毒之一，患儿可表现为巨细胞包涵体病（肝脾大、黄疸、血小板减少性紫癜、溶血性贫血等）、先天畸形（小头、耳聋、智力低下等），重者可致流产或死胎。②后天感染：可引起单核细胞增多症和肝炎、间质性肺炎等。③诱发癌变：巨细胞病毒与宫颈癌和结肠癌的发病有关。

五、疱疹病毒的防治原则

疱疹病毒的感染与生活习惯、气候、环境、经济文化状况等因素有关。了解疱疹病毒的传播方式，加强性知识的宣传教育，学会科学卫生的生活方式，减少唾液、飞沫、性接触、血制品及医源性感染的传播机会。

1. 人工自动免疫

EBV 膜抗原糖蛋白 gP340 已制成亚单位疫苗；巨细胞病毒、单纯疱疹病毒包膜糖蛋白亚单位疫苗正在研制中；水痘-带状疱疹病毒减毒活疫苗有防止或限制水痘感染的作用。

2. 人工被动免疫

孕妇产道有 HSV－Ⅱ感染者，分娩后给新生儿立即注射丙种球蛋白有紧急预防作用；用含有特异性水痘-带状疱疹病毒抗体的人免疫球蛋白预防水痘-带状疱疹病毒感染有一定效果。

3. 药物治疗

抗疱疹病毒的化学药物治疗效果较好：碘苷（疱疹净）、阿糖腺苷、阿昔洛韦可抑制单纯疱疹病毒、水痘-带状疱疹病毒 DNA 的合成；治疗巨细胞病毒感染首选更昔洛韦。

小　结

疱疹病毒是一群有包膜的 DNA 病毒，具有潜伏感染的特点。引起人类疾病的疱疹病毒主要有单纯疱疹病毒、水痘-带状疱疹病毒、巨细胞病毒等，它们通过多种途径感染人体而引起疾病。

（陈少华）

第三十章　其他病毒

学习目标

1. 掌握狂犬病毒等病毒的传播途径及所致疾病。
2. 熟悉狂犬病毒的伤口处理及特异性防治原则。
3. 了解人乳头瘤病毒、虫媒病毒的致病性。

一、狂犬病毒

狂犬病病毒（RV）是弹状病毒科狂犬病毒属的一种嗜神经病毒，为狂犬病的病原体。

1. 生物学特性

病毒外形呈弹头状，核心为单股负链 RNA，外绕螺旋对称的蛋白衣壳，有包膜，包膜上有糖蛋白刺突，与病毒的感染性和毒力相关。狂犬病病毒感染动物范围较广。在易感动物（如狼、狐狸、犬、猫等）或人的中枢神经细胞中增殖时在胞质内形成嗜酸性包涵体，称内基小体，具有诊断价值。

狂犬病毒不耐热，在 50℃ 1h 或 100℃ 2min 即可灭活；对酸、碱、新洁尔灭、福尔马林等消毒药物敏感；70％乙醇、0.01％碘液和 1％～2％肥皂水亦能使病毒灭活。

2. 致病性

狂犬病病毒存在于患病的动物或带病毒动物唾液中，人被患病或带病毒动物咬伤、抓伤而感染。病毒通过伤口进入体内。潜伏期一般为 1～3 个月，但也有短至 1 周或长达数年，甚至十几年才出现症状者，潜伏期长短取决于被咬伤部位与头部的远近、伤口深浅及感染的病毒数量的多少。

进入体内的病毒首先在肌纤维细胞中增殖，再由神经末梢沿神经轴索上行至中枢神经系统，在神经细胞内增殖并引起中枢神经系统损伤，然后又沿传出神经扩散至唾液腺和其他组织（包括泪腺、鼻黏膜、舌味蕾、肝、肺等）。典型的临床表现是神经兴奋性增高，患者吞咽或饮水时喉头肌肉发生痉挛，甚至闻水声或其他轻微刺激均可引起痉挛发作，故称恐水病。这种兴奋期经 3～7d 后，患者由兴奋转入麻痹期，最后因昏迷、呼吸、循环衰竭而死亡。病死率几乎达 100％。

3. 防治原则

由于狂犬病毒产生的危害较为严重，因此应当做好防范工作。对犬、猫等宠物应严加管理，定期进行疫苗注射；人被狂犬咬伤后，应立即用 20％肥皂水反复冲洗伤口，再用 70％乙醇及 2％碘酒涂擦，尽快注射高效价狂犬病毒的免疫血清做伤口周围与底部浸润注射，进行被动免疫。及早接种狂犬病疫苗（48h 以内）可预防发病。

知识链接

野生动物有可能长期隐匿该病毒，因此狂犬病在全世界的野生动物中广泛流行。狐、獾、狼、猛、蝙蝠和其他野生食肉兽则是自然界中传播本病的储存宿主和自然疫源；在人口较为稠密的城镇，带病毒的犬、猫成为人和家畜发生狂犬病的主要传染来源（外观健康犬也可带狂犬病毒）。

二、人乳头瘤病毒

人乳头瘤病毒（HPV）能引起人体皮肤、黏膜的多种良性乳头状瘤或疣的病原体，并与宫颈癌的发生有关。HPV是一种无胞膜的小球形DNA型病毒。人类是HPV的唯一自然感染宿主。HPV感染后在细胞核内增殖，细胞核着色深，核周围有一不着色的空晕，此种病变细胞称为空泡细胞。HPV主要通过以下途径传播：①直接接触感染者的病损部位或间接接触病毒污染的衣物；②生殖器感染主要由性接触传播；③新生儿可通过产道分娩时被感染。

三、虫媒病毒

虫媒病毒是一群以吸血节肢动物作为储存宿主和传播媒介，通过叮咬人、家畜等进行传播的病毒，病毒所致疾病为自然疫源性疾病，有明显的季节性和地区性。该病毒广泛分布，种类多，我国常见的虫媒病毒有流行性乙型脑炎病毒（简称乙脑病毒）、登革病毒等。

1. 流行性乙型脑炎病毒

流行性乙型脑炎病毒简称乙脑病毒，是引起流行性乙型脑炎（简称乙脑）的病原体。乙脑病毒抗原性稳定，只有一个血清型。此病毒抵抗力弱。乙脑病毒的传染源是家畜、家禽、野生动物，幼猪是最重要的传染源，患者及隐性感染者也可成为传染源。传播途径是经蚊子叮咬而感染人和动物。乙脑病毒主要由库蚊传播，在我国乙脑流行的高峰期是6～9月，主要与带病毒蚊出现的早晚和密度有关。

乙脑病毒侵入人体后，先在局部血管内皮细胞及局部淋巴结中增殖，随后少量病毒入血形成第一次病毒血症。病毒随血流播散到肝、脾单核-吞噬细胞内继续大量增殖，病毒再次入血形成第二次病毒血症，引起发热等全身不适。多数人呈隐性感染，少数患者病毒可穿过血脑屏障而进入中枢神经系统，引起脑实质及脑膜病变，临床表现为高热、剧烈头痛、呕吐、颈项强直、嗜睡或昏迷等症状。死亡率高，幸存者可遗留智力减退、痴呆、偏瘫、失语等后遗症。病后及隐性感染均可获得持久免疫力，主要依赖体液免疫的中和抗体。

2. 登革病毒

登革病毒是引起登革热的病原体。是一种由伊蚊传播的急性传染病，在热带、亚热带地区流行。我国广东、海南以及广西等地区均有发生。登革病毒的自然宿主是人和猴，患者为主要传染源。病毒经蚊叮咬进入人体，先在毛细血管内皮细胞和单核细胞中增殖，随后经血流播散，引起发热、肌肉和关节剧痛（故俗称断骨热）、淋巴结肿大、皮肤出血（表现淤点和淤斑）及休克等症状。初次感染为普通型登革热，症状较轻，一般一周内恢复；再次感染者为登革出血热/登革休克综合征，症状重，病死率高。

四、朊粒

朊粒又称传染性蛋白粒子，是一类特殊的传染性蛋白质因子。其最主要成分是一种蛋白酶抗性蛋白（PrP），至今未查到任何类型的核酸。朊粒具有传染性，潜伏期长。Prusiner 于 1982 年首先提出朊粒在人和动物脑组织中引起以传染性海绵状脑病为特征的中枢神经系统慢性退化性疾病，致死率达 100％。

朊粒是一种不含核酸和脂类的疏水性糖蛋白，抵抗力强。朊粒病是一种人和动物的慢性退行性、致死性中枢神经系统疾病。现已知动物的朊粒病主要有：羊瘙痒病、牛海绵状脑病（俗称疯牛病）等。人的朊粒病主要有克一雅病、库鲁病、致死性家族失眠症等。目前尚无有效的治疗方法，患病的人和动物终将死亡。

朊粒病的共同特征为潜伏期长，表现为以海绵状脑病为特征的致死性中枢神经系统慢性退化性疾病。

五、噬菌体

噬菌体是侵袭细菌、真菌等微生物的病毒，进入细菌体内参与细菌的遗传变异。噬菌体体积微小，无细胞结构，只能在易感的宿主细胞内增殖，有严格的寄生性和宿主范围。

噬菌体广泛分布于自然界，个体微小，需用电子显微镜观察。噬菌体的基本形态有蝌蚪形、微球形、纤线形三种。以蝌蚪形居多。蝌蚪形噬菌体由头部和尾部组成。头部为六棱柱体的蛋白质外壳，内含核酸。噬菌体只含一种类型的核酸。DNA 或 RNA 是噬菌体的遗传物质。尾部由尾领、尾鞘、尾髓、尾板、尾刺和尾须组成，化学成分是蛋白质。噬菌体对理化因素的抵抗力比一般细菌繁殖体强。一般在 70℃ 30min 仍不失去活性，在低温条件下能长期存活。

小　结

狂犬病毒主要通过动物的咬伤和抓伤感染，引起恐水病，死亡率可达 100％，通过清洗消毒伤口可有效减少发病率，可接种狂犬疫苗预防和注射抗血清进行治疗。消灭蚊虫、鼠类，搞好环境卫生，可减少虫媒病毒等的感染。

阮粒又称传染性蛋白粒子，是一类特殊的传染性蛋白质因子。朊粒病潜伏期长，是以海绵状脑病为特征的致死性中枢神经系统慢性退化性疾病。

噬菌体是侵袭细菌、真菌等微生物的病毒，进入细菌体内参与细菌的遗传变异。噬菌体体积微小，无细胞结构，只能在易感的宿主细胞内增殖，有严格的寄生性和宿主范围。

自测题

一、名词解释

1. 噬菌体
2. 朊粒

二、单项选择题

1. 被狂犬咬伤后，最正确的处理措施是
   A. 注射狂犬疫苗及免疫血清＋抗病毒药物
   B. 注射大剂量丙种球蛋白＋抗病毒药物
   C. 清创＋接种疫苗＋注射抗狂犬病病毒血清
   D. 清创＋注射抗狂犬病病毒血清
   E. 注射疫苗即可

2. 经蚊子叮咬传播的病毒是
   A. 乙型脑炎病毒
   B. 麻疹病毒
   C. 冠状病毒
   D. 流感病毒
   E. 脊髓灰质炎病毒

三、简答题

1. 简述疱疹病毒的共同特点。
2. 简述狂犬病的防治原则。

（陈少华）

第三十一章　其他原核型微生物

学习目标

1. 熟悉沙眼衣原体、恙虫病立克次体、梅毒螺旋体的致病性与防治。
2. 了解钩端螺旋体、常见支原体、放线菌的共同特点。

第一节　支原体

支原体是一类没有细胞壁，呈多形性，可通过细菌滤器，能在人工培养基中生长繁殖的最小的原核细胞型微生物，因能形成有分枝的长丝而得名。支原体广泛分布于自然界，也存在于人、家畜、家禽等动物体内，是人类原发性非典型性肺炎、泌尿生殖道感染的病原体，是许多家畜传染病的病原体，也是经常污染组织细胞培养的微生物。

一、生物学特性

球形、丝状及颗粒状等多种形态，无细胞壁，革兰染色为阴性。营养要求高，在含20%血清、酵母浸膏和胆固醇的培养基中形成“油煎蛋”样微小菌落（图31－1，也见彩图31－1）。对热、干燥、75%乙醇等化学消毒剂敏感，对青霉素等无效，对红霉素、强力霉素、四环素和喹诺酮类药物等抗生素敏感。

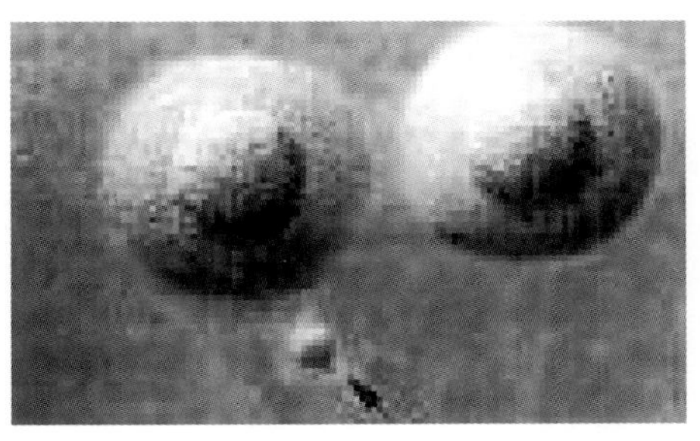

图31－1　支原体典型的“荷包蛋”样菌落

二、致病性

对人致病的主要有肺炎支原体和解脲脲原体，其主要致病作用见表31－1。

表31－1　常见对人致病的支原体

病原体	传播途径	所致疾病
肺炎支原体	空气飞沫	间质性肺炎，支气管肺炎，称为原发性非典型肺炎
解脲脲原体	性接触传播	尿道炎、前列腺炎等
	经胎盘传播	早产、自然流产、先天畸形、死胎和不孕症等
	经产道感染	新生儿肺炎或脑膜炎

三、防治原则

原发性非典型肺炎患者应注意隔离；解脲脲原体感染预防应防止不洁性生活。治疗可用红霉素、多西环素、氯霉素等。

第二节　衣原体

衣原体是一类能通过细菌滤器、严格细胞内寄生、有独特发育周期的原核细胞型微生物。

一、生物学性状

革兰染色为阴性，圆形或椭圆形，有细胞壁，但无肽聚糖，严格细胞内寄生，可用鸡胚卵黄囊进行培养。抵抗力不强，耐冷不耐热，对多种抗生素敏感。

衣原体有原体和始体两个发育阶段。原体呈球形，无繁殖能力，为发育成熟的衣原体，有高度传染性。始体圆形或卵圆形，是由宿主细胞吞饮并包绕原体形成的空泡中增大而形成，无感染性，有繁殖能力，二分裂增殖（图 31－2）。

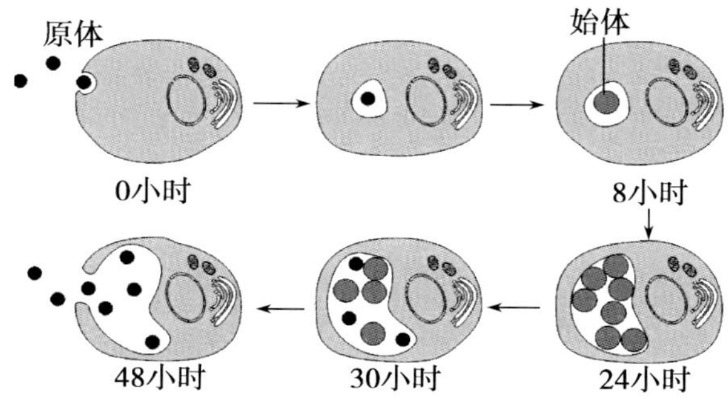

图 31－2　衣原体的生命周期

二、致病性

对人致病的有沙眼衣原体、肺炎衣原体、鹦鹉热衣原体，见表 31－2。

表 31－2　常见对人致病的衣原体

病原体	传播途径	所致疾病
沙眼衣原体	眼-眼 眼-手-眼 性接触 产道感染	沙眼：流泪、黏液脓性分泌物→结膜充血及滤泡形成→眼睑内翻、倒睫→角膜混浊和血管翳→失明 包涵体结膜炎：婴儿→急性化脓性结膜炎；成人→滤泡性结膜炎 泌尿生殖道感染：尿道炎、附睾炎、直肠炎、宫颈炎、盆腔炎 性病淋巴肉芽肿：男性（腹股沟淋巴结）→化脓性淋巴结炎和慢性淋巴肉芽肿；女性（会阴、肛门和直肠）→会阴-肛门-直肠组织狭窄
肺炎衣原体	呼吸道传播	肺炎、支气管炎、咽炎、扁桃体炎、鼻窦炎等

三、防治原则

衣原体预防的重点是注意个人卫生，不使用公用毛巾和脸盆，避免直接或间接接触；经性传播的衣原体，其预防措施与其他性病预防相同。治疗可用磺胺、红霉素、诺氟沙星、利福平等。

锦囊妙计

可过滤器有涵体，胞内发育有周期。沙眼性病皆常见，抗菌药物来防治。

第三节　立克次体

立克次体是一类严格活细胞内寄生，以二分裂方式增殖的原核细胞型微生物。立克次体以节肢动物作为储存宿主或传播媒介，容易引起实验室感染。

一、生物学性状

有细胞壁，形态多样，革兰染色为阴性。恙虫病立克次体呈双球或短杆状，多成对排列，大小不等，(0.2～0.5) μm×(0.3～1.5) μm，寄生于细胞浆内（图 31－3，也见彩图 31－3）。专性细胞内寄生，常用动物接种、鸡胚接种和细胞培养。对消毒剂和抗生素（磺胺类药物除外）敏感。

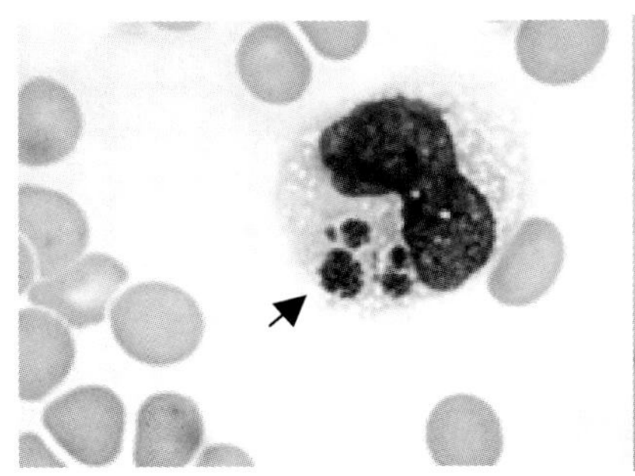
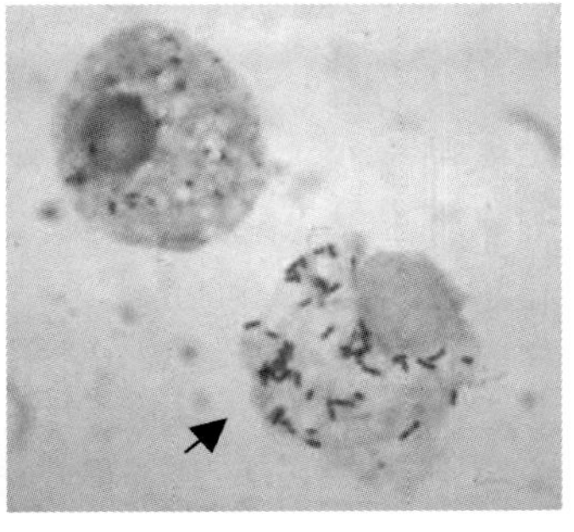

图 31－3　恙虫病立克次体的形态（×1000）

二、致病性

立克次体通过吸血节肢动物如虱、蚤、蜱、螨等的叮咬或其粪便污染伤口而感染，或通过接触、呼吸道、消化道等途径入侵人体，引起人畜共患病，主要表现为发热、皮疹，严重者可出现神经系统、心血管系统并发症，见表 31－3。

表 31-3 常见对人致病的立克次体

贮存宿主	病原体	传播方式	所致疾病	宿主
普氏立克次体	虱-人-虱	流行性斑疹伤寒	高热、头痛、皮疹	人
莫氏立克次体	鼠-鼠蚤-鼠 ↙ 人-人虱-人	地方性斑疹伤寒	发热、头痛、皮疹	鼠
东方立克次体	鼠-恙虫-人	恙虫病	高热，咬处溃疡成黑色焦痂痂，内脏器官炎症，全身淋巴结肿大，肝、脾、肺等损害	野鼠

恙虫病是指由恙虫病立克次体引起的自然疫源性疾病。恙虫病立克次体由恙螨经卵传递，以叮咬吸取食物时传给鼠类，包括家鼠、田鼠及野鼠等。人被恙螨幼虫叮咬而感染，潜伏期为 6～21d，平均为 10～12d，典型病例常以恶寒或寒战开始，临床特征为突然起病、发热、淋巴结肿大及皮疹，叮咬处先出现红色丘疹，成水泡后破裂，中央溃疡形成黑色焦痂，为恙虫病的特征之一。

知识链接

恙螨多分布在温暖、潮湿、多草、多鼠活动的地区，以河边、山坡、山谷、森林边缘等杂草丛生的地区为最多。其幼虫必须吸食宿主的组织、血液等才能发育成熟，多在宿主皮薄而温暖湿润、气味较大处吸食而留下黑色焦痂。

三、防治原则

预防的重点是灭鼠、灭蚤、灭螨等，注意个人卫生，加强个人防护。特异性预防可用灭活疫苗。治疗可用氯霉素等抗生素。

第四节 螺旋体

螺旋体是一类细长、柔软、弯曲成螺旋状、运动活泼的原核细胞型微生物，有细胞壁，以二分裂方式繁殖，基本特征与细菌相似。对人致病的主要有钩端螺旋体、梅毒螺旋体、回归热螺旋体等（图 31-4）。

一、钩端螺旋体

（一）生物学特性

钩端螺旋体简称钩体，螺旋细密，一端或两端弯曲呈钩状，革兰染色为阴性，硝酸银染色将钩体染为棕褐色，暗视野显微镜下像一串链状小珠，运动十分活泼。常用柯氏培养基培养。抵抗力强，在潮湿土壤中存活数个月，对热、酸、青霉素敏感。

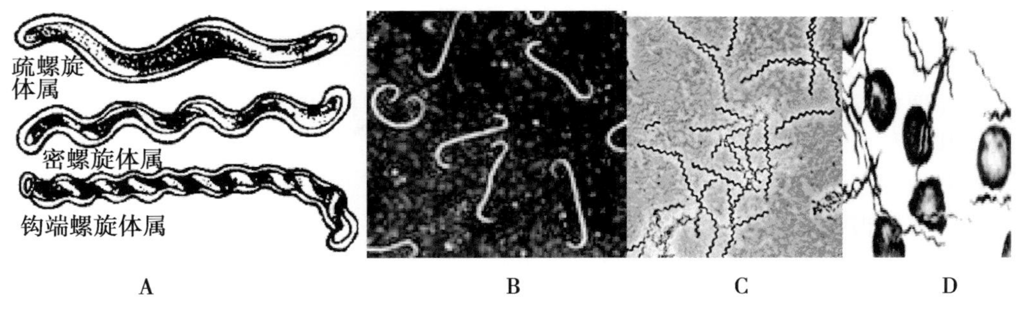

图 31－4　三种致病螺旋体

A. 三属螺旋体形态模式图　B. 暗视野显微镜下的钩端螺旋体　C. 梅毒螺旋体　D. 回归热疏螺旋体

（二）致病性

钩端螺旋体引起钩体病，是人畜共患传染病。带菌鼠类和某些家畜是主要传染源（图31－5）。

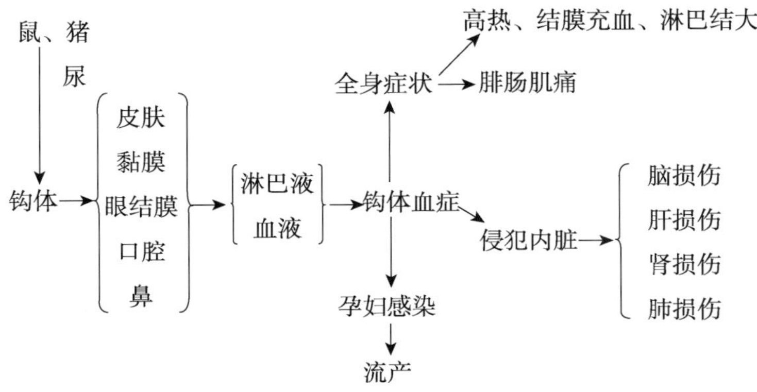

图 31－5　钩体的致病作用

（三）防治原则

钩体病的预防重点是消灭鼠类，圈养家畜；流行区有关人员接种钩体多价疫苗。治疗首选青霉素、庆大霉素或金霉素。

二、梅毒螺旋体

梅毒螺旋体亦称苍白密螺旋体，是引起人类梅毒的病原体，人是唯一易感宿主。

（一）生物学特性

菌体纤细，有 8～14 个致密而规则的螺旋，两端尖直，运动活泼。革兰染色为阴性，镀银染色呈棕褐色。至今人工培养尚未成功。抵抗力极弱，对冷、热、干燥、化学消毒、青霉素等敏感。

（二）致病性与免疫性

根据传播途径，梅毒可分为获得性梅毒与先天性梅毒。人体主要通过性接触传播，引起获得性梅毒；也可经胎盘传播，引起先天性梅毒。

1. 获得性梅毒　按病程分为 3 期：

（1）Ⅰ期（初期）梅毒：感染后 3 周左右局部（多见于外生殖器）出现无痛性硬性下

疳，其溃疡渗出物中含大量梅毒螺旋体，传染性极强。约1个月，下疳常自然愈合。进入血液的螺旋体潜伏体内，经过2～3个月无症状的潜伏期后进入第二期。

（2）Ⅱ期梅毒：患者全身皮肤、黏膜出现梅毒疹，周身淋巴结肿大，有时可累及骨、关节、眼及其他脏器，有较强传染性。如不治疗3周～3个月症状可消退，但可复发。经2年左右，部分患者进入三期。

Ⅰ期、Ⅱ期梅毒统称为早期梅毒。

（3）Ⅲ期（晚期）梅毒：此期不仅出现皮肤黏膜溃疡性坏死病灶，还常侵犯内脏器官或组织，引起心血管及中枢神经系统病变（梅毒瘤），导致动脉瘤、脊髓痨或全身麻痹等，严重者可危及生命。

2. 先天性梅毒　先天性梅毒由母体经胎盘传给胎儿，引起胎儿全身性感染，导致流产、早产或死胎；出生后存活的新生儿常呈现马鞍鼻、锯齿形牙、先天性耳聋等特殊体征。

3. 免疫力　人类对梅毒的免疫是感染性免疫，且为不完全免疫。Ⅰ期和Ⅱ期梅毒疹可以自愈，大多数患者不能完全清除梅毒螺旋体，因而导致复发和疾病迁延。

（三）防治原则

预防关键是加强性卫生教育，严禁卖淫嫖娼。梅毒确诊后，首选青霉素早期彻底治疗。

锦囊妙计

接触疫水招钩体，暗镜检查看动力。
寒热眼红与腿痛，凝溶助诊青霉治。
性道母胎传梅毒，RPR法诊及时。

第五节　放线菌

放线菌是与细菌相似的原核细胞型微生物，因菌落呈放射状而得名。放线菌最突出的特性之一是能产生大量的、种类繁多的抗生素，大多数对人没有致病性。对人体致病的放线菌主要是放线菌属与诺卡菌属。

一、放线菌属

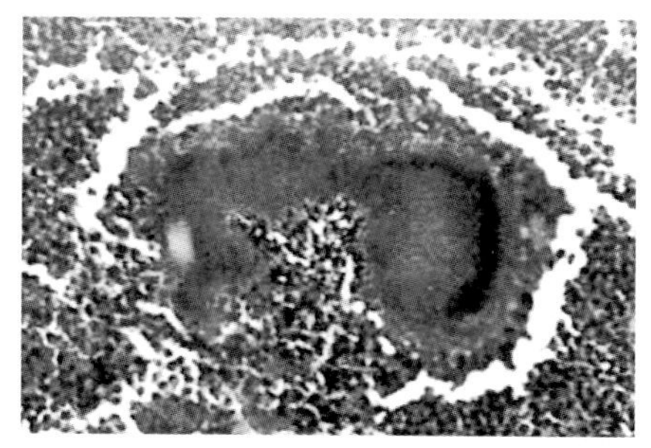

图31－6　放线菌属硫黄样颗粒

厌氧或微需氧菌，细胞壁中无分枝菌酸，在机体抵抗力下降、拔牙或外伤时引起内源性感染，导致软组织化脓性炎症，最常见的为面颊部感染，还可继发胸部、腹部、中枢神经系统感染。无继发感染时大多呈慢性无痛性过程，常伴有多发性瘘管形成，排出硫黄样颗粒是其主要特征（图31－6，也见彩图31－6）。

二、诺卡菌属

为需氧菌，细胞壁中含有分枝菌酸，引起外源性感染。多经呼吸道感染或创口侵入，引起化脓性感染，尤其是抵抗力下降时，此菌侵入肺部，引起肺炎、肺脓肿，慢性者类似肺结核。该菌经皮肤创伤可形成结节、脓肿和瘘管，因感染好发于足和腿部，故称为足分枝菌病。

小 结

其他原核型微生物比较

	支原体	衣原体	立克次体	螺旋体	放线菌
增殖方式	二分裂	二分裂	二分裂	二分裂	二分裂菌丝断裂
常见病原体	肺炎支原体 解脲脲原体	沙眼衣原体 肺炎衣原体 鹦鹉热衣原体	普氏立克次体 莫氏立克次体 恙虫病立克次体	回归热螺旋体 梅毒螺旋体 钩端螺旋体	放线菌属 诺卡菌属
导致疾病	呼吸道→原发性非典型肺炎 性接触→非淋病性尿道炎、阴道炎	手-眼接触→沙眼 性接触→生殖道病变	虱子叮咬→流行性斑疹伤寒 鼠蚤叮咬→地方性斑疹伤寒 恙螨叮咬→恙虫病	触疫水→钩体病 性接触→成人梅毒 垂直传播→先天梅毒 蜱叮咬→莱姆病	条件致病→软组织慢性炎症

自 测 题

一、名词解释

1. 衣原体
2. 立克次体
3. 螺旋体

二、选择题

1. 钩端螺旋体的主要传播途径为
   A. 呼吸道
   B. 皮肤伤口
   C. 媒介昆虫
   D. 动物咬伤
   E. 性接触

2. 下列哪种疾病是由人虱传播的
   A. 流脑
   B. 沙眼
   C. 伤寒
   D. 流行性斑疹伤寒
   E. 恙虫病

3. 沙眼的病原体是
   A. 衣原体

B. 支原体
C. 螺旋体
D. 放线菌
E. 病毒

4. 不能通过性接触传播的病原体是
A. 沙眼衣原体
B. 梅毒螺旋体
C. 性病淋巴肉芽肿衣原体
D. 钩端螺旋体
E. 淋病奈瑟菌

5. 衣原体与细菌的不同点是
A. 有细胞壁，可用革兰染色
B. 对多种抗生素敏感
C. 是原核细胞结构
D. 有独特的发育周期，以二分裂法增殖
E. 含有 DNA、RNA 两种核酸

6. 在放线菌感染的病灶组织及脓样物质中，肉眼可见的黄色小颗粒称为
A. 异染颗粒
B. 质粒
C. 包涵体
D. Dane 颗粒
E. 硫黄颗粒

（叶　薇）

第三十二章 真 菌

学习目标

1. 熟悉浅部感染性真菌、条件致病性真菌的致病性。
2. 了解真菌的基本特性。

第一节 真菌的基本特性

真菌是一类具有典型细胞核和完整细胞器，不含叶绿素，无根、茎、叶分化的真核细胞型微生物。真菌在自然界的分布广泛，绝大多数对人有利，极少数可引起人体浅部和深部组织感染。

一、生物学性状

真菌分单细胞和多细胞两类。单细胞真菌呈圆形或椭圆形，主要为酵母和类酵母菌（如隐球菌、念珠菌）。多细胞真菌由菌丝和孢子组成，菌丝分枝交织成团形成菌丝体，并长有各种孢子（图 32－1）。

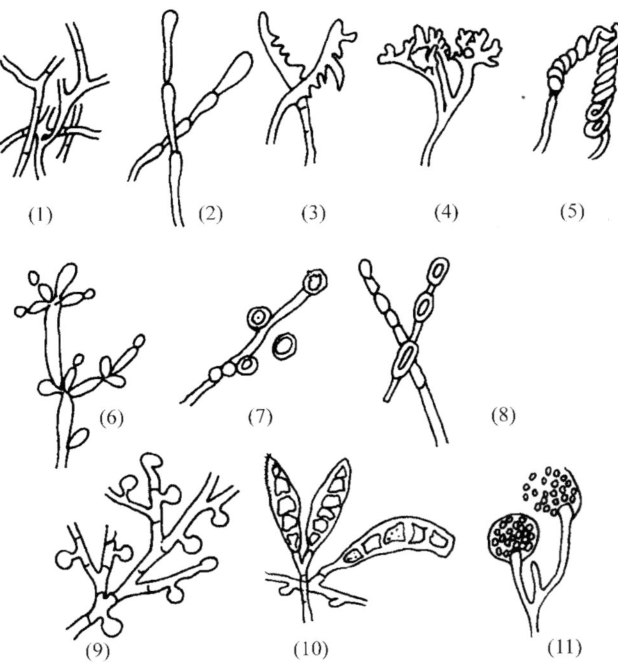

图 32－1 真菌的菌丝及孢子

（1）有隔菌丝；（2）球拍状菌丝；（3）梳状菌丝；（4）鹿角状菌丝；（5）螺旋状菌丝；（6）芽生孢子；（7）厚膜孢子；（8）关节孢子；（9）小分生孢子；（10）大分生孢子；（11）孢子囊孢子

真菌的营养要求不高，但生长缓慢，在沙保培养基中1～2周出现典型菌落。对干燥、阳光及一般化学消毒剂、抗生素有一定抵抗力；对热敏感，制霉菌素、二性霉素B对某些真菌有抑制作用。

二、致病性

浅部真菌侵犯皮肤、毛发、指甲等含角质蛋白的部位，常为慢性，但对身体影响较小；深部真菌可侵犯全身内脏，严重的可致死。有些真菌寄生于粮食、饲料、食品中，产生毒素引起中毒性真菌病。

真菌致病有以下几种情况：①致病性真菌感染；②条件性真菌感染；③过敏性真菌病；④真菌性中毒；⑤肿瘤。

三、防治原则

真菌感染无特异性预防措施，主要是注意公共卫生和个人卫生。真菌对抗生素不敏感，制霉菌素、灰黄霉素、克霉唑等外用或内服对某些真菌感染有较好疗效，5-氟胞嘧啶（5-FC）治疗单细胞真菌感染疗效显著，二性霉素B可用于深部全身真菌感染。

第二节　主要致病性真菌

主要致病性真菌的特点及形态见表32-1及图32-2（也见彩图32-2）。

表32-1　主要致病性真菌的特点

主要致病性真菌	细菌名称	侵犯部位	感染方式	所致感染	治疗
浅部感染真菌	皮肤癣菌（皮肤丝状菌）	角化的表皮、毛发和指（趾）甲	直接或间接接触	手癣、足癣、体癣、股癣、叠瓦癣、甲癣、头癣和须癣	5%硫黄软膏、咪康唑霜、克霉唑霜
条件致病性真菌	白念珠菌	皮肤、口腔、上呼吸道、肠道及阴道黏膜	条件致病	皮肤念珠菌病、指甲念珠菌病、黏膜念珠菌病、内脏感染、中枢神经系统感染	1%甲紫、氟康唑、两性霉素B、伊曲康唑
	新型隐球菌	肺部、皮肤、淋巴结、骨、内脏	经呼吸道感染	肺部轻度炎症、骨、内脏慢性炎症和脓肿	两性霉素B、氟康唑、伊曲康唑

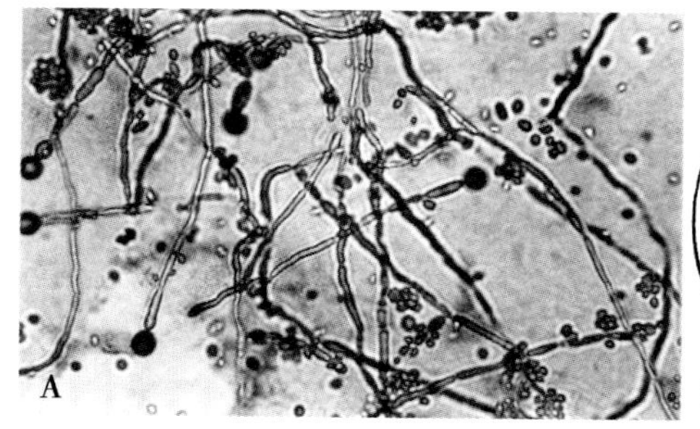
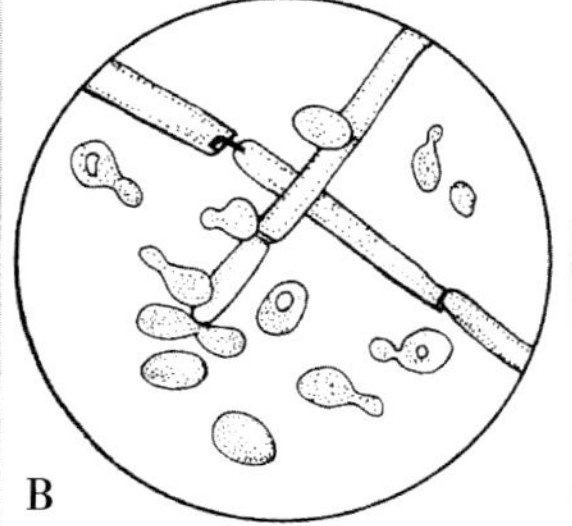
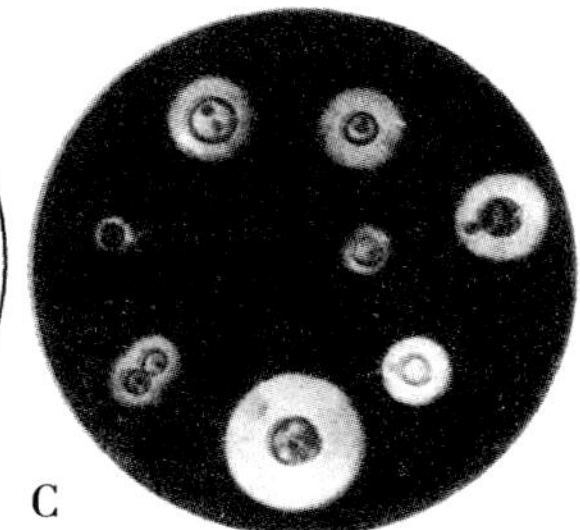

图32-2　主要致病性真菌

A、B. 白念珠菌　C. 新型隐球菌

小 结

真菌多数对人有益，少数对人有致病作用。真菌分单细胞真菌和多细胞真菌两类。常见的致病真菌有皮肤癣菌、白念珠菌、新型隐球菌，分别引起各种癣病、深部或浅部组织内源性感染、肺及脑的慢性感染。真菌对抗生素不敏感，制霉菌素、两性霉素B对某些真菌有抑制作用。

自 测 题

单项选择题

1. 引起鹅口疮的病原体为
   A. 絮状表皮癣菌
   B. 石膏样小孢子菌
   C. 口腔链球菌
   D. 白念珠菌
   E. 口腔螺旋体

2. 皮肤癣菌感染为
   A. 原发性肝癌
   B. 各种癣症
   C. 鹅口疮
   D. 真菌超敏反应性疾病
   E. 真菌中毒

3. 关于白念珠菌的特点，哪一项是错误的
   A. 革兰染色阳性
   B. 可形成厚膜孢子
   C. 可引起皮肤和黏膜感染
   D. 可引起全身脏器感染
   E. 用青霉素、链霉素和治疗有效

4. 沙保培养基适用于哪种微生物生长
   A. 肠道菌群
   B. 弯曲菌
   C. 结核分枝杆菌
   D. 真菌
   E. 军团菌

（叶 薇）

第五篇　人体寄生虫学

第三十三章　人体寄生虫学概述

学习目标

1. 掌握寄生、寄生虫、寄生虫的生活史及有关宿主、感染阶段的基本概念。
2. 熟悉寄生虫对宿主的致病作用和寄生虫病的流行环节。
3. 了解宿主对寄生虫的免疫作用、寄生虫的感染方式及防治原则。

一、人体寄生虫学的概念

人体寄生虫学是研究人体寄生虫的形态结构、生活史、致病性、实验诊断方法、流行规律与防治原则的一门医学学科。

人体寄生虫学包括医学蠕虫、医学原虫及医学节肢动物三大部分。

二、寄生现象与生活史

（一）寄生现象

在自然界，千差万别的生物之间存在着密切关系，按生物之间的获利与受害程度，可分为共栖、共生和寄生三种关系。

寄生是指两种生物在一起生活，一方受益，而另一方受害。通常是一种较小的生物依靠较大的生物，前者从后者获取营养和居住场所，此现象称寄生现象。如寄生于人和动、植物的病毒、细菌、寄生虫等。受益的一方称为寄生物，受害的一方称宿主（host）；营寄生生活的低等动物称寄生虫（parasite）。

1. 寄生虫的种类

（1）根据寄生部位分：①体内寄生虫，如蛔虫；②体外寄生虫，如虱。

（2）根据寄生时间分：①永久性寄生虫，如钩虫，其成虫期必须过寄生生活；②暂时性寄生虫，如蚊、蚤吸血时暂时侵袭宿主。

（3）根据寄生性质分：①专性寄生虫，指必须依靠寄生才能生存的寄生虫，如血吸虫等；②兼性寄生虫，既可营自生生活，也可营寄生生活，如粪类圆线虫；③偶然寄生虫，因偶然机会侵入非正常宿主体内生活的寄生虫，如某些蝇蛆偶然进入人体腔道而寄生；④机会致病寄生虫，通常处于隐性感染状态，当宿主免疫功能受损时，如 HIV 感染、免疫抑制剂的使用，出现异常增殖并致病，如弓形虫、隐孢子虫等。

2. 宿主的种类

被寄生虫寄生的人或动物称宿主。根据寄生虫不同发育阶段所寄生的宿主不同，可将宿主分为以下类别。

（1）终宿主：寄生虫成虫或有性生殖阶段寄生的宿主。

（2）中间宿主：寄生虫幼虫或无性生殖阶段寄生的宿主。若有 2 个以上的中间宿主，按其寄生的先后顺序分为第一中间宿主、第二中间宿主。

（3）保虫宿主：有些寄生虫既可引起人患病，也可寄生在某些脊椎动物体内，并可成为人体寄生虫病的传染源。如华支睾吸虫成虫除寄生于人体外还可寄生于猫、狗体内，故猫、狗是华支睾吸虫的保虫宿主。在流行病学上，保虫宿主是重要的传染源。

（4）转续宿主：寄生虫幼虫进入非适宜宿主后，不能发育至成虫，若有机会进入适宜宿主，可继续发育为成虫。

（二）寄生虫的生活史

寄生虫完成一代的生长、发育和繁殖的全过程及其所需的外界环境条件称寄生虫的生活史。寄生虫生活史有不同的生长发育阶段，其中具有感染人体能力的发育阶段称为感染阶段。如蛔虫的感染期虫卵（含蚴卵），被人误食后能在人体内发育为成虫。

三、寄生虫与宿主的相互作用

寄生虫侵入人体并能生活或长或短一段时间，这种现象称寄生虫感染。有明显临床表现的寄生虫感染称寄生虫病；若没有明显的临床表现，但寄生虫在体内生存并能传播病原体，称为带虫者，带虫者是最危险且难以控制的传染源。

（一）寄生虫对宿主的作用

1. 夺取营养　寄生虫在宿主体内生长、发育和繁殖并夺取营养，引起宿主营养不良。如蛔虫寄生于肠道，以宿主半消化的食物为食，使宿主失去大量养料，并影响肠道的消化吸收。

2. 机械性损伤　寄生虫在侵入宿主及在宿主体内移行、定居等，均可对宿主造成局部破坏、压迫或阻塞等机械性损伤。如猪囊尾蚴压迫脑组织引起癫痫；蛔虫进入胆管造成胆管堵塞等。

3. 毒性与免疫损伤　寄生虫的分泌物、排泄物、虫体或虫卵死亡崩解物可对宿三产生化学刺激或诱发超敏反应。如溶组织内阿米巴滋养体侵入肠黏膜和肝时，释放溶组织酶溶解组织、细胞，致肠黏膜形成溃疡和肝脓肿。

（二）宿主对寄生虫的作用

宿主对寄生虫感染可产生一系列防御反应，包括非特异性免疫和特异性免疫。

1. 非特异性免疫　包括皮肤、黏膜和胎盘的屏障作用，吞噬细胞的吞噬作用，体液中抗微生物物质的作用。

2. 特异性免疫　是由寄生虫抗原刺激宿主免疫系统诱发免疫应答所产生的针对该抗原的免疫反应，表现为体液免疫和细胞免疫。特异性免疫的后果有两种类型。

（1）消除性免疫：宿主能消除寄生虫，并对再感染产生完全的抵抗力。如热带利什曼原虫引起的东方疖患者痊愈后对同种病原体具有完全免疫力。这是人体寄生虫感染中少见的一种免疫类型。

（2）非消除性免疫：当体内有活虫寄生时，宿主对同种寄生虫的再感染具有一定的免疫力，若活虫消失，免疫力也随之消失，这种免疫现象又称为带虫免疫，如抗疟原虫免疫。宿主感染血吸虫后产生的免疫力对体内活的成虫无明显杀伤效应，但可杀伤再次侵袭的童虫，这种免疫状态称伴随免疫。

宿主针对寄生虫可产生Ⅰ、Ⅱ、Ⅲ、Ⅳ型超敏反应。

四、寄生虫病的流行与防治原则

（一）寄生虫病的流行环节

寄生虫病能在一定地区流行，必须具备3个基本环节：

1. 传染源　是指被寄生虫感染的人和动物。包括患者、带虫者、保虫宿主。

2. 传播途径　人体感染寄生虫病的途径和方式主要有下列几种：

（1）经口感染：寄生虫的感染阶段通过食物、饮水等方式经口进入人体，如蛔虫感染期虫卵经口进入人体。

（2）经皮肤感染：寄生虫的感染阶段可主动经皮肤侵入人体，如钩虫丝状蚴钻进皮肤而进入人体。

（3）经媒介昆虫感染：某些寄生虫在吸血昆虫体内发育为感染阶段，在昆虫叮刺人时进入人体，如蚊媒传播的疟原虫和丝虫。

（4）经接触传染：寄生虫通过直接或间接接触方式侵入人体，如阴道毛滴虫和疥螨。

（5）经胎盘传播：若母体妊娠时感染某些寄生虫，可经胎盘将病原体传给胎儿，如刚地弓形虫。

（6）其他途径：如经输血感染、空气感染和自体感染等。

3. 易感人群　是指对寄生虫缺乏免疫力或免疫力低下的人群，这类人群容易感染寄生虫。

除上述三个基本环节外，寄生虫病的流行还受以下因素的影响：自然因素（如环境、温度、光照、雨量等）、生物因素（如中间宿主、媒介等）和社会因素（如政治、经济、文化、卫生、人们的生活习惯和生产方式等）。

（二）寄生虫病的防治原则

1. 控制或消灭传染源　在流行区，普查、普治患者和带虫者是控制传染源的重要措施。在非流行区，监测和控制来自流行区的流动人口，是防止传染源输入和扩散的必要手段。同时应加强对保虫宿主的控制与管理。

2. 切断传播途径　针对不同传播途径的寄生虫病，采取综合措施，加强粪便和水源管理，注意环境和个人卫生，以及控制和杀灭媒介节肢动物和中间宿主是切断寄生虫病传播途径的重要手段。

3. 保护易感人群　广泛进行健康教育，加强个人和集体防护，包括预防服药等，改变不良饮食习惯及生产方式，提高自我预防和保护意识。

小　结

凡一时性或长久地寄居在其他动物的体表或体内并获取营养，营寄生生活的低等动物称寄生虫；被寄生虫寄生并遭受其损害的动物或人称宿主（包括终宿主、中间宿主、保虫宿主）；寄生虫生长、发育和繁殖的整个过程称寄生虫的生活史；在寄生虫发育的各阶段中，具有感染人的能力的阶段称为感染阶段。

寄生虫通过夺取营养、机械性损伤、毒性与免疫损伤作用损伤宿主。寄生虫病的流行条件有三个，即传染源、传播途径和易感人群。防治原则为控制或消灭传染源、切断传播途径和保护易感人群。

自测题

一、名词解释

1. 寄生虫
2. 生活史
3. 感染阶段

二、简答题

1. 寄生虫对人体的损害有哪些？
2. 简述寄生虫病的流行因素及防治原则。

（张　凯）

第三十四章　医学蠕虫

学习目标

1. 掌握蛔虫、钩虫、蛲虫、华支睾吸虫的生物学特性及致病性。
2. 熟悉各虫种的生活史和防治原则。
3. 了解其他常见寄生虫的特点。

医学蠕虫是寄生于人体的一类无骨骼、无甲壳和附肢，并能借肌肉伸缩而蠕动的多细胞无脊椎动物。包括线虫纲、吸虫纲及绦虫纲三大类。

第一节　线虫纲

寄生在人体的线虫，虫体呈线状或圆柱状，不分节，雌雄异体。包括钩虫、蛔虫、鞭虫、蛲虫、旋毛虫和丝虫等。

一、似蚓蛔线虫

似蚓蛔线虫简称蛔虫，成虫寄生于人体小肠，引起蛔虫病。

（一）形态

1. 成虫　虫体呈长圆柱状，形似蚯蚓。体表有细横纹和 2 条白色的侧线。头端较钝，尾端较尖。活体呈粉红色，死后为灰白色。雌虫长 20～35cm，尾端尖直。雄虫长 15～31cm，尾部向腹面卷曲（图 34－1）。

2. 虫卵　受精卵大小为（45～75）μm×（35～50）μm，呈宽椭圆形。卵壳厚，外披一层凹凸不平的蛋白质膜，呈棕黄色。卵内有一大而圆的卵细胞，与卵壳两端之间常有新月形空隙。未受精卵大小为（88～94）μm×（39～44）μm，呈长椭圆形，卵壳与蛋白质膜均较薄，内含许多大小不等的屈光颗粒（图 34－1，彩图 34）。

（二）生活史

成虫寄生于人体小肠，以肠内半消化食物为营养。雌、雄成虫交配后雌虫产卵。一条雌虫每天产卵约 24 万个。虫卵随粪便排出体外，受精卵在温暖、潮湿、荫蔽、氧气充足的土壤中，约经 3 周发育为感染期虫卵（感染阶段）。

感染期虫卵被人误食后，先于小肠内孵出幼虫，幼虫侵入肠壁，进入小静脉或淋巴管，经肝、下腔静脉、右心，到达肺，幼虫破坏肺泡壁毛细血管进入肺泡、支气管、气管到达咽后经食管、胃到小肠，在小肠内发育为成虫。自感染期卵进入人体到成虫产卵需 60～75d，成虫的寿命约 1 年（图 34－1）。

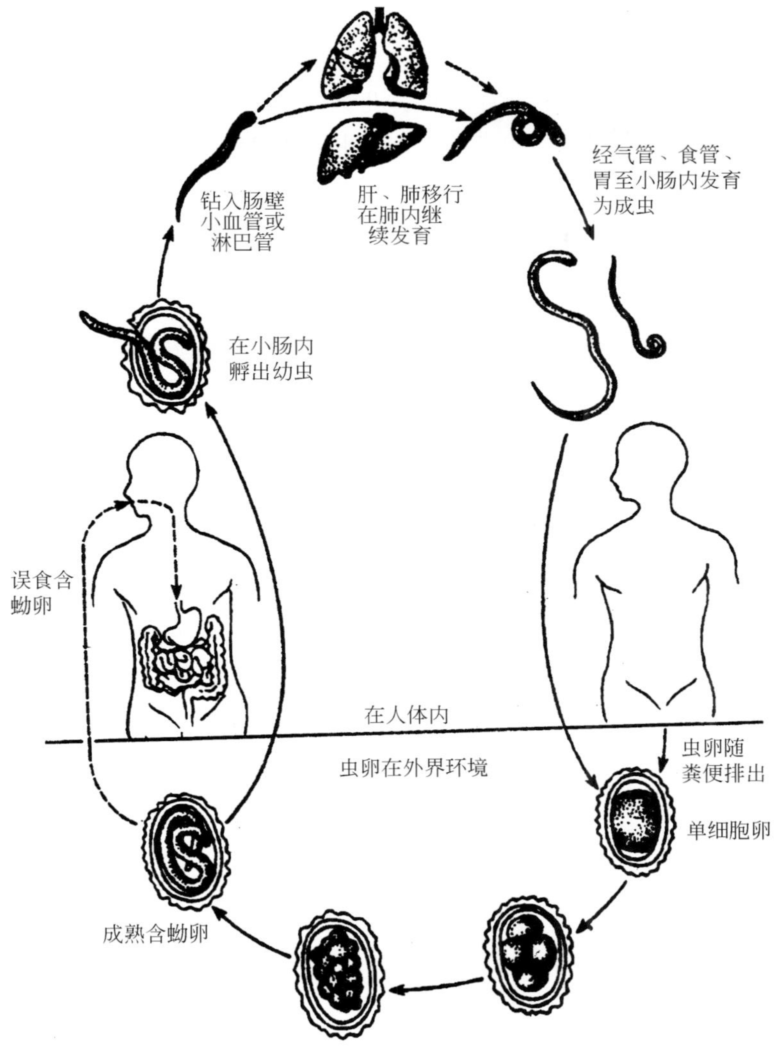

图 34－1 似蚓蛔线虫生活史

（三）致病性

1. 幼虫的致病性　幼虫经肺移行，造成肺组织损伤，引起蛔蚴性肺炎，出现发热、咳嗽、哮喘、血痰、体温升高等临床症状。

2. 成虫的致病性

（1）掠夺营养、损伤肠黏膜：患者表现为食欲不振、消化不良、腹痛、腹泻或便秘等，儿童严重感染可出现发育障碍。

（2）神经系统症状：虫体的分泌物、代谢物常使患者出现荨麻疹、皮肤瘙痒等超敏反应以及夜间磨牙、惊厥等神经系统症状。

（3）引起各种并发症：因成虫有窜扰、钻孔、抱团习性，故易导致胆道蛔虫症、阑尾炎、胰腺炎、肠梗阻等，其中以胆道蛔虫症最为常见。

（四）实验室诊断

用粪便直接涂片法检查虫卵可取得较好的效果。采用饱和盐水漂浮法或自然沉淀法的检出率更高。对粪便中查不到虫卵的疑似患者，可参考临床症状，试用药物性驱虫进行诊断。

（五）流行

我国蛔虫的感染率较高，农村高于城市，儿童多于成人。造成人群感染普遍的主要原因在于：①蛔虫的生活史简单；②蛔虫产卵量大及虫卵对外界因素的抵抗力强；③不良的生产方式，如使用未经无害化处理的人粪施肥；不良的生活习惯，如随地大便使蛔虫卵污染环境；④饭前便后不洗手，生吃不洁的瓜果、蔬菜和食物等，易造成人群感染。

（六）防治原则

蛔虫病的防治原则采用综合性措施：

1. 对患者、带虫者进行驱虫治疗是控制传染源的重要措施。常用驱虫药有阿苯达唑、甲苯咪唑。

2. 加强粪便管理和粪便无害化处理、消灭苍蝇等是切断传播途径不可忽略的措施。

3. 加强健康教育，注意饮食卫生，纠正不良的生活习惯，防止食入感染期虫卵，减少感染机会，是保护易感人群的重要环节。

二、十二指肠钩口线虫和美洲板口线虫

十二指肠钩口线虫简称十二指肠钩虫，美洲板口线虫简称美洲钩虫。成虫均寄生在人体小肠，引起钩虫病。

（一）形态

1. 成虫　虫体细长略弯曲，长约 1cm。活时呈肉红色，死后呈灰白色。雌虫大于雄虫，雌虫尾部尖直，雄虫尾部膨大呈伞状。十二指肠钩虫外形呈“C”形，口囊有 2 对钩齿。美洲钩虫外形呈“S”形，口囊有 1 对板齿。

2. 虫卵　两种钩虫的虫卵形态相似，均为椭圆形，大小为 $(56\sim76)\mu m\times(36\sim40)\mu m$，卵壳薄，无色透明，卵内细胞多为 4～8 个，卵壳与卵细胞之间有明显的环形空隙（图 34－2，彩图 34）。

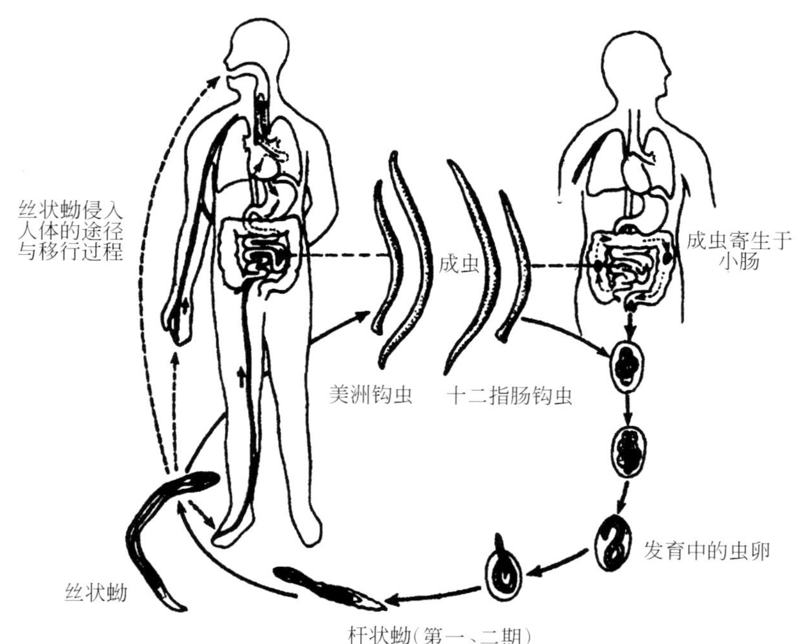

图 34－2　钩虫生活史

（二）生活史

两种钩虫生活史基本相同。成虫寄生于人体小肠，借助口囊的钩齿或板齿咬附在肠黏膜上，以血液、组织液、肠黏膜为食，雌雄虫交配后产卵，虫卵随粪便排出体外，在荫蔽、温暖、潮湿、氧气充足的土壤中，约经 3 天发育为杆状蚴，再 1 周蜕皮后成为丝状蚴（感染阶段）。

丝状蚴有明显的向温、向湿及向上移行的特性，当与人接触时，从皮肤薄嫩处钻入皮下。幼虫进入皮下小血管或淋巴管，随血流经右心至肺、支气管、气管，后移行至咽，再随吞咽至食管，经胃到达小肠发育为成虫并定居。自丝状蚴钻入人体到发育至成虫，一般需 5～7周，寿命可达 7～15 年（图 34－2）。

（三）致病性

1. 幼虫的致病性

（1）钩蚴性皮炎：钻入处的局部皮肤有灼热、针刺、奇痒的感觉，继而可见充血斑点或丘疹，1～2d 内出现红肿、水疱，俗称“粪毒”，若继发细菌感染则形成脓疱。多见于与土壤接触的足趾、足背、手背、指（趾）间的皮肤。

（2）钩蚴性肺炎：患者出现咳嗽、血痰、发热等全身症状，重者可出现咯血、哮喘。

2. 成虫的致病性

（1）钩虫病：钩虫成虫主要是以血液为食，吸血时分泌抗凝素，使咬伤部位黏膜伤口不易凝血而不断渗血，且喜欢不断变换吸血部位，可导致人体长期慢性失血，铁和蛋白质不断丢失，出现缺铁性贫血。患者表现为皮肤蜡黄、黏膜苍白、眩晕、乏力，严重时会引起心慌、气促，部分患者可出现全身水肿、心包积液等贫血性心脏病的表现。

（2）消化道症状：腹部不适及隐痛、恶心、呕吐、腹泻等症状，食欲增加而体重减轻。

（3）其他症状：少数患者出现喜食生米、生豆、泥土、破布等异嗜症状，称为“异嗜症”；妇女可引起停经、流产等。

（四）实验室诊断

取粪便检查虫卵，常用直接涂片法和饱和盐水漂浮法。

（五）流行

带虫者和钩虫病患者是本病的传染源。钩虫病的流行与自然环境、种植作物、生产方式及生活条件等因素有密切关系。

（六）防治原则

钩虫病的防治原则应采用综合性措施：

1. 在流行区进行普查普治是预防、控制钩虫病流行的重要措施。治疗的常用药物有阿苯达唑和甲苯咪唑等。

2. 加强粪便管理，使用无害化粪便施肥。

3. 开展健康教育，加强个人防护，改良耕作方法，减少皮肤接触疫土的机会。

三、蠕形住肠线虫

蠕形住肠线虫简称蛲虫，成虫寄生于人体的回盲部，引起蛲虫病。

（一）形态

1. 成虫　虫体细小，乳白色，线头状。雌虫长 8～13mm，尾部长而尖细，呈纺锤形。雄虫长 2～5mm，虫体尾部向腹面卷曲（图 34－3）。

2. 虫卵　两侧不对称，一侧较平，一侧略凸，形似柿核。大小为（50～60）μm×（20～30）μm。卵壳厚，无色透明。卵内为卷曲的幼虫（图 34-3，彩图 34）。

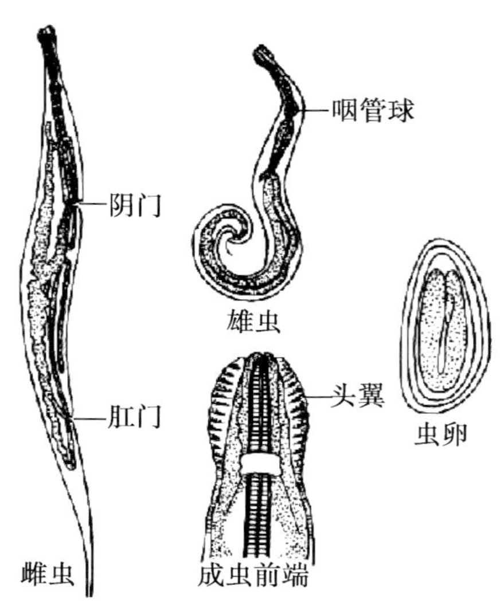

图 34-3　蛲虫的成虫与虫卵

（二）生活史

成虫寄生于人体的盲肠、结肠等处，以肠内容物、组织或血液为食。雌、雄虫交配后，雄虫很快死亡并被排出，子宫内充满虫卵的雌虫脱离肠壁，移行至直肠，当宿主睡眠时，可自肛门爬出体外。受体外温度及湿度变化和氧气刺激，在肛门周围大量产卵。雌虫产卵后多干枯死亡，少数可经肛门返回肠腔，或进入阴道、尿道等处，引起异位寄生。

虫卵在肛门附近，约经 6 小时卵内幼虫发育成熟，即为感染期卵（感染阶段）。此期虫卵经口或随空气吸入等方式被人吞食后，在十二指肠内孵出幼虫，后发育为成虫。自吞食感染期卵至虫体发育成熟产卵，约需 1 个月，雌虫的寿命一般为 2～4 周。

（三）致病性

由于蛲虫在肛门周围爬行、产卵，刺激肛门及会阴部皮肤，引起皮肤瘙痒，抓破后可引起继发感染。患者常有烦躁不安、失眠、夜间磨牙、食欲减退等症状。如钻入尿道、阴道、子宫、输卵管等处异位寄生，可形成以虫体或虫卵为中心的肉芽肿病变，引起相应部位的炎症。

（四）实验室诊断

透明胶纸法、棉签拭子法在肛周取材查虫卵，操作简便，检出率高，是目前最常用的检查方法，一般在清晨排便之前进行。如在粪便中或夜间在患者肛门周围检获成虫，也可确诊。

（五）流行

蛲虫感染遍及全世界，我国人群感染也较普遍，尤其是幼儿园等集体生活的儿童感染率更高。

（六）防治原则

1. 对托儿所、幼儿园儿童应定期普查普治，常用驱虫药物有阿苯达唑或甲苯咪唑。

2. 加强健康教育，注意公共卫生与个人卫生，养成饭前便后洗手，不吸吮手指，勤剪指甲的良好卫生习惯。此外，定期清洗玩具，不穿开裆裤也是防止蛲虫感染的重要措施。

四、旋毛形线虫

旋毛形线虫简称旋毛虫，引起旋毛虫病。

（一）形态

成虫微小，线状，虫体后端稍粗。雄虫大小为（1.4～1.6）mm×（0.04～0.05）mm；雌虫为（3～4）mm×0.06mm（图 34－4）。

幼虫囊包寄生于宿主的横纹肌内，呈梭形，其纵轴与肌纤维平行，大小为（0.25～0.5）mm×（0.21～0.42）mm。一个囊包内通常含 1～2 条卷曲的幼虫，个别可达 6～7 条（图 34－4）。

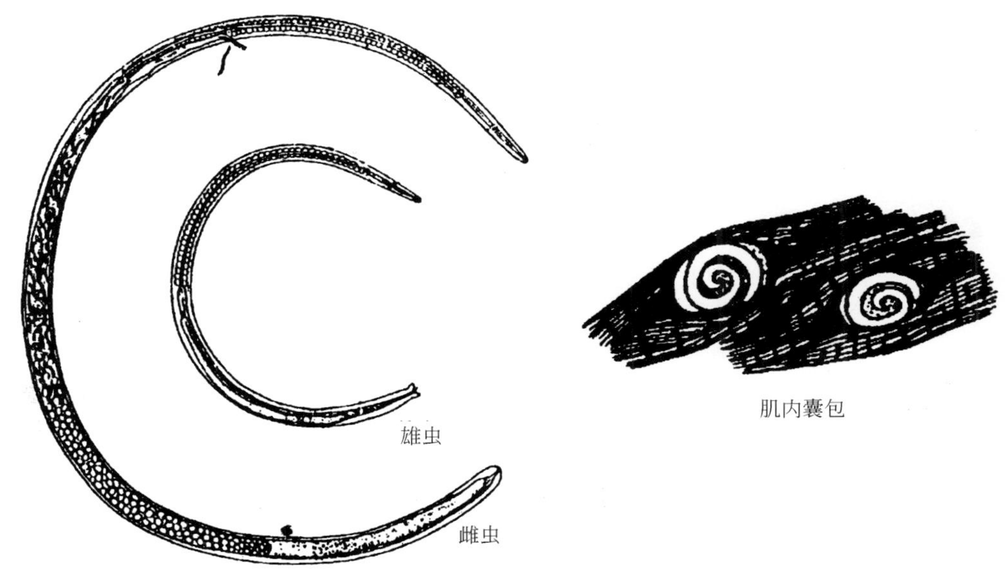

图 34－4　旋毛虫成虫和囊包

（二）生活史

成虫寄生于小肠，主要在十二指肠和空肠上段；幼虫则寄生在横纹肌细胞内。旋毛虫完成生活史必须要更换宿主。当人或动物（猪、犬、猫等哺乳动物）食入了含活旋毛虫幼虫囊包的肉类后，幼虫在十二指肠及空肠上段自囊包中逸出，并钻入肠黏膜内，经一段时间的发育再返回肠腔，发育为成虫。成虫一般可存活 1～2 个月，有的可活 3～4 个月（图 34－5）。

雌、雄虫交配后，雄虫很快死亡，雌虫产出幼虫。幼虫侵入局部淋巴管或静脉后随淋巴和血循环到达宿主横纹肌继续发育。在幼虫周围形成纤维性囊包，对新宿主具有感染力。如无进入新宿主的机会，半年后即自囊包两端开始出现钙化现象，幼虫逐渐失去活力、死亡，直至整个囊包钙化。

（三）致病性

旋毛虫的致病过程分为三期：①侵入期，此期亦称为肠型期。导致十二指肠炎、空肠炎。患者可有恶心、呕吐、腹痛、腹泻等消化道等症状，极易误诊。②幼虫移行、寄生期，此期亦称为肌型期。患者突出而最多发的症状为全身肌肉酸痛、压痛，尤以腓肠肌、肱二头肌、肱三头肌疼痛明显。部分患者可出现咀嚼、吞咽或发声障碍。急性期病变发展较快，严重感染的患者，可因广泛性心肌炎，导致心力衰竭，以及毒血症和呼吸系统伴发感染而死亡。③囊包形成期，囊包的形成是由于幼虫的刺激，导致宿主肌组织由损伤到修复的结果。患者的全身症状日渐减轻，但肌痛仍可持续数月。

旋毛虫的寄生可以诱发宿主产生保护性免疫力，尤其对再感染有显著的抵抗力。

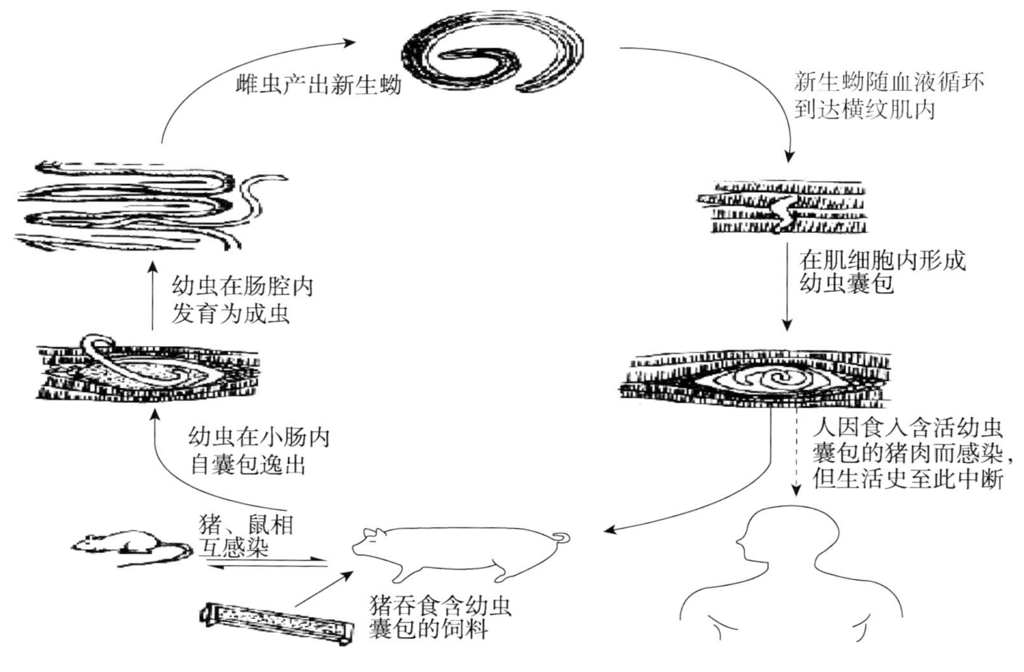

图 34－5 旋毛虫生活史

（四）实验诊断

1. 病原学诊断　常采用活检法，自患者腓肠肌或肱二头肌取样，经压片或切片镜检有无幼虫及囊包。

2. 免疫诊断　旋毛虫具有较强的免疫原性，因此免疫学诊断有较大意义。一般多用幼虫制备抗原。

（五）流行

旋毛虫病呈世界性分布。生食或半生食受染的猪肉是人群感染旋毛虫的主要方式，占患者数的 90％以上。在我国的一些地区，居民有食“杀片”、“生皮”、“剁生”的习俗，易引起本病的暴发流行。此外，生熟食物合用刀及砧板也可使人感染，成为传播因素。

（六）防治原则

加强卫生教育，改变食肉的方式，不吃生的或未熟透的猪肉及野生动物肉是预防本病的关键。积极治疗患者，常用药物有阿苯达唑、甲苯咪唑等。

五、毛首鞭形线虫

毛首鞭形线虫简称鞭虫，成虫主要寄生于盲肠，引起鞭虫病。

成虫形似马鞭，前细后粗。雌虫长 35～50mm，尾端钝圆。雄虫长 30～45mm，尾部向腹面呈环状卷曲（图 34-6）。

虫卵呈纺锤形，大小为（50～54）μm×（22～23）μm，黄褐色。卵壳较厚，两端各有一透明盖塞，内含一个未分裂的卵细胞（图 34-6）。

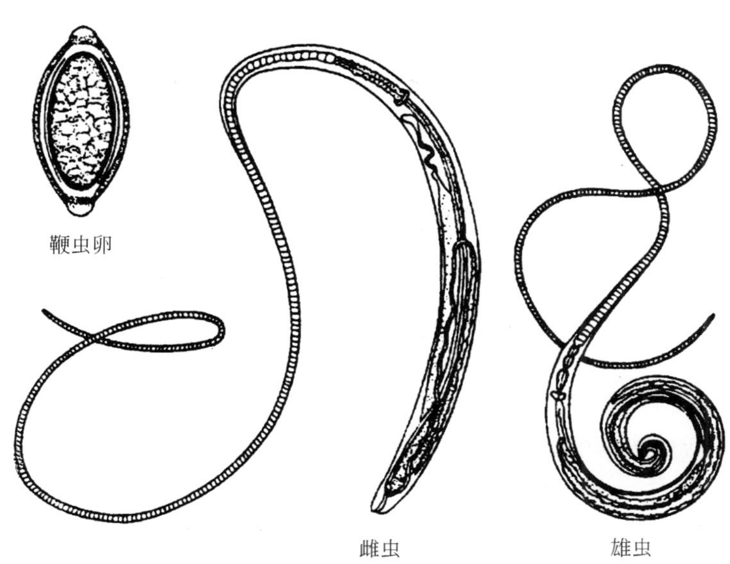

图 34-6 鞭虫的成虫和虫卵

成虫主要寄生于盲肠，亦可寄生于结肠、直肠，甚至回肠下段。虫体前端钻入肠壁，以血液和组织液为营养。雌虫产卵后虫卵随粪便排出体外，在适宜条件下，发育为感染期虫卵。人食入被感染期虫卵污染的食物或饮水而感染。幼虫在盲肠发育为成虫，成虫的寿命一般为 3～5 年。

由于鞭虫感染所致营养不良和损伤肠黏膜渗血，长期、重度感染可引起低色素性贫血。轻度感染多无明显症状；严重感染者可引起腹痛、腹泻、消瘦、贫血等。儿童重度感染可导致直肠脱垂。

六、丝虫

丝虫是一类由吸血节肢动物传播的寄生性线虫。在我国流行的丝虫有班氏吴策线虫（班氏丝虫）和马来布鲁线虫（马来丝虫）两种。成虫寄生于淋巴系统，引起丝虫病。

（一）形态

1. 成虫 两种丝虫成虫形态相似。乳白色，细丝状，体表光滑，体长不到 1cm。因成虫寄生于淋巴系统中，一般不容易见到。

2. 微丝蚴 丝虫成虫产出的幼虫称微丝蚴。虫体细长，头端钝圆，尾端尖细。活时呈蛇样运动。两种微丝蚴形态存在一定的差异（图 34-7）。

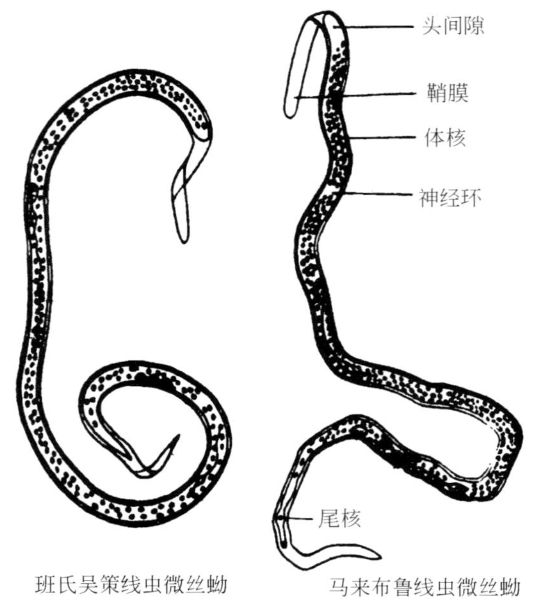

图 34－7　班氏吴策线虫微丝蚴和马来布鲁线虫微丝蚴

（二）生活史

两种丝虫的生活史基本相同，其过程包括在蚊体内的发育和在人体内的发育。

1. 在蚊体内的发育　当雌蚊叮吸血内有微丝蚴的感染者时，微丝蚴随血液进入蚊体内，经腊肠蚴发育为丝状蚴（感染期幼虫）。丝状蚴通过蚊叮咬人而进入人体。

2. 在人体内的发育　丝状蚴侵入人体后，进入淋巴管或淋巴结内寄生并发育为成虫。雌虫产出的微丝蚴随淋巴液进入血液循环，并定期出现于外周血液中。微丝蚴在人体内的寿命为 2～3 个月，成虫的寿命则可达数十年。

微丝蚴白天滞留在肺血管内，夜间出现在外周血液中，这种现象称为微丝蚴的夜现周期性。两种微丝蚴出现于外周血液中的高峰时间略有不同，班氏丝虫微丝蚴为晚上 10 时至次晨 2 时，马来丝虫微丝蚴为晚上 8 时至次晨 4 时。

（三）致病性

丝虫病的发病过程可分为两期：

1. 急性期过敏和炎症反应　临床表现为周期性发作的淋巴管炎、淋巴结炎、丹毒样皮炎。发作时肢体皮肤表面可见离心性红线，俗称“流火”。患者还可出现畏寒、发热等全身症状，称丝虫热。

2. 慢性期阻塞性病变　由于淋巴管的部分或完全阻塞引起淋巴管曲张甚至破裂，淋巴液进入周围组织，引起睾丸鞘膜积液、乳糜尿、乳糜腹水等。淤积的淋巴液可刺激局部纤维组织增生，引起局部皮肤增厚、变粗、变硬，外观形似象的皮肤，故称“象皮肿”，是丝虫病晚期多见的体征，较多发生于下肢和阴囊。

（四）实验诊断

丝虫病的诊断包括病原学检查和免疫学检查。

1. 病原学检查　样本可来自外周血液、乳糜尿、体液等。

血液查微丝蚴时，由于微丝蚴有夜现周期性，采血时间以晚上 9 时至次晨 2 时为宜。方法有厚血膜法、离心沉淀浓集法、薄膜过滤浓集法等。

2. 免疫学检查　主要有间接荧光抗体试验和酶联免疫吸附试验。

（五）流行

丝虫主要流行于热带和亚热带，至2006年，我国17个丝虫病流行省（市、区）已全部达到了基本消灭丝虫病的标准。影响丝虫病流行的自然因素主要为温度、湿度、雨量及地理环境等。

（六）防治原则

1. 普查普治　治疗的药物以乙胺嗪（海群生）为主。

2. 防蚊、灭蚊。

第二节　吸虫纲

大多数的吸虫成虫外观呈叶状或长舌状，两侧对称，背腹扁平，两侧对称。具口吸盘与腹吸盘，消化系统不完整，生殖系统复杂（除血吸虫外均为雌雄同体）。

一、华支睾吸虫

案例

患者张某，广东人，因上腹不适、腹痛、腹泻入院。患者自述有多年进食“鱼生”、“虾生”史。查体见肝、脾大。经粪便检查查出华支睾吸虫虫卵。

讨论：1. 此人最有可能患什么疾病？

2. 该疾病与其饮食习惯有关吗？

华支睾吸虫又称肝吸虫。其成虫寄生于肝胆管内，可引起华支睾吸虫病，又称肝吸虫病。

（一）形态

1. 成虫　体形狭长，背腹扁平，前端尖细，后端略钝，葵花子仁状。虫体大小一般为（10～25）mm×（3～5）mm。口吸盘略大于腹吸盘，后者位于虫体前端1/5处。消化道的前部有口、咽及短的食道，然后分叉为两肠支伸至虫体后端。睾丸前后排列于虫体后端1/3处，呈分支状。卵巢边缘分叶，呈椭圆形。子宫开口于腹吸盘前缘的生殖腔（图34－8）。

2. 虫卵　呈黄褐色，平均大小为$29\mu m \times 17\mu m$，为寄生于人体的蠕虫中最小的虫卵。形状似芝麻，一端较窄且有盖，盖周围的卵壳增厚，形成肩峰；另一端有小疣状突起。卵内有成熟的毛蚴（图34－8，彩图34）。

（二）生活史

成虫寄生于人或哺乳动物的胆管内。虫卵随胆汁进入肠道随粪便排出，进入水中被第一中间宿主淡水螺（豆螺和沼螺）吞食后，在螺体消化道孵出毛蚴，经过胞蚴、雷蚴和尾蚴三个阶段。成熟的尾蚴从螺体逸出后，遇到第二中间宿主淡水鱼（鲩鱼、鲮鱼、鲤鱼等）及淡水虾类，侵入鱼、虾体内发育为囊蚴。终宿主因食入含有囊蚴的鱼、虾而被感染。囊蚴在十二指肠内脱囊后，移行至肝胆管，也可经血管或穿过肠壁经腹腔进入肝胆管内定居，通常在感染后 1 个月左右发育为成虫（图 34－9）。成虫在人体内的寿命有的可长达 20～30 年。

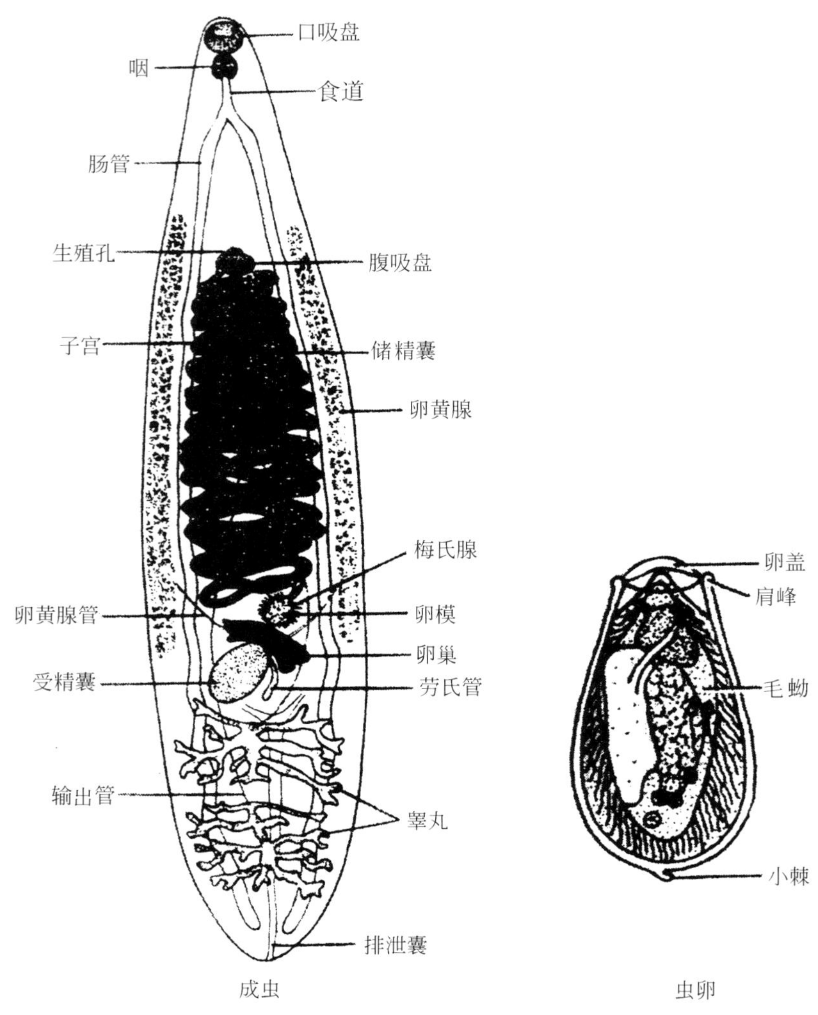

图 34－8 华支睾吸虫成虫和虫卵

（三）致病性

肝吸虫轻度感染或感染的初期病变并不明显。由于成虫的分泌物、代谢产物的刺激和虫体阻塞肝胆管，重度感染者胆管出现局限性的扩张，管壁增厚，导致阻塞性黄疸、胆管炎、胆石症，儿童可致发育障碍。晚期患者常出现肝硬化，甚至肝癌。临床症状以疲乏、上腹不适、消化不良、腹痛、腹泻、肝区隐痛、头晕等较为常见，但许多感染者并无明显症状。

（四）实验诊断

1. 病原学检查　检获虫卵是确诊的主要依据。多采用各种集卵法和十二指肠引流胆汁进行离心沉淀检查。

2. 免疫诊断　常用皮内试验、酶联免疫吸附试验。

（五）流行

华支睾吸虫人体感染主要分布于东南亚，我国已有 24 个省、市、自治区有不同程度流

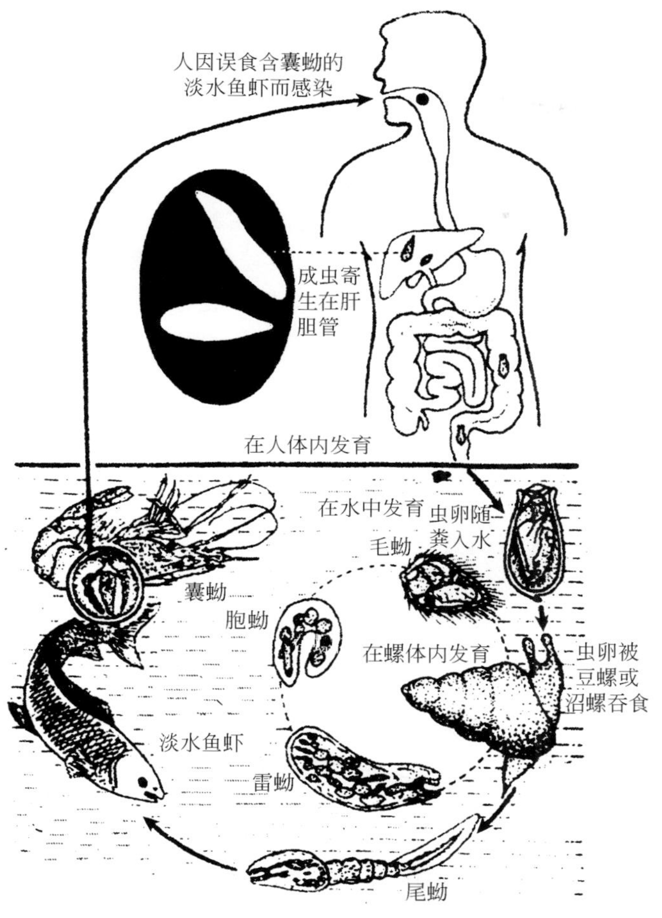

图 34－9　华支睾吸虫生活史

行。广东省为肝吸虫病的高发地区，人群感染率在 1%～30%之间。2002—2003 年普查数据显示，广东省有 12 个县市（广州、顺德、中山、江门等）为高度流行区（感染率达 20%以上）。

华支睾吸虫病的流行关键因素是当地人群有吃生的或未煮熟的鱼肉的习惯。如在广东主要通过吃“鱼生”、“鱼生粥”或烫鱼片而感染，生熟食物合用刀及砧板也可使人感染。

（六）防治原则

大力做好卫生宣传教育，不吃生的或不熟的鱼虾。注意分开使用切生、熟食物的菜刀、砧板及器皿。不用生鱼喂猫、犬。积极治疗患者和感染者，吡喹酮为首选治疗药物。合理处理粪便，改变养鱼的习惯。上述都是预防华支睾吸虫病传播的重要措施。

二、布氏姜片吸虫

布氏姜片吸虫简称姜片虫，是寄生于人或猪的小肠中的一种大型吸虫，引起姜片虫病。

（一）形态

1. 成虫　椭圆形、肥厚，新鲜虫体呈肉红色，背腹扁平，形似姜片；长 20～75mm，宽 8～20mm，厚 0.5～3mm，为人体中最大的吸虫。口吸盘较小，腹吸盘靠近口吸盘后方，漏斗状，较大。姜片虫有两个睾丸，呈分支状排列；子宫盘曲在卵巢和腹吸盘之间（图 34－10）。

2. 虫卵　呈椭圆形，大小为（130～140）μm×（80～85）μm，为寄生于人体的蠕虫中最大的虫卵。淡黄色，卵壳薄，一端有不明显的卵盖。卵内含卵细胞一个，其余为卵黄细胞（图 34－10，彩图 34）。

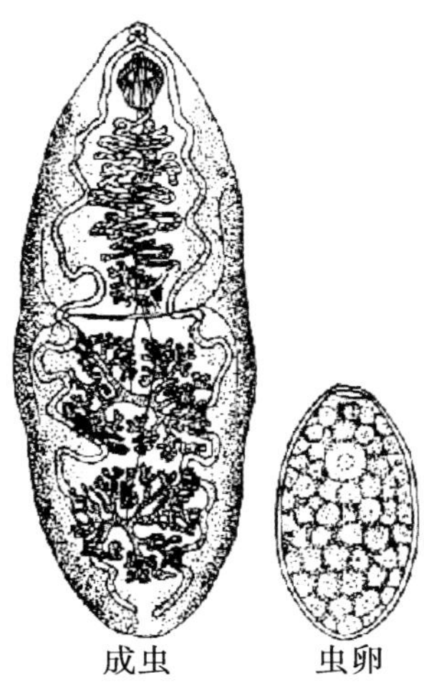

图 34－10　布氏姜片吸虫（成虫、虫卵）

（二）生活史

成虫寄生在小肠，虫卵随粪便排出，入水后在适宜温度发育成熟，孵出毛蚴。毛蚴侵入扁卷螺，经胞蚴、母雷蚴、子雷蚴后发育成尾蚴。尾蚴从螺体逸出，在水生植物（菱角、荸荠、茭白、水菜等）表面形成囊蚴。终宿主食入囊蚴后，在小肠内发育成为成虫，成虫寿命可达 4 年（图 34－11）。

（三）致病性

多表现为消化道症状。患者常出现腹痛和腹泻，营养不良，消化功能紊乱，还可有腹泻与便秘交替出现，甚至肠梗阻。严重感染的儿童可有消瘦、贫血、水肿、智力减退、发育障碍等。少数重度感染者可因衰竭、虚脱而致死。

（四）实验诊断

粪便检查检获虫卵是确诊姜片吸虫感染的依据。各种虫卵浓缩法可提高检出率。

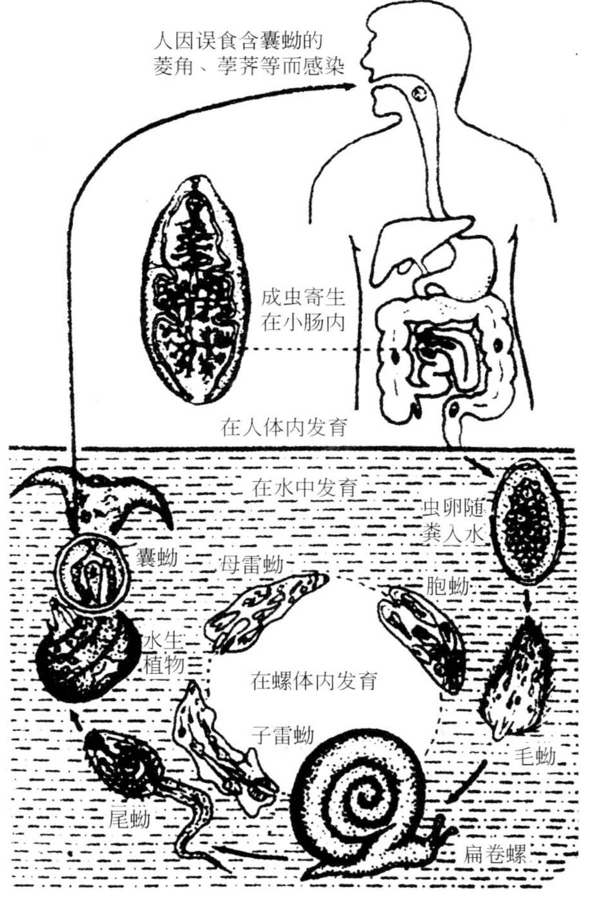

图 34－11　布氏姜片虫生活史

（五）流行

本病主要流行于东南亚，在我国包括广东省在内的19个省、自治区有报道。该病的流行决定于流行区存在传染源、植物与媒介，尤其是居民有生食水生植物的习惯。

（六）防治原则

加强粪便管理，防止人、猪粪便通过各种途径污染水体；大力开展卫生宣教，勿生食未经刷洗及沸水烫过的水生植物；在流行区开展人和猪的姜片虫病普查普治工作，吡喹酮是首选治疗药物；选择适宜的杀灭扁卷螺的措施。

三、卫氏并殖吸虫

卫氏并殖吸虫是人体并殖吸虫的重要虫种之一，引起肺型并殖吸虫病（肺吸虫病）。

（一）形态

1. 成虫　虫体肥厚，背侧略隆起，腹面扁平。活体呈红褐色，半透明。死后呈砖灰色，似半粒黄豆。呈椭圆形，体长7.5～12mm，宽4～6mm，厚3.5～5.0mm。口、腹吸盘大小略同。卵巢与子宫并列于腹吸盘之后，卵巢分叶，形如指状。睾丸分支，左右并列约在虫体后端1/3处（图34－12）。

2. 虫卵　金黄色，椭圆形，大小为（80～118）μm×（48～60）μm。卵盖大，常略倾斜，但也有缺盖者。卵细胞常位于正中央，另有10多个卵黄细胞。（图34－12，彩图34）。

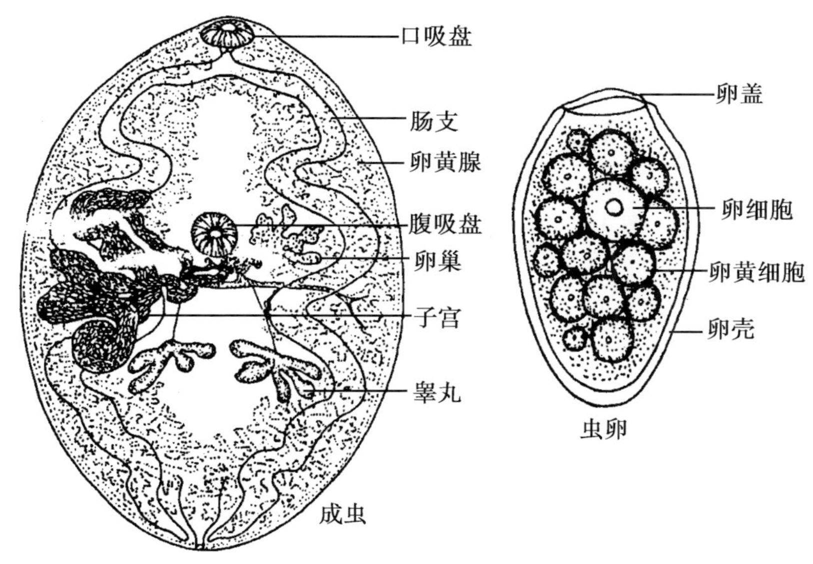

图34－12　卫氏并殖吸虫成虫和虫卵

（二）生活史

成虫主要寄生于人和食肉性哺乳动物（犬、猫、虎等）的肺，虫卵经气管随痰或吞入后随粪便排出。卵入水后，在适宜条件下发育成熟并孵出毛蚴。毛蚴侵入川卷螺，经过胞蚴、母雷蚴、子雷蚴的发育和无性增殖阶段，最后形成尾蚴。尾蚴从螺体逸出后，侵入淡水蟹或蝲蛄，在蟹和蝲蛄体内形成囊蚴。人吃了含有囊蚴的淡水蟹或蝲蛄而感染。也可因饮用带有囊蚴的生水而感染。

在小肠内，囊蚴幼虫脱囊而出。童虫穿过肠壁进入腹腔，穿过膈经胸腔进入肺。最后在肺中形成虫囊。有些童虫亦可侵入其他器官（图 34－13）。

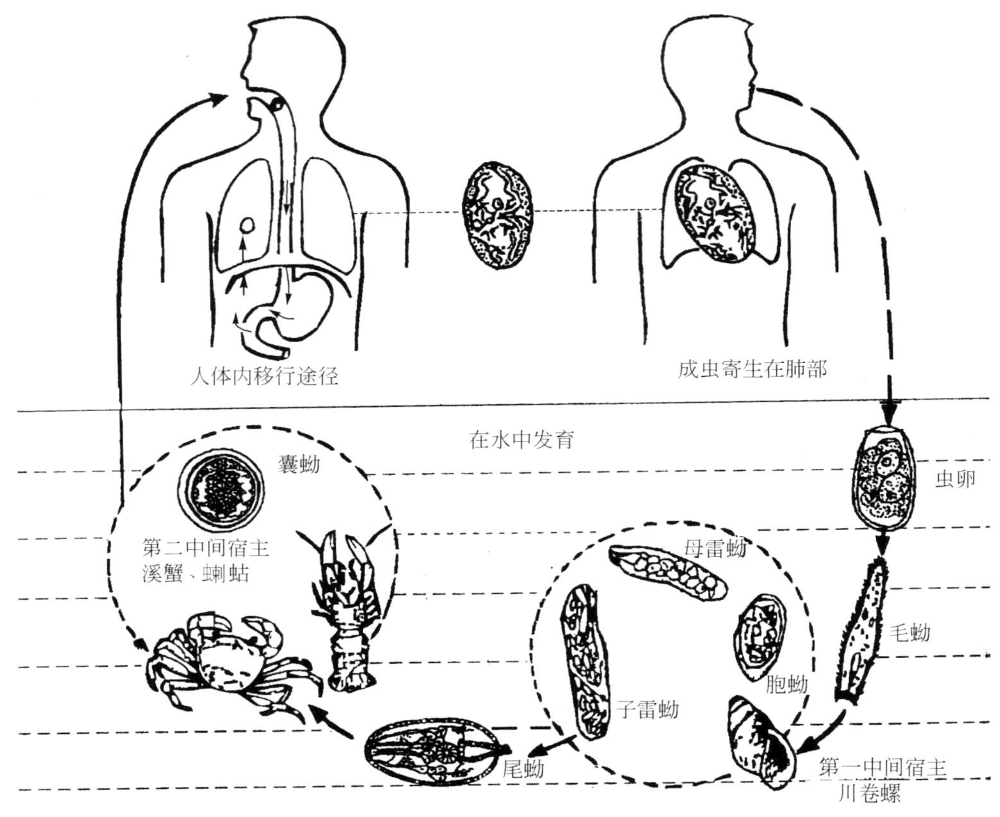

图 34－13 卫氏并殖吸虫生活史

（三）致病性

引起肺吸虫病。根据病变过程可分为急性期及慢性期。

1. 急性期 主要由童虫移行、游窜引起。囊蚴脱囊后，童虫穿过肠壁、肝分别引起肠壁出血、肝的出血和坏死。全身症状可轻可重，重者发病急，毒性症状明显，如高热、腹痛、腹泻等。

2. 慢性期 童虫进入肺后引起的病变大致可分为脓肿期、囊肿期和纤维瘢痕期。

肺吸虫病常累及多个器官，临床上可分为胸肺型、脑型、肝型、皮肤型等。以胸肺型为主，患者以咳嗽、胸痛、痰中带血或咳铁锈色痰为主要症状。

（四）实验诊断

1. 病原学诊断 ①痰或粪便虫卵检查：查获并殖吸虫虫卵可确诊。②活检：皮下包块或结节手术摘除可能发现童虫或典型的病理变化。

2. 免疫试验 皮内试验和酶联免疫吸附试验（ELISA）。

（五）流行

卫氏并殖吸虫广泛分布于包括广东在内的 23 个省、市、自治区。疫区有生吃或半生吃溪蟹、蝲蛄的习惯。某些地区采用腌、醉、烤、煮等方式吃溪蟹，有感染的机会。东北地区的蝲蛄豆腐及蝲蛄酱中含有大量活囊蚴，危险性大。此外，食具污染了活囊蚴，中间宿主死亡，囊蚴脱落水中污染水源也有可能导致感染。

（六）防治原则

宣传教育是预防本病最重要的措施，不生吃溪蟹和蝲蛄，不饮用生水。常用治疗药物有硫氯酚和吡喹酮。

四、日本裂体吸虫

又称日本血吸虫，成虫寄生于人体的门脉系统，引起血吸虫病，是新中国成立初期的五大寄生虫病之一。

（一）形态

1. 成虫　雌雄异体。雄虫乳白色，长 12～20mm，前端有口吸盘和腹吸盘，腹吸盘以下，虫体向两侧延展，并略向腹面卷曲，形成抱雌沟。雌虫前细后粗，形似线虫，体长20～25mm，腹吸盘大于口吸盘，由于肠管充满消化或半消化的血液，故雌虫呈黑褐色，常居留于抱雌沟内，与雄虫合抱（图 34－14）。

2. 虫卵　成熟虫卵大小平均 89μm×67μm，椭圆形，淡黄色，卵壳厚薄均匀，无卵盖，卵壳一侧有一小刺，成熟虫卵内含有一毛蚴（彩图 34）。

3. 毛蚴　呈梨形或长椭圆形，平均大小为 99μm×35μm，周身被有纤毛，是其活动的器官。

4. 尾蚴　血吸虫尾蚴属叉尾型，由体部及尾部组成，尾部又分尾干和尾叉，尾叉长度约等于尾干的 1/2。

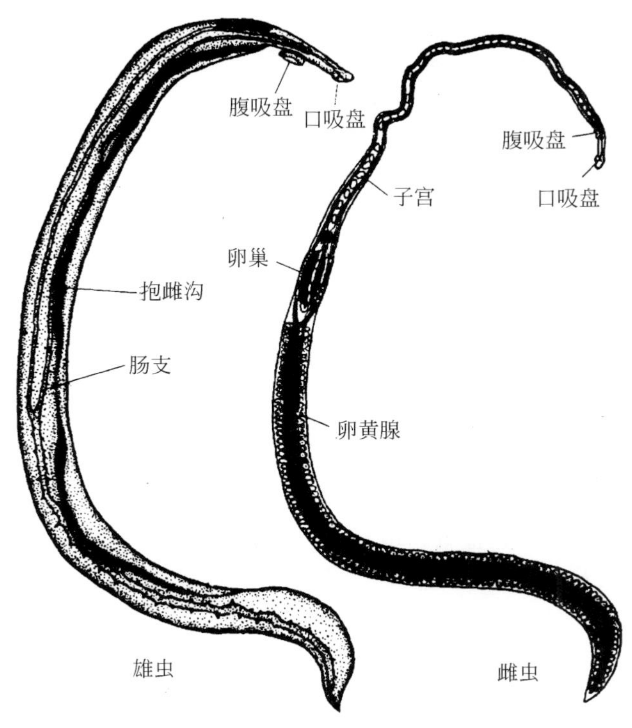

图 34－14　日本血吸虫成虫

（二）生活史

成虫寄生于人及多种哺乳动物（牛、猪等）的门脉-肠系膜静脉系统。雌虫产卵于静脉末梢内，虫卵主要分布于肝及结肠。虫卵随粪便排出体外，在适宜条件下，卵内毛蚴孵出。毛蚴入水后，侵入钉螺体并逐渐发育成母胞蚴、子胞蚴、尾蚴。逸出的属蚴分布在水的表层，当人和动物接触“疫水”时，尾蚴经皮肤钻入，发育为童虫。童虫入血后经右心、肺、左心并流入肝内门脉系统分支，成熟后移行至门脉-肠系膜静脉寄居，逐渐发育成熟交配产卵。自尾蚴侵入人体到发育为成虫约需 24 天，成虫的寿命一般为 4.5 年，个别可达 20～30 年（图 34－15）。

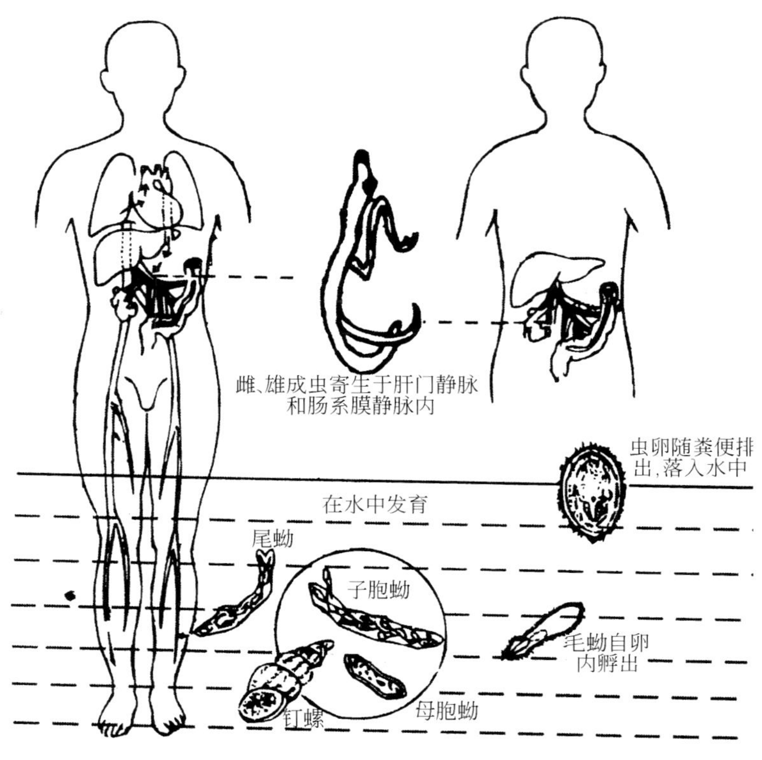

图 34－15　日本血吸虫生活史

（三）致病性

1. 尾蚴及童虫　尾蚴穿过皮肤可引起皮炎，局部出现丘疹和瘙痒，是一种速发型和迟发型变态反应。

2. 成虫　成虫一般无明显致病作用，少数可引起轻微的机械性损害，如静脉内膜炎等。但形成的免疫复合物沉积后引起Ⅲ型超敏反应，导致血管炎。

3. 虫卵　是血吸虫病的主要致病阶段。虫卵主要是沉着在宿主的肝及结肠肠壁等组织，通过Ⅳ型超敏反应引起的肉芽肿和纤维化，是血吸虫病的主要病变。

日本血吸虫病可分为急性、慢性和晚期三期。急性期患者除尾蚴性皮炎外，还可伴有发热、腹痛、腹泻、肝脾大及嗜酸性粒细胞增多等症状。慢性血吸虫患者无明显症状和不适，也可出现腹泻、黏液脓血便、肝脾大、贫血和消瘦等症状。晚期血吸虫病表现为肝硬化，出现门脉高压症，如巨脾、腹水等。

（四）实验诊断

1. 病原学诊断 从粪便内检查虫卵或孵化毛蚴以及直肠黏膜活体组织检查虫卵。

2. 免疫诊断 常用皮内试验和酶联免疫吸附试验（ELISA）。

（五）流行

血吸虫病在我国主要分布在长江流域及其以南的 12 个省、市自治区，新中国成立前对人民的危害十分严重。六十多年来，党和政府多次组织大规模的防治和研究工作，取得举世瞩目的成就，截至 1991 年底，广东省已经达到消灭血吸虫病的标准。

（六）防治原则

查治患者、病牛、消灭传染源；控制和消灭钉螺；加强粪便管理，搞好个人防护结合农村爱国卫生运动，管好人、畜粪便，防止污染水体。

第三节 绦虫纲

成虫背腹扁平，带状，分节，无消化系统，雌雄同体，成虫常寄生于脊椎动物的消化道，引起绦虫病。

一、链状带绦虫

链状带绦虫，又称猪带绦虫、猪肉绦虫或有钩绦虫。成虫寄生于人体小肠内，引起猪带绦虫病。幼虫寄生于人或猪的肌肉及组织内，引起猪囊尾蚴病。

（一）形态

1. 成虫 虫体扁平，带状，乳白色，长 2～4m。虫体由 700～1000 个节片组成，包括头节、颈部和链体。头节近似球形，除有 4 个吸盘外，顶端上还具顶突，其上排列两圈小钩。颈部纤细，位于头节之后，与头节无明显界线，颈部具有生发功能。链体依次分为幼节、成节和孕节。幼节内部生殖器官未发育成熟。成节内均有发育成熟的雌、雄生殖器官各一套。孕节内仅有充满虫卵的子宫（图 34－16）。

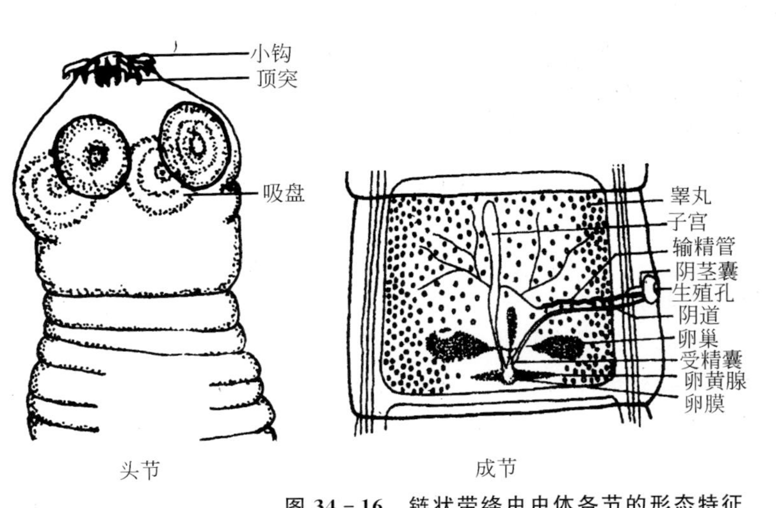

图 34－16 链状带绦虫虫体各节的形态特征

2. 虫卵　卵壳薄而透明，极易脱落。卵壳内为胚膜，球形，直径 31～43μm，胚膜棕黄色，其上有放射状条纹，内含一个球形的六钩蚴（图 34－17）。

3. 囊尾蚴　亦称囊虫，大小似黄豆，为乳白色半透明的囊状物，囊内充满透明液体，其构造与成虫头节相似（图 34－17）。

（二）生活史

成虫寄生于人体的小肠，头节固着于小肠壁上，孕节及其释放的虫卵随粪便排出体外。

虫卵被中间宿主猪吞食后，在小肠内孵出六钩蚴后入血，随血流到达宿主全身各部，尤以运动较多的肌肉，约经 60～70 天发育为猪囊尾蚴（感染阶段）。含有猪囊尾蚴的猪肉俗称“米猪肉”或“豆猪肉”。

人因误食含有活囊尾蚴的猪肉而感染。囊尾蚴在小肠内头节翻出，用吸盘和小钩附着在肠壁上，约经 2～3 个月发育为成虫并排出孕节和虫卵。成虫寿命可长达 25 年之久。

人也可作为中间宿主被囊尾蚴寄生，引起囊尾蚴病。感染阶段是虫卵。人体感染（囊尾蚴病）方式有三种：①异体感染：误食他人随粪便排出的虫卵污染的食物、水等而感染；②自体外感染：患者（终宿主）误食自己排出的虫卵而引起的再感染；③自体内感染：患者消化道内成虫脱落的孕节或卵，因恶心、呕吐等肠逆蠕动反流至胃、十二指肠处，卵内六钩蚴孵出而造成感染。囊尾蚴在人体内的寿命一般为 3～5 年，少数可达 15～17 年（图 34－17）。

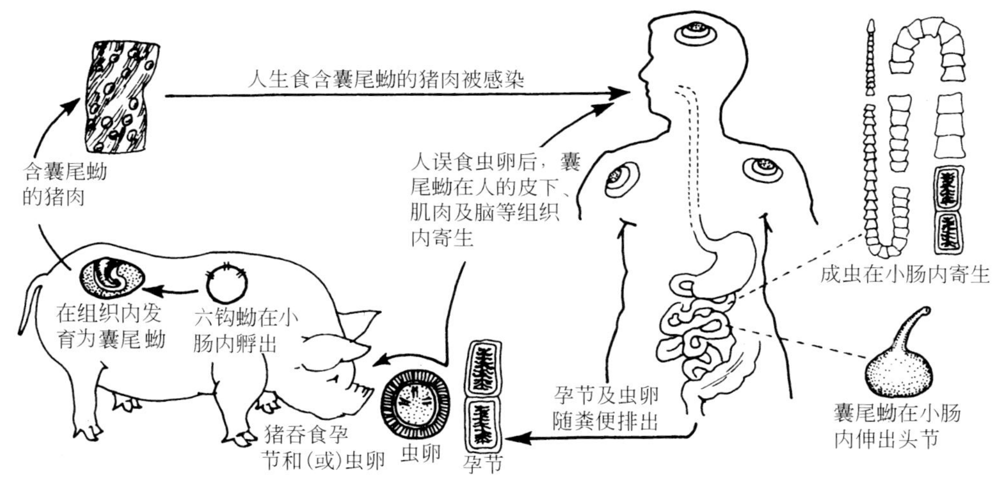

图 34－17　链状带绦虫生活史

（三）致病性

成虫寄生于人体的小肠，引起猪带绦虫病。临床症状一般较轻微，少数有上腹痛、腹泻、恶心、乏力、体重减轻等症状。少数穿破肠壁或引起肠梗阻。

人感染虫卵后，引起囊虫病，对机体造成的危害远比成虫大。常寄生在皮下或肌肉引起结节和游走性包块，若寄生在眼、脑等重要器官，则可引起严重后果。

（四）实验室诊断

1. 猪带绦虫病的检查　询问患者有无进食“米猪肉”及大便排节片病史，取粪便检查孕节和虫卵。

2. 囊尾蚴病的检查 检查方法应根据寄生部位选择。临床多采用组织活检、检眼镜检查及影像学检查。

（五）流行

该病的流行因素主要包括：①由于猪的饲养不当，如散养、连茅圈造成猪的感染；②人生食或半生食猪肉的不良饮食习惯；③不良的生产方式及卫生习惯，误食链状带绦虫卵感染猪囊尾蚴。

（六）防治原则

猪带绦虫病的综合防治措施包括：①积极治疗患者，猪带绦虫病多采用槟榔和南瓜子合剂驱虫，也可用吡喹酮、阿苯达唑。猪囊尾蚴病还可用手术摘除囊尾蚴；②科学养猪，管理好厕所猪圈，控制人畜互相感染；③加强健康教育，注意个人卫生，不食生的或未熟透的猪肉；④加强肉类检疫，不出售“米猪肉”。

二、肥胖带绦虫

肥胖带绦虫又称牛带绦虫、牛肉绦虫。成虫寄生于人体小肠，引起牛带绦虫病。

牛带绦虫与猪带绦虫的主要区别见表 34－1。

人是牛带绦虫的唯一终宿主，牛为中间宿主，人因食入生的或未熟的含有牛囊尾蚴牛肉而感染。患者一般无明显症状，仅有时出现腹部不适、消化不良、腹泻或体重减轻等症状。偶然还可引起阑尾炎、肠腔阻塞等并发症。成虫的寿命可达 20～30 年。

当中间宿主牛吞食到虫卵或孕节后，虫卵的六钩蚴即在小肠内孵出，然后钻入肠壁随血液循环到周身各处，经 60～75 天发育为牛囊尾蚴，其寿命可达 3 年。

牛囊尾蚴不寄生于人体，这是与猪带绦虫的重要区别。牛带绦虫卵与猪带绦虫卵不易区别，故发现虫卵时，只能诊断为带绦虫病。需根据子宫分支数和头节形态结构鉴定虫种。

表 34－1 猪带绦虫与牛带绦虫的主要区别

	猪带绦虫	牛带绦虫
体长	2～4m	4 ～8m
节片数	700～1000 节，略透明	1000～2000 节，肥厚，不透明
头节	球形，具有顶突及小钩	方形，无顶突及小钩
孕节	子宫分支不整齐，每侧分为 7～13 支	子宫分支较整齐，每侧分支为 15～30 支
感染阶段	猪囊尾蚴，猪带绦虫卵	牛囊尾蚴（牛带绦虫卵不感染人）
终宿主	人（成虫寄生于小肠）	人（成虫寄生于小肠）
中间宿主	猪、人（囊尾蚴寄生于组织、器官）	牛（囊尾蚴寄生于肌肉）
孕节脱落	数节连在一起脱落，被动排出	单节脱落，常主动爬出肛门
成虫	引起猪带绦虫病	引起牛带绦虫病
孕节、虫卵检查	粪检孕节、虫卵	粪检孕节、虫卵，肛门拭擦法易检获虫卵

小　结

医学蠕虫有线虫、吸虫和绦虫三大类。

线虫成虫呈线状或圆柱状，不分节，雌雄异体，雌虫大于雄虫，消化系统简单，生殖器官复杂。常寄生于人或动物的肠道，引起相应疾病。

吸虫成虫呈叶状或舌状，有口、腹吸盘。生殖系统复杂：除血吸虫外均为雌雄同体。生活史复杂，常有虫卵、毛蚴、胞蚴、雷蚴、尾蚴、囊蚴等阶段。均需要中间宿主体内发育。感染阶段一般为囊蚴（血吸虫除外）。除肠道外，还可在肺、肝胆和血管内寄生，引起疾病。

绦虫成虫呈带状，背腹扁平、分节，雌雄同体。常寄生于人和动物消化道，引起绦虫病。

自测题

一、名词解释

1. 夜现周期性

2. “粪毒”

二、选择题

1. 带虫者是指
   A. 患者
   B. 感染了寄生虫而未出现临床症状的人
   C. 无免疫力的人
   D. 易感者
   E. 以上都不是

2. 下列虫卵发育最快的是
   A. 钩虫卵
   B. 蛔虫卵
   C. 鞭虫卵
   D. 蛲虫卵
   E. 姜片虫卵

3. 幼儿园儿童容易感染的蠕虫是
   A. 蛔虫
   B. 蛲虫
   C. 丝虫
   D. 布氏姜片吸虫
   E. 猪带绦虫

4. 吃“鱼生”最容易感染的蠕虫是
   A. 丝虫
   B. 蛲虫
   C. 华支睾吸虫
   D. 日本血吸虫
   E. 卫氏并殖吸虫

5. 寄生在回盲部的线虫是
   A. 蛔虫
   B. 丝虫
   C. 旋毛虫
   D. 蛲虫
   E. 钩虫

6. 新鲜粪便污染了食物，人进食后可能感染

A. 蛔虫
B. 鞭虫
C. 钩虫
D. 旋毛虫
E. 以上都不可能

7. 蛲虫最主要的致病作用是
A. 摄取大量营养
B. 喜欢钻孔的习性
C. 特殊的产卵习性
D. 成虫固着造成肠壁的损伤
E. 虫体代谢产物的刺激

8. 主要致病阶段寄生在人肌肉中的蠕虫是
A. 钩虫
B. 丝虫
C. 旋毛虫
D. 日本血吸虫
E. 华支睾吸虫

9. 微丝蚴是哪种寄生虫的幼虫
A. 钩虫
B. 丝虫
C. 旋毛虫
D. 日本血吸虫
E. 蛔虫

10. 人可作为终宿主又可作为中间宿主的寄生虫是
A. 丝虫
B. 华支睾吸虫
C. 卫氏并殖吸虫
D. 猪带绦虫
E. 牛带绦虫

11. 蛲虫的感染是由于
A. 接触土壤中的丝状蚴
B. 丝状蚴通过蚊虫
C. 经口食入感染期虫卵
D. 食入肌肉中含幼虫的囊包
E. 感染性虫卵通过饮水

12. 钩虫侵入人体的幼虫是
A. 杆状蚴
B. 微丝蚴
C. 丝状蚴
D. 腊肠期蚴
E. 以上都不是

13. 可以引起贫血的蠕虫是
A. 蛔虫
B. 钩虫
C. 日本血吸虫
D. 猪带囊虫
E. 丝虫

14. 蛔虫成虫寄生在人体的
A. 小肠
B. 盲肠
C. 结肠
D. 肺部
E. 肠系膜下静脉

15. 可引起象皮肿的寄生虫是
A. 日本血吸虫
B. 卫氏并殖吸虫
C. 旋毛虫
D. 钩虫
E. 丝虫

16. 在患者的粪便中**不可**查到虫卵的寄生虫是
A. 丝虫
B. 钩虫
C. 蛔虫
D. 肝吸虫
E. 鞭虫

17. 寄生在淋巴系统的蠕虫是

A. 钩虫
B. 丝虫
C. 华支睾吸虫
D. 牛肉绦虫
E. 旋毛虫

A. 豆螺
B. 沼螺
C. 钉螺
D. 扁卷螺
E. 淡水鱼虾

18. 日本血吸虫的唯一中间宿主是

三、简答题

1. 华支睾吸虫病的流行原因有哪些?
2. 简述血吸虫卵的致病过程。

（张　凯）

第三十五章　医学原虫

学习目标

1. 熟悉溶组织内阿米巴、疟原虫、阴道毛滴虫的生活史和致病作用。
2. 了解溶组织内阿米巴、疟原虫、阴道毛滴虫的形态特征。

第一节　溶组织内阿米巴

溶组织内阿米巴又称痢疾阿米巴，主要寄生于人体结肠内，引起阿米巴痢疾和阿米巴病。

一、形态

溶组织内阿米巴有滋养体和包囊两个发育阶段。

1. 滋养体　根据虫体形态、寄生部位和生理特点，滋养体可分为大滋养体和小滋养体见（图 35－1），大滋养体和小滋养体的大小、寄生部位、细胞质的内含物等都有不同。大滋养体寄生于结肠壁、肝、肺、脑等组织内，小滋养体寄生于肠腔内。

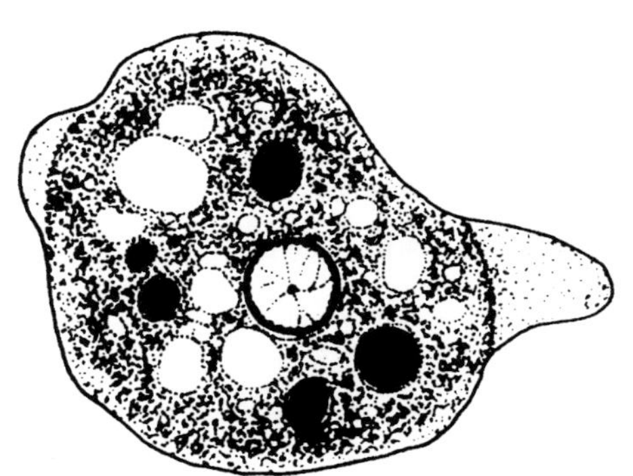

吞噬红细胞的滋养体

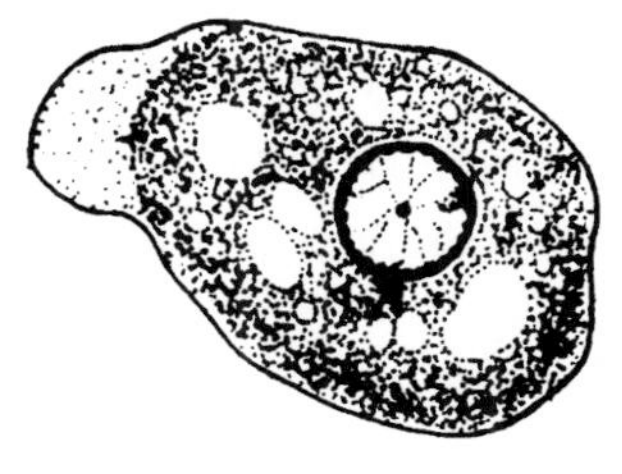

未吞噬红细胞的滋养体

包囊(单核)

包囊(双核)

成熟包囊

图 35－1　溶组织内阿米巴

2. 包囊　分为未成熟包囊和成熟包囊。未成熟包囊有1～2个细胞核，胞质内含糖原泡和呈棒状的拟染色体。成熟包囊含4个核，糖原泡和拟染色体消失。

二、生活史

1. 生活史的基本过程为：四核包囊→小滋养体→包囊。

人食入被四核包囊污染的食物或饮水，包囊经肠内消化液的作用脱囊而出，成为4个小滋养体，进行二分裂繁殖，逐渐下降至结肠下段时，因营养及水分减少，形成包囊，随粪便排出体外。

2. 生活史的致病过程：四核包囊→小滋养体→大滋养体→小滋养体、包囊。

当宿主肠功能紊乱或肠壁发生损伤时，小滋养体侵入肠壁，成为大滋养体，并在肠壁组织中进行二分裂繁殖，破坏肠壁，引起肠壁溃疡，大滋养体随坏死组织落入肠腔，随粪便排出体外。肠壁内大滋养体还可经血流播散至肝、肺、脑其他组织器官，引起肠外阿米巴病。

三、致病性

人体感染溶组织内阿米巴后，大多数呈无症状带虫者，少数出现肠阿米巴病或肠外阿米巴病。

1. 肠阿米巴病　致病阶段是大滋养体。滋养体通过破坏细胞外间质和溶解宿主组织侵入肠黏膜，并能够穿破黏膜肌层，在疏松的黏膜下层繁殖扩散，形成口小底大的烧瓶状溃疡。典型急性患者出现腹痛、腹泻，粪便为褐色、果冻状、带有腥臭味的黏液脓血便，称为阿米巴痢疾。

2. 肠外阿米巴病　是肠黏膜下层大滋养体经血行播散至肝、肺、脑其他组织器官内繁殖引起，以阿米巴肝脓肿最常见，患者有发热、肝大、肝区疼痛等症状。

四、实验室诊断

1. 病原学检查　是确诊的依据。检查时标本要及时送检、快速检查，冷天注意保温，容器干净、不含消毒剂。检查方法有滋养体检查和包囊检查。

2. 免疫诊断　取血液检查相应抗体，特异性高，辅助诊断价值大。

五、流行

溶组织内阿米巴病呈世界分布。我国各地均有分布，农村高于城市。溶组织内阿米巴病的传染源主要是慢性患者和带虫者。包囊对外界抵抗力较强，在适当的温度和湿度下可存活数周，通过蝇和蟑螂消化道的包囊仍具感染性。溶组织内阿米巴病的感染方式主要是经口感染，食用成熟包囊污染的食物、饮用水或使用污染的餐具均可导致感染。

六、防治原则

1. 治疗患者和带虫者，控制传染源。治疗首选甲硝唑，可配用喹碘方、依米丁等药物。中药白头翁、鸦胆子仁、大蒜等有一定的疗效。

2. 加强卫生宣传，注意个人卫生及饮食卫生，加强粪便和水源管理，消灭苍蝇及蟑螂。对从事饮食行业的工作人员应定期体检。

第二节　疟原虫

疟原虫寄生于人体的红细胞和肝细胞内，引起疟疾，是一种严重危害人体健康的寄生虫病，属于世界六大热带病之一，也是新中国成立初期的五大寄生虫病之一。寄生于人类的疟原虫有 4 种，目前我国常见的是间日疟原虫，恶性疟原虫次之，三日疟原虫少见，卵形疟原虫罕见。

一、形态

疟原虫在红细胞内发育可分为小滋养体、大滋养体、裂殖体、配子体四个阶段，间日疟原虫红细胞内各期形态特征见图 35－2。

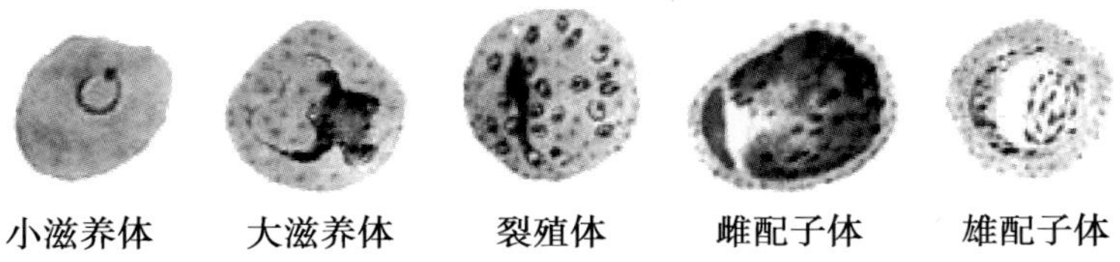

图 35－2　红细胞内各期疟原虫

二、生活史

（一）在蚊体内发育

按蚊叮吸疟疾患者或带虫者的血液时，将各期疟原虫吸入蚊胃内，其中雌、雄配子受精成为合子，继续发育为动合子、囊合子，最后形成子孢子。子孢子经血、淋巴集中于蚊的唾液腺，当受感染的按蚊再叮咬人时，子孢子随蚊唾液进入人体，开始了在人体内的发育。

（二）在人体内的发育

分肝细胞期（红外期）和红细胞期（红内期）两个阶段。

1. 肝细胞期

当蚊叮刺人体时，其体内的子孢子随其唾液进入人体，约 30 分钟后侵入肝细胞开始裂体增殖，产生大量裂殖子，导致肝细胞胀破，释放出大量裂殖子，一部分被巨噬细胞吞噬，一部分侵入红细胞，开始红细胞期的发育。目前认为子孢子有速发型和迟发型两种，速发型子孢子先完成肝细胞内的发育，引起疟疾发作；迟发型子孢子则经过一段时间的休眠后，才完成肝细胞内的裂体增殖，是疟疾复发的根源。

2. 红细胞期

肝细胞期裂殖子侵入红细胞，先形成小滋养体，经大滋养体、裂殖体，裂殖体成熟后胀破被寄生的红细胞释放出大量裂殖子，裂殖子进入血液后再次侵入新的红细胞重复裂体增殖。间日疟原虫完成一代红细胞期裂体增殖需要 48 小时，恶性疟原虫需要 36～48 小时（图 35－3）。

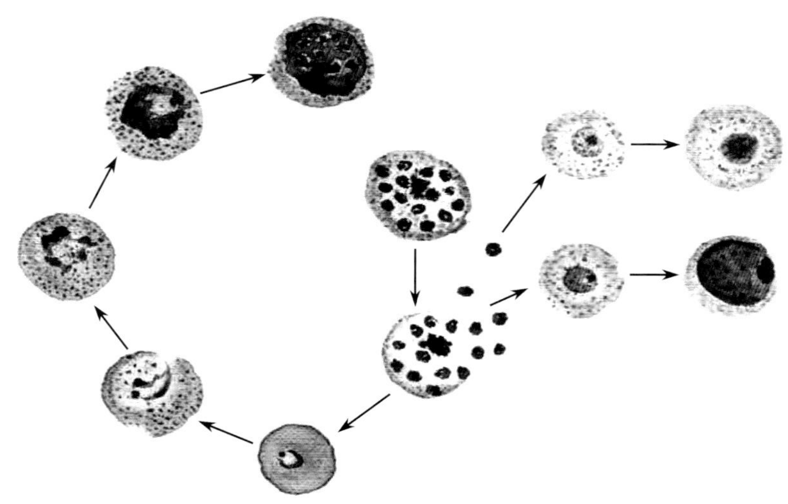

图 35－3　疟原虫生活史（红细胞内期）

三、致病性

1. 疟疾发作　疟疾的典型发作表现为周期性的寒战、发热、出汗退热三个连续阶段。发作周期与红细胞内期裂体增殖周期一致，间日疟和卵形疟每 48 小时发作一次，三日疟 72 小时、恶性疟 36～48 小时发作一次。

2. 再燃与复发　疟疾初发停止后，患者没有再感染，短期内再次出现疟疾的发作，称为再燃，主要是由于宿主红细胞内残存的少量疟原虫在一定条件下重新大量繁殖所致。疟疾初发患者红内期疟原虫已被消灭，未经蚊媒传播感染，经过数周至年余，又出现疟疾发作，称为复发。复发的机制学说不一，目前认为是肝细胞内迟发型子孢子结束休眠，重新侵入红细胞裂体增殖所致。

3. 贫血　疟疾发作数次后，由于红细胞内疟原虫对红细胞直接破坏、免疫损伤、脾功能亢进及骨髓中红细胞的生成障碍，可出现贫血，发作次数越多，病程越长，贫血越严重。

4. 脾大　是疟疾常见体征。疟疾初发 3～4 天后，脾开始增大，长期不愈或反复感染者，脾大十分明显。

5. 凶险型疟疾　常发生在无免疫力或因各种原因延误诊治的重感染者，其中以脑型疟最常见，患者持续高热、抽搐、昏迷、重症贫血、肾衰竭等，若不及时诊治，死亡率很高，疟疾死亡病例中 90％以上属脑型疟。

四、实验诊断

1. 病原学检查　在外周血中查到疟原虫为确诊疟疾的重要依据。恶性疟在发作开始时、间日疟在发作后数小时至 10 余小时内从患者的耳垂或手指采血，制成血膜、染色镜检疟原虫。免疫学诊断和分子生物学技术可用于流行病学调查研究。

2. 免疫诊断　常用方法有酶联免疫吸附试验、间接血凝试验、间接荧光抗体试验等，核酸探针和聚合酶链反应也已用于疟疾的诊断。

五、流行

疟疾分布广泛，经过近五十年的防治，疟疾疫情已大幅下降，但在华南和华中的某些地区尚有不少疟疾病例。我国海南省和云南省是疟疾高发区。

六、防治原则

1. 治疗现症患者、复发者和带虫者，控制传染源。治疗的药物有氯喹、伯氨喹、乙胺嘧啶等。

2. 防蚊灭蚊，切断传播途径。加强健康教育，加强流动人口疟疾管理，涂抹驱蚊剂，使用蚊帐或纱窗，大力开展预防服药和预防免疫工作。

第三节　阴道毛滴虫

阴道毛滴虫是一种常见的泌尿生殖道寄生虫，主要侵犯女性的尿道、阴道以及男性的尿道和前列腺，引起相应部位的炎症。

阴道毛滴虫滋养体呈梨形或椭圆形，结构如图 35-4 所示。在新鲜标本中，虫体为无色透明或微呈蓝绿色，似水滴样，借助鞭毛和波动膜的摆动做旋转式运动（图 35-4）。

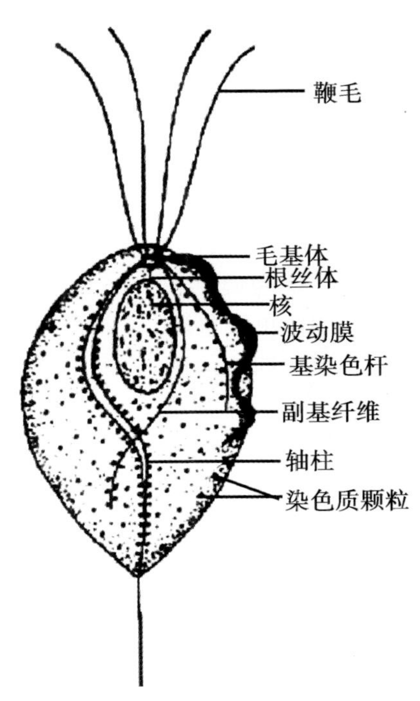

图 35-4　阴道毛滴虫

阴道毛滴虫的生活史简单，滋养体既是感染阶段，又是致病阶段。患者和带虫者是传染源，通过性交直接接触或使用公共浴池、浴具、公用游泳衣、坐便器等间接接触而感染。

阴道毛滴虫感染人体后，能否致病与多种因素有关，尤其与阴道内环境的改变关系密切。正常情况下，由于妇女阴道内乳酸杆菌的酸性自净作用，虫体难以寄生。但在月经前后、妊娠、产后及泌尿生殖系统功能失调时，阴道内 pH 接近中性，则利于虫体的寄生。常见症状为外阴瘙痒、白带增多，且以白色泡沫状白带最为典型。累及尿道时，可有尿频、尿急、尿痛等症状。男性感染可引起尿痛、前列腺大及触痛、附睾炎等症状。

取阴道后穹隆分泌物、尿液沉淀物、前列腺液，用生理盐水直接涂片法可检出滋养体；用培养法可帮助确诊。

开展普查普治，发现患者及带虫者及时治疗，尤其夫妻双方必须同时进行治疗方可根治，常用药物是甲硝唑。同时通过改进公共卫生设施，注意个人卫生及经期卫生，铲除卖淫嫖娼等社会丑恶现象，预防阴道毛滴虫感染。

小　结

常见的医学原虫有：①溶组织内阿米巴，感染阶段是四核包囊，经口感染，引起阿米巴痢疾和肠外阿米巴病；②疟原虫，感染阶段是子孢子，经按蚊刺吸人体感染，寄生人体肝细胞和红细胞内，引起疟疾；③阴道毛滴虫，寄生人体的泌尿生殖道，感染阶段和致病阶段均是滋养体，通过性接触和间接接触传播，引起滴虫性阴道炎、尿道炎和前列腺炎。

自 测 题

一、单项选择题

1. 溶组织内阿米巴的感染阶段是
   A. 包囊
   B. 单核包囊
   C. 四核包囊
   D. 大滋养体
   E. 小滋养体

2. 溶组织内阿米巴的致病阶段是
   A. 包囊
   B. 单核包囊
   C. 四核包囊
   D. 大滋养体
   E. 小滋养体

3. 阿米巴脓肿常见于
   A. 肝
   B. 脑
   C. 肺
   D. 皮肤
   E. 心脏

4. 间日疟原由在红细胞内期裂体增殖的时间为
   A. 12 h
   B. 24 h
   C. 36 h
   D. 48 h
   E. 72 h

5. 间日疟原虫进入人体后首先入侵、定居的细胞是
   A. 红细胞
   B. 肝细胞
   C. 脑细胞
   D. 单核细胞
   E. 有核细胞

（张清露）

第三十六章　医学昆虫

学习目标

1. 掌握医学节肢动物对人的危害。
2. 熟悉蚊、蝇的生活史和致病作用。
3. 了解全变态与半变态的概念。

第一节　概　述

危害人体健康的节肢动物简称为医学昆虫，它们不仅通过寄生、吸血、螫刺、毒害等方式损害人体，还可携带病原体，传播多种疾病。

一、节肢动物主要形态特征

节肢动物体分头、胸、腹三个部分，身体两侧对称；体表由坚韧的外骨骼组成；有三对足。

二、生态与变态

（一）生态

即节肢动物与外界环境的关系。外界环境包括地理、地质、温度、湿度及昆虫的食性、孳生地、活动规律及栖息场所等。

（二）变态

昆虫从受精卵至成虫的发育过程中，其形态、生理、生活习性等一系列变化过程称为变态。变态可分为全变态与半变态两种。

1. 全变态　生活史经卵、幼虫、蛹、成虫 4 个发育时期，各期的形态、生理及生活习性完全不同，如蚊、蝇等。

2. 半变态　生活史经卵、若虫、成虫 3 个时期，若虫的形态、生活习性与成虫相似，仅是体小、性器官未发育成熟，如臭虫、虱等。

三、节肢动物对人体的危害

（一）直接危害

指医学节肢动物通过骚扰、吸血、螫刺、毒害、致敏和寄生等方式对人体的危害。如蚊、虱、蚤叮人吸血，影响人们休息和工作；人疥螨侵入皮内寄生，引起疥疮。

（二）间接危害

指医学节肢动物携带病原体传播疾病、危害人体健康。传播方式有机械性和生物性传播。

1. 机械性传播　指病原体在节肢动物体内或体表，不经过发育和繁殖，仅随节肢动物的活动被机械性携带、传播和扩散，如蝇传播痢疾、霍乱等肠道传染病。

2. 生物性传播　指病原体在节肢动物体内，经过生长、发育和繁殖后才传播给新的宿主。如蚊传播疟疾、丝虫等。

四、防治原则

采用综合性防治措施，包括环境治理、化学防治、物理防治、生物防治、遗传防治等方式，其中环境治理最为重要。

第二节　昆虫纲

一、蚊

（一）形态

蚊的发育可见虫卵、幼虫、蛹、成虫四个阶段，见图 36－1。

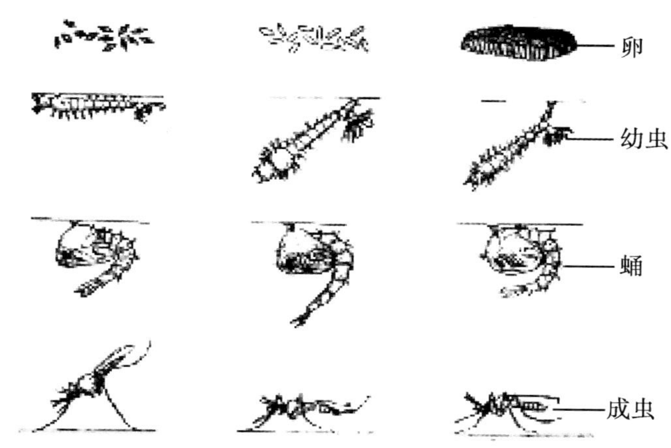

图 36－1　蚊的各期形态

（二）生活史

蚊的发育为全变态，雌蚊吸血后产卵于水，卵、幼虫、蛹均生活在水中，成蚊生活在陆地。

（三）生态习性

1. 孳生地　蚊的孳生地是各型水体，不同蚊种对孳生水体有不同的选择。按蚊多产卵于大型清洁水体中，如稻田、河塘等；库蚊多产卵于污水中，如污水坑、污水沟、下水道等；伊蚊则喜产卵于小型清洁水体，如盆、罐、缸、树洞等容器的水中。

2. 食性　雄蚊不吸血，多以植物汁液为食，雌蚊以人或动物血液为食。

3．栖息与活动　蚊通常在黄昏或黎明前后群舞时交配，雌蚊吸血后需寻找温暖、潮湿、阴暗、避风的场所栖息，发育卵巢。

4．季节消长与越冬　蚊的季节消长受温度、湿度和雨量等因素的影响，蚊一般在3月出现，5月起密度开始上升，七八月为高峰，9月后下降。当气温低于10℃时，蚊开始在阴暗潮湿的避风处越冬。

（四）与疾病的关系

蚊与人类健康关系密切，除叮咬吸血、骚扰、影响工作和休息外，更重要的是传播多种疾病，主要有丝虫病、疟疾、流行性乙型脑炎、登革热等。

（五）防治原则

防蚊灭蚊应采取综合性措施，通过环境治理，消灭和改造孳生地，结合物理、化学及生物等灭蚊措施，并加强个人防护。

二、蝇

蝇俗称苍蝇，种类繁多，国内发现近千种，能传播霍乱、伤寒、菌痢、脊髓灰质炎、阿米巴痢疾及贾第虫病、蛔虫病、鞭虫病等多种传染病。

（一）形态与生活史

蝇躯体多鬃毛，分头、胸、腹三个部分。口器多为舐吸式，少数吸血类蝇为刺吸式。胸部有足3对，足附节末端有爪和爪垫，中间有爪间突，爪垫上密布有细毛，并分泌黏液，可携带多种病原体（图36－2）。

蝇为全变态发育（除少数直接产生幼虫外），生活史有卵、幼虫、蛹和成虫4个时期。

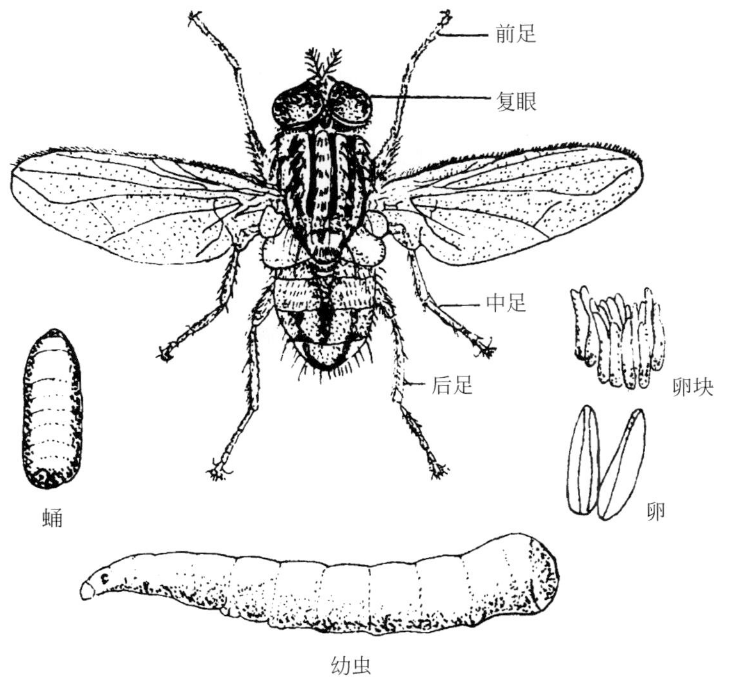

图36－2　蝇的形态与生活史

（二）生态习性

蝇类孳生于腐败有机物中。成蝇食性复杂，有嗜食香甜食品和腐烂食品、动物的分泌物、排泄物的特点，还有边爬、边进食、边呕吐、边排泄的习性，频繁来往于污物与食物之间，加上其唇瓣、爪垫的细毛和黏液及蝇全身鬃毛都能吸附多种病原体，使蝇成为重要的传播疾病媒介。

（三）与疾病的关系

蝇主要机械性传播霍乱、伤寒、菌痢、脊髓灰质炎，阿米巴痢疾及贾第虫病、蛔虫病、鞭虫病等疾病；蝇的幼虫寄生在人体各组织引起蝇蛆病。

（四）防治原则

搞好食品卫生、个人卫生、环境卫生，重点是控制和消灭孳生地。

第三节 蛛形纲

一、恙螨

恙螨的成虫和若虫营自生生活，幼虫寄生于家畜和其他动物体表，能传播疾病。

恙螨幼虫椭圆形，呈红、橙、淡黄或乳白色，大小为0.2～0.5mm。恙螨发育分卵、幼虫、若虫、若蛹和成虫5期，完成一代需2～3个月。幼虫宿主广泛，主要是鼠类，也可叮咬人。

恙螨幼虫叮咬能引起恙螨性皮炎，还可传播恙虫立克次体导致恙虫病，该病原体可经卵传递到下一代幼虫。恙虫病临床表现为起病急、持续高热、焦痂与溃疡，局部或全身淋巴结肿大。

二、蜱

蜱分硬蜱和软蜱，是多种人畜共患病的传播媒介和保虫宿主。

（一）形态

虫体多呈椭圆形，黄色、浅灰色或褐色。体长2～15mm，吸饱血后胀大如蓖麻子，体长可达30mm。根据躯体背面有无坚硬的背板，将蜱分为分硬蜱和软蜱（图36－3、图36－4）。

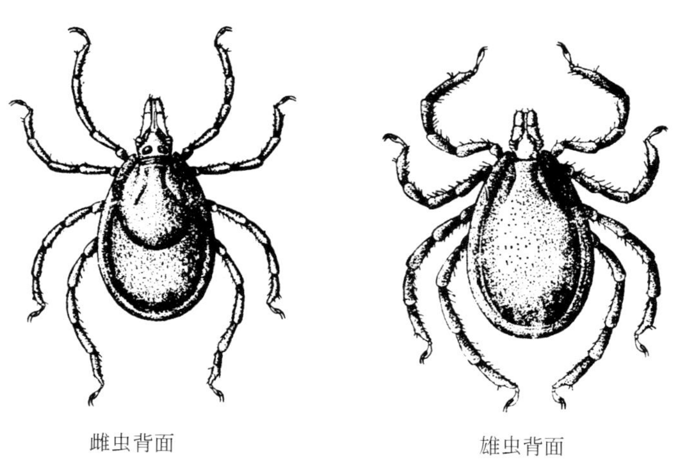

雌虫背面　　雄虫背面

图36－3 蜱的形态结构

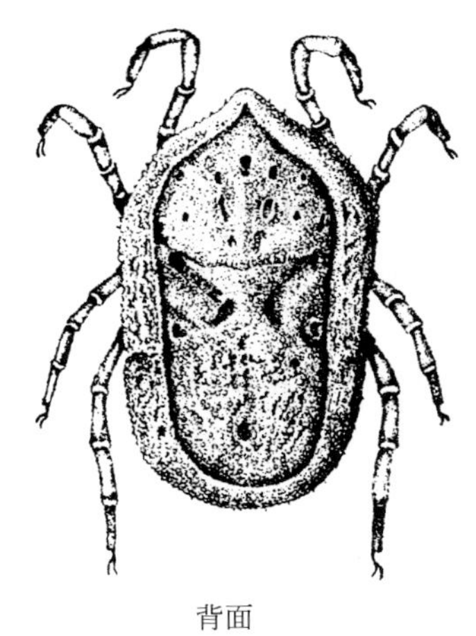
背面

腹面

图 36－4　软蜱（乳突钝缘蜱）（采自邓国藩）

（二）生活史及生态

蜱的生活史包括虫卵、幼虫、若虫和成虫 4 个时期，幼虫、若虫和成虫均吸血。成虫在宿主身上吸血后落地产卵，在适宜条件下，先孵出幼虫，幼虫寻觅宿主吸血蜕皮为若虫，若虫再吸血发育为成虫。

硬蜱大多数生活在野外，常栖息于森林、灌木丛、牧场、草原等地，吸血多在白天，吸血时间长，吸血量大。软蜱常栖息于家畜的圈舍、洞穴、鸟巢等地，多在夜间吸血，吸血时间短，吸血后即离开宿主。

蜱的宿主广泛，包括哺乳类、鸟类、爬行类等，有些种类侵袭人。多数蜱在春、夏、冬季活动，6～9 月达高峰。蜱的活动范围不大，但宿主的活动与迁移对蜱的播散起重要作用。蜱的嗅觉敏锐，对宿主的汗臭和气味敏感，可聚集在路旁草尖、树叶上，一旦接触宿主立即攀登而上。

（三）与疾病的关系

1. 直接危害　蜱叮咬人后损伤局部组织，引起充血、水肿、急性炎症反应等。某些蜱唾液中含有神经毒素，释放入人体可引起上行性肌肉麻痹致蜱瘫痪，严重者可致呼吸衰竭而死亡。

2. 传播疾病　蜱是人畜共患病的重要传播媒介，可传播森林脑炎、新疆出血热、莱姆病、Q 热、蜱媒回归热等疾病。

（四）防治原则

1. 环境防治　清除杂草和灌木丛，清理家畜、家禽圈舍，堵洞嵌缝等防止蜱孳生和越冬；牧场可采用轮换牧场放牧，使蜱失去寄生吸血机会而死亡；使用敌敌畏、马拉硫磷、合成菊酯、三氯杀螨醇等药物喷洒蜱孳生地，牧畜也可定期药浴杀蜱。

2. 个人防治　进入蜱孳生地时，穿五紧服，以防蜱叮附；发现有蜱叮附在体表时，可用酒精、煤油等涂在蜱体上，轻轻拔出，切忌牵拉，以免将蜱的口器拉断。

三、蠕形螨

蠕形螨寄生于人体的毛囊和皮脂腺内，分为毛囊蠕形螨和皮脂蠕形螨，引起蠕形螨病。

蠕形螨的形态结构如图 36－5。

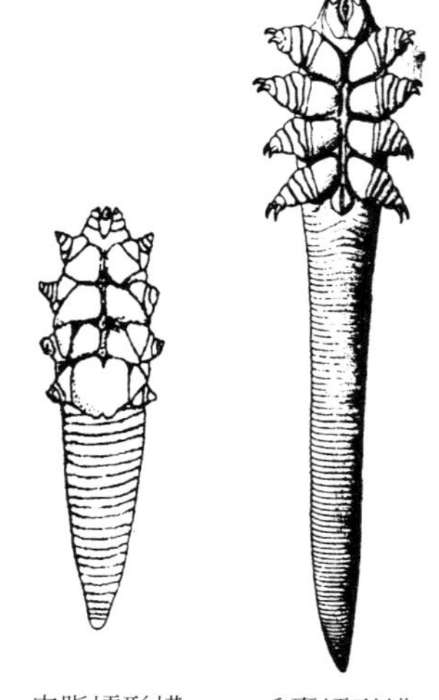

图 36－5 蠕形螨

蠕形螨主要寄生于人体的颜面部，通过直接接触传播，也可通过共用毛巾、脸盆、衣被等间接接触传播。蠕形螨为条件致病性螨虫，其危害程度与虫种、感染度和人体免疫力等因素有关。绝大多数感染者多无明显症状，有时可致皮肤损害，引起酒糟鼻、毛囊炎、痤疮、皮脂腺炎等。

加强卫生宣传教育，注意个人卫生，避免与患者直接接触及使用其用具，预防感染。治疗药物可用 10％硫黄软膏、20％苯甲酸苄酯乳剂、甲硝唑冷霜等。

四、尘螨

尘螨普遍存在于人类居室内的尘埃和储藏物中，是一种强烈过敏原，引起尘螨性哮喘、过敏性鼻炎、过敏性皮炎等。尘螨的形态结构如图 36－6。

尘螨发育为半变态，普遍存在于人类居所，分布广泛，大多营自生生活。屋尘螨主要孳生于卧室的枕头、被褥、软垫和家具中。粉尘螨还可在面粉厂、棉纺厂及食品仓库等的地面大量孳生。

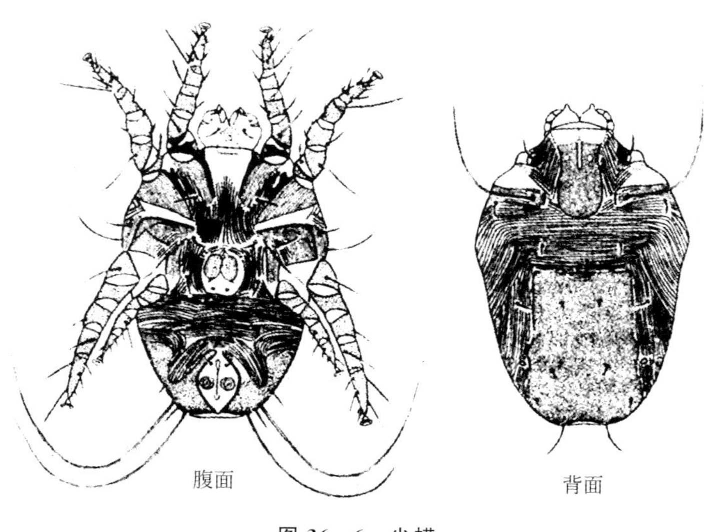

图 36－6 尘螨

尘螨分泌物、排泄物是强烈过敏原。尘螨过敏常与遗传、职业、接触等因素有关，主要引起尘螨性哮喘、过敏性鼻炎、过敏性皮炎等。

加强卫生宣传教育，经常清除室内尘埃、勤洗衣被、床单，勤晒被褥、床垫，保持室内通风、干燥可减少尘螨的孳生。患者可进行脱敏疗法。

小　结

医学节肢动物以刺螫、吸血、寄生和传播疾病等方式危害人类健康，对人体的主要危害是传播疾病。传播方式有生物性和机械性两种，以生物性传播危害较大。蚊可传播丝虫病、疟疾、流行性乙型脑炎和登革热等；蝇可传播霍乱、伤寒、菌痢、脊髓灰质炎，阿米巴痢疾、贾第虫病和蛔虫病、鞭虫病等；直接寄生人体的有蝇蛆、疥螨、蠕形螨和尘螨等。防治原则是针对病媒的薄弱环节，制定综合防制措施，做好个人防护，治疗患者。

自 测 题

一、单项选择题

1. 传播流行性乙型脑炎的节肢动物是
   A. 蚊
   B. 蝇
   C. 虱
   D. 蚤
   E. 螨

2. 传播消化道传染病的首要媒介是
   A. 蚊
   B. 蝇
   C. 虱
   D. 蚤
   E. 螨

3. 可引起人类疥疮的是
   A. 蚊
   D. 蝇
   C. 螨
   D. 蚤
   E. 虱

4. 疟疾的传播媒介是
   A. 蚊
   B. 蝇
   C. 虱
   D. 蚤
   E. 螨

（张清露）

第六篇 病理学

第三十七章 病理学概述

学习目标

1. 掌握病理学的概念，病理学的研究方法及临床应用。
2. 熟悉病理学的任务及范围。
3. 了解病理学在医学中的地位和学习病理学的指导思想。

一、病理学的内容及任务

病理学（pathology）是研究疾病的原因、发生机制、发生发展规律及其发展过程中机体的形态结构、功能和代谢变化的学科。它并不研究疾病具体的预防和治疗措施，其根本任务是探讨疾病的本质和发生、发展规律，为预防和治疗疾病提供理论依据。根据研究的重点不同，病理学可分为病理解剖学和病理生理学两门学科。病理解剖学的主要任务是研究疾病发生、发展规律和疾病过程中机体所发生的形态结构变化，以揭示疾病的本质，为临床诊治疾病提供理论依据。病理生理学的任务是研究疾病发生的原因和条件，研究整个疾病过程中，患病机体的功能、代谢的动态变化及其发生机制，从而揭示疾病发生、发展和转归的规律，阐明疾病的本质，为疾病的防治提供理论基础。

根据研究的侧重点不同，病理学分为总论和各论两个部分。前者着重研究机体患病过程中具有共性的基本形态结构变化，以阐明疾病发生、发展的共同规律，它包括细胞和组织适应损伤和修复、局部血液循环障碍、炎症、肿瘤等基本病理变化；后者则着重研究不同疾病过程中的形态结构变化，以阐明和揭示各系统、各器官不同疾病的特殊规律。了解疾病的共同规律有助于认识疾病的特殊规律；了解疾病的特殊规律则能更好地认识疾病的共同规律。在学习上，总论是学习各论的基础，而各论的学习则是一个应用总论知识的过程，因此，二者互相联系、相辅相成。

二、病理学在医学中的地位

病理学在医学教育和临床医疗中占有十分重要的地位，有“病理学为医学之本”之说。

在医学教育中，病理学是重要的医学基础学科之一。其学习必须以正常人体学概论、微生物学、寄生虫学、免疫学等学科为基础，在学习病理学的过程中要不断运用基础医学学科的知识。同时，病理学也是沟通基础医学与临床医学的桥梁，起着承前启后的作用，为学习内科学、外科学、妇产科学、儿科学、医学影像学等临床医学学科奠定理论与实践基础。

在临床医疗工作中，病理检验又是诊断疾病并为后续治疗提供依据的重要方法之一，其中的活体组织检查是迄今诊断疾病最为可靠的方法，虽然疾病的诊断手段在不断地创新和提高，但很多疾病的最后结论还有赖于病理检验。因而，病理学也属于临床医学范畴。

三、病理学的研究方法

1. 尸体解剖检查

尸体解剖检查简称尸检，是指从病理学的角度对死者的遗体进行全面的剖检并对组织进行显微镜观察，以研究疾病的性质和机体死亡原因的病理学检查方法，是病理学的基本研究方法之一。其意义在于：①直接观察各组织、器官的病变，明确诊断，探讨死因，对临床诊断和治疗水平的提高具有指导作用；②及时发现某些疾病，以便采取措施，控制和预防这些疾病；③收集标本、积累有价值的资料，有利于医学和医学教育事业的发展；④在刑事案件的侦破中，法医的尸检结果常成为办案的重要依据。

2. 活体组织检查

活体组织检查简称活检，是指用切除、钳夹、穿刺、搔刮、摘除等手术方式从患者活体上采取病变组织并进行形态学观察的病理检查方法。在肿瘤的诊断、治疗和预后的判断方面具有十分重要的意义，活检协助临床作出正确诊断的重要性，是其他任何诊断方法都无法取代的。活检在临床上应用极为广泛，主要包括：①鉴别肿瘤与非肿瘤疾病、确定肿瘤性质、组织学类型及分级；②诊断非肿瘤性疾病；③观察病变是否愈合、病变发展情况；④了解移植器官有无排斥反应发生。

3. 细胞学检查

细胞学检查是通过对采集自病变部位的细胞进行形态学观察，以诊断疾病或对某种病变进行动态观察的一种病理检查方法。细胞可为病变部位的脱落细胞，也可来自体液、分泌物、排泄物，或通过穿刺获取。该方法简单易行，便于推广，临床上主要用于肿瘤的诊断，比较常用的有阴道涂片或子宫颈刮片诊断早期宫颈癌，痰涂片诊断肺癌，尿液涂片诊断泌尿系统肿瘤，胸、腹水涂片诊断胸、腹膜肿瘤，食管拉网诊断食管癌，乳头分泌物涂片诊断乳腺癌。细胞学检查除用于患者外，尚可用于健康普查，尤其是对肿瘤的普查和早期发现具有十分重要的价值。

4. 动物实验

动物实验是指用人工方法在动物身上复制某些人类疾病或病理过程的模型，以探明疾病的发生、发展规律和本质的病理研究方法。但应特别指出的是，动物与人类毕竟存在着显著的差异，所以，不能将动物实验的结果不加分析地应用于人类。

5. 组织和细胞培养

组织和细胞培养是指用适宜的培养基在体外对某种组织或细胞进行培养，以观察在各种因子作用下，组织、细胞所发生的病理变化及其发生发展规律。

除了上述人体病理学和实验病理学常用的研究方法外，随着医学及其相关领域科学技术的不断发展，超薄切片技术、电子显微镜、形态测量技术、放射自显术、细胞化学、分子生物学、免疫组织化学等越来越广泛地应用，病理学的诊断和研究也随之迈上了新的台阶。

四、学习病理学的指导思想和方法

（一）学习病理学的指导思想

为了正确理解病理学的理论知识，在学习本课程的过程中，应遵循以下指导思想。

1. 正确认识原因与条件的关系

任何疾病的发生都有一定的原因，一些疾病的发生尚需要相应的条件，在某些情况下，原因和条件又可相互转化。因此，正确认识原因与条件在疾病发生发展过程所起的作用对于疾病的防治具有重要的意义。

2. 以运动、发展的观点认识疾病过程

机体发生疾病时，各种病理变化都会随着一定的条件不断发展变化着。因此，应动态地观察疾病的发展过程，积极创造条件促进疾病向好转、痊愈方面转化。

3. 正确认识形态结构变化与机能、代谢变化的关系

在任何疾病过程中，都存在着不同程度的形态结构、机能和代谢这三方面的变化，形态结构变化是功能、代谢变化的物质基础，功能、代谢变化是形态结构变化的具体体现，并对形态结构变化产生一定的影响。

4. 正确认识局部与整体的关系

人体是一个有机的整体，任何以局部病变为主的疾病都会有不同程度的全身反应。反之，以全身反应为主的疾病，有时又以某个局部的病变最为突出。

（二）病理学的学习方法

病理学的总论和各论研究重点不同，学生一定要认识到，总论是学习各论的必备基础，学习各论必须联系、运用总论的知识，总论与各论之间有着密切的内在联系，学习时不可偏废。

病理学是一门理论性和实践性都极强的学科，教学中分理论课和实验课两个部分。学生必须重视课堂理论讲授，学会自学，及时复习，认真领会。同时，应做到理论联系实际，重视大体标本和病理切片的观察，积极参与动物实验，努力培养自己独立思考、分析问题、解决问题的能力和实际动手的能力。

此外，学习病理学还要联系临床，运用所学的病理知识正确地认识和理解疾病的临床表现及其与病理变化之间的关系。

五、病理学的发展简史

1761 年，意大利 Padua 大学的 Margani 医生提出器官病理学（organ pathology）的概念。

19 世纪中叶，德国病理学家 Rudolf Virchow 创立细胞病理学（cytopathology），并于 1858 年出版《细胞病理学》一书，其理论和技术对今天医学科学的发展仍产生着积极的影响。

20 世纪初期，我国开始了病理学的研究工作。新中国成立以后，出现了一批在国际上具有较高威望的病理学家。改革开放以来，我国的病理学又有了长足的发展，在某些领域已达到甚至超过世界先进水平，如免疫组织化学、组织和细胞培养、分子生物学研究、流式细胞术、图像分析等先进技术我国均已掌握，有的已成为病理检验的常规工作。

小 结

病理学是研究疾病发生、发展规律及其形态结构变化的医学学科。

根据研究的侧重点不同，病理学的内容分为总论和各论两个部分。

病理学在医学教育和临床医疗中占有十分重要的地位。它是重要的医学基础学科之一，也是沟通基础医学与临床医学的桥梁，还属于临床医学范畴。

病理学根据研究对象和手段不同，可分为人体病理学和实验病理学两部分。人体病理学的主要研究方法有：①尸体解剖检查；②活体组织检查；③细胞学检查。实验病理学的研究方法主要有：①动物实验；②组织和细胞培养。

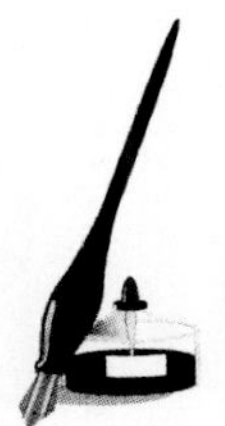

自 测 题

一、名词解释

1. 病理学
2. 尸检
3. 活检

二、单项选择题

1. 下列哪项不是病理学的研究方法
   A. 尸体解剖
   B. 活体组织检查
   C. 细胞学检查
   D. 血液常规检查
   E. 动物实验

2. 下列哪项不是活体组织检查
   A. 手术切除的乳腺
   B. 纤维支气管镜取组织
   C. 尸解切除的肠
   D. 穿刺的肝组织
   E. 纤维胃镜取胃黏膜

3. 抽胸水检查癌细胞是属于
   A. 活检
   B. 尸检
   C. 组织培养
   D. 细胞培养
   E. 脱落细胞检查

4. 目前组织切片最常用的染色是
   A. HE 染色
   B. PAS
   C. 苏丹Ⅲ染色
   D. 多巴反应
   E. 免疫组化

三、简答题

1. 病理学的主要任务是什么？
2. 人体病理学主要有哪些诊断和研究方法？

（杨德兴）

第三十八章　细胞和组织的适应、损伤与修复

学习目标

1. 掌握萎缩、肥大、增生、化生、变性、坏死、肉芽组织、机化的概念、肉芽组织的形态特征及其功能。
2. 熟悉常见变性（细胞水肿、脂肪变性、玻璃样变性）和坏死的原因、病变特征和结局。
3. 了解一期愈合与二期愈合的特点。

在生命活动过程中，机体的组织、细胞对不断变化的内、外环境所产生的刺激会做出应答反应，即通过调整自身的代谢、功能以及形态结构来适应环境的变化，这个过程称为适应。当这种刺激超过机体的适应能力时，可造成细胞、组织的损伤，出现各种形态结构、功能和代谢方面的变化。在疾病的发展过程中，既有因内外环境改变或轻微损伤所导致的适应性改变，又有各种损伤及其所引起的修复性反应。认识和掌握这些变化的基本规律，对研究疾病的发生发展、促进疾病的愈合有重要的意义。

第一节　细胞和组织的适应性反应

从形态学角度看，机体对刺激因子所作出的反应可概括为三类：①适应：如萎缩、肥大、增生与化生；②可复性损伤：包括各种变性；③不可复性损伤：即组织、细胞的坏死或凋亡。

一、萎缩

萎缩是指发育正常的细胞、组织或器官的体积缩小。组织或器官萎缩时，除实质细胞体积缩小外，往往也伴有实质细胞数量的减少。组织、器官没有发育或发育不良则不属于萎缩的范畴。

（一）原因与类型

萎缩分生理性萎缩和病理性萎缩。生理性萎缩可见于更年期后妇女的子宫和卵巢的萎缩、老年人各器官的萎缩、青春期胸腺的萎缩等。病理性萎缩按其发生原因可分为以下类型。

1. 营养不良性萎缩　营养不良性萎缩包括全身性和局部性。前者可见于饥饿、慢性消耗性疾病或恶性肿瘤晚期，是由于蛋白质摄入不足或消耗过度所引起的；后者多因血液供应

不足而导致局部缺血引起，如脑动脉粥样硬化，使其管壁变硬，管腔狭窄，血流减少，导致脑萎缩等。

2. 压迫性萎缩　器官或组织长期受压可导致萎缩，如尿路阻塞时，尿潴留可引起肾盂积水，压迫肾实质，造成萎缩等。

3. 失用性萎缩　常见于运动器官长期不活动，引起组织、细胞的功能与代谢降低而发生萎缩，如久病卧床患者的下肢肌肉萎缩等。

4. 神经性萎缩　常见于脑、脊髓或神经损伤所致的肌肉萎缩，如脊髓灰质炎引起的患侧下肢肌肉的萎缩。

5. 内分泌性萎缩　由于某个内分泌器官功能低下，激素分泌减少引起的相应靶器官的萎缩，称内分泌性萎缩。如脑垂体功能严重受损，激素分泌减少可引起甲状腺、肾上腺、性腺等发生萎缩。

（二）病理变化

肉眼观，萎缩的组织、器官体积缩小（表现为包膜皱缩，切面凹陷，边缘变锐），重量减轻，质地变硬，色泽变深，可呈褐色。镜下观，细胞体积缩小，数量减少，细胞器减少甚至消失，胞质内脂褐素沉积，而间质成纤维细胞和脂肪细胞往往可出现不同程度的增生。脑萎缩时，可出现脑回变窄，脑沟变宽，切面皮质变薄（图 38－1）。心脏萎缩时，心脏体积变小（心尖明显）、重量减轻，可呈深褐色，冠状动脉呈蛇行状弯曲，切面心腔变小、心室壁变薄。

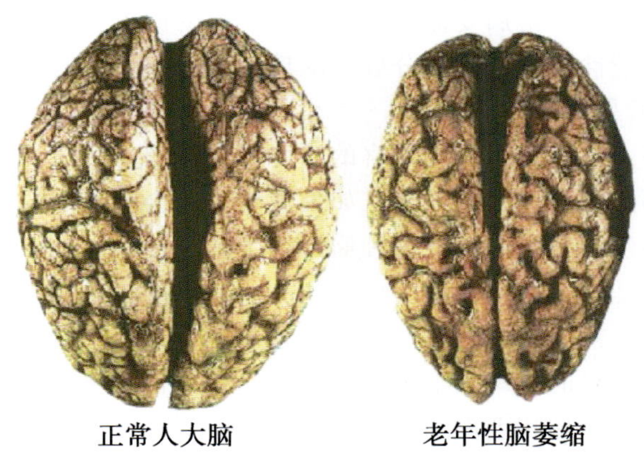

图 38－1　正常人大脑与老年性脑萎缩比较（大体）

萎缩的大脑体积缩小、脑回变窄、脑沟变宽

（三）影响与结局

萎缩属于一种可逆性变化，通常在病因消除后，萎缩的器官、组织和细胞可逐渐恢复原状。如果病变继续发展，萎缩的细胞最后也可消失。萎缩的细胞、组织、器官的功能往往会下降，如肌肉萎缩时，其收缩力可降低；脑萎缩时，可出现思维能力减弱、记忆减退等现象。

二、肥大

肥大是指细胞、组织或器官体积的增大。组织、器官肥大时，除了实质细胞体积增大外，还可出现细胞数目增多、合成代谢旺盛、功能增强等变化。

（一）原因与类型

肥大分生理性肥大和病理性肥大两类。生理性肥大是指在生理状态下，由于局部组织功能和代谢增强而发生的肥大，如运动员的相关肌肉肥大等。病理性肥大常由各种病理因素所引起。常见类型有两种：①代偿性肥大：常因相应器官的功能负荷加重引起，具有功能增强的代偿作用。如原发性高血压病引起左心室的心肌肥大；②内分泌性肥大：因内分泌激素增多，刺激靶细胞增大，如妊娠期雌激素分泌增多使子宫肥大。

（二）病理变化与后果

肥大的实质细胞内 DNA 含量和细胞器增多，细胞功能增强。如果肥大的器官超过其代偿限度时，便会发生失代偿，如高血压左心室肥大晚期，可引起心功能不全。

三、增生

增生是指组织或器官内实质细胞数量增加，常伴有组织或器官的体积增大。

（一）原因与类型

增生可分为生理性增生和病理性增生两类。生理性增生常常是因适应生理需要而发生的增生，可见于女性青春期和哺乳期的乳腺上皮增生、育龄妇女增殖期子宫内膜的增生等。病理性增生可分为以下三种类型：①内分泌性增生：见于内分泌功能紊乱引起的增生，如雌激素分泌过多所致的子宫内膜增生、老年男性的前列腺增生等；②再生性增生、见于肝切除或肝细胞损伤后的肝细胞再生、溶血性贫血时骨髓的增生等；③代偿性增生：当器官、组织的结构受损时，机体为代替或补偿病变器官的功能而发生的原器官、组织或其他器官、组织细胞数量的增多，称为代偿性增生，如部分肝切除后，体内一部分肝可代偿性增生。

（二）病理变化与后果

实质细胞数量增多，常引起组织、器官的功能增强；间质的过度增生却会引起组织器官硬化等不良后果。大部分病理性细胞增生（如炎性增生）会随原因的去除而停止，若细胞增生过度则可在不典型增生的基础上演变为肿瘤性增生。

四、化生

化生是指一种分化成熟的组织或细胞转变为另一种分化成熟的组织或细胞的过程。化生只能在同源细胞间进行，如柱状上皮细胞能化生为鳞状上皮而不能化生为结缔组织。

化生的常见类型有三种：①鳞状上皮化生：常见于气管、支气管黏膜，如慢性支气管炎时，由于气管或支气管黏膜上皮因慢性炎症刺激损害，由鳞状上皮替代原来的纤毛柱状上皮，称为鳞状上皮化生（图 38－2）；慢性宫颈炎时，宫颈黏膜上皮和肾结石时移行上皮均

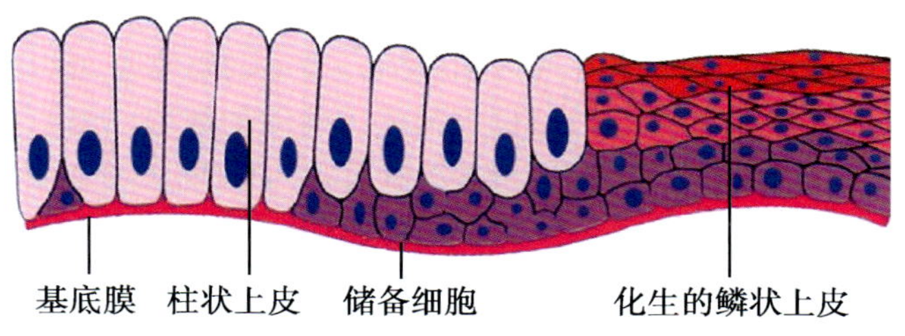

图 38－2　柱状上皮化生为鳞状上皮

可出现鳞状上皮化生。②肠上皮化生：常见于慢性萎缩性胃炎，部分胃黏膜上皮转变为含有潘氏细胞或杯状细胞的小肠或大肠上皮，称为肠上皮化生。大肠型的肠上皮化生，可能成为胃癌的发生基础。③结缔组织化生：是指间叶组织中幼稚的成纤维细胞转变为骨细胞或软骨细胞（简称骨化），如骨骼肌的慢性劳损可在肌组织内形成骨组织而发生骨化性肌炎等。

化生对机体的影响有利有弊，如慢性支气管炎时发生的鳞状上皮化生虽可增强局部黏膜抵御外界刺激的能力，但因上皮表面失去纤毛，也可减弱呼吸道黏膜的自净能力，若引起化生的因素持续存在，在化生、增生的基础上还可能会发展为肿瘤。

第二节 细胞和组织的损伤

细胞和组织遭到不能耐受的有害因子刺激后，可引起细胞及其间质的代谢、功能与形态结构的异常变化，称为损伤。损伤的原因大致可分为三种：①外界致病因素，如生物性、理化性、营养性因素等；②机体内部因素，如免疫、神经内分泌、遗传与变异、先天性、年龄、性别等；③社会、心理、精神、行为和医源性因素等。细胞和组织损伤后，可出现一系列形态和功能改变。轻度的损伤在原因消除后，可恢复正常（如变性等），称为可逆性损伤；严重的细胞损伤是不可逆的（如细胞死亡等），称不可逆性损伤。

一、变性

变性是指由于物质代谢障碍，细胞或细胞间质内出现异常物质或原有物质的异常增多。变性的种类繁多，常见的有以下几种。

（一）细胞水肿

细胞水肿是指细胞内水、钠增加所致的细胞肿胀和功能下降，又称为水变性。水肿是临床上最常见的变性，可在多种疾病中出现，以心、肝、肾等代谢活跃器官的实质细胞最为多见。

1. 原因与发生机制

当细胞受到感染、中毒、高热、缺氧等因素的影响时，细胞内环境会受到干扰，ATP的产生会减少，细胞膜钠泵功能发生障碍，或因细胞直接损伤，使之通透性增高，引起细胞内钠、水增多导致细胞水肿。

2. 病理变化

肉眼观，水肿的器官体积增大（表现为包膜紧张，切面隆起，边缘外翻），重量增加，颜色变淡，似被开水烫过一样。镜下观，水肿的细胞体积增大，胞质内出现许多细小的淡红色颗粒（图 38-3）（电镜下为肿胀的线粒体和内质网），若细胞水肿进一步发展，可使细胞肿胀更明显，胞质透亮淡染，严重者细胞体积可大于正常的 3 倍以上，细胞变圆，胞质疏松，称为气球样变（图 38-4）。

3. 影响与结局

细胞代谢减慢、功能降低，如心肌细胞水肿可使心肌的收缩力减弱。细胞水肿是一种轻度损伤，病因消除后可恢复正常。若病因持续存在，则可发展为坏死。

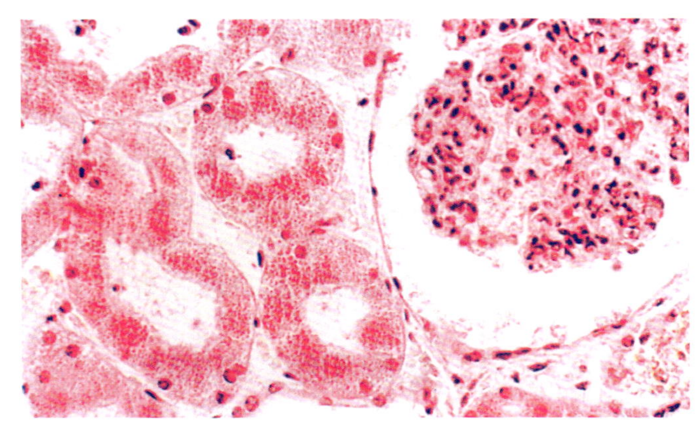

图 38－3　肾小管上皮细胞内玻璃样变性

细胞浆内见粉染玻璃样小滴

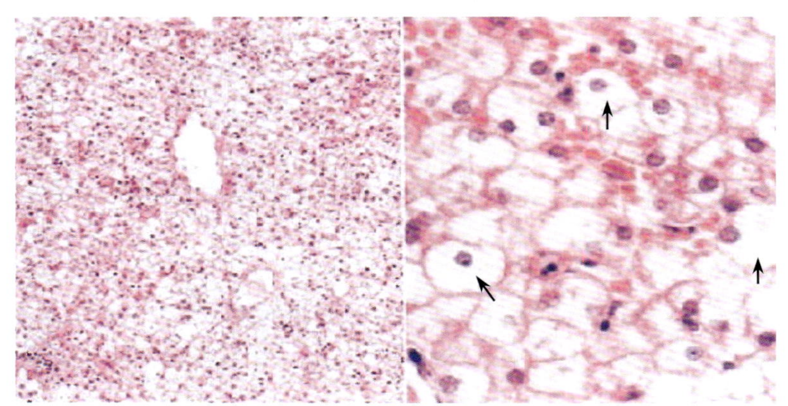

图 38－4　肝细胞水变性（高、低倍镜下比较）

（二）脂肪变性

脂肪变性是指非脂肪细胞胞质中的中性脂肪（即三酰甘油）异常增多，常见于心、肝、肾等器官，尤以肝最为常见。

1. 原因与发生机制

脂肪变性的常见原因有严重感染、长期贫血、中毒、酗酒、缺氧、营养不良、糖尿病及肥胖等。脂肪变性的发生常是由于上述致病因素干扰或破坏脂肪在细胞内的转化、利用和运输所致。脂肪变性好发于肝、肾及心脏。

知识链接

脂肪肝

近年来，随着生活水平的提高，人们的饮食结构发生了改变，脂肪肝的检出率也逐年增多。

正常肝脏中，脂肪占肝重量的4%～7%，当肝内脂肪含量超过肝重的10%时，即为脂肪肝。

脂肪肝发生的原因有：①进入肝的脂肪过多：如摄入过多、饥饿状态及糖尿病患者，脂肪库动员均可引起脂肪入肝增多，若超出肝细胞利用和合成脂蛋白的能力时，脂肪即可沉积于肝细胞内。②脂蛋白合成障碍：脂肪与载脂蛋白结合形成脂蛋白后才可运出肝外。若组成载脂蛋白的重要原料（胆碱和蛋氨酸）缺乏，感染、中毒造成粗面内质网的破坏等，均可影响脂肪运输，导致脂肪沉积。③脂肪酸氧化障碍：感染、中毒、缺氧可使线粒体功能受损，脂肪酸氧化受阻，造成肝细胞内脂肪增多。

2. 病理变化

肉眼观，脂肪变性的器官体积增大，颜色淡黄，质软，边缘变钝，切面触之有油腻感。镜下观，脂肪变性的细胞体积增大，胞质内出现大小不等的脂滴。脂滴主要是中性脂肪，在石蜡切片中被有机溶剂溶解而呈空泡状（图38－5）。冰冻切片可保存脂质，用脂溶性染料苏丹Ⅲ，可将脂滴染成橘红色，用锇酸可将脂滴染成黑色。显著弥漫性肝脂肪变性，称脂肪肝。

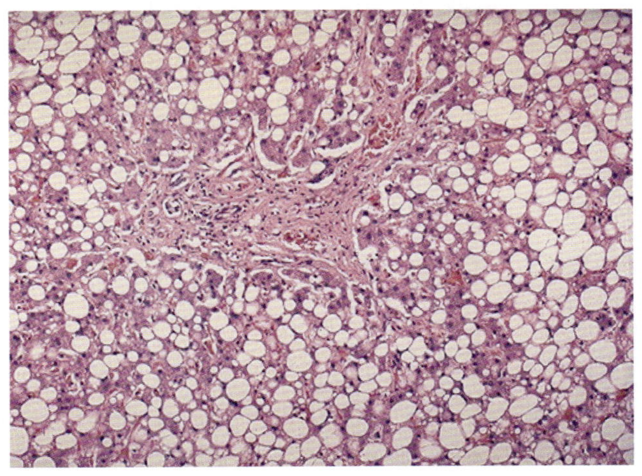

图38－5 肝细胞脂肪变性

3. 影响及结局

轻、中度脂肪变性属可逆性病变，当病因消除后可自行恢复正常。严重的脂肪变性可致器官功能障碍。如严重脂肪变性可使肝细胞逐渐坏死，纤维组织增生，发展为肝硬化。又如心肌脂肪变性与心肌脂肪浸润，慢性中毒、缺氧可引起心肌脂肪变性，常累及左心室心内膜下和乳头肌部位，脂肪变性的心肌呈黄色，与正常心肌的暗红色相间，形成黄红色条纹，称为虎斑心。心外膜增生的脂肪组织可沿间质深入心肌细胞之间，称为心肌脂肪浸润，并非心肌脂肪变性。重度心肌脂肪浸润可致心脏破裂，引发猝死。

（三）玻璃样变性

玻璃样变性又称透明变性，是指细胞或细胞间质中出现均质红染、半透明的玻璃样物质。玻璃样变性是一种十分常见的变性，主要见于结缔组织和血管壁，也可见于细胞内。

1. 结缔组织的玻璃样变性

多见于瘢痕组织、萎缩的子宫和乳腺间质，动脉粥样硬化斑块及各种坏死组织的机化。肉眼观，呈灰白色，半透明，质韧，缺乏弹性。镜下观，可见病变区纤维细胞明显减少，胶原纤维增粗、融合，形成均匀一致的毛玻璃样物质（图 38－6）。

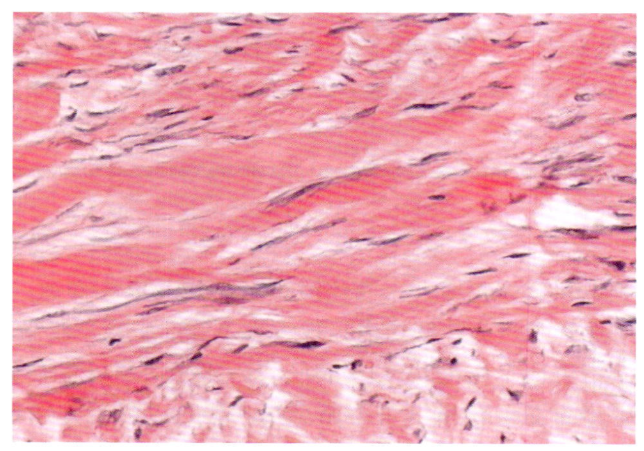

图 38－6　结缔组织的玻璃样变性

2. 细动脉壁玻璃样变性

血浆蛋白质漏入血管壁，沉积于细动脉壁，可使管壁增厚而呈均质、红染、半透明状，玻璃样变性的细动脉管腔狭窄，弹性减弱，脆性增加，容易发生破裂、出血。常见于缓进型高血压和糖尿病的肾、脑、脾等脏器的细动脉壁（图 38－7）。

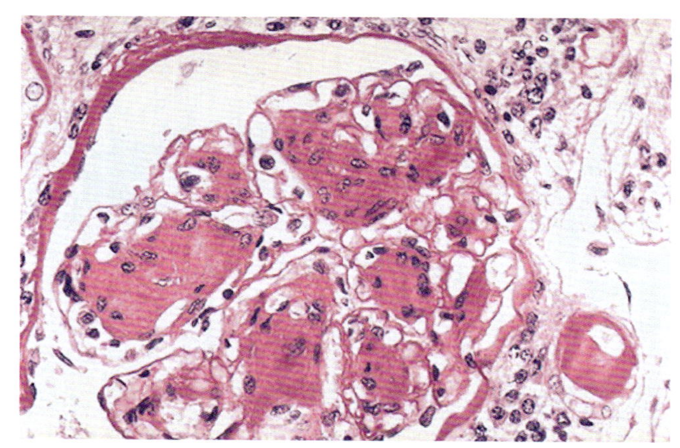

图 38－7　细动脉壁玻璃样变性

3. 细胞内玻璃样变性

为多种原因引起细胞吞饮蛋白质或细胞质内蛋白质性物质凝固，形成均质红染、大小不等、圆形小体。如肾病时，出现大量蛋白尿，肾近曲小管上皮吞饮蛋白，并在胞质内融合成玻璃样小滴。酒精中毒时，肝细胞核内可出现红染的玻璃样物等。

二、细胞的死亡

细胞死亡是指细胞受到严重损伤累及细胞核，出现代谢停止、形态破坏和功能丧失等不可逆的变化。细胞死亡可分为坏死和细胞凋亡两种类型。细胞坏死是受比较强烈的有害刺激而引起的急速病理性死亡。

（一）坏死

坏死是指活体内局部组织、细胞的死亡。坏死是一种不可逆性损伤。坏死的细胞代谢停止，功能完全丧失，出现一系列形态学改变，并可引发急性炎症反应。

1. 坏死的病理变化

细胞坏死数小时后，溶酶体破裂，释放水解酶，细胞发生自溶或被水解酶消化溶解，进而出现一系列的形态变化。坏死的基本病变包括细胞核、细胞质及间质三部分的变化。

（1）细胞核：细胞核的变化是细胞坏死的重要标志，主要有三种形式：①核固缩：由于细胞核内水分脱失，使染色质浓缩，核的体积缩小，染色加深；②核碎裂：核膜破裂，核染色质崩解为小碎片，分散于胞质中；③核溶解：染色质的 DNA 被 DNA 酶分解，核失去对碱性染料的亲和力，因而染色变淡，只能看到核的轮廓，随后染色质中残余蛋白质被蛋白酶降解，核完全消失（图 38－8）。

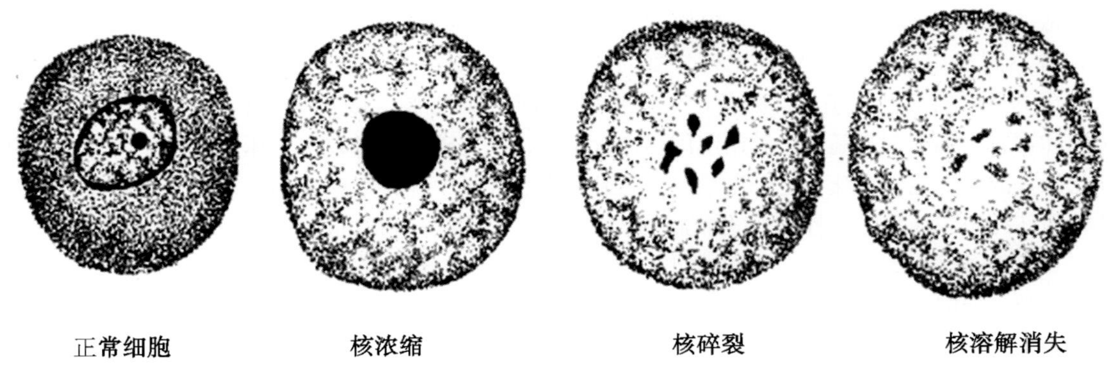

图 38－8　细胞坏死时的形态学示意图

（2）细胞质：由于胞质中 RNA 丧失及蛋白变性，与酸性染料伊红的亲和力增高，导致胞质红染。同时，由于胞质结构崩解，致使胞质呈颗粒状，进而细胞膜破裂，整个细胞完全崩解消失。以后胞膜破裂，整个细胞迅速溶解、吸收而消失。

（3）间质：在各种水解酶的作用下，基质崩解，胶原纤维肿胀、崩解、断裂、液化，最后坏死的胞核胞质及崩解的间质融合成一片模糊的颗粒状、无结构的红染物质。

最后，坏死的细胞和崩解的间质融合成一片模糊、红染无结构的颗粒状物质。临床上将这种已失去生活能力的组织称为失活组织。其特点是：①失去原组织的光泽，颜色苍白、混浊；②失去原组织的弹性，捏起或切断后组织回缩不良；③失去正常组织的血液供应，摸不到动脉搏动，针刺或清创切开时无新鲜血液流出；④失去正常组织的感觉和运动功能等。

2. 坏死的类型

根据坏死的形态变化，可将坏死分为以下四种类型。

（1）凝固性坏死：组织、细胞坏死后，细胞内的蛋白质与细胞器凝集，形成灰白色或黄白色干燥的凝固体。常见于蛋白质含量较多的器官，如心、肾、脾等器官的缺血性坏死。肉眼观，坏死区干燥，呈灰黄或灰白色，与健康组织之间有一明显的暗红色出血带。镜下观，坏死灶内的组织、细胞结构消失，但其轮廓仍可保留一段时间（图 38－9）。

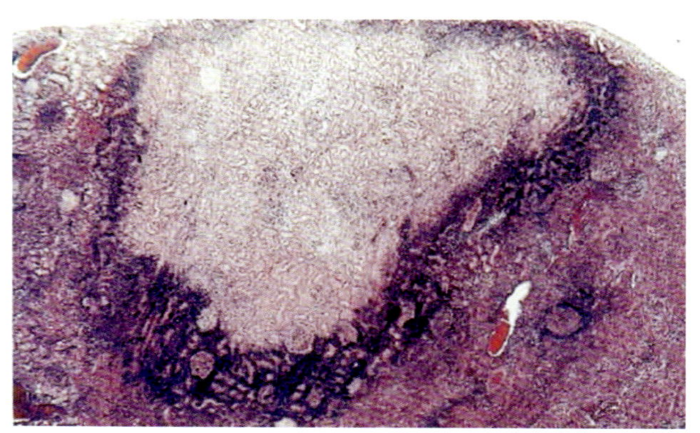

图 38－9　肾凝固性坏死

可见肾小球和肾小管轮廓，但细胞结构消失

干酪样坏死是凝固性坏死的一种特殊类型，主要见于结核杆菌引起的坏死，其坏死组织分解彻底，组织结构很快被破坏。肉眼观，由于含脂质较多，色微黄，质地松软，如干酪状，故名干酪样坏死，又称豆腐渣样坏死。镜下观，坏死组织呈一片红染，无结构颗粒状物质，看不到组织轮廓。干酪样坏死与凝固性坏死的区别在于前者组织坏死彻底。

（2）液化性坏死：组织坏死后，分解液化，可形成坏死腔。多发生于含蛋白质少、脂质多的组织和器官，如脑和脊髓等。脑组织因蛋白含量少，水及磷脂含量较多，坏死过程中常形成囊状软化灶，故脑液化性坏死，也称脑软化。脓肿是由于大量中性粒细胞破坏后，释放大量蛋白溶解酶，使坏死组织液化。急性胰腺炎胰脂酶外溢消化胰周围的脂肪组织也可发生液化性坏死。

（3）纤维素样坏死：结缔组织或小血管壁的胶原纤维肿胀、断裂、崩解为强嗜酸性的颗粒状、小片状或细丝状无结构物质，状似纤维素，称为纤维素样坏死。多发生于风湿病、全身性红斑狼疮以及恶性原发性高血压时的细动脉等。

（4）坏疽：坏疽是较大范围的组织坏死合并腐败菌感染。坏死组织被腐败菌分解，生成硫化氢，产生恶臭气味，与血红蛋白分解的铁相结合，形成黑色的硫化铁，可使坏死组织呈黑褐色。依据坏疽发生的原因、病变特点，可将坏疽分为三种类型：①干性坏疽：多见于动脉阻塞但静脉回流尚通畅的四肢末端，如血管闭塞性脉管炎、四肢动脉粥样硬化及冻伤等疾病时（图 38－10）。②湿性坏疽：常见于动脉阻塞、静脉回流同时受阻的肺、肠、阑尾、子宫等，常有恶臭。③气性坏疽：多见

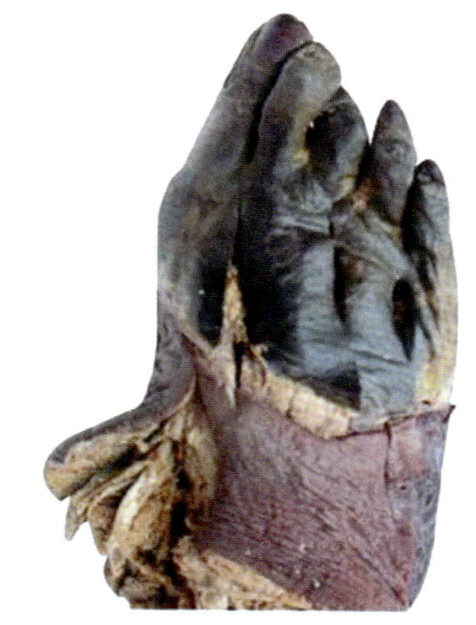

图 38－10　足干性坏疽

于深达肌肉的开放性创伤，合并产气荚膜杆菌、腐败弧菌等厌氧菌感染，中毒症状极重，需紧急处理。三种坏疽的区别见表 38－1。

表 38－1 三种坏疽的区别

	干性坏疽	湿性坏疽	气性坏疽
原因、条件	动脉阻塞、静脉回流畅通、腐败菌感染较轻	动静脉同时阻塞、腐败菌感染较重	深部肌肉损伤合并厌氧菌感染
好发部位	四肢末端	与外界相通的内脏	战伤、深部肌肉
病变特点	干、黑、硬、皱，与周围组织界限清楚	湿软、肿胀、黑色或污秽绿色，与周围组织界限不清	明显肿胀、污秽、暗棕色，按压有捻发感，切面呈蜂窝状
病情进展	缓慢	较快	迅速
臭味	轻	严重	严重
后果	中毒轻，进展慢	中毒重，进展快	全身中毒重，迅速蔓延扩散

3. 坏死的结局

组织坏死后即称为机体的异物，机体可通过以下方式将其清除，并进行修复。

（1）溶解吸收：坏死组织范围较小时，可通过中性粒细胞及坏死组织释放的各种水解酶将坏死组织分解、液化，经血管、淋巴管吸收运走，不能吸收的碎片则可由巨噬细胞吞噬后消化。

（2）分离排出：坏死灶较大，难以吸收时，其周围出现炎症反应，中性粒细胞释放蛋白溶解酶，将坏死组织分解，吸收，与健康组织分离，并通过各种自然途径排出体外。皮肤、黏膜的坏死组织排出后形成浅表性缺损，称糜烂，遗留较深的组织缺损，称为溃疡。肺、肾等实质器官的坏死物，通过支气管、输尿管排出，在该处留下的空腔称为空洞。

（3）机化：是指坏死组织不能溶解吸收或完全排出时，由肉芽组织逐步取代的过程。最后形成瘢痕。

（4）包裹和钙化：较大的坏死灶不能被完全吸收机化时，可由肉芽组织将其包绕，使病变组织局限，称为包裹。坏死组织内若有钙盐沉积，称为钙化，如结核病灶的钙化等。

4. 坏死的后果

坏死的后果可轻可重。①坏死器官的重要性，若器官重要，其坏死常导致严重的功能障碍，甚至危及生命。如心肌梗死，可引起心力衰竭；脑坏死可引起偏瘫、失语，甚至昏迷等神经症状。②坏死范围，若坏死范围大，如重症肝炎时，肝细胞的大片坏死，可造成死亡。③坏死组织细胞的再生能力，若再生能力强，如肝、上皮组织细胞，坏死后有可能通过再生恢复其结构和功能；若再生能力弱，如神经细胞，损伤后则不能再生。④坏死器官的代偿能力，若代偿能力强，如肺、肾等成对器官的代偿能力强，即使一侧肾切除，也能通过另一侧肾功能的代偿来维持生命。

（二）细胞凋亡

凋亡是指活体内散在的单个细胞在一定条件下，通过启动其自身内部预存的死亡程序，而发生的细胞主动性死亡，是机体排除不需要细胞的一种方式。凋亡时细胞膜完好无损，不引起周围炎症反应。凋亡多见于生理情况下，也可见于病理条件下，如病毒性肝炎时，肝细胞发生凋亡，可形成嗜酸性小体，即凋亡小体。

第三节 损伤的修复

修复是指局部组织和细胞损伤后，机体对缺损的组织、细胞在形态和功能上进行修补恢复的过程。组织的修复是通过细胞的再生来完成的。

一、再生

再生是指组织或细胞损伤后，由周围的同种细胞进行修复的过程，分为生理性再生和病理性再生。生理性再生是指机体有些细胞不断衰老死亡，由新生的同种细胞增生补充，从而维持原组织的形态和功能，如子宫内膜周期性脱落，由基底层细胞增生加以恢复等。病理性再生是指组织、细胞缺损后发生的再生，分为再生和纤维性修复。再生是指死亡的细胞由同类细胞增生、补充，若完全恢复原组织的结构与功能，则称为完全再生；纤维性修复是指缺损由肉芽组织增生、填补，最后形成瘢痕，也称为瘢痕修复。

（一）各种组织的再生能力

机体各种细胞的再生能力不一，一般来说，分化程度低的比分化程度高的细胞再生能力强，易受损伤或经常更新的组织再生能力强。根据细胞再生能力的强弱可将细胞分为三类。

1. 不稳定细胞　即再生能力强，寿命短的细胞，这类细胞在生理状态下不断地分裂增生以取代衰老的细胞，包括表皮细胞、消化道、呼吸道和生殖器官管腔的被覆细胞、造血细胞等。

2. 稳定细胞　即有潜在较强再生能力的长寿命细胞，这类细胞在生理情况下处于静止期（G_0期），往往较稳定，无明显更新现象，但受到损伤等因素刺激后，则进入增殖期，表现出较强的再生能力。如肝、胰、内分泌腺、成纤维细胞、肾小管上皮细胞、内皮细胞、软骨细胞及骨细胞等。平滑肌细胞也属于稳定细胞，但再生能力较弱。

3. 永久性细胞　即再生能力非常微弱或基本上无再生能力的细胞，如神经细胞、骨骼肌细胞和心肌细胞，一旦破坏则成为永久性缺失，但损伤后常常可由纤维组织增生来修复，最后形成瘢痕。

（二）各种组织的再生过程

1. 上皮组织的再生

（1）被覆上皮的再生：鳞状上皮损伤后，其边缘上皮组织中的基底层细胞迅速分裂增殖，向缺损中心迁移，先形成单层上皮，然后再增生分化为鳞状上皮；胃肠黏膜的上皮缺损后，有邻近的基底部细胞分裂、增生来修补，新生的上皮细胞起初为立方形，以后再变为柱状细胞。

（2）腺上皮再生：腺上皮再生能力比鳞状上皮弱，腺体损伤后，由残留的上皮分裂补充，若腺体的基底膜或支架完整，则可恢复原有的结构；但若支架或基底膜破坏严重，则难以再生或仅能形成上皮细胞团，如皮肤附属器汗腺；肝细胞的再生能力很强，损伤时，通过残存肝细胞的再生，大多可恢复肝的正常结构。但是，若肝组织结构严重破坏，再生的肝细胞排列紊乱，则难以恢复成正常的小叶结构。

2. 血管的再生

在组织修复的过程中，血管能否再生至关重要，因为再生的血管可为修复组织提供足够的营养物质。

（1）毛细血管的再生：是以出芽的方式来完成的。毛细血管的内皮细胞分裂增生形成向外突起的幼芽，幼芽处的细胞不断增多再形成一条实心的细胞索，数小时后，在血流的冲击下出现管腔，形成毛细血管，并相互吻合沟通（图 38－11）。为适应功能需要，有的毛细血管消失，有的则进一步演变为小动脉和小静脉。

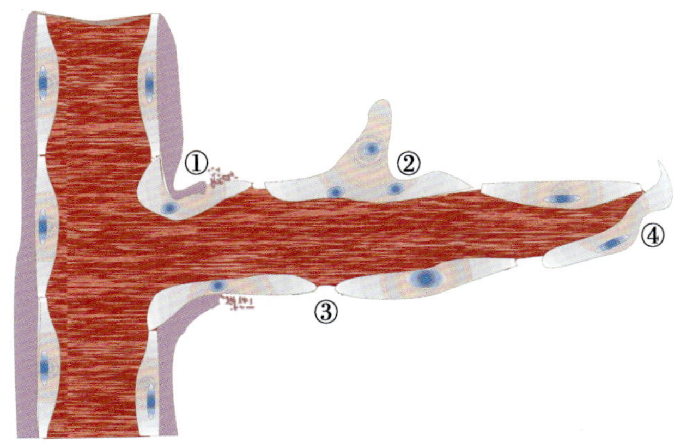

图 38－11　毛细血管的再生

（2）大血管的再生：大血管断裂后，不能自行再生修复，需要手术吻合。吻合处两侧的内皮细胞分裂增生，互相连接，可恢复原有内膜的结构。内皮下各层组织由纤维结缔组织增生连接，形成瘢痕修复。

3. 纤维组织的再生

在损伤刺激下，静止状态的纤维细胞和未分化的间叶细胞可分化形成幼稚的成纤维细胞。成纤维细胞体积较大、椭圆形或因胞体有突起而呈星芒状。当成纤维细胞停止分裂后，可在细胞周围形成胶原纤维，随着细胞的成熟，细胞周围的胶原纤维逐渐增多，成纤维细胞又转变成长梭形的纤维细胞（图 38－12）。

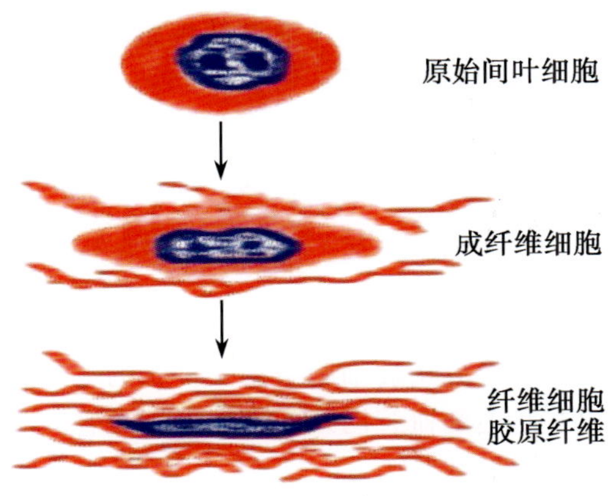

图 38－12　成纤维细胞分化为纤维细胞、合成胶原纤维模式图

4. 神经组织的再生

脑和脊髓的神经细胞破坏后不能再生，可由神经胶质细胞增生修复，形成胶质瘢痕。但是，外周神经损伤后，若与其相连的神经细胞体存活，则可完全再生。首先，断处远侧端的神经髓鞘与轴突崩解吸收，断端近侧一小段神经纤维也发生同样变化，然后神经膜细胞增生，形成带状的合体细胞，将断端连接，近端轴突逐渐向远端生长，穿过神经鞘细胞带，最后可生长至末梢，鞘细胞产生髓磷脂包绕并形成髓鞘。多余的神经髓鞘与轴突消失（图38－13）。如果近端再生的神经轴突未能延伸至远端髓鞘内，只在断端处长出很多细支，与增生的纤维组织绞缠在一起形成瘤样肿块，称创伤性神经瘤，常可引起顽固性疼痛。

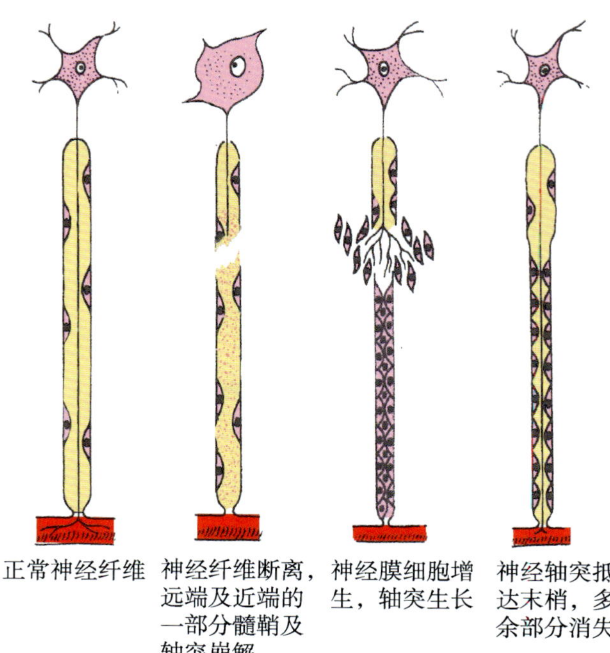

图 38－13　神经纤维再生模式图

二、纤维性修复

纤维性修复是组织、细胞损伤后，机体通过纤维组织增生对缺损进行修补恢复的过程。因修复后形成瘢痕组织，又称为瘢痕修复。

（一）肉芽组织

肉芽组织是指由新生的毛细血管、增生的成纤维细胞构成，并伴有炎细胞浸润的一种幼稚的结缔组织。

1. 形态结构

肉眼观，鲜红色、颗粒状、柔软、湿润，触之易出血，形似鲜嫩的肉芽，故名肉芽组织。镜下观，内皮细胞增生，形成实性细胞条索及扩张的毛细血管，以小动脉为轴心，垂直于创面生长，在周围形成袢状毛细血管网。新生的毛细血管间有大量增生的成纤维细胞及少量炎细胞，以中性粒细胞和巨噬细胞为主（图 38－14）。

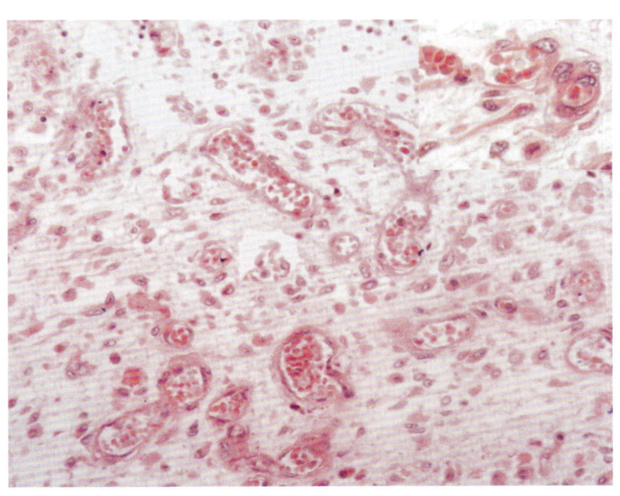

图 38-14 肉芽组织镜下观

新生毛细血管和成纤维细胞构成，其间见炎细胞浸润

2. 功能

肉芽组织在损伤的修复过程中具有重要的作用。①抗感染、保护创面：肉芽组织内的巨噬细胞和中性粒细胞能吞噬细菌及组织碎片，将坏死组织溶解、液化、吸收，故肉芽组织能消除感染和异物，保护伤口洁净，以利愈合；②填补、修复伤口或连接断端组织；③机化、包裹坏死组织、血栓、渗出液及其他异物。

3. 结局

肉芽组织在机化异物、填补缺损的同时，逐渐成熟，最后转变为瘢痕组织。在此过程中，肉芽组织的结构、成分均发生很大的变化：①水分减少；②部分毛细血管管壁闭塞消失。少数毛细血管转变为小动脉和小静脉；③成纤维细胞逐渐成熟，产生越来越多的胶原纤维，自身则转变为纤维细胞；④炎细胞减少、消失。

（二）不良肉芽

若肉芽组织生长缓慢，颜色淡红或苍白，颗粒不明显、或有脓胎，则称为不良肉芽。不良肉芽将影响伤口的愈合或引起感染，应予以手术切除。因此，在临床上，应注意观察伤口愈合过程中肉芽组织生长和形态变化的情况。健康肉芽组织和不良肉芽组织的区别见表 38-2。

表 38-2 健康肉芽组织和不良肉芽组织的区别

	健康肉芽组织	不良肉芽组织
肉眼观	鲜红色，柔软，湿润，分泌物少，表面颗粒分布均匀、触之易出血	苍白色，色暗，水肿状，无弹性，表面颗粒分布不均，有脓苔，触之不易出血
生长速度	生长比较快，血液供应好	生长缓慢，长期不能将伤口填平

（三）瘢痕组织

瘢痕组织是指肉芽组织经改建成熟所形成的纤维结缔组织。

1. 形态结构　肉眼观，呈苍白色或灰白色，半透明，质地坚韧而缺乏弹性。镜下观，血管较少，纤维细胞少，而胶原纤维增粗、互相融合，呈均质红染状，即玻璃样变性。

2. 对机体的影响　有利方面：瘢痕组织的形成能填补损伤的创口，使其缺损长期、牢固地连接起来。不利方面：①瘢痕收缩可引起器官变形及功能障碍，如胃溃疡瘢痕形成可导致幽门梗阻；②瘢痕性粘连，常不同程度的影响其功能，如结核性胸膜炎引起胸膜粘连；③瘢痕疙瘩，瘢痕组织增生过度，形成突出于皮肤表面不规则的硬块，即为瘢痕疙瘩。容易出现瘢痕疙瘩的人又称为瘢痕体质。

三、创伤愈合

创伤愈合是指机体遭受外力作用后，损伤的组织出现断离和缺损，通过组织再生和肉芽组织增生进行修补、恢复的过程。创伤愈合包括各种组织的再生、肉芽组织增生及瘢痕组织形成等过程。

（一）皮肤创伤愈合

1. 创伤愈合的基本过程

（1）伤口的早期变化：伤口局部有不同程度的组织坏死和出血，数小时内出现炎症反应，表现为充血、渗出及白细胞游出，故局部红肿，渗出物和血凝块充满缺口，起临时填充和保护的作用，若无感染，2～3 天后炎症逐渐消退。

（2）伤口收缩：2～3 天后，边缘的整层皮肤及皮下组织向中心移动，于是伤口迅速缩小，直到 14 天左右停止。伤口的收缩可以缩小创面。由伤口边缘新生的肌成纤维细胞牵拉作用使伤口收缩。

（3）肉芽组织增生和瘢痕形成：创伤后第 3 天开始，自伤口底部和边缘长出肉芽组织将伤口填平，第 5～6 天起，成纤维细胞产生胶原纤维，其后 1 周，胶原纤维形成极为活跃，以后逐渐缓慢下来，随着胶原纤维越来越多，开始出现瘢痕，大约在伤后 1 个月，瘢痕完全形成。

（4）表皮及其他组织再生：创伤发生 24 小时内，伤口边缘的基底细胞即开始增生，并向伤口中心移动，形成单层上皮，覆盖肉芽组织的表面。当这些细胞彼此相遇时，则停止前进，并增生分化为鳞状上皮。健康肉芽组织可提供上皮再生所需的营养及生长因子，对表皮再生十分重要。如果肉芽组织长时间不能将伤口填平，则会延缓愈合。由于异物及感染等刺激而过度生长的肉芽组织，高于皮肤表面，也会阻止表皮再生，因此临床需将其切除，如伤口过大（一般认为直径超过 20cm 时），则再生表面很难将伤口完全覆盖，需要植皮。

2. 创伤愈合的类型

（1）一期愈合：见于损伤范围小、创缘整齐、无感染、无异物、对合严密的伤口，如手术切口。此类伤口仅有少量血凝块将伤口黏合，故炎症反应较轻，最后形成线状瘢痕。一期愈合所需的时间短，形成的瘢痕小，对机体的影响一般不大（图 38－15）。

（2）二期愈合：见于组织缺损大、创缘不整齐、无法对合或伴有感染的伤口。这类伤口坏死组织多，炎症反应明显，只有感染得到控制，坏死组织被清除以后，再生才能开始，故，愈合时间长，形成的瘢痕大（图 38－16）。

①创缘整齐，组织缺损小

①创缘不整，缺损大，伴有感染

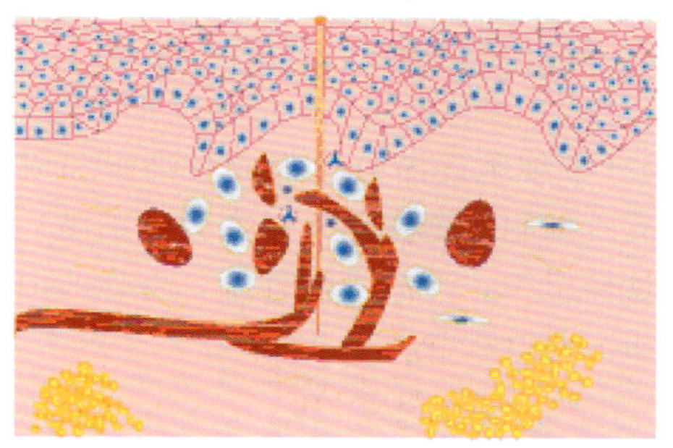

②创面对合严密，炎症反应轻微

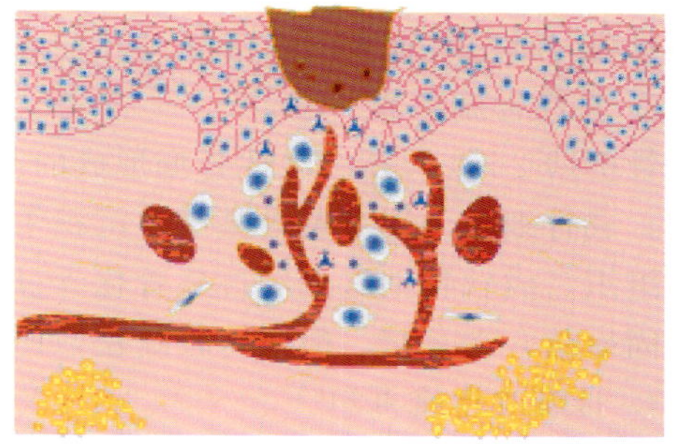

②伤口收缩，肉芽组织多

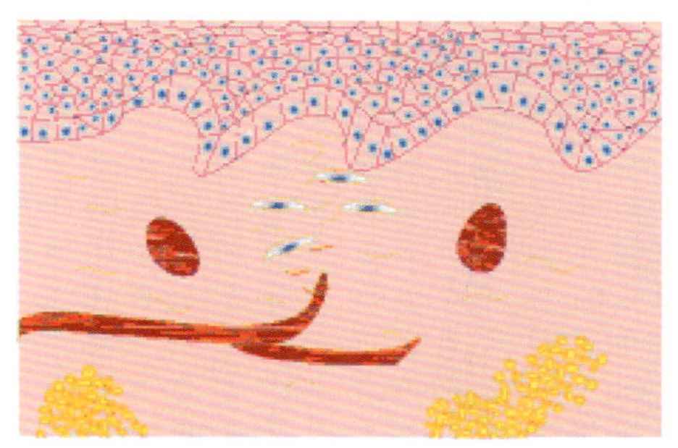

③表皮再生，形成一条线状瘢痕

图 38－15　创伤一期愈合模式图

③表皮再生，形成较大瘢痕

图 38－16　创伤二期愈合模式图

（3）痂下愈合：多见于浅表皮肤的擦伤。伤口表面的血液、渗出液及坏死组织干燥后，形成黑褐色的硬痂，上皮再生完成后，痂皮即可脱落，称为痂下愈合，硬痂有保护创面及抗感染的作用。

一期愈合、二期愈合及痂下愈合的区别见表 38－3。

表 38－3　一期愈合、二期愈合及痂下愈合的区别

愈合类型	组织缺损	创缘	缝合程度	感染、异物	愈合时间	瘢痕
一期愈合	较小、见于手术切口	整齐	缝合严密	无	短	小
二期愈合	较大、坏死组织多	不整齐	不严密、无法缝合	有	长	大
痂下愈合	浅表皮肤擦伤	浅	不需要缝合	无	短	无

（二）骨折愈合

骨组织的再生能力很强，骨折后，经过良好的复位，断端及时、牢靠固定，功能锻炼，即可恢复正常的结构和功能。骨折愈合的过程可分为以下几个阶段。

1. 血肿形成

骨折复位后第 1 天，在骨折的两端及其周围可出现大量出血，形成血肿，数小时后，血肿发生凝固，可将两断端连接起来。以后局部出现炎症反应，渗出的炎细胞能清除坏死组织，也为肉芽组织的长入与机化创造条件。

2. 纤维性骨痂形成

骨折后 2～3 天，骨外膜和骨内膜处的骨膜细胞增生，成为由成纤维细胞和毛细血管构成的肉芽组织，并取代血肿、机化之。继而发生纤维化，并形成纤维性骨痂，也可称之为临时性骨痂，此过程需要 2～3 周。

3. 骨性骨痂形成

骨折后 2～3 周在纤维性骨痂形成的基础上，成纤维细胞逐渐分化为成骨细胞和成软骨细胞，成骨细胞分泌大量骨基质，沉积于细胞间，成骨细胞逐渐成熟并转变为骨细胞，形成骨样组织，成软骨细胞也经过软骨化骨过程，变成骨样组织，形成骨性骨痂，将骨的两个断端牢固地结合在一起，但结构较疏松，比正常骨脆弱。此过程需要 2～3 个月。

4. 骨痂改建或再塑

骨性骨痂由于结构不够致密，骨小梁排列紊乱，仍达不到正常功能的需要。为了适应活动时所受的应力，骨性骨痂需经过进一步改建，成为成熟的板层骨。皮质骨和髓腔的正常关系，以及骨小梁正常的排列结构也重新恢复。改建是在破骨细胞与成骨细胞的协同作用下进行的，故所需时间较长，一般需经历数月甚至数年才能完成（图 38－17）。

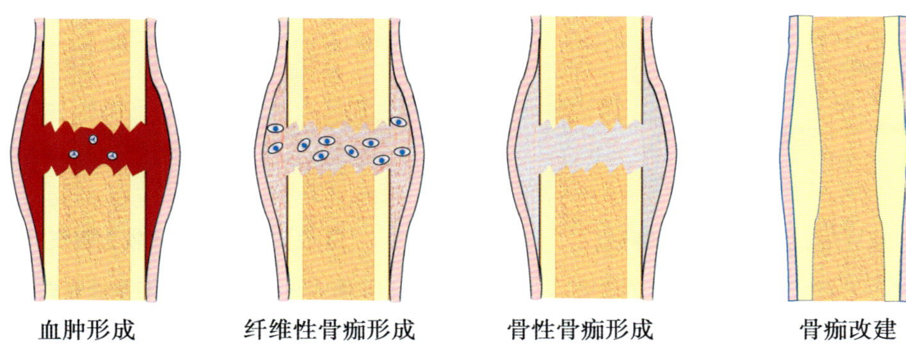

图 38－17 骨折愈合过程模式图

四、影响再生修复的因素

1. 全身因素

（1）年龄：儿童或青少年的组织再生能力强，愈合快；而老年人的组织、细胞再生能力弱，愈合慢，可能与老年人血管硬化，血液供应不足有关。

（2）营养状况：蛋白质缺乏，尤其是含硫蛋氨酸缺乏时，肉芽组织和胶原纤维形成不足，伤口愈合会延缓；维生素 C 缺乏时，成纤维细胞合成胶原减少，伤口愈合减慢；钙和磷在骨折愈合中尤为重要，锌缺乏也会延缓愈合。

（3）药物的影响：肾上腺皮质激素或促肾上腺皮质激素的大量使用可抑制炎症反应。故在炎症创伤过程中要慎用此类激素。抗肿瘤药的细胞毒作用也可延缓伤口的愈合。

（4）某些疾病的影响：尿毒症、糖尿病及某些免疫缺陷性疾病等均可对创伤愈合产生不利影响。

2. 局部因素

（1）感染与异物：局部若有感染，细菌、毒素不仅妨碍细胞的代谢过程，使肉芽组织生长迟缓，感染扩散还能加重局部的损伤；异物或坏死组织对可局部产生刺激作用，妨碍修复。

（2）局部血液循环：局部血液供应不足或静脉回流障碍，可导致氧气和营养物质供应下降，肉芽组织营养不良、生长迟缓、影响愈合。如伤口包扎过紧、缝合过紧等。

（3）神经支配：完整的神经支配对神经组织再生有一定作用，如麻风引起的溃疡不易愈合，是由于神经受累所致。因此，清创时，应注意避免伤及神经，对有神经损伤的伤口，需进行缝合处理，以保护神经，促进神经纤维再生。

（4）电离辐射：能破坏细胞，损伤小血管，抑制组织再生，也可影响创伤的愈合。

小 结

组织细胞受到刺激后，其形态变化可表现为适应、变性和坏死。前两者几乎都是可逆性病变，后者是不可逆性病变。适应在形态上主要表现为细胞体积的变化（如萎缩、肥大）、细胞数量的变化（增生或数量性萎缩）或细胞类型的转变（如化生）。

变性是由于代谢障碍所引起的细胞或间质内出现一些在量上或质上不同于正常的物质。若这些物质是水称为细胞水肿，是脂滴就称为脂肪变性，是均匀一致半透明红色的物质则称为玻璃样变性。

坏死是一种不可逆性的损伤，它的标志是细胞核的变化，即核浓缩、核碎裂、核溶解。组织坏死后的形态可表现为凝固性坏死、液化性坏死、坏疽和纤维素性坏死。坏死的组织最后可发生自溶和局部炎症，溶解、吸收，分离、排出，机化、包裹，钙化。

组织细胞损伤后，机体可通过再生（由同种类型实质细胞填补缺损）或纤维性修复（由结缔组织间质来填补缺损）来进行修复。纤维性修复主要是由肉芽组织完成。肉芽组织主要由新生的毛细血管和增生的成纤维细胞构成，具有抗感染与保护创面、填补缺损、机化与包裹的作用。

根据损伤程度及有无感染及异物，皮肤和软组织的创伤愈合的类型可分为一期愈合、二期愈合、痂下愈合。骨折愈合的过程包括血肿形成、纤维性骨痂形成、骨性骨痂形成、骨痂改建。

影响再生修复的因素有全身因素（年龄、营养、激素或药物）和局部因素（感染及异物、局部血液循环、神经支配、电离辐射等）。

自测题

一、名词解释

1. 萎缩
2. 化生
3. 变性
4. 肉芽组织
5. 机化

二、单项选择题

1. 下列说法哪种是错误的
   A. 萎缩是指实质细胞、组织或器官的体积缩小
   B. 肥大是指细胞、组织或器官体积增大
   C. 增生是指细胞数量增多
   D. 一种分化成熟的细胞转变为另一种分化成熟的细胞的过程称为化生
   E. 萎缩、肥大、增生、化生是适应的四种主要形式

2. 关于凝固性坏死，下列说法正确的是
   A. 多见于心、脑、肝、肾等脏器
   B. 肉眼观干燥、质实，界限不清
   C. 早期光镜下组织轮廓保存，细胞微细结构消失
   D. 坏死发生后即可与正常组织在形态上加以鉴别
   E. 脂肪坏死是它的特例

3. 下列哪种改变不属于液化性坏死
   A. 急性坏死性胰腺炎
   B. 脑脓肿
   C. 干酪样坏死
   D. 脑软化
   E. 乳腺外伤

4. 关于化生，正确的是
   A. 化生是分化成熟的细胞直接转变为另一种分化成熟细胞的过程
   B. 化生对人体有害无益
   C. 通常上皮细胞只能化生为上皮细胞，间叶细胞只能化生为间叶细胞
   D. 化生可直接导致肿瘤的发生
   E. 化生是损伤的一种

5. 不易发生湿性坏疽的器官是
   A. 肠
   B. 子宫
   C. 肺
   D. 四肢
   E. 胆囊

6. 细胞坏死的主要形态学标志是
   A. 细胞浆的变化
   B. 细胞间质的变化
   C. 细胞膜的变化
   D. 细胞核的变化
   E. 以上都不对

7. 以下说法正确的是
   A. 肉芽组织将坏死组织包围叫机化
   B. 肉芽组织长入取代坏死组织称为包裹
   C. 坏死是不可逆性改变，变性通常是可逆性改变
   D. 陈旧的坏死与机化组织可发生转

移性钙化

E. 肾、肺等器官坏死后果严重

8. 脑组织易发生

A. 凝固性坏死

B. 湿性坏疽

C. 液化性坏死

D. 纤维素样坏死

E. 干酪样坏死

9. 关于肉芽组织，下列说法错误的是

A. 肉眼观为红色、细颗粒状、状似肉芽

B. 触之易出血

C. 有痛感

D. 为幼稚的纤维结缔组织，基本成分是新生毛细血管和成纤维细胞

E. 最终老化为瘢痕组织

10. 下列因素除哪项外，均为影响创伤愈合的局部因素

A. 药物

B. 感染

C. 局部血供

D. 神经支配

E. 异物

三、简答题

1. 坏死的结局有哪些？
2. 举例说明病理性萎缩的常见类型。
3. 什么是肉芽组织？它的基本成分是什么？它的主要功能有哪些？

（胡　婷）

第三十九章　局部血液循环障碍

学习目标

1. 掌握淤血、出血、血栓形成、栓塞和梗死的概念、慢性肺淤血、慢性肝淤血的病变特点。
2. 熟悉血栓形成的条件和结局、栓子的运行途径、栓塞的类型和对机体的影响；淤血的后果、出血的原因及分类、梗死的类型及其病变特点。
3. 了解充血、血栓与梗死对机体的影响。

血液循环障碍可分为全身性和局部性两种，它们既有区别又有联系。

局部血液循环障碍表现为以下几方面的异常：①局部组织或器官血管内血液含量的异常，包括血液含量的增多或减少，即充血、淤血或缺血；②局部血管壁通透性和完整性的异常，表现为血管内成分逸出血管外，包括水肿和出血；③血液性状和血管内容物的异常，包括血栓形成、栓塞和梗死。

第一节　充　血

一、动脉性充血

局部组织或器官的动脉输入血量增多，称为动脉性充血，简称充血。

（一）原因

凡能引起细小动脉扩张的任何原因，均可引起局部组织或器官充血。

1. 生理性充血　在生理的情况下，为适应生理上的需要或者机体代谢增强而发生的充血。如进食后的胃肠道充血、运动时的骨骼肌充血及情绪冲动时的面部充血等。

2. 病理性充血　在病理的情况下，充血常是由理化因素、细菌毒素等的刺激所引起的，有的充血则是机体对局部血液循环障碍的代偿适应性反应，常见的有：

（1）炎症性充血：较为常见。主要是在炎症早期，在致炎因子作用下引起神经轴索反射使血管舒张神经兴奋以及血管活性胺类介质释放，使局部小动脉扩张充血。例如发生在体表的炎症，早期局部表现的发红、发热和肿胀与局部炎症性充血有关。

（2）减压后充血：指局部器官、组织长期受压，使局部血管张力降低，当压力突然解除时，受压的小动脉发生反射性扩张引起的充血。例如绷带包扎过紧突然松开、快速抽出胸、腹腔积液或摘除腹腔内巨大肿瘤后，可使胸、腹腔的压力突然降低，细小动脉反射性扩张而导致局部充血，严重时可引起有效循环血量骤减，导致血压下降、脑供血不足等严重后果。

（二）病理变化

肉眼观察：充血组织或器官轻度肿胀，体积略增大，颜色鲜红，皮肤温度升高；镜下观察：充血的组织内小动脉和毛细血管扩张、血量增多。

（三）后果

动脉性充血属于暂时性的血管反应，原因消除后，可恢复正常，一般对机体无不良后果。多数情况下，充血对机体是有利的。由于局部血液循环加快，氧及营养物质供应增多，促进物质代谢，增强组织、器官的功能，透热疗法在临床上的治疗作用即在于此。个别情况下，充血会造成不良后果，如脑充血时会引起头痛、头晕等，甚至可在原有血管病变（如动脉硬化、脑血管畸形等）的基础上，导致血管破裂出血。

二、静脉性充血

局部组织或器官由于静脉血液回流受阻，血液淤积在小静脉和毛细血管内，称为静脉性充血，简称淤血。

（一）原因

凡能引起局部静脉血液回流受阻的各种因素，都能引起淤血。淤血比充血多见，更具临床和病理意义。

1. 静脉受压　局部静脉受外部各种原因压迫，静脉管腔狭窄或闭塞、血液回流障碍，导致器官或组织淤血，如肿瘤、炎症包块及绷带包扎过紧等均可引起淤血；妊娠时，增大的子宫压迫髂总静脉引起下肢淤血、水肿；肠扭转、肠套叠或嵌顿疝等引起局部肠淤血等。

2. 静脉腔阻塞　常见于静脉内血栓形成，导致静脉管腔完全阻塞，引起局部淤血（当在静脉阻塞并且侧支循环未能有效建立的情况下，静脉腔的阻塞才会发生淤血）。

3. 心力衰竭　瓣膜病和原发性高血压等引起左心功能衰竭时，由于肺静脉回流受阻，可导致肺淤血；肺源性心脏病等引起右心功能衰竭时，由于上、下腔静脉回流受阻，可导致体循环淤血，常表现为肝淤血。

（二）病理变化

肉眼观察：发生淤血的组织、器官体积肿胀，重量增加，包膜紧张，颜色暗红或紫红，切面湿润多血。发生于体表时，由于淤积的血液中氧合血红蛋白减少，还原血红蛋白增多，局部呈紫蓝色，称为发绀。由于局部血液淤滞、血流缓慢，致代谢减慢，局部皮肤温度降低。镜下观察：淤血的组织内细静脉和毛细血管扩张，管腔内充满血液；有时还伴有淤血性水肿和淤血性出血。

（三）后果

淤血其对机体的影响取决于淤血的部位、范围、程度、发生速度和持续时间、侧支循环建立的状况等因素。轻度、短时间的淤血，后果轻微，且原因去除后，可恢复正常。但长期淤血可引起淤血性水肿、淤血性出血、实质细胞萎缩、变性、坏死和淤血性硬化等（图 39－1）。

（四）重要器官淤血

1. 慢性肺淤血

左心衰竭时，可发生肺淤血。肉眼观察：肺体积增大，重量增加，呈暗红色，质地较实，切面有淡红色泡沫状液体流出。长期慢性肺淤血，还可导致肺泡壁上的纤维组织增生及网状纤维胶原化，使肺质地变硬，肉眼观呈深褐色，称肺褐色硬化。镜下观察（图 39－2）：

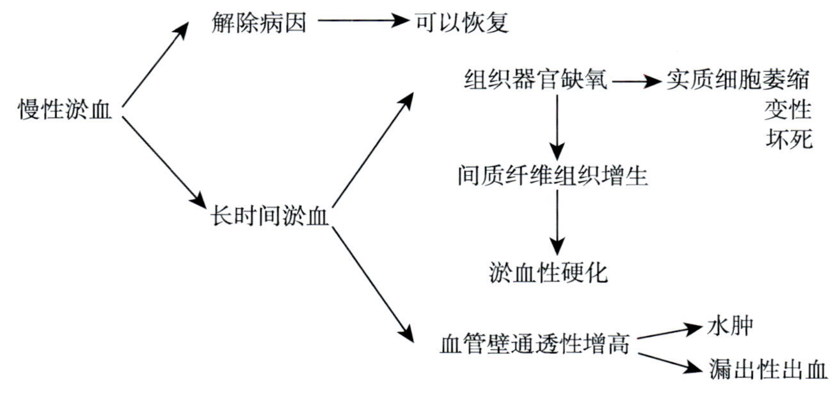

图 39－1　慢性淤血后果示意图

肺细小静脉及肺泡壁毛细血管高度扩张、充血，肺泡壁变厚，肺泡腔内有水肿液，严重时肺泡内可见红细胞、形成肺水肿及漏出性出血；当肺泡腔内的红细胞被巨噬细胞吞噬后，红细胞崩解释放出棕黄色、颗粒状的含铁血黄素，这种胞浆内形成含铁血黄素的巨噬细胞称为心力衰竭细胞。

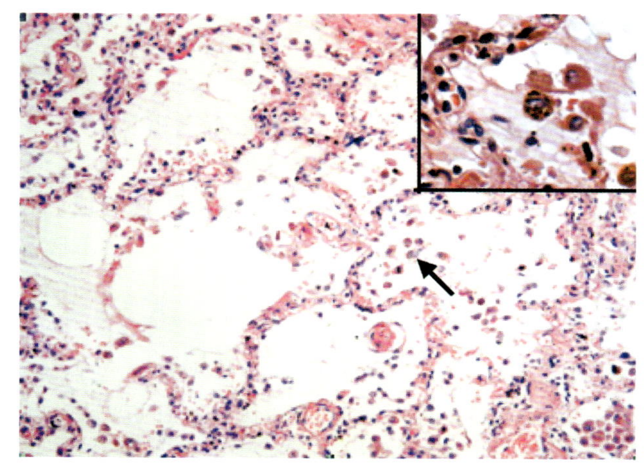

图 39－2　慢性肺淤血

肺泡壁毛细血管扩张充血，肺泡腔内见红细胞、水肿液及心力衰竭细胞（右上为其高倍）

2. 慢性肝淤血

常见于慢性右心衰竭。肉眼观肝脏体积增大，重量增加，包膜紧张，切面呈红-黄相间、状似槟榔切面的花纹状外观，故称槟榔肝（图 39－3）。镜下观察：肝小叶中央静脉及其附近的肝窦高度扩张淤血（肉眼红色区），肝小叶中央静脉周围的肝细胞发生萎缩甚至消失，肝小叶周边的肝细胞因慢性缺氧出现脂肪变性（肉眼黄色区）（图 39－4）。长期慢性肝淤血还可导致肝内纤维组织增生及网状纤维胶原化，使肝质地变硬，称为淤血性肝硬化。

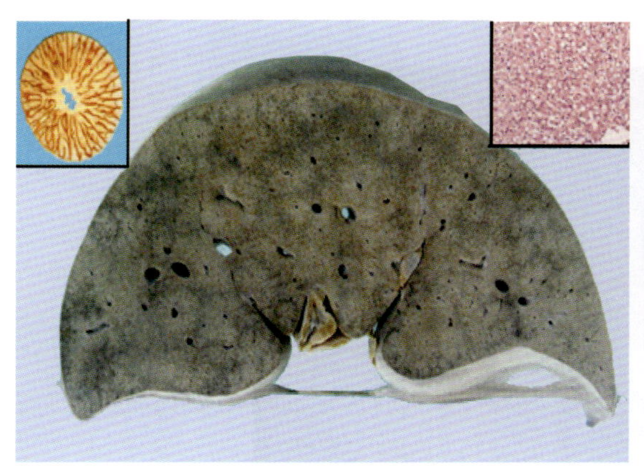
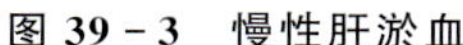

图 39－3　慢性肝淤血

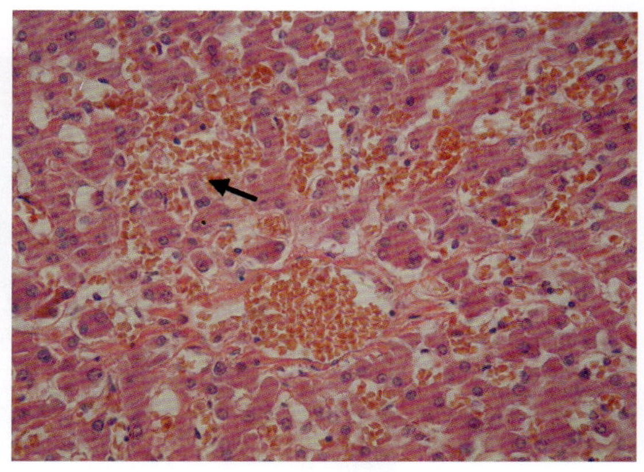

图 39－4　慢性肝淤血

第二节　出　血

血液自心、血管腔流出的现象，称为出血。血液流入组织间隙或体腔内，称为内出血。血液流出体外，称为外出血。

一、类型

按血液逸出的机制，出血分为破裂性出血和漏出性出血两种。

1. 破裂性出血　由心脏或血管壁破裂所致。通常发生于心脏和较大的血管，一般出血量较多。破裂性出血可由心脏和血管本身病变引起，如心肌梗死、动脉瘤、血管瘤和静脉曲张的破裂等；或是局部组织病变，如溃疡、结核性空洞和肿瘤等侵蚀破坏血管壁造成的。此外，血管创伤亦是破裂性出血的常见原因。

2. 漏出性出血　是由于毛细血管和毛细血管后静脉壁通透性增加，血液通过扩大的内皮细胞间隙和损伤的血管基底膜漏出血管外，一般出血量较小。如严重淤血、缺氧、严重感染、中毒、过敏反应、维生素 C 缺乏、血液性质的病变等均可引起漏出性出血。

二、病理变化及后果

新鲜的出血呈红色，以后随红细胞降解形成含铁血黄素而带棕黄色。镜下观察：组织的血管外见红细胞和巨噬细胞，巨噬细胞胞浆内可见红细胞或含铁血黄素，组织中亦见游离的含铁血黄素。

出血对机体的影响取决于出血的类型、出血量、出血速度和出血部位。一次大量出血或小量慢性出血均可引起贫血。漏出性出血比较缓慢，一般出血量较少，不会引起严重后果。破裂性出血若出血迅速，在短时间内丧失循环血量的 20％～25％时，即可发生失血性休克；发生在重要器官的出血，即使出血量不多，亦可引起严重的后果，如心脏破裂引起心包内积血，由于心脏压塞，可导致急性心力衰竭；脑出血（图 39－5），尤其是脑干出血，因重要的神经中枢受压或因脑疝形成可致死亡。

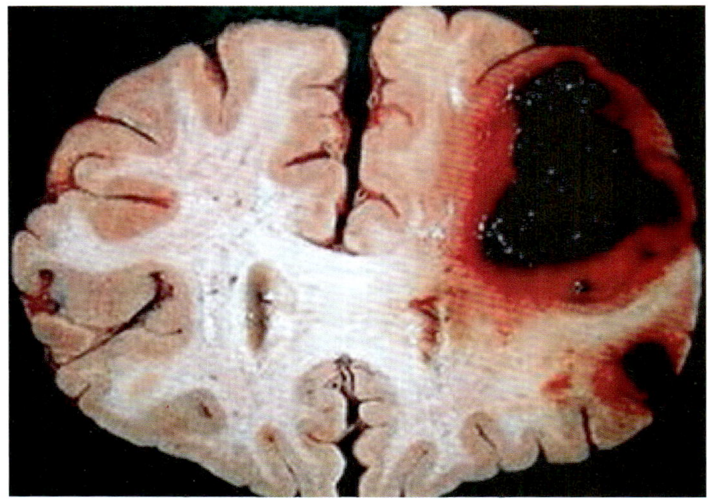

图 39－5 脑出血

第三节 血栓形成

在活体的心腔或血管腔内，血液中某些有形成分聚集、析出形成固体质块的过程称为血栓形成，所形成的固体质块称为血栓。

一、血栓形成的条件和机制

血栓形成是血液在流动状态下，发生了血小板的活化和凝血系统被激活而使血液发生凝固。血栓形成的条件有以下三个：

（一）心、血管内膜损伤

心、血管内膜损伤（如图 39－6），是血栓形成的最重要的因素，引起心血管内膜损伤的原因很多，包括外伤、化学物质、物理因素、生物因素、免疫复合物等均可损伤心血管内膜导致血栓形成。临床上血栓形成常见于静脉内膜炎、动脉炎、动脉粥样硬化溃疡处、风湿性或细菌性心内膜炎时心瓣膜上及心肌梗死灶的心内膜、反复静脉穿刺的血管壁等。

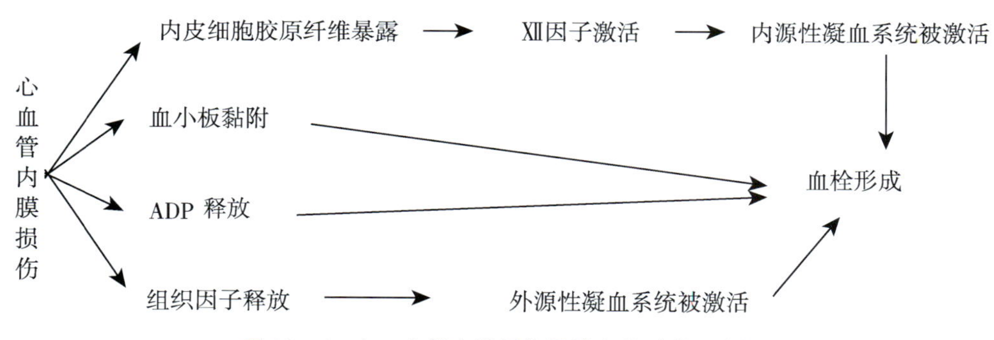

图 39－6 心、血管内膜损伤导致血栓形成示意图

（二）血流状态的改变

血液状态的改变主要指血流缓慢、停滞或不规则、形成涡流等。当血流缓慢或涡流形成时，血小板进入边流靠近血管壁，使血小板得以与内皮细胞接触、并黏集，有利于血栓形成；另外，血流缓慢使已黏集的血小板及被激活的凝血因子不易被稀释和带走和，进一步促进血栓的形成。临床上常见于久病卧床、大手术的患者；静脉血栓多见于动脉血栓；下肢静脉血栓多见于上肢静脉血栓；二尖瓣狭窄时左心房内血流缓慢并出现涡流、动脉瘤内的血流呈涡流状，均易并发血栓形成。

（三）血液凝固性增高

血液凝固性增高是指血液中的血小板和凝血因子增多或血液黏滞性增高或纤维蛋白溶解系统活性降低而导致血液处于高凝状态。如严重创伤、大面积烧伤、手术后或产后大失血，由于血液浓缩，血液中的纤维蛋白原、凝血酶原和凝血因子增多，血小板的数量也增多、黏性增加，因此易于形成血栓；某些恶性肿瘤晚期或胎盘早期剥离患者，由于大量组织因子被释放入血也容易形成血栓。

上述血栓形成条件，往往是同时存在而以某一因素为主。例如手术后下肢深静脉容易形成血栓，与手术后血液凝固性增加、术后卧床致血流速度缓慢等多种因素有关。

知识链接

如何预防静脉血栓形成

对于长期卧床休息及大手术后的患者应注意：①避免在下肢远端使用留置针，且留置时间不能过长。②长期卧床要注意按摩下肢，适当活动。③术后在不影响伤口的前提下，应尽早离床活动。静脉输液时，应避免在同一部位反复多次进行静脉穿刺或使用留置针，尽可能选择上肢粗静脉。乘坐飞机、车、船长途旅行时，要穿宽松的衣服和鞋袜，多饮水，多活动下肢；孕产妇要保持一定的运动量，不要久卧床；有静脉血栓栓塞史的人（腿疼、下肢无力、压痛、皮肤发绀及皮下静脉曲张、双下肢出现不对称肿胀）应定期接受检查。

二、血栓形成的过程及形态

（一）血栓形成过程

血栓形成过程分三个阶段：①血小板黏附在心、血管内膜损伤后裸露的胶原表面，形成突出于心、血管内膜表面的血小板粘集堆（血小板血栓），即血栓头部；②血小板血栓形成后，其下游血流变慢并形成涡流，进而形成新的血小板粘集堆，如此反复交替进行，发展形成血栓的体部；③最后血栓体积的不断增大，致使血管腔阻塞，局部血流停止、血液凝固，形成血栓尾部（图 39－7）。

（二）血栓形成的形态

血栓的形态类型分以下四种：

1. 白色血栓　常位于血流较快的心腔、心瓣膜和动脉内，以及静脉血栓的头部。如急性风湿性心内膜炎时二尖瓣闭锁缘上形成的白色赘生物即为白色血栓。肉眼观察：灰白色小

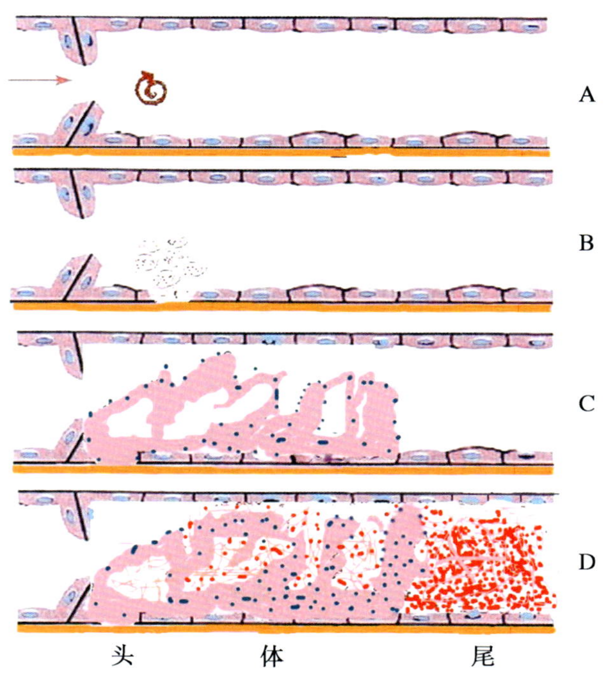

图 39-7　静脉内血栓形成示意图

A. 血流经静脉瓣后形成涡流；B. 内皮细胞损伤，血小板黏集，形成血栓的头部；C. 血小板继续黏集，形成珊瑚状小梁；D. 小梁间形成纤维素网，网眼中网络大量红细胞，形成血栓体部。血管腔阻塞后，局部血流停滞致血液凝固，形成血栓尾部

结节状或者疣状，表面粗糙有波纹，质硬，与管壁黏着紧密，不易脱落。镜下观察：主要由血小板和少量的纤维蛋白构成，其表面有许多中性粒细胞黏附。

2. 混合血栓　多发生在血流缓慢、出现涡流的静脉内，即延续性血栓的体部。肉眼观察：灰白色和红褐色层状交替结构，表面粗糙干燥，圆柱状，与血管壁粘连比较紧密。镜下观察：可见淡红色的血小板小梁、小梁之间的纤维蛋白网及网眼中的红细胞，小梁周围有大量中性粒细胞附着。

3. 红色血栓　即静脉内延续性血栓的尾部。肉眼观察，暗红色，新鲜的红色血栓湿润，有一定的弹性；与血管无粘连，经过一定的时间后，血栓变得干燥，易碎，无弹性，易于脱落进入血流成为血栓栓子，引起血栓栓塞。镜下观察：见纤维蛋白网眼中充满红细胞。

4. 透明血栓　主要由纤维蛋白构成。见于弥散性血管内凝血（DIC）时微循环的小血管内，只能在镜下见到，故又称微血栓。

三、血栓的结局

1. 软化、溶解、吸收　新鲜的血栓，可被血栓内激活的纤溶系统及释放的蛋白溶解酶软化而逐渐溶解吸收。小的血栓可完全溶解吸收而不留痕迹。

2. 脱落、栓塞　较大的血栓，只能被部分溶解，在血流冲击下，整个血栓或血栓的一部分脱落进入血流，成为血栓栓子，随血流运行至他处，引起该部位血管的阻塞。即血栓栓塞。

3. 机化与再通　血栓形成后 1～2 天，自血栓附着处的血管壁上开始长出肉芽组织，伸入并逐渐替代血栓，此过程称为血栓机化。机化的血栓和血管壁紧密相连，不易脱落。较大的血栓完全机化需 2～4 周。经过一段时间后，机化的血栓发生收缩，使血栓内或血栓与血管壁之间出现裂隙，新生的血管内皮细胞长入并覆盖于裂隙表面而形成新的管腔，使阻塞的血管部分重新恢复血流，这一过程称为再通（图 39－8）。

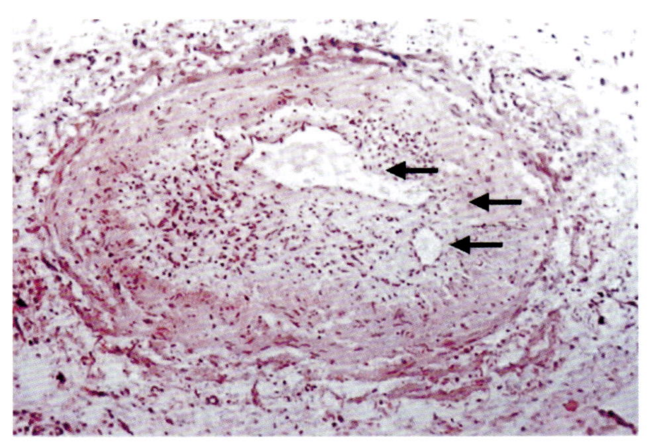

图 39－8　血栓机化与再通

血管腔内的血栓已被肉芽组织取代，中间有再通现象

4. 钙化　若血栓未被溶解、吸收或机化时，可发生钙盐沉积，称为钙化。血栓钙化后成为坚硬的质块，在静脉内形成称静脉石，在动脉内形成称动脉石。

四、血栓对机体的影响

（一）有利方面

主要是止血和防止继续出血。例如，当胃溃疡或肺结核空洞壁血管破裂出血时，在血管破裂口处形成的血栓堵塞破裂口，起到止血或避免大出血；炎症病灶周围的小血管内血栓形成，可以防止病原体蔓延扩散。

（二）不利方面

在多数情况下，血栓形成对机体的影响较大，可造成局部甚至全身性血液循环障碍，重者甚至危及生命。

1. 阻塞血管　血栓形成后阻塞动脉管腔可引起局部器官缺血缺氧，进而引起实质细胞萎缩、变性，甚至梗死。若阻塞管腔时，侧支循环不能有效建立，可造成局部组织淤血、水肿，严重者发生坏死。

2. 栓塞　血栓部分或全部脱落成为血栓栓子，随血液流动，引起血栓栓塞。如果栓子内还有细菌，可引起栓塞组织发生败血性梗死或栓塞性脓肿。

3. 心瓣膜变形　发生在心瓣膜上的血栓，机化后可以引起瓣膜增厚、变硬，瓣膜皱缩或瓣叶之间粘连等，形成心瓣膜病，如慢性风湿性心瓣膜病时的二尖瓣狭窄或关闭不全。

4. 广泛性出血　由于严重创伤、大面积烧伤等引起 DIC 时，微循环内广泛微血栓的形成，消耗大量的凝血因子和血小板，以及继发性纤维蛋白溶解系统功能亢进，造成血液的低凝状态，引起全身广泛性出血，甚至死亡。

第四节 栓 塞

在循环血液中出现不溶于血液的异常物质，随血液运行阻塞血管的现象，称为栓塞。阻塞血管的异常物质称为栓子，栓子可以是固体、液体或气体。以脱落的血栓栓子引起栓塞最常见。脂肪滴、气体、羊水和癌细胞团等亦可引起栓塞。

一、栓子的运行途径

除罕见情况下，栓子的运行途径一般与血流方向一致（图 39－9）。

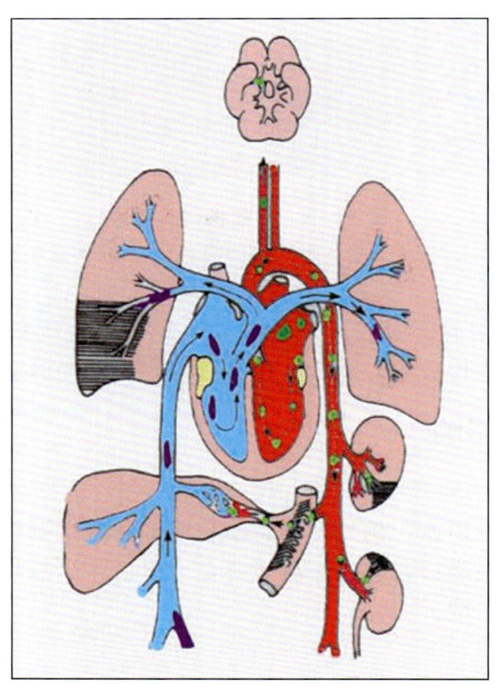

图 39－9 栓子的运行途径模式图

1. 静脉系统和右心栓子

来自体循环静脉和右心的栓子随血流运行，栓塞于肺动脉主干或其分支，引起肺栓塞。有些体积小、富有弹性的栓子（如气体、脂肪栓子）可通过肺泡壁毛细血管回到左心，随血流进入体循环动脉系统，栓塞于某动脉分支。

2. 动脉系统和左心栓子

来自体循环动脉系统和左心的栓子随血流运行，栓塞于与其口径相当的动脉分支，常见于脑、脾、肾和四肢动脉等。

3. 门静脉系统栓子

来自门静脉系统的栓子随血流进入肝内，引起肝内门静脉分支的栓塞。

4. 交叉、逆行运行

交叉运行比较少见，偶发于房间隔或室间隔缺损时，栓子由压力高的一侧通过缺损进入另一侧心腔，即动、静脉系统的栓子发生交叉运行，形成交叉性栓塞。在罕见情况下，栓子可逆向运行发生逆行栓塞，见于在胸、腹腔内压骤然剧增时（如持续性剧烈咳嗽），下腔静脉内的栓子可一过性逆血流方向运行，栓塞于肝、肾或髂静脉分支。

二、栓塞类型及其对机体的影响

由于栓子的种类不同，可引起不同类型的栓塞。也因栓子的来源、大小、数目和栓塞的部位不同，对机体的影响也有所不同。

（一）血栓栓塞

由脱落的血栓引起的栓塞，称为血栓栓塞。是栓塞中最常见的一种，占栓塞的99%以上。

1. 肺动脉血栓栓塞　引起肺动脉栓塞的血栓栓子95%来自下肢深静脉，尤其是股静脉和髂静脉，偶可来自盆腔静脉。肺动脉栓塞对机体的影响取决于栓子的大小、数目和机体的心肺功能状况。

（1）中、小肺动脉血栓栓塞：引起肺动脉的小分支或毛细血管的栓塞。因为肺有双重血液循环，故血管阻塞区内的肺组织可以通过支气管动脉得到血液供应，一般不产生严重后果，但是，如果栓塞前有严重肺淤血时，肺循环内的压力增高，与支气管动脉之间的侧支循环难以建立，则可引起肺梗死。另外，当大量的小栓子广泛栓塞在肺动脉多数分支时，可引起急性呼吸衰竭，导致猝死。

（2）较大肺动脉血栓栓塞：来自下肢静脉或右心的血栓栓子，往往体积较大，常栓塞于肺动脉主干或大的分支（图39-10），一般后果严重。临床上患者可突然出现呼吸困难、发绀、休克等症状，甚至发生急性呼吸循环衰竭而突然死亡。

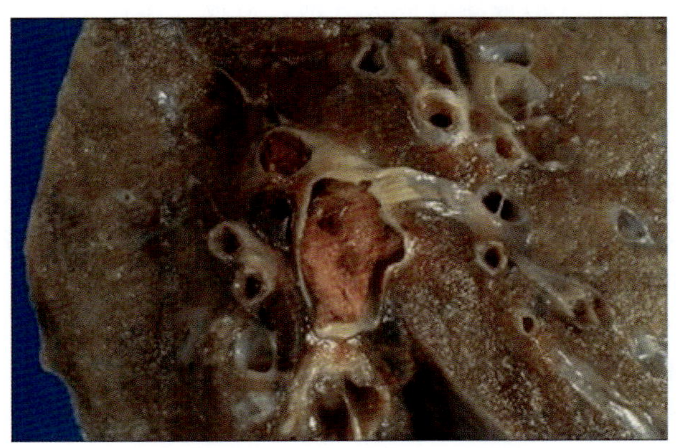

图39-10　肺动脉栓塞

肺动脉主干内可见血栓栓子

2. 体循环动脉系统栓塞　引起栓塞的血栓栓子80%来自左心，常见于细菌性心内膜炎时心瓣膜上的赘生物脱落、二尖瓣狭窄时左心房附壁血栓及心肌梗死的附壁血栓。动脉栓塞以脾、肾、脑、心和四肢的栓塞较常见。栓塞的动脉分支较小且有足够的侧支循环时，一般无严重后果；若栓塞的分支较大，可引起组织器官的缺血而发生梗死，若发生在重要器官，如心肌梗死或脑梗死，则常导致严重的后果。

（二）脂肪栓塞

循环血液中出现脂肪滴并引起栓塞，称脂肪栓塞。常见于四肢长骨骨折或严重脂肪组织挫伤时，脂肪细胞破裂和释放出脂滴，脂滴由破裂骨髓血管窦状隙或静脉进入血液循环引起脂肪栓塞。脂肪栓塞对机体的影响主要取决于进入血管中脂滴数量的多少。少量脂滴可被巨噬细胞吞噬或被血液中的脂酶分解清除，对机体无不良影响；但大量的脂滴进入肺循环，致肺部血管广泛受阻并引起反射性痉挛，可引起急性右心衰竭而致猝死。

（三）气体栓塞

大量空气迅速进入血流或原已溶解于血液中的气体迅速游离出来，形成气泡引起的栓塞，称为气体栓塞。

1. 空气栓塞　指静脉损伤破裂，外界空气从破裂处进入循环的血流引起的栓塞。多见于头颈、胸壁外伤或手术损伤锁骨下静脉、颈内静脉或胸内大静脉时，也可见于人工气胸、人工气腹、加压静脉输血、输液时；分娩、流产时，由于子宫强烈收缩，将空气挤入破裂的子宫壁静脉窦内也可引起空气栓塞。

空气栓塞对人体的影响，主要取决于进入空气量和速度。少量空气入血后可被溶解于血液内，不会发生空气栓塞；若大量空气（约100ml）迅速进入血液循环，空气随血流到达右心后，由于心脏的搏动，空气和心腔内的血液被搅拌成大量的泡沫状血液，泡沫状血液具有压缩性和膨胀性，心脏收缩时可阻碍静脉血的回流并阻塞肺动脉出口，导致严重的血液循环障碍而猝死；如形成的泡沫状血液量少，也可随右心室的收缩进入肺动脉，引起肺小动脉分支空气栓塞。

2. 氮气栓塞　指机体从高气压环境急速转到常压或低气压环境的减压过程中（如飞行员由地面升入高空或潜水水员由深水潜出水面），原来溶解于血液中的气体（主要为氮气）立即游离出来，形成无数小气泡或融合成大气泡，造成气体栓塞，这称为氮气栓塞或减压病、沉箱病。因此，潜水升浮、飞向高空以及任何大气压突然降低时，一定要严格执行防护规程，以防氮气栓塞发生。

（四）羊水栓塞

由羊水进入母体血液循环引起的栓塞称为羊水栓塞。当羊膜破裂或胎盘早期剥离，尤其又有胎头阻塞产道时，子宫的强烈收缩，宫内压增高，羊水被压入破裂的子宫壁静脉窦内，经血液循环进入肺内血管引起羊水栓塞。羊水栓塞是分娩过程中一种罕见（1/50 000人），但十分严重危险的并发症。发病急骤，常在产妇分娩中或分娩后突然出现呼吸困难、发绀和休克等症状，死亡率高。

（五）其他栓塞

1. 细菌栓塞　大量细菌存于血液中引起的栓塞。除引起栓塞外，细菌可在栓塞处生长繁殖引起新的感染病灶。细菌栓塞可引起炎症的扩散，含有细菌的栓子还可引起相应部位梗死。

2. 肿瘤细胞栓塞　恶性肿瘤细胞侵入血管，并随血流运行引起的栓塞。瘤细胞栓塞可造成肿瘤的转移。

3. 寄生虫栓塞　指寄生虫、虫卵寄生引起的栓塞。多见于寄生在门静脉的血吸虫及其虫卵栓塞于肝内门静脉小分支。

第五节　梗　死

器官或局部组织的动脉血流阻断而发生的缺血性坏死称为梗死。

一、梗死的原因

任何引起动脉血管阻塞，导致动脉血流供应阻断的原因均可引起梗死。

1. 血栓形成　是梗死最常见的原因，主要见于冠状动脉和脑动脉粥样硬化合并血栓形成引起的心肌梗死和脑梗死等。

2. 动脉栓塞　也是梗死常见的原因之一，多见于血栓栓塞，常引起肾、脾、脑和肺梗死。

3. 动脉受压闭塞　动脉血管受到压迫，如血管外肿瘤的压迫、肠扭转或肠套叠、肠系膜动脉和静脉受压等使血管闭塞而引起局部组织缺血性坏死。

4. 动脉痉挛　单纯动脉痉挛引起的梗死十分罕见，但在血管腔高度狭窄的基础上（如严重的冠状动脉、脑动脉粥样硬化等），情绪激动、过度劳累、强烈刺激等诱因，可引起病变血管强烈而持续性痉挛，致血流中断而导致相应器官和组织的梗死。

二、梗死的类型和病理变化

根据梗死灶内含血量多少，可将梗死分为贫血性梗死、出血性梗死两种类型。

（一）贫血性梗死

发生于组织结构较致密、侧支循环不充分的实质器官，如脾、肾、心和脑。由于组织的致密性限制了病灶边缘侧支血管内血液进入坏死组织，梗死灶缺血呈灰白色，故称为贫血性梗死（又称为白色梗死）。

【病理变化】

肉眼观察：贫血性梗死的梗死灶呈灰白色或灰黄色，与正常组织分界清楚，分界处常有暗红色的充血及出血带；脾、肾等器官的梗死灶呈圆锥形，切面呈扇形或楔形，尖端朝向血管阻塞部位，底部靠近该器官的表面（图 39－11）；而心肌梗死灶呈不规则地图形；脑梗死呈不规则状，晚期由于坏死组织机化，形成瘢痕，病灶表面下陷，质地变坚实，出血带消失。

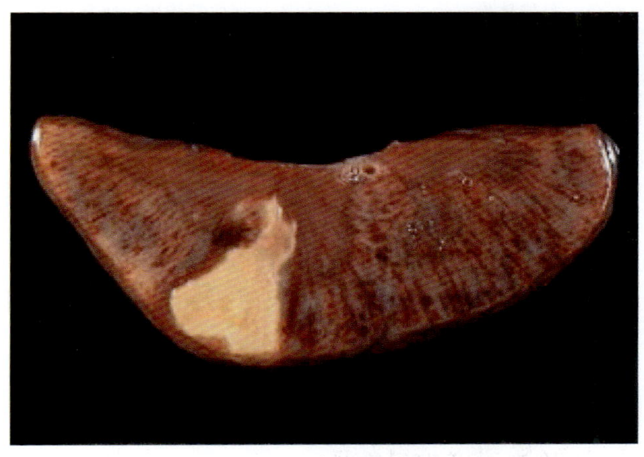

图 39－11　肾贫血性梗死

梗死病灶呈楔形、灰黄色，分界清楚

镜下观察：早期可见核固缩、核碎裂和核溶解等细胞坏死的改变，组织结构轮廓尚保存，坏死区与正常组织交界处见充血出血带；后期坏死组织成为一片均匀红染无结构的物质；充血、出血带消失，周围有肉芽组织长入，最后形成瘢痕。

（二）出血性梗死

主要见于肺、肠等器官，同时伴严重淤血的情况下发生，因梗死灶内有大量的血液，故称为出血性梗死，又称为红色梗死。条件为：①严重淤血，是出血性梗死形成的重要先决条件；②有双重血液循环或血管吻合支丰富；③组织结构疏松。

【病理变化】

肉眼观察：梗死灶呈暗红色或紫红色；肺梗死（图 39－12）的梗死灶为锥体形，切面呈扇形或三角形，其尖端朝向肺门或血管堵塞处，底部靠近胸膜面；肠梗死灶呈节段形（图 39－13），梗死灶较湿润，在梗死灶周围无明显出血带，与周围组织分界不清楚。

镜下观察：梗死区组织坏死，结构消失，并有大量的红细胞，未崩解破坏的血管则呈扩张充血状态。

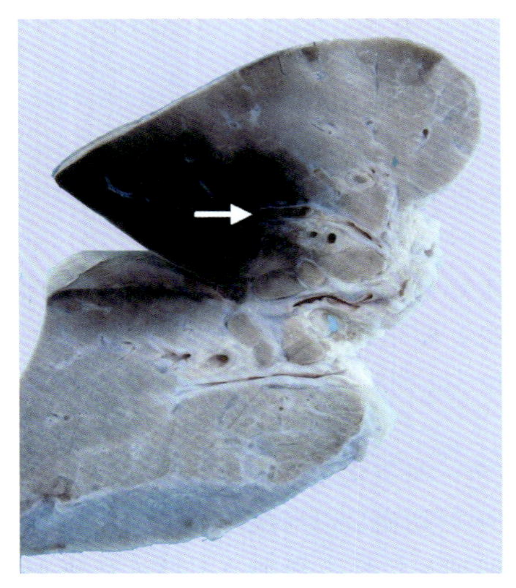

图 39－12　肺出血性梗死

梗死灶为暗红色，呈锥体形

图 39－13　肠出血性梗死

肠系膜血管受压，肠壁出血性梗死，呈暗红色

三、梗死对机体的影响

梗死对机体的影响取决于梗死的器官、梗死灶的大小、部位以及有无细菌感染等因素。肾、脾的梗死一般影响较小，仅引起局部症状，如肾梗死出现腰痛和血尿；肺梗死有胸痛和咯血；肠梗死出现剧烈腹痛、血便和腹膜炎的症状；心肌梗死轻则影响心功能，重则可导致心力衰竭甚至死亡；脑梗死出现其相应部位的功能障碍，轻则仅有局部肌肉麻痹或者偏瘫，重则可发生昏迷，甚至死亡；四肢、肺、肠梗死等如继发腐败菌的感染可造成坏疽，后果严重。如合并细菌感染，亦可引起脓肿。

小　结

局部血液循环障碍包括局部充血、出血、血栓形成、栓塞、梗死等多种表现。

动脉性充血是指局部组织或器官的动脉输入血量增多。肉眼观主要病变特点是体积肿大，呈鲜红色。

静脉性充血是指局部组织或器官由于静脉血液回流受阻，血液淤积在小静脉和毛细血管内。长期淤血可引起淤血性水肿、出血、实质细胞萎缩、变性、坏死和淤血性硬化等。

出血是血液自心脏、血管流出的现象。分破裂性出血和漏出性出血两种。

血栓形成是活体心血管腔内血液凝固或血液中某些有形成分析出、黏集、形成固体质块的过程。血栓形成的条件有三个：①心血管内膜的损伤；②血流状态的改变；③血液凝固性的增高。

栓塞是在循环血液中出现不溶于血液的异常物质，随血液运行阻塞血管的现象。最常见是血栓栓子引起的栓塞。栓塞主要分血栓栓塞、气体栓塞、脂肪栓塞、羊水栓塞等类型。

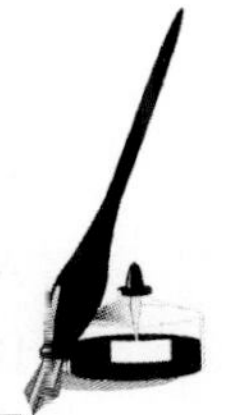

梗死是指器官或局部组织的动脉血流阻断而发生的缺血性坏死。分贫血性梗死和出血性梗死。

自测题

一、名词解释

1. 淤血
2. 槟榔肝
3. 血栓形成
4. 血栓栓塞
5. 出血性梗死

二、单项选择题

1. 慢性肺淤血的病变特点，下列哪项不正确
   A. 肺泡腔内有心衰细胞
   B. 肺泡壁增宽
   C. 肺泡壁毛细血管扩张充血
   D. 切面为棕红色
   E. 肺内支气管扩张

2. 右心衰竭可导致
   A. 肝细胞透明变性
   B. 槟榔肝
   C. 肝出血性梗死
   D. 肝贫血性梗死
   E. 坏死后性肝硬化

3. 混合性血栓见于
   A. 毛细血管内
   B. 静脉血栓的尾部
   C. 动脉血栓的起始部
   D. 静脉血栓的体部

E. 动脉血栓的头部

4. 下肢静脉血栓脱落可引起
A. 肺动脉栓塞
B. 肠壁动脉栓塞
C. 肺静脉栓塞
D. 肾动脉栓塞
E. 冠状动脉栓塞

5. 易发生出血性梗死的是
A. 心
B. 肾
C. 肺
D. 脑
E. 脾

6. 静脉石是指
A. 静脉血栓
B. 静脉血栓机化
C. 静脉血栓钙盐沉积
D. 静脉内钙盐沉积
E. 静脉内胆盐沉积

7. 血栓的结局下列哪项错误
A. 溶解吸收
B. 机化
C. 钙化
D. 再通
E. 分离排出

8. 最常见的栓子是
A. 血栓
B. 脂肪
C. 空气
D. 羊水
E. 寄生虫

9. 潜水员过快地从海底升到水面容易发生
A. 肺不张
B. 肺气肿
C. 血栓栓塞
D. 氮气栓塞
E. CO_2 栓塞

10. 脾、肾梗死灶的肉眼病变特点为
A. 多呈地图状、灰白色，界限清楚
B. 多呈楔形、灰白色，界限清楚
C. 多呈楔形、暗红色，界限不清
D. 多呈地图形、暗红色，界限不清
E. 多呈不规则形、暗红色，界限不清

三、简答题

1. 简述淤血的原因、病理变化及后果。
2. 血栓形成的条件有哪些？血栓对机体有什么影响？
3. 简述梗死的类型及病变特点。

（徐燕玲）

第四十章　水、电解质代谢紊乱

学习目标

1. 掌握三种脱水类型的特点及对机体的影响，水肿对机体的影响，低钾血症、高钾血症的概念及对机体的影响。
2. 熟悉三种脱水类型的原因、发病机制、防治原则，水肿的发病机制，低钾血症、高钾血症的原因。
3. 了解水中毒的特点，低钾血症、高钾血症的机制。

案例

患者男性，40岁，呕吐、腹泻伴发热、口渴、尿少4天入院。体格检查：体温38.2℃，血压110/80mmHg，汗少、皮肤黏膜干燥。实验室检查：血 Na^+ 155mmol/L，血浆渗透压320mmol/L，尿比重＞1.020，其余化验检查基本正常。

立即给予静脉滴注5%葡萄糖溶液2500ml/d和抗生素等。2天后除体温、尿量恢复正常和口不渴外，反而出现眼窝凹陷、皮肤弹性明显降低、头晕、厌食，肌肉软弱无力，肠鸣音减弱，腹壁反射消失。浅表静脉萎陷，脉搏110次/分，血压72/50mmHg，血 Na^+ 120mmol/L，血浆渗透压255mmol/L，血 K^+ 3.0mmol/L，尿比重＜8mmol/L。

讨论：1. 患者在治疗前和治疗后发生了何种水、电解质代谢紊乱？为什么？

2. 解释患者临床表现的病理生理学基础。

体内的水与溶解在其中的物质共称为体液，体液构成细胞生存的内环境，所有细胞的正常活动要求体液的容量及组成相对恒定。正常人体液总量约占体重的60%，细胞内液约占40%，细胞外液约占20%，其中细胞外液中，血浆约占5%，组织液约占15%。

许多疾病或病理过程可引起水、电解质代谢紊乱，破坏机体内环境的相对稳定，使全身各器官系统的功能和代谢发生相应的障碍，导致原发病变得更为复杂、难治，甚至危及生命。

第一节　水、钠代谢紊乱

水、钠代谢紊乱是临床上最常见的水、电解质平衡紊乱，常导致体液容量和渗透压改变。水、钠代谢紊乱往往同时或相继发生，并且相互影响，关系密切。

一、脱水

脱水是指体液容量的明显减少，并出现一系列功能代谢变化的病理过程。根据脱水时细胞外液血钠浓度的变化，可将脱水分为等渗性脱水、高渗性脱水和低渗性脱水。

（一）等渗性脱水

等渗性脱水是水与钠按其在正常血浆中的浓度比例丢失，虽然容量有所减少，但血钠浓度仍维持在130～150mmol/L，血浆渗透压保持在280～310mmol/L。

1. 病因和发病机制

（1）经消化道丢失：见于剧烈的呕吐、腹泻，是等渗性脱水最常见的原因。

（2）经体表丢失：见于大面积烧伤、创伤等丢失血浆。

（3）体内大量液体潴留：见于大量胸水、腹水形成及胃肠道梗阻时大量体液隔绝在胃肠腔内。

以上原因如果同时伴有饮水减少，则脱水的发生更为迅速。

2. 对机体的影响

（1）体液变动情况：等渗性脱水时，细胞外液容量减少而渗透压仍在正常范围，细胞内液中的水不向细胞外转移，故容量无明显变化。

（2）休克倾向：若血容量迅速而严重减少，使回心血流减少，心输出量降低，患者也可发生休克。

（3）尿液改变：血容量减少可相继促进醛固酮和ADH分泌，使肾对钠、水的重吸收增加，因而细胞外液得到一定的补充，同时尿钠减少、尿比重降低。

等渗性脱水在临床上虽较常发生，但一般不会持久。如不及时处理，可通过呼气、不感蒸发等继续丢失较多的水而转变为高渗性脱水；如因治疗不当，补液时只补充水而不补钠，则可转变为低渗性脱水。

（二）高渗性脱水

高渗性脱水是机体失水、失钠，且失水多于失钠，体液容量减少的同时，血钠浓度＞150mmol/L，血浆渗透压＞310mmol/L。

1. 病因和发病机制

（1）水的丢失超过钠的丢失：①肾外丢失：发热、过度换气、环境高温等经呼吸道和皮肤丢失低渗性体液。严重呕吐、腹泻可经胃肠道丢失大量低渗体液。②经肾丢失：中枢神经系统或头部疾患（创伤、感染等）可引起ADH分泌减少，导致肾排水多于排钠；高蛋白输液、甘露醇、高渗葡萄糖等引起的渗透性利尿。

（2）水摄入不足：丢失大量低渗体液后不及时补充，见于：①水源断绝；②进食或饮水困难；③渴感障碍。

临床上高渗性脱水的原因常是综合性的，如婴幼儿腹泻导致高渗性脱水的原因除了丢失肠液、饮水不足外，还有发热出汗、呼吸增快等。

2. 对机体的影响

（1）体液变动情况：细胞外液渗透压升高，细胞内液中的水向细胞外转移。

（2）渴感：细胞外液渗透压升高，刺激口渴中枢产生渴感（渴感障碍患者除外）。

（3）尿液改变：细胞外液渗透压升高，刺激下丘脑渗透压感受器使ADH释放增多，肾对水、钠的重吸收增加，尿量减少、尿比重增高。

以上变化可使细胞外液的渗透压倾向于回降，容量不足有所缓解，患者较少发生休克。

（4）脱水热：见于严重案例，尤其是小儿，由于皮肤蒸发减少，散热减少而导致体温升高，称为脱水热。

（5）中枢神经系统功能障碍：由于细胞内液向外转移，可引起细胞脱水。严重的脑细胞脱水可导致肌肉抽搐、嗜睡、昏迷，甚至死亡。

（三）低渗性脱水

低渗性脱水是机体失水、失钠，且失钠多于失水，体液容量减少的同时，血钠浓度＜130mmol/L，血浆渗透压＜280mmol/L。

1. 病因和发病机制

（1）肾外失钠：通常在体液丢失（呕吐、腹泻等）后，如仅饮水或输入5%葡萄糖则可发生。

（2）肾性失钠：多见于长期应用高效利尿药而又进低盐饮食者。

值得注意的是，低渗性脱水主要由医源性的原因引起。

2. 对机体的影响

（1）体液变动情况：细胞外液渗透压降低，细胞外液中的水向细胞内转移，使细胞外液进一步减少。同时细胞内液容量增加导致细胞水肿，严重的脑细胞水肿，可引起神经系统功能障碍。

（2）尿液改变：细胞外液渗透压降低，ADH释放减少，肾对水、钠的重吸收减少，患者早期可排出较多低渗尿。当血容量显著减少时，ADH释放增多，肾重吸收水、钠增多，可出现少尿。

（3）休克倾向：细胞外液明显不足，患者易发生休克，可表现为脉搏细速、四肢湿冷、血压下降、尿量减少等。

（4）脱水体征：伴随休克倾向的出现，患者往往有皮肤弹性降低、眼窝和婴儿囟门凹陷等表现（表40-1）。

低渗性脱水时，细胞外液渗透压降低，患者无渴感，一般不思饮水。

（四）脱水的治疗原则

治疗脱水的目的首先是恢复正常血容量，并处理可能并发的酸碱或电解质紊乱。同时积极控制导致血容量减少的基本原因，如出血、呕吐、腹泻等。

轻度脱水，通过增加盐和水的摄入就可以纠正。

若脱水比较明显，则需要静脉补液。所需补液的量可从病史、出入量、体重记录等方面来估算。补液中水（5%葡萄糖）和盐（NaCl、$NaCO_3$溶液等）的比例因脱水类型不同而异。

等渗性脱水一般可先给等张盐水扩充血容量，血压一旦恢复应改用半张盐水，以提供较多的水，使之易于进入细胞内，有助于排除代谢废物。

高渗性脱水者因血钠浓度较高，应主要给予5%葡萄糖溶液。严重者甚至可给半张葡萄糖溶液。应注意的是高渗性脱水时，血纳浓度虽高，但仍有钠的丢失，故还应补充一定量的含钠溶液。

低渗性脱水仅伴轻度低钠血症，可口服或静滴生理盐水，低钠血症比较严重可给高渗盐水，使血钠浓度达120mmol/L左右，患者可脱离危险。但应用高渗盐水应特别小心，血钠水平提升不能太快，以免造成心、脑损伤。

表 40－1　三种脱水类型的比较

	等渗性脱水	高渗性脱水	低渗性脱水
发生原因	水和钠等比例丢失	水摄入不足或丢失过多	体液丢失而单纯补水
细胞内外液变化	细胞外液等渗，细胞外液丢失为主	细胞外液高渗，细胞内液丢失为主	细胞外液低渗，细胞外液丢失为主
血清钠（mmol/L）	130～150	＞150	＜130
血浆渗透压（mmol/L）	280～310	＞310	＜280
主要表现和影响	口渴、尿少、休克倾向等，但不明显	口渴、尿少、脑细胞脱水	脱水征、休克、脑细胞水肿

二、水中毒

水中毒是指过多的水在体内潴留，血钠浓度因稀释而降低，引起的稀释性低钠血症，并出现一系列的临床症状和体征。

1. 病因和发病机制

摄入的水过多是发生水中毒必要的前提。正常人摄入较多的水时，由于神经-内分泌系统和肾的调节作用，可将体内多余的水很快经肾排出。但 ADH 分泌过多或肾排水功能低下的患者摄入或输出过多的水时，则可引起水在体内潴留，并导致水中毒。

2. 对机体的影响

（1）低钠血症：可有厌食、恶心、呕吐、腹泻等非特异性表现。重症患者可出现昏迷、反射消失，进展迅速者死亡率可达 50％。

（2）细胞内水肿：细胞外液低渗，水向细胞内转移而引起细胞水肿。患者可出现脑细胞水肿和颅内高压的表现，严重者可发生脑疝而导致呼吸心搏骤停。

轻度或慢性水中毒发病缓慢，临床表现常不明显，多被原发病的症状和体征所掩盖。

3. 对机体的影响

（1）防治原发病：急性肾衰竭、术后及心力衰竭的患者，应严格限制水的摄入。

（2）轻症患者，只要限制水分摄入，使之少于排出尿量，通常就可以纠正，如补钠反而有可能使病情恶化。

（3）重症急性患者，应立即静注利尿剂以减轻脑细胞水肿和促进体内水的排出。同时可静脉滴注少量高渗 NaCl 溶液，以较快地缓解体液的低渗状态。但须密切注意，避免因钠过多，使血容量增大而加重心脏负荷。

三、水肿

过多的液体在组织间隙或体腔中积聚称为水肿，水肿是多种原因引起的基本病理过程。其中过多的液体在体腔内积聚又称积水或积液，如胸腔积液、腹腔积液等。

（一）水肿的分类

1. 按水肿波及的范围　分为全身性水肿和局部性水肿。

2. 按发病原因　分为肾性水肿、肝性水肿、心性水肿、营养不良性水肿等。有的水肿至今原因不明，称为特发性水肿。

3. 按发生水肿的部位 分为皮下水肿、脑水肿、肺水肿等。

（二）水肿发生的基本机制

包括液体在血管内外分布的异常（图 40－1）和体内外水分交换的异常两个方面。

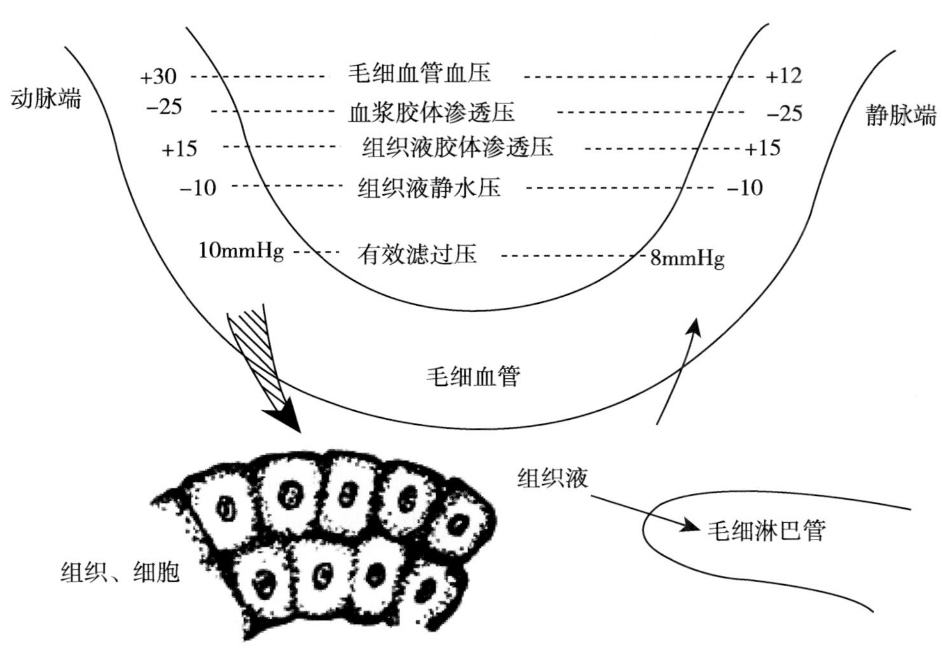

图 40－1 血管内外液体交换示意图

1. 血管内外液体分布的异常——组织液生成大于回流

（1）毛细血管内流体静压增高：驱使血管内液向外滤出的力量增大，见于静脉回流受阻。

（2）血浆胶体渗透压降低：促使组织间液回流至毛细血管的力量减小，见于各种原因引起的血浆蛋白质减少，如肝硬化、肾病综合征、营养不良等。

（3）毛细血管通透性增大：血浆蛋白从毛细血管滤出，血浆胶体渗透压降低，组织间液渗透压增高，不利于组织液回流，见于炎症、缺氧等。

（4）淋巴回流障碍：淋巴回流能把组织间液及其所含蛋白质回收至血液循环，组织液增多时还能代偿回流，因此具有重要的抗水肿作用。淋巴回流障碍常见于恶性肿瘤侵入并阻塞淋巴管时，含蛋白的水肿液在组织间隙中积聚，可引起相应部位水肿。

2. 体内外水分交换的异常——钠、水潴留

体内外液体的交换平衡主要依赖肾对钠、水排泄的调节。肾对钠、水的排泄取决于肾小球滤过率和肾小管、集合管的重吸收功能，如果肾小球滤过率下降和（或）肾小管、集合管重吸收增多，导致球-管平衡失调，就会引起钠、水潴留和全身性水肿。

（1）肾小球滤过率（GRF）降低：①广泛的肾小球病变：如急、慢性肾小球肾炎时，大量肾小球发生病变，使肾小球滤过面积减少，GRF 因而降低，导致体内钠、水潴留。②有效循环血量明显减少：如充血性心力衰竭、肾病综合征等使有效循环血量减少，使肾血

流量下降，继而激活肾素-血管紧张素系统，使肾血管收缩，肾血流进一步减少，GRF降低，导致钠、水潴留。

(2) 近曲小管重吸收钠、水增加：在心力衰竭、肾病综合征时，肾血流量随有效循环血量的减少而减少，儿茶酚胺和肾素-血管紧张素系统活性增强，可使肾出球小动脉比入球小动脉收缩更明显，肾小球滤过率相对较高，流入肾小管周围毛细血管的血液中蛋白和血浆胶体渗透压也相应升高，使近曲肾小管重吸收钠、水增多。

(3) 远曲小管和集合管重吸收钠、水增加：各种原因（如心力衰竭、肝硬化等）引起的醛固酮和抗利尿激素（ADH）分泌增多，都可使远曲小管和集合管对钠、水的重吸收增多，引起钠、水潴留。

（三）水肿的病变特点

1. 水肿液的性状　组织间液含有血浆中的全部晶体成分。根据水肿液中所含蛋白量的多少，可将水肿液分为漏出液和渗出液，两者的区别详见本书炎症一章。

2. 水肿的皮肤特点　皮下水肿是全身或局部水肿的重要体征，表现为皮肤肿胀、弹性差、皱纹变浅，用手指按压可出现凹陷，称为凹陷性水肿或显性水肿。其实，全身性水肿患者在出现凹陷性水肿之前已经有组织间液的增多，甚至可达原体重的10%，称为隐性水肿。隐性水肿阶段没有出现皮肤凹陷，原因是组织间隙中的胶体网状物对液体有强大的吸附能力和膨胀性。只有当液体积聚的量超过了胶体网状物的吸附能力时，才形成游离的液体。游离的液体在组织间隙中具有移动性，用手按压皮肤，游离液体可从按压点向周围散开，形成凹陷，数秒后凹陷可自然平复。

3. 全身性水肿的分布特点　最常见的全身性水肿是心性水肿、肾性水肿和肝性水肿，其水肿出现的首发部位各不相同。心性水肿首先出现在低垂部位，如下肢、骶尾部，这是因为毛细血管的流体静压与重力有关，与心脏垂直距离越远的部位，毛细血管的流体静压越高；肾性水肿首先出现在眼睑和面部，因为该部位组织结构疏松、皮肤伸展度大，容易容纳水肿液；肝性水肿以腹腔积水多见，这与局部血流动力学的改变有关，如肝硬化时，门静脉回流受阻是引起腹水的重要机制。

（四）水肿对机体的影响

除炎性水肿有稀释毒素、运送抗体等抗损伤作用外，其他水肿对机体均有不同程度的不利影响。影响的大小取决于水肿的部位、程度、发生速度及持续时间。

1. 细胞营养障碍　组织间隙中有过多液体积聚，增加了营养物质在毛细血管与细胞之间的弥散距离，可导致细胞发生营养障碍。

2. 组织器官功能障碍　对组织器官功能活动的影响取决于水肿发生的速度和程度。急性重度水肿因来不及代偿，可引起比慢性水肿更为严重的功能障碍。若水肿发生在生命活动的重要器官，如脑、肺、喉等，则可造成严重后果，甚至危及生命。

第二节　钾代谢紊乱

钾代谢紊乱主要是指细胞外液中K^+浓度的异常变化，尤其是血钾浓度的变化。通常以血钾浓度的高低分为低钾血症和高钾血症。

测定血钾浓度通常取血清，血清钾浓度的正常值为3.5～5.5mmol/L。

一、低钾血症

血清钾浓度低于3.5mmol/L，称为低钾血症。

（一）原因和机制

1. 饮食中摄入钾减少　见于消化道梗阻、昏迷、术后较长时间禁食的患者，胃肠外营养未同时补钾或补钾不足可导致低钾血症。

2. 钾排出过多　①经胃肠道失钾：这是小儿低钾血症最常见的原因之一，见于频繁呕吐、严重腹泻等；②经肾失钾：肾排钾增多是成人失钾最重要的原因，见于长期过量应用排钾利尿剂，盐皮质激素过多等；③经皮肤失钾：持续大量出汗可丢失较多的钾。

3. 细胞外钾向细胞内转移　①急性碱中毒：细胞内 H^+ 外移、K^+ 移入细胞内；②胰岛素过量：见于应用大剂量胰岛素和葡萄糖治疗糖尿病酮症酸中毒时，胰岛素可促使更多的葡萄糖合成糖原，同时伴有细胞外液 K^+ 内移；③低钾血症型周期性麻痹：是一种少见的常染色体显性遗传病，常在剧烈运动、应激等情况下发作，出现低钾血症和周期性反复发作的骨骼肌麻痹。

（二）对机体的影响

1. 与膜电位异常相关的影响　神经、肌肉等可兴奋细胞的兴奋性由静息膜电位与阈电位之间的距离决定。急性低钾血症时，静息膜电位与阈电位之间的距离变大，可兴奋细胞的兴奋性降低。这种变化发生在不同组织可有不同的表现：

（1）中枢神经系统：早期神经委靡、神情淡漠、倦怠，重者反应迟钝、定向力减弱、嗜睡甚至昏迷。

（2）骨骼肌：四肢软弱无力，甚至出现软瘫，下肢重于上肢。重者累及躯干，导致呼吸肌麻痹，后者是低钾血症患者死亡的主要原因，但较为少见。

（3）胃肠道：胃肠运动减弱，轻者食欲不振、消化不良、恶心呕吐、便秘，严重者可出现麻痹性肠梗阻。

（4）心肌：低钾血症时心肌细胞的自律性增高、传导性降低、兴奋性增高及收缩性先增强后减弱，易于发生以心率加快、节律不整为基本特征的心律不齐。

2. 与细胞代谢障碍有关的影响　可引起细胞结构和功能明显异常，尤其以骨骼肌和肾脏的表现最为典型。

（1）骨骼肌损害：严重低钾血症肌肉运动时细胞内不能释放出足够的钾，血管扩张受限，供血不足，可导致肌肉痉挛，加之缺钾时肌细胞内代谢障碍、能量储备不足等，甚至发生缺血性坏死。

（2）肾损害：主要表现为尿浓缩功能障碍。出现多尿、低比重尿，与集合管对ADH反应性降低和髓袢升支受损对 Na^+、Cl^- 的重吸收减少有关。

3. 对酸碱平衡的影响　低钾血症本身往往倾向于诱发代谢性碱中毒，这与低钾血症时机体动员细胞内 K^+ 外移、而细胞外的 H^+ 与 K^+ 交换进入细胞内有关。

（三）防治原则

1. 防治原发病　去除引起缺钾的原因，如停用某些排钾的利尿药。

2. 补钾　如有可能，应尽早恢复正常饮食来纠正缺钾。低钾血症严重、临床表现明显者应及时补钾。并遵循以下原则：见尿补钾，最好口服，不能口服或情况紧急可考虑静脉滴注，但应低浓度、慢滴速，在心电监护下进行。

应该强调，补钾不能操之过急。补入的钾进入细胞内并达到分布平衡，所需时间较正常时长，通常需补钾4～6日后，细胞内外的钾才能达到平衡，严重慢性缺钾患者甚至需10～15日或以上。

3. 纠正水和其他电解质代谢紊乱 引起低钾血症的原因中，有些可同时引起水和其他电解质（如钠、镁等）的丧失，一经发现须及时处理。

二、高钾血症

血清钾浓度高于5.5mmol/L，称为高钾血症。

（一）原因和机制

1. 钾摄入过多 多见于肾功能欠佳者静脉输注钾盐或库存血过多、过快，最危险的是误将钾盐静脉推注。

2. 钾排出减少 这是引起高钾血症的主要原因。

（1）肾功能障碍：急性肾衰少尿期、慢性肾衰末期、休克、出血等均可因肾功能障碍而导致血钾升高。

（2）醛固酮分泌减少：醛固酮可促进远曲小管和集合管对 Na^+ 的重吸收。

（3）大量使用保钾利尿剂：可竞争性阻断醛固酮排钾保钠的作用，或抑制远曲小管和集合管对 K^+ 的分泌，引起高钾血症。

（4）洋地黄过量：洋地黄抑制钠钾泵，导致肾小管泌钾障碍并使组织细胞摄钾减少，而致高钾血症。

3. 细胞内钾向细胞外转移 细胞内钾大量逸出超过肾的排出能力导致血钾浓度升高。

（1）大量细胞破坏：如血型不合的输血导致大量溶血，挤压综合征患者大量肌肉组织损伤，使细胞内大量 K^+ 逸出。

（2）组织缺氧：ATP生成不足，细胞膜钠钾泵功能障碍，细胞外液中的 K^+ 不易进入细胞。

（3）酸中毒：细胞外液中 H^+ 代偿性进入细胞内，细胞内的 K^+ 与 H^+ 交换移向细胞外。

（4）高血糖合并胰岛素缺乏：胰岛素不足、高血糖引起的高渗以及酮症酸中毒影响细胞膜上钠钾泵的功能，K^+ 不易进入细胞。

（5）高钾血症型周期性麻痹：一种少见的常染色体显性遗传病，骨骼肌麻痹时常伴有血钾水平升高，机制不清。

（二）对机体的影响

急性高钾血症时，静息膜电位与阈电位之间的距离变小，可兴奋细胞的兴奋性增高。但严重高钾血症时，静息膜电位与阈电位的距离消失，可兴奋细胞丧失形成兴奋的能力。其中以心肌和骨骼肌的表现最为典型。

1. 对心脏的影响 高钾血症时心肌的自律性降低，传导性降低，兴奋性轻度时增高、重度时降低，收缩性降低。由于自律性降低，可出现窦性心动过缓，窦性停搏；由于传导性降低，可出现各类型的传导阻滞；由于传导性、兴奋性异常的共同影响，可出现折返激动导致心室颤动。高钾血症对机体的主要危险就在于可能引起严重的传导阻滞，室颤甚至心搏骤停。

高钾血症典型的心电图改变有T波高尖、Q-T间期缩短、P波压低增宽、P-R间期延长、R波降低、QRS综合波增宽等。

2. 对骨骼肌的影响　轻度急性高钾血症肌肉兴奋性增强，可出现肌肉轻度震颤，手足感觉异常，但不明显，常被原发病掩盖而被忽视。重度患者四肢软弱无力，腱反射减弱甚至消失，出现弛缓性麻痹，常先累及四肢，然后向躯干发展，甚至波及呼吸肌。

总体来说，高钾血症对骨骼肌的影响较为次要，因骨骼肌麻痹以前，患者往往已经因为致命性的心律不齐或心搏骤停而死亡。

3. 对酸碱平衡的影响　高钾血症倾向于诱发代谢性酸中毒，这与高钾血症时细胞外 K^+ 移入细胞、而细胞内的 H^+ 与 K^+ 交换移向细胞外有关。

（三）防治原则

1. 防治原发病　轻度高钾血症在去除原因，积极治疗原发病，并限制高钾饮食后，多能自行缓解。

2. 重症患者应立即降低血钾以保护心脏

（1）对抗钾对心肌的毒性作用：①可在心电图的监测下缓慢静注10%葡萄糖酸钙以提高阈电位水平，使其与静息膜电位之间的电位差接近正常，恢复心肌细胞的兴奋性，同时也可增强心肌的收缩性；②静注氯化钠提高血钠，使心肌传导性恢复正常。

（2）降低血钾：①最有效的方法为血液或腹膜透析以排出过多的钾；②阳离子交换树脂口服或灌肠，在肠内通过 Na^+-K^+ 交换，促进钾的排出；③静注 $NaHCO_3$ 纠正酸中毒；④静注GI液（胰岛素和葡萄糖的混合液），促使 K^+ 向细胞内转移。

3. 纠正水和其他电解质代谢紊乱　如同时引起高镁血症，应及时处理。

小　结

水及电解质是体液中的重要物质，对于机体的生命活动具有广泛的意义，水及电解质代谢的紊乱可引起机体机能代谢的异常，严重时可导致机体死亡。水电解质代谢紊乱主要包括水钠代谢紊乱、钾代谢紊乱、镁代谢紊乱和钙磷代谢紊乱。

自　测　题

一、名词解释

1. 水肿

2. 高钾血症

二、单项选择题

1. 低渗性脱水对机体最主要的影响是
   A. 脑出血
   B. 酸中毒
   C. 休克
   D. 氮质血症
   E. 神经系统功能障碍

2. 水肿首先出现于身体低垂部，可能是
   A. 肾性水肿
   B. 肺水肿
   C. 心性水肿
   D. 肝性水肿

E. 营养不良性水肿

3. 某患者术后禁食 3 天，仅输入大量 5%葡萄糖液，此患者最易发生的电解质紊乱是
A. 低血镁
B. 低血钠
C. 低血磷
D. 低血钙
E. 低血钾

4. 下列补给钾盐措施，错误的是
A. 能口服尽量口服
B. 不能口服者静脉滴注
C. 见尿补钾
D. 输入液钾浓度不宜过浓
E. 严重时可快速静脉推注

5. 高钾血症的最严重危害是引起
A. 肌肉疼痛
B. 心脏停搏
C. 肺水肿
D. 酸中毒
E. 脑疝形成

三、简答题

为什么低渗性脱水的失水体征比高渗性脱水明显？

（梁俊晖）

第四十一章　酸碱平衡紊乱

学习目标

1. 掌握酸碱平衡紊乱、酸和碱的概念，单纯型酸碱平衡紊乱的特点。
2. 熟悉酸碱平衡的调节机制，常用检测指标及其意义。
3. 了解体内酸碱物质的来源，混合型酸碱平衡紊乱。

案例

患者女性，46岁，患糖尿病10余年，因昏迷入院。体格检查：血压90/40mmHg，脉搏101次/分，呼吸深大，28次/分。实验室检查：生化检验：血糖10.1mmol/L，β-羟丁酸1.0mmol/L，K^+ 5.6mmol/L，Na^+ 160mmol/L，Cl^- 104mmol/L；pH 7.13，$PaCO_2$ 30mmHg，AB 9.9mmol/L，SB 10.9mmol/L，BE －18.0mmol/L；尿：酮体（＋＋＋），糖（＋＋＋），酸性。辅助检查：心电图出现传导阻滞。

经低渗盐水灌胃，静脉滴注等渗盐水、胰岛素等抢救，6小时后，患者呼吸平稳，神志清醒，重复上述检验项目，除血K^+为3.3mmol/L偏低外，其他检查均接近正常。

讨论：1. 该患者发生了何种酸碱紊乱？原因和机制是什么？

2. 哪些指标说明发生了酸碱紊乱？

3. 如何解释该患者血K^+的变化？

人体内环境具有适宜的酸碱度，是维持细胞正常代谢和生理功能的基本条件。正常人血浆的pH保持在7.35～7.45之间，呈弱碱性，变动范围很窄。虽然机体在不断生成酸性和碱性的代谢产物，也经常摄入酸性和碱性食物，但机体通过体内的缓冲和调节功能，血液的pH总是稳定在正常范围内。这种维持体液酸碱度相对稳定的过程，称为酸碱平衡。

病理情况下可引起酸碱超负荷、酸碱不足或调节机制障碍，导致体液内环境酸碱稳态破坏，造成酸碱平衡紊乱。

第一节　酸碱的概念及酸碱物质的来源和调节

一、酸碱的概念及酸碱物质的来源

在化学反应中，凡是能释放 H^+ 的化学物质称为酸，凡是能接受 H^+ 的化学物质称为碱。体液中的酸性或碱性物质主要是细胞内物质在分解代谢过程中产生的，其中产生的酸性物质远远超过碱性物质。

（一）两种酸及其来源

1. 挥发酸　糖、脂肪和蛋白质分解代谢的终产物是 CO_2，CO_2 与水结合成碳酸，碳酸可释出 H^+，也可形成气体 CO_2，从肺排出体外，故称为挥发酸。

$$CO_2 + H_2O \rightleftharpoons H_2CO_3 \rightleftharpoons H^+ + HCO_3^-$$

2. 固定酸　只能通过肾由尿排出的酸性物质，又称为非挥发酸，即除了 H_2CO_3 以外的酸。如蛋白质分解代谢产生的硫酸、磷酸和尿酸；糖酵解生成的甘油酸、丙酮酸和乳酸；脂肪代谢产生的 β-羟丁酸和乙酰乙酸等。

（二）碱的来源

体内的碱性物质主要来自蔬菜、瓜果等食物，代谢也可产生一些碱性物质，如 HCO_3^-、氨基酸脱氨基所产生的氨等。

二、酸碱平衡的调节

尽管机体不断生成和摄取酸性或碱性物质，但血液的 pH 并不发生显著变化，这有赖于机体的各种调节机制。细胞外液的 pH 主要取决于 HCO_3^-/H_2CO_3 的比值，比值稳定在 20∶1，pH 就等于 7.4。

（一）血液缓冲系统的调节

血液缓冲系统由弱酸及其相对应的共轭碱组成，血液的缓冲系统主要有碳酸氢盐缓冲系统、磷酸盐缓冲系统、血浆蛋白缓冲系统、血红蛋白缓冲系统、血红蛋白和氧合血红蛋白缓冲系统五种。

血液缓冲系统可以立即缓冲所有的固定酸，其中以碳酸氢盐缓冲系统最重要，当 H^+ 过多时，反应向左移动，使 H^+ 的浓度不至于发生大幅度的增高，同时缓冲碱的浓度降低；当 H^+ 减少时，反应则向右移动，使 H^+ 的浓度得到部分的恢复，同时缓冲碱的浓度增加。但碳酸氢盐缓冲系统不能缓冲挥发酸。

$$H_2CO_3 \rightleftharpoons HCO_3^- + H^+$$

（二）呼吸的调节作用

肺通过改变肺泡通气量来控制 CO_2 的排出量和血浆挥发酸（H_2CO_3）的浓度，使血浆中 HCO_3^-/H_2CO_3 比值接近正常，以保持 pH 相对恒定。

肺泡通气量是受延髓呼吸中枢控制的，PaO_2、pH、$PaCO_2$ 的变化均可通过外周和中枢化学感受器刺激延髓呼吸中枢，从而改变肺泡通气量。

（三）组织细胞对酸碱平衡的调节作用

细胞的缓冲作用主要是通过细胞内外的离子交换进行的，如 H^+-K^+，H^+-Na^+，Na^+-K^+ 交换以维持电中性，如细胞外液 H^+ 增加时，H^+ 弥散入细胞内，而细胞内 K^+ 则移出细胞外，所以酸中毒时，往往伴有高钾血症。

（四）肾对酸碱平衡的调节

肾主要调节固定酸，通过肾小管排酸或保碱的作用来维持 HCO_3^- 浓度，使 pH 相对恒定。

上述四方面的调节共同维持体内的酸碱平衡，但在作用时间和强度上是有差别的。血液缓冲系统反应迅速，但时间不能持久；肺的调节作用效能最大，30 分钟时达最高峰；细胞的缓冲能力虽较强，但约 3～4 小时后才发挥作用；肾排酸保碱的作用较强大，但调节作用更慢，常在数小时后才起作用，3～5 天才达高峰。

第二节　酸碱平衡的常用指标及其意义

一、pH

pH 为 H^+ 浓度的负对数。正常人动脉血 pH 为 7.35～7.45，平均值为 7.4。pH 的变化反映酸碱平衡紊乱的性质及其严重程度。pH 降低为失代偿性酸中毒；pH 升高为失代偿性碱中毒；pH 正常可能为酸碱平衡状态、代偿性酸碱平衡紊乱或混合型酸碱平衡紊乱。

二、动脉血二氧化碳分压

动脉血二氧化碳分压（$PaCO_2$）是指血浆中呈物理溶解状态的 CO_2 分子所产生的张力，正常值为 33～46mmHg，平均值为 40mmHg。$PaCO_2$ 主要反映肺泡通气情况，是判断呼吸性酸碱平衡紊乱的重要指标。如果 $PaCO_2$ 原发性升高，为呼吸性酸中毒；如果 $PaCO_2$ 原发性降低，则为呼吸性碱中毒。在代谢性酸碱平衡紊乱时，机体代偿调节后 $PaCO_2$ 也会发生继发性的变化。

三、标准碳酸氢盐和实际碳酸氢盐

标准碳酸氢盐（SB）是指全血在标准条件下（$PaCO_2$ 为 40mmHg、温度为 38℃、血红蛋白 100%被氧饱和）测得的血浆中 HCO_3^- 的量，正常值为 22～27mmol/L，平均值为 24mmol/L。由于 SB 不受呼吸因素的影响，所以它是判断代谢性酸碱平衡紊乱的重要指标。实际碳酸氢盐（AB）是指全血在实际情况下测得的血浆中 HCO_3^- 的量。AB 受代谢和呼吸两方面因素的影响，正常人 AB＝SB。如果两者数值都低说明有代谢性酸中毒；如果两者数值都高说明有代谢性碱中毒；如果 AB＞SB 说明有 CO_2 潴留，见于呼吸性酸中毒；如果 AB＜SB说明有 CO_2 排出过多，见于呼吸性碱中毒。

四、缓冲碱

缓冲碱（BB）是指血液中所有具有缓冲作用的负离子碱的总和，正常值是 45～52mmol/L，平均值为 48mmol/L。它是反映代谢性因素的指标。代谢性酸中毒时 BB 减少，代谢性碱中毒时 BB 升高。

五、碱剩余

碱剩余（BE）是指在标准条件下用酸或碱滴定全血标本至 pH＝7.4 时所需的酸或者碱的量。若用酸滴定，表示被测血液中碱过剩，用正值表示；若用碱滴定，则表示被测血液中酸过剩，用负值表示。BE 的正常值为±3.0mmol/L。BE 不受呼吸因素的影响，是反映代谢性因素的指标。BE 正值增大为代谢性碱中毒；BE 负值增大为代谢性酸中毒。

六、阴离子间隙

阴离子间隙（AG）是血浆中未测定阴离子量与未测定阳离子量的差值。AG 实质上反映血浆中固定酸含量的指标，可帮助区分代谢性酸中毒的类型和诊断混合型酸碱平衡紊乱。

第三节　单纯型酸碱平衡紊乱

一、代谢性酸中毒

代谢性酸中毒是指原发性 HCO_3^- 减少而导致的酸碱平衡紊乱。

（一）原因和发生机制

1. 碱过少

（1）碱丢失过多：常见于严重腹泻、肠道瘘管及大量使用利尿剂等。

（2）HCO_3^- 被稀释：见于快速输入大量葡萄糖或生理盐水等无 HCO_3^- 的液体，使血液中 HCO_3^- 被稀释，造成稀释性代谢性酸中毒。

（3）近端肾小管酸中毒：Ⅱ型肾小管酸中毒时，HCO_3^- 在近曲小管重吸收减少，尿中排出增多，导致血浆 HCO_3^- 浓度降低。

2. 酸过多　HCO_3^- 被缓冲丢失。常见于：

（1）乳酸酸中毒：休克、心力衰竭等原因引起的缺氧，可使细胞内糖酵解增强而引起乳酸增加，发生乳酸酸中毒。

（2）酮症酸中毒：见于体内脂肪被大量动员的情况下，常见于糖尿病、饥饿等。

（3）外源性固定酸摄入过多：见于长期或大量使用水杨酸类药物、氯化铵等。

3. 高钾血症　细胞外液 K^+ 增多时，K^+ 向细胞内转移，同时细胞内 H^+ 与 K^+ 交换而移出细胞，引起细胞外 H^+ 增加，HCO_3^- 减少，导致代谢性酸中毒。

（二）机体的代偿调节

1. 血液的缓冲作用　细胞外液的 H^+ 增加后，血浆缓冲系统立即进行缓冲，HCO_3^- 及其他缓冲碱不断被消耗。

2. 肺的代偿调节　血液 H^+ 浓度增加，刺激颈动脉体和主动脉体化学感受器，反射性引起呼吸加深加快，其代偿意义是使血液中 H_2CO_3 浓度（或 $PaCO_2$）继发性降低。

3. 肾的代偿调节　在代谢性酸中毒时，肾通过加强泌 H^+ 及泌 NH_4^+ 以及重吸收 HCO_3^- 来进行调节，使细胞外液降低的 HCO_3^- 有所恢复。但肾功能障碍引起的酸中毒时，肾的纠酸作用几乎不能发挥。一般代谢性酸中毒尿液呈酸性，但在高钾性酸中毒时，由于肾小管上皮细胞内碱中毒，泌 H^+ 减少，尿液反而呈碱性，称为反常性碱性尿。

4. 细胞内外离子交换　细胞外液的 H^+ 增加时，通过细胞内外 H^+-K^+ 交换，H^+ 进入细胞内，被细胞内的缓冲碱缓冲。细胞内 K^+ 外移，导致高钾血症。

代谢性酸中毒的血气参数：HCO_3^- 原发性降低，所以 AB、SB、BB 值均降低，AB<SB，BE 负值加大，pH 下降，通过呼吸代偿，$PaCO_2$ 继发性下降。

（三）对机体的影响

1. 心血管系统

（1）心肌收缩力减弱：H^+ 浓度增高和高血钾能引起心肌兴奋-收缩耦联障碍，使心肌收缩力下降，心输出量减少。

（2）室性心律失常：与血钾升高密切相关，重度高血钾由于严重的传导阻滞和心肌兴奋性消失，可造成致死性心律失常和心跳停搏。

（3）血管系统对儿茶酚胺的反应性降低：尤其是毛细血管前括约肌最为明显，使血管容量不断扩大，回心血量减少，血压下降。临床上治疗休克患者时，要注意纠正酸中毒，才能改善血流动力学障碍，否则休克呈进行性发展。

2. 中枢神经系统　主要表现为意识障碍、昏迷，最后可因呼吸中枢和血管运动中枢麻痹而死亡。其机制主要是：代谢性酸中毒能使脑内抑制性神经递质 γ-氨基丁酸生成增多以及使脑内生物氧化酶受抑制，导致能量生成减少，脑组织能量供应不足。

3. 呼吸加深加快，有利于 CO_2 代偿性呼出。

（四）治疗原则

1. 积极治疗原发病　一般轻度的代谢性酸中毒，在去除病因后再辅以纠正水、电解质的代谢紊乱，多可自行纠正。

2. 适当使用碱性药物　对于严重患者，可给予适量的碱性药物，首选碳酸氢钠。

知识链接

酮症酸中毒

酮症酸中毒是糖尿病患者由于体内代谢紊乱导致有机酸和酮体积聚，超过机体的酸碱平衡调节能力，致使血液 pH 低于正常值的一种常见的代谢性酸中毒，可由感染、饮食不当、胰岛素缺乏等诱因引发。患者出现烦渴、多尿、乏力、食欲下降、恶心呕吐，伴头痛、嗜睡、烦躁等症状，有的患者呼出的气体中带有烂苹果味，严重者出现脱水、昏迷，甚至死亡。血糖、血酮体、动脉血 pH 检查可确诊糖尿病酮症酸中毒。

二、呼吸性酸中毒

呼吸性酸中毒是指原发性 $PaCO_2$（或血浆 H_2CO_3）升高而导致的酸碱平衡紊乱。

（一）原因和发生机制

1. CO_2 排出减少　常见于各种原因引起的外呼吸功能障碍：①呼吸中枢抑制；②呼吸肌麻痹；③呼吸道阻塞；④胸廓病变；⑤肺部疾病。

2. CO_2 吸入过多　较少见。可见于通风不良的环境（坑道、防空洞等）和呼吸机使用不当，通气量过小。

（二）机体的代偿调节

呼吸性酸中毒多由外呼吸功能障碍引起，所以肺往往不能发挥代偿作用，产生的大量H_2CO_3也不能靠碳酸氢盐缓冲系统缓冲，而主要靠血液中的非碳酸氢盐缓冲系统和肾代偿。

1. 急性呼吸性酸中毒　由于肾的代偿作用较缓慢，因此主要靠细胞内外离子交换及细胞内缓冲，这种调节非常有限，因此常表现为失代偿状态。

2. 慢性呼吸性酸中毒　由于肾的保碱作用较强大，随着$PaCO_2$升高，HCO_3^-也呈比例的增高，可使HCO_3^-/H_2CO_3的比值接近20∶1，因此在轻、中度慢性呼吸性酸中毒时是有可能代偿的。

呼吸性酸中毒的血气参数：$PaCO_2$原发性增高，pH降低。通过机体代偿，代谢性指标继发性升高，慢性呼吸性酸中毒更明显，AB、SB、BB值均升高，AB＞SB，BE正值增大。

（三）对机体的影响

1. 心血管系统　CO_2潴留可引起脑血管舒张，脑血流量增加，常引起持续性头痛，尤以夜间和晨起更严重。此外H^+浓度增加会引起心肌收缩力减弱，高血钾可引起心律失常。

2. 中枢神经系统　早期症状包括头痛、不安、焦虑，进一步发展可出现震颤、精神错乱、嗜睡，甚至昏迷，后者称之为“CO_2麻醉”，如因呼吸衰竭引起的以中枢神经系统功能紊乱为主的精神神经综合征，称为肺性脑病。

（四）治疗原则

1. 积极治疗原发病　如去除呼吸道梗阻或解痉，使用呼吸中枢兴奋药或人工呼吸器，对慢性阻塞性肺疾病采用控制感染、强心、解痉和祛痰等。

2. 谨慎使用碱性药物　呼吸性酸中毒时，HCO_3^-可以代偿性升高，此时应该慎用碱性药物，特别是通气尚未改善前，错误地使用碱性药物，可并发代谢性碱中毒，使病情加重，死亡率增高。在通气改善后可谨慎地补给一种不含钠的有机碱——三羟甲基氨基甲烷。

三、代谢性碱中毒

代谢性碱中毒是指原发性HCO_3^-增多而导致的酸碱平衡紊乱。

（一）原因和发生机制

1. 酸性物质丢失过多

（1）经胃丢失：常见于剧烈呕吐及胃液抽吸，引起含HCl的胃液大量丢失。

（2）经肾丢失：①应用髓袢利尿剂（呋塞米或依他尼酸）利尿时，H^+经肾大量丢失，同时HCO_3^-大量被重吸收；②盐皮质激素过多：尤其是醛固酮可刺激集合管泌氢细胞的H^+-ATP酶促进H^+排泌，也可通过保Na^+排K^+促进H^+排泌，造成低钾性碱中毒。

2. HCO_3^-过量负荷　如消化道溃疡病患者服用过多的$NaHCO_3$、矫正代谢性酸中毒时滴注过多的$NaHCO_3$、大量输入含柠檬酸盐抗凝的库存血等。

3. 低钾血症　细胞外K^+减少，细胞内K^+向细胞外转移，同时细胞外的H^+与K^+交换而向细胞内移动，导致代谢性碱中毒。

（二）机体的代偿调节

1. 血液的缓冲作用　细胞外液H^+浓度降低，OH^-浓度升高，可被缓冲系统中弱酸所缓冲，使HCO_3^-浓度升高。

2. 肺的代偿调节　血浆中H^+浓度降低可抑制呼吸中枢，使呼吸变浅变慢，$PaCO_2$或血浆H_2CO_3代偿性升高。但这种代偿是有限度的，因为呼吸抑制所致的PaO_2降低和$PaCO_2$上升均能刺激呼吸中枢，从而减少了代偿作用。

3. 肾的代偿调节　肾的代偿作用发挥较晚，血浆 H^+ 减少和 pH 升高使肾小管上皮的碳酸酐酶和谷氨酰胺酶活性受到抑制，故泌 H^+ 和 NH_4^+ 减少，HCO_3^- 重吸收减少，使血浆 HCO_3^- 浓度有所下降。一般代谢性碱中毒尿液呈碱性，但在低钾性碱中毒时，由于肾小管上皮细胞内酸中毒，泌 H^+ 增多，尿液反而呈酸性，称为反常性酸性尿。

4. 细胞内外离子交换　细胞外液 H^+ 浓度减低时，细胞内 H^+ 移出细胞，而细胞外液 K^+ 与 H^+ 交换进入细胞内，可导致低钾血症。

代谢性碱中毒的血气参数：原发性代谢性指标增加，表现为 AB、SB 及 BB 均升高，AB＞SB，BE 正值加大，pH 升高。由于肺的代偿，$PaCO_2$ 继发性升高。

（三）对机体的影响

1. 中枢神经系统　严重代谢性碱中毒患者常有烦躁不安、精神错乱、谵妄、意识障碍等中枢神经系统症状。其机制主要与抑制性神经介质 γ-氨基丁酸生成减少有关，其次与碱中毒时血红蛋白氧离曲线左移引起的脑组织缺氧有关。

2. 血浆游离钙降低　严重的急性碱中毒时，神经肌肉的应激性增高，可出现面部和肢体肌肉的抽动，手足搐搦和惊厥等症状。其机制可能是由于 pH 升高引起的血浆中游离钙浓度降低所致。

（四）治疗原则

1. 积极治疗原发病　对于轻症患者，去除病因后再给予适量的生理盐水，通过扩充血容量和补充 Cl^-，使过多的 HCO_3^- 从肾排出。治疗后如尿液碱化及尿 Cl^- 浓度增高可说明治疗有效。

2. 适当使用酸性药物　对于重症患者，可给予适量的弱酸性药物或酸性药物。如使用 0.1mmol/L 的稀盐酸迅速中和过多的 HCO_3^-。

四、呼吸性碱中毒

呼吸性碱中毒是指原发性 $PaCO_2$（或血浆 H_2CO_3）减少而导致的酸碱平衡紊乱。

（一）原因和发生机制

各种原因引起的肺通气过度是呼吸性碱中毒的基本机制。常见的原因有：①肺疾病及低氧血症；②呼吸中枢受到直接刺激；③使用人工呼吸机时通气量过大。

（二）机体的代偿调节

1. 急性呼吸性碱中毒　由于肾的代偿作用较缓慢，因此仅主要靠细胞内外离子交换及细胞内缓冲，由于这种缓冲作用十分有限，所以急性呼吸性碱中毒往往是失代偿的。

2. 慢性呼吸性碱中毒　慢性呼吸性碱中毒时，肾通过泌 H^+ 和 NH_4^+ 减少，HCO_3^- 重吸收减少来进行代偿调节，使血浆 HCO_3^- 浓度有所下降。

呼吸性碱中毒的血气参数：$PaCO_2$ 原发性降低，pH 升高。通过机体代偿，代谢性指标继发性下降，慢性呼吸性碱中毒更明显，AB、SB、BB 值均下降，AB＜SB，BE 负值加大。

（三）对机体的影响

呼吸性碱中毒比代谢性碱中毒更易出现眩晕，四肢及口周围感觉异常，意识障碍及抽搐等，抽搐与低 Ca^{2+} 有关。神经系统功能障碍除与碱中毒对脑功能的损伤外，还与低碳酸血症引起脑血管收缩，脑血流量减少有关。

此外，呼吸性碱中毒时也可因细胞内外离子交换和肾排钾增加而发生低钾血症；也可因血红蛋白氧离曲线左移使组织供氧不足。

（四）治疗原则

首先应防治原发病和去除引起通气过度的原因。急性呼吸性碱中毒患者可吸入含5%CO_2的混合气体，或用纸袋罩于患者口鼻使其再吸入呼出的气体以维持血浆H_2CO_3的浓度。对精神性通气过度患者可用镇静剂。

第四节　混合型酸碱平衡紊乱

由于血气分析在临床的广泛应用，并有明确的代谢因素指标和呼吸因素指标，发现在一个患者体内不只存在单一的酸碱平衡紊乱，也存在两种以上的混合型酸碱平衡紊乱。四种单纯型酸碱平衡紊乱的类型，除了呼吸性酸中毒与呼吸性碱中毒两者不可能合并存在之外（因为不可能同时发生通气过度和通气不足），其他类型组合均可以同时存在于同一患者体内。

临床上判断混合型酸碱平衡较为复杂，须在了解病史的基础上结合血气分析结果才能做出正确的诊断。而且无论单纯型还是混合型酸碱平衡紊乱，都不是一成不变的，随着病情的发展，加上治疗和护理措施的影响，原有的酸碱平衡紊乱可能被纠正，也可能转变或合并其他类型的酸碱平衡紊乱。因此，一定要动态观察患者的病情变化，才能对患者进行适当的治疗和护理。

小　结

酸碱平衡紊乱是伴随许多疾病发生的常见病理过程，及时发现和正确处理常常是治疗成败的关键。随着对酸碱平衡理论知识的不断深化，血气分析等诊疗技术的不断提高，酸碱状态判断已成为临床日常诊疗的基本手段。

自　测　题

一、名词解释

1. 代谢性酸中毒

2. 反常性酸性尿

二、单项选择题

1. 血液pH的高低取决于血浆中的
   A. 碳酸氢盐浓度
   B. 动脉血二氧化碳分压
   C. 缓冲碱
   D. 碳酸氢根与碳酸的比值
   E. 标准碳酸氢盐

2. 血浆碳酸浓度代偿性降低可见于
   A. 代谢性酸中毒
   B. 代谢性碱中毒
   C. 呼吸性酸中毒
   D. 呼吸性碱中毒
   E. 以上四种酸碱失衡都可发生

三、简答题

1. 代谢性酸中毒时，机体是如何进行代偿调节的？

（梁俊晖）

第四十二章　炎　症

学习目标

1. 掌握炎症的概念，炎症的基本病理变化、类型及主要病变特点。
2. 熟悉炎症局部临床表现及发生机制。
3. 了解炎症的结局。

案例

李某，女性，40 岁。患者 7 天前右臀部出现一个红色小硬结，3 天前出现低热，局部症状加重，自行涂药膏后不见好转，症状逐渐加重而入院治疗。体格检查：体温 38℃，脉搏 92 次/分，呼吸 27 次/分，发育正常，营养良好，神志清楚；右臀部内侧见 4cm×4cm 红肿区，略隆起，触之剧痛，有波动感；体表发热，活动受限，揭去病灶药膏，可见中央溃破，有黄色黏稠液体向外溢出。

讨论：1. 本案例最可能诊断为何种病变？诊断依据是什么？

2. 何谓脓肿？脓肿的病变特征是什么？

第一节　炎症概述

一、炎症的概念

炎症是具有血管系统的活体组织对致炎因子引起的损伤而发生的防御性反应。其基本病理变化为变质、渗出和增生。临床上局部表现为红、肿、热、痛、功能障碍并有发热、白细胞变化等全身反应。血管反应是炎症过程的中心环节，它使血管内的液体成分及白细胞进入损伤部位，以局限、消灭致炎因子，清除和吸收坏死组织，最终使受损组织得以修复。但炎症过程也会给机体造成损伤，如严重的喉头水肿可引起窒息。所以，炎症是致炎因子对机体的损伤和机体抗损伤反应的矛盾斗争过程。

炎症性疾病是临床上的常见病，如皮肤的疖和痈、外伤感染、阑尾炎、肺炎、肝炎、肾炎、风湿病等，其病理过程都属于炎症。

二、炎症的原因

凡是能引起组织损伤的因子均称为致炎因子。致炎因子种类很多，可归纳为以下几类：

1. 生物性因子　细菌、病毒、立克次体、螺旋体、支原体、真菌和寄生虫等为炎症最常见原因。由生物性因子引起的炎症又称感染。细菌可释放内毒素和外毒素激发炎症；病毒在细胞内复制，导致感染细胞损伤。

2. 物理性因子　高温（烧伤、烫伤）、低温（冻伤）、放射性损伤、机械性创伤等。

3. 化学性因子　外源性化学物质有强酸、强碱等，内源性化学物质有某些病理情况下堆积于体内的代谢产物，如尿素、尿酸等。

4. 免疫反应　当机体免疫反应状态异常时，可引起不适当或过度的免疫反应，造成组织损伤而导致炎症，如过敏性鼻炎、荨麻疹等。

第二节　炎症的基本病理变化

炎症的基本病理变化包括变质、渗出和增生。在不同的炎症和炎症的不同阶段，三者的变化程度不同。急性炎症或炎症早期，以变质和渗出为主；慢性炎症或炎症的后期以增生为主。一般说来，变质是损伤过程，而渗出和增生是抗损伤的过程。

一、变质

变质是指炎症局部组织发生的变性和坏死。变质可发生在实质细胞和间质。实质细胞可发生细胞水肿、脂肪变性、凝固性坏死、液化性坏死等，如病毒性肝炎的肝细胞发生的细胞水肿、脂肪变性甚至坏死。间质可发生黏液样变性、纤维素样变性和坏死等。变质的程度取决于致炎因子的性质、强度及机体的反应性。

二、渗出

渗出是指炎症局部血管内的液体和细胞成分通过血管壁进入组织间隙、浆膜腔、黏膜表面及体表的过程，所渗出的液体和细胞成分总称为渗出物。渗出是炎症反应中最重要的抗损伤措施。渗出过程包括血流动力学改变，血管壁通透性升高，白细胞的渗出及吞噬等。

（一）血流动力学改变

炎症时组织损伤后，很快发生血流动力学变化，即血流量和血管口径的改变。血流动力学变化一般按以下顺序发生（图 42－1）。

1. 细动脉短暂收缩，持续仅几秒钟。

2. 细动脉和毛细血管扩张，局部血流量增多，发生动脉性充血，即炎性充血。持续时间不等，长的可达几小时。

3. 细静脉扩张，毛细血管大量开放，血流变慢，血管壁通透性升高，血液的液体成分渗出，导致血管内血液浓缩，黏稠度增加。

4. 随着血流变慢，轴流变宽甚至消失，最后血流停滞，此时白细胞靠边和附壁，接着以阿米巴样运动游出血管进入炎区。

（二）血管壁通透性升高

炎症早期，由于炎性充血使血管内流体静压升高，继之血管壁通透性升高，血浆蛋白渗

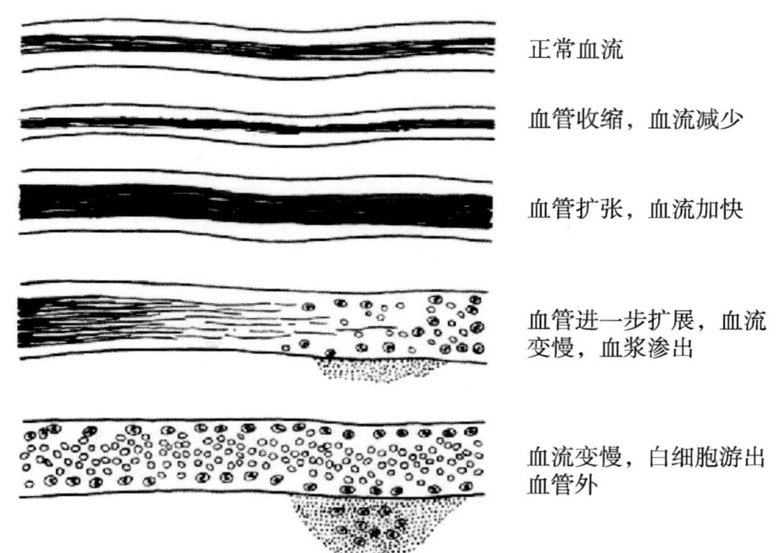

图 42－1　炎症时血流动力学变化模式图

出到血管外，使血浆胶体渗透压降低，而组织内胶体渗透压升高，导致大量液体和细胞成分渗出。

1．血管壁通透性升高的机制

血管壁通透性的高低取决于内皮细胞的完整性，炎症时可使内皮细胞收缩、损伤、穿胞作用增强，新生毛细血管的高通透性导致血管壁通透性升高（图 42－2），为渗出提供了条件。

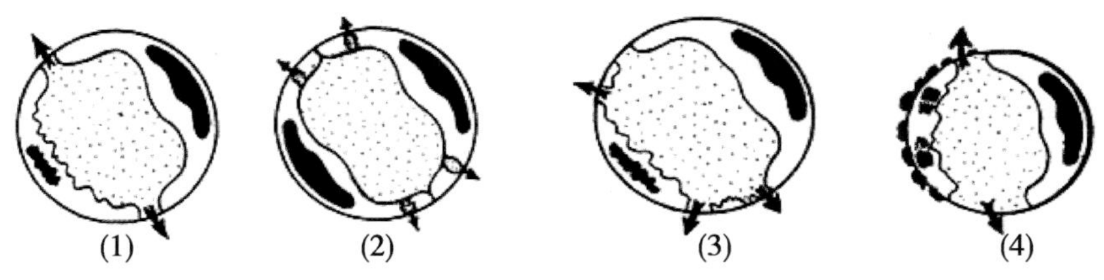

图 42－2　影响小血管内膜完整性的因子模式图

（1）内皮细胞收缩　（2）穿胞作用　（3）内皮细胞损伤　（4）新生毛细血管高通透性

2．液体渗出

由于血管壁通透性升高，血液中的液体成分通过血管壁到达血管外的过程称为液体渗出，渗出的液体称渗出液。渗出液积聚于组织间隙，称炎性水肿。积聚在体腔称为积液。炎症时的渗出液含有较多的蛋白质，并有较多的细胞成分及它们的崩解成分即细胞碎片。检测渗出液的比重高于 1.081，外观常混浊。这些有别于单纯因静脉回流受阻，血液循环障碍所形成的漏出液，二者的区别详见表 42－1。

表 42-1　渗出液与漏出液的区别

	渗出液	漏出液
原因	炎症	非炎症
蛋白质含量	＞25g/L	＜25g/L
有核细胞数	＞0.50×10^9/L	＜0.50×10^9/L
比重	＞1.018	＜1.018
黏蛋白试验	阳性	阴性
凝固	可自凝	不自凝
透明度	混浊	澄清

3. 渗出液的意义

渗出液具有重要的防御作用：①稀释毒素，减轻毒素对局部的损伤作用；②带来氧及营养物质，带走代谢产物；③渗出物中所含的抗体和补体可消灭病原菌；④渗出物中的纤维蛋白原所形成的纤维蛋白（纤维素）交织成网，可限制病原微生物扩散，有利于白细胞吞噬，后期还有利于组织修复；⑤渗出物中的病原微生物和毒素随淋巴液被带到局部淋巴结，有利于产生细胞免疫和体液免疫。

但渗出液对机体也可产生不利影响：①如渗出液过多可引起压迫和阻塞，例如肺泡腔内渗出液过多可影响肺换气功能；过多的心包腔积液可压迫心脏；严重的喉头水肿可引起窒息。②纤维素渗出过多不能完全吸收时，发生机化，引起组织粘连，如心包粘连、胸膜粘连等。

（三）白细胞的渗出和吞噬作用

1. 白细胞渗出

各种白细胞通过血管壁游出到血管外的过程，称为白细胞渗出，白细胞渗出是炎症反应最重要的特征。渗出的白细胞称为炎细胞。炎细胞聚集在炎症区域的现象，称为炎细胞浸润，炎细胞浸润是炎症防御作用的主要环节。白细胞渗出包括白细胞靠边、附壁、游出和趋化作用。

正常情况下，血液在血管内流动，血液中的有形成分在血流中心带流动称轴流。血浆成分在血流的边缘带流动称边流。维持这种轴流、边流需要一定的流速。炎症时，血流变慢甚至停滞，轴流变宽甚至消失，白细胞离开血管中心的轴流，到达血管的边缘部，称为白细胞靠边。开始白细胞可沿着内皮细胞表面滚动，随后贴附在内皮细胞上称白细胞附壁或黏着。附壁的白细胞在血管内皮细胞连接处伸出伪足，整个细胞以阿米巴运动的方式从内皮细胞缝隙中逸出，即白细胞游出。各种白细胞都能游出，但不同种类的白细胞游走能力不同，中性粒细胞和单核细胞游走能力最强，淋巴细胞最弱。由于中性粒细胞游走能力强，而且在血液中数量最多，所以在急性炎症时，中性粒细胞最早出现在炎症区域，这是急性炎症反应的重要形态学标志。游出的白细胞向炎区移动，并聚集在炎区。

趋化作用是指白细胞向着化学刺激物做定向移动。这些化学刺激物称为趋化因子。趋化因子具有特异性，即不同的趋化因子只对某一种或几种炎细胞有趋化作用，有些趋化因子只吸引中性粒细胞，而有些趋化因子则吸引单核细胞或嗜酸性粒细胞。趋化因子来源于血浆（内源性）或细菌及其代谢产物（外源性）。

2. 吞噬作用

白细胞对炎症灶内的病原体和组织崩解碎片进行吞噬和消化的过程，称为吞噬作用。是炎症防御反应的中心环节。完成此功能的吞噬细胞主要有两种：中性粒细胞和巨噬细胞。吞噬过程由三个连续的步骤组成：①识别及附着；②吞入；③杀伤和降解。病原微生物被吞噬后大多数被杀灭、降解，但有些细菌（如结核杆菌）在白细胞内处于静止状态，一旦机体抵抗力降低，这些细菌又能繁殖，并可随吞噬细胞的游走在机体内播散。

3. 炎细胞的种类和功能

炎症时，多数炎症细胞来源于血液，如嗜中性粒细胞、单核细胞、嗜酸性粒细胞、淋巴细胞等，少数来自组织增生的细胞，如巨噬细胞等。①中性粒细胞：又称小吞噬细胞，具有活跃的运动能力与较强的吞噬能力。可吞噬多种球菌、坏死组织碎片及抗原抗体复合物。常见于急性炎、化脓性炎及炎症早期。②单核巨噬细胞：具有很强的吞噬能力。能吞噬嗜中性粒细胞不能吞噬的病原体、异物和较大的组织碎片。如体积太大，它可用细胞融合的方式或胞核分裂的方式，形成多核巨细胞，对异物包围和吞噬，如结核结节中的朗格汉斯细胞和异物肉芽肿内的异物巨细胞。常出现在急性炎后期、慢性炎、非化脓性炎（如结核病）、病毒性感染和原虫感染等。③嗜酸性粒细胞：有一定的吞噬能力，能吞噬抗原抗体复合物。多见于寄生虫病（如蛔虫病等）和某些变态反应性疾病（如过敏性鼻炎等）。④淋巴细胞和浆细胞：淋巴细胞可分为 T 淋巴细胞和 B 淋巴细胞两类。T 淋巴细胞受抗原刺激产生淋巴因子发挥细胞免疫，B 淋巴细胞抗原刺激转化为浆细胞，产生、释放各种免疫球蛋白（抗体），起体液免疫作用，淋巴细胞和浆细胞常见于慢性炎。⑤嗜碱性粒细胞：胞质的嗜碱性颗粒内含肝素、组胺、5-羟色胺。当受炎症刺激时，细胞脱颗粒而释放上述物质导致炎症。多见于变态反应性炎等。

三、增生

在致炎因子和组织崩解产物的作用下，炎区内实质和间质细胞增殖，细胞数目增多，称为增生。实质细胞的增生如慢性鼻炎时鼻黏膜上皮细胞和腺体的增生、慢性肝炎时肝细胞的增生。间质成分的增生包括巨噬细胞、内皮细胞和成纤维细胞。炎症增生具有限制炎症扩散和修复的作用。但过度的增生又可对原有组织造成破坏，影响器官的功能，如肝炎后的肝硬化可造成肝功能障碍。

第三节　炎症介质

炎症介质是指参与并诱导炎症发生发展的具有生物活性的化学物质，也称化学介质。炎症介质在急性炎症的发生发展过程中发挥重要的介导作用。根据炎症介质来源可分以下两类：

一、细胞源性的炎症介质

是指来自细胞的炎症介质，它们或以颗粒的形式贮存于细胞内，在需要的时候释放到细胞外；或在某些致炎因子的刺激下才新合成。主要有组胺、5-羟色胺、前列腺素、白细胞三烯、溶酶体酶和淋巴因子等。

二、血浆源性的炎症介质

是指来自血浆的炎症介质，主要包括缓激肽、补体（C3a、C5a）、纤维蛋白多肽和纤维蛋白降解产物。炎症介质的主要作用见表 42－2。

表 42－2 主要炎症介质及作用

种类	血管扩张	血管壁通透性增加	趋化作用	组织损伤	发热	疼痛
组胺	＋	＋				
5－羟色胺	＋	＋				
前列腺素	＋	＋	＋		＋	＋
白细胞三烯		＋	＋			
溶酶体成分		＋	＋	＋		
淋巴因子		＋	＋	＋		
缓激肽	＋	＋				＋
补体（C3a、C5a）	＋	＋	＋			
纤维蛋白多肽		＋	＋			
纤维蛋白降解产物		＋	＋			

第四节 炎症的局部临床表现和全身反应

一、炎症的局部临床表现

1. 红　由于充血所致。早期由于动脉性充血，局部呈鲜红色；以后由于静脉性充血，局部呈暗红色。

2. 肿　急性炎症时局部肿胀是由于局部充血、渗出所致；慢性炎症局部肿胀主要由组织细胞增生导致。

3. 热　由于炎症局部动脉性充血，血流量增多，血流加快，代谢增强导致局部发热。

4. 痛　炎症局部疼痛与多种因素有关：①炎症介质如前列腺素、5－羟色胺等，是主要的致痛物质；②钾离子可刺激神经末梢，引起疼痛；③局部肿胀压迫和牵拉神经末梢引起疼痛，如牙髓炎症可引起剧痛；肝炎时肝大引起的肝区疼痛。

5. 功能障碍　原因很多，如炎症灶内实质细胞的变性、坏死、代谢异常、渗出物增多所造成的机械性压迫、阻塞、肿胀和疼痛等，都可能引起局部组织和器官的功能障碍。

二、炎症的全身反应

1. 发热　是炎症常见的临床表现。一定程度的发热可促进抗体形成和增强巨噬细胞的吞噬功能，增强肝的解毒功能，具有一定的防御意义。但发热过高或时间过久，可引起各系统，特别是中枢神经系统功能紊乱。少数患者在严重炎症时，体温却不升高，说明机体反应性差，抵抗力低，是预后不良的征兆。

2. 血中白细胞变化　外周血液中白细胞增多具有防御意义，一般急性化脓性炎以嗜中性粒细胞增多为主；慢性肉芽肿性炎以单核细胞增多为主；寄生虫感染或某些变态反应性炎以嗜酸性粒细胞增多为主。但某些致炎因子（如伤寒杆菌、流行性感冒病毒、肝炎病毒、立克次体等）引起的炎症，白细胞反而减少。如果患者抵抗力差，感染严重时，白细胞增多不明显，甚至减少，则预后较差。

3. 单核-吞噬细胞系统增生　该系统的细胞增生，功能加强，有利于吞噬、消化病原体和组织崩解产物。临床上表现为肝、脾、淋巴结肿大。

第五节　炎症的类型及病理变化

一、炎症的临床类型

临床上根据病程的长短和发病的急缓，将炎症分为超急性炎、急性炎、亚急性炎和慢性炎四型。急性炎和慢性炎是最常见的临床类型。

1. 超急性炎　呈暴发性经过，病程数小时至数天，炎症反应急剧，短期内引起组织、器官的严重损害，甚至导致机体死亡。局部病变表现为轻度到中度的变质和渗出。多属变态反应性炎症，如器官移植的超急性排斥反应。

2. 急性炎　临床上起病急、病程短，一般几天到一个月即可痊愈。局部病变以变质和渗出为主，增生较轻，炎症灶内浸润的炎细胞以嗜中性粒细胞为主。

3. 慢性炎　临床上起病慢，病程较长的炎症，病程可长达几个月至几年。局部病变常以增生为主，变质和渗出较轻，炎症灶内浸润的炎细胞以淋巴细胞、巨噬细胞、浆细胞为主。慢性炎可由急性炎转化而来，亦可一开始即呈慢性经过。

4. 亚急性炎　病程介于急性炎和慢性炎之间，临床少见，如亚急性感染性心内膜炎等。病变特点是坏死和增生均较明显。

二、炎症的病理学类型及其特点

根据炎症局部组织的基本病变将炎症分为变质性炎、渗出性炎和增生性炎。

（一）变质性炎

变质性炎是指以组织细胞变质为主，渗出和增生改变较轻微的炎症。多见于急性炎症。常见肝、肾、心、脑等实质性器官，常由某些重症感染和中毒引起。如急性重型肝炎的主要病变为肝细胞广泛坏死（图 42-3）；流行性乙型脑炎的主要病变为神经细胞变性、坏死。变质性炎常常引起实质器官的功能障碍。如急性重型肝炎引起肝功能障碍。

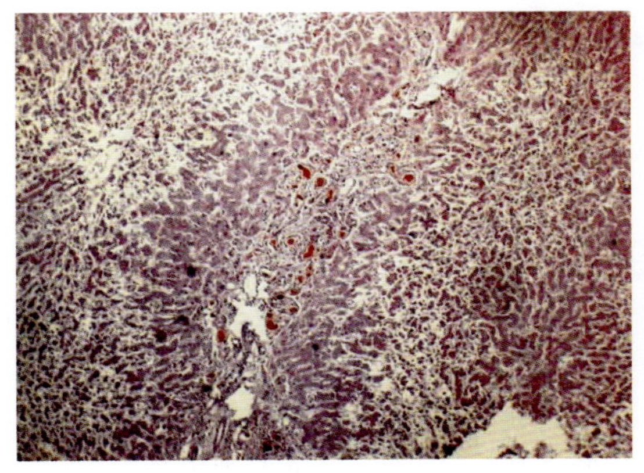

图 42-3　急性重型肝炎

病变几乎累及整个肝小叶的大范围肝细胞坏死

（二）渗出性炎

渗出性炎以炎症灶内形成大量渗出物为特征，变质和增生改变较轻微的炎症，多为急性炎。根据渗出物的主要成分不同，渗出性炎分为浆液性炎、纤维素性炎、化脓性炎和出血性炎等。

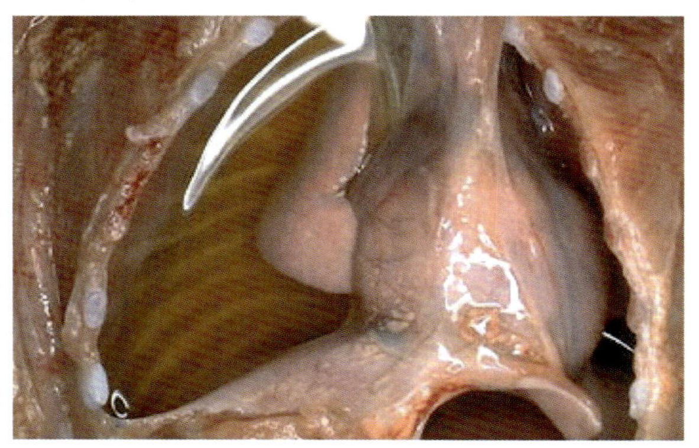

图 42－4　胸膜腔积液（浆液性炎）

胸膜澄清的淡黄色液体渗出，为浆液性渗出

1. 浆液性炎

以浆液渗出为主，渗出物主要是血清，其中含有少量白细胞和纤维素（图 42－4）。常发生于黏膜、浆膜和疏松结缔组织。如感冒早期的清鼻涕，渗出性结核性胸膜炎的积液，毒蛇咬伤的局部水肿，皮肤Ⅱ度烧伤的水疱等。浆液性炎一般较轻，易于消退。但渗出物过多也有不利影响。如喉头严重水肿可引起窒息。心包腔和胸膜腔大量积液可影响心肺功能。

2. 纤维素性炎

以渗出物中含有大量纤维素为特征，纤维素是由纤维蛋白原转变而来。纤维蛋白原大量渗出说明血管壁损伤严重，通透性明显增加，多由于某些细菌毒素（如白喉杆菌、痢疾杆菌和肺炎球菌的毒素）和各种毒物（如尿毒症的尿素和汞中毒的汞）所致。纤维素性炎好发于黏膜、浆膜和肺。因致炎因子和发生部位不同，病变各有一定的特征。发生于黏膜者，渗出的纤维素、坏死组织和嗜中性粒细胞共同在黏膜表面形成一层灰白色膜状物称假膜，这种炎症称为假膜性炎。白喉假膜性炎若发生于咽部不易脱落；若发生于气管则较易脱落，假膜脱落可引起窒息。发生于心包膜者，渗出的大量纤维素由于心脏跳动在心脏表面形成许多绒毛状物，称“绒毛心”。肺的纤维素性炎除了在肺泡内有大量渗出的纤维素外，还可见大量中性粒细胞或红细胞，常见于大叶性肺炎（图 42－5）。

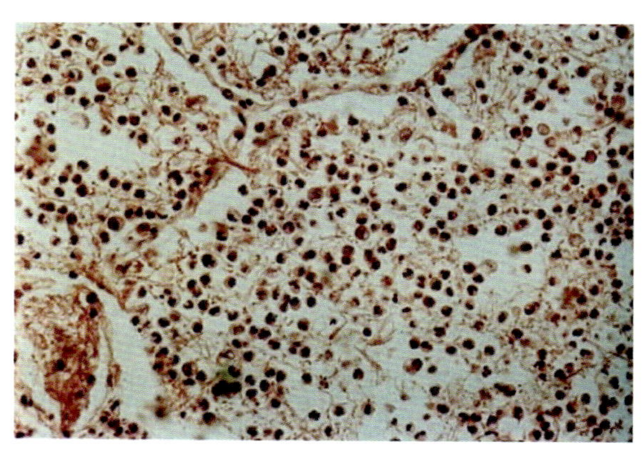

图 42－5　大叶性肺炎

肺泡腔内有大量纤维素渗出，纤维素交织成网，还可见大量脓细胞

渗出物中少量的纤维素可被中性粒细胞释放的蛋白酶溶解吸收。如果渗出的纤维素较多，纤维素不能完全溶解吸收，则发生机化，可导致肺肉质变，浆膜增厚、粘连，甚至浆膜腔闭塞，严重影响器官功能。

3. 化脓性炎

以大量中性粒细胞渗出为特征，并有不同程度的组织坏死和脓液形成。多由化脓菌（如葡萄球菌、链球菌、脑膜炎奈瑟菌、大肠埃希菌等）感染所致。脓液是一种浑浊的凝乳状液体，呈灰黄色或黄绿色。脓液中的中性粒细胞大多数已发生变性和坏死，称为脓细胞。脓液中除含有脓细胞外，还含有细菌、坏死组织碎片和少量浆液。由葡萄球菌引起的脓液较为浓稠，由链球菌引起的脓液较为稀薄。化脓性炎根据病因和发生部位的不同，分为以下三种类型。

（1）表面化脓和积脓：指发生在黏膜和浆膜的化脓性炎。此时中性粒细胞向黏膜表面渗出，如化脓性尿道炎、化脓性支气管炎，脓液可通过尿道、气管排除体外。当化脓性炎发生于浆膜、胆囊和输卵管时，脓液则在腔内积聚，称为积脓。

（2）蜂窝织炎：指发生在疏松结缔组织的弥漫性化脓性炎。常发生于皮肤、肌肉和阑尾。主要由溶血性链球菌引起，溶血性链球菌能分泌透明质酸酶，能降解结缔组织中的透明质酸，还能分泌链激酶，溶解纤维素，因此细菌易于扩散，表现为疏松结缔组织内大量中性粒细胞或脓细胞弥漫性浸润。

（3）脓肿：脓肿为器官或组织内局限性脓性炎症，组织发生溶解坏死，形成充满脓液的腔（图 42－6）。脓肿可发生于皮下和内脏，主要由金黄色葡萄球菌引起，此菌可产生血浆凝固酶，使渗出的纤维蛋白原转变成纤维素，因而病变局限。金黄色葡萄球菌可产生毒素使局部组织坏死，继而大量中性粒细胞浸润（图 42－7），中性粒细胞崩解释放出蛋白酶，使坏死组织液化形成脓肿。小脓肿可以吸收消散，较大脓肿由于脓液过多，吸收困难者需要切开排脓或穿刺抽脓。脓腔局部常由肉芽组织包裹、修复。

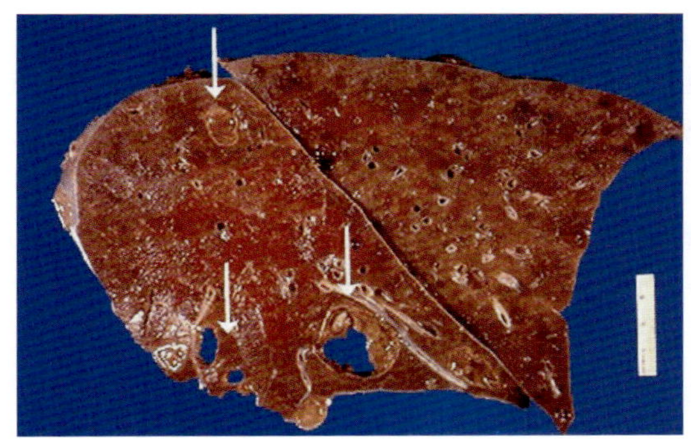

图 42－6 肺脓肿形成

白箭头指向肺上叶脓肿形成处。脓性内容物流走，留下空腔表明其为液化性坏死。

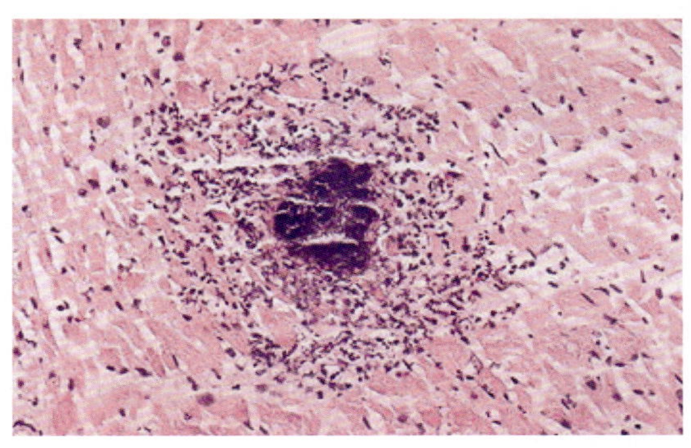

图 42－7 心肌微脓肿

脓肿灶有中性粒细胞局部聚集，图中不规则的紫褐色区域为引起该脓肿的细菌聚集。

4. 出血性炎

某些炎症血管壁损伤严重，常伴大量红细胞漏出，称为出血性炎。常见于流行性出血热、钩端螺旋体病和鼠疫等急性传染病。

知识链接

卡他性炎

指发生在黏膜的渗出性炎，卡他一词来源于希腊语，是“向下流”的意思。由于黏膜腺分泌亢进，渗出物较多，沿黏膜表面向外排出。根据渗出物成分不同，可分为浆液性卡他、黏液性卡他和脓性卡他。

（三）增生性炎

增生性炎是以组织细胞增生为主，而变质、渗出改变较轻。大多增生性炎是慢性炎，少数为急性炎，如急性肾小球肾炎。

1. 一般慢性增生性炎　一般慢性增生性炎的特点为：①病变以成纤维细胞、血管内皮细胞增生为主，同时有炎症灶局部的被覆上皮、腺上皮及其他实质细胞增生；②浸润的细胞主要是淋巴细胞、浆细胞和单核细胞。如慢性扁桃体炎，扁桃体因淋巴组织和纤维组织增生而增大。

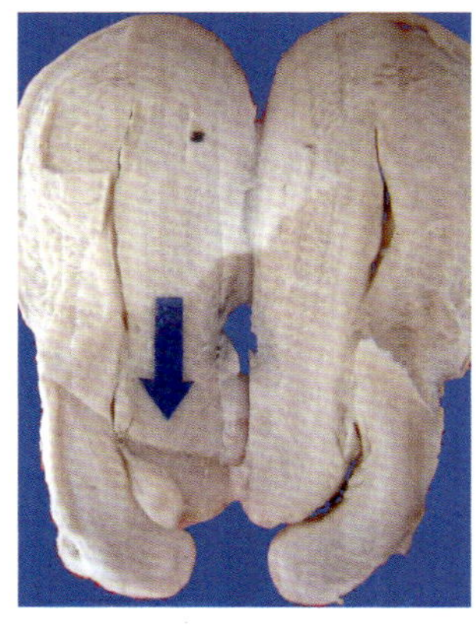

图 42－8　宫颈息肉

箭头所指为一子宫颈息肉

2. 炎性息肉　由于致炎因子的长期刺激，局部黏膜上皮、腺体和肉芽组织过度增生，形成突出于黏膜表面带蒂的肿物称炎性息肉。常见有子宫颈息肉（图 42－8）、鼻息肉等。

3. 炎性假瘤　是局部组织的炎性增生所形成的境界清楚的肿瘤样团块。临床上需与肿瘤鉴别。

4. 肉芽肿性炎　肉芽肿性炎以肉芽肿形成为特点。所谓肉芽肿，是由巨噬细胞及其演化的细胞，呈局限性浸润、增生所形成境界明显的结节状病灶。以肉芽肿形成为基本特征的炎症称为肉芽肿性炎，也称炎性肉芽肿。根据致炎因子和病变特点不同，分感染性和异物性肉芽肿。

（1）感染性肉芽肿：常由结核杆菌、伤寒杆菌、麻风杆菌、梅毒螺旋体、寄生虫等引起，不同的病因引起形态不同的肉芽肿，可根据肉芽肿形态特点做出病理诊断，如结核性肉芽肿可诊断结核病。典型的结核性肉芽肿中心为干酪样坏死，周围可见大量类上皮细胞和朗汉斯巨细胞，外层是淋巴细胞和成纤维细胞。类上皮细胞由巨噬细胞转变而来，是结核性肉芽肿的主要成分。

（2）异物性肉芽肿：由异物引起，常见的异物有外科缝线、滑石粉、矽尘、寄生虫及其虫卵等，以异物性巨细胞增生为主要特点。

第六节　炎症的结局

炎症的结局主要取决于致炎因子的性质及机体的免疫状态。大多数炎症能痊愈，少数迁延不愈转为慢性炎，极少数可蔓延扩散到全身。

一、痊愈

有两种情况，如炎症损伤较轻，病因被及时消灭、清除，炎性渗出物和坏死组织完全溶解吸收，通过周围健在的同种组织再生修复，使病变组织完全恢复正常结构和功能，称完全痊愈。如果炎症灶的坏死范围较大，则由肉芽组织增生，再逐渐变成纤维组织而修复，称不完全痊愈。

二、迁延不愈

若致炎因子在体内持续存在，不断地损伤组织，使炎症反复发作，炎症过程迁延不愈，转为慢性，病情时轻时重。如急性病毒性肝炎转为慢性持续性病毒性肝炎。

三、炎症扩散

机体抵抗力低下，或病原微生物毒力强、数量多，在体内大量繁殖，病原微生物沿组织间隙向周围组织扩散，并侵入淋巴管、血管扩散到全身，引起不良后果。

（一）局部蔓延

指病原微生物经组织间隙或器官的自然管道向周围组织或器官扩散。如急性膀胱炎可向上扩散到输尿管或肾盂。

（二）淋巴道扩散

指病原微生物侵入淋巴管内，随淋巴液到达局部淋巴结，引起淋巴管炎和淋巴结炎。如原发性肺结核病的原发病灶的结核杆菌经淋巴管引起肺门淋巴结结核、下肢感染可引起腹股沟淋巴结炎症等。

（三）血道扩散

病原微生物或某些毒性产物从炎症灶侵入血循环或其毒素被吸收入血，引起菌血症、毒血症、败血症和脓毒败血症。

1. 菌血症　细菌由局部病灶入血，血液中可查到细菌，但临床上没有全身中毒症状。

2. 毒血症　细菌的毒素及代谢产物吸收入血，临床上出现全身中毒症状。如高热、寒战甚至中毒性休克。常伴有心、肝、肾等器官的实质细胞变性或坏死。血培养找不到细菌。

3. 败血症　细菌入血，在血中大量繁殖并产生毒素。临床上出现严重的全身中毒症状，如高热、寒战、皮肤和黏膜的出血点，脾及全身淋巴结肿大等。

4. 脓毒败血症　除有败血症的表现外，化脓菌可随血流到达全身各处（如肺、肝、肾、皮肤等）形成多发性栓塞性小脓肿。

小　结

炎症是具有血管系统的活体组织对致炎因子引起的损伤而发生的防御性反应。任何炎症都具有变质、渗出、增生三种基本病变，急性炎症或炎症早期以变质和渗出为主，慢性炎症或炎症的后期以增生为主。

炎症局部临床表现为红、肿、热、痛、功能障碍，并伴有发热、外周血白细胞变化、单核-吞噬细胞系统增生等全身表现。

根据炎症基本病变将炎症分为变质性炎、渗出性炎和增生性炎，渗出性炎根据渗出物的主要成分不同，又分浆液性炎、纤维素性炎、化脓性炎和出血性炎等，增生性炎分为一般慢性增生性炎、炎性息肉、炎性假瘤、肉芽肿性炎。

炎症的预后主要取决于致炎因子的性质及机体的免疫状态。大多数炎症能痊愈，少数迁延不愈转为慢性炎，极少数可通过局部蔓延和淋巴道、血道蔓延导致炎症扩散到全身。

自 测 题

一、名词解释

1. 炎症
2. 渗出
3. 假膜性炎
4. 脓肿

二、单项选择题

1. 炎症最常见的致病因素是
   A. 生物性因素
   B. 物理性因素
   C. 化学性因素
   D. 免疫性因素
   E. 精神性因素

2. 关于炎症的概念，最恰当的说法是
   A. 白细胞对细菌的一种作用
   B. 由损伤引起的细胞变化
   C. 细胞生长异常的一种形式
   D. 充血水肿的一种形式
   E. 组织对损伤的一种防御为主的反应

3. 关于炎症的叙述，错误的是
   A. 急性炎症不存在有增生性改变
   B. 急性炎症一般以变质、渗出为主
   C. 慢性炎症多以组织增生为主
   D. 慢性炎症有时可以急性发作
   E. 慢性炎症也有渗出性改变

4. 有关渗出液的作用，对机体有害的是
   A. 带来各种抗体、补体及杀菌物质
   B. 稀释毒素或有害刺激物
   C. 纤维蛋白的形成有利于机化
   D. 纤维蛋白的形成可限制细菌蔓延
   E. 纤维蛋白的形成有利于修复和白细胞的吞噬

5. 下列哪项不是渗出液的特点
   A. 混浊
   B. 比重高
   C. 不易凝固
   D. 蛋白含量高
   E. 细胞数多

6. 炎症局部血管内的白细胞进入组织间隙的现象称为
   A. 白细胞附壁
   B. 白细胞浸润
   C. 阳性化学趋化性
   D. 阴性化学趋化性
   E. 白细胞吞噬作用

7. 病毒感染灶内最常见的细胞是
   A. 浆细胞
   B. 淋巴细胞
   C. 中性粒细胞
   D. 嗜酸性粒细胞
   E. 嗜碱性粒细胞

8. 化脓性炎以下列哪种成分渗出为主
   A. 白蛋白
   B. 纤维蛋白
   C. 红细胞
   D. 中性粒细胞
   E. 黏液

9. 溶血性链球菌感染常引起
   A. 出血性炎
   B. 卡他性炎
   C. 蜂窝织炎
   D. 假膜性炎
   E. 变质性炎

10. 变质性炎症时，炎症局部实质细胞的形态改变主要表现为
   A. 萎缩、变性
   B. 萎缩、坏死
   C. 变性、增生
   D. 变性、坏死
   E. 增生、坏死

三、简答题

1. 炎症的局部基本病理变化是什么？
2. 简述渗出性炎的分类。

（吴雪兰）

第四十三章　缺　氧

学习目标

1. 掌握缺氧的概念和类型。
2. 熟悉各型缺氧的血氧变化。
3. 了解缺氧时机体的功能代谢的变化。

案例

患者女性，3岁，早饭进食昨晚剩的田螺、烂南瓜片后，出现腹痛、口唇发乌、全身青紫色，经医院抢救无效死亡。

讨论：1. 请分析本案例患儿出现全身青紫色的原因。

2. 请解释为何木薯中毒、一氧化碳中毒或食用大量新腌咸菜等会引起机体缺氧？

缺氧是指因组织供氧不足或用氧障碍，而导致组织的代谢、功能和形态结构发生异常变化的病理过程。缺氧是临床极常见的病理过程，是许多疾病导致死亡的重要原因。

第一节　常用的血氧指标

一、氧分压

氧分压是指溶解于血液中的氧所产生的张力。动脉血氧分压的正常值为13.3kPa（100mmHg），动脉血氧分压的高低主要取决于吸入气体的氧分压和外呼吸功能，同时也是氧向组织弥散的动力因素。静脉血氧分压的正常值为5.33kPa（40mmHg），静脉血氧分压则反映内呼吸功能的状态。

二、氧容量

氧容量指动脉血氧分压为19.95kPa（150mmHg）、二氧化碳分压为5.32kPa（40mmHg）和38℃条件下，100ml血液中血红蛋白所能充分氧合时的最大携氧量。氧容量的高低取决于血红蛋白质和量的影响，反映血液携氧的能力。正常血氧容量约为8.92mmol/L（20ml/dl）。

三、氧含量

氧含量为 100ml 血液中实际的带氧量。即 100ml 血液的血红蛋白实际结合的氧量，也包括溶解于血浆的极少量氧（仅有 0.3ml/dl）。氧含量的大少取决于氧分压和氧容量。动脉血氧含量的正常值为 19ml/dl；静脉血氧含量的正常值为 14 ml/dl。

四、氧饱和度

氧饱和度是指血红蛋白结合氧的百分数。

氧饱和度 ＝（氧含量 - 溶解于血浆中的氧量）/氧容量×100%（正常生理状态时）

此值主要受氧分压的影响，两者之间呈氧合血红蛋白解离曲线的关系。红细胞内 2，3 - 二磷酸甘油酸（2，3 - DPG）增多，酸中毒、二氧化碳增多和血液温度增高时，均可使血红蛋白和氧的亲和力降低，致使在相同氧分压下的氧饱和度降低，氧解离曲线右移，反之则左移。动脉血氧饱和度为 95% ；静脉血氧饱和度为 75%。

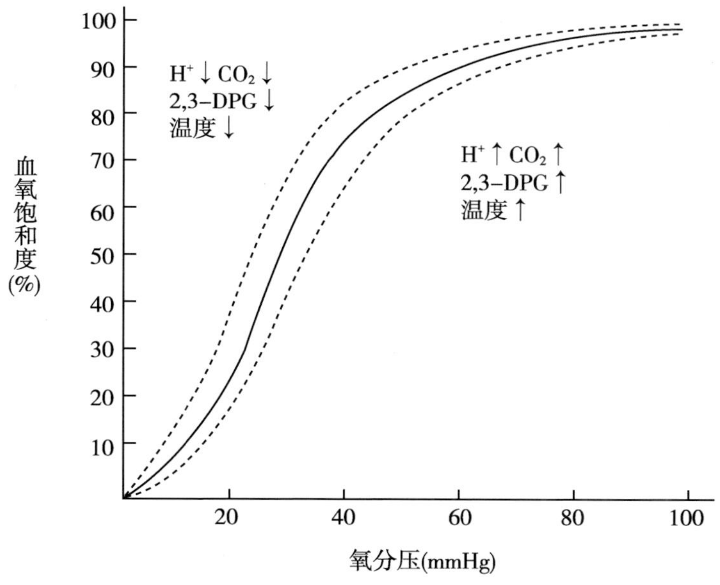

图 43 - 1 氧合血红蛋白解离曲线及其影响因素

第二节 缺氧的类型、原因和发病机制

外界氧被吸入肺泡，弥散入血液与血红蛋白结合，再经血液循环输送到全身被组织摄取和利用。以上环节若发生障碍都可引起缺氧。根据缺氧的原因和血气变化的特点，可把单纯性缺氧分为低张性缺氧、血液性缺氧、循环性缺氧和组织性缺氧四种类型。

一、低张性缺氧

低张性缺氧指由动脉血氧分压明显降低并导致组织供氧不足。当动脉血氧分压低于

8kPa（60mmHg）时，可直接导致动脉血氧含量和动脉血氧饱和度明显降低，因此低张性缺氧也可以称为乏氧性低氧血症。

（一）原因

低张性缺氧的常见原因为吸入气体的氧分压过低、肺功能障碍和静脉血掺杂入动脉血增多。

1. 吸入气体氧分压过低　因吸入过低氧分压气体所引起的缺氧，又称为大气性缺氧。多发生于高原、高空、通风不良的矿井或坑道等。

2. 外呼吸功能障碍　由肺通气或换气功能障碍所致，又称为呼吸性缺氧。

3. 静脉血分流入动脉　多见于先天性心脏病，右心的静脉血分流入左心，导致动脉血氧分压降低。

（二）血氧变化的特点

1. 由于弥散入动脉血中的氧压力过低使动脉血氧分压降低，过低的动脉血氧分压可直接导致动脉血氧含量和动脉血氧饱和度明显降低。

2. 如果血红蛋白无质和量的异常变化，氧容量正常。

3. 动-静脉氧差减小或变化不大。氧从血液向组织弥散的动力是二者之间的氧分压差，当低张性缺氧时，动脉血氧分压明显降低和动脉血氧含量明显减少，使氧的弥散速度减慢，同量血液弥散给组织的氧量减少，最终导致动-静脉氧差减小和组织缺氧。如果是慢性缺氧，组织利用氧的能力代偿增加时，动-静脉氧差变化也可不明显。

（三）组织缺氧的机制

血液中的氧弥散入细胞内，被线粒体用于生物氧化过程。氧弥散的速度取决于血液与细胞线粒体之间的氧分压差。细胞内正常氧分压为0.8～5.33kPa。若动脉血氧分压和氧含量过低时，血液与细胞线粒体之间的氧分压差减少，使氧弥散速度减慢，结果可引起细胞缺氧。

（四）皮肤、黏膜颜色的变化

正常毛细血管中脱氧血红蛋白平均浓度为2.6g/dl。低张性缺氧时，毛细血管中氧合血红蛋白必然减少，脱氧血红蛋白浓度则增加。当毛细血管中脱氧血红蛋白平均浓度增加至5g/dl以上可使皮肤黏膜出现青紫色，称为发绀。发绀是缺氧的表现，但缺氧的患者不一定都有发绀，例如贫血引起的血液性缺氧可无发绀。同样，有发绀的患者也可无缺氧，如真性红细胞增多症患者，由于血红蛋白异常增多，使毛细血管内脱氧血红蛋白含量很容易超过5%，故易出现发绀，但无缺氧。

二、血液性缺氧

指血液中血红蛋白量或质的改变，使动脉血氧含量减少或同时伴有氧合血红蛋白结合的氧不易释出所引起的组织缺氧。由于血红蛋白数量减少引起的血液性缺氧，因其动脉血氧分压正常而动脉血氧含量减低，故又称等张性缺氧。

（一）原因

1. 贫血　严重贫血，患者血红蛋白数量减少和携氧减少，从而造成缺氧。

2. 一氧化碳中毒　一氧化碳中毒时，血红蛋白与一氧化碳结合可生成碳氧血红蛋白（血红蛋白一氧化碳）。虽然一氧化碳与血红蛋白结合的速度仅为氧与血红蛋白结合速率的1/10，但血红蛋白一氧化碳的解离速度却只有血红蛋白氧解离速度的1/2100，因此，一氧化碳与血红蛋白的亲和力比氧与血红蛋白的亲和力大210倍。当吸入气体中含有0.1%一氧化碳时，血液中的血红蛋白可有50%转为血红蛋白一氧化碳，从而使大量血红蛋白失去携氧功能；一氧化碳还能抑制红细胞内糖酵解过程，使2,3-二磷酸甘油酸生成减少，氧解离曲线左移，血红蛋白氧不易释放出结合的氧，从而加重组织缺氧。

3. 高铁血红蛋白血症　当亚硝酸盐、过氯酸盐、磺胺等中毒时，可使血液中大量血红蛋白转变为高铁血红蛋白（血红蛋白 Fe^{3+}）。血红蛋白 Fe^{3+} 形成是由于血红蛋白中二价铁在氧化剂的作用下氧化成三价铁，血红蛋白 Fe^{3+} 中的 Fe^{3+} 因与羟基牢固结合而丧失携带氧能力；另外，当血红蛋白分子中有部分 Fe^{2+} 氧化为 Fe^{3+}，剩余吡咯环上的 Fe^{2+} 与氧的亲和力增高，氧离曲线左移，Fe^{3+} 使血红蛋白不易释放出所结合的氧，加重组织缺氧。当血红蛋白中的 Fe^{3+} 增加至20%～50%时，患者可因缺氧出现头痛、衰弱、昏迷、呼吸困难和心动过速等症状。临床上常见的是食用大量新腌咸菜或腐败或隔餐的蔬菜，由于它们含有大量硝酸盐，经胃肠道细菌作用将硝酸盐还原成亚硝酸盐并经肠道黏膜吸收后，引起血红蛋白 Fe^{3+} 血症，患者皮肤、黏膜（如口唇）呈现青灰色，也称为肠源性发绀。

4. 血红蛋白与氧的亲和力异常增强　见于输入大量库存血液或碱性液体，也见于某些血红蛋白病。库存血液的红细胞内2,3-二磷酸甘油酸含量低使氧离曲线左移；输入大量的碱性液体，血液pH升高，使氧离曲线左移；异常血红蛋白病，血红蛋白与氧的亲和力比正常高几倍，使氧离曲线左移。上述原因均使氧离曲线左移（图43-1），血红蛋白释氧困难导致组织缺氧。

（二）血氧变化的特点

血液性缺氧的血氧变化的特点如下：

1. 动脉血氧分压正常　由于外呼吸功能正常，故动脉血氧分压无明显变化。

2. 氧饱和度降低或正常　如一氧化碳中毒和高铁血红蛋白血症时，氧饱和度降低；贫血和血红蛋白与氧的亲和力增强引起缺氧时，氧饱和度正常。

3. 氧容量和动脉血氧含量降低或正常　血红蛋白与氧的亲和力增强引起缺氧时，氧容量和动脉血氧含量正常；其他原因引起的血液性缺氧时，氧容量和动脉血氧含量可降低。

4. 动-静脉血氧含量差减少。

（三）组织缺氧的机制

如贫血患者虽然动脉血氧分压正常，但其毛细血管床中平均氧分压却低于正常，故导致组织缺氧。因贫血患者的血液流经毛细血管时，因血中血红蛋白氧总量不足和血氧分压下降较快，使氧的弥散动力和速度也很快降低，故导致组织缺氧和动-静脉血氧含量差低于正常。

血红蛋白与氧亲和力增加引起的血液性缺氧较特殊，动脉血氧分压正常；动脉血氧含量和动脉血氧饱和度正常，由于血红蛋白与氧亲和力较大，故结合的氧不易释放，导致组织缺氧，所以静脉血氧分压升高。

（四）皮肤、黏膜颜色的变化

贫血患者毛细血管中还原血红蛋白未达到出现发绀的阈值，所以皮肤、黏膜颜色较为苍白；一氧化碳中毒时，由于血液中血红蛋白一氧化碳增多，而血红蛋白一氧化碳本身具有特别鲜红的颜色，所以皮肤、黏膜呈现樱桃红色；高铁血红蛋白血症时，由于血中高铁血红蛋白含量增加，患者的皮肤、黏膜（如口唇）呈现青灰色；单纯的血红蛋白与氧亲和力增高时，由于毛细血管中脱氧血红蛋白量少于正常，所以患者的皮肤、黏膜无发绀。

三、循环性缺氧

循环性缺氧是指组织动脉血流量减少，使组织供氧量减少而所引起的组织缺氧，又称为低动力性缺氧。循环性缺氧还可以分为缺血性缺氧和淤血性缺氧。缺血性缺氧是由于动脉供血不足所致，淤血性缺氧是由于静脉回流受阻所引起。

（一）原因

循环性缺氧的原因是血流量减少，血流量减少可以分为全身性和局部性两种。

1. 全身性循环性缺氧　见于休克和心力衰竭等。

2. 局部性循环性缺氧　见于各种原因所致的栓塞和血管病变，其后果主要取决于血液循环障碍的部位。

（二）血氧变化的特点

循环性缺氧的血氧变化的特点为：动脉血氧分压、氧容量、氧饱和度和氧含量都正常，只有动-静脉氧含量差增大。

（三）组织缺氧的机制

由于血流缓慢，血液流经毛细血管时间延长，组织从单位容积血液中摄取的氧量增多，导致静脉氧含量明显降低，故动-静脉氧含量差增大。但单位时间内流经毛细血管的动脉血量减少，使单位时间内弥散到组织细胞的氧量仍是减少，导致组织供氧不足和组织缺氧。

（四）皮肤黏膜颜色的变化

由于静脉血的氧含量和氧分压较低，毛细血管中脱氧血红蛋白可超过 5g/dl，可引发皮肤、黏膜发绀。

四、组织性缺氧

组织性缺氧是指由于组织、细胞利用氧障碍所引起的缺氧。

（一）原因

1. 组织中毒　如氰化物、硫化氢和磷等可引起组织中毒性缺氧，最典型的是氰化物中毒。各种氰化物如 HCN、KCN、NaCN、NH_4CN 和氢氰酸有机衍生物（多存在于杏、桃和李的核仁中）等经消化道、呼吸道、皮肤进入体内，CN^- 可以迅速与细胞内氧化型细胞色素氧化酶三价铁结合形成氰化高铁细胞色素氧化酶，使呼吸链中断，导致组织细胞利用氧障碍。0.06g HCN 即可以导致人死亡。硫化氢、砷化物和甲醇等中毒也是通过抑制细胞色素氧化酶活性而阻止细胞的氧化过程。

2. 组织水肿　组织间液和细胞内液的异常增多，使气体弥散距离增大，从而引发内呼吸功能障碍而发生缺氧。

3. 细胞损伤　引起细胞损伤的原因有强辐射、细菌毒素、热射病等可引起线粒体损伤，导致组织细胞利用氧障碍。

4. 组织需氧相对增多　甲亢和某些高代谢率疾病患者，其机体耗氧量显著增加，可造成相对性组织缺氧。

5. 内呼吸酶合成障碍　维生素 B_1、B_2、烟酰胺等是机体能量代谢中辅酶的辅助因子，这些维生素缺乏可导致组织细胞对氧利用和 ATP 生成发生障碍。

（二）血氧变化的特点

组织性缺氧的血氧变化的特点为动脉血氧分压、氧容量、氧饱和度和氧含量都正常，动

-静脉氧含量差减少或增大。

（三）组织缺氧的机制

组织性缺氧的机制，主要是组织细胞内呼吸障碍引起生物氧化受阻所致。另外，机体耗氧量增加超过组织利用氧能力时，也可发生相对性缺氧。由于内呼吸障碍而使组织不能充分利用氧，所以静脉血氧含量和氧分压升高，结果动-静脉氧含量差减少。但是，由于组织需氧过多引起组织相对缺氧时，组织耗氧量是增加的，静脉血氧含量和氧分压较低，结果动-静脉氧含量差反而增大。

（四）皮肤、黏膜颜色的变化

患者的皮肤、黏膜颜色因毛细血管内氧合血红蛋白的量高于正常，故常呈现鲜红色或玫瑰红色。

临床常见的缺氧多为混合性缺氧。例如感染性休克时，除主要引起循环性缺氧外，内毒素还可引起组织用氧障碍发生组织性缺氧。若并发休克肺还可引起低张性缺氧。各型缺氧的血氧变化见表 43 - 1。

表 43 - 1　各型缺氧的血氧变化

缺氧类型	动脉血氧分压	动脉血氧饱和度	血氧容量	动脉血氧含量	动-静脉血氧含量差
低张性缺氧	↓	↓	N	↓	↓或 N
血液性缺氧	N	↓或 N	↓或 N	↓或 N	↓
循环性缺氧	N	N	N	N	↑
组织性缺氧	N	N	N	N	↓或 N 或↑

注：↓＝降低；↑＝升高；N＝正常。

第三节　缺氧时机体的功能、代谢变化

缺氧对机体的影响，取决于缺氧发生的程度、速度、持续时间和机体的功能代谢状态。慢性轻度缺氧主要引起器官代偿性反应；急性严重的缺氧，器官常出现代偿不全和功能障碍，甚至引起重要器官发生不可逆性损伤，导致机体的死亡。

一、呼吸系统的变化

1. 代偿性反应　呼吸加深、加快。

2. 外呼吸功能障碍　急性低张性缺氧时，如快速登上海拔 4000m 以上高原时，可发生高原肺水肿，表现为呼吸困难、咳嗽、咳血性泡沫痰、肺部有湿性啰音，皮肤、黏膜发绀等。

肺水肿影响肺的换气功能，可使动脉血氧分压进一步下降，加重缺氧。动脉血氧分压过低可直接抑制呼吸中枢，使呼吸抑制，肺通气量减少，导致呼吸衰竭。

二、血液系统的变化

缺氧可使骨髓造血功能增强和氧合血红蛋白解离曲线右移。

1. 骨髓造血功能增强，血液红细胞增多

移居到海拔 3600m 高原男性居民的红细胞为 6×10^{12}/L，血红蛋白为 210g/L 左右。慢性缺氧所引起的红细胞增多，主要是骨髓造血功能增强所致。低血氧使促红细胞生成素增多，后

者能使红细胞系单向干细胞分化为原红细胞并促使其分化、增殖和成熟，加速血红蛋白的合成，促使骨髓内的网织红细胞和红细胞释放入血液。血液红细胞增多可使缺氧得到缓解。

2．氧合血红蛋白解离曲线右移

缺氧时，红细胞内的2,3－二磷酸甘油酸增加，导致氧合血红蛋白解离曲线右移，血红蛋白易将结合的氧释放出供组织利用。但是，如果动脉血氧分压低于8kPa时，氧解离曲线右移，使血液中氧含量显著减少，从而失去代偿作用。

三、循环系统的变化

1．心输出量增加　导致心输出量增加的主要机制为：

（1）心率加快　目前认为，心率加快很可能是通气增加所致肺膨胀对肺牵张反射引起。但呼吸运动过深产生过度牵张刺激使心率减慢。

（2）心肌收缩性增强　缺氧作为一种应激原，可使交感神经兴奋和儿茶酚胺释放增多，作用心脏β－肾上腺素能受体，使心率加快，心肌收缩性增强。

（3）静脉回流增加　缺氧时胸廓运动和心脏活动增强，胸腔内负压增大，静脉回流增加和心输出量增加。

2．血液重新分布

急性缺氧时，皮肤、腹腔内脏因交感神经兴奋，缩血管作用占优势，使血管收缩；而脑血管收缩不明显；冠脉血管在局部代谢产物的扩血管作用下血流增加。这种全身性血流分布的改变，显然对于保证生命重要器官氧的供应是有利的。

3．肺血管收缩

肺血管对缺氧的反应与体血管相反。肺泡缺氧和混合静脉血氧分压的降低都引起小动脉收缩，使缺氧肺泡的血流量减少。若是由肺泡通气量减少引起肺泡缺氧时，肺血管的收缩反应有利于维持肺泡通气/血流的适当比例，使流经这部分的肺泡仍能获得充分的氧，以维持动脉血氧分压。另外，当缺氧引起较广泛的肺血管收缩时，可致肺动脉压升高，肺上部血流增加，肺上部的肺泡通气得到更充分的利用。

4．毛细血管增生

长期慢性缺氧可引起毛细血管增生以增加组织摄取血氧的能力，这种现象在脑、心肌和骨骼肌中的毛细血管增生更加显著。毛细血管增生可缩短血氧至细胞的弥散距离，增加对细胞的供氧量，也可提高组织的摄氧量。

5．循环功能障碍

严重的全身性缺氧，心脏可受累。如高原性心脏病、肺源性心脏病和贫血性心脏病等均与缺氧有直接相关。严重缺氧可导致心力衰竭。其机制主要是缺氧引起的肺动脉高压、心肌的舒缩功能降低、心律失常等引起。

四、中枢神经系统的变化

脑重量仅为体重的2％，而脑血流占心输出量15％，脑耗氧量占总耗氧量23％，所以，脑对缺氧十分敏感，临床上脑完全缺氧5～8min后可发生不可逆的损伤。急性缺氧可引起头痛、情绪激动，思维力、记忆力、判断力下降或丧失以及运动不协调等。慢性缺氧者则易有疲劳、嗜睡、注意力不集中和精神忧郁等症状。严重缺氧可导致烦躁不安、惊厥、昏迷甚至死亡。上述变化主要是脑细胞变性、坏死、脑细胞肿胀和间质性脑水肿所引起的。

第四节　影响机体对缺氧耐受性的因素

影响机体对缺氧耐受性的因素可归纳为两方面，即代谢耗氧率和机体代偿能力的变化。

1. 代谢耗氧率的变化　基础代谢率高的患者，如发热和甲亢患者，由于其代谢率高和耗氧量大，所以对缺氧的耐受性就差。寒冷和体力活动等可增加机体的耗氧量降低机体对缺氧的耐受性。而体温降低和神经系统的抑制等能降低机体的耗氧量，所以能增强机体对缺氧的耐受性，如低温麻醉可延长手术所必需的阻断血流时间。

2. 机体代偿能力的变化　机体通过呼吸、循环和血液系统的代偿性反应可增加组织的供氧量，并通过组织细胞的代偿反应提高组织用氧的能力。若有心肺和血液疾病的患者对缺氧的耐受性就差。因老年人的心肺储备功能降低，因此老年人对缺氧的适应力下降。

知识链接

氧疗和氧中毒

给缺氧患者吸氧的疗法称为氧疗，其效果因缺氧类型而异。氧疗对低张性缺氧疗效最好。但对因静脉分流引起的低张性缺氧疗效不明显。氧为生命活动所必需的物质，但0.5个大气压（1标准大气压＝101.3kPa）以上的氧却对任何细胞都有毒性作用，并可引起氧中毒。

小　结

当组织供氧不足或用氧障碍时可引起缺氧。按其原因可分为低张性缺氧、血液性缺氧、循环性缺氧和组织性缺氧。当毛细血管中脱氧血红蛋白含量超过5g/dl，可引起发绀。但不是所有类型的缺氧都有发绀。缺氧主要造成中枢神经系统、循环系统和呼吸系统的损伤。

自　测　题

一、名词解释

1. 氧分压
2. 氧含量
3. 氧饱和度

二、单项选择题

1. 对缺氧最敏感的器官是
   A. 心脏
   B. 大脑
   C. 肾
   D. 肺
   E. 胃肠道

2. 正常人进入通风不良的矿井或高原中发生缺氧的原因是
   A. 吸入气体的氧分压降低
   B. 循环血量减少
   C. 肺气体交换障碍
   D. 血液携氧能力降低
   E. 组织血流量减少

3. 低张性缺氧又称为
   A. 乏氧性低氧血症
   B. 低动力性缺氧
   C. 缺血性缺氧
   D. 淤血性缺氧
   E. 等张性低氧血症

4. 严重贫血可引起
   A. 低动力性缺氧
   B. 血液性缺氧
   C. 乏氧性缺氧
   D. 组织中毒性缺氧
   E. 循环性缺氧

5. 下列何种原因可引起循环性缺氧
   A. 血中红细胞数减少
   B. 大气供氧不足
   C. 组织供血量减少
   D. 血中红细胞数正常但血红蛋白减少
   E. 肺泡弥散到循环血液中的氧量减少

三、简答题

单纯性缺氧分哪几种类型？各型血氧变化如何？

（张小红）

第四十四章 发 热

学习目标

1. 掌握发热的概念。
2. 熟悉发热时机体的代谢与功能变化。
3. 了解发热的原因和发病机制。

第一节 概 述

体温的相对稳定是在体温调节中枢的调控下实现的。多种生理和病理性因素可以引起体温升高。在某些生理情况下（如月经前期、妊娠期、运动等）体温升高，称为生理性体温升高。

在致热原的作用下，体温调节中枢的调定点上移而引起的调节性体温升高（超过正常值的0.5℃）时，称为发热。是一种主动性体温升高。由于体温调节障碍（如体温调节中枢损伤）、散热障碍（如皮肤鱼鳞病、先天性汗腺缺乏）或者产热器官功能异常（如甲状腺功能亢进）等引起的体温升高称为过热，是一种被动性体温升高（图44－1）。

发热不是独立的疾病，而是多种疾病的重要病理过程和临床表现，也是疾病发生的重要信号。在整个病程中，体温曲线变化往往反映病情变化，对判断病情、评价疗效和估计预后，均有重要参考价值。

第二节 发热的原因和发病机制

通常把能引起人体和实验动物发热的物质称为致热原。致热原包括发热激活物和内生致热原。

体温升高
- 生理性体温升高
  - 月经前期
  - 剧烈运动
  - 应激
- 病理性体温升高
  - 发热（主动性体温升高，SP水平升高）
  - 过热（被动性体温升高，超过SP水平）

图44－1 体温升高的分类

（SP：体温调定点）

一、发热的激活物

发热激活物是指能够激活体内产致热原细胞，使其产生并释放内生致热原的物质。包括外致热原和某些体内产物。

1. 外致热原 来自体外的致热物质称为外致热原。主要包括各种病原微生物如细菌、病毒、真菌、立克次体、螺旋体、疟原虫裂殖体及其代谢产物。其中革兰阴性菌的内毒素是最常见的外致热原。这种毒素耐热性高（干热 160℃2 小时才能灭活），一般方法难以清除，是血液制品和输液过程中的主要污染物。

由病原微生物侵入机体引起的发热称为感染性发热或传染性发热。占所有发热的50%～60%，其中细菌感染引起的发热占 43%。

2. 体内产物 是指机体内产生的致热物质。主要包括某些类固醇产物和抗原抗体复合物等。由非生物病原体引起的发热称为非感染性发热。

发热激活物的分子量大，不能通过血-脑屏障，不能直接作用于体温调节中枢引起发热。

二、内生致热原

内生致热原（endogenous pyrogen，EP）是指在发热激活物的作用下，由体内产致热原细胞产生、释放的，能够引起体温升高的物质。体内能够产生并释放内生致热原的细胞称为产致热原细胞。包括单核细胞、巨噬细胞、内皮细胞、淋巴细胞、神经胶质细胞、肾小球系膜细胞及肿瘤细胞等。

内生致热原的分子量小，可以通过血-脑屏障直接作用于体温调节中枢，引起中枢发热介质的释放，继而引起调定点的上移，通过调温效应器的反应引起发热。

三、发热的发生机制

发热的发生机制尚未完全清楚（图 44－2），目前认为发热的发生机制包括三个基本环

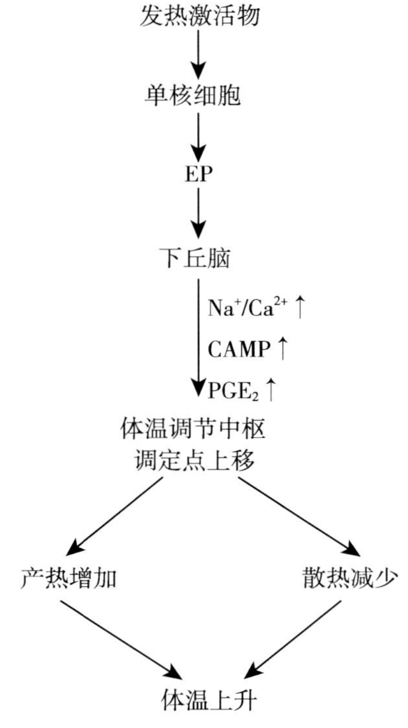

图 44－2 发热发生机制的基本环节示意图

节：①信息传递：发热激活物激活产致热原细胞产生并释放内生致热原，内生致热原作为信使，经血液循环到达下丘脑体温调节中枢；②中枢调节：当内生致热原到达体温调节中枢后，通过改变中枢发热介质（正调节介质和负调节介质）的数量，使体温中枢调定点上移；③调温效应器反应：由于调定点的上移，使正常血温变为冷刺激，体温调节中枢发出神经冲动，引起调温效应器的反应。一方面通过运动神经引起骨骼肌收缩或寒战，产热增加；另一方面通过交感神经使皮肤血管收缩，散热减少。由于机体产热大于散热，所以体温逐渐升高，最终达到新调定点的水平。

第三节　发热的分期

发热的临床经过大致可分为三期（图 44-3）。

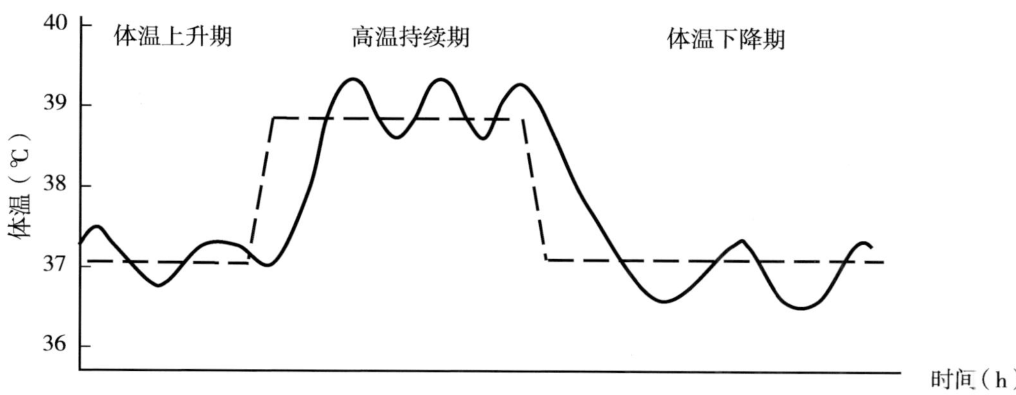

图 44-3　正常体温曲线与调定点关系模式图（虚线示调定点，实线示体温）

1. 体温上升期

为发热的最初阶段，持续时间短者仅几分钟，长者可达数天。患者的主要临床表现为皮肤苍白、畏寒、寒战甚至皮肤出现“鸡皮疙瘩”。皮肤苍白是皮肤血管收缩，血流减少引起。因皮肤血流减少，皮肤温度降低，刺激冷感受器，信息传入神经中枢而产生寒冷感觉。寒战是由于运动神经兴奋引起的全身骨骼肌不随意周期性收缩。“鸡皮疙瘩”是交感神经传出冲动引起皮肤竖毛肌收缩的结果。此期热代谢的特点是产热明显增加而散热减少，产热大于散热，体温逐渐升高。

2. 高热持续期

当体温上升到新的调定点水平时，机体产热和散热在新调定点水平上保持相对平衡，称为高热持续期。此期持续时间长短因病而异，可持续数小时、数天或一周以上。由于此期体温已与调定点相适应，畏寒、寒战和“鸡皮疙瘩”等停止，开始出现血管扩张等散热反应，患者有热感，皮肤发红，口唇、皮肤干燥。此期热代谢的特点是产热与散热在新调定点水平上保持动态平衡。

3. 体温下降期

随着病因的消除，体温调节中枢的调定点逐渐下降至正常水平，机体出现明显的散热反应，表现为皮肤血管进一步扩张，汗腺分泌增多，患者出现出汗和皮肤潮红等。此期热代谢的特点是散热增加而产热减少，散热大于产热，体温逐渐下降至正常水平。如体温在几天内逐渐恢复正常称高热渐退；如体温在几小时或小于 24 小时降至正常称高热骤退。

第四节 发热时机体的代谢与功能变化

一、代谢的变化

体温升高时物质代谢加快。一般认为，体温每升高 1℃，基础代谢率提高 13%，持续高热患者的基础代谢率提高 30%～50%，所以发热患者的物质消耗明显增多。如果持久发热，营养物质没有得到相应的补充，患者就会消耗自身的物质，导致消瘦和体重下降。

（一）糖代谢

糖的分解代谢加强，糖原储备减少，患者的血糖升高甚至出现糖尿。由于氧供应相对不足，乳酸生成增多，所以发热患者最容易出现代谢性酸中毒。

（二）脂肪代谢

由于糖原不断被消耗，使糖原储备不断减少，加上发热患者的食欲差，糖摄取不足，致使机体动员储备的脂肪，使脂肪分解代谢增强。由于氧供应相对不足，脂肪氧化不全产生大量的酮体，加重代谢性酸中毒。患者可出现酮血症甚至酮尿。

（三）蛋白质代谢

高热患者蛋白质分解加强，尿素氮比正常人增加 2～3 倍，此时如果未能及时补充足够的蛋白质，将产生负氮平衡。

（四）水、电解质及维生素代谢

发热的体温上升期，由于肾血管收缩，肾血流量减少，患者尿量也明显减少，水和 Na^+、Cl^- 的排出减少。但到退热期因尿量的恢复和大量的出汗，Na^+、Cl^- 的排出增加。高热持续期的皮肤和呼吸道水分蒸发的增加及退热期的大量出汗可导致水分的大量丢失，严重者可引起脱水。因此，高热患者退热期应及时补充水分和适量电解质。

发热尤其是长期发热的患者，由于糖、脂肪和蛋白质分解代谢加强，各种维生素的消耗也增多，应注意及时补充。

二、功能的变化

（一）中枢神经系统功能改变

发热患者可出现不同程度的中枢神经系统功能障碍。有的患者可出现中枢神经系统兴奋性增高的表现。如头痛、头晕、失眠等。高热（40～41℃）患者甚至可以出现烦躁不安、谵妄、谵语、幻觉等表现。部分高热患者的中枢神经系统功能可处于抑制状态，出现表情淡漠、嗜睡等。6 个月至 4 岁的幼儿高热时比较容易出现全身或局部的肌肉抽搐，称为高热惊厥。多在高热 24 小时内出现，约占儿童期惊厥的 30%，且约 1/3 患儿可出现智力滞后、癫痫等。其发生机制可能与小儿中枢神经系统未发育成熟有关。因此，发热患者应注意保护中枢神经系统的功能。

（二）循环系统功能改变

发热时心率加快，心肌收缩力增强，心输出量增加。通常体温每升高 1℃，心率可增加 10～20 次/分（平均 18 次/分）。儿童可增加得更快。心率加快可能与交感-肾上腺髓质系统兴奋和体温升高刺激窦房结有关。在一定限度内（150次/分），心率加快可使心输出量增加；但如果超过此限度，心输出量反而下降。因此，发热患者应当安静休息，尽量减少体力活动和情绪激动，以免心率过快。心率过快和心肌收缩力增强还会增加心脏的负担，在心肌劳损或心脏有潜在病灶的人容易诱发心力衰竭，应特别注意。在体温上升期，心率加快和外周血管收缩，可使血压轻度升高；高热持续期和体温下降期因外周血管舒张，血压可轻度下降。少数患者可因大量出汗而致虚脱，甚至发生循环衰竭，应注意预防。

（三）呼吸功能改变

发热时因血液温度升高以及体内酸性代谢产物的积聚，可引起呼吸中枢兴奋性增强，患者表现为呼吸加深加快。这一方面有利于散热和增加通气，另一方面，若CO_2排出过多可引起呼吸性酸中毒。持续高热可使呼吸中枢抑制，患者表现为呼吸变浅、变慢，甚至出现呼吸节律紊乱。

（四）消化功能改变

发热时交感神经兴奋使消化液分泌减少，胃肠蠕动减慢，导致食欲减退、畏食、恶心等。由于食物在胃肠道滞留的时间太长，发热患者可出现腹胀、便秘。由于唾液分泌减少，患者可出现口干舌燥、口腔异味等。

（五）泌尿系统功能改变

发热早期由于肾血管收缩，患者的尿量减少，尿比重增高。高热持续期可引起肾小管上皮细胞受损，患者可出现轻度蛋白尿和管型尿。体温下降期由于肾血管扩张，患者的尿量增加，尿比重逐渐降至正常。

第五节　发热的临床意义与防治原则

一、发热的临床意义

发热是疾病发生的重要信号，对诊断疾病、评价疗效和估计预后均有重要的参考价值。发热对机体的影响既有有利的一面，也有不利的一面。一定程度的发热有利于机体抵抗感染、清除致病因素。体温的升高对肿瘤有一定的影响，内生致热原除了引起发热外，大多具有一定程度的抑制或杀灭肿瘤细胞的作用；当体温升高到41℃左右时，肿瘤细胞生长受到抑制并可被部分灭活。但持续高热必定引起机体能量物质过程消耗，脏器的功能负荷加重。在原有疾病的基础上，发热可能成为诱发相关脏器衰竭的诱因，如心力衰竭。持续高热可能造成免疫系统的功能紊乱。孕妇发热是导致胎儿发育障碍、畸形的一个重要因素。发热持续时间过长或体温过高可导致脱水、谵妄和高热惊厥等危重情况。

1. 根据体温升高的程度不同，发热可分为四类：

（1）低热：腋窝温度在38℃以下。

（2）中度发热：腋窝温度在38.1～39℃。

（3）高热：腋窝温度在39.1～41℃。

（4）过高热：腋窝温度在41℃以上。

2. 根据热型（即体温曲线）不同，可将发热分为几种（图44－4）：

（1）稽留热：体温持续在39～40℃甚至更高水平，24小时内波动范围不超过1℃。常见于大叶性肺炎、伤寒。

（2）弛张热：持续高热，24 小时内波动范围超过 1℃，可达 2～3℃。可见于风湿热、败血症等。

（3）间歇热：体温骤然升高至 39℃以上，持续数小时后又迅速降至正常水平，每日或隔日反复一次。可见于疟疾、急性肾盂肾炎等。

（4）回归热：也称波浪热，指体温上升至 39℃以上，数天后逐渐下降至正常，持续数天后又逐渐升高。可见于回归热、霍奇金病等。

（5）不规则热：发热持续时间不定，热型曲线变化不规则。可见于结核病、小叶性肺炎等。

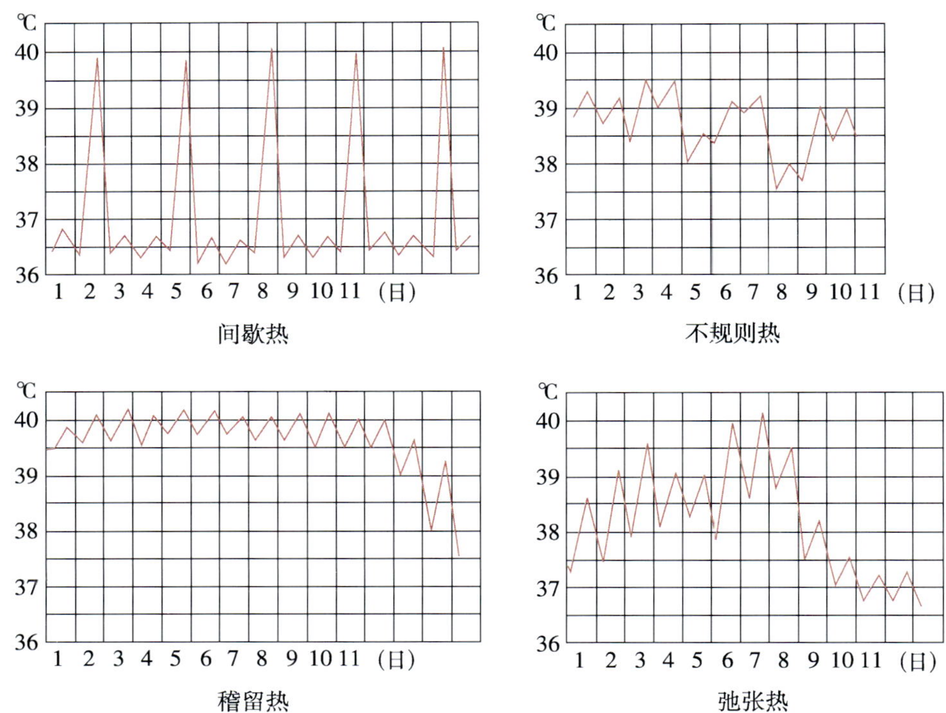

图 44-4 常见热型示意图

二、发热的防治原则与护理

发热是多种疾病所共有的病理过程，除去除病因外，对发热本身的治疗应针对病情，权衡利弊。

1. 积极治疗原发病　发热是机体疾病的重要信号，因此，对于发热患者应首先寻找病因，针对病因积极治疗，以中断发热激活物的作用。对于感染性因素导致的发热，当抗感染显效时，随着感染灶的消退，便出现退热。

2. 一般性发热的处理　对于不过高的发热（体温＜40℃）又不伴有其他严重疾病者，可不急于解热。除能增强机体的某些防御功能外，发热是疾病的信号，体温曲线的变化可以反映病情和转归，若过早予以解热，会掩盖病情。对于一般发热的案例，主要针对物质代谢的加强和大汗脱水等情况，及早补充足够的营养物质、维生素和水。

3. 必须及时解热的案例　对于发热会加重病情或促进疾病的发生、发展或威胁生命的案例，应及时解热。

（1）高热（>40℃）案例，尤其是达到41℃以上者，中枢神经和心脏可能受到较大的影响。因而对于高热案例，无论有无明显的原发病，都应尽早解热。尤其是小儿高热，容易诱发惊厥，更应及早预防。

（2）心脏病患者：发热时心跳加速，增加心脏负担，容易诱发心力衰竭。

（3）妊娠期妇女：妊娠妇女如有发热也应及时解热，发热除有致畸的危险外，还会进一步加重心脏负担，有诱发心力衰竭的可能。

4. 选用适宜的解热措施

（1）物理降温：在高热或病情危急时，可采用物理方法降温。如用冰敷（冷湿敷）头部或在四肢大血管处用酒精擦浴以促进散热等。也可将患者置于较低的环境温度中，加强空气流通，以增加对流散热。

（2）药物解热：①化学药物：水杨酸类盐类；②类固醇解热药：以糖皮质激素为代表；③清热解毒中草药。

5. 加强护理　对发热患者，尤其是高热或持久发热的患者，应加强护理。注意水、电解质和酸碱平衡，补充足够的水分，预防脱水；保证充足易消化的营养食物，包括维生素；密切监护心血管功能；在退热期或用解热药致大量排汗时，要防止休克的发生。

小　结

发热是指在致热原的作用下，体温调节中枢的调定点上移而引起的调节性体温升高。由于体温调节障碍、散热障碍或者产热器官功能异常等引起的体温升高称为过热。发热可分为感染性发热和非感染性发热。发热是发热激活物激活产致热原细胞产生并释放内生致热原，经血液循环到达下丘脑体温调节中枢，使体温中枢调定点上移，使机体产热增加，散热减少，体温逐渐升高。体温每升高1℃，基础代谢率提高13%。持久发热时，营养物质没有得到相应的补充，患者就会消耗自身的物质，导致消瘦和体重下降。长期发热的患者由于糖、脂肪和蛋白质分解代谢加强，各种维生素的消耗也增多，应注意及时补充。还会引起中枢神经系统、循环系统、呼吸系统、消化系统及泌尿系统功能的改变。发热不是独立的疾病，而是多种疾病的重要病理过程和临床表现，也是疾病发生的重要信号。在整个病程中，体温曲线变化往往反映病情变化，对判断病情、评价疗效和估计预后均有重要参考价值。

自测题

一、名词解释

1. 发热
2. 过热
3. 热惊厥
4. 内生致热原

二、单项选择题

1. 体温调节中枢的高级部分是
   A. 延脑
   B. 视前区-下丘脑前部
   C. 脑桥
   D. 中脑
   E. 大脑皮层

2. 输液反应出现发热的原因多由于
   A. 变态反应
   B. 药物的毒性反应
   C. 真菌污染
   D. 内毒素污染
   E. 外毒素污染

3. 高热持续期的热代谢特点是
   A. 产热和散热平衡
   B. 产热大于散热
   C. 散热大于产热
   D. 散热障碍
   E. 产热障碍

4. 持续性发热时最常出现
   A. 呼吸性碱中毒
   B. 呼吸性酸中毒
   C. 混合性酸中毒
   D. 代谢性碱中毒
   E. 混合性碱中毒

5. 有关发热概念的叙述，正确的是
   A. 体温超过正常 1℃
   B. 产热过程超过散热过程
   C. 由体温调节中枢功能障碍引起
   D. 由体温调节中枢调定点上移引起
   E. 是临床上的常见疾病

6. 下列情况下的体温升高属过热的是
   A. 剧烈运动后
   B. 先天性汗腺缺陷
   C. 流行性脑膜炎
   D. 妇女妊娠期
   E. 妇女月经前期

7. 发热的退热期可致
   A. 钠潴留
   B. 脱水
   C. 水潴留
   D. 出汗减少
   E. Cl^- 潴留

三、简答题

1. 简述发热时机体的代谢改变。
2. 简述发热的分期及各期的代谢特点和临床表现。

（徐雪冬）

第四十五章 休 克

学习目标

1. 掌握休克的概念。
2. 熟悉休克各期微循环的变化特点及临床表现、休克时机体的功能和代谢的变化。
3. 了解休克的原因与类型。

案例

患者黄某，男性，48岁，因车祸撞击左上腹，急送医院急诊。体检：患者面色苍白，呼吸急促，脉搏细速，四肢湿冷，口唇发绀；血压：收缩压4kPa，舒张压：0kPa；脉搏120次/分，腹胀，左上腹压痛，腹肌紧张，叩诊呈浊音。

讨论：1. 该患者应属何种休克？

2. 该患者送医院时处于休克的哪个阶段？此阶段微循环变化的特点是什么？

休克是指各种强烈致病因素作用于机体引起的急性循环功能障碍，以致有效循环血量急剧减少，组织器官微循环血液灌流量严重不足，导致重要器官功能代谢发生严重障碍的全身性病理过程。休克的典型表现为面色苍白、发绀、四肢湿冷、血压下降、脉压缩小、脉搏细速、尿量减少、呼吸急速和神志淡漠等。休克是一种常见的严重威胁生命的病理过程。

第一节 休克的原因及类型

一、休克的原因

1. 失血与失液

（1）失血：大量失血可引起失血性休克，见于外伤、胃溃疡出血、食管静脉曲张出血及产后大出血等。

（2）失液：剧烈呕吐、腹泻、肠梗阻、大汗淋漓导致失液。体液丢失也可引起有效循环血量的锐减。

2. 烧伤 大面积烧伤伴有血浆大量丢失，可引起烧伤性休克，烧伤性休克早期与疼痛及低血容量有关，晚期可继发感染，发展为感染性休克。

3. 创伤 严重创伤可导致创伤性休克，这种休克的发生与疼痛和失血有关。

4. 感染 严重感染特别是革兰阴性细菌感染常可引起感染性休克，常伴有毒血症和败血症。

5. 过敏 有过敏体质的人注射了某些药物（如青霉素）、血清制剂或疫苗可引起过敏性休克，其发病机制与血管床容积增大、毛细血管通透性增加有关。

6. 心脏病变 大面积急性心肌梗死、急性心肌炎、心包压塞及严重的心律失常，导致心输出量明显减少，有效循环血量和灌流量下降，引起心源性休克。

7. 强烈的神经刺激 剧烈疼痛、高位脊髓麻醉或损伤可引起神经源性休克。

二、分类

1. 按病因分类 可分为失血性休克、感染性休克、过敏性休克、心源性休克、神经源性休克等。

2. 按休克发生的始动环节分类

（1）低血容量性休克：由于血容量减少而引起，见于失血、失液、烧伤等。

（2）血管源性休克：由于外周血管扩张，血管床容积增大，大量血液淤积于扩张的小血管内，使有效循环血量减少而引起的休克，见于过敏、感染及神经源性休克。

（3）心源性休克：由于心功能减弱，心输出量急剧减少而引起的休克，见于各种原因引起的急性心力衰竭。

3. 按休克时血流动力学特点分类

（1）高动力型休克（高排低阻型休克）：其血流动力学特点是心输出量增多，总血管外周阻力降低。由于皮肤血管扩张，血流量增多，脉压增大，使皮肤温度升高，又称为“暖休克”。见于部分感染性休克。

（2）低动力型休克（低排高阻型休克）：其血流动力学特点是心输出量降低，总血管外周阻力增高。由于脉压降低，皮肤血管收缩，血流量减少，使皮肤温度降低，又称为“冷休克”。见于心源性休克、低血容量性、创伤性、感染性休克等。

第二节 休克的分期及发病机制

一、正常微循环的结构与生理特点

微循环是指微动脉和微静脉之间的血液循环，是血液与组织细胞进行物质交换的场所。典型的微循环一般由微动脉、后微动脉、毛细血管前括约肌、真毛细血管、通血毛细血管、动-静脉吻合支和微静脉等七个部分组成（图 45－1）。

微循环的血液可通过三条途径由微动脉流向微静脉：①营养通路：血液从微动脉→后微动脉→毛细血管前括约肌→真毛细血管→微静脉。②直捷通路：血液从微动脉→后微动脉→通血毛细血管→微静脉。③动-静脉短路：血液从微动脉→动-静脉吻合支→微静脉。

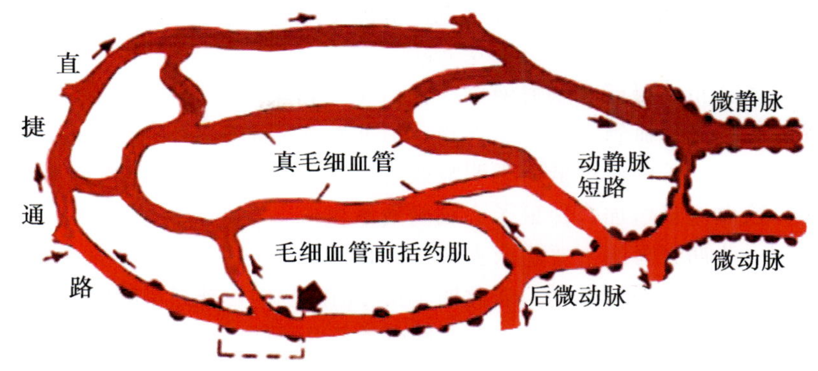

图 45－1 正常微循环的结构图

二、休克的分期及发病机制

（一）休克早期（又称微循环缺血缺氧期、代偿期）

1. 微循环的变化与发生机制

与休克有关的各种致病因素通过不同途径（如血容量减少导致的血压下降；创伤引起的疼痛以及内毒素等）导致交感-肾上腺髓质系统强烈兴奋以及肾素-血管紧张素-醛固酮系统活性增强，释放大量儿茶酚胺及血管紧张素Ⅱ等体液因子，导致小血管（心、脑除外）强烈收缩或痉挛（图 45－2）。此期微循环的表现为：

（1）微动脉、后微动脉、毛细血管前括约肌、微静脉等微血管收缩。

（2）真毛细血管网关闭。

（3）动-静脉吻合支开放。

（4）微循环缺血缺氧，血液灌流量减少，呈“少灌少流，灌少于流”状态。

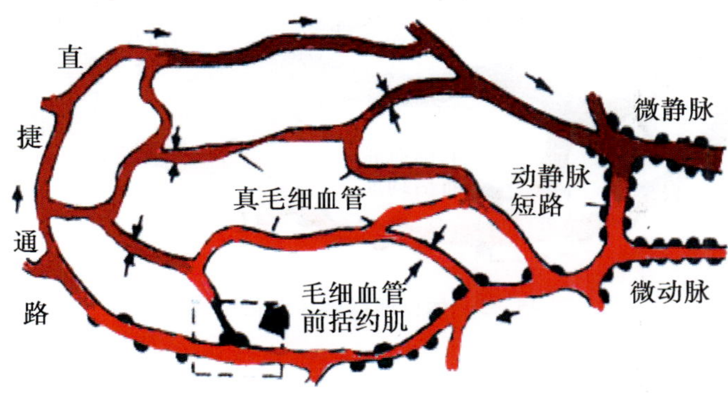

图 45－2 休克早期微循环变化示意图

2. 休克早期微循环变化的代偿意义

（1）自我输血：由于交感神经兴奋和儿茶酚胺增多，皮肤及肝脾等容量血管中的微小血管收缩，使回心血量迅速增加，为心输出量的增加提供了保障。

（2）自我输液：由于微动脉、后微动脉和毛细血管比微静脉对儿茶酚胺更敏感，导致毛细血管前阻力比后阻力更大，毛细血管中流体静压下降，使组织液回流进入血管，使回心血量增加。

（3）血液重新分布，保证心脑血液供应：由于不同脏器的血管对儿茶酚胺反应不一，皮肤、内脏、骨骼肌、肾的血管α受体密度高，对儿茶酚胺的敏感性较高，收缩更甚，而脑动脉和冠状动脉血管因α受体密度低而无明显改变，其中冠状动脉可因β受体的作用而出现舒张反应，使心、脑血流量增加，保证了心脑的血液供应。

3. 临床表现　此期患者的主要临床表现有：面色苍白、四肢湿冷、尿量减少、脉搏细速、心率加快、血压可正常，脉压减少等。若此期能及时消除病因，补充足够血容量，改善组织灌流量，恢复循环血量，可使患者脱离危险。若此期患者未得到及时治疗，则休克可进入第二期。

（二）休克期（又称微循环淤血缺氧期）

1. 微循环的变化与发生机制　由于微循环持续的缺血缺氧，无氧酵解增强，产生乳酸等酸性产物增多而引起酸中毒。在酸性环境中，微动脉和毛细血管前括约肌对酸性产物耐受性较差，对儿茶酚胺的缩血管反应性降低，其收缩反应逐渐减弱甚至扩张；而微静脉对酸中毒耐受性较强，在儿茶酚胺的作用下继续收缩，导致毛细血管大量开放，血管容量大大增加；同时，酸中毒刺激肥大细胞释放组胺以及无氧代谢产生的代谢产物如激肽、腺苷等物质增多，可使小血管扩张，毛细血管通透性增加。此期微循环的表现为（图45－3）：

（1）微动脉、后微动脉、毛细血管前括约肌等前阻力血管舒张，微静脉等后阻力血管收缩。

（2）真毛细血管网大量开放。

（3）血细胞的黏附或聚集，使微循环淤血缺氧加剧。

（4）微循环淤血缺氧，呈“灌多于流”状态，回心血量减少，有效循环血量急剧下降。

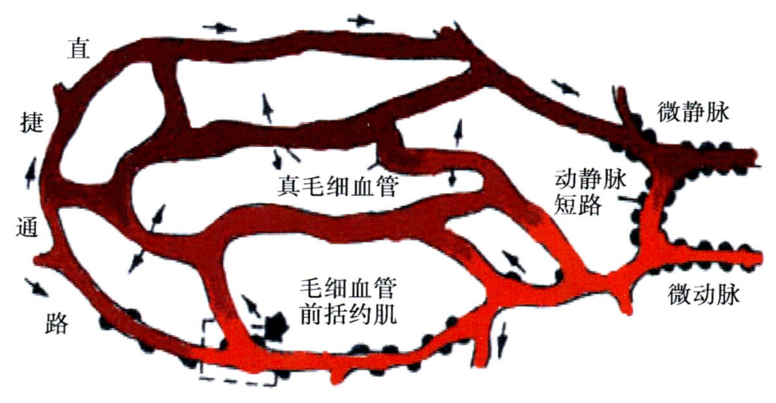

图45－3　休克期微循环变化示意图

2. 临床表现　此期患者的主要临床表现有神志淡漠、意识模糊甚至昏迷；皮肤出现发绀、花斑；血压明显下降、脉压缩小、脉搏细速、心率加快；少尿或无尿。

（三）休克晚期（又称微循环衰竭期、DIC期）

1. 微循环的变化与发生机制

休克继续发展，微循环淤血、缺氧和酸中毒更加严重。微循环表现为（图45－4）：

（1）微血管麻痹、扩张。

（2）真毛细血管内血液淤滞。

（3）微血管内广泛微血栓形成。

（4）微循环呈“不灌不流”状态，出现DIC和重要器官功能障碍和衰竭。

此期微循环变化的发生机制与血液处于高凝状态、内源性和外源性凝血系统激活等有关。

2. 临床表现 休克期症状进一步加重，出现DIC、重要器官功能障碍甚至衰竭等表现。

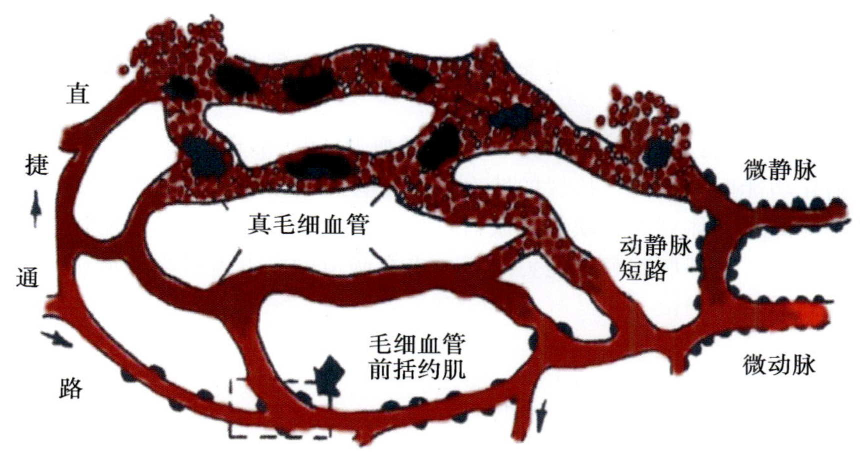

图 45-4 休克晚期微循环变化示意图

第三节 休克时机体的代谢和器官功能改变

一、休克时代谢的改变

（一）代谢障碍

1. 能量代谢障碍 严重的组织缺氧，使细胞的有氧氧化受到抑制，无氧酵解增强，ATP生成显著减少，蛋白质和酶合成减少，不能维持细胞的正常结构和功能。

2. 酸中毒 休克时的微循环障碍及组织缺氧，使葡萄糖无氧酵解增强，乳酸生成增多。同时，由于肝功能受损，乳酸的转化和利用减弱，且肾功能受损不能将乳酸排除等，导致高乳酸血症及代谢性酸中毒的产生。

（二）细胞功能和结构的损伤

1. 细胞膜损伤 表现为细胞膜通透性增加、细胞内外离子分布异常等。

2. 线粒体损伤 造成氧化磷酸化障碍、ATP生成减少。

3. 溶酶体损伤 休克时溶酶体膜破裂，释放溶酶体酶，引起细胞自溶，组织损伤。

二、休克时主要器官的功能改变

1. 脑功能障碍 休克早期脑供血无明显改变，患者表现为烦躁不安；休克期因脑供血减少，患者出现神志淡漠；休克晚期可因DIC而导致昏迷或意识丧失。

2. 心脏功能变化 休克早期由于代偿作用，能够维持心冠脉血流量和动脉血压，心功能变化不明显；随着休克的发展，多种有害因素作用于心脏，使心肌发生缺血缺氧，心肌变性坏死，心功能障碍甚至心力衰竭。

3. 肾功能变化　可出现急性肾衰竭，主要表现为少尿、无尿、高钾血症、代谢性酸中毒、氮质血症等。

4. 肺功能变化　休克早期，呼吸中枢兴奋使呼吸加快，甚至通气过度，从而引起低碳酸血症和呼吸性碱中毒。如果病情恶化，损伤较严重，可导致急性呼吸衰竭，称为休克肺或急性呼吸窘迫综合征（ARDS），病理变化有肺淤血、水肿、出血、局限性肺不张、微血栓形成和栓塞、肺泡透明膜形成等，主要表现为进行性呼吸困难、进行性低氧血症、发绀等。

5. 胃肠道和肝功能障碍

（1）胃肠功能障碍：休克时胃肠因缺血、淤血及 DIC 形成，使消化液分泌减少及胃肠蠕动减弱，消化功能明显障碍；持续的缺血，可致胃黏膜糜烂和应激性溃疡。

（2）肝功能障碍：休克时肝缺血、淤血可发生肝功能障碍，由于不能将乳酸转化为葡萄糖，可加重酸中毒；另外肝脏解毒能力降低，来自肠道的内毒素可直接损伤肝细胞，从而促进休克的发展。

知识链接

对休克认识的发展

人类对休克的认识，经历了一个由浅入深，从现象到本质的认识过程。1731 年由法国医师 HenriFrancois Le Dran 首次将休克译成英语 shock 并用于医学。1895 年，Waren 对休克时的外部表现做过详细而生动的描述，把机体受到强烈“打击”后，面色苍白、四肢厥冷、出冷汗、脉搏快而微弱、表情淡漠或神志不清等综合现象称为休克。

第一、第二次世界大战期间，大量伤员死于休克。人们发现休克是严重的血液循环障碍，认为休克是由于血压降低引起的，把血压降低作为判断休克的标准，因而采用升压药作为治疗休克的重要手段。

20 世纪 60 年代，通过对组织微循环的研究，发现休克时有明显的微循环障碍，不论何种原因引起的休克，微循环动脉血灌流急剧减少，以致重要生命器官因缺氧而发生功能和代谢障碍，因而提出来了休克的微循环障碍学说。

20 世纪 80 年代以来，对休克的研究已进入细胞代谢和功能的分子水平，从代谢、功能和结构多方面进行综合研究。虽然目前对休克本质有了进一步的认识，但还存在许多的争论和没有被认识的领域，相信随着对克本质认识的逐步深入，对休克的防治水平也将不断提高。

小　结

休克是一个常见的严重威胁生命的全身性病理过程。在各种强烈致病因素作用下引起的急性循环功能衰竭，以组织器官微循环血液灌流量严重障碍为特征，最终导致细胞损伤和重要器官功能代谢严重障碍。

自 测 题

一、名词解释

休克

二、单项选择题

1. 休克的本质是
   A. 动脉血压下降
   B. 心肌收缩无力
   C. 血管外周阻力下降
   D. 组织内微循环障碍
   E. 中心静脉压下降

2. 下列哪项不属于低血容量性休克
   A. 失血性休克
   B. 失液性休克
   C. 创伤性休克
   D. 烧伤性休克
   E. 过敏性休克

3. 休克缺血期微循环的变化，下列哪项是错误的
   A. 微动脉收缩
   B. 后微动脉收缩
   C. 毛细血管前括约收缩
   D. 动静脉吻合支收缩
   E. 微静脉收缩

4. 休克早期微循环灌注不足的主要原因是
   A. 心输出量减少
   B. 循环血量减少
   C. 毛细血管前阻力增加
   D. 动脉血压降低
   E. 中心静脉压降低

5. 神经源性休克和过敏性休克发病的始动环节是
   A. 外周血管容量急剧扩大
   B. 动脉血压明显下降
   C. 循环血量显著减少
   D. 中心静脉压升高
   E. 心输出量急剧不足

6. 下列哪项符合休克初期的临床表现
   A. 血压下降
   B. 尿量减少
   C. 心率减慢
   D. 脉压增大
   E. 表情淡漠

7. 休克缺血期微循环灌流的特点是
   A. 少灌少流，灌少于流
   B. 少灌少流，灌多于流
   C. 多灌少流，灌多于流
   D. 多灌多流，灌少于流
   E. 不灌不流

8. 休克初期微循环内的血流状况是
   A. 缺血
   B. 淤血
   C. 凝血
   D. 出血
   E. 溶血

9. 下列哪项符合休克中期（淤血期）的典型症状
   A. 皮肤苍白
   B. 烦躁不安
   C. 脉压差增大

D. 血尿、蛋白尿
E. 动脉血压显著下降

10. 休克淤血期微循环灌流的特点是
A. 少灌少流，灌少于流
B. 少灌多流，灌少于流
C. 多灌少流，灌多于流
D. 多灌多流；灌多于流
E. 多灌多流，灌少于流

三、简答题

1. 简述休克各期微循环的变化特点及临床表现。
2. 简述休克晚期各重要器官的功能发生的变化。

（罗肖华）

第四十六章　弥散性血管内凝血

学习目标

1. 掌握弥散性血管内凝血（DIC）的概念。
2. 熟悉 DIC 的分期及主要特点。
3. 了解 DIC 的原因和诱发因素，概述其发生机制。

案例

患者女性，29 岁。妊娠 8 个多月，昏迷，牙关紧闭，手足强直；眼球结膜有出血斑，身体多处有淤点、淤斑，消化道出血，血尿。查体：血压 80/50mmHg（10.64/6.65kPa），脉搏 95 次/分、细速，尿少。因胎盘早剥急诊入院。

实验室检查（括号内是正常值）：Hb 70g/L（110～150 g/L），RBC 2.7×10^{12}/L（$3.5\sim5.0\times10^{12}$/L），外周血见裂体细胞；血小板 85×10^{9}/L[$(100\sim300)\times10^{9}$/L]，纤维蛋白原 1.78g/L（2～4g/L）；凝血酶原时间 20.9 秒（12～14 秒），鱼精蛋白副凝试验（3P 试验）阳性（阴性）。尿蛋白（＋＋＋），RBC（＋＋）。4 小时后复查：血小板 75×10^{9}/L，纤维蛋白原 1.6g/L。

讨论：1. 该患者发生 DIC 的机制是什么？诱发因素是什么？

2. 哪些实验室检查和临床表现可确立 DIC 的诊断？

弥散性血管内凝血（disseminated intravascular coagulation，DIC）是一种继发的、以广泛微血栓形成并相继出现止血、凝血功能障碍的病理过程。其基本特点是：由于某些致病因子的作用，凝血因子和血小板被激活，大量促凝物质入血，在微循环中形成广泛的微血栓。微血栓的形成消耗了大量凝血因子和血小板，进而出现血液的低凝状态和继发性纤维蛋白溶解功能增强，导致患者出现出血、休克、器官功能障碍和溶血性贫血等临床表现。病势凶险，死亡率高。

第一节　DIC 的病因与发病机制

引起 DIC 的原因有很多，最常见的是重症感染、严重创伤、产科意外、休克、严重肝病、恶性肿瘤等（表 46-1）。此外，在疾病过程中并发的缺氧、酸中毒、抗原-抗体复合物以及相继激活的纤维蛋白溶解系统、激肽系统、补体系统等也能促进 DIC 的发生、发展。

表 46－1　引起 DIC 的常见原因

类型	主要疾病
感染性疾病	细菌感染、败血症等；病毒性肝炎、流行性出血热、病毒性心肌炎等
肿瘤性疾病	肺、消化及泌尿系统肿瘤；转移性癌、肉瘤、淋巴瘤等
血液性疾病	急慢性白血病、溶血性疾病、异常蛋白血症等
妇产科疾病	感染流产、死胎滞留、妊娠毒血症、羊水栓塞、胎盘早剥等
创伤及手术	严重软组织损伤、挤压综合征、大面积烧伤、大手术等

DIC 的发病机制比较复杂。尽管原发病不同，但导致 DIC 这一基本病理过程的机制却有共同或相似之处，都是通过以下一种或多种途径激活外源性或（和）内源性凝血系统而引起，或通过改变正常血液中凝血与抗凝血系统的动态平衡而诱发 DIC。其中以血管内皮细胞的损伤与组织损伤最为重要。

一、组织严重损伤

正常组织（特别是脑、肺、胎盘）和恶性肿瘤组织中含有大量组织因子（因子Ⅲ），当这些组织严重破坏时，如严重创伤、挤压综合征、大面积烧伤、外科大手术等及产科意外（胎盘早剥、宫内死胎滞留等）、恶性肿瘤（前列腺癌、胃癌等）或实质脏器坏死等，大量组织因子释放入血，与血浆中的 Ca^{2+} 和因子Ⅶ形成复合物，启动外源性凝血系统而导致 DIC。近年来研究证明，以组织因子为始动的外源性凝血系统的激活，在启动凝血过程中有重要作用。

二、血管内皮细胞损伤

细菌及其内毒素、病毒、抗原-抗体复合物、持续的缺血缺氧、酸中毒及颗粒性物质入血等均可使血管内皮细胞损伤，其后果是：①受损的血管内皮细胞释放组织因子，启动外源性凝血系统；②血管内皮细胞受损可引起血小板黏附、聚积和释放反应，受损的血管内皮细胞前列环素释放减少，对抗血栓素的作用减弱，也使血小板聚集加强，凝血过程加速；③血管内皮细胞受损，使带负电荷的胶原纤维暴露，与血液中凝血因子Ⅻ接触后，因子Ⅻ被激活成为Ⅻa，启动内源性凝血系统。同时，Ⅻa 可使激肽释放酶原转变为激肽释放酶，后者又反过来水解因子Ⅻ，生成具有Ⅻa 活性的Ⅻf，从而使内源性凝血系统的反应加速。Ⅻa 和Ⅻf 还可相继激活纤溶、激肽和补体系统，从而进一步促进 DIC 发展。

三、血细胞破坏和血小板被激活

1. 红细胞破坏　当异型输血、蚕豆病、恶性疟疾、急性溶血性贫血时，红细胞大量破坏，一方面可释放出 ADP，激活血小板，释放出血小板因子（PF），促进血小板黏附、聚集等，导致凝血；另一方面，红细胞膜磷脂则可浓缩、局限Ⅶ、Ⅸ、Ⅹ及凝血酶原等凝血因子，导致大量凝血酶生成，促进 DIC 的发病。

2. 白细胞破坏　中性粒细胞、单核细胞及早幼粒细胞（早幼粒细胞性白血病）内含有促凝物质。某些因素如内毒素、化疗等可引起这类细胞破坏，释放促凝物质（如因子Ⅲ、凝血活酶样物质）启动外源性凝血系统，促进 DIC 发生。

3. 血小板被激活　血小板在 DIC 的发生、发展中起着重要作用。内毒素、免疫复合物、颗粒物质、凝血酶等皆可激活血小板，促进血小板黏附在受损血管内皮表面，进而相互聚集。血小板聚集后释放多种血小板因子，加速凝血反应。在 DIC 的发生中，血小板的作用多属继发性的，少数情况下（如血栓性血小板减少性紫癜）可起原发作用。

四、其他促凝物质入血

某些蛋白酶入血，如急性坏死性胰腺炎时，大量胰蛋白酶入血可促使凝血酶原转变成凝血酶；某些蛇毒能使凝血酶原转变为凝血酶，或使纤维蛋白原转变为纤维蛋白而发生 DIC。

异常的颗粒性物质入血也常为 DIC 的病因，如恶性肿瘤血行转移、菌血症、脂肪栓塞、羊水栓塞及静脉误输中、高分子右旋糖酐等。一般认为这些颗粒性物质通过表面接触作用激活Ⅻ因子，启动内源性凝血系统而引起 DIC。

第二节　影响 DIC 发生发展的因素

一、单核吞噬细胞系统功能障碍

单核吞噬细胞系统具有吞噬、清除循环血液中的凝血酶、纤维蛋白、纤溶酶、纤维蛋白降解产物、凝血酶原激活物、组织因子等促凝血物质的作用。感染性休克、创伤时，由于该系统大量吞噬细菌、内毒素或坏死组织，使其功能处于“封闭”状态，可促进 DIC 发生。长期大量使用肾上腺糖皮质激素或严重的酮症酸中毒时，单核吞噬细胞系统的清除功能下降，也可诱发 DIC。

二、肝功能障碍

正常肝细胞既能生成也能清除凝血与抗凝物质，对维持正常的凝血与抗凝机制起重要作用。肝功能严重障碍时（如肝硬化、急性重型肝炎等），不仅凝血物质（如凝血酶原、纤维蛋白原、因子Ⅴ、Ⅶ、Ⅸ、Ⅹ等）、抗凝物质（如蛋白 C、抗凝血酶Ⅲ等）及纤溶物质（如纤溶酶原）生成不足，而且对活化的凝血因子的灭活减少，容易诱发 DIC。

三、血液呈高凝状态

在某些生理或病理情况下，血液中的凝血因子及血小板含量或活性升高，可同时伴有抗凝血系统活性降低，此现象称为血液的高凝状态。妊娠后三周开始，孕妇血液中血小板及某些凝血因子均增多，而具有抗凝作用及纤溶活性的物质减少，使孕妇血液处于高凝状态，到妊娠末期最为明显，这有利于减少分娩时的出血。产科意外（宫内死胎、胎盘早剥、羊水栓塞等）易发生 DIC。

酸中毒可损伤血管内皮细胞，启动内源性和外源性凝血系统，引起 DIC 的发生。另一方面，由于血液 pH 降低，使凝血酶活性升高、肝素的抗凝活性减弱、血小板聚集性加强，也可使血液处于高凝状态，易引起 DIC。

四、微循环障碍

休克等原因导致微循环障碍时，因缺氧、酸中毒而致毛细血管内皮细胞损伤，启动内源性凝血系统。同时因血流缓慢，血液浓缩，血液黏度增加，这些均有利于 DIC 的发生。低血容量时，由于肝、肾的血液灌流减少，使其清除凝血及纤溶产物的功能降低，也可促进 DIC 的发生。

第三节　DIC 的发展过程与类型

一、DIC 的发展过程

根据 DIC 的发病机制及临床特点，典型者一般可经历以下三期。

1. 高凝期　发病初期，由于各种病因导致凝血系统被激活，血液中凝血酶活性增高处于高凝状态，微循环中形成大量微血栓。

实验室检查：①凝血时间和复钙时间缩短；②血小板黏附性增强。

2. 消耗性低凝期　继高凝期之后，由于大量微血栓的形成，凝血因子和血小板被大量消耗而减少，使血液转入低凝状态。由于继发性纤维蛋白溶解增强，患者可有出血或出血倾向。

实验室检查：①凝血时间及复钙时间均延长；②血小板计数减；③血浆纤维蛋白原含量减少；④出血时间、凝血酶原时间均延长。

3. 继发性纤溶亢进期　凝血酶及Ⅻa 等可激活纤溶系统，产生大量纤溶酶，继而使纤维蛋白（原）降解为纤维蛋白降解产物（FDP），由于 FDP 有很强的纤溶和抗凝作用，所以此期患者出现十分明显的出血现象。

实验室检查：①血小板计数、纤维蛋白原和纤溶酶原含量均减少；②优球蛋白溶解时间缩短；③凝血酶原时间延长；④血浆鱼精蛋白副凝试验（3P 试验）阳性。

二、DIC 的类型

1. 按 DIC 发生快慢分型

（1）急性型：DIC 可在几小时或 1～2 天内发生，常见于各种严重感染（特别是革兰阴性菌感染引起的感染性休克）、异型输血、严重创伤、组织器官移植后的急性排异反应等，临床表现明显，病情迅速恶化，常以休克和出血为主，病死率高。实验室检查明显异常。

（2）亚急性型：DIC 在数天内逐渐形成，常见于恶性肿瘤转移、宫内死胎等患者。临床表现介于急性型和慢性型之间。

（3）慢性型：常见于恶性肿瘤、自身免疫性疾病、慢性溶血性贫血等。此型病程较长，由于机体有一定的代偿能力，单核-巨噬细胞系统的功能也较健全，所以 DIC 的表现不明显，常以某脏器功能不全的表现为主，有时仅有实验室检查异常，故临床诊断较困难。此型 DIC 多在尸解后做组织病理学检查时才被发现，在一定条件下可转化为急性型。

2. 按 DIC 的代偿程度分型

在 DIC 的发生、发展过程中，一方面凝血物质被大量消耗；另一方面，肝合成凝血因子及骨髓生成血小板的能力也代偿性增强。根据凝血物质消耗与代偿的关系可将其分为：

（1）失代偿型：常见于急性型 DIC。此型的特点是凝血因子和血小板的消耗超过机体的代偿，血小板、纤维蛋白原等凝血因子明显减少，患者常有明显的出血和休克。

（2）代偿型：见于轻度 DIC。特点是凝血因子和血小板的消耗与其代偿基本上保持平衡。临床表现不明显，易被忽视，也可转为失代偿型。

（3）过度代偿型：见于部分慢性及恢复期 DIC。特点是凝血因子和血小板代偿性生成迅速，甚至超过其消耗，可出现纤维蛋白原等凝血因子暂时性升高。此型也可转为失代偿型。

第四节　DIC 时机体的功能与代谢变化

一、出血

出血是 DIC 最突出的表现，据统计，有 80%以上的 DIC 患者有不同程度的出血症状。表现为皮肤黏膜出血，伤口可渗血不止，注射部位渗血不止甚至呈大片淤斑。严重者可有胃肠道、肺及泌尿生殖道等内脏器官出血，甚至颅内出血。出血的主要发生机制如下：

1. 凝血物质大量消耗　在 DIC 发生发展过程中，大量凝血因子和血小板被消耗，特别是纤维蛋白原、凝血酶原和血小板普遍减少，凝血过程发生障碍，引起出血。

2. 继发性纤溶亢进　DIC 时常伴有继发性纤溶亢进，使纤维蛋白降解，导致出血。

3. 纤维蛋白（原）降解产物（FDP）形成　由于继发性纤溶亢进，纤维蛋白（原）在纤溶酶作用下降解形成各种多肽片段，统称为纤维蛋白降解产物（FDP）。FDP 具有强烈的抗凝作用，从而引起出血。

4. 血管壁损伤　原发病及继发性引起的缺氧、酸中毒、休克、细胞因子和自由基等都可导致微血管壁损伤，也是 DIC 时发生出血的机制之一。

二、休克

急性 DIC 常伴有休克，重度及晚期休克又可促进 DIC 的形成。二者互为因果，形成恶性循环。DIC 引起休克的主要机制如下：

1. 微血栓形成　DIC 时，广泛微血栓形成，造成回心血量不足。

2. 出血　严重出血导致血容量明显减少。

3. 血管扩张

4. 激肽、补体系统激活和 FDP 增多引起微动脉、毛细血管前括约肌舒张，通透性增加，使外周阻力降低，导致血压下降。

5. 心肌损伤　冠状动脉血栓形成造成心肌缺血，心肌收缩力减弱，心输出量减少。

三、器官功能障碍

DIC 时，由于全身微血管内微血栓形成，导致缺血性器官功能障碍。

1. 肾　最易受损，可发生肾皮质坏死和急性肾功能不全。患者出现少尿或无尿、血尿、蛋白尿和氮质血症等。

2. 肺　肺血管广泛栓塞可引起肺水肿、肺出血，严重时引起呼吸衰竭，患者可表现为突发性胸痛、呼吸困难和发绀。

3. 脑　脑组织可发生出血、水肿，患者表现为神志模糊、嗜睡、惊厥、昏迷等。

4. 其他　冠状动脉内微血栓形成，可致心肌梗死而发生心力衰竭；胃肠道受累可出现呕吐、腹泻、消化道出血等；肾上腺皮质受累可出现急性肾上腺皮质功能衰竭（华-佛综合征）；垂体受累可出现“席汉综合征”。

四、微血管病性溶血性贫血

DIC 时可伴有一种特殊类型的贫血，即微血管病性溶血性贫血。患者除具有一般溶血性贫血的特点外，外周血涂片中可见一些形态异常的红细胞及红细胞碎片，外形呈盔形、星形、新月形等，称为裂体细胞（图 46－1、46－2）。由于这种溶血性贫血多因微血管病变所致，故称为微血管病性溶血性贫血。裂体细胞形成的原因：在 DIC 的发病过程中，尤其是在凝血反应的早期，纤维蛋白丝在微血管内形成细网，当血流中的红细胞通过网孔时，可黏附、滞留或挂在纤维蛋白丝上，在血流不断冲击下破裂形成红细胞碎片。周围血裂体细胞大于 2％对 DIC 有辅助诊断意义。

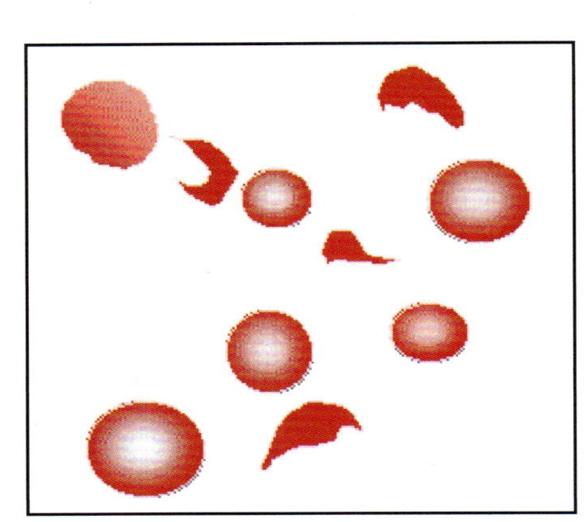

图 46－1　微血管病性溶血性贫血

患者血片中的裂体细胞

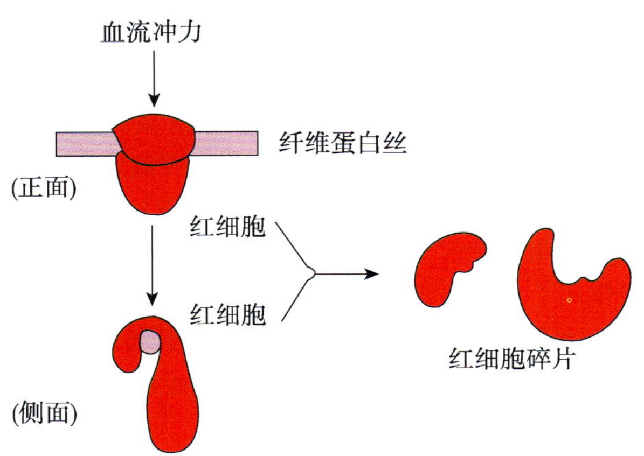

图 46－2　红细胞碎片的形成机制

第五节　DIC 的诊断、防治原则与护理

一、DIC 的诊断

DIC 的诊断尚无简单而准确的诊断方法，主要根据病史、临床表现、实验室检查和治疗反应等综合判断。

二、防治原则与护理

1. 治疗原发病　预防和及时治疗原发病是防治 DIC 的根本措施。如积极控制感染、尽早清除宫内死胎、及时抢救休克等，对防治 DIC 具有决定性的作用。

2. 改善微循环　及时纠正微循环障碍，疏通被微血栓阻塞的血管，增加其血液灌流量等，在 DIC 的防治中具有重要作用。

3. 重建凝血与抗凝血的动态平衡　DIC 时由于大量凝血因子及血小板消耗，因此在病情控制或使用肝素治疗后，可酌情输入新鲜全血、新鲜血浆、血小板悬液及纤维蛋白原等，在抗凝基础上可慎用纤溶抑制药，以利于凝血与抗凝血之间恢复动态平衡。

4. 严密观察病情　在临床工作中对容易发生 DIC 的疾病如感染性或创伤性休克、急性早幼粒细胞白血病、晚期恶性肿瘤、产科意外、异型输血等，均应密切观察病情，定期测量血压、脉搏和尿量，严密观察患者的皮肤、黏膜或内脏出血情况，如有可疑必须及时做好相关的实验室检查，争取早期诊断并及早治疗。

知识链接

DIC与休克的关系

DIC和休克互为因果，使病情恶化。急性DIC时广泛的微血栓形成，使回心血量减少；DIC时发生的出血，使血容量减少；DIC时补体及激肽系统激活和FDP大量形成，造成微血管扩张及通透性增高；冠状动脉内的微血栓形成，使心泵功能障碍致心排出量减少；这些因素的共同作用导致休克的发生并促进休克的发展。休克晚期因微循环淤血，血流缓慢、停滞，血液浓缩并处于高凝状态；酸中毒持续加重，易于血栓形成；感染性休克时，病原微生物和毒素均可损伤血管内皮，激活凝血过程；严重创伤休克，组织因子入血，启动外源性凝血系统；休克时红、白细胞受损，易诱发DIC。

小　结

DIC是由于某些致病因子的作用，凝血因子和血小板被激活，大量促凝物质入血，在微循环中形成广泛的微血栓。DIC的发生机制包括：①组织严重破坏，使大量组织因子入血，启动外源性凝血系统，导致DIC的发生、发展。②血管内皮细胞广泛损伤，激活Ⅻ因子，启动内源性凝血系统；同时激活激肽释放酶，激活纤溶和补体系统，导致DIC。③血细胞大量破坏，血小板被激活，导致DIC。④胰蛋白酶、蛇毒等促凝物质进入血液，也可导致DIC。其凝血功能紊乱表现为先高凝、后低凝。主要临床表现有出血、休克、器官功能障碍和微血管病性溶血性贫血。

自　测　题

一、名词解释

1. DIC
2. 微血管病性溶血性贫血

二、单项选择题

1. DIC的最主要特征是
   A. 广泛微血栓形成
   B. 严重出血
   C. 凝血功能紊乱
   D. 凝血因子大量消耗
   E. 纤溶过程亢进

2. 关于 DIC 的主要临床表现，以下哪项不正确
   A. 休克
   B. 急性肾衰竭
   C. 溶血性贫血
   D. 全身水肿
   E. 皮下出血和胃肠道出血

3. 大量组织因子入血的后果是
   A. 激活内源性凝血系统
   B. 激活外源性凝血系统
   C. 激活补体系统
   D. 激活激肽系统
   E. 激活纤溶系统

4. 下列哪项是 DIC 的直接原因
   A. 血液高凝状态
   B. 肝功障碍
   C. 血管内皮损伤
   D. 微循环淤血
   E. 使用大量糖皮质激素

5. DIC 造成贫血属于
   A. 再生障碍性贫血
   B. 失血性贫血
   C. 中毒性贫血
   D. 溶血性贫血
   E. 缺铁性贫血

6. 下列哪项不是 DIC 的直接致病因素
   A. 休克晚期
   B. 败血症
   C. 产科意外
   D. 毒蛇咬伤
   E. 肝硬化

7. 引起 DIC 的最常见疾病是
   A. 败血症
   B. 宫内死胎
   C. 大面积烧伤
   D. 胰腺癌
   E. 器官移植

8. 导致 DIC 发病的关键环节是
   A. 组织凝血因子大量入血
   B. 凝血因子Ⅻ的激活
   C. 凝血酶生成增加
   D. 纤溶酶原激活物生成增加
   E. 凝血因子Ⅴ的激活

9. DIC 患者出血与下列哪一项因素关系最密切
   A. 凝血因子Ⅻ的被激活
   B. 凝血因子大量消耗，纤溶活性增强
   C. 抗凝血酶物质增加
   D. 肝合成凝血因子障碍
   E. 血管通透性增高

三、简答题

1. 简述 DIC 造成出血的主要机制。
2. 试述 DIC 的发病机制。

（陈小芳）

第四十七章 肿 瘤

学习目标

1. 掌握肿瘤的概念，肿瘤的异型性及良、恶性肿瘤的区别。
2. 熟悉肿瘤的一般形态与结构、肿瘤的命名和分类。
3. 了解肿瘤的原因和发病机制。

案例

患者女性，35岁。发现左下腹壁皮下肿块5年，肿块逐渐缓慢增大，无明显不适症状。

体检：左下腹壁皮下可摸及一肿块，大小约3cm×2cm×2cm，质软，界清，活动度好，无压痛。

手术所见：肿物位于皮下，与周围组织界限清楚，有完整包膜，容易剥离，肿物呈黄色，质软，无坏死出血等继发改变，予完整切除。

讨论：1. 该患者患的是良性肿瘤还是恶性肿瘤？

2. 此肿瘤最可能是什么组织来源的肿瘤？

第一节 肿瘤的概念与形态

一、肿瘤的概念

肿瘤是机体在各种致瘤因素作用下，局部组织的细胞在基因水平上的生长调控发生严重紊乱，细胞克隆性异常增生而形成的新生物，常表现为局部肿块。

肿瘤细胞的形态、代谢和功能均有异常，不同程度地失去了分化成熟的能力，从而使肿瘤在细胞形态及组织结构上均呈不同程度的异型性。肿瘤细胞生长旺盛，脱离了机体的调控，具有相对自主性，即使引起肿瘤性增生的初始因素已消除，仍具有持续不断生长的能力。肿瘤的增生和修复适应性的增生的本质是不同的。后者受组织内的增生和分化的调节机制的调控，其增生是适度的，与机体整体保持着互相协调的关系。

二、肿瘤的一般形态与结构

（一）肿瘤的大体形态

1. 形状　肿瘤可以有各种各样的形状，依其特征归纳，常见的形状有结节状、分叶状、乳头状、息肉状、囊状、浸润性包块状、巨块状和溃疡状等（图 47－1）。其中，结节状、分叶状常见于良性肿瘤；乳头状、息肉状、囊状既见于良性肿瘤，也可见于恶性肿瘤；浸润性包块状、巨块状和溃疡状则多见于恶性肿瘤。

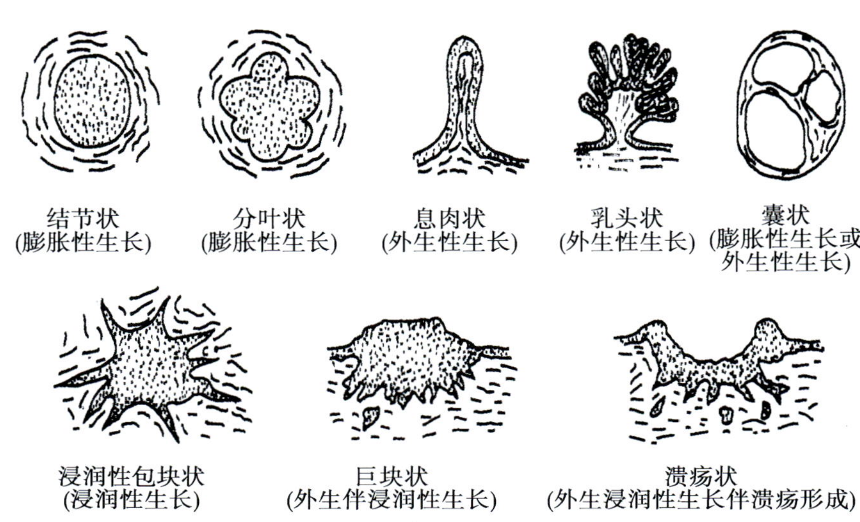

图 47－1　肿瘤的形状和生长方式模式图

2. 数目　肿瘤常为单发，也可以多发。如神经纤维瘤病，患者机体上可以出现数十个甚至数百个神经纤维瘤（图 47－2）。在对肿瘤患者进行体检时，应全面仔细，避免只看到明显的肿块而忽略多发性肿瘤的可能。

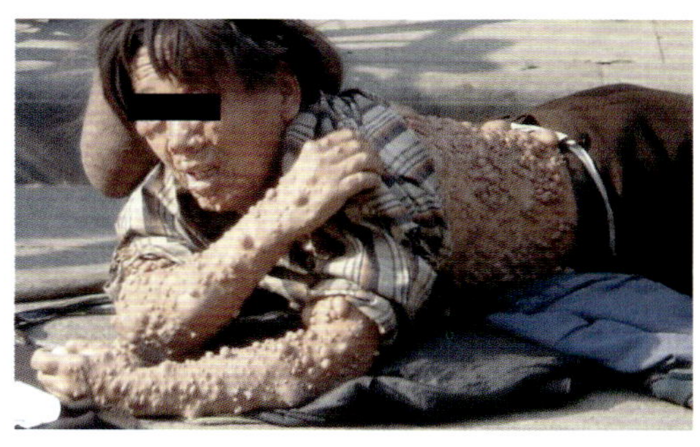

图 47－2　神经纤维瘤病

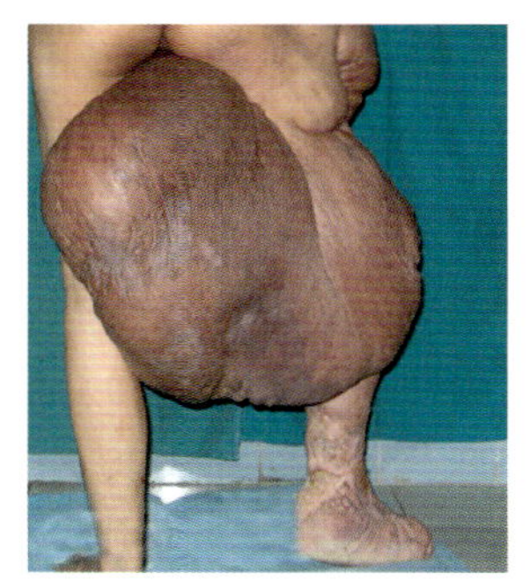

图 47－3　下肢巨大淋巴管瘤

3. 大小　大的肿瘤总是由小的肿瘤发展而来。临床上常见的肿瘤直径大多为 1～10cm。偶尔极小的肿瘤也可在显微镜下被发现，如甲状腺的微小癌。发生于体表或腹腔的肿瘤也可形成巨大的体积，如发生在卵巢的囊腺瘤和发生在体表的脂肪瘤，其重量可达几千克甚至几十千克，这些巨大的肿瘤通常以良性肿瘤多见（图 47-3）。恶性肿瘤由于常早期发生转移，危及患者生命，故巨大者反而少见。

4. 颜色　肿瘤的颜色由肿瘤的组织细胞成分及其产物的颜色决定。多数肿瘤呈灰白色或淡红色；特殊成分的肿瘤可呈相应的颜色，如脂肪瘤常呈黄色；血管瘤常呈红色；黑色素瘤细胞产生黑色素，可使肿瘤呈黑色。

5. 质地　肿瘤质地可由肿瘤的发生组织或肿瘤的纤维间质的量所决定。骨组织的肿瘤常较硬，脂肪瘤一般比较软；纤维间质较少的肿瘤，一般较软，纤维间质丰富的肿瘤，则质地较硬。如乳腺癌的质地较硬，腺瘤的质地则较软。此外，肿瘤如有钙化或骨化质地可变硬，而有坏死、液化或囊性变者则质地可变软。

（二）肿瘤的组织结构

肿瘤中除了肿瘤细胞，还有一些非肿瘤性的间质成分，所以肿瘤组织可以分为实质和间质两个部分。肿瘤的实质即是肿瘤细胞，是肿瘤的主要成分，决定肿瘤的性质，是我们判断肿瘤的分化方向和类型的依据。肿瘤的间质是起支持营养肿瘤细胞作用的结缔组织和脉管成分。肿瘤的间质成分不具特异性，通常不能根据它来判断肿瘤的分化方向和类型。

第二节　肿瘤的异型性

肿瘤无论在细胞形态上或组织结构上都与其起源的正常组织存在着不同程度的差异，这种差异称为异型性。

肿瘤的异型性是由肿瘤的分化程度所决定的。肿瘤组织在形态和功能上可以表现出与起源的正常组织的相似之处，此即为肿瘤的分化。相似的程度称为肿瘤的分化程度。如果肿瘤的形态和功能比较接近其起源的正常组织，说明其分化程度高或称为分化好；如果与起源的正常组织相似性小，则说明其分化程度低或称为分化差。如果肿瘤缺乏与正常组织的相似之处，则称为未分化。

显然，肿瘤的分化程度越高，则其异型性就越小，恶性程度越低；反之，肿瘤的分化程度越低，则其异型性就越大，恶性程度越高。这也是我们判断肿瘤良恶性的根本依据。

肿瘤的异型性包括两个方面的表现：肿瘤细胞异型性和肿瘤结构异型性。

一、肿瘤细胞的异型性

良性肿瘤细胞异型性较小或不明显，恶性肿瘤细胞则常具有显著的异型性。恶性肿瘤的细胞异型性主要表现为：

1. 瘤细胞的形态异常　肿瘤细胞通常比起源的正常细胞较大，肿瘤细胞的大小和形态不一致，可以出现瘤巨细胞（图 47-4）。但分化很差的肿瘤，其瘤细胞很原始，体积不大，大小和形态也可以比较一致。

2. 肿瘤细胞核的异型性　肿瘤细胞核的体积增大，核浆比例失调；可出现巨核、双核、多核或奇异形的核；核内 DNA 常增多，核深染，染色质呈粗颗粒状，分布不均匀，常堆积在核膜下；核仁明显，体积大，数目也可增多；核分裂象增多，出现病理性核分裂，如不对称核分裂、顿锉型核分裂、多极性核分裂等（图 47-5）。

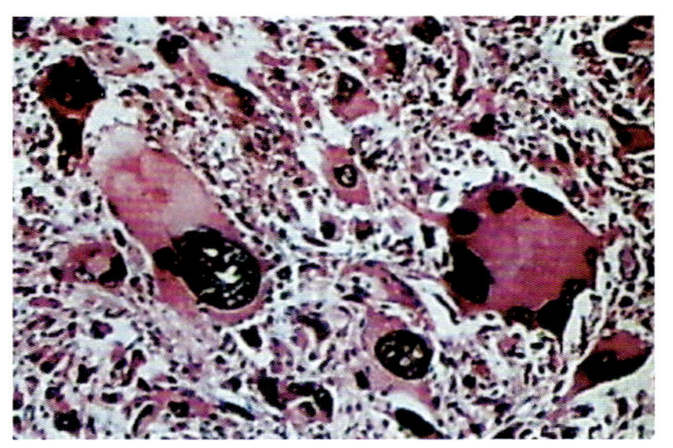

图 47－4 瘤巨细胞（横纹肌肉瘤）

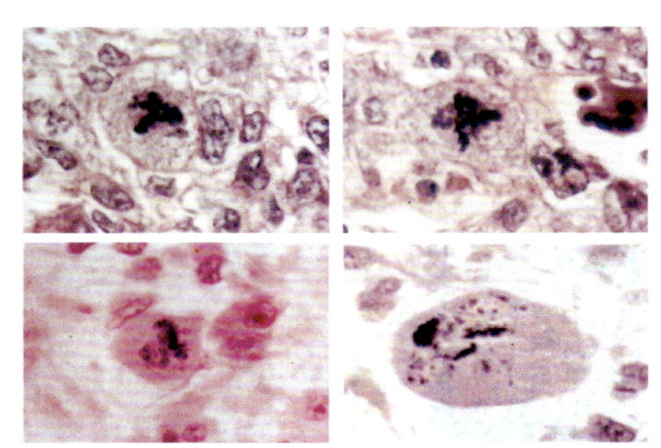

图 47－5 病理性核分裂

左上：三极核分裂 右上：四极核分裂

左下：不对称核分裂 右下：顿锉型核分裂

二、肿瘤组织结构的异型性

肿瘤组织在空间排列方式上与相应正常组织的差异称为肿瘤的结构异型性。良性肿瘤的细胞异型性一般较小，但有不同程度的结构异型性，主要表现为瘤组织的分布和瘤细胞的排列不规则，在一定程度上失去了起源组织的正常结构与层次。如纤维瘤和平滑肌瘤常呈编织状排列，鳞状细胞的良性肿瘤常长呈乳头状结构等（图 4－6）。恶性肿瘤的细胞异型性和结构异型性都比较显著。肿瘤细胞的分布的排列紊乱，层次增多，极向消失。如食管鳞状细胞癌中，鳞状上皮排列的极向显著紊乱，形成癌巢；胃腺癌中腺上皮失去极向，层次增多，形成的腺体很不规则；子宫内膜腺癌中，癌细胞呈乳头状排列，腺体之间正常的内膜间质消失等。

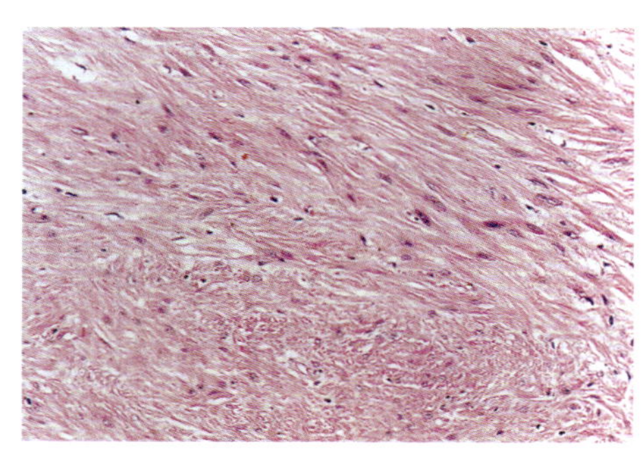

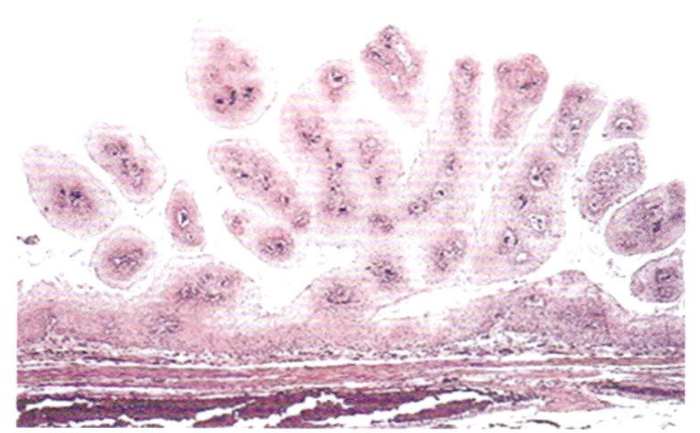

图 47－6 组织结构的异型性

左：平滑肌瘤 右：鳞状细胞乳头状瘤

第三节 肿瘤的生长和扩散

一、肿瘤生长的代谢特点

肿瘤细胞比正常细胞代谢旺盛，恶性肿瘤尤为显著。肿瘤细胞的代谢特点与正常组织相比并没有质上的差别，但在一定程度上反映了瘤细胞分化不成熟和生成旺盛的特点。

（一）核酸代谢

肿瘤组织合成核酸的聚合酶比正常组织高，核酸分解过程则明显降低。故在恶性肿瘤细胞中，DNA 和 RNA 的含量均明显增多。DNA 与细胞的分裂增生有关，RNA 与细胞的蛋白合成有关，因此，核酸增多是肿瘤迅速生长的物质基础。

（二）蛋白质代谢

肿瘤的蛋白质合成和分解水平均高于正常细胞，且合成明显高于分解，甚至可以夺取正常组织的蛋白分产物而合成肿瘤自身的蛋白质，结果可使机体严重消耗而呈恶病质状态。肿瘤组织还可以合成肿瘤蛋白，作为肿瘤特异性抗原或肿瘤相关性抗原，引起机体的免疫反应。如肝细胞癌可产生甲胎蛋白（AFP）、内胚层起源的消化道肿瘤如结肠癌可产生癌胚抗原（CEA）等，这些可作为肿瘤的标志物，在肿瘤的诊断和研究中得到了广泛的应用。

（三）糖代谢

肿瘤细胞代谢旺盛，能量消耗显著增多，糖代谢以糖酵解增强为特征，尤以无氧酵解增强为显著。糖酵解的许多中间产物被瘤细胞利用合成蛋白质、核酸和脂类物质，为肿瘤细胞的生长提供了必需的物质基础。

（四）酶系统

肿瘤的酶系统改变复杂。通常，参与物质合成的酶活性增强，参与物质分解的酶活性降低。某些恶性肿瘤还可出现一些特殊的酶活性的改变。如前列腺癌可有酸性磷酸酶明显增加，肝癌、骨肉瘤可有碱性磷酸酶增加，多数恶性肿瘤可有端粒酶活性增加等。对于这些酶的测定，在肿瘤的诊断及研究中具有一定参考价值。

二、肿瘤的生长和扩散

（一）肿瘤的生长

良恶性肿瘤在生长方式和生长速度上有显著的差异，因此，研究肿瘤的生长在肿瘤病理学中具有重要的意义。

1. 肿瘤的生长方式

（1）膨胀性生长：多见于组织深部的良性肿瘤。肿瘤生长较缓慢。随着体积增大，肿瘤逐渐膨大，挤压推开周围组织，与周围组织分界清楚，常有完整的纤维性包膜。肿瘤触诊时常常可以滑动，手术容易摘除，复发率低，是大多数良性肿瘤的生长方式。

（2）外生性生长：体表、体腔或空腔脏器腔面的肿瘤，瘤细胞常向表面突起生长，形成乳头状、息肉状、蕈状等形状，这种生长方式称为外生性生长。良性肿瘤和恶性肿瘤都可呈外生性生长，但恶性肿瘤在外生性生长的同时，肿瘤细胞也向深部组织浸润。外生性恶性肿瘤由于生长迅速，肿瘤中央部血液供应相对不足，肿瘤细胞易发生坏死，坏死组织脱落后形成底部高低不平、边缘隆起的恶性溃疡。

（3）浸润性生长：恶性肿瘤多呈浸润性生长。瘤细胞沿正常组织细胞间隙生长，长入并破坏周围组织（包括组织间隙、淋巴管或血管），这种现象称为浸润。肿瘤没有包膜，与正常组织无明显界限。触诊时，肿瘤固定，活动度小。手术切除不彻底，术后容易复发。

肿瘤的生长方式对鉴别肿瘤的良恶性具有重要的意义（图 47 - 1），但也并非绝对的。如血管瘤为常见的良性肿瘤，但其生长方式却多为浸润性生长，没有包膜，与组织分界不清。

2. 肿瘤的生长速度　各种肿瘤的生长速度有较大的差异，主要由肿瘤的分化成熟程度所决定。良性肿瘤生长一般较缓慢，肿瘤生长的时间可为数年甚至数十年。恶性肿瘤生长迅速，特别是分化程度低的恶性肿瘤，可在短期内形成明显的肿块，并容易发生坏死、出血等继发改变。这些继发改变可能与肿瘤血管形成相对不足因而营养供应不足有关。

如果本来生长缓慢的良性肿瘤在短时间内突然生长变快，则要警惕肿瘤有恶变的可能。

（二）肿瘤的扩散

扩散是恶性肿瘤重要的生物学特点，也是导致患者死亡的主要原因之一。恶性肿瘤不仅可以在原发部位浸润性生长、累及邻近器官或组织，而且还可以通过多种途径扩散到身体其他部位。恶性肿瘤的扩散方式包括直接蔓延和转移两种。

1. 直接蔓延　肿瘤细胞沿着周围组织间隙、淋巴管、血管或神经束衣连续地浸润生长，破坏邻近器官或组织的现象称为直接蔓延。例如，晚期子宫颈癌可直接蔓延到子宫体、阴道、直肠和膀胱等邻近器官组织（图 47－7）。

图 47－7　子宫颈癌蔓延到子宫体和直肠

2. 转移　肿瘤细胞从原发部位侵入淋巴管、血管或体腔，被带到远处继续生长，形成与原发瘤同样类型的肿瘤，这个过程称为转移。通过转移形成的肿瘤称为转移性肿瘤。肿瘤的转移有以下三种途径：

（1）淋巴道转移：肿瘤细胞侵入淋巴管，随淋巴回流到达局部淋巴结，并在淋巴结中生成，形成淋巴结转移瘤。局部淋巴结发生转移后，瘤细胞可沿输出淋巴管继续转移至远处淋巴结，最后还可经胸导管进入血流，继发血道转移（图 47－8）。

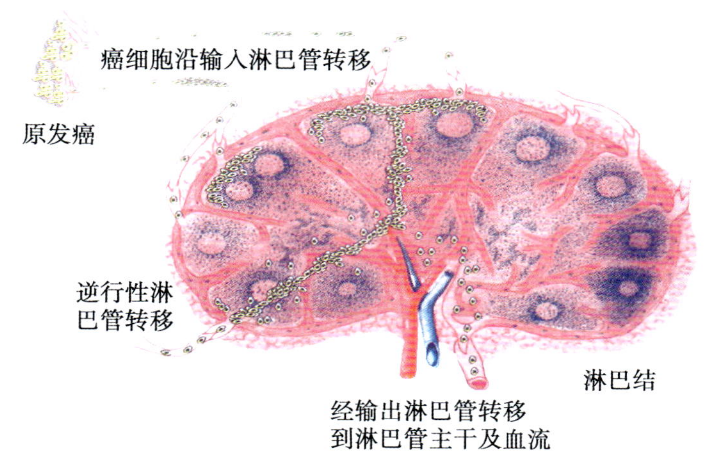

图 47－8　淋巴转移模式图

(2) 血道转移：瘤细胞侵入血管后，可随血流到达远处的器官继续生长，形成转移瘤。恶性肿瘤可以通过血道转移累及许多器官，但最常受累的脏器是肺和肝。由于静脉壁较薄，同时管内压力较低，故瘤细胞多经静脉入血。少数亦可经淋巴管间接入血。侵入体循环静脉的肿瘤细胞常在肺内形成转移瘤，如骨肉瘤的肺转移。侵入门静脉系统的肿瘤细胞则在肝内形成转移瘤，如胃肠道癌的肝转移。形态学上，转移性肿瘤的特点是边界清楚，常为多个，散在分布，多接近于器官的表面。位于器官表面的转移性肿瘤，由于瘤结节中央出血、坏死而下陷，可形成所谓的“癌脐”(图 47－9)。

(3) 种植性转移：发生于体腔内器官的恶性肿瘤，侵及器官表面时，瘤细胞可以脱落，播种体腔其他器官的表面，形成多个转移性肿瘤。这种转移方式称为种植性转移。如，胃肠道黏液癌侵及浆膜后，癌细胞可脱落种植到大网膜、腹膜、卵巢等处，形成无数细小结节的转移癌（图 47－10）。

三、肿瘤的分级与分期

对恶性肿瘤进行分级，是为了描述其恶性程度。根据恶性肿瘤的分化程度及异型性对肿瘤分为三级：Ⅰ级为高分化，低度恶性；Ⅱ级为中分化，中度恶性；Ⅲ级为低分化，高度恶性。

图 47－9　肺癌肝转移

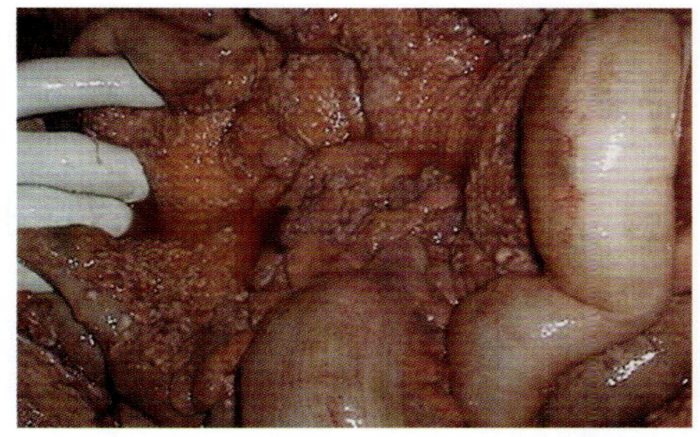

图 47－10　胃癌在腹膜上的种植性转移

肿瘤的分期代表恶性肿瘤的生长范围和播散程度。肿瘤分期有多种方案。国际上广泛采用 TNM 分期系统。T 指肿瘤原发灶的情况，随着肿瘤体积的增加和邻近组织受累范围的增加，依次用 T_1～T_4 来表示。N 指区域淋巴结受累情况。淋巴结未受累时，用 N_0 表示。随着淋巴结受累程度和范围的增加，依次用 N_1～N_3 表示。M 指远处转移（通常是血道转移），没有远处转移者用 M_0 表示，有远处转移者用 M_1 表示。

肿瘤的分级和分期是制订治疗方案和估计预后的重要参考依据。

第四节　肿瘤对机体的影响

一、良性肿瘤对机体的影响

良性肿瘤分化较成熟，生长缓慢，不浸润，不转移，故一般对机体的影响相对较小，主要表现为局部压迫和阻塞症状。但若发生在腔道或重要器官，也可引起较为严重的后果，如颅内的良性肿瘤，可压迫脑组织、阻塞脑室系统而引起颅内压升高等相应的神经系统症状。某些具有内分泌功能的良性肿瘤可分泌过多激素而引起症状，如垂体嗜酸性细胞腺瘤分泌过多生长激素，可引起肢端肥大症。

二、恶性肿瘤对机体的影响

恶性肿瘤生长迅速，浸润并破坏器官的结构和功能。除可引起局部压迫和阻塞症状外，还可并发溃疡、出血、感染等继发改变，感染及一些肿瘤的代谢产物还可引起发热。晚期可发生转移，因而对机体的影响严重，常威胁患者的生命。

恶性肿瘤晚期还可引起机体严重消瘦、无力、贫血和全身衰竭的状态，称为恶病质。恶病质的发生机制尚未阐明，可能与患者食欲差、进食少；并发出血、感染、发热；肿瘤组织坏死产生的毒性产物引起机体的代谢紊乱；恶性肿瘤迅速生长，消耗机体大量的营养物质等许多因素有关。

内分泌系统的恶性肿瘤，包括弥散神经内分泌系统的恶性肿瘤如类癌和神经内分泌癌等，可产生生物胺或多肽激素，引起内分泌紊乱症状。这些临床症状称为异位内分泌综合征。异位激素的产生，可能与瘤细胞的基因表达异常有关。

某些肿瘤的产物（如异位激素）或异常免疫反应（如交叉免疫）或其他原因，引起内分泌、神经、消化、造血、骨关节、肾及皮肤等系统发生病变，出现相应的临床表现，称为副肿瘤综合征。临床上有些患者，在其肿瘤被发现之前，先表现出副肿瘤综合征，如果医护人员能够考虑到副肿瘤综合征的可能并进一步搜寻，可能有助于肿瘤的及时发现。

第五节 良性肿瘤与恶性肿瘤的区别

良性肿瘤和恶性肿瘤的生物学特点有明显区别，对机体的影响也不同。区别良性肿瘤与恶性肿瘤对于正确的诊断和治疗具有重要意义。现将良性肿瘤与恶性肿瘤的主要区别归纳于表表 47－1。

表 47－1 良性肿瘤与恶性肿瘤的区别

	良性肿瘤	恶性肿瘤
分化程度	分化好，异型性小。核分裂象无或少，无病理核分裂象	分化差，异型性大。核分裂象多，可见病理性核分裂象
生长速度	缓慢	较快
生长方式	膨胀性或外生性生长	浸润性或外生性生长
继发改变	少见	常见如出血、坏死、溃疡形成等
转移	不转移	可转移
复发	不复发或很少复发	易复发
对机体的影响	较小，主要为局部压迫	较大，破坏组织器官的结构和功能。常继发坏死、出血、合并感染；晚期可发生恶病质

某些组织类型的肿瘤除了有典型的良性肿瘤和典型的恶性肿瘤之分，还存在一些组织形

态和（或）生物学行为介于两者之间的肿瘤，称为交界性肿瘤，如卵巢交界性浆液性乳头状囊腺瘤。有些交界性肿瘤有发展为恶性的倾向，有些交界性肿瘤的恶性潜能目前尚难以确定，有待通过长时间的随访观察了解它们的生物学行为。

另外，有些良性肿瘤也可能发展成恶性。良性肿瘤和交界性肿瘤中，出现部分恶性的区域时，病理学上称为恶变。

上述良恶性肿瘤的区别点并非绝对的，必须结合具体情况综合分析，才能作出确切的判断。

第六节 肿瘤的命名和分类

肿瘤的种类繁多，命名也较复杂。根据国际卫生组织颁布的肿瘤分类命名方案，简介如下：

一、肿瘤的命名原则

（一）良性肿瘤的命名

良性肿瘤的命名方式为肿瘤的生长部位和来源组织名称后加“瘤”字。如子宫平滑肌组织来源的良性肿瘤称子宫平滑肌瘤、汗腺导管上皮来源的良性肿瘤称为汗腺导管瘤等。还可结合肿瘤的形态特点来命名，如皮肤鳞状上皮乳头状瘤、卵巢囊腺瘤等。

（二）恶性肿瘤的命名

1. 来源于上皮组织的恶性肿瘤（癌） 来源于上皮组织的恶性肿瘤，其命名原则是肿瘤起源部位和来源组织名称后加上“癌”字。如膀胱移行上皮来源的恶性肿瘤称膀胱移行上皮癌，食管鳞状上皮来源的恶性肿瘤称食管鳞状细胞癌，胃的腺上皮来源的恶性肿瘤称胃腺癌。有时还加上肉眼或显微镜下形态性描述，如甲状腺乳头状癌。

2. 来源于间叶组织的恶性肿瘤（肉瘤） 来源于间叶组织（包括纤维、脂肪、横纹肌、平滑肌、脉管、骨、软骨、滑膜、间皮等）的恶性肿瘤，其命名原则为肿瘤起源部位、来源组织名称之后加上“肉瘤”二字。如胃平滑肌肉瘤、股骨骨肉瘤、腹膜后脂肪肉瘤等。

癌肉瘤系指一个肿瘤中既有癌的成分，又有肉瘤成分。

人们一般所称的“癌症”泛指所有恶性肿瘤。

（三）特殊的命名方式

少数肿瘤命名同上述命名原则不符合，主要有：

1. 以“母细胞瘤”命名的肿瘤 该组肿瘤大部分为恶性肿瘤，细胞处于分化幼稚状态，类似胚胎发育时的母细胞，如肾母细胞瘤（成肾细胞瘤）、视网膜母细胞瘤（成视网膜细胞瘤）、骨母细胞瘤（成骨细胞瘤）等。但少数“母细胞瘤”为良性肿瘤，如平滑肌母细胞瘤（成平滑肌细胞瘤）、软骨母细胞瘤（成软骨细胞瘤）、血管母细胞瘤（成血管细胞瘤）等。

2. 沿用习惯名称命名的肿瘤 以“瘤”命名的恶性肿瘤如精原细胞瘤、黑色素瘤等；以“病”命名的恶性肿瘤如白血病、蕈样真菌病（皮肤T细胞恶性淋巴瘤）等。

3. 以“恶性”为字首命名的肿瘤 有的肿瘤与一般命名原则不符，为区分良恶性而在恶性肿瘤前加上“恶性”两字，如恶性神经鞘瘤、恶性畸胎瘤等、恶性黑色素瘤等。

4. 以人名或地名命名的恶性肿瘤 如尤文（Ewing）瘤、霍奇金（Hodgkin）病、非洲淋巴瘤、广东癌（鼻咽癌）等。

二、肿瘤的分类

肿瘤的种类繁多，通常是以其组织发生为依据分为五大类，每类又根据其分化程度及生物学行为分为良恶性两大类。兹举例于表 47－2。

表 47－2　肿瘤分类举例

组织来源	良性肿瘤	恶性肿瘤
一、上皮组织		
鳞状上皮	鳞状细胞乳头状瘤	鳞状细胞癌
基底细胞	基底细胞乳头状瘤	基底细胞癌
腺上皮	腺瘤、囊腺瘤	腺癌（各种类型）、囊腺癌
移行上皮		移行细胞癌
二、间叶组织		
纤维组织	纤维瘤	纤维肉瘤
脂肪组织	脂肪瘤	脂肪肉瘤
平滑肌组织	平滑肌瘤	平滑肌肉瘤
横纹肌组织	横纹肌瘤	横纹肌肉瘤
脉管组织	血管瘤、淋巴管瘤	血管肉瘤、淋巴管肉瘤
骨组织	骨瘤	骨肉瘤
软骨组织	软骨瘤	软骨肉瘤
滑膜组织	滑膜瘤	滑膜肉瘤
间皮	间皮瘤	恶性间皮瘤
三、淋巴造血组织		
淋巴组织		恶性淋巴瘤
造血组织		各种白血病、多发性骨髓瘤
四、神经组织		
神经鞘细胞	神经鞘瘤	恶性神经鞘瘤
	神经纤维瘤	恶性神经纤维瘤
胶质细胞	胶质细胞瘤	恶性胶质瘤
原始神经细胞		髓母细胞瘤
脑膜组织		恶性脑膜瘤
交感神经节	脑膜瘤、节细胞神经瘤	神经母细胞瘤
五、其他肿瘤		
黑色素细胞	色素痣	黑色素瘤
胎盘绒毛	葡萄胎	恶性葡萄胎、绒癌
生殖细胞		精原细胞瘤、无性细胞瘤、胚胎性癌
性索	支持细胞瘤、间质细胞瘤	恶性支持细胞、间质细胞瘤、恶性颗粒细胞瘤
三个胚叶组织	成熟性畸胎瘤	恶性畸胎瘤

第七节　癌前病变、非典型增生和原位癌

一、癌前病变

我们将一些具有发展为恶性肿瘤的潜在可能性的良性病变称为癌前病变。这些病变如不及时治疗，即有可能发生恶变。认识这些病变，有助于我们对肿瘤的预防和早期诊断。常见的癌前病变主要包括大肠腺瘤、遗传性的家族性结肠息肉病、慢性子宫颈炎伴子宫颈糜烂、乳腺纤维囊性病、慢性萎缩性胃炎伴肠上皮化生、皮肤黏膜经久不愈的溃疡、口腔及外阴黏膜白斑等病变。

二、非典型增生

指上皮细胞出现异型性增生，但还不足以诊断为恶性的状况，称为非典型增生。根据异型性细胞累及范围，非典型增生分为轻、中、重三级（图 47－11）。轻度非典型增生，异型性较小，累及上皮层的下 1/3；中度非典型增生，异型性中等，累及上皮层的下 2/3；重度非典型增生，异型性较大，累及上皮 2/3 以上但未达到全层。轻、中度非典型增生可恢复正常；重度非典型增生较难逆转，转变为癌的可能性极大。

三、原位癌

癌病变局限于上皮层内，没有突破基底膜向下浸润，称为原位癌（图 47－11）。原位癌是早期癌，如能及时发现和治疗，可防止其发展为浸润性癌。

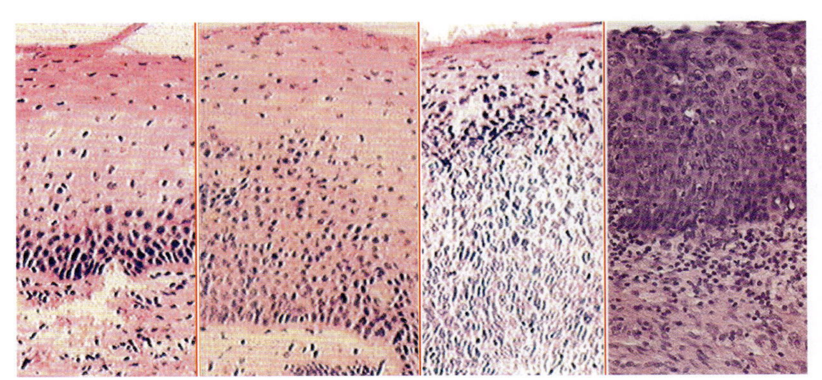

图 47－11　非典型增生和原位癌

自左至右依次为：轻、中、重度非典型增生和原位癌

第八节　常见肿瘤举例

一、上皮性肿瘤

上皮组织包括鳞状上皮、移行上皮与腺上皮。上皮组织的肿瘤最为常见。癌的发病率显著高于肉瘤。

（一）上皮组织良性肿瘤

1. 乳头状瘤　见于鳞状上皮、移行上皮等被覆的部位，称为鳞状细胞乳头状瘤、移行细胞乳头状瘤等。乳头状瘤呈外生性向体表或腔面生长，形成指状或乳头状突起，也可呈菜花状或绒毛状。肿瘤的根部常有一个蒂与正常组织相连。镜下，每一个乳头表面覆盖增生的上皮，乳头的轴心由血管和结缔组织间质构成（图 47－12）。

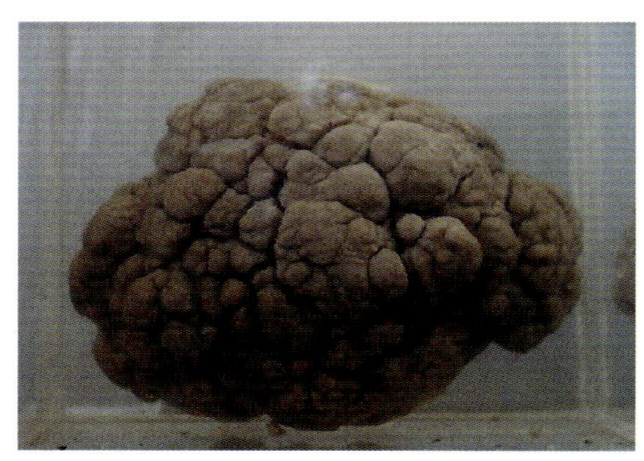

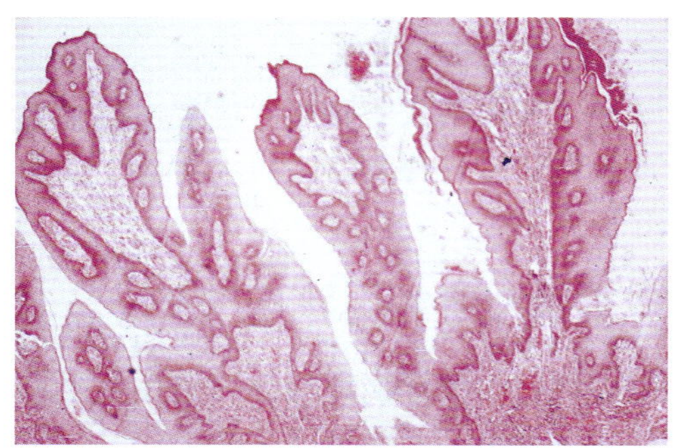

图 47－12　鳞状细胞乳头状瘤（左图：大体标本；右图：镜下）

2. 腺瘤　是腺上皮的良性肿瘤，多见于肠道、乳腺、甲状腺、卵巢等处。黏膜的腺瘤多呈息肉状，腺器官内的腺瘤则多呈结节状，且常有被膜，与周围正常组织分界清楚。腺瘤的腺体与相应正常组织腺体结构相似，而且常具有一定的分泌功能。

根据腺瘤的组成成分或形态特点，又可将之分为管状腺瘤、绒毛状腺瘤、囊腺瘤、纤维腺瘤、多形性腺瘤等类型（图 47－13）。

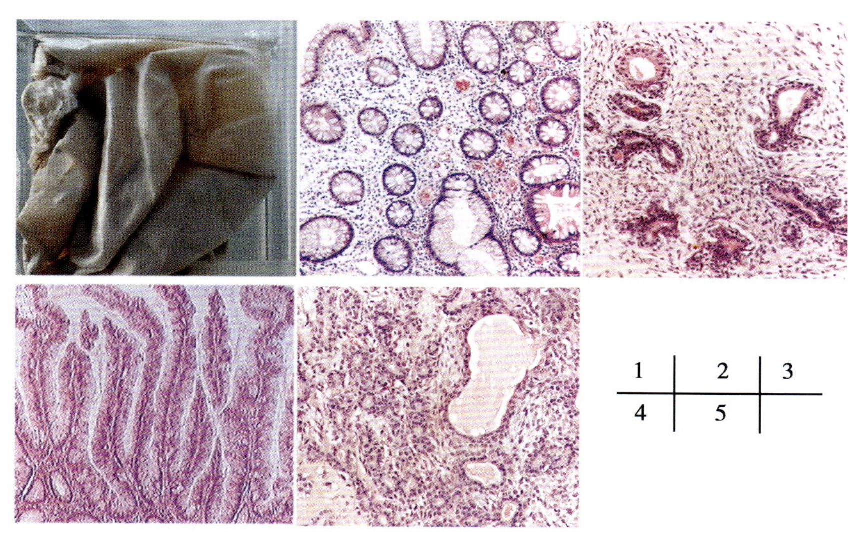

图 47－13　腺瘤

1：囊腺瘤　2：管状腺瘤　3：纤维腺瘤　4：绒毛状腺瘤　5：多形性腺瘤

（1）管状腺瘤与绒毛状腺瘤：多见于结、直肠黏膜。呈息肉状，故常称为腺瘤性息肉。腺瘤可有蒂与黏膜相连，但也可以是比较平坦的。绒毛状腺瘤恶变率较高。家族性腺瘤性息肉病，癌变率极高，发生癌变时患者的年龄也比散发性案例年轻得多。

（2）囊腺瘤：是由于腺瘤的腺体分泌物淤积，腺腔逐渐扩大并互相融合的结果，肉眼上可见到大小不等的囊腔。常发生于卵巢等部位。其中乳头状囊腺瘤较易发生恶变，转化为乳头状囊腺癌。

（二）上皮组织恶性肿瘤

1. 鳞状细胞癌　简称鳞癌，常发生在鳞状上皮被覆的部位，如皮肤、口腔、唇、食管、喉、子宫颈、阴道、阴茎等处。有些部位如支气管、膀胱等，正常时虽不是由鳞状上皮被覆，但可以发生鳞状上皮化生，在此基础上发生鳞状细胞癌。大体上常呈菜花状，也可形成溃疡。镜下，分化好的鳞状细胞癌，癌巢中央可出现层状角化物，称为角化珠或癌珠；细胞间可见细胞间桥。分化较差的鳞状细胞癌无角化珠形成，细胞间桥少或无。

2. 腺癌　是腺上皮的恶性肿瘤。腺癌较多见于胃肠、胆囊、子宫体等处。癌细胞形成大小不等、形状不一、排列不规则的腺结构，细胞常不规则地排列成多层，核的大小不一，核分裂象多见。当腺癌伴有大量乳头状结构时称为乳头状腺癌；腺腔高度扩张呈囊状的称为囊腺癌；伴乳头状生长的囊腺癌称为乳头状囊腺癌。

分泌大量黏液的腺癌称为黏液癌，又称为胶样癌。常见于胃和大肠。肉眼观，癌组织呈灰白色，湿润，半透明如胶冻样。镜下见黏液堆积在腺腔内，并可由于腺体的崩解而形成黏液池。有时黏液聚积在癌细胞内，将核挤向一侧，使癌细胞呈印戒状，称为印戒细胞。当印戒细胞构成癌的主要成分时称为印戒细胞癌。

分化差的腺癌，癌细胞几乎不形成腺腔样结构，呈实性细胞巢或条索状结构，如间质纤维结缔组织较多，质地较硬，称为单纯癌。如间质纤维少，伴有大量淋巴细胞浸润，质地软，则称为髓样癌。（图 47－14）。

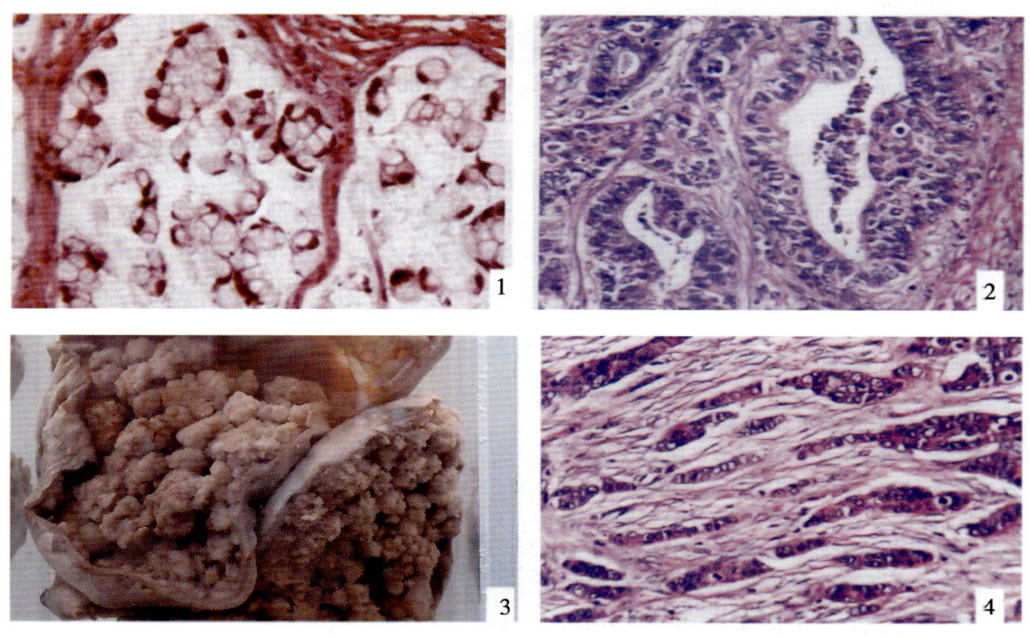

图 47－14　腺癌

1：黏液癌　2：管状腺癌　3：乳头状囊腺癌（大体）　4：单纯癌

3. 基底细胞癌　多见于老年人面部。癌巢主要由浓染的基底细胞样的癌细胞构成。生长缓慢，表面常形成溃疡，浸润破坏深层组织，但很少发生转移，对放射治疗很敏感，临床上呈低度恶性的经过。

4. 移行细胞癌　发生于膀胱、输尿管或肾盂的移行上皮，可为乳头状或非乳头状。分为移行细胞癌Ⅰ级、Ⅱ级和Ⅲ级。级别越高，越易复发和向深部浸润。级别较低者亦有复发倾向。有些案例复发后，级别增加。

二、间叶组织肿瘤

间叶组织肿瘤的种类很多，包括纤维、脂肪、脉管、平滑肌、横纹肌、骨、软骨等组织的肿瘤。骨肿瘤以外的间叶组织肿瘤又常称为软组织肿瘤。间叶组织肿瘤中，良性的比较常见，恶性肿瘤（肉瘤）相对不常见。

（一）间叶组织良性肿瘤

1. 脂肪瘤　是最常见的良性间叶组织肿瘤。脂肪瘤好发于背、肩、颈及四肢近端皮下组织。外观常为分叶状，有包膜，质地柔软，切面呈黄色，似脂肪组织。直径数厘米至数十厘米，常为单发性，亦可为多发性。镜下见似正常脂肪组织，呈不规则分叶状，有纤维间隔。一般无明显症状，手术易切除，术后很少复发（图 47-15）。

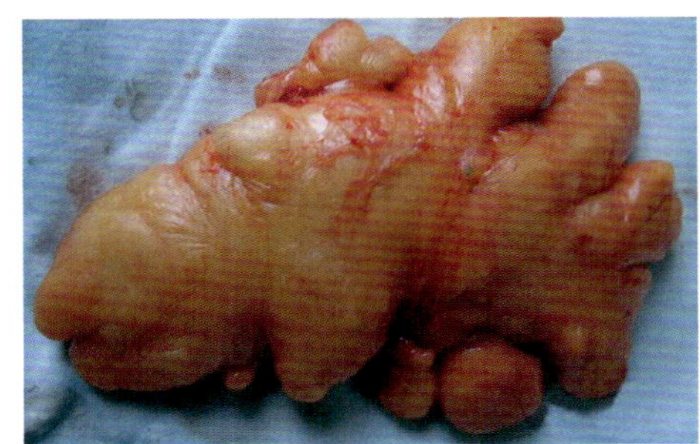
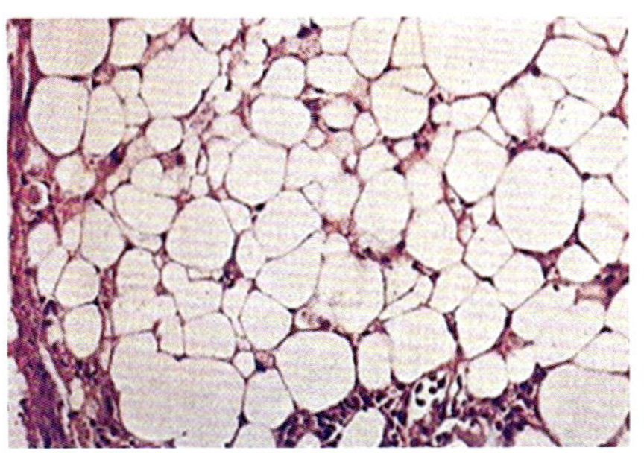

图 47-15　脂肪瘤

左：大体；右：镜下

2. 血管瘤　为常见间叶组织肿瘤，多为先天性，故常见于儿童。可发生在许多部位，如皮肤、肌肉、内脏器官等。有毛细血管瘤、海绵状血管瘤、蔓状血管瘤等类型。无包膜，界限不清。在皮肤或黏膜可呈突起的鲜红肿块，或呈暗红或紫红色斑，内脏血管瘤多呈结节状。发生于肢体软组织的弥漫性海绵状血管瘤可引起肢体增大。儿童血管瘤可随身体的发育而长大，成年后可停止发展，甚至可以自然消退（图 47-16）。

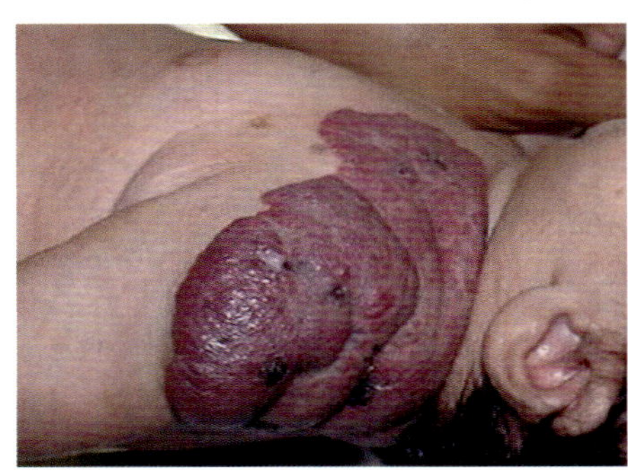
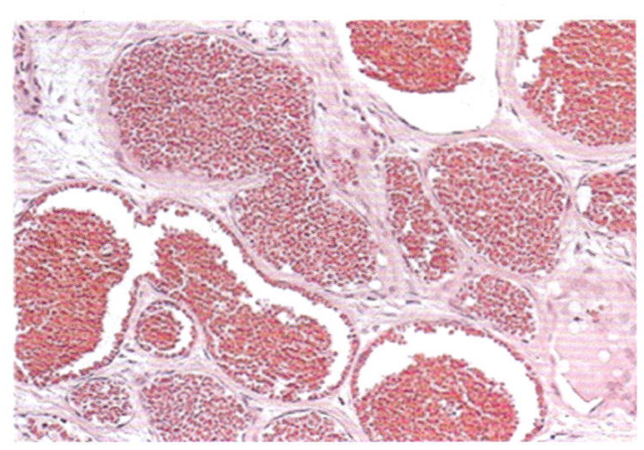

图 47-16　海绵状血管瘤

左：大体；右：镜下

3. 淋巴管瘤 由增生的淋巴管构成，内含淋巴液。淋巴管可呈囊性扩大并互相融合，内含大量淋巴液，称为囊状水瘤，多见于小儿。

4. 平滑肌瘤 多见于子宫和胃肠道。瘤组织由梭形平滑肌细胞构成，瘤细胞形态比较一致，排列成束状、编织状，核呈长杆状，两端钝圆。核分裂象少见（图 47-17）。

5. 软骨瘤 自骨膜发生者称骨膜软骨瘤。发生于长骨骨干髓腔内者，称为内生性软骨瘤。切面呈淡蓝色或银白色，半透明，可有钙化或囊性变。镜下见瘤组织由成熟的透明软骨组成，呈不规则分叶状，小叶由疏松的纤维血管间质包绕。

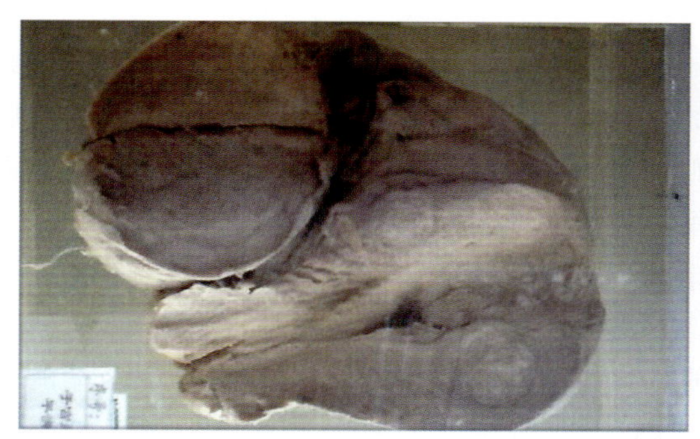
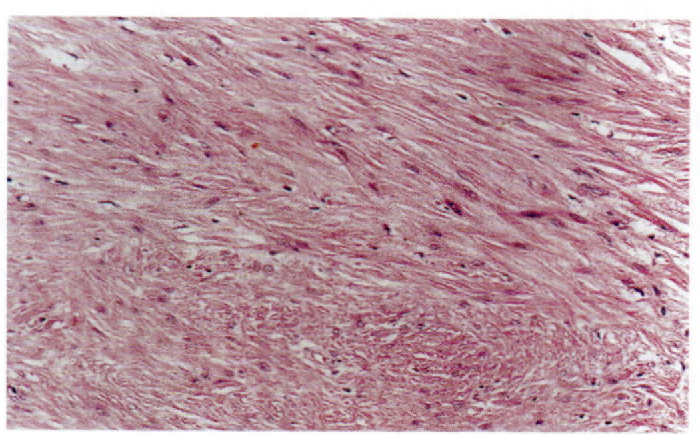

图 47-17 平滑肌瘤

左：子宫、阔韧带多发性平滑肌瘤（大体）；右：镜下

（二）间叶组织恶性肿瘤

恶性间叶组织肿瘤统称肉瘤，比癌少见。有些类型的肉瘤较多发生于年龄较轻的人群，例如 60%的骨肉瘤发生在 25 岁以下。肉瘤体积常较大，切面多呈灰红色、鱼肉状。镜下，肉瘤细胞大多不成巢，弥漫排列，与间质分界不清。间质的结缔组织少，但血管常较丰富，故肉瘤多先由血道转移。癌和肉瘤的比较见表 47-3。

1. 脂肪肉瘤 常发生于软组织深部及腹膜后，极少从皮下脂肪层发生，与脂肪瘤的分布相反。多见于 40 岁以上成人，极少见于青少年。大体观，多呈结节状或分叶状，可似脂肪瘤，亦可呈黏液样或鱼肉样。本瘤的瘤细胞形态多种多样，以出现脂肪母细胞为特点，胞浆内可见多少不等、大小不一的脂质空泡。有分化成熟型脂肪肉瘤、去分化脂肪肉瘤、黏液样脂肪肉瘤、圆形细胞脂肪肉瘤、多形性脂肪肉瘤等类型。后两者的恶性程度高。

表 47-3 癌和肉瘤的区别

	癌	肉瘤
组织来源	上皮组织	间叶组织
发病率	较高，约为肉瘤的 9 倍	较低
发病年龄	多发生在年轻人或儿童	多见于 40 岁以上之成人
大体特点	质较硬、色灰白	质软、色淡红、鱼肉状
镜下特点	形成癌巢，实质与间质分界清楚，网状纤维见于癌巢周围，癌细胞间多无网状纤维	肉瘤细胞弥漫分布，实质与间质分界不清，间质内血管丰富，纤维组织少，肉瘤细胞间多有网状纤维
转移	多经淋巴道转移	多经血道转移

2. 横纹肌肉瘤 较常见，恶性程度高，生长迅速，易早期发生血道转移，预后极差，90%以上在五年内死亡。主要发生于10岁以下儿童和婴幼儿，少见于青少年和成人。好发于头颈部、泌尿生殖道等，偶可见于四肢。肿瘤由不同分化阶段的横纹肌母细胞组成，分化较高者，胞浆红染，可见纵纹和横纹。根据分化程度、排列结构和大体特点，可分为胚胎性横纹肌肉瘤（包括葡萄状肉瘤）、腺泡状横纹肌肉瘤和多形性横纹肌肉瘤等类型。

3. 平滑肌肉瘤 多见于胃肠道，也可见于腹膜后、肠系膜、大网膜及皮肤等处。软组织平滑肌肉瘤患者多为中老年人。肿瘤细胞异型性、肿瘤细胞凝固性坏死和核分裂象的多少对平滑肌肉瘤的诊断及其恶性程度的判断很重要。

4. 血管肉瘤 可发生于皮肤、软组织及许多器官。肿瘤多隆起于皮肤表面，呈丘疹或结节状，暗红或灰白色，易坏死出血。有扩张的血管时，切面可呈海绵状。镜下，肿瘤细胞有不同程度异型性，形成大小不一，形状不规则的血管腔样结构，常互相吻合。分化差的血管肉瘤，细胞片状增生，血管腔形成不明显或仅呈裂隙状。

5. 纤维肉瘤 多见于四肢皮下组织。发生在婴儿的纤维肉瘤，预后较成人纤维肉瘤好。

6. 骨肉瘤 为最常见的骨恶性肿瘤，常见于青少年。好发于四肢长骨干骺端。切面灰白色、鱼肉状，常有出血坏死。肿瘤破坏骨皮质，掀起其表面的骨外膜。肿瘤上下两端的骨皮质和掀起的骨外膜之间形成三角形隆起，构成X线上所见的Codman三角。由于骨膜被掀起，在骨外膜和骨皮质之间，可形成与骨表面垂直的放射状反应性新生骨小梁，在X线上表现为日光放射状阴影。这些影像学表现是骨肉瘤的特征。镜下，肿瘤细胞异型性明显，形成肿瘤性骨样组织或骨组织，骨肉瘤内也可见软骨肉瘤和纤维肉瘤样成分。骨肉瘤恶性度很高，常早期血行转移。

第九节 肿瘤病因学和发病学

一、肿瘤的病因学

目前，大多数肿瘤的病因尚未完全了解，但一些与肿瘤发生有关的因素已经清楚。这些因素可分为外部因素与机体内部因素。外部因素主要包括化学、物理、生物等因素；机体内部因素包括免疫因素、内分泌因素、遗传因素等。同一种肿瘤可由不同的外因引起，有时几种因素同时起作用，同一种外因也可引起不同的肿瘤。

（一）外界因素

1. 化学因素

（1）烷化剂：如有机农药、硫芥、乙酯杂螨醇等，其生物学作用类似X线，可致肺癌及造血器官肿瘤等。

（2）多环芳香烃类化合物：如煤烟垢、煤焦油、沥青等，与该类物质经常接触的工人易患皮肤癌与肺癌。近年来认为内源性胆蒽类物如胆酸及类固醇激素的化学结构与之很相似，经细菌作用后的脱氧胆酸钠有可能转变为致癌物甲基胆蒽。

（3）氨基偶氮类化合物：易诱发膀胱癌、肝癌。其致癌性是由于其体内代谢产物所致。

（4）亚硝胺类：与食管癌、胃癌和肝癌的发生有关。

（5）真菌毒素和植物毒素：如黄曲霉素易污染粮食，可致肝癌、肾癌、胃与结肠的腺癌；苏铁素、黄樟素及蕨类毒素也可致肝癌。

（6）其他：如金属（镍、铬、砷）可致肺癌等，氯乙烯能诱发人肝血管肉瘤，二氯二苯基、三氮乙烷（DDT）和苯可致肝癌。

2. 物理因素

（1）电离辐射：如由于X线防护不当所致的皮肤癌、白血病等，一度成为放射工作者的职业病；此外，吸入放射污染粉尘可致骨肉瘤和甲状腺肿瘤等，也属医源性致癌的原因之一。

（2）紫外线：可引起皮肤癌，尤对易感性个体（着色性干皮病患者）作用明显。

（3）其他：如烧伤深瘢痕长期存在易癌变，皮肤慢性溃疡可能致皮肤鳞癌，石棉纤维与肺癌有关，这些可能是局部物理刺激作用所致。

3. 生物因素

（1）病毒：致癌病毒可分为DNA肿瘤病毒与RNA肿瘤病毒两大类。前者如EB病毒与鼻咽癌、伯基特淋巴瘤相关，单纯疱疹病毒反复感染与宫颈癌有关，乙型肝炎病毒与肝癌有关，C型RNA病毒则与白血病、霍奇金病有关。

（2）细菌：幽门螺杆菌感染与胃的低度恶性B细胞性淋巴瘤有关，与胃癌的发生也可能相关。

（3）寄生虫：埃及血吸虫可致膀胱癌，华支睾吸虫与肝癌有关，日本血吸虫病可引起大肠癌。

（二）内在因素

1. 遗传与种族因素　遗传与人类肿瘤的关系虽无直接证据，但肿瘤有遗传倾向性，即遗传易感性，如结肠息肉病、乳腺癌、胃癌等。相当数量的食管癌、肝癌、鼻咽癌患者也常有家族史，故遗传易感性不可忽视。此外，一些肿瘤的发生存在着明显的种差异，如欧美人乳腺癌多见、日本人及冰岛人胃癌多见、我国广东人鼻咽癌多见等。这可能与地理环境、生活习惯及遗传等多个方面的因素有关。

2. 内分泌因素　与肿瘤发生有关的激素，较明确的有雌激素和催乳素与乳腺癌有关、雌激素与子宫内膜癌有关等。生长激素可以刺激癌的发展。而肾上腺皮质激素则可抑制某些肿瘤的生长与扩散。

3. 免疫因素　先天或后天免疫缺陷者易发生恶性肿瘤，如丙种球蛋白缺乏症患者易患白血病和淋巴造血系统肿瘤，获得性免疫缺陷综合征（艾滋病）患者易患恶性肿瘤，肾移植后长期使用免疫抑制剂者肿瘤的发生率较高。

4. 性别与年龄　肿瘤的发生存在着性别的差异，如女性的甲状腺癌、乳腺癌、胆囊癌等发病率明显高于男性；而男性的肺癌、肝癌、胃癌、结肠癌等发病率则高于女性。这除与内分泌状况不同有关外，还与不同性别的生活习惯与接触致癌因素的机会不同有关。年龄对肿瘤的发生也存在着一定的影响，如癌多发生于中老年人，肉瘤多发生于青少年，而多种母细胞瘤则多发生于儿童。

二、肿瘤的发病学

各种环境的和体内的致癌因素作用，机体细胞的遗传物质DNA导致基因突变可使正常细胞转化为癌细胞，这是一个长时间、多因素、多阶段的演化过程。

1. 原癌基因　原癌基因是广泛存在于生物界的各种DNA内的正常基因，原癌基因的产物对细胞正常生长，增殖和分化起着正调控作用，当原癌基因被激活时，细胞过度增生，形成肿瘤。

2. 原癌基因的激活　原癌基因可通过如下几条途径活化而转化为癌基因。

（1）点突变：点突变是指基因改变而导致单氨基酸的置换。

（2）原癌基因扩增：原癌基因扩增导致表达蛋白的过量产生。

（3）原癌基因置换：肿瘤中由于染色体异常而导致基因易位和重排，使原癌基因移到了启动基因和增强子附近被激活。

（4）获得启动子：原癌基因表达增加的原因之一是原癌基因获得了强的启动子。

3. 肿瘤抑制基因 正常细胞内有一类对细胞增殖起负调节作用的基因，当它丢失、灭活或突变时，往往会使细胞呈恶性生长，这类基因叫肿瘤抑制基因，常见的有 *Rb* 基因、*NF1* 基因、*APC* 基因、*p53* 基因。

4. 凋亡控制基因 除癌基因和肿瘤抑制基因外，凋亡调控基因在癌的发生中也起重要作用，如*bcl-2* 基因，具有防止细胞凋亡的功能，其过度表达可引起其他癌基因和肿瘤抑制基因改变。

5. 端粒和肿瘤 染色体末端存在称为端粒的 DNA 重复序列，其长度随细胞的每一次复制逐渐缩短。细胞复制一定次数后，短缩的端粒使染色体相互融合，导致细胞死亡。生殖细胞具有端粒酶活性，可使缩短的端粒长度恢复；但大多数体细胞没有端粒酶活性，只能复制大约 50 次。许多恶性肿瘤细胞都含有端粒酶活性，可能使其端粒不会缩短，这与肿瘤细胞的不断增生能力有关。

上面简单介绍了肿瘤发生的分子基础。我们可以将肿瘤发生的基本模式归纳如下：致瘤因素引起基因损伤，激活原癌基因和（或）灭活肿瘤抑制基因，可能还累及凋亡调节基因和（或）DNA 修复基因，使细胞出现多克隆性增殖，在进一步基因损伤基础上，发展为克隆性增殖，通过演进，形成具有不同生物学特性的亚克隆，获得浸润和转移的能力。

肿瘤发生是一个多步骤的过程。流行病学、遗传学以及化学致癌的动物模型等方面的研究均表明，肿瘤的发生并非单个分子事件，而是一个多步骤过程。细胞的完全恶性转化，一般需要多个基因的改变，如数个癌基因的激活和（或）肿瘤抑制基因的失活以及其他基因变化。一个细胞要积累这些基因改变，一般需要较长的时间。这是癌症在年龄较大的人群中发生率较高的原因之一。

知识链接

原癌基因、癌基因

现代分子生物学的重大成就之一是发现了原癌基因（proto-oncogene）和原癌基因具有转化成致癌的癌基因（oncogene）的能力。Bishop 和 Varmus 因为在这方面的贡献而获得 1989 年的诺贝尔奖。

癌基因是首先在逆转录病毒（RNA 病毒）中发现的。含有病毒癌基因的逆转录病毒能在动物迅速诱发肿瘤并能在体外转化细胞。后来在正常细胞的 DNA 中也发现了与病毒癌基因几乎完全相同的 DNA 序列。被称为细胞癌基因。如 *ras*、*myc* 等。由于细胞癌基因在正常细胞中乃以非激活的形式存在，故又称为原癌基因。原癌基因可以由于多种因素的作用使其结构发生改变，而被激活成为癌基因。

小 结

肿瘤是一类以细胞异常增殖为特点的常见疾病，其种类繁多，依生物学行为可分为良性肿瘤和恶性肿瘤两大类。据近年的统计资料，全世界每年有约700万人死于恶性肿瘤。在我国，肿瘤的发病率和死亡率也都呈增加的趋势。肿瘤的诊断、预防和治疗是医学科学的一个十分重要的组成部分。在本章中，我们从病理学的角度介绍关于肿瘤的基本知识。掌握这些知识，对于肿瘤的早期诊断和恰当治疗，从而提高肿瘤患者的生活质量和存活时间，具有十分重要的意义。

自测题

一、名词解释

1. 异型性
2. 转移
3. 肉瘤
4. 癌前病变
5. 原位癌

二、单项选择题

1. 癌和肉瘤的区别主要是
   A. 组织来源
   B. 大体特点
   C. 发病率
   D. 转移方式
   E. 组织学特点

2. 下述哪项属良性肿瘤
   A. 尤文瘤
   B. 精原细胞瘤
   C. 肾母细胞瘤
   D. 恶性黑色素瘤
   E. 脂肪瘤

3. 下列哪项不符合恶性瘤的生长特征
   A. 浸润性生长
   B. 外生性生长
   C. 无包膜
   D. 移动性大
   E. 分界不清

4. 良、恶性肿瘤的根本区别在于
   A. 瘤细胞的分化成熟程度
   B. 瘤细胞的多形性
   C. 生长方式
   D. 生长速度
   E. 对机体影响

5. 下列有关肿瘤的论述，哪项错误
   A. 瘤细胞异常增生
   B. 致病因素消除后，即停止生长
   C. 瘤细胞分化不成熟
   D. 肿瘤生长与机体不协调
   E. 恶性肿瘤可发生转移

三、简答题

列表比较鉴别良、恶性肿瘤。

（张小丹　吴绍芬）

第四十八章　心血管系统疾病

学习目标

1. 掌握动脉粥样硬化、高血压病、风湿病的基本病理变化，高血压病的分期及各期特征、心力衰竭的概念。
2. 熟悉冠心病、心绞痛和心肌梗死、风湿性心脏病、高血压病的病变特点及其临床病理联系、心力衰竭的原因、分类和病理临床联系。
3. 了解动脉粥样硬化、高血压病、风湿病的病因和发病机制，心力衰竭的发生机制，机体的代偿反应和主要功能代谢改变。

案例

患者男性，53 岁，干部。因心前区间断疼痛 6 年，加重伴呼吸困难 10 小时入院。入院前 6 年开始间断感到心前区疼痛，痛为膨胀性或压迫感，多于劳累、饭后发作，每次持续 3～5 分钟，休息后减轻。入院前 2 个月，痛渐频繁，且休息时也发作。入院前 10 小时，于睡眠中突感心前区剧痛，并向左肩部、臂部放射，且伴大汗、呼吸困难，咳出少量粉红色泡沫状痰，急诊入院。体格检查：体温 37.8℃，心率 130 次/分，血压 80/40mmHg。呼吸急促，口唇及指甲发绀，不断咳嗽，咳粉红色泡沫状痰，皮肤湿冷，颈静脉稍充盈，双肺底部可闻及湿啰音，心界向左扩大，心音弱。入院后经治疗无好转，于次日死亡。

讨论：1. 该患者的病理诊断是什么？

2. 患者的死亡原因是什么？

心血管系统由心脏、动脉、毛细血管和静脉组成，为一封闭的动力系统，是维持血液循环、血液和组织间物质交换及传递体液信息的结构基础，是保证机体新陈代谢正常进行和内环境稳态的重要条件。心血管系统形态结构发生变化，常导致其功能改变，引起全身或局部血液循环障碍。心血管系统疾病是对人类健康与生命构成威胁最大的一组疾病。在人类各种疾病的发病率和死亡率中，心血管系统疾病占第一位。本章主要介绍最常见的心脏与动脉疾病。

第一节　动脉粥样硬化

动脉粥样硬化（atherosclerosis，AS）属于动脉硬化性疾病中的最常见的一种类型，是一种与血脂异常及血管壁成分改变有关的发于血管壁内膜的动脉疾病，病变主要累及大动脉（弹力型：主动脉及其各级分支）、中动脉（弹性肌型：冠状动脉、脑动脉、肾动脉）。好发于40岁以上的中、老年人，是严重危害人类健康的常见疾病。

一、病因和发病机制

本病的病因未完全明了，目前认为本病是多种因素通过不同环节作用于易感个体所引起，以下因素称为危险因素。

1. 高脂血症　流行病说调查表明，高胆固醇和高甘油三酯血症是AS的最主要危险因素。高血总胆固醇、低密度脂蛋白（LDL）、甘油三酯、极低密度脂蛋白（VLDL）、载脂蛋白B100、脂蛋白（α）［Lp（α）］增高，高密度脂蛋白（HDL）、载脂蛋白AⅠ和AⅡ降低，均易诱发动脉粥样硬化的发生。研究表明，以上因素可损伤血管内皮，使血浆脂质流入内膜量增多，低密度脂蛋白大量进入内膜中后被氧化，巨噬细胞将其吞噬后会转变为泡沫细胞；高密度脂蛋白可竞争性抑制低密度脂蛋白与内皮细胞结合，并能将内膜中胆固醇转运至肝加以清除，此外，高密度脂蛋白还有抗氧化作用，防止低密度脂蛋白的氧化，减轻对内膜的损伤，防止动脉粥样硬化的发生。

2. 高血压　高血压患者与同年龄、性别的无高血压者相比，AS发病较早，病变较重。高血压时血流对血管壁的机械性压力的和冲击作用较强，同时能直接影响动脉结缔组织代谢，与高血压发病有关的肾素、儿茶酚胺和血管紧张素等也可改变动脉壁代谢，以上因素均可引起内皮损伤和（或）功能障碍，使内膜对脂质的通透性增加；导致血管内皮损伤，从而造成脂蛋白渗入内膜增多、血小板和单核细胞黏附、中膜平滑肌细胞迁入内膜等变化，促进AS发生和发展。

3. 吸烟　吸烟是AS的危险因素之一，是心肌梗死主要的危险因子。大量吸烟导致内皮细胞损伤和血内CO浓度升高，碳氧血红蛋白增多，通过多个环节（促使平滑肌细胞向内膜迁入、增生；氧化LDL，更强的致AS作用；促凝、血中儿茶酚胺浓度升高、降低HDL水平等）损伤血管内皮，促使AS发生。

4. 遗传因素　调查表明，动脉粥样硬化的发病具有家族聚集倾向，现已证实，参与脂质的摄取、代谢和排泄的多种基因缺失、突变等会引起原发性高脂血症，进而导致AS的发生。

5. 其他因素

（1）年龄：AS的检出率和病变程度的严重性随年龄增加而增高。

（2）性别：绝经期前，女性AS的发病率显著低于男性，绝经期后，两性间发病率差异消失。

（3）体重：超重或肥胖。

（4）感染：有实验报道某些病毒感染可能与AS的发生有关。

二、基本病理变化

AS 主要发生与大、中动脉，最好发于腹主动脉，其次为冠状动脉、降主动脉、颈动脉和脑底 Willis 环。这些动脉分叉、分支开口、血管弯曲凸面为好发部位。典型病变的发生、发展经过 4 个阶段。

1. 脂纹期（脂纹）　脂纹是 AS 的早期病变，脂纹最早可出现于儿童期，但并非都发展为纤维斑块，是一种可塑性病变。肉眼观察：内膜面出现扁平或略隆起的淡黄色、帽针头大小的斑点，宽 0.1～0.2 cm、长 1～5cm、与血管长轴平行的条纹（图 48－1）。镜下观察：病灶处的内膜下有大量泡沫细胞聚集和细胞外脂质的沉积。泡沫细胞体积大，圆形或椭圆形，胞质内含有大量小空泡（脂质）（图 48－2）。苏丹Ⅲ染色呈橘黄（红）色。泡沫细胞来源于巨噬细胞和平滑肌细胞。

图 48－1　主动脉粥样硬化

主动脉内膜表面可见隆起的脂纹、纤维斑块

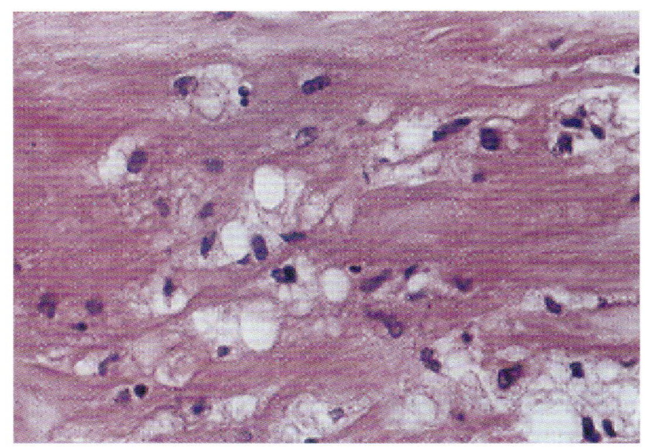

图 48－2　泡沫细胞

2. 纤维斑块期（纤维斑块）　由脂纹进一步发展演变而来。肉眼观察：内膜面散在不规则隆起的斑块，初为淡黄或灰黄，逐渐变为瓷白色，如蜡滴状，直径 0.3～1.5cm，并可融合。切面可见黄色脂质埋藏于斑块深层。镜下观察：病灶表层为由大量胶原纤维、平滑肌细胞、少数弹力纤维和蛋白聚糖组成的纤维帽，其中胶原纤维可发生玻璃样变性。纤维帽下方可见数量不等的泡沫细胞、平滑肌细胞、细胞外基质和炎细胞。

3. 粥样斑块期（粥块斑块）　亦称粥瘤，是由纤维斑块深层细胞的坏死发展而来。肉眼观察：内膜面可见明显隆起的灰黄色斑块，切面见斑块表层为白色质硬组织，深层为黄色粥糜样物质，向深部压迫中膜。镜下观察：斑块表层为纤维帽（透明变性的纤维结缔组织），深层可见大量无定形的坏死崩解产物、胆固醇结晶（HE 染色片中为针状空隙）和钙盐沉积，斑块底部和边缘可见增生的肉芽组织和泡沫细胞（图 48－3）。动脉中膜受压变薄（平滑肌细胞萎缩、弹性纤维破坏）。

4. 继发性改变　指在纤维斑块和粥样斑块的基础上继发的改变。

（1）斑块内出血：斑块内新生的毛细血管破裂出血，也可因斑块纤维帽破裂而血流入斑块，形成斑块血肿，使斑块迅速增大并突入管腔，甚至使管径较小的动脉完全闭塞，导致急性供血中断，致使该动脉供血器官发生梗死。如冠状动脉粥样硬化伴斑块内出血，可致心肌梗死。

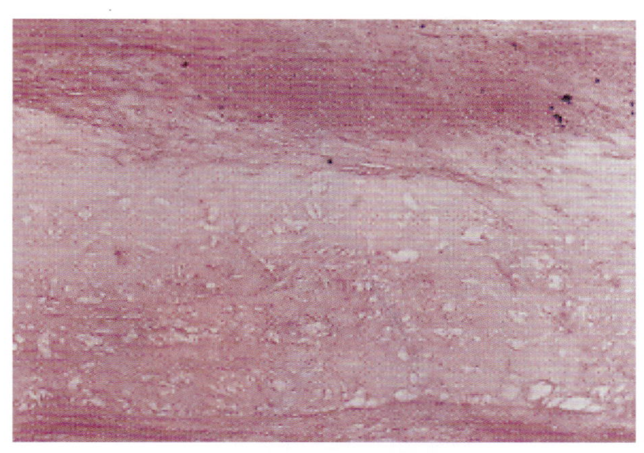

图 48－3　动脉粥样硬化

表层为纤维帽，其下可见散在泡沫细胞，深层为一些坏死物质、沉积脂质和胆固醇结晶裂隙

（2）斑块破裂或粥样溃疡形成：破裂常发生在斑块周边部，因该处纤维帽最薄，抗张力差。斑块破裂，粥样物自裂口处排入血流，遗留粥瘤性溃疡而导致血栓形成。

（3）血栓形成：病灶处内皮细胞受损和粥样溃疡，内膜下胶原纤维暴露，引起血小板黏附、聚集形成血栓，从而加重病变动脉的狭窄，甚至阻塞管腔导致梗死形成，如心和脑的梗死。如果血栓脱落，可导致栓塞。

（4）钙化：钙化多发生在陈旧的病灶内。钙盐沉着在纤维帽及粥瘤灶内。钙化导致动脉壁变硬变脆，易于破裂。

（5）动脉瘤形成：严重粥样斑块由于其底部中膜平滑肌萎缩变薄，弹性减弱，不能承受血流压力而向外局限性扩张，形成动脉肿瘤，动脉瘤如破裂可致大出血。另外，血流可从粥瘤溃疡处侵入主动脉中膜或中膜内血管破裂出血，均可造成中膜撕裂，形成夹层动脉瘤。

三、冠状动脉粥样硬化性心脏病

冠状动脉性心脏病，简称冠心病，是因冠状动脉狭窄所致心肌缺血而引起，也称缺血性心脏病。冠状动脉粥样硬化症占冠状动脉性心脏病的绝大多数（95%～99%）。因此，临床上习惯把冠状动脉粥样硬化性心脏病视为冠状动脉性心脏病的同义词。

冠状动脉粥样硬化是冠心病的最常见原因。好发部位以左冠状动脉前降支最多，其余依次为右主干、左主干或左旋支、后旋支。病变常呈节段性，多发生于血管的心壁侧，斑块多呈新月形，管腔呈偏心性不同程度的狭窄。按管腔狭窄程度可分为 4 级：Ⅰ级，≤25%；Ⅱ级，26%～50%；Ⅲ级，51%～75%；Ⅳ级，>76%（图 48－4）。冠心病在临床上有以下几种表现：

（一）心绞痛

心绞痛是冠状动脉供血不足和（或）心肌耗氧量骤增致使心肌急性、暂时性缺血、缺氧所引起的临床综合征。表现为胸骨后部位压榨性或紧缩性疼痛感，常放射致左肩和左臂。每次发作 3～5min，可数日 1 次，也可 1 日数次。可因休息或用硝酸酯制剂而缓解消失，亦可因体力活动、暴饮暴食、情绪激动、寒冷、饱食等而诱发。

（二）心肌梗死

心肌梗死是指急性、持续性缺血、缺氧所引起的心肌坏死，临床上多有剧烈、持久的胸

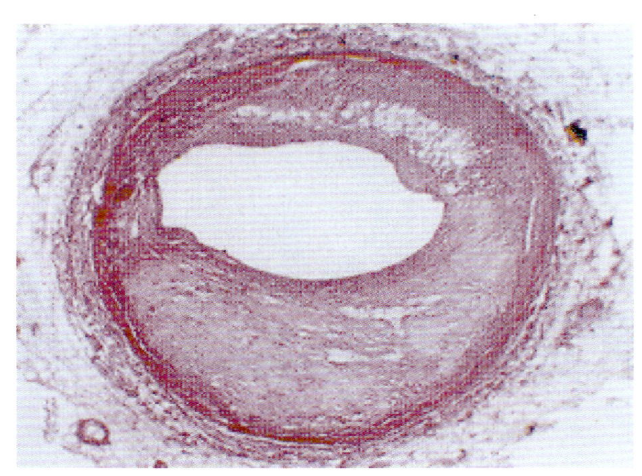

图 48-4　冠状动脉粥样硬化

内膜不规则增厚，粥样斑块形成，管腔狭窄程度为Ⅲ级

骨后疼痛，可达数小时至几天，休息及硝酸酯类药物不能完全缓解，可伴白细胞增高、发热、红细胞沉降率加快，血清心肌酶活性增高及进行性心电图变化，可并发心律失常、休克或心力衰竭。

1. 原因　心肌梗死大多数由冠状动脉粥样硬化引起。在此基础上并发血栓形成、斑块内出血或持续性痉挛使冠状动脉血流进一步减少或中断，过度劳累使心脏负荷加重，导致心肌缺血。

2. 好发部位和范围　心肌梗死的部位与冠状动脉供血区域一致。心肌梗死多发于在左心室，其中 40%～50%的心肌梗死发生于左心室前壁、心尖部及室间隔前 2/3，这些部位是左冠心状动脉前降支供血区；30%～40%发生于左心后壁、室间隔后 1/3 及右心室大部，相当于右冠状动脉供血区；15%～20%见于左冠心状动脉旋支供血的左室侧壁。心肌梗死极少累及心房。

3. 病理变化　心肌梗死属贫血性梗死。其形态学变化是一个动态演变过程，具有明显的时间和区域变化规律，一般在梗死 6 小时后肉眼才能辨认，呈苍白色，8～9 小时后呈土黄色，梗死灶呈不规则形（地图样），外周出现充血出血带，边缘区出现肉芽组织，3 周后肉芽组织开始机化，逐渐形成瘢痕组织。镜下观察：病变早期心肌细胞发生核碎裂、核溶解，间质水肿，少量中性粒细胞浸润。

4. 生化改变　心肌细胞受损后，肌红蛋白逸出入血，在心肌硬死 6～12 小时内出现峰值。心肌细胞坏死后，细胞内的谷氨酸-草酰乙酸转氨酶（SGOT）、谷氨酸-丙酮酸转氨酶（SGPT）、肌酸磷酸激酶（CPK）和乳酸脱氢酶（LDH）释放入血，引起相应酶在血中的浓度升高。一般在心肌梗死 24 小时后血清浓度达最高值。其中 CPK 值的测定对心肌梗死具有临床诊断意义。

5. 并发症　心肌梗死尤其是透壁性心肌梗死，可并发下列病变：

（1）心力衰竭：梗死后心肌收缩力丧失，可致左心、右心或全心衰竭。

（2）心脏破裂：是急性透壁性心肌梗死的严重并发症，由于梗死灶弹性消失，坏死的心肌细胞、中性粒细胞、单核细胞释放的大量蛋白水解酶将梗死灶溶解所致。发生于左心室前壁者，破裂后血液涌入心包腔，发生急性心包压塞，患者迅速死亡。室间隔处梗死灶破裂，左心室血液流入右心室，发生急性右心室功能不全。

（3）室壁瘤：梗死心肌或形成的瘢痕组织在心室内压力作用下局限性向外膨隆，引起心功能不全或继发血栓形成。

（4）附壁血栓形成：心内膜受损或室壁瘤形成处的血液形成涡流等引起。

（5）心源性休克：梗死面积＞40％时，心肌收缩力极度减弱，心输出量显著下降而引起休克。

（6）急性心包炎：部分患者在梗死后的2～4天，由于坏死组织累及心外膜而引起。

（7）心律失常：由于心肌梗死累及传导系统所致，严重者可导致心搏骤停、猝死。

6. 心肌纤维化　心肌纤维化是由于中、重度的冠状动脉粥样硬化性狭窄引起心肌持续性和（或）反复加重的缺血、缺氧导致的。

7. 冠状动脉性猝死　猝死是指自然发生的、出乎意料的突然死亡。冠状动脉性猝死是心源性猝死中最常见的一种，是由于冠状动脉粥样硬化基础上的继发性病变，由心肌急性缺血所致。

四、主动脉粥样硬化

病变多见于主动脉后壁和其分支开口处，以腹主动脉最重，其次为胸主动脉、主动脉弓和升主动脉。由于主动脉管径大、血流急，不易继发血栓形成或引起血流障碍。病变严重者，病变部位中膜萎缩，弹力板破裂，局部管壁变薄弱，在血压的作用下局部管壁向外膨出而形成主动脉瘤。动脉瘤破裂，发生致命性大出血。有时病变重而广泛，中膜萎缩、变性，中膜营养血管破裂出血，使变性的中膜撕裂而形成夹层动脉瘤。有时主动脉根部内膜病变严重，可累及主动脉瓣，使瓣膜增厚、变硬甚至钙化，造成主动脉瓣膜病。

五、脑动脉粥样硬化

脑动脉也常发生粥样硬化，但发病年龄较晚，一般在45岁以后出现。病变以Willis环和大脑中动脉最显著。内膜呈不规则增厚，管壁变硬，官腔狭窄甚至闭塞，血管伸长、弯曲。

脑动脉粥样硬化可以导致脑萎缩，表现为大脑皮层变薄，脑回变窄，脑沟变宽、加深，脑重量减轻，患者智力减退。主要因为脑动脉病变较广泛，管腔狭窄，脑组织长期供血不足，脑实质细胞萎缩而造成。还可以导致脑软化。脑软化是由于脑动脉粥样硬化基础上的继发性病变而导致急性缺血而发生梗死（属液化性坏死），即脑软化。不同部位的脑软化后果不同，严重的脑软化可引起患者失语、偏瘫甚至死亡。发生在延髓的脑软化，可引起呼吸、心跳中枢麻痹，后果严重。脑动脉粥样硬化可继发小动脉瘤形成，患者可因血压突然升高等引起小动脉瘤破裂而发生脑出血（脑卒中）。

六、肾动脉粥样硬化

病变好发于肾动脉开口处、叶间动脉和弓形动脉，由于病变的动脉管腔狭窄，使肾实质因缺血而发生萎缩，间质纤维组织增生，也可因血管阻塞而发生相应区域的肾梗死。梗死灶机化而形成凹陷性瘢痕，梗死可发生于一侧肾或双侧肾，病变弥漫时可导致肾体积缩小、质地变硬、表面凹凸不平，称为动脉粥样硬化型固缩肾。

第二节 高血压病

高血压是以体循环动脉血压持续升高为主要特点的临床综合征。可分为原发性和继发性高血压，前者是一种原因尚未完全明了的以体循环动脉压升高为主要表现的独立性全身性疾病，也称为特发性高血压，通称为高血压病。

原发性高血压（高血压病）是我国最常见的心血管疾病之一，以细小动脉硬化为基本病变的全身性疾病。多见于中、老年人，病程较长，症状显隐不定，不易坚持治疗。晚期发生左心室肥大、两肾弥漫性颗粒性萎缩、脑出血等严重并发症。目前，我国高血压病的发病率呈上升趋势。性别患病率的差异不大。

一、病因与发病机制

1. 遗传因素　大量证据提示，遗传因素是高血压的重要易患因素。大部分患者具有遗传素质，且有明显的家族发病倾向。表明高血压病是一种多基因遗传易感性疾病。

2. 精神心理因素　长期精神紧张、忧虑、压抑、恐惧等心理作用可使大脑皮质的抑制和兴奋过程发生紊乱，皮质功能失调，失去对皮质下中枢的控制和调节，皮质下血管舒缩中枢（自主神经中枢）功能紊乱。当血管舒张中枢长期产生缩血管冲动占优势时，即可引起全身细、小动脉痉挛，使外周阻力增加，从而导致血压升高。持久的细小动脉痉挛可发展为细、小动脉硬化，表现为持续的不可复性高血压。

3. 神经内分泌因素　长期过度的精神因素使内分泌功能失调，肾上腺皮质和髓质激素增多、前列腺素等舒血管激素减少，缩血管作用增强，肾血流减少，肾小球旁细胞分泌肾素增加，导致肾素-血管紧张素-醛固酮系统作用增加，引起细小动脉收缩，外周血管阻力升高及钠水潴留，使血压升高。

4. 饮食因素　长期高钠低钙饮食可导致血压升高，适当降低钠盐、增加钙的摄入，能降低高血压的发病率。高钠饮食通过增加血容量、提高血管壁对缩血管激素的敏感性导致血压升高。

二、类型和病理变化

原发性高血压根据起病的缓急和病情进展可分为缓进型和急进型高血压，急进型高血压亦称恶性高血压，较少见，常为原发性，也可继发于缓进型高血压，多发生于青壮年，起病急，进展快，血压显著升高，尤以舒张压升高明显，常＞130mmHg，预后差，不及时治疗常在一年内迅速发展为尿毒症而死亡，也可因脑出血或心力衰竭致死。缓进型高血压又称良性高血压，较多见，多发生于中、老年人，起病隐匿，进展缓慢，病程较长，可达10～20年以上，按病变发展过程，缓进型高血压大致可分为3期。

（一）功能紊乱期

基本病变为全身细小动脉间歇性痉挛，无血管、心、脑、肾等器质性病变，血压呈波动性，时而升高时而正常。患者可无症状或有头痛、头晕等表现，头痛多发生于清晨，枕部明显，活动后减轻。

（二）动脉系统病变期

基本病变为全身各器官的细小动脉硬化，组织、器官开始出现轻微器质性改变。由于细动脉反复痉挛，内皮细胞和基底膜受损，血浆蛋白注入内皮下间隙，导致管壁发生玻璃样变性。光镜下，细动脉管壁呈均质红染，管壁增厚，管腔变小。心电图显示左心室轻度肥大。患者常有眩晕、头痛、疲乏、失眠、记忆力减退等症状。血压进一步升高并持续于较高水平，失去波动性，休息后已不能降至正常。

（三）内脏病变期

本期除全身细、小动脉硬化外，心、脑、肾等重要器官出现明显器质性病变，舒张压可达 120mmHg。并可出现重要器官功能障碍。

1. 心脏的病变

心脏的病变主要为左心室肥大。由于外周阻力增加，血压持续升高，左心室因压力性负荷增加发生代偿性肥大。心脏肥大，重量增加，可达 400g（正常为 250～350g）以上。肉眼观察：左心室壁增厚，可达 1.5～2.5cm（正常为 0.8～1.2cm），乳头肌和肉柱增粗、变圆，但心腔不扩张，甚至略缩小称为向心性肥大（图 48－5）。镜下观察：心肌细胞变粗、变长，核大而深染（图 48－6）。病变继续发展，肥大的心肌细胞不能获得相应增多的血液供应，供需不相适应，肥大心肌细胞逐渐出现供血不足，心肌收缩力减弱，左心室失代偿，心腔扩张，称为离心性肥大。如果合并动脉粥样硬化，可进一步加重心肌供血不足，促进心力衰竭的发生。

由高血压引起的心脏病称为高血压性心脏病。患者血压常在 24kPa（180mmHg）/16kPa（120mmHg）以上。临床上表现为左心界扩大及反复发作的左心衰竭。心电图示左心室肥大及劳损。

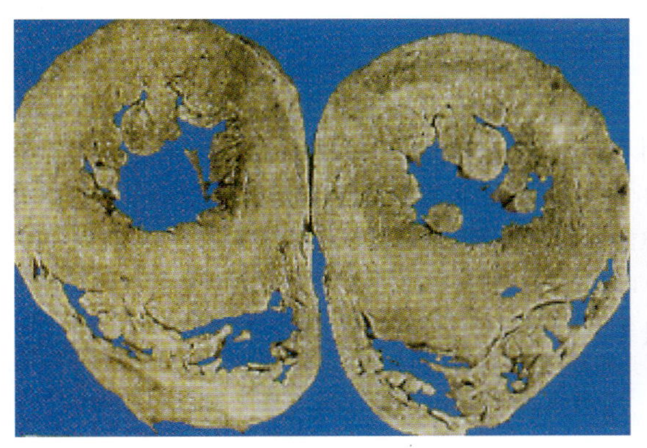

图 48－5　原发性高血压左心室向心性肥大

脏横断面示左心室壁增厚，乳头肌显著增粗，心腔相对较小

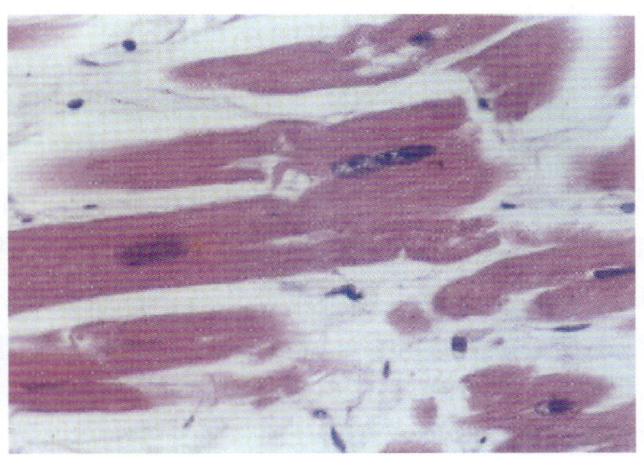

图 48－6　心肌细胞肥大

心肌细胞变粗，核圆形或椭圆形

2. 肾的病变

良性高血压患者晚期，肾脏可以表现为原发性颗粒性固缩肾或细动脉性肾硬化。肉眼观察：双侧肾对称性体积缩小，质地变硬，质量减轻，单侧肾质量一般小于 100g（正常约 150g）；表面凹凸不平，呈均匀弥漫的细小颗粒状；切面肾皮质变薄（≤0.2cm，正常厚 0.3～0.6cm），皮髓质分界不清；肾盂周围脂肪组织增多。镜下观察：肾入球动脉的玻璃样变及肌型小动脉硬化，病变严重区域的肾小球因缺血发生萎缩、纤维化和玻璃样变，所属肾小管因缺血及功能废用而萎缩、消失（图 48－7）；间质结缔组织增生及淋巴细胞浸润。该处由于肾实质萎缩和结缔组织收缩而形成凹陷的固缩病灶；周围相对健存的肾小球发生代偿

性肥大，所属肾小管扩张，使局部肾组织向表面隆起，故肉眼所见肾脏表面呈凹凸不平的细小颗粒状（图 48－8）。

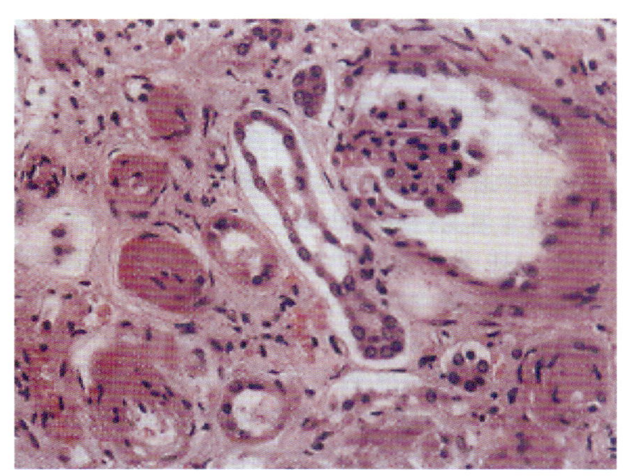

图 48－7 细动脉性肾硬化

部分肾单位纤维化、萎缩，部分肾单位代偿性肥大、扩张

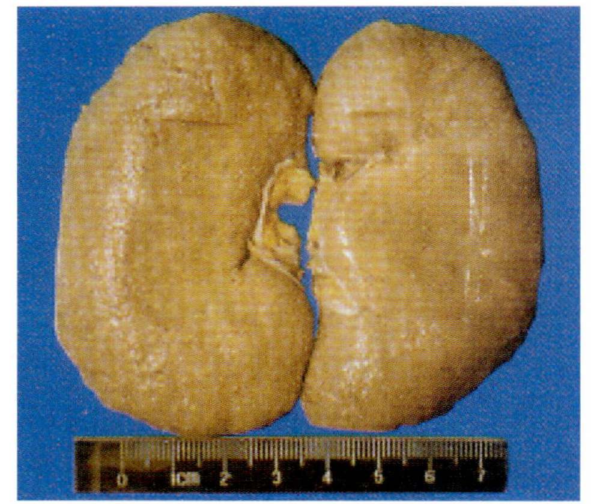

图 48－8 原发性颗粒性固缩肾

双侧肾对称性缩小，质地变硬，肾表面凹凸不平，呈细颗粒状

患者可有轻至中度蛋白尿、管型尿。病变严重时，血中非蛋白氮、肌酐、尿素氮升高，甚至出现尿毒症。由于高血压心、脑病变出现较肾早且严重，因此多数患者常在此前已死于心、脑并发症。

3．脑的病变

高血压时，由于脑的细小动脉痉挛和硬化，患者可出现一系列脑部变化。①脑水肿：由于脑内细小动脉痉挛、硬化、缺血，引起毛细血管通透性增加，发生脑水肿，可出现头痛、头晕眼花等。②高血压脑病：由于脑细、小血管病变及痉挛致血压骤升，毛细血管通透性升高，引起急性脑水肿和颅内高压，导致中枢神经功能障碍为主要表现的症候群，称高血压脑病，其临床表现为血压显著升高、剧烈头痛、呕吐、抽搐，甚至昏迷。③脑软化：由于脑的细小动脉硬化、痉挛，导致其供血区域的脑组织缺血性梗死。④脑出血：是高血压最严重亦是致命性的并发症。常发生在基底节、内囊，其次为大脑白质、脑桥和小脑。多见于基底节区域（尤以豆状核区最多见），因为供应该区域的豆纹动脉从大脑中动脉呈直角分出，直接承受压力较高的血流冲击，易使已有病变的豆纹动脉破裂出血。引起脑出血的原因为脑血管壁病变致使其弹性下降，当失去壁外组织支撑时，可形成微小动脉瘤，如再遇到血压突然升高，可致微小动脉瘤破裂出血；脑血管的细、小动脉硬化使血管壁变脆，血压升高时可破裂出血。

临床表现常因出血部位的不同、出血量多少而异。患者常表现为呼吸加深、脉搏加快。肢体弛缓、腱反射消失、大小便失禁，甚至突然昏迷等。内囊出血者可引起对测肢体偏瘫及感觉丧失。出血破入脑室时，患者发生昏迷，常导致死亡，脑桥出血可引起同侧面神经麻痹及对侧上。下肢瘫痪。左侧脑出血常引起失语。脑出血尚可引起颅内高压，并引起脑疝。小的血肿可被吸收，胶质瘢痕修复。中等量的出血灶可被胶质瘢痕包裹，形成血肿或液化，呈囊腔。

4．视网膜的病变

视网膜中央动脉亦常发生细动脉硬化。眼底血管是人体内唯一能被窥视的小动脉。高血压眼底改变包括血管和视网膜病变，临床上通过检眼镜检查了解高血压病的进展和预后。眼底病变可分 4 级，即Ⅰ级为视网膜小动脉轻度狭窄和硬化，动脉变细；Ⅱ级为小动脉中度硬化和狭窄，动静脉交叉压迫现象，动脉反光增强呈银丝状；Ⅲ级为视网膜水肿、渗出和出血；Ⅳ级为视盘水肿。视盘水肿、视网膜渗出和出血可导致患者视物模糊。

第三节　风湿病

风湿病是一种与 A 组乙型溶血性链球菌感染有关的变态反应性疾病。病变累及全身结缔组织，呈急性或慢性结缔组织炎症，主要为胶原纤维的变性和坏死，以形成风湿小体为其病理特征。最常累及心脏和关节，其次是皮下、浆膜、血管和脑，尤以心脏病变最为严重。常反复发作，急性期称为风湿热，为风湿活动期。临床上，除有心脏和关节症状外，常伴有发热、皮疹、皮下结节、小舞蹈病等症状和体征；血液检查可见，抗链球菌溶液血素“O”抗体（简称抗“O”抗体）滴度增高，红细胞沉降率加快等。

风湿病可发生于任何年龄，但多发生于 5～15 岁儿童，发病高峰为 6～9 岁。男女发病率大致相等。本病常反复发作、急性期后，可遗留慢性心脏损害，形成风湿性心瓣膜病。风湿病多发生在寒冷地区，我国东北、西北和华北地区发病率较高。

一、病因和发病机制

风湿病的发生与 A 组乙型溶血性链球菌感染有关。主要根据是：大部分患者发病前常有咽峡炎、扁桃炎等上呼吸道链球菌感染史；本病多发生于链球菌感染盛行的冬春季节、寒冷的潮湿地区；抗生素应用后，能降低风湿病的发生和复发。但不是 A 组乙型溶血性链球菌（化脓菌）感染直接引起的病变，因为无论病变性质还是发病时期、部位等表现都不相同。

风湿病的发病机制仍然不十分清楚，但目前多数认为是由于抗原体交叉反应引起，即链球菌细胞壁的 C 抗原引起的抗体可与结缔组织（如心脏瓣膜、关节等）的糖蛋白发生交叉反应，而链球菌壁的 M 蛋白与存在于心脏、关节及其他组织中的糖蛋白发生交叉反应，导致组织损伤。也有学者认为，风湿病是在内、外因的共同作用下所诱发的自身免疫性疾病。

二、基本病变

风湿病的病变过程大致可分为三期：

1. 变质渗出期　是风湿病的早期改变，表现为病变器官的结缔组织基质发生黏液样变性和胶原纤维发生纤维素样坏死，同时有少量淋巴细胞、浆细胞、单核细胞浸润以及浆液、纤维素渗出。此期持续 1 个月。

2. 增生期　形成特征性肉芽肿即风湿小体或阿少夫小体。典型的风湿小体是诊断风湿病的重要依据。风湿小体多位于心肌间质小血管旁，呈圆形、椭圆形或梭形，其中心部位可见纤维素样坏死，周围有较多的风湿细胞和成纤维细胞，外围有少量淋巴细胞和单核细胞。风湿细胞又称为阿少夫细胞，其特点是：体积大，圆形、多边形，边界清而不整。胞质丰富，单核或多核，核膜清晰，染色质常集于核中央，纵切面上呈毛虫样，横切面上呈枭眼状（图 48－9）。此期持续 2～3 个月。

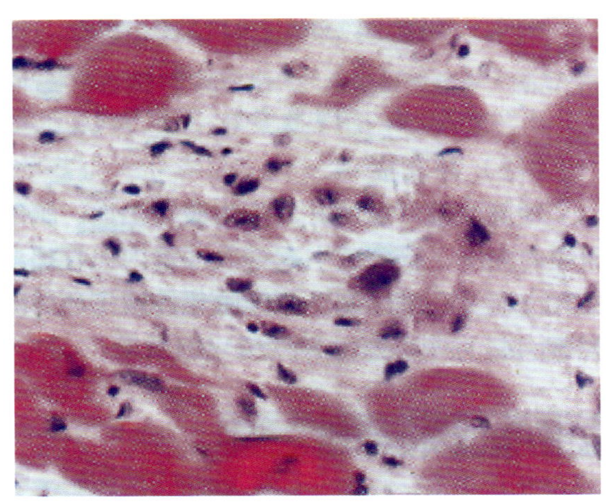

图 48－9 风湿性心肌炎

心肌间质见梭形风湿小体

3. 愈合期（瘢痕期） 风湿小体内的坏死物质逐渐被吸收，风湿细胞变为长梭形成纤维细胞，风湿小体逐渐纤维化，最后形成梭形瘢痕。此期可持续 2～3 个月。

上述整个病程约为 4～6 个月。由于风湿病常有反复急性发作，因此受累器官中可有新旧病变并存。病变持续反复进展，可致较严重的纤维化和瘢痕形成。

三、各器官的病理变化

（一）风湿性心脏病

风湿病患者 50％～70％有心脏损害，其病变可表现为风湿性内膜炎、风湿性心肌炎和风湿性心外膜炎。若病变累及心脏全层，则称风湿性全心炎或风湿性心肌炎。

1. 风湿性心内膜炎

病变主要侵犯心脏瓣膜，其中二尖瓣最常受累，其次为二尖瓣和主动脉瓣同时受累，余瓣膜极少受累。初期瓣膜肿胀，瓣膜出现黏液变性和纤维素样坏死，有浆液渗出和炎细胞浸润。病变瓣膜表面、尤其闭锁缘上，形成串珠状单行排列、粟粒大小、灰白色半透明状，附着牢固，不易脱落的疣状赘生物。病变后期，赘生物被机化，瓣膜发生纤维化及瘢痕形成。如此反复发生，导致瓣膜增厚、变硬、卷曲、短缩、瓣膜间互相粘连，腱索增粗、短缩。最后形成慢性心瓣膜病（瓣膜狭窄、闭锁不全），使心脏血流动力学发生改变。

2. 风湿性心肌炎

病变主要累及心肌间质结缔组织，常表现为心肌间质水肿，在血管附近可见风湿小体及少量淋巴细胞浸润。反复发作可引起间质纤维化、硬化（心肌硬化），心肌顺应性和收缩力降低，严重时可发生心力衰竭。如累及传导系统，可出现传导阻滞。

3. 风湿性心外膜炎

病变主要累及心外膜脏层，呈浆液性或纤维性炎症。当有大量浆液渗出时可形成心包腔积液。如心外膜以纤维素渗出时，随心脏不停搏动和牵拉而形成绒毛，形成绒毛心。如果纤维素不能被溶解吸收，则可引起心包粘连，导致缩窄性心包炎，影响心脏的跳动。

（二）风湿性关节炎

风湿病患者约 75％早期出现风湿性关节炎。最常侵犯膝、踝、肩、腕、肘等大关节，呈游走性、反复发作。关节局部出现红、肿、热、痛和功能障碍。关节腔内有浆液和纤维蛋白渗出，滑膜充血肿胀，软组织内可见不典型风湿小体。急性期后，炎症渗出一般会被完全吸收，不留后遗症。

（三）皮肤病变

急性风湿病时，皮肤出现环形红斑和皮下结节，具有一定诊断意义。

1. 环形红斑　为渗出性病变。多见于躯干和四肢皮肤，为淡红色环状红晕，中央皮肤色泽正常。光镜下，红斑处真皮浅层血管充血，血管周围水肿，淋巴细胞和单核细胞浸润。病变常在1～2天消退。

2. 皮下结节　为增生性病变。多见于肘、腕、膝、踝关节附近的伸侧面皮下结缔组织，圆形或椭圆形，质硬、无压痛的结节。风湿活动停止后，结节纤维化，形成小瘢痕。

（四）风湿性动脉炎

风湿热时，大小动脉均可受累，小动脉为主。急性期，血管壁发生黏液变性、纤维素样坏死和淋巴细胞浸润，并伴有风湿小体形成。后期，血管壁纤维化而增厚，管腔狭窄，可并发血栓形成。

（五）风湿性脑病

多见于5～12岁儿童，女孩较多。为脑的风湿性动脉炎和皮质下脑炎。主要累及大脑皮质、基底节、丘脑及小脑皮层。当锥体外系受累时，患儿出现面肌和肢体的不自主运动，临床上称为小舞蹈病。

知识链接

古老的“风湿病”

风湿病是一种很古老的疾病，已存在很久。据古籍记载，在秦汉时代就有对这种疾病的记录，旧称为“风庳”、“白虎”、“历节”、“痛风”、“风水”等，与中医泛词“风湿”有本质的区别。古医书主要是对风湿性关节炎表现进行描述，其他的表现描述较少，如“关节疼痛、痛无定处”就是风湿病的游走性关节炎的特点。

第四节　心力衰竭

血液在心脏有序的收缩和舒张下，沿心血管系统周而复始的循环流动，不断给组织、细胞供应代谢所需的氧气和营养物质，同时将代谢产物运送到排泄器官以排出体外，从而维持机体内环境的稳定状态。在血液循环过程中，心脏作为动力器官其功能犹如水泵一样，故也称心泵功能。

心力衰竭也称泵衰竭，是机体在各种致病因素的作用下，心脏的收缩和（或）舒张功能发生障碍，使心输出量绝对或相对降低，即心泵功能减弱，以至不能满足机体代谢需要的一种以循环功能障碍为主要特征的病理过程或临床综合征。属于心功能不全的失代偿阶段，患者出现明显的临床症状和体征。

一、心力衰竭的原因和分类

（一）病因

引起心力衰竭的病因有很多，但从病理生理角度可将其分为两类，即原发性心肌舒缩功能障碍和心脏负荷过度。原发性心肌舒缩功能障碍是引起心力衰竭的重要原因，包括心肌缺血、缺氧和各种原发性心肌病变。心脏负荷主要是指心室的负荷，包括前负荷（容量负荷）和后负荷（压力负荷）两种，心脏长期负荷过度时，一旦超出其承受能力，会导致心肌舒缩功能继发生降低，进而引起心力衰竭的发生。引起心力衰竭的常见病因见表 48－1。

表 48－1　常见心力衰竭的病因

心脏舒缩功能障碍		心脏负荷过重	
心肌损害	代谢异常	容量负荷过重	压力负荷过重
心肌炎、心肌病、克山病、心肌中毒、心肌梗死、心肌纤维化等	维生素 B_1 缺乏，缺血、缺氧	动脉瓣膜关闭不全、动-静脉瘘、室间隔缺损、甲亢、慢性贫血	高血压、主动脉瓣膜狭窄、肺栓塞、肺源性心脏病、肺动脉高压

（二）诱因

临床上有许多因素可在心力衰竭基本病因的基础上诱发心力衰竭。据统计，约 90％心力衰竭的发病都有诱因的存在，凡能使心肌耗氧量增加或供血减少的因素，如感染、心律失常、酸碱平衡及电解质代谢紊乱、妊娠分娩、过度体力活动、情绪激动等，它们通过不同途径和作用方式增加心脏负荷，诱发心力衰竭。

（三）分类

心力衰竭有多种分类方法，常用的是：

1. 根据心力衰竭的严重程度分

（1）轻度心力衰竭：代偿完全，处于一级心功能状态（在休息或轻体力活动情况下，可不出现心力衰竭的症状、体征）或二级心功能状态（体力活动略受限制，一般体力活动时可出现气促、心悸）。

（2）中度心力衰竭：代偿不全，心功能三级（体力活动明显受限，轻体力活动即出现心力衰竭的症状、体征，休息后可好转）。

（3）重度心力衰竭：完全失代偿，心功能四级（安静情况下即可出现心力衰竭的临床表现，完全丧失体力活动能力，病情危重）。

除上述分类外，根据心输出量的高低分为低输出量和高输出量性心力衰竭；根据心肌舒缩功能障碍，分为收缩功能不全性和舒张功能不全性心力衰竭；根据心力衰竭病情的严重程度分为轻、中和重度心力衰竭。

2. 按心力衰竭起病及病程的进展速度分

（1）急性心力衰竭：发病急，心泵功能急剧降低，多见于急性心肌梗死、严重心肌炎等。

（2）慢性心力衰竭：发病慢，初期，机体在代偿阶段症状不明显，后期，机体进入失代偿阶段，心衰的临床表现逐渐显现出来。此类心衰常见于高血压病、心瓣膜病和肺动脉高压等。

3. 按心力衰竭的发病部位分

(1) 左心衰竭：主要由于左室受损或负荷过重，导致左室泵血功能下降，可出现肺循环淤血甚至水肿，左心衰竭常见于冠心病、心肌病、高血压性心脏病及二尖瓣关闭不全等。

(2) 右心衰竭：一般是负荷过重所致，可导致体循环淤血，常见于大块肺栓塞、肺动脉高压、慢性阻塞性肺疾病、某些先天性心脏病（如法洛氏四联症）和二尖瓣狭窄。

(3) 全心衰竭：可因病变同时侵犯左、右心室（如风湿性心肌炎、严重贫血等）所致，也可是一侧心衰波及另一侧演变而来。

除上述分类外，根据心输出量高低可分为低输出量性和高输出量性心力衰竭；根据心肌舒缩功能障碍，分为收缩功能不全性和舒张功能不全性心力衰竭。

二、心力衰竭的发病机制

心力衰竭的发病机制较复杂，迄今尚未完全阐明。目前认为，尽管引起心力衰竭的病因多种多样，但各种病因都可通过削弱心肌舒缩功能从而引起心力衰竭发生，这是心力衰竭最基本的发病机制。包括心肌收缩性减弱、心室舒张功能障碍和顺应性异常及心室各部舒缩活动的不协调引起的。

（一）心肌收缩性减弱

1. 心肌结构破坏　当严重的心肌缺血、缺氧、感染、中毒等造成心肌细胞变性、坏死、纤维化，使心肌收缩蛋白大量破坏时，引起心肌收缩性减弱而导致心力衰竭。

2. 心肌能量代谢障碍

(1) 能量生成障碍：心肌主要靠各种能源物质的有氧氧化生成能量。缺血性心脏病、严重贫血、休克及心肌过度肥大等引起的心肌缺血缺氧是导致心肌能量生成障碍的常见原因。此外，维生素B缺乏可使ATP生成减少。

(2) 能量利用障碍：当心肌肥大失代偿时，其ATP酶活性降低，ATP水解作用减弱，不能为心肌收缩提供足够的能量，使ATP的化学能转变为心肌收缩的机械能过程障碍，导致心肌收缩力减弱。

3. Ca^{2+}转运异常　在心肌兴奋的电信号转化为心肌收缩的机械活动中，Ca^{2+}充当重要偶联作用。任何影响心肌细胞对Ca^{2+}转运、结合、处理（摄取、储存和释放）的因素都会使心肌兴奋-收缩耦联障碍，导致心肌舒缩功能减弱。常见因素有心肌过度肥大、心肌缺血缺氧或酸中毒等。

（二）心室舒张功能障碍和顺应性异常

心室的舒张功能和顺应性是保证心输出量的基本因素，心肌缺血、严重贫血、心肌炎、心脏压塞及心肌重构（心肌肥大、僵硬和间质纤维化）等，均可导致心室舒张功能障碍或顺应性降低，从而影响心室的扩张充盈，使心排出量和冠状动脉的灌流量减少，导致心力衰竭。

（三）心脏各部舒缩活动不协调

某些心脏疾病如心肌梗死、心肌炎、心肌传导阻滞等，可使心脏各部分舒缩活动在空间和时间上产生不协调性，心室收缩不协调，减少心室的射血量；心室舒张不协调，影响心脏的扩张充盈。二者均使心输出量下降。

必须指出，临床上心力衰竭的发生、发展，常是多种病因作用，通过多种机制共同作用的综合结果。

三、心力衰竭时机体的代偿反应

（一）心脏的代偿作用

当心脏负荷过重或心肌受损时，机体通过各种代偿活动（一定范围）来维持心脏相对正常的功能，暂时不出现心力衰竭的临床表现，即代偿阶段。当病变继续加重，通过代偿（超出范围）不能使心输出量满足机体代谢需要时，才会出现心力衰竭表现，即失代偿阶段。

1. 心率加快 这是一种最早出现、迅速有效的代偿方式。当心输出量减少引起动脉血压降低或（和）心房及腔静脉压力升高时，通过神经反射使交感神经兴奋，引起心率加快。在一定范围内的心率加快，可以提高心输出量和升高舒张压，维持动脉血压和组织的血液灌流。但心率过快超过一定范围（成人＞180 次/分）时，心脏舒张期缩短，心室充盈不足，使心输出量明显减少，而失去代偿意义。心率加快还会使心肌的耗氧量增加，加重心脏的负担。

2. 心脏紧张源性扩张 当心脏扩张时，心肌节被拉长，在一定限度内（不超过 2.2μm），心肌收缩力随肌节的拉长而增加。这种伴有心肌收缩力增强的心腔扩张称为心脏紧张源性扩张。这是心脏对容量负荷增加的一种代偿方式。但心腔过度扩张，使肌节拉长超过 2.2μm 时，心肌收缩力反而减弱，心输出量减少，而失去代偿意义，此时的心腔扩张称为肌源性扩张。

3. 心肌肥大 是指心肌细胞体积增大，重量增加。这是心脏对长期负荷过度而形成的一种慢性代偿反应，其作用特点是持久而有效。心肌肥大在一定范围内（向心性肥大）使心收缩力加强。当心肌过度肥大时（离心性肥大），由于出现血液供应相对不足、心肌代谢障碍等因素，使心肌收缩力明显减弱，从而失去代偿意义。

（二）心外的代偿作用

心力衰竭时，机体还可通过不同途径引起血容量增加、血流重新分布、红细胞增多和组织细胞利用氧的能力增加等来改善组织的供血供氧，都对心力衰竭具有代偿作用。

四、心力衰竭时机体的主要功能、代谢变化

心力衰竭时机体发生各种变化，其最根本的环节在于心泵功能降低，而其发生发展的基本环节是心输出量不足（缺血）和回流障碍（淤血），从而使各器官、组织血液灌流不足，肺循环、体循环淤血，引起器官功能障碍和代谢紊乱并产生一系列临床表现。

（一）心输出量不足

心输出量绝对或相对减少是心力衰竭最具特征性的血流动力学变化，并由此出现一系列外周血液灌注不足的表现。急性心力衰竭时，由于心排出量急剧减少，可出现血压明显下降，心脑供血不足，表现为乏力、烦躁不安、尿量减少，严重时发生嗜睡、昏迷，甚至发生心源性休克而死亡。慢性心力衰竭时，交感-肾上腺髓质系统兴奋，机体可通过外周血管收缩、心率加快和血容量增多等多种代偿活动使动脉血压基本维持于正常水平，保证了心、脑的血流灌注。但内脏血流量严重减少，尤其是肾血流量的减少，其次是肝和皮肤等，患者表现为面色苍白、四肢湿冷、尿量减少、烦躁不安。

（二）静脉淤血

心衰时心肌收缩性减弱，舒张末期心室残留血量增多，内压升高，同时由于尿量减少致水、钠潴留，静脉压升高，静脉回流受阻发生淤血。

1. 肺淤血 左心衰竭时，肺静脉血液回流障碍，发生肺淤血，表现为各种形式的呼吸

困难和肺水肿。

（1）呼吸困难：①劳动性呼吸困难：为左心衰竭的最早表现之一，是指伴随着体力活动而出现的呼吸困难，休息后可缓解；②端坐呼吸：左心衰竭严重时，患者平卧时也感呼吸困难，被迫采取半卧位或端坐以减轻呼吸困难的现象，称为端坐呼吸。这是由于端坐时重力作用，下半身静脉血回流减少，回心血量减少，使肺淤血减轻；且端坐时膈肌下移，胸腔容积加大，有利于肺的扩张，肺活量增加，改善肺通气；③夜间阵发性呼吸困难：患者夜间熟睡时突感气闷而惊醒，在端坐咳喘后缓解，称为夜间阵发性呼吸困难。若发作时伴有哮鸣音，则称为心源性哮喘。其发生机制为：熟睡的患者平卧时膈肌上移，肺活量降低，同时静脉回心血量增多，肺淤血加重；入睡后迷走神经相对兴奋，使支气管收缩，通气阻力增大；睡眠时呼吸中枢的兴奋性降低，只有当肺淤血使 PaO_2 下降到一定水平时，才足以有效刺激呼吸中枢，引起患者突感呼吸困难而被闷醒。

（2）肺水肿：肺水肿是急性左心衰竭最重要的表现。左心衰发展到一定程度时，肺静脉回流受阻严重，使肺毛细血管静压急剧上升及毛细血管通透性明显增加，使血浆渗入肺泡。另外，左心衰竭患者输液过多、过快时，可使肺血容量急剧增加而加速肺水肿的发生，此时，患者表现为发绀、呼吸困难、咳粉红色泡沫样痰等，需立即抢救。

2. 体循环淤血　右心衰竭或全心衰竭时，体循环静脉回流受阻，使体循环静脉过度充盈，大量血液淤积，压力升高，导致内脏器官充血、水肿、功能障碍。临床主要表现有：颈静脉怒张、肝大和肝功能障碍、胃肠道淤血及下肢甚至全身水肿等。

（三）水、电解质和酸碱平衡紊乱

1. 水、钠潴留　是慢性心力衰竭最重要的变化。由于肾血流量减少，肾素-血管紧张素-醛固酮系统激活及抗利尿激素的增加而引起，钠水潴留可加重心脏负荷，加重水肿。

2. 代谢性酸中毒　心力衰竭时，由于缺氧、肾功能不全等可引起代谢性酸中毒。酸中毒即可降低心肌收缩力，又可导致高钾血症，从而加重心力衰竭。

小　结

动脉粥样硬化发病的主要危险因素是血脂异常、高血压、吸烟和糖尿病。年龄、饮食、遗传和环境等因素也起到重要作用。动脉粥样硬化的本质是炎症，主要发生于大、中动脉，可致动脉管壁增厚、管腔狭窄、闭塞，甚至导致动脉破裂。最常见而且最严重的危害是冠心病。

原发性高血压由遗传易感和多种环境因素的综合作用所引起。分缓进型和急进型高血压两类，缓进型高血压发展较缓，基本病变为全身细小动脉由痉挛慢慢发展到玻璃样变性→纤维化→硬化，累及心、脑、肾等重要脏器。

风湿病是一种在A组乙型溶血性链球菌感染或其他因素作用下诱发的变态反应性疾病，累及全身结缔组织，主要病变为胶原纤维的黏液样变性和纤维素样坏死，以形成风湿小体为其病理特征，最常累及心脏和关节。

心力衰竭是各种心脏疾病导致心脏舒缩功能障碍或心脏负荷过重引起心肌收缩力下降使心排出量不能满足机体代谢的需要，器官、组织血液灌流不足，同时出现肺循环或体循环淤血和水、电解质、酸碱平衡紊乱等表现。

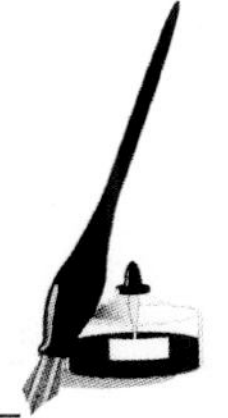

自 测 题

一、名词解释

1. 动脉粥样硬化
2. 原发性高血压
3. 风湿病
4. 心力衰竭
5. 端坐呼吸

二、单项选择题

1. 下列因素中哪项与动脉粥样硬化的发生关系最密切
   A. 高脂血症
   B. 高血压
   C. 吸烟
   D. 病毒感染
   E. 遗传因素

2. 冠状动脉粥样硬化是冠心病的主要原因，最严重的影响是
   A. 心绞痛
   B. 心肌肥大
   C. 心肌萎缩
   D. 心肌硬化
   E. 心肌梗死

3. 动脉粥样硬化病变主要发生于
   A. 大、中动脉
   B. 小动脉
   C. 细动脉
   D. 微动脉
   E. 后微动脉

4. 心肌梗死的好发部位多见于
   A. 左心室前壁
   B. 左心室后壁
   C. 左心室前壁、心尖及室间隔前2/3
   D. 室间隔后1/3及右心室壁大部
   E. 右心室前壁

5. 高血压病的主要病变特征是
   A. 全身细小动脉硬化
   B. 中型动脉硬化
   C. 大动脉粥样硬化
   D. 中动脉粥样硬化
   E. 微动脉粥样硬化

6. 代偿性高血压心脏病的特征是
   A. 左心室扩张
   B. 左心室呈向心性肥大
   C. 心壁肉柱扁平
   D. 弥漫性心肌纤维化
   E. 左心室肌源性扩张

7. 下述有关风湿病的描述，不正确的是
   A. 病变的发生与溶血性链球菌感染有关
   B. 风湿性关节炎常导致关节畸形
   C. 风湿病属于变态反应性疾病
   D. 风湿病累及心脏最常见和最严重
   E. 皮下结节有助于风湿病的临床诊断

8. 慢性风湿性心瓣膜病时，最常受累的是
   A. 二尖瓣、三尖瓣和主动脉瓣
   B. 二尖瓣和三尖瓣
   C. 二尖瓣和主动脉瓣
   D. 主、肺动脉瓣
   E. 三尖瓣和主动脉瓣

9. 风湿病在病理诊断上最有意义的病变为
   A. 心包脏层纤维蛋白性渗出
   B. 心肌纤维变性、坏死
   C. 结缔组织内 Aschoff 小体形成
   D. 炎细胞浸润
   E. 结缔组织基质黏液变性

10. 右心衰竭时，一般不引起哪个脏器淤血
   A. 肝
   B. 肺
   C. 肾
   D. 脾
   E. 肠

三、简答题

1. 动脉粥样硬化发生后有哪些继发病变？
2. 何谓原发性高血压？其各型病变的特点是什么？
3. 心力衰竭常见的诱因有哪些？

（李华汉）

第四十九章 呼吸系统疾病

学习目标

1. 掌握慢性支气管炎、肺气肿、肺炎的病理变化。
2. 熟悉慢性支气管炎、肺气肿、肺炎病理与临床联系、慢性支气管炎、肺气肿、肺炎结局及并发症。
3. 了解慢性支气管炎、肺气肿、肺炎、呼吸功能衰竭病因和发病机制。

案例

患者男性，62 岁。10 年前因受凉开始咳嗽，咳白色黏液及浆液泡沫样痰。以后每逢过度劳累、气候变化或感冒后症状加重，每逢冬季病情复发，持续 3 个月，气候转暖时可自然缓解。3 年前出现喘息，近 1 周因受凉咳嗽、咳痰症状加重，痰为黏液脓性，伴发热，体温 38～39℃，曾静滴青霉素不见好转而来院。体检：T 38.5℃，P 100 次/分，R 24 次/分，BP 18.0/12.0kPa，神清，慢性病容，呼吸略促，口唇无发绀，无颈静脉怒张，胸廓对称，两肺叩诊清音，双肺背部及双肺底可闻及湿性啰音，心音钝，心律齐，HR 100 次/分。腹软，无压痛，肝脾肋下未触及，双下肢无水肿。X 线胸片显示两肺纹理增粗紊乱，呈网状或条索状阴影，肺下野较明显。血常规 WBC $15.4\times10^9/L$，N90％，L10％，C10％。

讨论：1. 本案例诊断为哪种病变？说出诊断的依据。

2. 运用病理学的知识解释其主要临床表现。

第一节 慢性阻塞性肺疾病

慢性阻塞性肺疾病是一组以肺实质尤其是小气道受到病理损害后，导致以慢性气道阻塞、呼吸阻力增加、肺功能不全为共同特征的肺疾病统称。主要包括慢性支气管炎、肺气肿等疾病。

一、慢性支气管炎

慢性支气管炎是呼吸系统的常见病，可发生于任何年龄，以中老年人最为多见。是一种由多种致病因素长期反复作用引起呼吸道的慢性非特异性炎。临床上以病程长，反复发作为特征。临床表现为咳嗽、咳痰，重症患者常伴有喘息。晚期可并发阻塞性肺气肿和肺源性心脏病。

（一）病因及发病机制

慢性支气管炎是由多种因素长期综合作用的结果，呼吸道反复感染是引起本病发生、发展的重要因素。分述如下：

1. 理化因素

（1）吸烟：许多国内外学者认为吸烟是慢性支气管炎发生的重要因素。烟雾中含有焦油、尼古丁、镉等有害物质能损伤呼吸道黏膜，削弱呼吸道的自净和免疫功能，使腺体分泌增加和肺泡巨噬细胞的抗菌能力降低易继发感染，烟雾又可刺激小气道痉挛而使气道阻力增加。

（2）空气污染：城市大气污染与慢性支气管炎之间有明显的因果关系，作业环境内的刺激性烟尘反复刺激损伤支气管黏膜而发病。

（3）气候因素：气候变化特别是寒冷空气能引起呼吸道黏液分泌增加，纤毛排送黏液的速度减慢常导致慢性支气管炎复发和病情加重。

2. 感染因素　呼吸道感染是慢性支气管炎发病和加重的主要原因，凡能引起感冒的病毒和细菌在支气管炎的发病和复发中都起重要作用。病毒感染所致的支气管黏膜损伤和防御能力削弱，为寄生在呼吸道内的细菌继发感染创造了条件。

3. 过敏因素　部分患者的发病与机体对某些物质的过敏有一定关系，特别是喘息型患者，往往有过敏史。

4. 其他因素　如机体抵抗力降低、呼吸系统防御功能受损及内分泌功能失调等与慢性支气管炎的发生发展有密切的关系。

（二）病理变化

慢性支气管炎病变可累及各级支气管，受损支气管愈多，病变愈严重，属慢性非特异性炎症。

1. 呼吸道黏膜上皮的损伤与修复　在各种致炎因子的作用下，首先受损的是黏液-纤毛排送系统，由于炎性渗出和黏液分泌增多，使纤毛粘连、倒伏甚至脱落，纤毛柱状上皮变性、坏死脱落。损伤上皮可通过上皮细胞再生修复，但反复发作的过程中，上皮失去分化形成纤毛的能力，变为立方或扁平形细胞，甚至发生鳞状上皮化生（图 49-1）。

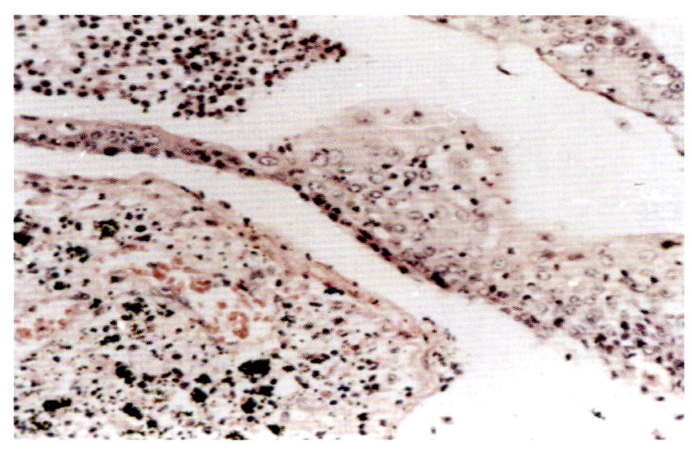

图 49-1　慢性支气管炎

支气管鳞状上皮化生，伴炎细胞浸润

2. 黏膜下腺体的增生、肥大、黏液化及退变　各种有害刺激因素都可引起支气管壁内黏膜上皮内杯状细胞增生肥大，浆液腺泡部分黏液化生。到晚期分泌亢进的腺泡细胞转向衰竭，此时黏膜变薄，腺泡萎缩、消失，气道黏液减少，甚至无黏液分泌。

3. 支气管壁的其他病变　早期支气管壁充血、水肿，淋巴细胞、浆细胞浸润。晚期支气管壁平滑肌、弹性纤维及软骨萎缩、破坏，发生纤维化、钙化，甚至骨化。

（三）临床病理联系

慢性支气管炎的主要临床表现为咳嗽、咳痰。这是支气管黏膜炎症刺激和黏液分泌增多的结果。痰多呈白色黏液泡沫状，不易咳出。继发感染时，痰量增多，变为黄色脓性。肺部可闻及干、湿性啰音。喘息型患者常在病变加重或并发感染时，因支气管平滑肌痉挛而出现哮喘样发作，呼吸困难不能平卧，两肺布满哮鸣音。

（四）结局及并发症

轻型患者如能积极预防感冒，及时控制感染，增强体质，是可以痊愈。较重案例，如能积极治疗，也可好转甚至痊愈。久病患者特别是呼吸道炎性损伤者，易并发支气管肺炎，严重者可危及生命。

二、肺气肿

肺气肿是以末梢肺组织（呼吸性细支气管、肺泡管、肺泡囊和肺泡）因空气含量过多而呈持久性扩张并伴有肺泡间隔破坏的一种病理改变。是支气管和肺部疾病中常见的并发症。

（一）病因及发病机制

肺气肿多继发于慢性支气管炎、频繁发作的支气管哮喘等支气管疾病。其他如吸烟、空气污染等也可引起肺气肿，另外先天性 α_1-抗胰蛋白酶缺乏也与肺气肿的发生有密切关系。肺气肿的发生有以下两个环节：

1. 细支气管阻塞性通气障碍　慢性支气管炎时，因细小支气管壁结构破坏导致支气管壁增厚、变硬、管腔狭窄；腔内有炎性渗出物，黏液栓使气道阻塞，导致通气障碍，久之肺组织残气量增多，形成肺气肿。

2. 细支气管和肺泡壁的弹性降低　细支气管壁的弹性纤维放射状地分布于周围的肺泡上，对维持细支气管的形态和管径大小起着重要的支撑作用。长期慢性炎症损伤破坏了大量弹力纤维时，必然使细支气管失去支撑而使管腔塌陷，形成阻塞性通气障碍导致末梢肺组织含气量增多，逐渐形成肺气肿。

知识链接

α_1-抗胰蛋白酶（α_1-AT）

是肝脏产生的一种糖蛋白，是人体内血清蛋白溶解酶的主要抑制物。α_1-抗胰蛋白酶缺乏，导致活性未被抑制的蛋白酶损害肺，α_1-抗胰蛋白酶血清水平越低，肺气肿越易发生，尤其是当与环境因素如吸烟等合并存在时，易发展为广泛的肺气肿。

（二）病理变化

肉眼观，双肺体积显著增大，边缘钝圆。双肺组织因缺血呈灰白色，质地变软，弹性降低，指压后留有压痕。表面可见扩大的含气囊泡，大小不一（图 49－2）。镜下观，可见肺泡扩大，肺泡间隔变薄、断裂或消失，互相溶合成大小不一的气囊腔。肺泡壁的毛细血管床减少，肺小动脉内膜因纤维组织增生而增厚（图 49－3）。

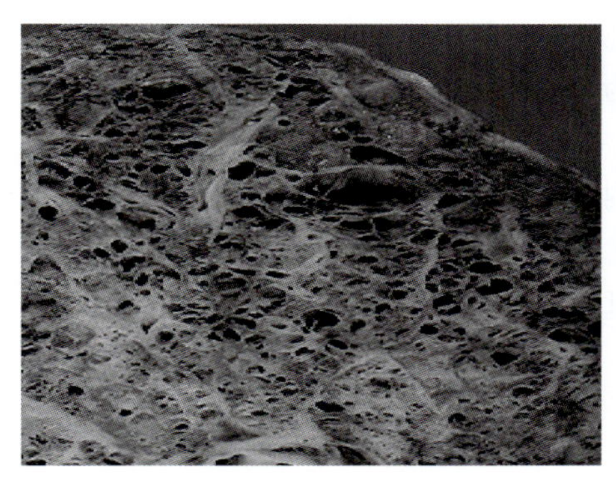

图 49－2　肺气肿

肺气肿扩张含气，囊泡大小不一

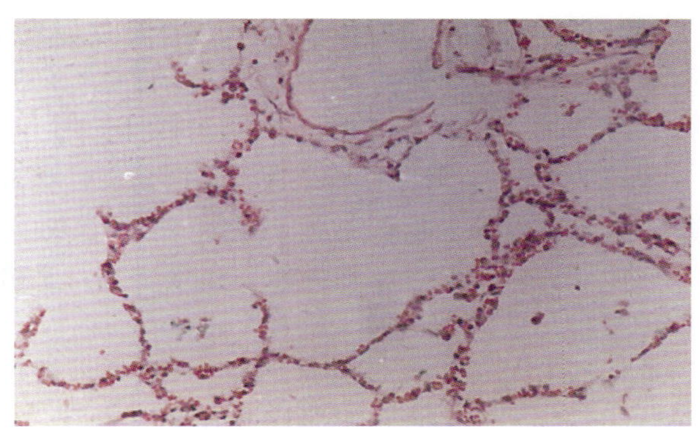

图 49－3　肺气肿

肺泡腔弥漫性扩张，间隔变窄，部分肺泡隔断裂，肺泡互相融合

（三）病理临床联系

本病病程进展缓慢，轻度和早期没有明显症状，常因阻塞性通气障碍而出现呼吸困难、胸闷、气促等症状，重度肺气肿患者由于肺内残气量明显增多，肺容积增大，使患者胸廓前后径加大，肋间隙增宽，横膈下降，形成肺气肿患者特有的体征“桶状胸”。叩诊呈过清音，心浊音界缩小；听诊呼吸音减弱，呼气延长。X 线检查两侧肺野透明度增加。

随病变的发展，肺组织所属毛细血管床越来越少，因而肺循环阻力越来越大，长期肺动脉高压导致慢性肺源性心脏病。

第二节　肺　炎

肺炎是指肺的急性渗出性炎症，是呼吸系统的常见病、多发病。可见于不同年龄，由于致病因子和机体的反应性不同，肺炎的病变特点和累及范围也不一致，因而形成不同类型的肺炎。按照炎症累及的部位和范围不同可分为大叶性肺炎、小叶性肺炎和间质性肺炎。

一、大叶性肺炎

大叶性肺炎是由肺炎链球菌引起的以肺泡内纤维蛋白弥漫渗出为主要病变特征的急性炎症。病变从肺泡开始，迅速扩展到一个肺段甚至整个肺大叶。临床表现起病急骤，以寒战、高热开始，继而胸痛、咳嗽、咳铁锈色痰和呼吸困难，检查有肺实变体征及白细胞增高，病程 5～10 天，多发生于青壮年，以冬春季节多见。

（一）病因及发病机制

大叶性肺炎 90％以上由肺炎链球菌感染引起，少数由溶血性链球菌、金黄色葡萄球菌、流感嗜血杆菌等引起。

健康人的鼻咽部及口腔寄生着肺炎链球菌，在健康状态下，呼吸道具有自净和防御功能，少量细菌进入末梢支气管和肺泡很快被肺内的巨噬细胞所吞噬，一般不会发病。若机体受寒、过度疲劳、胸部外伤、醉酒等使呼吸道防御功能被削弱，肺炎链球菌可乘虚而入，从上呼吸道向下蔓延，进入肺泡，在局部迅速生长繁殖，通过肺泡间孔或呼吸性细支气管向邻近肺组织蔓延，形成一个肺段或整个肺大叶的病变。

（二）病理变化及病理临床联系

病变特点为肺泡内纤维素性炎，一般只侵犯单侧肺，多见于左肺下叶，其次为右肺下叶。在未使用抗生素治疗的情况下，典型病变可分为四个期：

1. 充血水肿期　为开始 1～2 天的变化。

镜下观：肺泡壁毛细血管明显扩张充血，肺泡内可见较多量的浆液性渗出物和少量的红细胞、中性粒细胞及巨噬细胞。

肉眼观：病变肺叶明显肿胀，重量增加，呈暗红色，切面可挤出带泡沫的血性浆液。渗出物中可检出致病菌。

此期患者起初表现为寒战、高热、咳浆液性痰。听诊可闻及湿性啰音。X 线检查示病变区呈片状模糊状阴影，白细胞计数升高。

2. 红色肝样变期（实变早期）　发病后 3～4 天进入此期。

镜下观：肺泡壁毛细血管进一步扩张充血，毛细血管壁通透性增加，肺泡腔内充满大量连接成网状的纤维蛋白，网眼中有大量红细胞和少量的中性粒细胞、巨噬细胞。渗出物中能检出多量致病菌。

肉眼观：病变肺叶肿大，呈暗红色，质地变实如肝，切面粗糙呈颗粒状（由肺泡腔内炎性渗出物凸出于切面所致），故名红色肝样变。

此期患者咳痰呈铁锈色，可出现呼吸困难、发绀等缺氧症状，病变累及胸膜时可出现胸痛，并随呼吸和咳嗽而加重。X 线检查呈现大片致密阴影。

3. 灰色肝样变（实变晚期）　发病后 5～6 天进入此期。

镜下观：肺泡内纤维蛋白进一步增多，肺实变加重，相邻肺泡的纤维蛋白性渗出物挤压肺泡壁及毛细血管，使病变肺组织由充血状态转为贫血状态，肺泡腔内的纤维蛋白网中有大量中性粒细胞，红细胞则溶解消失（图 49-4）。

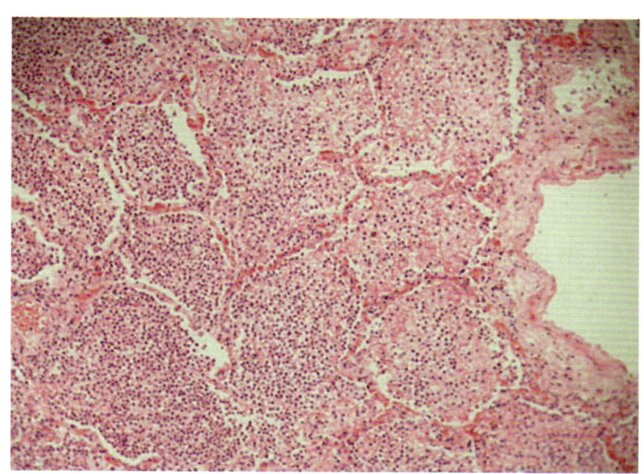

图 49-4　大叶性肺炎

肺组织实变，肺泡腔内充满中性粒细胞和纤维素

肉眼观：病变肺叶明显肿胀，重量显著增加，灰白色，切面干燥，颗粒状，质实如肝。渗出液中不易检出致病菌。

此期临床体征与红色肝样变期相同，但铁锈色痰消失，痰转为黏液脓性，缺氧状况有所好转。

4. 溶解消散期　发病后 7 天左右进入此期。随着机体的防御功能逐步加强，病原菌被逐渐消灭。

镜下观：巨噬细胞明显增多，肺泡壁毛细血管由贫血状态恢复正常，肺泡腔内渗出的中性粒细胞变性、崩解，释放出大量蛋白溶解酶，纤维素被中性粒细胞崩解后释放出的蛋白溶解酶溶解，溶解的渗出物部分被咳出，部分经淋巴管吸收。肺泡重新充气，恢复正常。

肉眼观：病变肺叶质地变软，切面颗粒状外观消失，较湿润，挤压时可挤出脓样混浊液体。

此期患者咳痰增多，缺氧情况改善，X 检查示阴影密度逐渐减低，透亮度增加。

大叶性肺炎各期病变的发展是一个连续过程，之间无绝对界限，同一肺叶不同部位可见不同病变，可互相交错。抗生素的广泛使用使大叶性肺炎的病程缩短，典型案例目前已少见。

（三）结局及并发症

大叶性肺炎如能及时治疗，大多都能痊愈，若治疗不及时、病原菌毒力强或机体反应性过高则出现以下并发症。

1. 肺肉质变　当渗出的中性粒细胞过少或蛋白溶解酶生成不足时，肺泡腔内渗出的纤维蛋白不能被完全溶解，则由肉芽组织取代而机化。镜下观：肺泡壁存在，肉芽组织将肺泡腔完全填塞于肺泡腔内。肉眼观：机化的病变肺组组织呈褐色肉样纤维组织，故称肺肉质变。肺组织功能将永久性丧失。

2. 肺脓肿及脓胸　当病原菌毒力过强或患者抵抗力低下时，病变肺组织发生坏死、液化，形成脓肿。当胸膜病变严重时，可发展成为纤维素性脓性胸膜炎，甚至形成脓胸。

3. 中毒性休克　由严重的毒血症所致，是大叶性肺炎严重的一种并发症，表现为全身中毒症状。

二、小叶性肺炎

小叶性肺炎是以肺小叶为单位的急性化脓性炎症。病变呈多发性灶状分布，每个病灶的范围相当于一个小叶，病变起始于细支气管并向其所属的肺组织蔓延。临床上，患者有发热、咳嗽、咳痰等症状。可发生于任何年龄，但多见于小儿、老年体弱及久病卧床者。寒冷季节发病率高。

（一）病因及发病机制

小叶性肺炎主要由细菌感染所致，往往是多种病菌混合感染。最常见为肺炎链球菌，其次为葡萄球菌、链球菌、流感嗜血杆菌及大肠埃希菌等，病原菌经呼吸道侵入肺组织，极少数经血道感染引起本病。这些细菌常寄生在人体口腔和上呼吸道，当患传染病、营养不良、受寒、醉酒、全身麻醉等时，由于机体抵抗力下降，呼吸道防御功能下降，这些常驻菌可乘虚而入，引起小叶性肺炎。

此外，昏迷患者（如脑出血、尿毒症等）因吞咽、咳嗽反射减弱或消失，误将上呼吸道的带菌分泌物或呕吐物吸入肺部，引起小叶性肺炎；新生儿因吸入羊水成分而引起新生儿肺炎。

（二）病理变化

小叶性肺炎是以细支气管为中心的肺组织急性化脓性炎，呈多发性散在的实变灶为病理特征。可同时累及两肺各叶，以两肺下叶及背侧病灶较多。病变通常两肺同时受累，也可累及一侧肺或肺大叶。

肉眼观：病灶大小不一，多数直径为1cm左右，形状不规则，色暗红或灰黄色，质实。切面病灶略隆起，不呈颗粒状，挤压时有脓性渗出物溢出，病灶周围组织充血。

镜下观：病变区细支气管壁及周围组织血管扩张充血，水肿，并有中性粒细胞浸润，混有脱落的支气管黏膜上皮细胞及渗出的浆液。肺泡腔内见嗜中性粒细胞、脓细胞、脱落的肺泡上皮细胞，尚可见少量红细胞和纤维素。病灶周围肺组织呈不同程度的代偿性肺气肿和肺不张（图49－5）。由于各个病灶的发展阶段和病变严重程度不同，在同一切片上渗出物的性状常不一致，有些呈脓性，有些呈浆液或浆液脓性。还有的病灶只停留在细支气管炎及细支气管周围炎阶段。

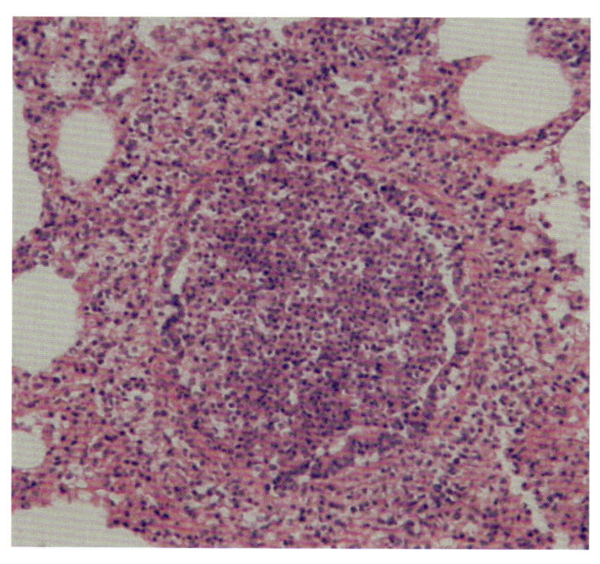

图49－5 小叶性肺炎

细支气管及肺组织内见大量中性粒细胞浸润

（三）临床病理联系

1. 咳嗽、咳痰　由于炎性渗出物刺激支气管黏膜引起，因支气管黏液分泌亢进痰液为黏液脓性或脓性。

2. 听诊　病变细支气管及肺泡内含有渗出物，听诊可闻及湿性啰音。

3. X线检查　可见散在的灶状阴影。

小叶性肺炎如能及时治疗大多数能够痊愈，但在幼儿和年老体弱者，特别是并发其他严重疾病时，预后不良。

（四）并发症

小叶性肺炎并发症多且危险性大，如呼吸衰竭、心力衰竭，在幼儿常导致急性心力衰竭、肺脓肿和脓胸。

三、间质性肺炎

以肺间质病变为主的肺组织炎症称间质性肺炎。以下主要介绍由肺炎支原体引起的支原体肺炎。

支原体肺炎是由肺炎支原体感染引起的一种间质性肺炎。多发生于儿童和青少年，发病率随年龄增长而减少。

1. 病因　支原体是介于细菌和病毒之间的微生物，主要经飞沫感染。常见于冬春季节，多为散发，在一定条件下可流行。

2. 病理变化　肺炎支原体可侵犯整个呼吸道黏膜和肺，下叶多见。肉眼观，肺组织无明显实变，因充血而呈暗红色。镜下观：病变主要发生在肺间质，肺泡间隔明显增宽，充血、水肿，有淋巴细胞、单核细胞浸润。肺泡腔内无渗出物或仅有少量的浆液性渗出物。重症案例上皮可坏死、脱落，肺泡腔内也可有大量蛋白性渗出物及透明膜形成。肉眼观：肺呈暗红色，病灶呈节段性分布，切面可有少量淡红色泡沫状液体流出，不累及胸膜。

3. 病理临床联系　患者起病较急，多有发热、头痛、咽痛及咳嗽等症状，突出的表现是支气管和细支气管的急性炎症引起的剧烈咳嗽，初为干咳，以后咳黏液痰。X线检查示肺部呈节段性分布的纹理增多及网状或斑片状阴影。

支原体性肺炎预后良好，自然病程约2周，患者可完全自愈。

四、病毒性肺炎

病毒性肺炎是由上呼吸道病毒感染所引起，并向下蔓延，以肺间质受累为主的急性非化脓性炎症。

患者以儿童多见。多为散发，偶可流行。引起的肺炎的病毒常见的有流感病毒、腺病毒、呼吸道合胞病毒、麻疹病毒等。以上病毒可单一感染，也可混合感染。

（一）病理变化

病毒性肺炎从支气管、细支气管开始，沿肺间质发展。镜下观：表现为间质性肺炎，支气管及细支气管管壁、肺泡壁等间质内出现充血、水肿和淋巴细胞、单核细胞浸润，肺泡间隔增宽（图49－6）。肉眼观：因间质充血水肿致肺轻度肿大，无明显其他改变。

严重者，炎症累及肺泡腔，肺泡腔内出现巨噬细胞和多少不等的浆液、纤维蛋白及红细胞。某些病毒性肺炎在增生的支气管、肺泡上皮以有多核巨细胞中，可见到病毒包涵体（图49－7）。包涵体的出现是病毒性肺炎组织学诊断的依据。

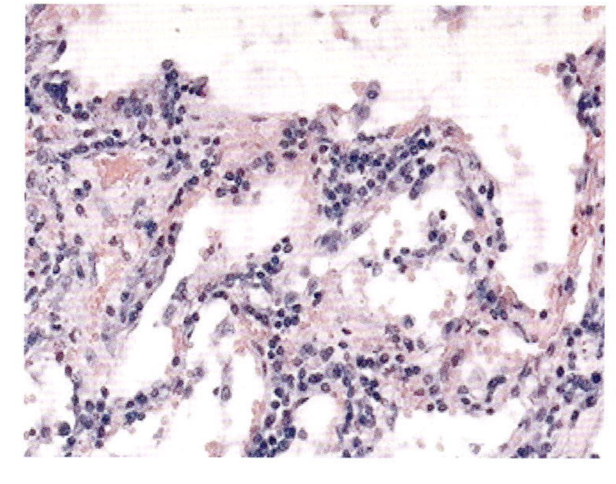

图49－6　病毒性肺炎

间质淋巴细胞浸润，肺泡腔没有渗出物

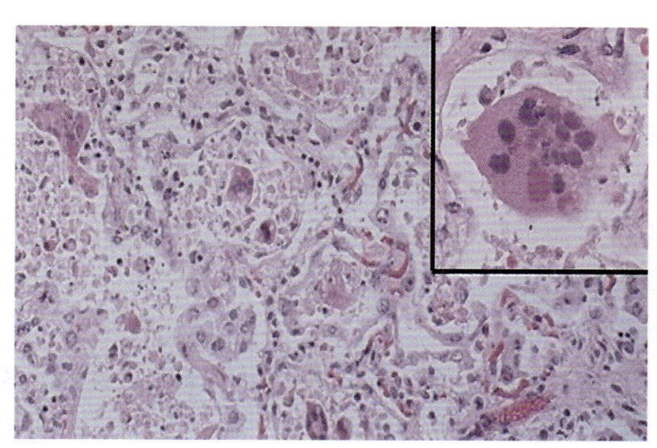

图49－7　病毒性肺炎

病毒包涵体

（二）病理临床联系

早期，由于肺泡腔内的渗出物少，肺部可无啰音及实变体征。较重案例因支气管和肺部病变，可引起剧烈咳嗽、呼吸困难、发绀等症状，并可出现实变体征。全身中毒和缺氧症状明显者，可引起呼吸衰竭、心力衰竭和肺性脑病，预后不良。

常见肺炎的特点见表 49－1，对肺炎的特点进行总结，以更好地理解各类型肺炎的病理变化及临床诊断。

表 49－1 大叶性肺炎、小叶性肺炎和间质性肺炎病变特点比较

	大叶性肺炎	小叶性肺炎	间质性肺炎
病因	肺炎链球菌为主	肺炎链球菌、葡萄球菌等，常多种细菌混合感染	病毒、支原体等
年龄	青壮年	小儿、年老体弱者	儿童、青少年
病变性质	急性纤维素性炎	急性化脓性炎	急性非化脓性炎
范围	一个肺段至整个肺大叶	以细支气管为中心，小叶为单位散在分布	一侧肺叶，以下叶为多见
肉眼观	患侧肺叶肿大，切面呈颗粒状	病灶散在，较平滑，不呈颗粒状	患侧肺充血水肿
咳痰	铁锈色痰	黏液脓性痰	剧烈咳嗽，初为干咳
预后	好	较差	一般

第三节 呼吸功能衰竭

呼吸是摄取氧气（O_2）和排出二氧化碳（CO_2）的过程，呼吸功能由紧密联系、相互配合的三个环节组成：①外呼吸，包括肺通气和肺换气两个过程，前者是指肺泡与外界环境的气体交换，后者是肺泡与血液之间的气体交换。②气体在血液中运输，氧通过血液运输送达组织细胞，细胞产生的 CO_2 又及时送到肺，排出体外。③内呼吸，指血液或组织液与组织细胞之间的气体交换。

呼吸衰竭指外呼吸功能严重障碍，导致动脉血氧分压（PaO_2）降低或伴有二氧化碳分压（$PaCO_2$）增高的病理过程。判断呼吸衰竭的主要血气标准是 PaO_2 低于 8kPa（60mmHg）、$PaCO_2$ 高于 6.67kPa（50mmHg）。

呼吸衰竭的分类：①按血气特点分为Ⅰ型，特点为仅有 PaO_2 下降而不伴有 $PaCO_2$ 升高，主要为换气功能障碍；Ⅱ型，特点是既有有 PaO_2 下降又伴有 $PaCO_2$ 升高常有通气功能障碍。②按原发病变部位不同分为中枢性和外周性呼吸衰竭；③按病程经过不同分为急性或慢性呼吸衰竭。

外呼吸包括肺通气和肺换气两个过程，因此能引起肺通气和肺换气功能障碍的任何疾病均可导致呼吸衰竭。

（一）肺通气功能障碍

正常成人在静息时有效通气量约为 4L/min，判断肺通气效率最好的指标是肺泡通气量。

若肺通气动力减弱或弹性阻力增加使肺泡扩张受限制，或由于呼吸道阻塞使肺通气阻力增大，都可引起肺通气障碍，肺泡通气量减少，可发生呼吸衰竭。

1. 限制性通气不足　限制性通气不足是指肺泡扩张受到限制引起的肺泡通气不足，肺泡的扩张发生在吸气时，吸气是一个主动过程，主动过程更容易发生障碍。常见的原因有：

（1）呼吸中枢受损：如脑外伤、脑血管意外、脑炎、多发性神经炎等，以及过量使用麻醉药、镇静药、安眠药所引起的呼吸中枢抑制。

（2）呼吸肌运动障碍：呼吸肌本身的病变如重症肌无力、低钾血症、缺氧等所致的呼吸肌无力，累及吸气肌收缩功能而引起限制性通气不足。

（3）胸廓的顺应性降低：见于胸腔积液、胸廓畸形、胸膜纤维化等可限制胸部的扩张。

（4）肺的顺应性降低：如肺实变、肺纤维化、肺水肿等，可使肺的扩张受到限制。

2. 阻塞性通气不足　阻塞性通气不足是由于气道狭窄或阻塞使气道阻力增大所引起的肺泡通气不足。影响气道阻力的因素有：气道内径、长度和形态、气流速度和形式等，其中最主要的是气道内径，因此，阻塞性通气不足主要见于下列因素所致的气道狭窄或阻塞，如气管痉挛、管腔被黏液、渗出物、异物等阻塞、管壁肿胀、纤维化及肺部肿瘤等使气道阻塞或直接压迫，导致肺组织弹性降低及对气道管壁的牵引力减弱，引起气道半径缩小，均可增加气流阻力，从而引起阻塞性通气不足。

无论是限制性或阻塞性通气不足，其共同的结果都是肺泡通气不足，使肺泡气氧分压下降和肺泡气二氧化碳分压升高，最终导致 PaO_2 下降和 $PaCO_2$ 升高，因此，通气功能障碍会引起低氧血症伴高碳酸血症性呼吸衰竭，即Ⅱ型呼吸衰竭。

（二）肺换气功能障碍

肺换气是指肺泡与血液之间的气体交换过程。包括弥散障碍、肺泡通气与血流比例失调及解剖分流增加。

1. 弥散障碍　指由肺泡膜面积减少或肺泡膜异常增厚而引起的气体交换障碍。肺泡中的 O_2 透过肺泡膜进入血液，血液中的 CO_2 透过肺泡膜进入肺泡，这种肺泡与血液间的气体交换是一种物理的弥散过程。气体弥散速度与肺泡膜两侧气体分压差、肺泡膜的面积与厚度及气体的分子量和溶解度有关。肺部病变导致弥散障碍主要的原因有：

（1）肺泡膜面积减少：正常成人肺泡膜平均总面积约 $80m^2$，静息时约50%的面积参与换气过程，运动时面积增大，肺的换气过程有很大的机能储备。当肺泡膜面积减少一半以上时，才会发生换气功能障碍，常见于肺叶切除、肺气肿、肺不张等。

（2）肺泡膜厚度增加：肺泡膜在正常时气体交换很快。当肺纤维化、肺透明膜形成、肺水肿间质性肺炎时都可致肺泡膜增厚，使弥散速度减慢。

单纯的弥散障碍引起低氧性呼吸衰竭，即Ⅰ型呼吸衰竭。由于 CO_2 的弥散能力比 O_2 大20倍，因此肺泡膜的病变对 CO_2 的弥散影响不大。

2. 肺泡通气与血流比例失调　血液流经肺泡时能否获得足够的 O_2 和充分排出 CO_2，使血液动脉化，还取决于肺泡通气量与血流量的比例。正常成人在静息状态下，肺泡每分钟通气量（V_A）约为4L，每分钟肺血流量（Q）约为5L，两者比例约为0.8，此时气体交换率最高。当肺发生病变时，使各部分肺的通气与血流比例不一，造成肺泡通气与血流比例失调，原因有：

（1）部分肺泡通气不足：见于气道阻塞、肺实变、支气管哮喘、阻塞性肺气肿等，使部分肺泡通气明显减少甚至失去通气功能，而血流没有相应减少，通气与血流比例显著降低，未经充分氧合便流入肺静脉掺入动脉血内，这种情况类似动-静脉短路，故称功能性分流。结果 PaO_2 下降。

（2）部分肺泡血流不足：见于肺动脉栓塞、肺动脉炎、DIC、肺气肿等可使部分肺泡血流减少而通气基本正常，V_A/Q 可显著大于正常，肺泡通气不能充分被利用，称为死腔样通气。

3. 解剖分流增加　正常生理情情况下，肺内存在解剖分流，即一部分静脉血经支气管和极少的肺内动-静脉交通支直接流入肺静脉。严重创伤、休克等，因肺微循环栓塞和肺小动脉收缩，使循环阻力增高，致肺内动-静脉短路开放，解剖分流增加，PaO_2 下降。

在临床上，某一疾病引起呼吸衰竭往往是多个因素同时存在或先后参与致病，单一因素引起是很少见的。因此，对不同疾病引起的呼吸衰竭必须进行具体分析。

知识链接

低浓度给氧

$PaCO_2$ 超过 10.7kPa 后，此时呼吸中枢兴奋性的维持主要依赖低氧对主动脉体和颈动脉体化学感受器的刺激，如果此时给予高浓度氧吸入，反而使呼吸抑制，这时氧疗只能吸入 30%的氧，以免缺氧纠正后反而抑制呼吸，加重高碳酸血症，使病情恶化。

小　结

呼吸系统疾病是一种常见病、多发病，主要病变在气管、支气管、肺部及胸腔，病变轻者多咳嗽、胸痛、呼吸受影响，重者呼吸困难、缺氧，甚至呼吸功能衰竭而致死。由于大气污染、吸烟、人口老龄化及其他因素，使得呼吸系统疾病危害人类日益严重，因此做好呼吸系统疾病的预防和及早治疗尤为重要，因此掌握慢性支气管炎、肺气肿、肺炎的病理变化可更好的理解病理与临床之间的联系。

自　测　题

一、名词解释

1. 肺气肿
2. 肺肉质变
3. 小叶性肺炎
4. Ⅱ型呼吸衰竭
5. 弥散障碍

二、单项选择题

1. 慢性支气管患者咳痰的病变基础是
   A. 支气管壁瘢痕形成
   B. 支气管壁腺体肥大、增生，浆液腺的黏液化
   C. 支气管壁充血，水肿和以淋巴细胞为主的慢性炎细胞浸润
   D. 软骨萎缩、钙化或骨化
   E. 支气管黏膜上皮细胞变性、坏死

2. 慢性支气管炎最常见的并发症是
   A. 支气管扩张症和肺源性心脏病
   B. 肺脓肿
   C. 肺气肿和肺源性心脏病
   D. 大叶性肺炎
   E. 肺结核和肺源性心脏病

3. 慢性阻塞性肺气肿的发生主要是由于
   A. 细小支气管壁结构破坏导致支气管壁增厚、变硬、管腔狭窄
   B. 支气管壁腺体肥大、增生
   C. 急、慢性细支气管炎及细支气管周围炎
   D. 肺组织高度纤维化
   E. 支气管壁因炎症而遭破坏

4. 患者男，慢性咳嗽、咳痰 20 余年，痰多呈白色黏液样，有时为黄脓痰，近半年来咳痰偶带血丝，气急不能平卧，桶状胸。应诊断为：
   A. 慢性支气管炎
   B. 慢性支气管炎，肺气肿，肺心病
   C. 慢性支气管炎，支气管扩张，肺气肿
   D. 慢性支气管炎，肺癌，肺气肿
   E. 慢性支气管炎，肺结核，肺气肿

5. 患者男，35 岁，3 天前受凉后头痛，畏寒，继而高热，咳嗽，咳铁锈色痰，左侧胸痛。X 线检查：左肺下叶可见大片阴影。可诊断为：
   A. 肺气肿
   B. 肺癌
   C. 肺结核
   D. 大叶性肺炎
   E. 支气管扩张症

6. 一小儿，出现发热，咳嗽，咳脓性痰，胸透见双肺下叶散在分布着边界不清的阴影。最有可能的诊断为
   A. 大叶性肺炎
   B. 小叶性肺炎
   C. 间质性肺炎
   D. 肺脓肿
   E. 干酪样肺炎

7. 大叶性肺炎主要由下列哪种病原微生物感染引起
   A. 肺炎支原体
   B. 腺病毒
   C. 肺炎链球菌
   D. 肺炎杆菌
   E. 大肠埃希菌

8. 下列哪项不符合病毒性肺炎的特点
A. 常见病因是腺病毒
B. 间质性肺炎
C. 以中性粒细胞浸润为主
D. 上皮细胞内可见病毒包涵体
E. 透明膜形成

9. 大叶性肺炎的病变性质是
A. 纤维素性炎症
B. 浆液性炎
C. 出血性炎
D. 急性化脓性炎
E. 肺间质性炎

10. 限制性通气不足由下列哪项引起，除了
A. 呼吸肌活动障碍
B. 胸腔积液
C. 肺的顺应性降低
D. 胸廓的顺应性增高
E. 胸腔积血

三、简答题

1. 大叶性肺炎分哪四期？
2. 大叶性肺炎有哪些并发症？
3. 小叶性肺炎有哪些并发症？

（钟苗英）

第五十章　消化系统疾病

学习目标

1. 掌握病毒性肝炎、肝硬化、肝功能衰竭、肝性脑病的概念；掌握溃疡病的病理变化及并发症、病毒性肝炎的临床病理分型及各型的病理特点；门脉性肝硬化的病理变化及与临床的联系。
2. 熟悉门脉性肝硬化的病因、肝性脑病发病机制中氨中毒学说和假性神经递质学说、肝性脑病的主要诱发因素。
3. 了解溃疡病、病毒性肝炎、肝硬化的发病机制、肝功能不全机体功能和代谢的变化。

案例 1

患者男性，41 岁。上腹部反复烧灼样疼痛，常出现在饥饿或夜间，并伴有反酸、嗳气半年余，行上消化道内镜检查，发现十二指肠球部前壁有一大小约 0.6cm×0.5cm 的溃疡，溃疡表面坏死，周围黏膜充血、水肿，呈放射状向溃疡集中。实验室检查：幽门螺杆菌（+）。

病理诊断：十二指肠溃疡。

讨论：十二指肠溃疡的好发部位在哪？有何病变特点？

案例 2

患者男性，50 岁。5 年前患病毒性肝炎，近 1 年感疲乏，食欲不振，1 个月前饮酒后症状加重，腹部逐渐膨胀。体查：巩膜黄染，前胸部见两颗蜘蛛痣，腹水征（+），肝肋下未触及，脾于左肋缘下 2cm 可及。X 线钡餐检查：食管下段静脉曲张。

讨论：1. 本案例最可能诊断为何病？病变如何发展而来？

2. 用所学知识解释本案例的主要临床表现。

第一节　消化性溃疡

消化性溃疡是一种以胃或十二指肠黏膜形成慢性溃疡为主要病变的常见病，多见于成年人，男性多于女性。患者有周期性上腹部疼痛、反酸、嗳气等症状，易反复发作，呈慢性经过。十二指肠溃疡多见，占 70%，胃溃疡占 25%，两个部位同时发生者称为复合性溃疡，约占 5%。

一、病因和发病机制

消化性溃疡的病因和发病机制尚未完全阐明，目前认为胃黏膜屏障的破坏是导致黏膜组织被胃酸和胃蛋白酶消化而形成溃疡的主要原因。

引起胃黏膜防御屏障破坏的因素有幽门螺杆菌（helicobacter pylori，HP）感染、长期服用非类固醇类抗炎药如阿司匹林、吸烟、饮酒、胆汁反流等，其中 HP 感染是主要因素。因为 HP 可产生裂解胃黏膜糖蛋白的蛋白酶，破坏黏膜表面上皮细胞脂质膜的磷酸酯酶，使胃酸直接接触上皮细胞并进入黏膜内；HP 能趋化多量中性粒细胞，破坏胃黏膜上皮细胞；HP 可产生脂多糖等趋化因子，使慢性炎症黏膜更易为胃酸破坏；HP 可促进胃黏膜 G 细胞增生和胃泌素分泌，致胃酸分泌增多。

此外，长期处于精神过度紧张或焦虑状态导致神经、内分泌功能失调，引起胃酸分泌增多，从而促进溃疡形成。

二、病理变化

胃溃疡好发于胃小弯近幽门处，以胃窦部最常见。肉眼观，溃疡通常为单个，圆形或椭圆形，直径多小于 2cm，溃疡边缘较整齐，底部较平坦，周围黏膜可有轻度水肿，黏膜皱襞呈放射状向溃疡处集中（图 50－1）。溃疡可深达肌层甚至浆膜层。切面边缘耸直呈漏斗状或潜掘状（图 50－2）。十二指肠溃疡常见于十二指肠球部的前壁或后壁，溃疡的形态特点与胃溃疡相似，但较小、较浅，直径一般在 1cm 以内。

图 50－1　胃溃疡（肉眼观）

溃疡呈卵圆形，边缘整齐，底部平坦，较深，周围黏膜皱襞呈放射状向溃疡集中

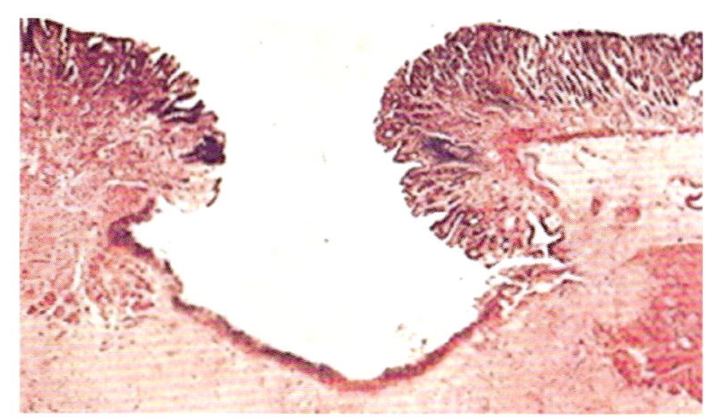

图 50－2　胃溃疡切面（肉眼观）

切面见溃疡边缘耸直呈漏斗准确度中潜掘状，深及肌层

镜下观，溃疡底部从表层到深层可分为四层：①渗出层：由少量炎症渗出物覆盖；②坏死层：主要由坏死的细胞碎片组成；③肉芽组织层；④瘢痕层：瘢痕层中的小动脉常发生增殖性动脉内膜炎改变，管壁增厚，管腔狭窄，常伴有血栓形成。此种改变可在一定程度上防止出血，但也致局部血供不良，使溃疡不易愈合。此外，溃疡底部可见神经细胞和神经纤维变性、断裂，断端神经纤维呈小球状增生，这种变化可能与溃疡病疼痛有关。

三、结局和并发症

消化性溃疡呈慢性经过，常反复发作。当溃疡不再发展，溃疡底部的渗出物和坏死物溶解吸收或排出，肉芽组织增生填补溃疡缺损，周围黏膜上皮再生、覆盖创面而愈合。整个过程一般需4～5周。消化性溃疡可有以下并发症：

1. 出血　是最常见的并发症，发生率可达10%～35%，轻者为溃疡底部毛细血管破裂出血，患者粪检潜血阳性；少数患者因大血管被侵蚀破裂引起大出血，出现呕血、黑便，严重者可发生失血性休克危及生命。

2. 穿孔　约见于5%的患者。多见于十二指肠溃疡，穿孔后胃肠内容物流入腹腔引起急性弥漫性腹膜炎。位于后壁的溃疡，穿孔前常已与邻近器官如肝、胰等粘连，称为穿透性溃疡，可引起局限性腹膜炎。

3. 幽门狭窄　约见于3%的患者，由于瘢痕收缩、溃疡充血、水肿或炎症刺激等引起幽门狭窄，致胃内容物潴留。患者有反复呕吐、水及电解质失衡等表现。

4. 癌变　约1%胃溃疡发生恶变，十二指肠溃疡几乎不发生癌变。

四、病理临床联系

1. 周期性上腹部疼痛　胃溃疡患者多在餐后1～2小时痛，这与食物刺激促胃液素使胃酸分泌增多有关。十二指肠溃疡患者多为饥饿痛，这可能与饥饿时迷走神经兴奋性强、胃酸分泌增多并刺激病灶及胃壁平滑肌痉挛有关。

2. 反酸、嗳气、呕吐　与胃酸刺激引起幽门括约肌痉挛或胃逆蠕动、潴留胃内食物发酵、胃内容物反流等因素有关。

3. X线钡餐检查　溃疡处X线钡剂造影可见龛影。

第二节　病毒性肝炎

病毒性肝炎是由肝炎病毒引起的以肝细胞变性、坏死为主要病变的常见传染病。本病在世界各地均有发病和流行，且发病率有不断升高趋势。在我国，乙型肝炎病毒携带者约有1.2亿人，其中约有3000万人逐渐发展成慢性乙型肝炎、肝硬化和肝癌。临床表现为食欲减退、厌油腻、疲乏、肝大和肝功能异常等。

一、病因和发病机制

目前对肝炎病毒的认识已较为清楚，其特点见表50-1。

表 50-1 各型肝炎病毒的特点及其传染途径

病毒名称	英文缩写	病毒类型	主要传染途径
甲型肝炎病毒	HAV	RNA 型	肠道（患者粪便污染食物）
乙型肝炎病毒	HBV	DNA 型	输血、注射、分泌物、母婴垂直传播
丙型肝炎病毒	HCV	RNA 型	输血、注射、分泌物、母婴垂直传播
丁型肝炎病毒	HDV	RNA 型	输血、注射、母婴垂直传播（只有 HbsAg 阳性者）
戊型肝炎病毒	HEV	RNA 型	肠道（水源污染）
庚型肝炎病毒	HGV	RNA 型	输血、注射、分泌物、母婴垂直传播

肝炎的发生机制尚未完全清楚，目前研究较多的是乙型肝炎病毒。HBV 是通过细胞免疫反应引起肝细胞损伤。HBV 进入机体后，在肝细胞内复制，并在肝细胞表面表达部分抗原。病毒抗原引起机体的免疫反应，致敏 T 淋巴细胞与肝细胞表面的抗原结合，通过淋巴细胞毒作用，杀伤靶细胞以清除病毒，同时造成肝细胞损伤。肝细胞的损伤程度与肝炎病毒的量、毒力及机体的细胞免疫反应有关：①在同样病毒的量和毒力情况下，细胞免疫反应正常者则发生急性肝炎；②对于免疫功能低下者，由于机体的免疫反应不足以完全清除受感染的靶细胞，病毒持续感染导致慢性肝炎；③免疫反应强，感染病毒量多时则发生重型肝炎；④免疫耐受状态或免疫功能缺陷的个体则成为病毒携带者。有的肝炎病毒（HAV、HDV）可能直接损害肝细胞致病。

二、基本病理变化

各种肝炎病毒所引起的病理变化基本相似，是以肝细胞变性、坏死为主的变质性炎症，并伴有不同程度的炎细胞浸润、肝细胞再生和纤维组织增生。

（一）肝细胞变性和坏死

肝炎时常见的变性是肝细胞胞质疏松化和气球样变。前者系肝细胞水肿，体积增大，胞浆疏松呈网状（图 50-3）。严重时肝细胞肿大呈球形，胞质几乎完全透明，称为气球样变。严重水肿的肝细胞可发生坏死，即溶解坏死。

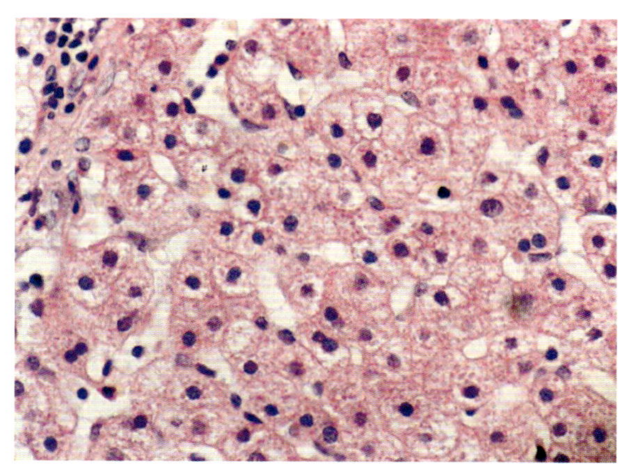

图 50-3 肝细胞水肿

肝细胞体积增大，胞质水淡染，肝窦受压变窄

根据肝细胞坏死的范围和发生的部位，坏死有不同的类型：①点状坏死，为单个至数个肝细胞坏死，常见于急性（普通型）肝炎；②碎片状坏死，为肝小叶周边界板肝细胞片状或灶状坏死，常见于轻、中度慢性肝炎（图 50－4）；③桥接坏死，指连接两个汇管区、两条中央静脉或一条中央静脉和一个汇管区之间的带状融合性坏死灶，见于中度和重度慢性肝炎；④亚大块和大块坏死，为几乎累及整个肝小叶的大范围肝细胞坏死，见于重型肝炎（图 50－5）。

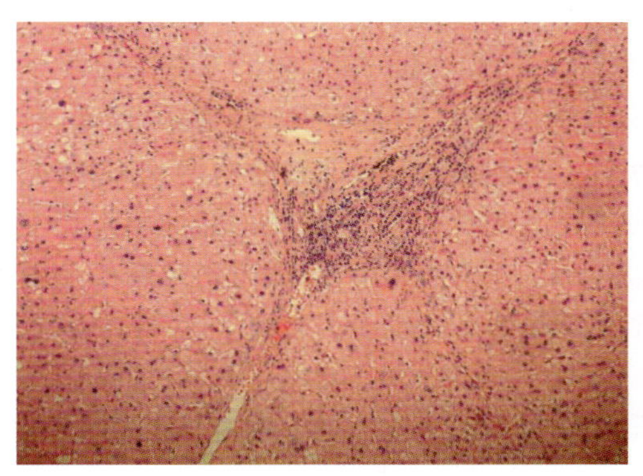

图 50－4　碎片状坏死

界板处成片肝细胞坏死，大量炎细胞

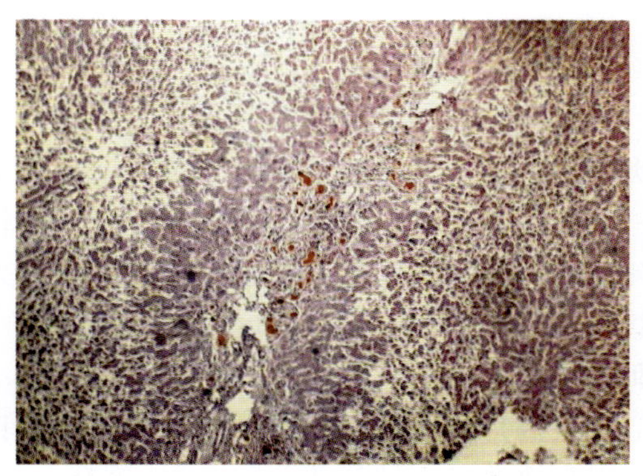

图 50－5　大块坏死（急性重型肝炎）

病变几乎累及整个肝小叶的大范围坏死

（二）肝细胞凋亡

凋亡肝细胞体积缩小，胞质嗜酸性增强，细胞核固缩（又称嗜酸性变），最后核消失，为一红染的圆形小体即凋亡小体（嗜酸性小体，又称嗜酸性坏死）。

（三）炎细胞浸润

主要是淋巴细胞、单核细胞浸润，在汇管区和病变的肝小叶内呈灶性浸润，有时可见少量中性粒细胞浸润。

（四）肝细胞再生

肝炎时，坏死的肝细胞由邻近肝细胞再生修复，再生的肝细胞体积较大，核大而染色较深，可见双核。如坏死范围较小，再生的肝细胞可沿原有的网状支架排列。如肝细胞坏死严重，小叶内网状支架塌陷，再生肝细胞则呈团块状排列，称为结节状再生。

（五）间质反应性增生和小胆管增生

间质 Kupffer 细胞增生肥大，储脂细胞（肝星状细胞）及成纤维细胞增生并参与损伤的修复。若肝组织破坏明显导致纤维组织大量增生，形成穿插于肝小叶内的纤维隔，可导致肝硬化。在慢性的案例，汇管区和增生的纤维组织内可出现不同程度的细小胆管增生。

三、临床病理类型

病毒性肝炎除按病原学分类外，还可根据病程、病变程度和临床表现的不同进行临床病理分类：

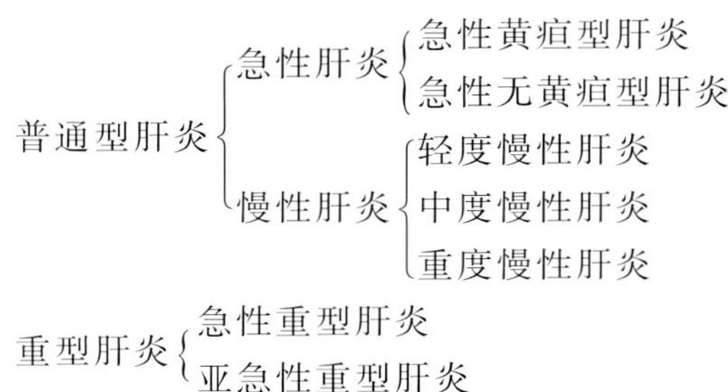

（一）普通型肝炎

1. 急性（普通型）肝炎　最常见，临床上又分为黄疸型和无黄疸型。我国以无黄疸型肝炎居多，其中多为乙型肝炎。黄疸型肝炎多为 HAV 感染引起。二者的病变基本相同。

（1）病理变化：肉眼见肝体积增大，质较软，表面光滑。镜下观察：肝细胞广泛变性，坏死较轻。以肝细胞胞质疏松化和气球样变为主，肝小叶内有散在点状坏死及肝细胞凋亡，汇管区及肝小叶内有不同程度的炎细胞浸润。黄疸型者坏死灶较多、较重，毛细胆管管腔内有胆栓形成。

（2）病理临床联系：患者常有肝区疼痛和压痛。由于肝细胞坏死，细胞内的酶类释放入血，引起血清谷丙转氨酶（SGPT）等升高及其他肝功能异常。肝细胞坏死较多时可引起胆红素的代谢障碍而致黄疸。

（3）结局：急性肝炎大多在半年内恢复，少数（主要是乙型、丙型和丁型肝炎）转为慢性。

2. 慢性（普通型）肝炎　肝炎病程持续 6 个月以上者，即为慢性肝炎。导致慢性肝炎的因素很多，如感染病毒类型、免疫反应状态、治疗不当、营养障碍、饮酒或服用对肝有损害的药物等。根据炎症变化、坏死和纤维化程度，可将慢性肝炎分为轻、中、重度三型。

（1）轻度慢性肝炎：主要病变为点状、小灶状坏死，偶见轻度碎片状坏死。汇管区慢性炎细胞浸润，可见少量纤维组织增生，肝小叶界板无破坏，小叶结构完整。临床症状较轻，大多数可恢复。

（2）中度慢性肝炎：肝细胞坏死明显，出现灶性坏死、较严重的碎片状坏死以及特征性的桥接坏死。肝小叶内有纤维带形成，但小叶结构大部分保存。此型肝炎病变较重，肝功能持续异常。

（3）重度慢性肝炎：肝细胞坏死广泛而严重，有重度碎片状坏死和大范围的桥接坏死，肝细胞不规则再生。增生的纤维组织分割并包绕肝细胞导致小叶结构破坏，出现早期肝硬化改变。此型肝炎临床症状明显而持续，出现食欲不振、乏力、腹胀、肝区疼痛等，肝功能持续异常，可发展为肝硬化。

（二）重型肝炎

1. 急性重型肝炎　少见。起病急、病情重、病程短，死亡率高。临床上称为暴发型肝炎。

病理变化：肝细胞发生广泛而严重的坏死，出现大块或亚大块坏死，仅在小叶周边部残存少量变性的肝细胞，肝窦扩张、充血、出血，Kupffer 细胞增生、肥大，并吞噬细胞碎屑及色素。肝小叶内和汇管区有大量淋巴细胞和巨噬细胞浸润。肝体积显著缩小，被膜皱缩，质软，呈黄色或红褐色，故又称急性黄色肝萎缩或急性红色肝萎缩（图 50－6）。

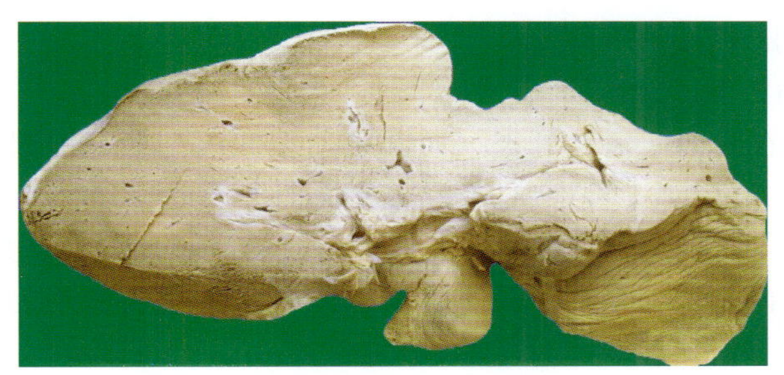

图 50-6　急性黄色肝萎缩

肝体积明显缩小，被膜皱缩，质软，呈土黄色

病理临床联系：由于大量肝细胞坏死溶解，可导致：①胆红素大量入血引起黄疸；②凝血因子合成减少引起出血倾向；③肝功能衰竭，解毒功能障碍引起肝性脑病；④大量肝细胞坏死和毛细血管内皮受损引起 DIC。此外，由于胆红素代谢障碍及血液循环障碍等因素，尚可诱发肾衰竭，称为肝肾综合征。

此型肝炎大多在短期（10 天）内死亡，主要死亡原因为肝功能衰竭、消化道大出血、肾衰竭以及 DIC 等。若能渡过急性期，少数案例可转为亚急性重型肝炎。

2. 亚急性重型肝炎　多数由急性重型肝炎迁延而来，少数由急性普通型肝炎进展恶化而来。起病较急性重型肝炎稍慢，病程较长，可达数周至数月。

病理变化：以既有肝细胞的大片坏死，又有肝细胞结节状再生为特点。可见新旧不一的亚大块坏死；坏死区网状纤维支架塌陷，胶原纤维化；再生的肝细胞失去依托而呈不规则结节状，原有肝小叶结构丧失；小叶内外有明显的炎细胞浸润；小胆管增生，可有胆汁淤积形成胆栓。肝体积缩小，包膜皱缩，因胆汁淤积可呈黄绿色，切面可见小岛屿状再生小结节。

此型肝炎如能及时、恰当地治疗，病变可停止发展并有治愈的可能。多数继续发展而转变为坏死后性肝硬化。

第三节　肝硬化

肝硬化是一种常见的慢性肝病，可由一种或多种原因引起肝损害，肝呈进行性、弥漫性、纤维性病变。具体表现为肝细胞弥漫性变性、坏死，继而出现纤维组织增生和肝细胞结节状再生，这些病变反复交错进行，导致肝小叶结构和血液循环途径逐渐被破坏和改建，使肝变形、变硬而形成肝硬化。临床上早期可无明显症状，后期则出现不同程度的门静脉高压和肝功能障碍。

肝硬化按形态可为小结节型（结节直径≤3mm）、大结节型（结节直径＞3mm）、大小结节混合型及不完全分隔型（纤维组织未将小叶完全分隔的早期肝硬化）。

根据病因，肝硬化可分为病毒性肝炎性、酒精性、胆汁性、淤血性及寄生虫性肝硬化等。

我国常用的是结合病因和病变的综合分类，将肝硬化分为门脉性、坏死后性、胆汁性、淤血性、寄生虫性和色素性肝硬化等。除坏死后性相当于大结节型和大小结节混合型外，其余均相当于小结节型。其中门脉性肝硬化最常见，其次为坏死后性肝硬化，其余类型少见。

以下主要介绍门脉性肝硬化。

（一）病因和发病机制

1. 病毒性肝炎 在我国病毒性肝炎（尤其是乙型和丙型）是引起门脉性肝硬化的主要原因。在肝硬化患者的肝组织中可检出 HBsAg 的阳性率高达 76.7%。

2. 慢性酒精中毒 在欧美国家因酒精性肝病引起的肝硬化可占总数的 60%～70%。

3. 营养缺乏 动物实验表明，饲喂缺乏胆碱或蛋氨酸食物的动物，可经过脂肪肝发展为肝硬化。

4. 药物或毒物中毒 长期服用某些对肝有损害作用的药物可引起药物性肝硬化，某些化学毒物如砷、四氯化碳、黄磷等对肝长期作用可引起肝硬化。

肝硬化的主要发病机制是肝的进行性纤维化。上述各种原因引起肝细胞弥漫变性、坏死及炎症反应和纤维组织增生。初期纤维组织增生形成细小条索，条索未互相连接，肝小叶结构未改建，称为肝纤维化。肝纤维化为可逆性改变，病因去除后胶原可被吸收。如果病变继续发展，肝内所形成的纤维组织相互连接，分隔肝小叶，同时残留肝细胞结节状再生，最终形成假小叶，使肝小叶结构和血液循环被改建而形成肝硬化。

（二）病理变化

门脉性肝硬化属于小结节型肝硬化。肉眼观察：早期肝体积正常或略增大，质地稍硬。后期肝体积明显缩小，重量减轻，质地硬。肝表面和切面见弥漫性分布的小结节（图 50－7）。结节大小较一致，最大结节直径不超过 1.0cm。结节周围有纤细的纤维间隔包绕。镜下所见：正常肝小叶结构破坏，由假小叶取代。假小叶是指增生的纤维组织分割包绕肝小叶及结节状再生的肝细胞团，呈大小不等、圆形或类圆形结构（图 50－8）。假小叶内肝索排列紊乱，中央静脉缺如、偏位或有两个以上，有时可包绕有汇管区。假小叶周围增生的纤维组织中有多少不等的淋巴细胞浸润和新生的小胆管。

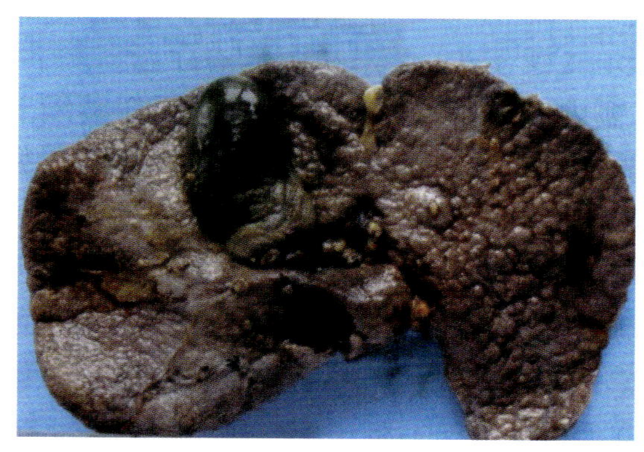

图 50－7 门脉性肝硬化

肝表面见大小相仿、密集的小结节

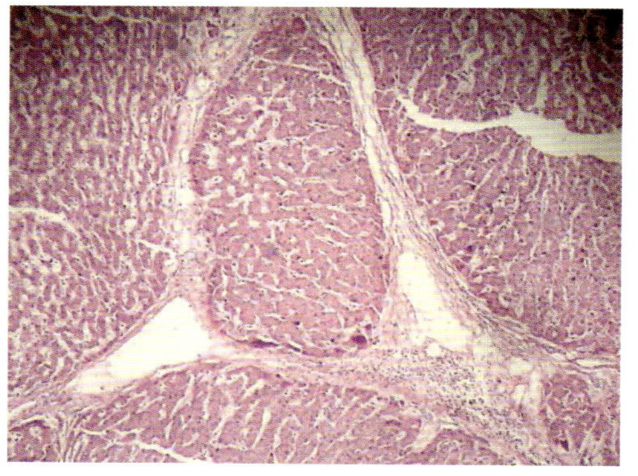

图 50－8 门脉性肝硬化

肝小叶的正常结构被破坏而形成假小叶

（三）病理临床联系

肝硬化早期，由于肝有较强的代偿功能，患者常无明显表现。晚期出现门脉高压症和肝功能不全。

1. 门脉高压症 肝硬化时门静脉压力增高的原因有：①假小叶和增生纤维组织压迫小叶下静脉、中央静脉和肝窦，致门静脉回流受阻；②肝动脉和门静脉间形成异常吻合支，压力高的肝动脉血液流入门静脉，引起门静脉压力增高。门脉高压症的主要临床表现有：

（1）脾大：门脉高压可使脾静脉血液回流受阻，致脾淤血性肿大，常伴有脾功能亢进的表现。临床可出现贫血和出血倾向。

（2）胃肠淤血：门静脉高压使胃肠静脉回流受阻而淤血水肿，患者有食欲不振，消化不良表现。

（3）腹水：腹水为淡黄色透明漏出液，形成的原因有：①门脉高压导致门静脉系统的毛细血管流体静压升高和管壁通透性增高；②肝功能降低，肝细胞合成的白蛋白减少，致血浆胶体渗透压降低；③肝灭活作用降低，血液中醛固酮、抗利尿激素增多致水、钠潴留；④肝血窦淤血，窦内压升高，大量液体流入窦状隙，部分经肝被膜漏入腹腔。

（4）侧支循环形成：门脉高压时，部分门静脉血液绕过肝经侧支循环回流到体静脉（图 50－9）。侧支循环的形成可引起：①食管下段静脉丛曲张；护理工作中应注意该静脉曲张后，受坚硬粗糙食物的机械性损伤或当腹腔内压突然升高时（如患者剧烈咳嗽、用力排便、呕吐、负重等），可诱发曲张静脉破裂，导致致命性大出血，是肝硬化患者常见的死亡原因之一。②直肠静脉丛曲张，曲张静脉破裂可引起便血，长期便血可引起贫血。③脐周及腹壁浅静脉曲张；形成“海蛇头”现象，对门脉高压有诊断意义（图 50－9）。肝硬化导致的严重门脉高压症在临床护理中常可见一些突发危重病情，应当给予重视。

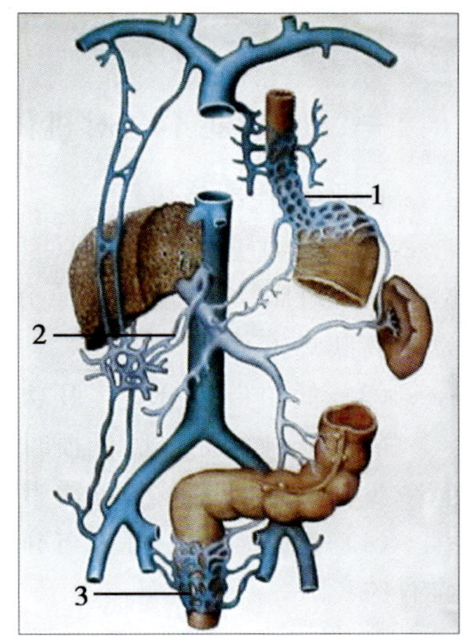

图 50－9　门脉高压症侧支循环模式图

1. 食管静脉丛　2. 附脐静脉　3. 直肠静脉丛

2. 肝功能不全

是肝实质严重破坏和肝血液循环改建的结果。肝功能不全的主要临床表现有：

（1）血浆蛋白合成不足：因肝细胞受损，白蛋白合成降低以及骨髓免疫球蛋白生成增多，因此血浆白蛋白、球蛋白比值降低，甚至出现倒置现象。

（2）出血倾向：由于凝血酶原、纤维蛋白原等凝血因子合成不足，以及脾功能亢进血小板破坏过多，患者有鼻出血、齿龈出血、皮肤黏膜淤点、淤斑等出血倾向。

（3）激素灭活不全：由于雌激素灭活不全，患者皮肤可出现蜘蛛痣、肝掌，男性患者可出现睾丸萎缩、乳房发育，女性患者出现月经不调等。

（4）黄疸：胆色素代谢障碍以及肝内小胆管受压，患者常有黄疸。

（5）肝性脑病：机体代谢及肠道吸收来的含氮物质不能通过肝解毒引起氨中毒，患者出现肝性脑病，最终出现肝昏迷，是肝硬化患者常见的死亡原因之一。

（四）结局

肝硬化不能从形态结构上恢复正常。但是因肝脏代偿功能很强，如能及时治疗精心护理可使病变较长时间处于相对稳定状态。如果病变继续发展，最终出现肝衰竭，患者可因肝昏迷死亡，或因食管下段曲张静脉破裂引起上消化道大出血或合并肝癌及感染等死亡。

第四节　肝功能不全

当某些致病因素严重损伤肝细胞时，可引起肝形态结构的破坏和肝功能的异常，进而出现黄疸、出血、继发性感染、肾功能障碍和肝性脑病等临床表现，这一病理过程或临床综合征称为肝功能不全。当肝功能不全发展到晚期，临床上出现中枢神经系统功能紊乱（肝性脑病）和肾衰竭（肝肾综合征）时，称为肝功能衰竭。

一、肝功能不全对机体的影响

1. 物质代谢障碍

（1）低血糖症：主要原因：大量肝细胞坏死致使肝内糖原储备减少；肝细胞内葡萄糖-6-磷酸酶的破坏，使肝糖原分解为葡萄糖的能力明显下降；肝严重受损使胰岛素灭活降低，发生高胰岛素血症。

（2）低白蛋白血症：肝功能障碍可使白蛋白合成明显减少。

（3）低钾血症：肝受损时，肝细胞对醛固酮的灭活功能减弱，肝性腹水致使有效循环血量减少，引起醛固酮分泌增多，导致肾排钾增多，引起低钾血症。

（4）低钠血症：可能与肝病时有效循环血量减少而引起的抗利尿激素分泌增多及灭活障碍有关。

2. 凝血和纤维蛋白溶解障碍（出血与出血倾向）　发生凝血障碍的主要机制有：①凝血因子合成减少；②凝血因子消耗增多：急性肝衰竭时常并发DIC；③抗凝血物质增多：肝病时血循环中类肝素物质、纤维蛋白降解产物增多；④原发性纤维蛋白溶解：肝病时血循环中抗纤溶酶减少，不能充分清除纤溶酶原激发物，从而增强了纤维蛋白溶解酶的活性；⑤血小板量与功能异常。

3. 免疫功能障碍（肠源性内毒素血症）　肠道革兰阴性菌释放内毒素，在正常情况下少量间歇地进入门静脉或漏入肠淋巴管并转漏至腹腔，在进入肝后被Kupffer细胞吞噬而被清除，故不能进入体循环。在严重肝病时可出现肠源性内毒素血症。

4. 胆汁排泄障碍（黄疸）　肝细胞损伤可造成胆汁摄取、酯化和排泄障碍，引起黄疸和肝内胆汁淤积。

5. 解毒功能障碍　肝细胞的解毒功能减退，可导致多种有害物质蓄积，特别是引起中枢神经功能障碍。

二、肝性脑病

肝性脑病是各种严重肝病的终末表现，是肝衰竭所致的神经精神综合征。

肝性脑病的临床表现为从轻微的精神异常到昏迷一系列神经精神症状，可分为四期：一期（前驱期）：轻微的性格改变和行为异常。可表现为：欣快、反应迟钝、易激惹、健忘、注意力不集中、可有轻度的扑翼样震颤。二期（昏迷前期）：神经精神症状加重。表现为：精神错乱，睡眠节律发生改变，行为失常，定向障碍，理解能力减退，可出现肌张力增高、腱反射亢进、扑翼样震颤。三期（昏睡期）：表现为严重的精神错乱和嗜睡。四期（昏迷期）：神志完全丧失，不能唤醒，进入昏迷状态。

（一）原因及分类

根据原因不同分为内源性肝性脑病和外源性肝性脑病两类。

1. 内源性肝性脑病　多由急性严重肝细胞坏死发展而来，毒性物质在通过肝脏时未经解毒即进入体循环，见于急性重型肝炎、伴有肝细胞广泛坏死的中毒或肝癌等。此型可无诱因，呈急性经过，血氨可不增高。

2. 外源性肝性脑病　是指肠道吸收入门静脉的毒性物质，绕过肝直接进入体循环。见于门脉性肝硬化，多有明显的诱因，呈慢性经过，血氨往往升高。

（二）发病机制

肝性脑病时脑内并无明显的特异性结构变化，主要是由于脑组织的代谢和神经生理功能障碍所致。目前已提出几种学说，主要为氨中毒学说、假性神经递质学说和血浆氨基酸失衡学说等。

1. 氨中毒学说　临床研究发现，约 80%肝性脑病患者血液及脑脊液中的氨浓度高出正常人的 2～3 倍，肝硬化患者如进食大量高蛋白饮食或摄入含氮物质，易诱发肝性脑病，若采取降血氨及限制蛋白质饮食措施可使病情好转。动物实验亦表明氨能引起异常的神经毒性症状。这些均提示肝性脑病的发生与氨代谢障碍有密切关系，是氨中毒学说的依据。

（1）血氨升高的机制：氨清除不足或产氨增加，均可导致血氨升高，其中以前者占主导地位。

1）氨清除不足：通常肠道吸收的氨经门静脉进入肝，在肝内经鸟氨酸循环合成尿素，然后经肾排出体外。肝功能严重障碍时，由于代谢障碍，ATP 生成不足，加之鸟氨酸循环的酶系统严重受损，导致由氨合成尿素减少而使血氨升高。此外，因门脉高压形成侧支循环或门体静脉吻合术后，使肠道吸收的氨绕过肝，直接进入体循环而使血氨升高。

2）产氨增加：血氨主要来源于肠道所产生的氨。①肝功能严重障碍时，由于门脉高压，使胃肠道淤血、水肿、肠蠕动减弱及胆汁分泌减少，致使食物的消化、吸收及排空都发生障碍，导致肠道细菌活跃，食物蛋白被细菌分解产氨增多；②当门脉高压侧支循环形成时，易发生上消化道出血，肠道内滞留的血液蛋白质在肠道细菌的作用下，生成较多的氨；③严重肝功能障碍常合并肝肾综合征，使弥散至肠道的尿素增多，产氨增多；④患者出现躁动、震颤时，肌肉产氨增多。

知识链接

肠道的 pH 对氨吸收的影响

肠道的 pH 影响氨的吸收，当肠道处于酸性环境时，NH_3 与 H^+ 结合成不易吸收的 NH_4^+ 而随粪便排出。反之，当肠道处于碱性环境时，肠道吸收氨增多，使血氨含量升高。临床上常采取酸化肠道的措施来协助降血氨。

（2）氨对脑的毒性作用：血氨升高引起肝性脑病的机制，目前认为与下列作用有关：

1）干扰脑细胞的能量代谢：正常时，脑细胞消耗能量较多，其能量主要依赖于血液葡萄糖氧化的随时供给。NH_3 主要是通过影响葡萄糖生物氧化过程中的多个环节，使 ATP 消耗增多而产生减少，干扰了脑细胞的能量代谢，导致脑细胞完成各种功能所需的能量严重不足，不能维持中枢神经系统的兴奋活动而昏迷。

2）干扰神经递质间的平衡：氨的增多使脑内的神经递质平衡失调，兴奋性递质（谷氨酸、乙酰胆碱）减少，而抑制性递质（γ-氨基丁酸、谷氨酰胺）增多，导致中枢神经系统功能紊乱。

3）干扰神经细胞膜的离子转运：氨还可干扰神经细胞膜上的 Na^+-K^+-ATP 酶的活性，影响复极后细胞膜的离子转运，干扰静息电位和动作电位的产生，使神经的兴奋和传导过程受到干扰。

然而，目前临床上仍存在氨中毒学说难以解释的事实：①临床上约 20％的肝性脑病患者血氨正常，而有的血氨明显增高的肝硬化患者并不发生肝性脑病；②有些肝性脑病患者的昏迷程度与血氨水平无平行关系；③有些肝性脑病患者早期血氨升高，经降血氨治疗后，昏迷程度及脑电图波形却无相应改变。由此可见，氨中毒学说并不能圆满解释肝性脑病的发病机制。

2．假性神经递质学说

（1）假性神经递质的产生：食物中蛋白质在肠内分解成氨基酸，其中芳香族氨基酸如苯丙氨酸、酪氨酸经肠道细菌的脱羧酶作用生成苯乙胺和酪胺，再吸收进入门脉系统，这些胺类在肝内单胺氧化酶作用下被氧化分解而清除；当肝功能严重障碍或门-体侧支循环建立后，它们未被分解或经侧支循环绕过肝，经体循环进入脑组织。苯乙胺和酪胺再在脑干网状结构的神经细胞内β-羟化酶的作用下，生成苯乙醇胺和羟苯乙醇胺。这些生物胺的化学结构与去甲肾上腺素和多巴胺等正常神经递质结构相似，但其生理效应远较正常神经递质为弱，故称为假性神经递质（图 50－10）。

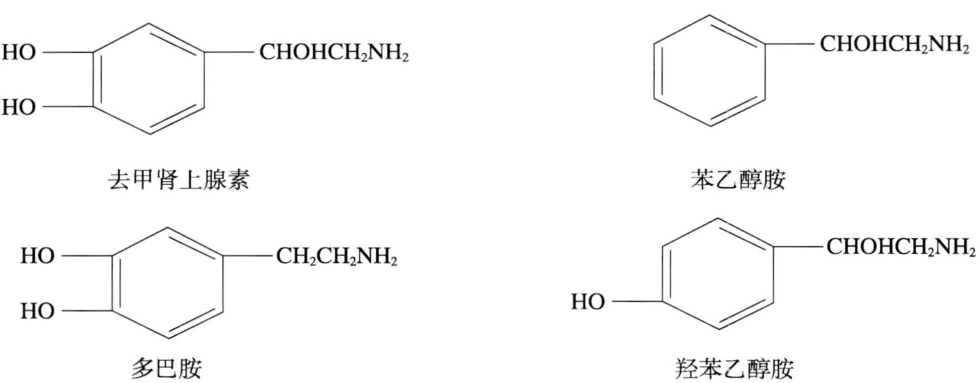

图 50－10 正常及假性神经递质

（2）假性神经递质的作用机制：正常生理情况下，脑干网状上行激动系统是维持大脑皮质兴奋，使机体处于觉醒状态下的重要中枢神经系统结构。当假性神经递质——苯乙醇胺和羟苯乙醇胺在脑内增多时，其可取代正常神经递质去甲肾上腺素和多巴胺，被肾上腺素能神经元所摄取，并贮存在突触小体的囊泡中。但其被释放后的生理效应则远较去甲肾上腺素和多巴胺弱。因而脑干网状结构上行激动系统的唤醒功能不能维持，从而发生意识障碍乃至昏迷。

假性神经递质学说也有一定的片面性，还不能圆满解释肝性脑病的发病机制，尚在不断补充和发展中。

除氨中毒和假性神经递质学说外，还有血浆氨基酸失衡学说、血清GABA（γ-氨基丁酸）学说；此外，蛋白质、脂肪的代谢产物如硫醇、短链脂肪酸、酚等在严重肝病时清除不足，这些物质的含量增高在肝性脑病发病中可能也起一定作用。

（三）肝性脑病的诱因

大多数慢性肝性脑病发病前有明显的诱发因素。

1. 消化道出血　是最常见的诱因。肝硬化患者晚期常伴有食管下段静脉曲张破裂出血，大量血液进入消化道，血液中的蛋白质在肠道细菌作用下，生成大量氨、硫醇等毒物。此外，出血还可造成循环血量减少和血压下降，使肝、脑、肾等重要器官灌流不足，导致缺血、缺氧，从而促进脑病的发生。

2. 感染　严重感染可使全身各组织分解代谢增强，体内产氨增多，血浆氨基酸失衡。此外，细菌、毒素可直接损害肝功能，使氨合成尿素减少；还可使血-脑屏障通透性增高和脑对氨等毒性物质的敏感性增高而诱发肝性脑病。

3. 电解质和酸碱平衡紊乱　不恰当使用排钾利尿剂、进食减少、呕吐等因素均可引起低钾性碱中毒；血氨含量增多、感染发热可引起呼吸加深加快，导致呼吸性碱中毒。碱中毒有利于NH_4^+转化为NH_3，且使肾小管上皮细胞产生的氨以铵盐的形式排出减少。

4. 氮质血症　肝性脑病患者常伴有肾衰竭，因此，其体内蓄积的大量有毒代谢产物不能经肾排出，可加重肝性脑病的病情。

5. 其他　止痛、镇静、麻醉剂使用不当，放腹水过多、过快，便秘、呕吐、腹泻、过度利尿，低血糖、摄入过量蛋白质或铵盐饮食，酒精中毒等均可诱发肝性脑病。

小　结

溃疡病又称为消化性溃疡，以胃、十二指肠慢性溃疡为主要病变。溃疡呈圆形或椭圆形，边缘整齐。溃疡病可引起出血、穿孔、幽门梗阻和癌变等并发症，但十二指肠溃疡癌变罕见。

病毒性肝炎的主要病变是肝细胞变性和坏死，肝炎的临床病理类型是根据肝细胞病变程度不同而分类的，急性普通型肝炎以肝细胞广泛变性、点灶状坏死为特点；轻度慢性肝炎以点状坏死为特点，中度慢性肝炎以碎片状坏死和中度桥接坏死为特点；重度慢性肝炎以广泛桥接坏死和重度碎片坏死为特点；急性重型肝炎病变以肝细胞大块坏死为特点；亚急性重型肝炎以亚大块坏死伴不同程度肝细胞结节状再生为特点。

肝硬化的常见原因是病毒性肝炎，其特征性病变为假小叶形成，肝硬化晚期可出现门脉高压症和肝功能障碍。

肝性脑病是继发于严重肝脏疾病的神经精神综合征，主要是毒性物质引起脑组织的代谢和功能障碍所致。肝细胞受损时，由于清除氨的能力下降和产氨过多，导致血氨升高，氨通过干扰脑组织能量代谢，影响脑内神经递质，抑制神经细胞膜兴奋性而引起肝性脑病发生。

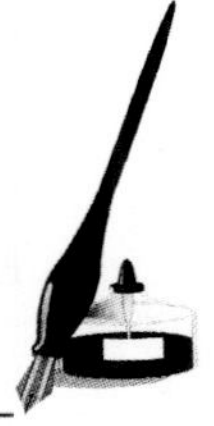

自 测 题

一、名词解释

1. 消化性溃疡
2. 桥接坏死
3. 假小叶
4. 肝性脑病

二、单项选择题

1. 胃溃疡的好发部位是
   A. 胃前壁
   B. 胃后壁
   C. 胃大弯及胃底
   D. 胃小弯近贲门处
   E. 胃小弯近幽门处

2. 有关十二指肠溃疡的描述，下列哪项是错误的
   A. 溃疡位置多在十二指球部
   B. 溃疡大小多为 1cm 以内
   C. 比胃溃疡易穿孔
   D. 比胃溃疡易愈合
   E. 容易癌变

3. 急性普通型病毒性肝炎的坏死多为
   A. 碎片状坏死
   B. 凝固性坏死
   C. 桥接坏死
   D. 大片坏死
   E. 点状坏死

4. 桥接坏死常见于
   A. 急性普通性肝炎
   B. 轻度慢性肝炎
   C. 重度慢性肝炎
   D. 急性重型肝炎
   E. 亚急性重型肝炎

5. 我国门脉性肝硬化的常见原因是
   A. 慢性酒精中毒
   B. 营养缺乏
   C. 毒物中毒
   D. 病毒性肝炎
   E. 脂肪肝

6. 下列哪项不属于门脉高压症
   A. 脾大
   B. 胃肠道淤血
   C. 蜘蛛痣
   D. 腹水
   E. 侧支循环形成

7. 肝硬化的重要形态学标志是
   A. 碎片状坏死和桥接坏死
   B. 肝内纤维组织增生
   C. 假小叶形成
   D. 肝细胞气球样变
   E. 肝细胞嗜酸性变

8. 上消化道出血诱发肝性脑病的主要机制是
   A. 引起失血性休克
   B. 肠道细菌作用下产氨增多
   C. 脑组织缺血、缺氧
   D. 血内苯乙胺和酪胺增多
   E. 破坏血脑屏障

9. 假性神经递质的毒性作用是
   A. 对抗乙酰胆碱
   B. 干扰去甲肾上腺素和多巴胺的功能

C. 阻碍三羧酸循环
D. 抑制糖分解
E. 取代 5 -羟色胺

10. 肝性脑病患者应用肠道抗生素的目的是
A. 防治胃肠道感染
B. 预防肝胆系统感染
C. 抑制肠道对氨的吸收
D. 防止腹水感染
E. 抑制肠道细菌，减少氨的产生

三、简答题

1. 简述胃溃疡的肉眼病变。
2. 简述肝硬化腹水形成的机制。
3. 简述血氨升高引起肝性脑病的机制。

（曾茂森）

第五十一章　泌尿系统疾病

学习目标

1. 掌握肾小球肾炎的类型、各型的主要病理特点，急性、慢性和快速进行性肾炎的病理变化的不同点。
2. 熟悉急性肾小球肾炎的病理与临床联系。
3. 了解肾衰竭功能和代谢的改变。

案例

龚某，7岁，男性。因眼睑水肿、尿少3天入院。10天前曾患呼吸道感染，有咽喉痛病史。体检：血压158/100mmHg，眼睑水肿，咽红，双下肢水肿。化验：尿量少，蛋白（＋＋＋），红细胞（＋＋），透明管型（＋），颗粒管型（＋）。抗链“O”试验：1∶627（正常1∶500）。入院后给予低盐饮食，经抗感染、降血压等治疗，住院52天，患者血压恢复正常，尿中红细胞及管型消失，蛋白微量，水肿消退出院。

讨论：1. 患儿患的是什么病？诊断依据是什么？

2. 患儿的症状与病理变化有何联系？

第一节　肾小球肾炎

泌尿系统由肾、输尿管、膀胱和尿道组成。主要功能是通过泌尿作用排泄体内的代谢废物及毒物，维持机体水、电解质以及酸碱平衡（图51－1）。此外还有分泌功能，如分泌肾素、前列腺素、促红细胞生成素等。泌尿系统的疾病有炎症（肾小球肾炎、肾盂肾炎）、肿瘤（肾癌、膀胱癌）及肾衰竭。本章主要介绍肾小球肾炎和肾衰竭。

肾小球肾炎是以肾小球损害为主的变态反应性炎症，简称肾炎。可分为原发性和继发性两大类。前者是指原发于肾脏的独立性疾病。病变主要累及肾小球。后者是指继发于其他疾病或是全身性疾病（如系统性红斑狼疮）的一部分。一般肾炎是指原发性肾小球肾炎，本节仅讨论原发性肾小球肾炎。

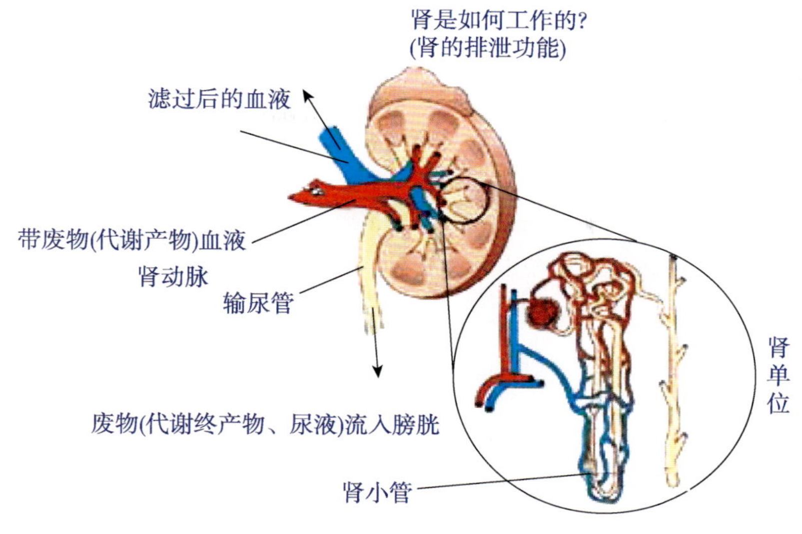

图 51－1 肾的泌尿功能

一、病因及发病机制

肾小球肾炎的病因与发病机制尚未完全明了，但研究证实是由于免疫复合物形成而引起的变态反应所致。能引起肾炎的抗原种类很多，根据来源可分为：①内源性抗原，包括肾性（肾小球基底膜抗原、足细胞的足突抗原等）和非肾性（细胞核抗原、DNA 抗原等）。②外源性抗原，包括生物性（细菌、病毒、寄生虫等）和非生物性（药物、异种血清蛋白等）。抗原抗体复合物主要通过两种方式引起肾炎。

1. 原位免疫复合物形成 内源性抗原刺激机体产生相应抗体，抗体随血流进入肾小球与肾小球固有的（肾小球基底膜成分）或植入的抗原成分直接反应，形成免疫复合物，引起肾小球损伤。

2. 循环免疫复合物沉积 内源性非肾性抗原或外源性抗原与相应的抗体在血循环内结合形成免疫复合物后，随血流进入肾小球，引起肾小球损伤。

二、分类与常见类型

原发性肾小球肾炎的分类方法很多，迄今国内外尚无一致的意见。其临床分类是根据发病急缓和表现分为急性、急进性、慢性、肾病综合征和隐匿性肾小球肾炎。病理分类根据世界卫生组织的病理组织特点分为：急性弥漫性增生性肾小球肾炎、快速进行性肾小球肾炎、膜性肾小球肾炎、轻微病变性肾小球肾炎、局灶性节段性肾小球硬化、膜性肾小球肾炎、系膜增生性肾小球肾炎、IgA 肾炎和弥漫性硬化性肾小球肾炎等类型。

不同病理类型的临床过程，治疗效果和预后不尽相同，因此，掌握病理分类对指导治疗和预后评价具有重要意义。本节介绍几种常见类型。

（一）急性弥漫性增生性肾小球肾炎

急性弥漫性增生性肾小球肾炎临床较常见，病理特点以毛细血管内皮细胞和系膜细胞增生为主。多见于儿童，成人也可发生，但病变往往比儿童严重。多与 A 组乙型溶血性链球菌感染有关，少数与其他细菌或病毒有关，故有感染后肾炎之称。临床以急性肾炎综合征表现为主，预后较好。

1. 病理变化

肉眼：两侧肾呈对称性肿大，包膜紧张，表面光滑，色较红，故称大红肾。有的肾表面及切面可见散在的出血点，似蚤咬状，故又称蚤咬肾（图 51-2）。

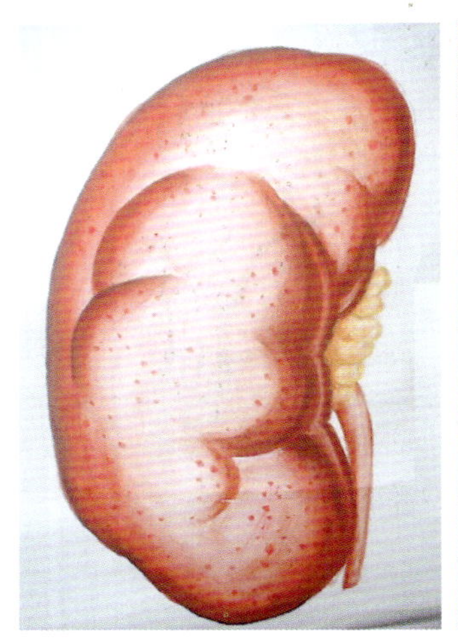
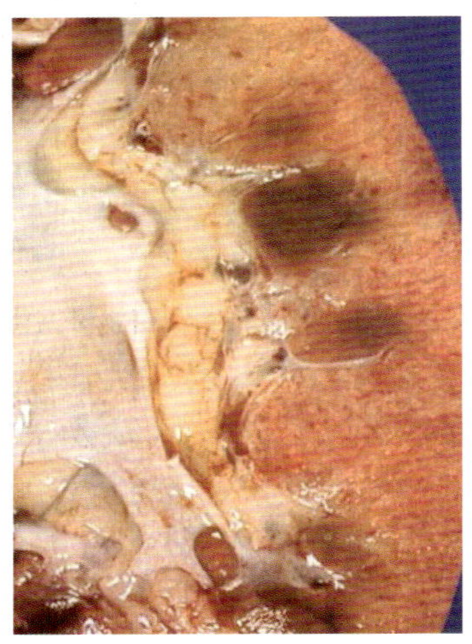

图 51-2　蚤咬肾示意图

肾表面及切面可见散在的出血点呈蚤

镜下：①肾小球的变化：肾小球体积增大，肾小球内细胞数目增多，增多的细胞主要是毛细血管内皮细胞和系膜细胞，并有中性粒细胞和单核细胞浸润，从而导致毛细血管腔狭窄、闭塞，引起血管球内缺血（图 51-3）。若病变严重，肾小球毛细血管内可有微血栓形成及纤维蛋白样坏死。②肾小管的变化：由于肾小球缺血，使肾小管上皮细胞发生变性，肾小管管腔内可出现蛋白、红细胞、白细胞和脱落的上皮细胞等凝集形成的各种管型。③间质的变化：肾间质充血、水肿及少量的炎细胞浸润。

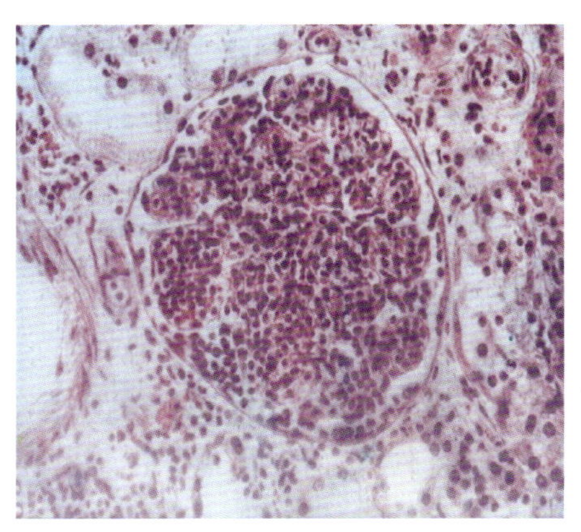

图 51-3　弥漫性增生性肾小球肾炎

肾小球内的细胞数目增多

2. 病理与临床联系

（1）尿的变化：①量的变化，由于肾小球内细胞增生性变化，使毛细血管狭窄、闭塞，肾血流受阻，肾小球滤过率减低，而肾小管重吸收无明显障碍，故患者出现少尿或无尿。②质的变化，又因肾小球毛细血管损伤，通透性增高，引起蛋白尿、管型尿和血尿。轻者出现镜下血尿，严重者出现肉眼血尿，呈洗肉水样。

（2）水肿：由于少尿、无尿引起钠水潴留，以及变态反应引起毛细血管通透性增高所致，水肿往往出现在组织疏松部位，如眼睑，严重者波及全身。

（3）高血压：由于钠水潴留引起血容量增加所致，严重的高血压可引起心力衰竭及高血压脑病。

3. 结局　本型肾炎预后大多良好，特别是儿童患者，多数在数周至数月内恢复。少数患者预后较差，极少数转化为快速进行性肾小球肾炎，1%～3%的患者反复发作，迁延不愈并转化为慢性硬化性肾小球肾炎。成人患者预后较差，15%～50%的患者转化为慢性。

（二）弥漫性新月体性肾小球肾炎

弥漫性新月体性肾小球肾炎起病急，进展快，病变严重，迅速出现血尿、蛋白尿、少尿、无尿、氮质血症等表现，如不及时治疗，患者在数周至数月内死于尿毒症，故又称为快速进行性肾小球肾炎。在病变上主要是肾小球囊壁层上皮细胞增生形成新月体或环状体，故而得名。本型较为少见。

1. 病理变化

肉眼：双侧肾肿大，色苍白，皮质有点状出血。

镜下：①肾小球的变化：大部分肾小球内有新月体形成，主要由渗出的纤维蛋白刺激壁层上皮增生，堆积在球囊壁呈新月状或环状（图 51－4）。新月体形成使肾小球囊腔狭窄，压迫毛细血管，引起毛细血管丛萎缩，以致整个肾小球纤维化，玻璃样变性。②肾小管的变化：上皮细胞内可出现细胞水肿，玻璃样变性，最后萎缩、消失。③肾间质：间质水肿，炎细胞浸润，后期纤维组织增生。

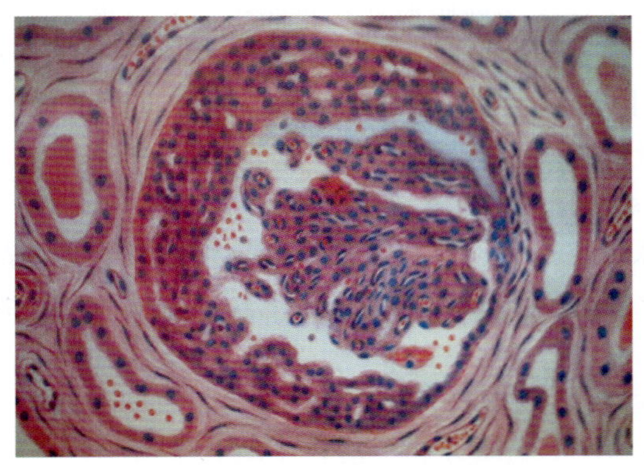

图 51－4　弥漫性新月体性肾小球肾炎

壁层上皮增生，堆积在球囊壁呈新月状或环状

2. 病理与临床联系

（1）尿的变化：①尿量：迅速出现少尿、无尿，因肾小球囊狭窄、闭塞，肾小球滤过率降低。②尿质：血尿明显，蛋白尿较轻，因大量新月体形成使肾小球毛细血管坏死，基底膜缺损和缺血。

（2）高血压：①钠、水潴留。②肾小球纤维化，玻璃样变性，肾组织缺血，肾素分泌增加均可引起高血压。

（3）氮质血症：少尿，无尿，代谢废物在体内潴留。并可迅速发展为尿潴留，从而形成氮质血症。

3. 结局　预后较差，如不及时治疗，患者往往在数周或数月内死于尿毒症。新月体少于 80%，进展较慢，预后稍好。

（三）弥漫性膜性肾小球肾炎

弥漫性膜性肾小球肾炎是引起成人肾病综合征最常见的原因，病变特点为肾小球毛细血管基底膜弥漫增厚而肾小球内炎症不明显，故又称膜性肾病，多见于青年人和中年人，起病缓慢，病程较长，临床出现肾病综合征表现。

1. 病理变化

肉眼：双侧肾体积肿大，色苍白，故称“大白肾”。切面肾皮质增厚，晚期肾体积缩小，表面呈细颗粒状。

镜下：①肾小球：早期病变轻微，随病变加重，肾小球毛细血管基底膜弥漫增厚，用银染色可见毛细血管外侧有许多向外的钉状突起状如梳齿。在钉状突起之间和基底膜上有免疫复合物沉积，以后钉状突起伸长将沉积物包埋在基底膜内，使基底膜增厚。沉积物溶解可使基底膜呈虫蛀状缺损。后期肾小球纤维化，玻璃变性。②肾小管：肾小管上皮细胞水肿，脂肪变性，晚期因肾小球纤维化，所属肾小管萎缩消失。③间质：水肿，纤维组织增生。

2. 病理与临床的联系

此型肾炎临床表现为肾病综合征，即“三高一低”①大量蛋白尿：由于肾小球基底膜形成虫蛀状缺损，通透性增加，故大量蛋白由肾小球滤过。②低蛋白血症：因大量蛋白随尿排出所致。③高度水肿：低蛋白血症使血浆胶体渗透压降低，血管内液体渗入组织间隙，引起水肿，同时血容量减少，醛固酮和抗利尿激素分泌增加，引起钠水潴留，进一步加重水肿，因此水肿严重，往往为全身性。④高脂血症：机制不清，可能由于低蛋白血症刺激肝合成各种血浆蛋白包括脂蛋白。

3. 结局　临床呈慢性经过，病程长，少数患者症状可消退或缓解，多数反复发作。发展到晚期，40%可导致肾功能不全。

（四）弥漫性硬化性肾小球肾炎

弥漫性硬化性肾小球肾炎是各型肾炎发展到晚期的病理类型，故称终末性肾炎，病变特点是大量的肾小球纤维化，玻璃样变性。多见于成年人，病程长、预后差。

1. 病理变化

肉眼：双侧肾对称性缩小，色苍白，质地变硬，表面呈颗粒状，称为继发性颗粒固缩肾（图 51－5）。切面皮质变薄，皮髓质分界不清，小动脉壁增厚，变硬，呈哆开状。

镜下：①肾小球：大部分肾小球纤维化和玻璃样变性，纤维组织收缩使纤维化、玻璃样变的肾小球相互靠近，称肾小球集中现象，病变轻的肾小球代偿性肥大（图 51－6）。②肾小管：大部分肾小管萎缩、纤维化，病变轻的肾小管代偿性扩张，上皮细胞扁平，扩张的肾小管腔内可见各种管型。③间质：纤维组织增生，伴有慢性炎细胞浸润。

2. 病理与临床的联系

（1）尿的改变：①尿量：多尿、夜尿和低比重尿，由于大量肾单位丧失后，血流通过残存的肾单位，速度加快，肾小球滤过率增加，而肾小管的重吸收功能有一定限度。②尿质：血尿，蛋白尿，管型尿不明显，因残存的肾单位的结构和功能相对正常。

（2）高血压：大量肾单位破坏，肾组织缺血，肾素分泌增加。血压升高可促使动脉硬化，进一步加重肾缺血，使血压持续在较高水平，并能引起左心室肥大而发生心力衰竭。

（3）贫血：由于肾组织大量破坏促使红细胞细胞生成素分泌较少，加之体内代谢产物潴留，抑制骨髓的造血功能和促进溶血所致。

（4）氮质血症：由于残存的肾单位越来越少，肾小球滤过总面积减少，尿素、肌酐等代谢产物在体内潴留，最终可发展为尿毒症。

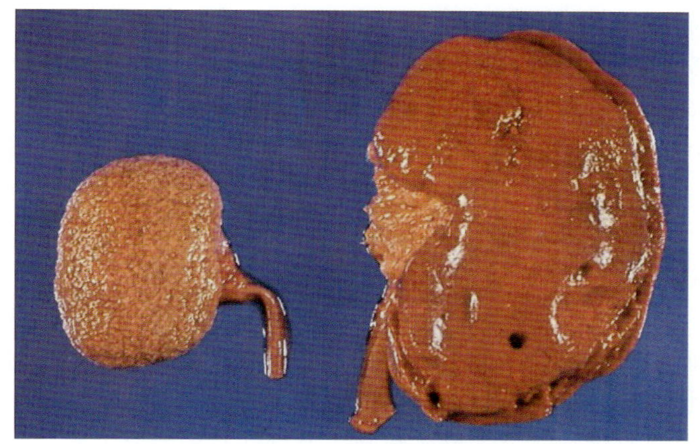

图 51－5　颗粒性固缩肾示意图

肾缩小，色苍白，质地变硬，表面呈颗粒状；右侧是正常肾

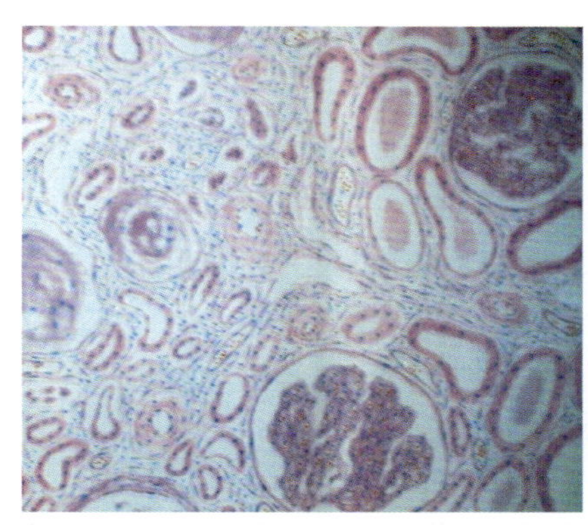
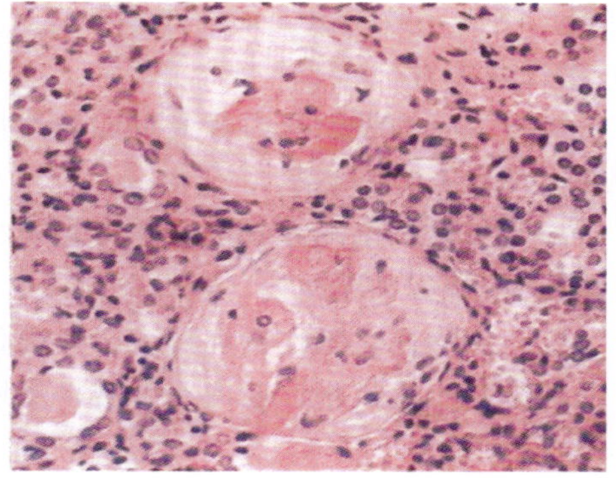

图 51－6　弥漫性硬化性肾小球肾炎

大部分肾小球纤维化和玻璃样变性，肾小球相互靠近，集中

3. 结局

预后较差，早期如能及时治疗可控制疾病的发展，晚期患者死于尿毒症、继发感染或持续高血压引起的心力衰竭和脑出血等。

第二节　肾盂肾炎

肾盂肾炎是由化脓菌直接感染引起肾盂、肾间质和肾小管为主的化脓性炎症性疾病。是肾脏的常见病。可发生于任何年龄，女性多见。

一、病因及发病机制

1. 病因　引起肾盂肾炎的致病菌多为革兰阴性细菌，大肠埃希菌最常见（占 60%～80%），其次有变形杆菌、产气杆菌、肠道杆菌、葡萄球菌等。

2. 感染途径

（1）上行性感染：为主要感染途径。细菌从尿道→膀胱→输尿管→肾盂→肾间质，引起肾盂肾间质炎症。病原体以大肠埃希菌多见。

（2）下行性感染（血源性）：细菌从原发性化脓灶→败血症→肾及肾盂，引起肾盂肾间质炎症。病原体以金黄色葡萄球菌多见。

3. 尿路阻塞和膀胱、输尿管的尿液反流　在肾盂肾炎的发生中起一定作用。

二、类型

（一）急性肾盂肾炎

1. 病理变化

肉眼：肾脏表面和切面可见多数大小不等、形状不规则黄白色肿脓灶（图 51－7）。髓质内可见黄色条纹状病变。肾盂黏膜有脓性分泌物或积脓。

镜下：肾盂和肾间质化脓性炎、形成脓肿。上行性感染者肾盂和肾间质首先累及，下行性感染者肾皮质肾小球首先累及。

2. 病理与临床的联系　感染症状有尿急尿频尿痛等膀胱刺激症状及脓尿、蛋白尿、管型尿、血尿、菌尿等。

3. 结局　绝大多数治愈。如治疗不彻底，反复发作，可转为慢性肾盂肾炎。

（二）慢性肾盂肾炎

急性肾盂肾炎转为慢性肾盂肾炎可能与治疗不彻底有关，由尿路阻塞或尿液反流引起。

1. 病理变化

肉眼：病变可累及单侧或双侧。肾体积缩小、变硬、表面有不规则凹陷性瘢痕（大瘢痕凹陷性固缩肾）、肾盂黏膜粗糙、增厚（图 51－8）。

镜下：肾间质慢性化脓性炎症病变，纤维化。肾实质部分破坏，肾小球玻璃样变和肾小管萎缩。但部分肾小管扩张、腔内有管型，似甲状腺滤泡。

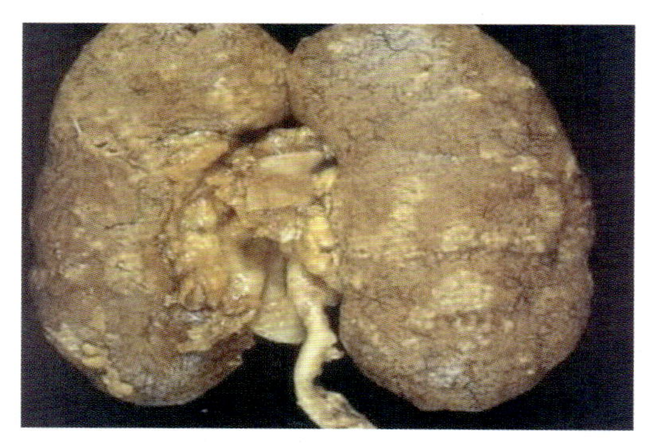

图 51－7　急性肾盂肾炎

肾脏表面可见多数黄白色肿脓灶

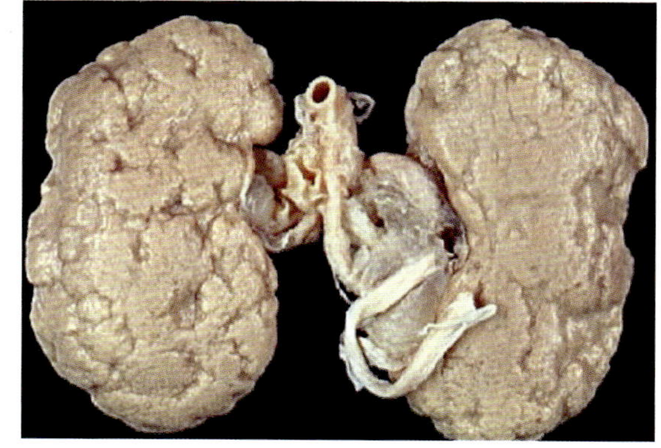

图 51－8　慢性肾盂肾炎

大瘢痕凹陷性固缩肾，肾盂黏膜粗糙、增厚

2. 病理与临床的联系　临床表现为多尿、夜尿；尿液中性粒细胞数增多；尿液培养示阳性；血压增高，肾衰竭。

3. 结局　预后较差，常反复发作，如能及时治疗，消除诱发因素，病情可得到控制；若病变严重且广泛，则可因尿毒症和高血压而死亡。

第三节　肾衰竭

肾衰竭是指各种原因引起的肾泌尿功能障碍，代谢产物和毒物不能排出体外，以致水、电解质和酸碱平衡紊乱，并伴有肾内分泌功能障碍的病理过程。根据发病急缓和病程长短分急性和慢性肾衰竭。

一、急性肾衰竭

急性肾衰竭是指各种原因引起肾泌尿功能急剧下降，肾小球滤过率急剧减少，肾小管上皮细胞坏死，以致机体内环境严重紊乱的病理过程。

（一）原因和分类

1. 肾前性因素　凡能使有效循环血量减少、心输出量下降及肾血管收缩等因素，均会导致肾血量减少，肾小球滤过率下降，而发生急性肾功能不全。常见于大出血、创伤、烧伤、大手术、重度脱水等引起的休克。

2. 肾性因素　由于肾实质器质性病变引起的急性肾衰竭。急性肾小管坏死见于：①肾持续缺血；②肾中毒：如重金属、有机毒物、生物毒物、药物等；③急性肾实质性疾病：急性肾小球肾炎、急性肾盂肾炎、急进性高血压、肾动脉栓塞等。

3. 肾后性因素　是指从肾盂到尿道口任何部位的尿路阻塞。常见于尿路结石、前列腺肥大、盆腔肿瘤等。

知识链接

急性肾衰竭的发病机制

急性肾衰竭的发病机制可能有：

• 肾持续缺血

1. 肾灌注压降低：在休克、大失血、重度脱水和心力衰竭时，血压下降，肾血流灌注量严重不足，致肾小球滤过率明显下降，出现少尿。

2. 肾血管收缩：在全身血容量降低、肾缺血时，肾小球动脉收缩，肾血流量重新分布，其发生机制与下列因素有关：①交感-肾上腺髓质兴奋；②肾素-血管紧张素系统激活；③肾合成前列腺素减少。

• 肾小管阻塞

溶血、磺胺类药物等可引起肾小管被血红蛋白、肌红蛋白、磺胺结晶阻塞，使肾小球囊内压升高，肾小球滤过率下降，出现少尿。肾小管液反流入间质，持续缺血和毒物可引起肾小管上皮细胞变性、坏死、基底膜断裂。尿液经断裂的基底膜扩散到间质，引起间质水肿、肾滤过减少，导致尿量减少。

（二）机体功能和代谢的变化

急性肾衰竭临床上有两种类型，即少尿型和非少尿型。

1. 少尿型急性肾衰竭

（1）少尿期：少尿期是病情最危险的阶段，患者迅速出现尿量减少，并伴有严重内环境紊乱。

1）尿的改变：①少尿、无尿：系肾血流减少，肾小管阻塞及肾小管液漏入间质等所致。②尿比重降低，尿钠升高：是肾小管上皮细胞坏死，重吸收降低的结果。③蛋白尿、管型尿：是肾小球滤过障碍、肾小管受损引起的。

2）水中毒：①尿量减少；②体内分解代谢加强，内生水增多；③过多输入葡萄糖。水中毒可引起脑水肿、肺水肿等，是急性肾衰竭死亡的重要原因。

3）高钾血症：高钾血症是急性肾衰竭最常见又危险的并发症。血钾升高的机制有：①尿少，钾排出减少。②组织破坏，酸中毒使细胞内钾转移到细胞外。③摄入过多的含钾食物或输入含钾较多的库存血及药物等。高钾可致心率失常、心室颤动，甚至心搏骤停。

4）代谢性酸中毒：其发生机制是：①尿量减少，排酸减少。②肾小管坏死，肾泌氢、产氨功能下降。③分解代谢增强，体内酸生成增多。酸中毒可抑制心血管系统和中枢神经系统，并促进高钾血症的发生。

5）氮质血症：指血中尿素、肌酐、尿酸等非蛋白质含氮物质的含量高于正常。其发生机制为：①尿少，体内蛋白分解产物排出减少。②蛋白分解增加。氮质血症患者易恶心、呕吐、腹泻，严重者可发生尿毒症。

（2）多尿期：每日尿量增至400ml以上时，即进入多尿期。是肾功能开始恢复的表现，以后尿量逐渐增多，每日可达3000～5000ml。多尿发生的机制为：①肾血流量和肾小球滤过功能逐渐恢复。②新生的肾小管上皮细胞重吸收功能尚未完全恢复。③肾间质水肿消退，阻塞解除。④少尿期潴留于体内的尿素等代谢产物开始经肾小管大量排出，引起渗透性利尿。多尿的出现是病情趋向好转的标志，在多尿早期，肾功能尚未完全恢复，氮质血症、高钾血症、代谢性酸中毒等不能立即改善。由于多尿可导致脱水、低血钾、低血钠，特别易合并感染，应引起重视。

（3）恢复期：一般在发病后1个月左右即进入恢复期，血中尿素氮含量下降，水、电解质和酸碱平衡紊乱得到纠正，但肾小管功能完全恢复需要数月甚至1年的时间，少数患者可转变为慢性肾衰竭。

2. 非少尿型急性肾衰竭

非少尿型急性肾衰竭的肾组织病理损伤轻，因而临床表现较轻，病程较短，预后好。其特点是：①尿量不减少，每日可在400～1000ml左右。②尿比重低而固定，尿钠含量也低。③有氮质血症，其发病机制可能是肾小球滤过和肾小管坏死较轻，主要表现浓缩功能障碍。两型可以相互转化。

二、慢性肾衰竭

慢性肾衰竭是由各种原因引起的肾损害进行性恶化，造成肾单位广泛、严重的毁损，使机体在排泄代谢废物，水、电解质代谢和酸碱平衡以及肾脏内分泌功能等方面发生障碍，出现一系列临床表现的病理过程。慢性肾衰竭是由长期肾病逐步发展而来的，预后差，常以尿毒症为结局而致死亡。

（一）发病原因

1. 慢性肾实质疾病

（1）肾小球肾炎：新月体肾炎度过急性期者、膜性肾炎、膜增生性肾炎、部分微小病变型肾炎及链菌链感染后肾炎。

（2）肾的感染性疾病：慢性肾盂肾炎、肾结核等先天性肾疾病、多囊肾、肾发育不全。

（3）其他原因引起的肾疾病：肾肿瘤、药物性肾损伤、肾外伤等。

2. 全身性疾病累及肾

（1）血管性疾病：高血压肾动脉硬化、肾动脉栓塞、结节性多动脉周围炎。

（2）代谢性疾病：糖尿病肾病、肾淀粉样变、痛风肾病、黏多糖肾病。

（3）自身免疫性疾病：狼疮性肾炎、硬皮病肾损害。

3. 尿路慢性梗阻

泌尿系结石、前列腺增生、膀胱肿瘤等引起尿液反流导致间质性肾损害。

慢性肾衰竭的原因很多，慢性肾小球肾炎仍是引起慢性肾衰竭的主要病因，其他比较常见的有慢性肾盂肾炎、糖尿病肾病、狼疮性肾炎、高血压动脉硬化等。

（二）机能和代谢变化

1. 尿的变化

慢性肾衰竭早期常出现多尿、夜尿、等渗尿，尿中出现蛋白、红细胞、白细胞、管型等。多尿：成人每24小时尿量超过2000ml时称为多尿。由于多数肾单位遭到破坏，流经残留的肥大的肾小球的血量呈代偿性增加，流速快，通过肾小管时未能及时重吸收，出现多尿（图51-9）。当肾单位极度减少，尽管残存的尚有功能的每个肾单位生成尿液仍多，但每日生成终尿总量可少于400ml。

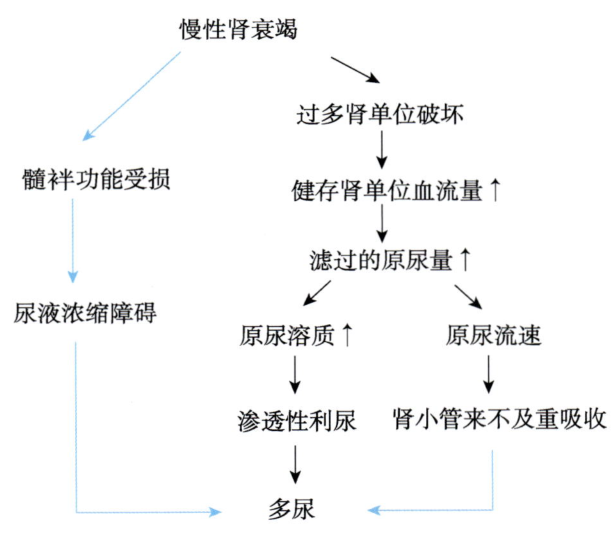

图51-9　慢性肾功能衰竭多尿的发生机制

正常人尿比重的变动范围为1.002～1.035。随着病情发展，肾浓缩和稀释功能丧失，终尿的渗透压接近血浆渗透压，尿比重固定在1.008～1.012，称为等渗尿。

2. 体液内环境的改变

（1）氮质血症：由于肾小球滤过率下降，含氮的代谢终产物如尿素、肌酐、尿酸等在体内蓄积，因而血中非蛋白氮（nonprotein nitrogen，NPN）的含量增加（>28.6mmol/L，相当于>40mg/dl），称为氮质血症。

1）血液尿素氮（Blood urea nitrogen，BUN）：慢性肾不全患者 BUN 的浓度与肾小球滤过率的变化密切相关。当肾小球滤过率减少到正常值的 20%以下时，血中 BUN 可高达 71.4mmol/L（>200mg/dl）以上。

2）血清肌酐：血清肌酐浓度和蛋白质摄入量无关，根据计算的肌酐清除率（尿中肌酐浓度×每分钟尿量/血清肌酐浓度）反映肾小球滤过率（图 51－10），故与肾功能密切相关。

3）血浆尿酸氮：主要与肾远曲小管分泌尿酸增多和肠道尿酸分解增强有关。

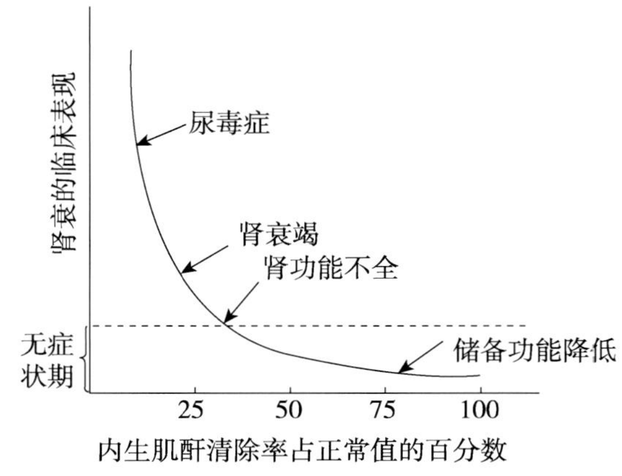

图 51－10 肌酐清除率反映肾小球滤过率

（2）酸中毒：在慢性肾衰竭的早期，如果肾小球滤过率尚在正常范围内（>25%），则 HPO_4^{2-}、SO_4^{2-} 等阴离子尚不致发生潴留，这时产生的酸中毒主要是由肾小管上皮细胞氨生成障碍使 H^+ 分泌减少所致，导致血氯增高，结果发生高血氯性酸中毒。

当严重慢性肾衰竭患者的肾小球滤过率降至正常人的 20%以下时，每天可积蓄 20～30mmol 的 H^+，血浆中非挥发性酸代谢产物不能由尿中排泄，特别是硫酸、磷酸等在体内积蓄，此时 HCO_3^- 浓度下降，Cl^- 浓度无明显变化，可发生正常血氯性酸中毒。

（3）电解质代谢紊乱

1）钠代谢障碍：慢性肾衰竭的肾为“失盐性肾”。尿钠含量很高。正常人肾排钠量和尿量完全无关，而在肾炎患者肾排钠与尿量密切相关。

2）钾代谢障碍：慢性肾功能不全的患者，只要尿量不减少，血钾可以长期维持正常。约半数慢性肾衰竭患者直到终末少尿期血钾浓度仍保持正常。慢性肾衰竭患者尿的排钾量固定，和摄入量无关，因此如摄入量超过排泄速度可很快出现致命的高钾血症。反之，如患者进食甚少或兼有腹泻则可出现严重的低钾血症。

3）钙和磷代谢障碍：慢性肾功能不全时，往往有血磷增高和血钙降低。

高磷血症：在肾功能不全早期，尽管肾小球滤过率逐渐下降，但血磷并不明显升高。这是由于钙磷乘积为一常数，血中游离钙减少，刺激甲状旁腺分泌 PTH（甲状旁腺激素），后者可抑制肾小管对磷的重吸收，使磷排出增多。严重肾衰竭时由于肾小球滤过率极度下降（低于 30ml/min），继发性 PTH 分泌增多已不能使磷充分排出，故血磷水平显著升高。PTH 的增多又加强溶骨活动，使骨磷释放增多，从而形成恶性循环导致血磷水平不断上升。

低钙血症：在慢性肾功能不全时出现低血钙，其原因：①血磷升高：血浆［Ca］×

［P］为一个常数，在肾功能不全时出现高磷血症时，必然导致血钙下降。②维生素 D 代谢障碍。③血磷升高刺激甲状旁腺 C 细胞分泌降钙素，抑制肠道对钙的吸收，促使血钙降低。④体内某些毒性物质的滞留可使小肠黏膜受损而使钙的吸收减少。低血钙可使 Ca^{2+} 减少而出现手足搐搦。

三、尿毒症

尿毒症是指急性和慢性肾衰竭发展到最严重的阶段，代谢终末产物和内源性毒性物质在体内潴留，水、电解质和酸碱平衡发生紊乱以及某些内分泌功能失调，从而引起一系列自体中毒症状。

（一）功能代谢变化

在尿毒症时，除泌尿功能障碍、水、电解质和酸碱平衡紊乱、氮质血症以及贫血、出血、高血压等进一步加重外，还出现各系统的功能障碍和物质代谢紊乱。

1. 神经系统

（1）尿毒症性脑病：中枢神经系统早期受累的表现为大脑抑制。开始有淡漠、疲乏、记忆力减退等；病情加重时出现记忆力、判断力、定向力和计算力障碍，并常出现欣快感或抑郁状，妄想和幻觉，最后可有嗜睡和昏迷。

（2）周围神经病变：常见下肢疼痛、灼痛和痛觉过敏，运动后消失，故患者要常活动腿。进一步发展则有肢体无力、步态不稳、腱反射减弱，最后可出现运动障碍。

2. 心血管系统　约有 50％的慢性肾衰竭和尿毒症患者死于充血性心力衰竭和心律失常。晚期可出现尿毒症性心包炎（发生率为 40％～50％）。水钠潴留可引起心力衰竭和肺水肿。高血压、贫血及血管硬化可使心力衰竭加重。

3. 呼吸系统　尿毒症时的酸中毒使呼吸加深加快，严重时由于呼吸中枢兴奋性降低，可出现潮式呼吸。患者呼出气体有氨味这是由于尿素经唾液中的酶分解成氨所致。严重患者可出现肺水肿、纤维素性胸膜炎或肺钙化等病变。

4. 消化系统　消化系统的症状是尿毒症患者最早出现和最突出的症状。早期表现为厌食，以后出现恶心、呕吐、腹泻、口腔黏膜溃疡以及消化道出血等症状。

5. 内分泌系统　肾作为内分泌的一个器官能产生一系列激素，在全身和肾局部发挥着重要的生理作用。患者由于内环境的稳定性被破坏，各激素之间相互平衡的功能失调，因此相互之间的反馈作用常发生障碍。

6. 皮肤变化　尿毒症患者因贫血面色苍白或呈黄褐色，这种皮色改变一度认为是尿色素增加之故，现已证明皮肤色素主要为黑色素。仔细观察患者的皮肤，可见很细小的白色结晶堵塞汗腺，即体液内高浓度尿素形成的所谓的尿素霜。

7. 免疫系统　60％以上尿毒症患者常有严重感染，并为其主要死因之一。这可能是免疫功能低下之故，主要表现为细胞免疫反应明显受到抑制，而体液免疫反应正常或稍减弱。

小　结

肾小球肾炎是累及肾小球的变态反应性炎，以急性弥漫性增生性肾小球肾炎最常见，大部分类型由抗原抗体复合物损伤肾小球所致。

急性肾炎综合征主要表现为少尿血尿、蛋白尿、水肿、高血压。

慢性肾炎综合征主要表现为多尿、夜尿、低比重尿、高血压、氮质血症。

急性肾衰竭临床以少尿型常见。少尿型肾衰竭常在少尿期因高血钾、水中毒而死亡。

慢性肾衰竭是由长期肾病发展而来的，预后差，常以尿毒症为结局而致死亡。

自 测 题

一、名词解释

1. 肾衰竭
2. 尿毒症

二、单项选择题

1. 慢性肾小球肾炎的肾小球变化主要是
   A. 肾小球纤维化，玻璃样变性
   B. 肾小球周围纤维化，肾球囊壁增厚
   C. 入球小动脉玻璃样变性，肾小球萎缩
   D. 肾小球毛细血管内皮细胞增生
   E. 肾小球球囊脏层上皮细胞显著增生

2. 新月体性肾小球肾炎常见于
   A. 弥漫性增生性肾小球肾炎
   B. 快速进行性肾小球肾炎
   C. 膜性肾病
   D. 膜性肾小球肾
   E. 膜性增生性肾小球肾炎

3. 急性肾盂肾炎的基本病变属于
   A. 纤维素性炎
   B. 特异性炎
   C. 变质性炎
   D. 急性增生性炎
   E. 化脓性炎

4. 下列均为急性弥漫性增生性肾小球肾炎的临床表现，除了
   A. 少尿
   B. 血尿
   C. 蛋白尿
   D. 高血压
   E. 高脂血症

5. 下列均为肾病综合征的临床表现，除了
   A. 血尿
   B. 蛋白尿
   C. 严重水肿
   D. 低蛋白血症
   E. 高脂血症

三、简答题

1. 肾病综合征的临床表现有哪些？
2. 肾炎综合征的临床表现有哪些？
3. 急性少尿型肾衰竭少尿期有何症状？

（袁锦玉）

第五十二章　女性生殖系统疾病

学习目标

1. 掌握乳腺癌的病变部位与转移途径、异位于子宫内与子宫外的子宫内膜异位症。
2. 熟悉慢性子宫颈炎的类型及各型病变特点，子宫颈癌的主要病理变化，葡萄胎、恶性葡萄胎和绒毛膜上皮癌的病变特点。
3. 了解子宫内膜增生症的病因及病理变化。

案例

某女性，22 岁，已婚，闭经 4 个月，近 1 个月来经常出现阴道流血，血量时多时少，呈间断性。然而医生进一步检查发现：子宫大于停经月份，达 6 个月妊娠大小，孕妇感觉不到胎动，触不到胎块，也听不到胎心。仔细检查阴道流血中，发现有水泡状胎块。B 超检查显示雪片样影像，未发现有胎囊、胎心及胎儿。

讨论：1. 本案例最可能诊断为何病？诊断依据是什么？

2. 应用所学知识解释本案例的主要临床表现。

第一节　子宫疾病

一、慢性子宫颈炎

慢性子宫颈炎是妇科最常见的疾病，由急性子宫颈炎未及时治愈而反复发作演变而来，临床主要表现为白带增多，偶为血性伴下腹部坠胀、腰骶部酸痛等症状。

（一）病因及发病机制

慢性子宫颈炎常由葡萄球菌、链球菌和肠球菌感染引起。分娩或流产导致宫颈撕裂伤，雌激素、子宫颈分泌物过多或月经过多，引起阴道内酸性环境改变，有利于病原菌的生长。

（二）类型及病理变化

根据病变特点，慢性子宫颈炎分为以下几种类型：

1. 子宫颈糜烂　慢性子宫颈炎时，子宫颈阴道部的复层鳞状上皮坏死、脱落后留下的缺损，由子宫颈管单层柱状上皮增生向子宫颈阴道部延伸，将缺损上皮覆盖，并有腺体形成。上皮下固有膜充血、水肿，常见淋巴细胞、浆细胞等慢性炎细胞浸润。被覆的单层柱状上皮较薄、上皮下充血、小血管显露，肉眼可见宫颈外口周围黏膜呈大小不等、边界清楚的鲜红色糜烂区，好像无上皮覆盖，故称为子宫颈糜烂。早期子宫颈糜烂表面光滑，称为单纯性糜烂。病程较长者伴有腺体增生、糜烂面高低不平呈颗粒状或乳头状，称为乳头状糜烂。糜烂修复时，由柱状上皮下储备细胞增生并鳞状上皮化生，取代原有柱状上皮而愈合。

2. 子宫颈息肉　慢性子宫颈炎时，子宫颈黏膜的腺体和结缔组织呈局限性增生，并向表面突起，形成带蒂的小肿物，称为子宫颈息肉。息肉可单发或多发，红色，质软，易出血，直径一至数厘米。镜下见息肉由腺体、结缔组织构成，并有充血、水肿和慢性炎细胞浸润，子宫息肉为良性病变，极少恶变。

3. 子宫颈腺囊肿　慢性子宫颈炎过程中，增生的结缔组织压迫和化生的上皮阻塞腺管致腺体分泌物潴留，腺腔扩张形成囊肿，称为子宫颈腺囊肿。囊肿常多发，一般直径为数毫米至1厘米，内含无色透明或黏液脓性渗出物。又称纳博特囊肿。

4. 子宫颈肥大　长期慢性炎症刺激，子宫颈结缔组织和腺体明显增生致子宫颈肥大。

二、子宫颈癌

子宫颈癌是女性生殖系统中最常见的恶性肿瘤。多见于生育年龄的妇女，以40～60岁妇女最多。由于我国近年来广泛开展了防癌普查防治工作，子宫颈癌的预后大为改善，5年生存率也明显提高。

（一）病因

子宫颈癌的病因尚未完全查明，可能与以下因素有关：①早婚、早育、多产、性生活紊乱、宫颈撕裂伤等。②配偶的包皮垢及雌激素对局部黏膜的长期刺激等。③人乳头状病毒（HPV16、18、31）感染有关。

（二）病理变化

1. 鳞状细胞癌　此类癌最多见，约占子宫颈癌的95%，依据其发展过程可分为原位癌、早期浸润癌和浸润癌。

（1）原位癌：上皮全层恶变，但未突破基底膜称为原位癌。

（2）早期浸润癌：指在原位癌基础上有部分癌细胞穿破基底膜，但侵入的深度不超过基底膜下3～5mm。原位癌和早期浸润癌两者均为早期癌。

（3）浸润癌：指癌组织突破基底膜，明显浸润到间质内，浸润深度超过基底膜下5mm，并伴有临床症状者。肉眼观：主要表现为内生浸润型、溃疡型或外生乳头状、菜花状。癌组织侵及较深部位，甚至侵及宫颈全层及子宫颈周围组织。光镜下按癌组织分化程度分三型：①高分化鳞癌（图52-1）；②中分化鳞癌；③低分化鳞癌。

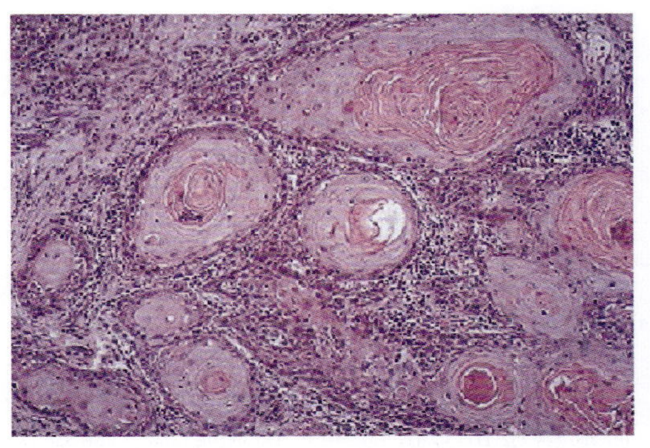

图52-1　宫颈鳞状细胞癌

癌细胞排列呈巢状，癌巢内可见角化现象

2. 子宫颈腺癌　少见，发病率约占子宫颈癌的5%左右。主要起源于子宫颈管黏膜上皮和腺体，少数起源于柱状上皮下的储备细胞及中肾管的胚胎残余。大多数为分化较好的管状腺癌。大体类型与鳞癌基本相同。光镜下呈一般腺癌结构。有时表现为乳头状腺癌、透明细胞癌、棘腺癌和腺鳞癌。腺癌对化疗、放疗敏感性较差，预后不良。

（三）扩散和转移

1. 直接蔓延　子宫颈癌向上浸润破坏整个子宫颈段，但很少向子宫体蔓延。向下浸润至阴道穹隆及阴道壁。向前侵入膀胱。向后侵入直肠。向两侧浸润输尿管、阔韧带，子宫及盆腔壁组织。

2. 淋巴道转移　首先转移至子宫颈旁淋巴结，继而转移至闭孔、髂内、髂外等淋巴结。淋巴道转移是宫颈癌最重要和最多见的转移途径。

3. 血道转移　很少见。晚期可通过血道转移至肝、肺及全身其他器官。

（四）病理与临床的联系

早期子宫颈癌多无自觉症状，检查时仅见局部黏膜粗糙，触之易出血，可做阴道细胞学检查，涂片异常者应配合碘试验或做活检以肯定诊断。对已婚妇女应定期做子宫颈细胞学防癌普查，可早期发现子宫颈癌。中晚期因癌组织侵犯破坏血管，表现为不规则阴道流血。癌组织坏死，继发感染，使白带增多、腥臭。癌组织浸润可压迫盆腔内神经，出现下腹部及腰骶部疼痛。

三、子宫内膜增生症

子宫内膜增生症也称子宫内膜增生过长。临床上称为功能性子宫出血，主要表现为不规则阴道出血和月经量过多。多见于青春期或绝经期妇女。主要与卵巢功能紊乱导致雌激素分泌过多，孕激素减少引起的子宫内膜过度增生性疾病。

（一）病因及发病机制

子宫内膜增生症是由于卵巢雌激素水平相对或绝对增高而缺乏黄体酮引起，最常见于更年期前，此时期有大量或持续性雌激素分泌，但不排卵、无黄体形成，缺乏黄体酮；也可见于卵巢功能性肿瘤、肾上腺皮质功能亢进和使用外源性雌激素，导致雌激素持续增高。结果一方面，子宫内膜受雌激素作用出现异常增殖，无分泌反应；另一方面，反馈抑制垂体前叶卵泡刺激素的分泌，卵泡退化、雌激素分泌迅速减少，增生的子宫内膜得不到足够的雌激素支持而退变、坏死，脱落出血，称内分泌撤退性出血。

（二）病理变化

子宫内膜增生呈弥漫性或局灶性。弥漫性子宫内膜增厚可达0.5～1cm，表面光滑可伴小息肉形成，质地柔软。镜下可分以下四种类型：

1. 单纯型　腺体增多、密集、腺体大小不一，分布不均，上皮细胞增生呈多层，伴间质细胞增生。

2. 囊腺型　腺体明显增生，大小极不一致，小者如增生早期的腺体，大者扩张呈囊状，形成像藕片样小孔结构，内膜间质细胞明显增生，排列紧密。

3. 腺瘤样型　此型主要以腺体增生为主。间质较稀少，增生的腺体密集，腺上皮可形成乳头状向腺腔内突起或呈出芽样增生。

4. 不典型增生　主要表现为腺体上皮细胞异型增生，排列呈复层，失去极性。此种非典型增生可发展成子宫内膜腺癌，属癌前病变。

（三）病理与临床的联系

子宫内膜增生症的子宫不规则出血是由卵巢滤泡不排卵所致。由于卵巢持续分泌激素，一方面引起子宫内膜增生，另一方面抑制垂体前叶卵泡刺激素的分泌，终致卵泡因失去卵泡刺激素的支持而发生退化，雌激素分泌因而急剧下降，增生的子宫内膜由于雌激素突然不足而发生坏死脱落，引起子宫出血。子宫内膜增生症临床表现为功能性子宫出血，主要症状为阴道不规则流血、月经过多、经期延长，病程较长者可导致贫血。

四、子宫内膜异位症

子宫内膜组织出现于正常子宫内膜以外部位时，称子宫内膜异位症，异位于子宫肌层的子宫内膜异位症，称为腺肌病。

（一）子宫腺肌病

1. 病因及发病机制　子宫腺肌病的形成机制尚不清楚，一般认为是子宫内膜直接向肌层扩展的结果，妊娠分娩及过度刮宫等可能导致子宫内膜进入肌层。一些腺肌病可能是由于肌层间叶细胞化生所造成，因为无刮宫或肌瘤摘除史的未产妇也可发生腺肌病。

2. 病理变化　腺肌病又称腺肌症。当子宫内膜弥漫异位于子宫肌壁伴明显平滑肌增生时，称子宫肌壁腺肌症；当子宫内膜较局限异位于子宫肌壁呈界限较清楚的肿块或结节时，称腺肌瘤。肉眼观见腺肌病患者因子宫内膜广泛弥漫异位于子宫壁内，子宫呈对称性球形肿大，子宫底增大尤其明显，质地变硬。切面见部分肌纤维束呈旋涡状排列，散在一些囊性小孔，可见红色出血区域或棕色区。腺肌瘤患者因异位于子宫肌壁的子宫内膜比较局限，子宫呈不对称增大。镜下见肌层中有多少不等的子宫内膜腺体和间质，深入肌层的程度不一。

子宫腺肌病的诊断标准是：距子宫内膜基底层以下至少一个低倍（10×10）视野（大约2mm）深处子宫肌层中出现子宫内膜腺体及间质。

3. 病理与临床的联系　本病主要见于育龄妇女，月经初期前少女不发生，绝经期后腺肌病增生停止或退化。经产妇的腺肌病子宫增大，65％妇女月经过多，20％～40％有痛经，20％患者伴子宫内膜增生。子宫增大，痛经和月经过多提示腺肌病，但无特异性，术前往往不能确诊。

异位的子宫内膜腺体和间质对激素有反应，上皮及间质可发生分泌和增生变化，或似月经期出血坏死，也可出现妊娠时A-S反应及间质蜕膜变。基底型子宫内膜形成的腺肌病对黄体酮不敏感，当子宫内膜处于分泌状态时，腺肌病的腺体仍很少呈分泌反应。妊娠时或用高剂量孕激素治疗时，腺肌病腺体可出现分泌现象，间质发生蜕膜反应变化。在雌激素影响下其腺体和间质均可增生。

（二）子宫外子宫内膜异位症

子宫内膜异位于子宫外器官，如卵巢、输卵管、子宫韧带、子宫直肠陷窝、直肠、膀胱、子宫颈、阴道、外阴、腹部手术瘢痕等，其中以卵巢子宫内膜异位症最多见。由于异位子宫内膜随月经周期反复发生出血，使其成为充满陈旧咖啡色血液的囊肿（称巧克力囊肿）。囊肿可继续增大甚至破裂，引起腹腔出血和附近组织粘连。镜下囊壁内一般可见典型的子宫内膜腺体和间质。

第二节　妊娠滋养层细胞疾病

妊娠滋养层细胞疾病包括一组不同的病变，其共同特征为滋养层异常。包括葡萄胎、侵蚀性葡萄胎、绒毛膜癌等。患者血清及尿液中人类绒毛膜促性腺激素（HCG）的含量皆比正常妊娠高。检测患者 HCG 水平，可作为病变的临床辅助诊断及治疗效果的随访观察。

一、葡萄胎

葡萄胎也称水泡状胎块。葡萄胎的发生率估计大约是 1250～1500 次妊娠中有一次。多发生于 20～30 岁女性。主要临床表现为闭经及阴道流血或阴道排出水泡状物。葡萄胎可分完全性葡萄胎和部分性葡萄胎。

细胞学研究显示，在完全性和部分性葡萄胎的发生中，染色体异常起着主要作用。

肉眼观，完全性葡萄胎见胎盘绒毛普遍性水肿，形成许多壁薄的含清亮液体的囊泡，大小不等形如葡萄样外观（图 52－2）。小的如绿豆，大的 1～2cm，无胚胎或胎儿。部分性葡萄胎则有部分正常的胎盘组织，部分胎盘绒毛形成囊泡，经常可见胎儿部分或胎膜。

图 52－2 葡萄胎

妊娠绒毛增大呈大小不一的葡萄珠样，有蒂相连成串，灰白色，半透明，壁薄，内含清亮液体

镜下见完全性葡萄胎有三个特点：①滋养层细胞包括合体滋养层细胞及细胞滋养层细胞有不同程度增生；②绒毛间质水肿，致绒毛扩大；③绒毛间质一般无血管，或有少数无功能性毛细血管，见不到红细胞。部分性葡萄胎仅部分绒毛水肿，滋养细胞常为局灶性增生及轻度增生。绒毛间质可有或无毛细血管。若有血管，管腔中可见胎儿有核红细胞。有时还可见胎儿成分。

完全性葡萄胎有 2%～3%可发展为绒毛膜癌，而部分性葡萄胎一般不发展为绒毛膜癌。

80%～90%葡萄胎患者经彻底刮宫后可治愈。约 10%完全性葡萄胎可发展为侵蚀性葡萄胎，2%～3%可发展为绒毛膜癌。葡萄胎患者经彻底刮宫后必须连续监测血清及尿液中的 HCG 水平，如 HCG 水平持续升高，则有恶变倾向。

二、侵蚀性葡萄胎

侵蚀性葡萄胎的生物学行为介于良性葡萄胎和绒毛膜癌之间。局部侵袭力强，但转移的潜能不如绒毛膜癌强。

肉眼观见子宫肌壁内有大小不等的水泡状组织侵入的病灶，有时在子宫表面可出现紫蓝色结节。子宫腔内可见多少不等的水泡状物，也可以脱落消失。

镜下观侵袭性葡萄胎形态与葡萄胎相似，可见肌层内有滋养层细胞侵袭，合体滋养层细胞及细胞滋养层细胞常增生显著并有细胞异型，绒毛间质水肿。

一部分侵袭性葡萄胎患者可有阴道或外阴的转移结节，少数也可造成肺、脑转移。多数患者经化疗可治愈。

三、绒毛膜癌

绒毛膜癌是一种恶性程度很高的滋养层细胞肿瘤，简称绒癌。其特点是滋养层细胞不形成绒毛或水泡状结构，而成片高度增生，并广泛侵入子宫肌层或转移至其他脏器及组织。约50%绒毛膜癌发生于水泡状胎块后，25%发生于流产后，22.5%发生于正常分娩后，2.5%发生于异位妊娠后。过去绒毛膜癌的死亡率很高，近年来由于化疗的进展，使这一恶性疾病已有治愈的可能。

肉眼见绒毛膜癌以出血性坏死为特点，肿瘤常深藏在子宫壁内，也可呈息肉状，突入宫腔、表面有溃烂。肿瘤可单个或多个，与周围组织有分界线。

镜下见绒癌由高度增生的异型性的细胞滋养层细胞及合体滋养层细胞构成，癌细胞成团、成片排列，常见核分裂，不形成绒毛结构（图 52－3）。绒癌其本身组织内不含血管也无绒毛间质，滋养层细胞靠宿主血管渗透出来的营养物质维持其生存。常广泛侵犯宫壁肌层，病灶周围常有大片出血、坏死。绒癌多通过血道转移到肺、阴道、外阴、脑、肝及骨等。淋巴道转移极为少见。

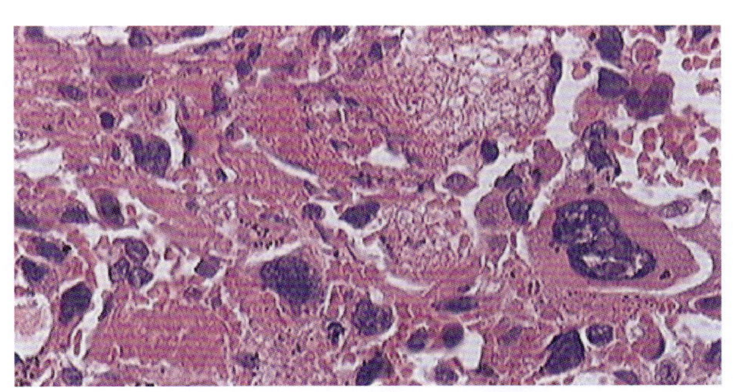

图 52－3　绒毛膜癌镜下观

绒毛膜癌滋养层细胞异型性显著

第三节　乳腺癌

乳腺癌是乳腺导管上皮及腺泡上皮发生的恶性肿瘤，在我国女性恶性肿瘤中居第二位，仅次于子宫颈癌，常发生在50岁左右的妇女。男性乳腺癌少见，仅占1%左右。

乳腺癌早期隐匿，除有乳腺内硬结外，无其他不适症状，常常是患者自我检查或体验时发现。借助乳腺的X线摄影、超声波及活检等可查出直径<1cm的早期乳腺癌。

一、病因及发病机制

乳腺癌的病因学与发病学尚未完全明了，其发生可能与下列因素有关。

1. 激素分泌紊乱 乳腺癌的发生主要与雌激素水平过高有关。雌激素的致癌机制目前尚不清楚，但雌激素可引起乳腺导管上皮增生。有学者认为乳腺癌的发生与雌激素和孕激素的平衡失调关系更为密切，并非由体内雌激素单一作用的结果。

2. 病毒因素 经研究证明“乳汁因子”是一种致癌病毒，称小鼠乳腺肿瘤病毒，该病毒含有依赖 RNA 的 DNA 逆转录酶。有乳腺癌家族史者，有此种病毒性颗粒的较多。

3. 遗传因素 有乳腺癌家族史的妇女，其发生率比无家族史者高 2～3 倍。

二、病理变化及类型

乳腺癌是常发生乳腺的外上象限，其次是中央区和内上象限，单侧多见，通常单发。乳腺癌组织形态较复杂，一般根据组织发生和形态结构可分为三大类型：

1. 导管癌 此类癌多见，来源于乳腺导管系统，包括导管内癌和浸润性导管癌。

（1）导管内癌：约占乳腺癌总数的 5%。肉眼可见肿物边界尚清，质软，切面灰白或灰黄，可挤出粉红刺样物，故也称粉刺样癌。镜下癌细胞局限于扩张的导管腔内，导管基底膜完整，癌细胞在导管内排列成实性细胞团或乳头状、筛状、小管状（图 52－4）。腔内或癌巢中央常发生坏死，这是诊断此型癌的依据。

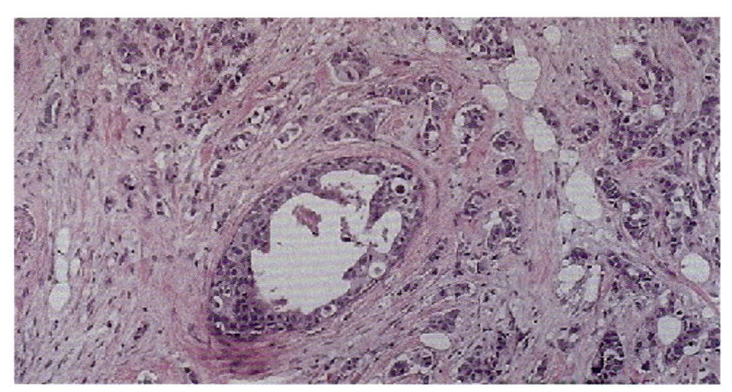

图 52－4 乳腺导管内癌镜下观

癌细胞在导管内排列成实性细胞团或乳头状、筛状、小管状

（2）浸润性导管癌：由导管内癌发展而来，是乳腺癌最常见的类型，占乳腺癌的50%～80%，以 40～60 岁妇女为多见。肉眼可见肿块呈单个结节状，直径一般为 2～4cm，质硬，与周围组织界限不清。镜下见癌细胞排列成不规则条索、团块、偶见腺样结构。根据实质与间质比例的不同，又将其分为三型：①硬癌：癌细胞少而间质多；②单纯癌：实质与间质比例大致相等；③不典型髓样癌：实质多而间质少，癌细胞较大，异型性明显，核分裂象常见，间质内一般无淋巴细胞浸润，预后较差。

2. 小叶癌 少见，发生于乳腺小叶，包括乳腺小叶原位癌和乳腺浸润性小叶癌。

（1）小叶原位癌：发生于乳腺小叶，临床上一般无明显肿块，常因其他乳腺疾病切除标本而发现。镜下见癌组织限于小叶内的腺泡或终末导管内。如能及时治疗，预后良好。

（2）浸润性小叶癌：是由小叶原位癌发展而来。临床上可触及肿块，边界不清。镜下见癌细胞排列松散，呈条索状，有时癌细胞分散于结缔组织内，亦有沿腺管周围结缔组织呈同心圆排列，生长较缓慢，预后较好。

3. 典型髓样癌　少见，肿块体积较大，直径 4～6cm 或更大，边界较清楚，质松软，灰白色，常杂以灰黄色或暗红色坏死出血区。镜下见癌实质多，间质少。癌细胞较大，圆形或卵圆形，胞浆嗜碱性，核大，染色质丰富，核仁不明显，分裂象较多。间质纤维组织少，常有淋巴细胞浸润。典型髓样癌一般生长较慢，腋窝淋巴结转移较少见也较晚，预后比浸润性乳腺癌好，根治术后 5 年存活率近 70%。

三、临床病理联系

乳腺癌患者早期为无痛性肿块。晚期乳头下癌灶伴大量纤维组织增生，乳头被纤维组织牵拉、乳头下陷。乳腺真皮层淋巴管被癌细胞阻塞、引起淋巴回流受阻，导致皮肤水肿，而毛囊、汗腺处的皮肤受附件的牵引而相对凹陷，呈“橘皮样”外观（图 52－5）。癌侵犯皮肤坏死而形成溃疡。

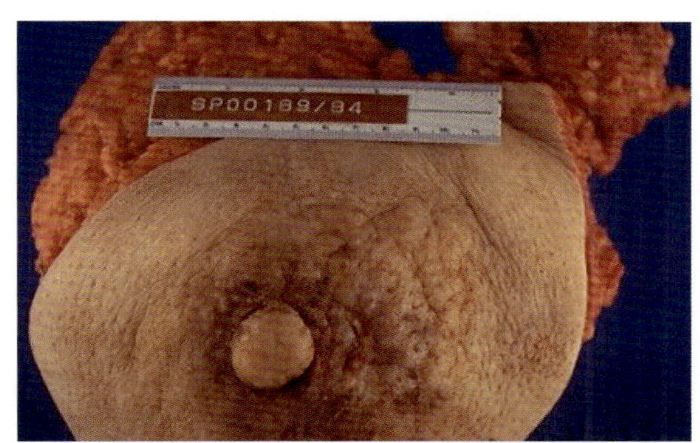

图 52－5　乳腺癌橘皮样外观

四、扩散与转移

1. 直接蔓延　癌组织可直接浸润乳腺实质、乳头、皮肤、胸肌及胸壁等。

2. 淋巴道转移　是乳腺癌常见的转移途径，发生也较早，常见同侧腋窝淋巴结转移。晚期发生锁骨上、下淋巴结和乳内淋巴结、纵隔淋巴结转移，偶经胸壁深筋膜淋巴管丛转移到对侧腋窝淋巴结。

3. 血道转移　晚期乳腺癌细胞侵入体静脉，转移到肺、骨、肝、脑等处。

小　结

慢性子宫颈炎是妇科最常见的疾病，临床主要表现为白带增多，偶为血性伴下腹部坠胀、腰骶部酸痛等症状。分为子宫颈糜烂、子宫颈息肉、子宫颈囊腺肿、子宫颈肥大几种类型。

子宫颈癌是女性生殖系统中最常见的恶性肿瘤。鳞状细胞癌约占子宫颈癌的95%，依据其发展过程可分为原位癌、早期浸润癌和浸润癌。

子宫内膜增生症临床上称为功能性子宫出血，主要表现为不规则阴道出血和月经量过多，病程较长可导致贫血，多见于青春期或绝经斯妇女。主要与卵巢功能紊乱导致雌激素分泌过多，孕激素减少引起的子宫内膜过度增生有关。

子宫内膜组织出现于正常子宫内膜以外部位时，称子宫内膜异位症，异位于子宫肌层的子宫内膜异位症一般称为腺肌病，异位于子宫外器官称子宫内膜异位症。异位的子宫内膜腺体和间质对激素有反应，上皮及间质可发生分泌和增生变化，或似月经期出血坏死，使其成为充满陈旧咖啡色血液的囊肿（称巧克力囊肿）。

葡萄胎也称水泡状胎块。葡萄胎可分完全性葡萄胎和部分性葡萄胎。完全性葡萄胎见胎盘绒毛普遍性水肿，形成许多含清亮液体的囊泡，大小不等，形如葡萄样外观。部分性葡萄胎有部分正常的胎盘组织，部分胎盘绒毛形成囊泡。

侵蚀性葡萄胎的生物学行为介于良性葡萄胎和绒毛膜癌之间。局部侵袭力强，但转移的潜能不如绒毛膜癌强。

绒毛膜癌是一种恶性程度很高的滋养层细胞肿瘤，简称绒癌。其特点是滋养层细胞不形成绒毛或水泡状结构，而成片高度增生，并广泛侵入子宫肌层或转移至其他脏器及组织。

乳腺癌是乳腺导管上皮及腺泡上皮发生的恶性肿瘤，在我国女性恶性肿瘤中居第二位，本癌半数以上发生于乳腺外上象限，患者早期为无痛性包块，晚期可出现乳头下陷，乳腺皮肤呈“橘皮样”外观，癌侵犯皮肤坏死而形成溃疡。

自　测　题

一、名词解释

1. 子宫颈糜烂
2. 葡萄胎
3. 绒毛膜上皮癌

二、单项选择题

1. 子宫颈糜烂被称作“假性糜烂”，其原因是
   A. 柱状上皮取代了原鳞状上皮缺损区
   B. 无上皮被覆
   C. 宫颈黏膜鳞状上皮化生
   D. 宫颈黏膜表面脓液被覆
   E. 宫颈黏膜表面溃疡形成

2. 关于子宫颈癌的好发部位和组织起源，以下哪一项是正确的
   A. 子宫颈外口，柱状上皮
   B. 子宫颈外口，鳞状上皮
   C. 子宫颈外口，鳞状-柱状上皮交界处的储备细胞
   D. 子宫颈阴道部，鳞状上皮
   E. 子宫颈管，腺上皮

3. 以下哪一项最能鉴别滋养层肿瘤与正常妊娠
   A. 停经
   B. 子宫渐大
   C. 尿妊娠试验阳性
   D. 放射免疫法定量检测尿 HCG 显著升高
   E. 卵巢黄素囊肿

4. 以下哪一项是葡萄胎与恶性葡萄胎的主要鉴别点
   A. 绒毛间质高度水肿
   B. 滋养层上皮细胞显著增生
   C. 水泡状绒毛侵袭子宫壁肌层
   D. 绒毛间质血管消失
   E. 子宫肌层内浸润的肿瘤组织无间质、无绒毛

5. 关于绒毛膜上皮癌，以下哪一项是**错误**的
   A. 多继发于葡萄胎、自然流产之后
   B. 癌组织无间质、无血管、无绒毛结构
   C. 癌组织侵袭宫壁，破坏血管
   D. 癌组织内常伴出血，坏死
   E. 转移到阴道壁最多见，形成“阴道结节”

6. 以下哪一项是绒毛膜上皮癌与恶性葡萄胎的鉴别之处
   A. 滋养层上皮细胞异型性增生
   B. 病灶内出血，坏死是否严重
   C. 有否破坏子宫壁组织
   D. 有否完整的水泡状绒毛形成
   E. 是否发生转移

7. 乳腺癌好发于乳房的
   A. 中央区
   B. 内上象限
   C. 内下象限
   D. 外上象限
   E. 外下象限

三、简答题

1. 子宫颈癌按肉眼形态分几种类型？
2. 葡萄胎的肉眼及镜下形态有哪些特点？

（杨德兴）

第五十三章　传染病与寄生虫病

学习目标

1. 掌握结核病的基本病变，继发性肺结核病的类型，原发性肺结核病、继发性肺结核病病理变化的不同点，淋病、梅毒、尖锐湿疣、艾滋病的病因及传染途径，肝吸虫病的病理变化。
2. 熟悉伤寒病的病变特点及病理临床联系，急性细菌性痢疾的病理变化及病理临床联系，淋病、梅毒、尖锐湿疣、艾滋病的病理变化及病理临床联系。
3. 了解流行性脑膜炎、流行性乙型脑炎的不同点。

案例

某女性，32 岁，因发热、胸痛、咳嗽、咳血痰 1 周入院。近 3 月来有低热，午后体温增高，咳嗽，曾在某医院诊断为“感冒”，给予抗感冒治疗，疗效欠佳。1 周来体温增高，咳嗽加剧，痰中带血。半年来有明显厌食，消瘦，夜间盗汗。体格检查：体温 38℃，脉搏 86 次/分，呼吸 28 次/分，发育正常，营养稍差，消瘦，神志清楚，查体合作，胸部检查无明显异常。X 线检查可见双肺纹理增粗，右肺锁骨下可见边缘模糊的云絮状阴影。取痰液做细菌培养和抗酸检查均为阴性。PPD 试验（结核菌素试验）强阳性。再次取痰送检。经浓缩集菌后涂片示抗酸杆菌阳性。

讨论：1. 本案例最可能诊断为何病？诊断依据是什么？

2. 应用所学知识解释本案例的主要临床表现。

第一节　结核病

一、概述

结核病是由结核杆菌引起的一种慢性肉芽肿病。以肺结核最常见，但可见于全身各器官。典型病变为结核结节形成伴有不同程度干酪样坏死。结核病曾经威胁整个世界，由于有效抗结核药物的发明和应用，由结核病引起的死亡一直呈下降趋势。20 世纪 80 年代以来，由于艾滋病的流行和耐药菌株的出现，结核病的发病率又趋上升。

（一）病因和发病机制

结核病的病原菌是结核分枝杆菌，主要是人型和牛型。人型结核杆菌感染的发病率最高，牛型次之。结核病主要经呼吸道传染，也可经消化道感染（食入带菌的食物，包括含菌牛奶），少数经皮肤伤口感染。呼吸道传播是最常见和最重要的途径。肺结核患者从呼吸道排出大量带菌微滴。吸入这些带菌微滴即可造成感染。到达肺泡的结核杆菌趋化和吸引巨噬细胞，并为巨噬细胞所吞噬。在有效细胞免疫建立以前，巨噬细胞将其杀灭的能力很有限，结核杆菌在细胞内繁殖，一方面可引起局部炎症，另一方面可发生全身性血源性播散，成为以后肺外结核病发生的根源。结核病的免疫反应和变态反应（Ⅳ型）常同时发生和相伴出现。免疫反应的出现提示机体已获得免疫力，对病原菌有杀伤作用。然而变态反应除包含免疫力外，常同时伴随干酪样坏死，引起组织结构的破坏。机体对结核杆菌感染所呈现的病理变化决定于不同的反应。如免疫反应为主，则病灶局限，结核杆菌被杀灭；如表现为变态反应为主时，则呈现急性渗出性炎和组织结构的破坏。结核病的基本病变与机体的免疫状态的关系见表 53－1。

表 53－1　结核病基本病变与机体的免疫状态

病变	机体状态		结核杆菌		病理特征
	免疫力	变态反应	菌量	毒力	
渗出为主	低	较强	多	强	浆液性或浆液纤维素性炎
增生为主	较强	较弱	少	较低	结核结节
坏死为主	低	强	多	强	干酪样坏死

（二）结核病的基本病理变化

1. 以渗出为主的病变

出现于炎症的早期或机体抵抗力低下、菌量多、毒力强或变态反应较强时，主要表现为浆液性或浆液纤维素性炎。病变早期局部有中性粒细胞浸润，但很快被巨噬细胞所取代。在渗出液和巨噬细胞中可查见结核杆菌。此型变化好发于肺、浆膜、滑膜和脑膜等处。渗出物可完全吸收不留痕迹，或转变为以增生为主或以坏死为主的病变。

2. 以增生为主的病变

当细菌量少，毒力较低或人体免疫反应较强时，则发生以增生为主的变化，形成具有诊断价值的结核结节。结核结节是在细胞免疫的基础上形成的，由上皮样细胞、朗格汉斯（Langhans）细胞加上外周局部集聚的淋巴细胞和少量反应性增生的成纤维细胞构成。典型者结节中央有干酪样坏死（图 53－1）。吞噬有结核杆菌的巨噬细胞体积增大，逐渐转变为上皮样细胞，呈梭形或多角形，胞浆丰富，染淡红色，境界不清。核呈圆形或卵圆形，染色质甚少，甚至可呈空泡状，核内又有 1～2 个核仁。多数上皮样细胞互相融合或一个细胞核分裂胞浆不分裂乃形成朗格汉斯细胞。朗格汉斯细胞为一种多核巨细胞，直径可达 300μm，胞浆丰富。其胞浆突起常和上皮样细胞的胞质突起相连接，核与上皮样细胞核相似。核的数目由十几个到几十个不等。核排列在胞浆周围呈花环状、马蹄形或密集胞体一端（图 53－2）。

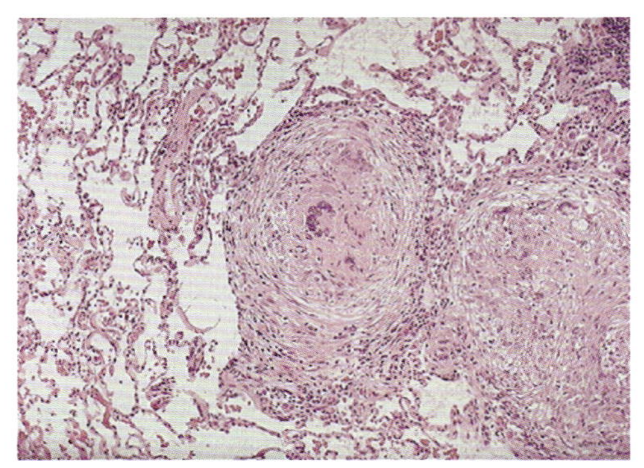

图 53-1　结核结节

可见干酪样坏死，朗格汉斯细胞、上皮样细胞、淋巴细胞和成纤维细胞等

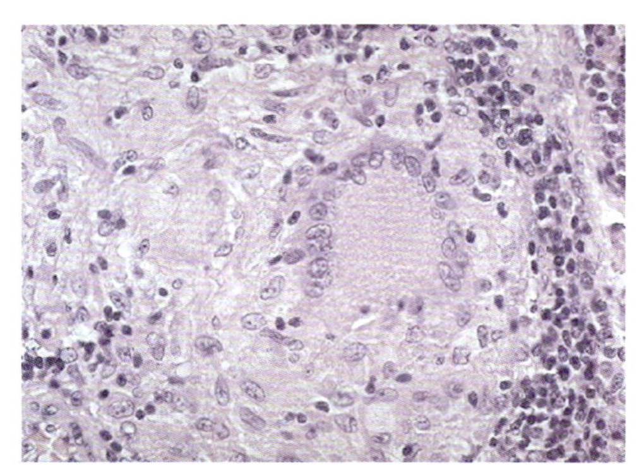

图 53-2　上皮样细胞和朗格汉斯细胞

可见马蹄型朗格汉斯细胞、上皮样细胞，周围淋巴细胞和成纤维细胞

单个结核结节直径约 0.1mm，肉眼和 X 线片不易看见。多个结节融合成较大结节时才能见到。这种融合结节境界分明，约粟粒大小，呈灰白半透明状。有干酪样坏死时略显微黄，可微隆起于器官表面。

3. 以坏死为主的病变

在结核杆菌数量多、毒力强，机体抵抗力低或变态反应强力时，上述以渗出为主或以增生为主的病变均可继发干酪样坏死。结核坏死灶由于含脂质较多呈淡黄色，均匀细腻，质地较实，状似奶酪，故称干酪样坏死（图 53-3）。镜下为红染无结构的颗粒状物。干酪样坏死对结核病的病理诊断具有一定意义（图 53-4）。干酪样坏死物中大都会有一定量的结核杆菌，可成为结核病恶化进展的原因。渗出、坏死和增生三种变化往往同时存在，而以某一种改变为主，并且可以互相转化。

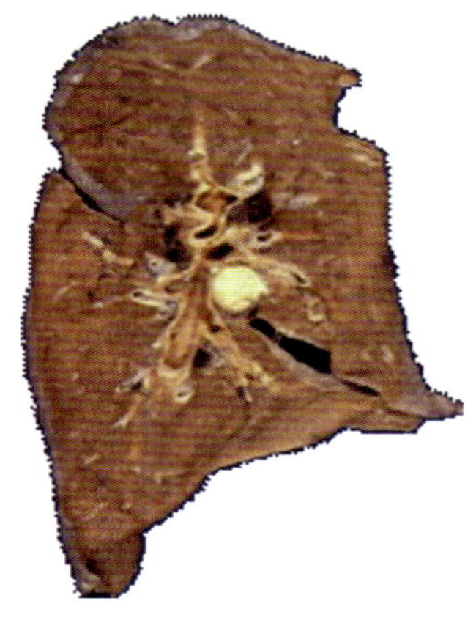

图 53-3　干酪样坏死肉眼观

肺门淋巴结可见一圆形呈黄白色的干酪样坏死病灶

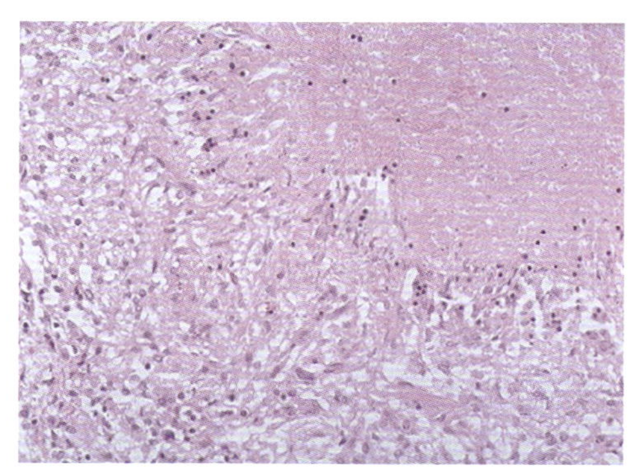

图 53-4　干酪样坏死镜下观

病变部位的组织坏死，变成大片红染的无结构颗粒状物

（三）结核病基本病理变化的转化规律

结核病的发展和结局取决于机体抵抗力和结核杆菌致病力之间的矛盾关系。在机体抵抗力增强时，结核杆菌被抑制、杀灭，病变转向愈合；反之，则转向恶化。

1. 转向愈合

（1）吸收、消散：为渗出性病变的主要愈合方式，渗出物经淋巴道吸收而使病灶缩小或消散。X线检查可见边缘模糊、密度不匀、呈云絮状的渗出性病变的阴影逐渐缩小或被分割成小片，以至完全消失，临床上称为吸收好转期。较小的干酪样坏死灶及增生性病灶经积极治疗也有吸收消散或缩小的可能。

（2）纤维化、钙化：增生性病变和小的干酪样坏死灶，可逐渐纤维化，最后形成瘢痕而愈合，较大的干酪样坏死灶难以全部纤维化，则由其周边纤维组织增生将坏死物包裹，继而坏死物逐渐干燥、浓缩，并有钙盐沉着。钙化的结核灶内常有少量结核杆菌残留，此病变临床虽属痊愈，但当机体抵抗力降低时仍可复发。

2. 转向恶化

（1）浸润进展：疾病恶化时，病灶周围出现渗出性病变，范围不断扩大，并继发干酪样坏死。X线检查示病灶周围出现絮状阴影，边缘模糊，临床上称为浸润进展期。

（2）溶解播散：病情恶化时，干酪样坏死物可发生液化，形成的液化物质可经体内的自然管道（如支气管、输尿管等）排出，致局部形成空洞。空洞内液化的干酪样坏死物中含有大量结核杆菌，可通过自然管道播散到其他部位，形成新的结核病灶。

二、肺结核病

结核病中最常见的是肺结核病。肺结核病可因初次感染和再次感染结核菌时机体反应性的不同，而致肺部病变的发生发展各有不同的特点，从而可分为原发性和继发性肺结核病两大类。原发性肺结核病是指第一次感染结核杆菌所引起的肺结核病。多发生于儿童，但也偶见于未感染过结核杆菌的青少年或成人。免疫功能严重受抑制的成年人由于丧失对结核杆菌的免疫力，因此可多次发生原发性肺结核病。继发性肺结核病是指再次感染结核杆菌所引起的肺结核病，多见于成人。大多在初次感染后十年或几十年后由于机体抵抗力下降使暂停活动的原发病灶再活化而形成。

（一）原发性肺结核病

原发性肺结核病的病理特征是原发综合征的形成。最初在通气较好的上叶下部或下叶上部近胸膜处形成直径1～1.5cm的灰白色炎性病灶，绝大多数病灶中央有干酪样坏死。结核杆菌很快侵入淋巴管，循淋巴液引流到局部肺门淋巴结，引起相应结核性淋巴管炎和淋巴结炎，表现为淋巴结肿大和干酪样坏死。肺的原发病灶、淋巴管炎和肺门淋巴结结核称为原发综合征（图53－5）。X线示病变呈哑铃状阴影。临床上症状和体征多不明显。

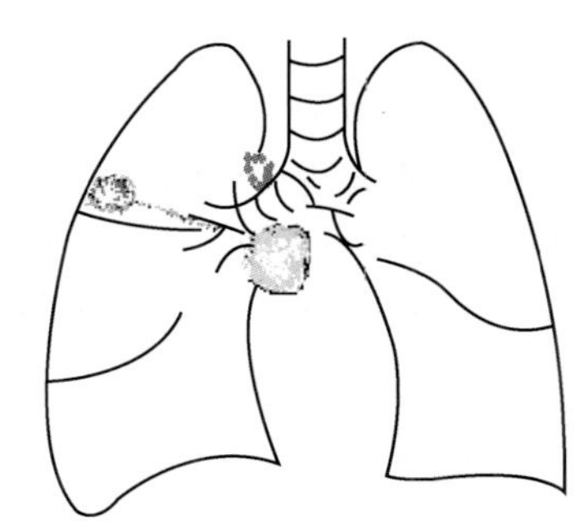

图53－5 肺原发综合征模式图

原发综合征形成后，在最初几周内有细菌通过血道或淋巴道播散到全身其他器官，由于细胞免疫的建立，大多数案例不再发展，病灶纤维化和钙化。有时肺门淋巴结病变继续发展，形成支气管淋巴结结核。少数营养不良或同时患有其他传染病的患儿病灶扩大、干酪样坏死和空洞形成，甚至肺内播散形成粟粒性肺结核病或全身播散形成全身粟粒性结核病（图53－6）。

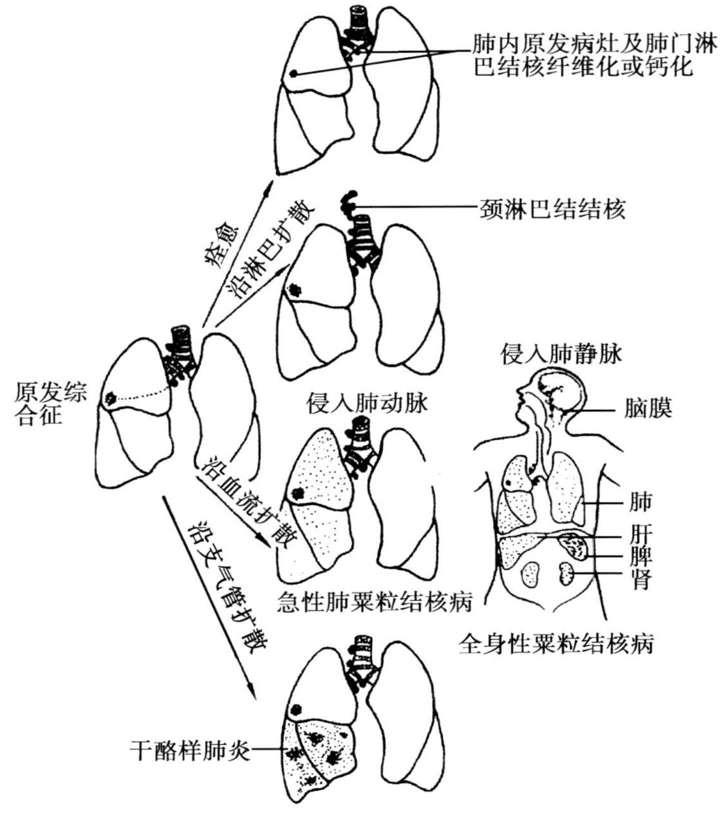

图 53-6 原发性肺结核病及其转归示意图

（二）继发性肺结核病

继发性肺结核病的病理变化和临床表现都比较复杂。根据其病变特点和临床经过分以下几种类型：

1. 局灶型肺结核

是继发性肺结核病的早期病变。X线示肺尖部有单个或多个结节状病灶。病灶常定位于肺尖下2～4cm处，直径0.5～1cm。病灶境界清楚，有纤维包裹。镜下病变以增生为主，中央为干酪样坏死。患者常无自觉症状，多在体检时发现。属非活动性结核病。

2. 浸润型肺结核

是临床上最常见的活动性、继发性肺结核。多由局灶型肺结核发展而来。X线可见锁骨下可见边缘模糊的云絮状阴影。病变以渗出为主，中央有干酪样坏死，病灶周围有炎症包绕。患者常有低热、疲乏、盗汗、咳嗽、咯血等症状。如及早发现、合理治疗，渗出性病变可吸收，增生、坏死性病变可通过纤维化、钙化而愈合。如病变继续发展，干酪样坏死扩大(浸润进展)，坏死物液化后经支气管排出，局部形成急性空间，洞壁坏死层内含大量结核杆菌，经支气管播散，可引起干酪性肺炎（溶解播散）。急性空洞一般易愈合。如果急性空洞经久不愈，则可发展为慢性纤维空洞性肺结核。

3. 慢性纤维空洞性肺结核

该型病变有以下特点：①肺内有一个或多个厚壁空洞。多位于肺上叶，大小不一，不规则。壁厚可达1cm以上（图53－7）。镜下洞壁分三层：内层为干酪样坏死物，其中有大量结核杆菌；中层为结核性肉芽组织；外层为纤维结缔组织；②同侧或对侧肺组织可见由支气管播散引起的很多从上到下、新旧不一、大小不等，病变类型不同的病灶。③后期肺组织严重破坏，广泛纤维化，使肺功能丧失。

病变空洞与支气管相通，成为结核病的传染源，又称开放性肺结核。如空洞壁的干酪样坏死侵蚀较大血管，可引起大咯血。空洞突破胸膜可引起气胸或脓气胸。咽下含菌痰液可引起肠结核。近年来，由于广泛采用多药联合抗结核治疗及增加抵抗力的措施，较小的空洞一般可机化、收缩而闭塞。体积较大的空洞，内壁坏死组织脱落，肉芽组织逐渐变成纤维瘢痕组织，由支气管上皮覆盖，此时，空洞仍然存在，但无菌，已愈合，称开放性愈合。

图53－7　慢性纤维空洞型肺结核

右肺上叶多个空洞形成

4．干酪性肺炎

干酪性肺炎可由浸润型肺结核恶化进展而来，也可由急、慢性空洞内的细菌经支气管播散所致。镜下见肺泡腔内有大量浆液纤维素性渗出物，内含巨噬细胞等炎细胞，且见广泛的干酪样坏死（图53－8）。根据病灶范围的大小分小叶性和大叶性干酪性肺炎，病情危重。

5．结核球

又称结核瘤。结核球是直径2～5cm，有纤维包裹的孤立的境界分明的干酪样坏死灶（图53－9）。多为单个，常位于肺上叶。X片上有时较难与周围型肺癌相鉴别。结核球由于其纤维包膜的存在，抗结核药不易发挥作用，且有恶化进展的可能，故临床上多采取手术切除。

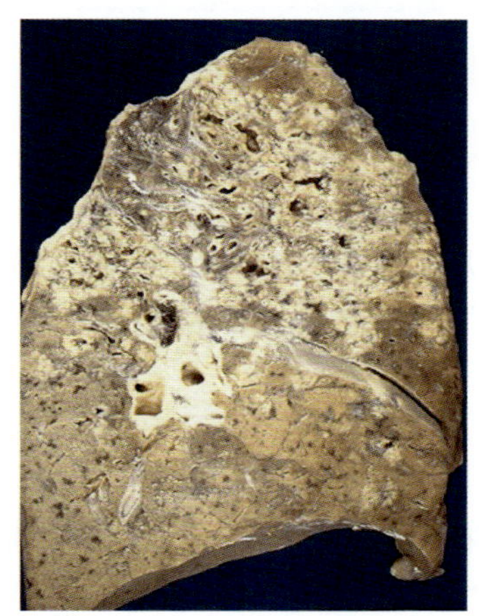

图53－8　大叶性干酪样肺炎

左肺上、下叶广泛实变，呈黄白色或灰白色干酪样坏死

图53－9　肺结核球

肺上叶有一巨大球形干酪样坏死病灶，周围有纤维组织包裹，境界分明

6．结核性胸膜炎

分干性和湿性两种，以湿性结核性胸膜炎为常见。湿性又称渗出性结核性胸膜炎。病变

主要为浆液纤维素性炎，可引起血性胸腔积液。一般经适当治疗可吸收，如渗出物中纤维素较多，不易吸收，则可因机化而使胸膜增厚粘连。干性又称增生性结核性胸膜炎，很少有胸腔积液。是由肺膜下结核病灶直接蔓延到胸膜所致。常发生于肺尖。病变多为局限性，以增生性改变为主。一般通过纤维化而愈合。综上所述原发性肺结核与继发性肺结核在许多方面有不同的特征，其差别见表 53－2。

表 53－2 原发性和继发性肺结核病比较

	原发性肺结核病	继发性肺结核病
结核杆菌感染	初次	再次
发病人群	儿童	成人
对结核杆菌的免疫力或过敏性	先无，病程中发生	有
病理特征	原发综合征	病变多样，新旧病灶并存，较局限
起始病灶	上叶下部下叶上部近胸膜处	肺尖部
主要播散途径	多为淋巴道或血道	多为支气管
病程	短，大多自愈	长，波动性，需治疗

知识链接

肺外器官结核病

肺外器官的结核病多为原发性肺结核病的血源播散所致，经若干年潜伏后，当机体抵抗力下降时，再繁殖并产生病变。肠结核病多由咽下结核杆菌的痰所致，肺外结核常见有肠、腹膜、脑膜、肾、骨关节及生殖系统等器官，呈慢性经过。

第二节 伤 寒

伤寒是由伤寒杆菌引起的急性传染病。病变特征是全身单核巨噬细胞系统细胞的增生。以回肠末端淋巴组织的病变最为突出。临床主要表现为持续高热、相对缓脉、脾大、皮肤玫瑰疹及中性粒细胞、嗜酸性粒细胞减少等。

一、病因与发病机制

伤寒杆菌属沙门菌属中的 D 族，革兰阴性。其菌体“O”抗原、鞭毛“H”抗原及表面“Vi”抗原都能使人体产生相应抗体，尤以“O”及“H”抗原性较强，故可用血清凝集试验肥达反应来测定血清中抗体的增高，可作为临床诊断伤寒的依据之一。菌体裂解时所释放的内毒素是致病的主要因素。

本病的传染源是伤寒患者或带菌者。细菌随粪、尿排出，污染食品、饮用水和牛奶等或以苍蝇为媒介污染食品经口入消化道而感染。一般以儿童及青壮年患者多见。全年均可发病，以夏秋两季最多。病后可获得比较稳固的免疫力，很少再感染。

伤寒杆菌在胃内大部分被破坏。是否发病主要决定于到达胃的菌数量。当感染菌量较大时，细菌得以进入小肠穿过小肠黏膜上皮细胞而侵入肠壁淋巴组织，尤其是回肠末端的集合淋巴小结或孤立淋巴小结。并沿淋巴管到达肠系膜淋巴结。淋巴组织中的伤寒杆菌被巨噬细胞吞噬，并在其中生长繁殖，又可经胸导管进入血液，引起菌血症。血液中的细菌很快就被全身单核巨噬细胞系统的细胞所吞噬，并在其中大量繁殖，导致肝、脾、淋巴结肿大。这段时间患者没有临床症状，称潜伏期，持续10天左右。之后，随着细菌的繁殖和内毒素释放再次入血，患者出现败血症症状。由于胆囊中大量的伤寒杆菌随胆汁再次入肠，重复侵入已致敏的淋巴组织，使其发生强烈的过敏反应致肠黏膜坏死、脱落及溃疡形成。

二、病理变化及临床病理联系

伤寒杆菌引起的炎症是以巨噬细胞增生为特征的急性增生性炎。巨噬细胞胞浆内吞噬有伤寒杆菌、红细胞和细胞碎片。这种巨噬细胞称伤寒细胞。伤寒细胞常聚集成团，形成小结节称伤寒肉芽肿或伤寒小结（图53-10），是伤寒的特征性病变，具有病理诊断价值。

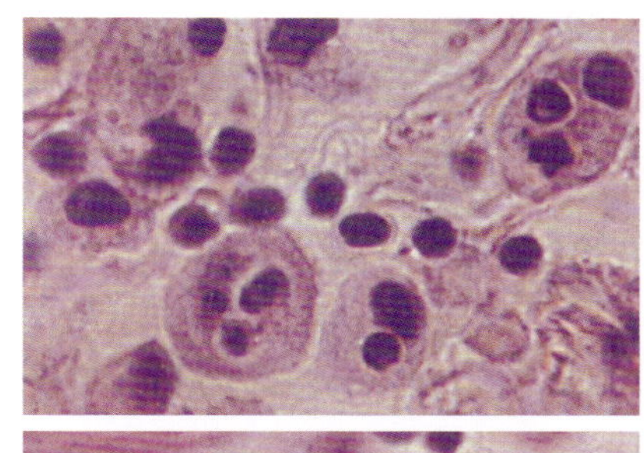
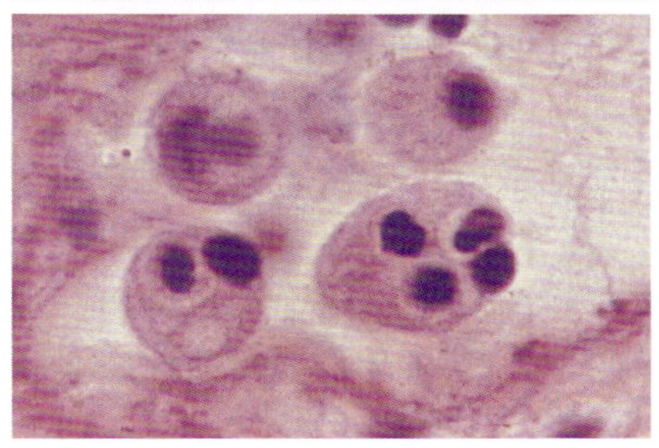

图53-10 伤寒细胞

伤寒细胞体积大，胞浆丰富，胞浆中常吞噬有红细胞、淋巴细胞和坏死的细胞碎屑

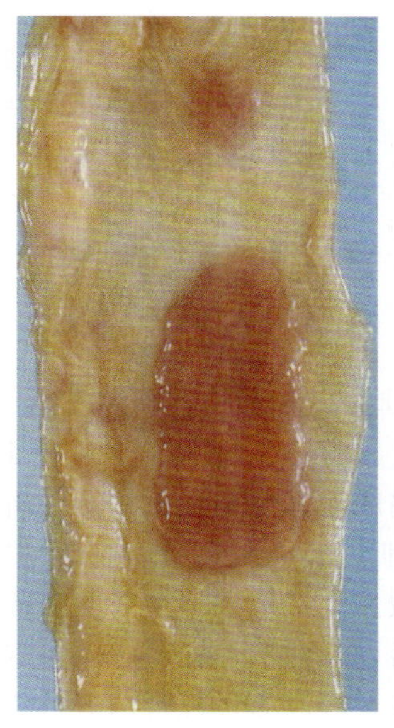

图53-11 肠伤寒髓样肿胀期

肠壁集合淋巴小结和孤立淋巴小结增生、肿胀，向肠腔面隆起

1. 肠道病变 伤寒肠道病变以回肠下段集合和孤立淋巴小结的病变最为明显。按病变发展过程分四期，每期大约一周时间。

（1）髓样肿胀期：起病第一周，回肠下段淋巴组织略肿胀，隆起于黏膜表面，色灰红，质软。隆起组织表面形似脑的沟回，以集合淋巴小结最为典型（图53-11）。

（2）坏死期：起病第二周，在髓样肿胀处肠黏膜发生坏死。

（3）溃疡期：起病第三周，坏死肠黏膜脱落后形成溃疡。溃疡边缘隆起，底部不平。在集合淋巴小结发生的溃疡，其长轴与肠的长轴平行（图53-12）。溃疡一般可达黏膜下层，坏死严重者深达肌层及浆膜层，甚至穿孔，如侵及小动脉，可引起严重出血。

（4）愈合期：发病第四周。溃疡处肉芽组织增生将其填平，溃疡边缘上皮再生覆盖而告愈合。

由于肠道上述病变，患者有食欲减退、腹部不适、腹胀、便秘或腹泻及右下腹轻压痛。粪便细菌培养在病程第二周起阳性率逐渐增高，在第3～5周可达85%。由于临床上早期使用抗生素，目前很难见到上述四期的典型病变。

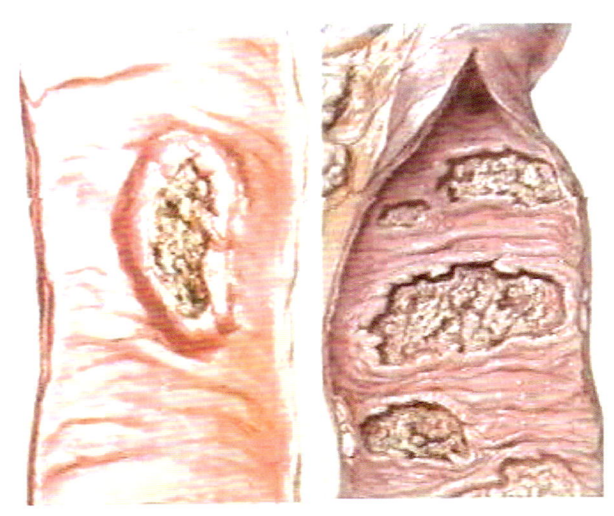

图53-12　肠伤寒溃疡期

坏死组织崩解、脱落形成溃疡，溃疡的长径与肠管长轴平行

2. 其他病变　肠系膜淋巴结、肝、脾及骨髓由于巨噬细胞的增生活跃而致相应组织器官肿大。镜检可见伤寒肉芽肿和灶性坏死。心肌纤维可有水肿，甚至坏死，可出现中毒性心肌炎，临床上可出现相对缓脉。肾小管上皮细胞可发生水肿。皮肤出现玫瑰疹（淡红色小丘疹）。膈肌、腹直肌和股内收肌常发生凝固性坏死（又称蜡样变性），患者可出现肌痛和皮肤知觉过敏。大多数伤寒患者胆囊无明显病变，但伤寒杆菌可在胆汁中大量繁殖。即使患者临床痊愈后，细菌仍可在胆汁中生存，并通过胆汁由肠道排出，在一定时期内仍是带菌者，有的患者甚至可成为慢性带菌者或终生带菌者。

伤寒患者可有肠出血、肠穿孔、支气管肺炎等并发症。如无并发症，一般经4～5周可痊愈。败血症、肠穿孔和肠出血常常是本病的重要死亡原因。

第三节　细菌性痢疾

细菌性痢疾简称菌痢，是由痢疾杆菌引起的一种假膜性肠炎。病变多局限于结肠，以大量纤维素渗出形成假膜为特征，假膜脱落伴有不规则浅表溃疡形成。临床主要表现为腹痛、腹泻、里急后重、黏液脓血便。

一、病因与发病机制

痢疾杆菌是革兰阴性短杆菌。按抗原结构和生化反应可分四群，即福氏、宋内氏、鲍氏和志贺菌。四群均能产生内毒素，志贺菌尚可产生强烈的外毒素。

本病的传染源为患者和带菌者。痢疾杆菌从粪便中排出后可直接或间接（苍蝇为媒介）

经口传染给健康人。食物和饮水的污染有时可导致菌痢的暴发流行。菌痢全年均可发病，但以夏秋季多见。好发于儿童，其次是青壮年，老年患者较少。

经口入胃的痢疾杆菌大部分被胃酸杀死，仅少部分进入肠道。是否致病决定于多种因素。如细菌在结肠内繁殖，从上皮细胞直接侵入肠黏膜，并在黏膜固有层内增殖。随之细菌释放具有破坏细胞作用的内毒素，使肠黏膜产生溃疡。菌体内毒素吸收入血，引起全身毒血症。志贺菌释放的外毒素是导致水样腹泻的主要因素。

二、病理变化与临床病理联系

菌痢的病理变化主要发生于大肠，尤以乙状结肠和直肠为重。重者可波及整个结肠甚至回肠下段。很少有肠道以外的组织反应。按肠道病变特征、全身变化及临床经过的不同，分为以下三种。

1. 急性细菌性痢疾

其典型病变过程为初期的急性卡他性炎、随后的特征性假膜性炎和溃疡形成。

早期黏液分泌亢进，黏膜充血、水肿、中性粒细胞和巨噬细胞浸润。可见点状出血。病变进一步发展黏膜浅表坏死，在渗出物中有大量纤维素，后者与坏死组织、炎症细胞和红细胞及细菌一起形成特征性的假膜。假膜首先出现于黏膜皱襞的顶部，呈糠皮状，随着病变的扩大可融合成片。假膜一般呈灰白色，如出血明显呈暗红色，受胆色素浸染呈灰绿色。大约一周左右，假膜开始脱落，形成大小不等，形状不一的“地图状”溃疡（图 53－13）。溃疡多较表浅。经适当治疗或病变趋向愈合时，肠黏膜渗出物和坏死组织逐渐被吸收、排出，周围的健康组织再生而修复。

图 53－13 肠黏膜假膜性炎

假膜形成大小不等，形状不一的“地图状”溃疡

临床上由于病变肠管蠕动亢进并有痉挛，引起阵发性腹痛、腹泻等症状。由于炎症刺激直肠壁内的神经末梢及肛门括约肌，导致里急后重和排便次数增多。病变初期为稀便混有黏液，待肠内容物排尽后转为黏液脓血便，偶尔排出片状假膜。急性菌痢的病程一般为 1～2 周，经适当治疗大多痊愈。并发症如肠出血、肠穿孔少见，少数案例可转为慢性。

2. 慢性细菌性痢疾

病程持续 2 个月以上者称为慢性菌痢。大多由急性菌痢转变而来。有的病程可长达数月或数年，肠道病变此起彼伏，原有溃疡尚未愈合，新的溃疡又形成。新旧病灶同时存在。由于组织的损伤修复反复进行，溃疡边缘不规则，黏膜常过度增生形成息肉。肠壁各层有慢性炎症细胞浸润和纤维组织增生，甚至瘢痕形成，使肠壁不规则增厚、变硬、严重可致肠腔狭窄。

临床表现依肠道病变而定，可有腹痛、腹胀、腹泻等肠道症状。由于炎症的加剧，临床上出现急性菌痢的症状称慢性菌痢急性发作。少数慢性菌痢患者可无明显的症状和体征，但粪便培养持续阳性，成为慢性带菌者，常成为传染源。

3. 中毒型细菌性痢疾

主要特征是起病急骤、严重的全身中毒症状，而肠道病变和症状轻微。多见于2～7岁儿童，发病后数小时即可出现中毒性休克或呼吸衰竭而死亡。

第四节　流行性脑脊髓膜炎

流行性脑脊髓膜炎是由脑膜炎双球菌引起的急性脑脊髓膜的化脓性炎，简称流脑。冬、春季多见，多为散发性，好发于儿童及青少年。发病急，传播迅速，易引起流行。临床上表现为寒战、高热、头痛、呕吐、皮肤淤点和脑膜刺激症状等。

一、病因与发病机制

脑膜炎双球菌存在于患者或带菌者的鼻咽部，借飞沫经呼吸道传染。细菌进入上呼吸道后，大多数感染者只引起局限性的上呼吸道炎症而不发病，成为带菌者。少数人因抵抗力低下，细菌从上呼吸道黏膜侵入血流并生长繁殖，引起短暂的败血症，再继而到达脑脊髓膜引起化脓性炎症。

二、病理变化

根据病情进展过程，可分三期：

1. 上呼吸道感染期　细菌在鼻咽部黏膜繁殖，出现上呼吸道感染症状。主要病理改变为黏膜充血、水肿、炎细胞浸润和分泌物增多。

2. 败血症期　细菌从上呼吸道黏膜侵入血流引起败血症。大多数患者的皮肤、黏膜出现淤点或淤斑，为细菌栓塞在小血管或细菌毒素对血管壁的损伤所致。

3. 脑脊髓膜炎期　细菌随血流到达脑脊髓膜导致病变。此期的特征性病变是脑脊髓膜的化脓性炎症。

肉眼见病变以大脑额叶、顶叶最为明显。表现为脑脊髓膜血管高度扩张、充血，蛛网膜下腔有脓性渗出物，脑沟内尤为明显。脑沟、脑回因脓性渗出物覆盖而模糊不清，脑底部视神经交叉及邻近各池也可见脓液累积。由于渗出物阻塞，致脑脊液循环障碍，脑室扩张并有混浊液体。

镜下见蛛网膜下腔增宽，内有大量中性粒细胞、少量单核细胞、淋巴细胞和纤维蛋白渗出，血管高度扩张充血（图53－14）。脑实质一般不受累，邻近的脑皮质可有轻度水肿，由于内毒素的弥散作用可使神经细胞发生不同程度的变性，称脑膜脑炎。

三、临床病理联系

流行性脑脊髓膜炎在临床上除了发热等全身感染性症状外，常有以下表现：

1. 颅内压升高　表现为头痛、喷射性呕吐、视盘水肿、小儿前囟饱满等。这是由于脑膜血管扩张充血，蛛网膜下腔渗出物堆积，蛛网膜颗粒因脓性渗出物阻塞而影响脑脊液回流所致。

2. 脑膜刺激征　表现为颈项强直、角弓反张和屈髋伸膝征阳性。由于炎症累及脊髓神经根周围的蛛网膜、软脑膜及软脊膜，使脊神经根在通过椎间孔处受压，当颈部或背部肌肉运动时牵引受压的神经根而产生疼痛，因而颈部肌肉发生保护性痉挛而呈僵硬状态，称为颈

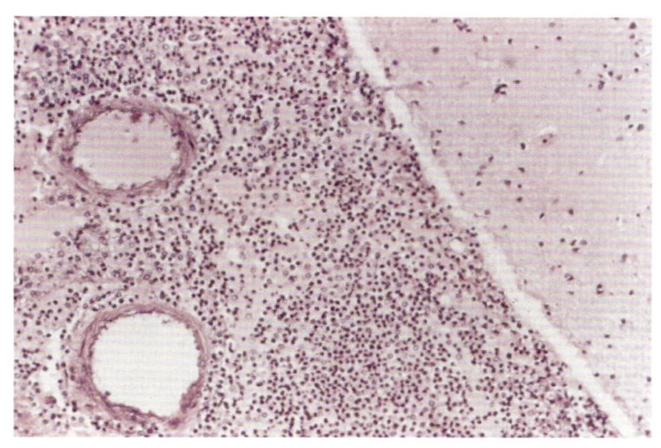

图 53-14 化脓性脑膜炎

蛛网膜下腔充满脓性渗出物，血管高度扩张充血，邻近的脑皮质轻度水肿

强直。

3. 脑神经麻痹 由于大脑基底部脑膜炎累及脑神经，引起相应的脑神经麻痹症。

4. 脑脊液的变化 早期脑脊液澄清，随后则因蛛网膜下腔有大量脓性渗出物，而呈混浊脓样，含大量脓细胞，蛋白增多，含糖量减少，涂片或培养可查见细菌。

5. 败血症 脑膜炎双球菌入血引起败血症，患者表现为高热、寒战及皮肤淤点等。淤点的血液直接涂片大多数案例可找到脑膜炎双球菌，血细菌培养可呈阳性。

6. 暴发性流脑 少数案例起病急骤，病情危重，称暴发性流脑。可分以下两型：

（1）暴发型脑膜炎双球菌败血症：是流行性脑脊髓膜炎的一种超急性类型，多见于儿童。主要特点是起病急，脑膜病变轻微，患者以周围循环衰竭、休克、皮肤出现大片紫癜、两侧肾上腺皮质广泛出血、功能衰竭为特征，又称为沃-弗综合征。绝大多数患儿在发病 24 小时内死亡。其发生机制是大量的细菌内毒素释放入血引起中毒性休克及弥散性血管内凝血。

（2）暴发性脑膜脑炎：炎症波及软脑膜下的脑实质，使脑微循环障碍、血管通透性增高，引起脑组织淤血、水肿和神经细胞损伤，颅内压急骤升高和神经功能障碍。临床表现为突发高热、剧烈头痛、频繁呕吐，常伴惊厥、抽搐、昏迷或脑疝形成。

若能及时给予抗生素治疗，大多数患者均能痊愈。如治疗不当，病变可由急性转为慢性，可并发脑积水、脑神经受损、脑梗死等后遗症。

第五节 流行性乙型脑炎

流行性乙型脑炎简称乙脑，是由乙型脑炎病毒感染引起的急性传染病，多在夏、秋季流行。本病起病急，发展快，病情重，死亡率高。患者主要表现为高热、抽搐、嗜睡、昏迷等。

一、病因与发病机制

本病的病原体为乙型脑炎病毒，传染源为患者和中间宿主（如牛、马、猪等家畜），传播媒介为蚊。带病毒的蚊虫叮咬人时，病毒侵入人体引起感染。病毒入人体后，先在局部血管的内皮细胞内及全身单核-吞噬细胞系统繁殖，然后侵入血流引起短暂的病毒血症。病毒能否进入中枢神经系统取决于机体的免疫反应和血-脑屏障的功能状态。

二、病理变化与临床病理联系

病变广泛累及整个中枢神经系统，主要发生在脑脊髓灰质，以大脑皮质、基底核、视丘最为严重，小脑皮质、脑桥及延髓次之，脊髓病变最轻。

1. 肉眼观　脑膜血管充血，脑水肿明显，脑回宽，脑沟窄。切面见皮质深层、基底核等部位有粟粒大小的软化灶，半透明状，界限清楚，呈弥漫或灶性分布。

2. 镜下观

（1）血管改变和炎症反应：脑内血管明显扩张充血，血管周围间隙增宽，脑组织水肿，炎细胞以变性坏死的神经细胞为中心，或围绕血管周围间隙呈袖套状浸润。一般将淋巴细胞围绕血管呈袖套状浸润，称为淋巴细胞套。此外，炎细胞还有单核细胞和浆细胞。

（2）神经细胞变性、坏死：由于病毒在神经细胞内生长繁殖及破坏其功能及结构，导致细胞损伤，表现为神经细胞肿胀，尼氏小体消失，胞浆出现空泡、核偏位等（图53-15）。严重时神经细胞可发生坏死。在变性、坏死的神经细胞周围，常常有增生的少突胶质细胞围绕，称神经细胞卫星现象。小胶质细胞、中性粒细胞侵入神经细胞内，称噬神经细胞现象。

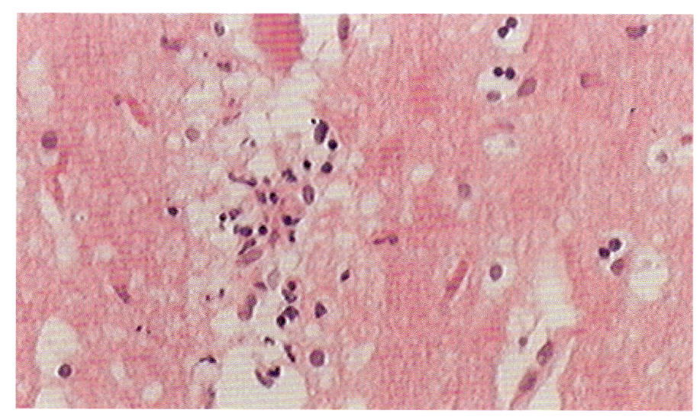

图53-15　神经细胞变性、坏死

神经细胞尼氏小体、细胞核消失

（3）软化灶形成：神经组织发生局灶性坏死、液化，形成染色较浅、质地疏松、边界较清楚的筛网状病灶，称筛状软化灶。

（4）胶质细胞增生：小胶质细胞增生明显，聚集成团，形成境界清楚的结节状病灶，称胶质细胞结节，多位于小血管旁或坏死的神经细胞周围。

流行性乙型脑炎患者早期因病毒血症常出现高热、全身不适等中毒症状，还可出现颅内压增高、嗜睡、昏迷、脑内运动神经元损伤、脑膜炎症等临床表现。

多数患者经过适当治疗，脑部病变逐渐消失，可痊愈。重症患者可出现语言障碍、痴呆、肢体瘫痪或因脑神经损伤导致的吞咽困难、中枢性面瘫等，这些表现经数月之后多能恢复正常。少数案例不能完全恢复而留下后遗症。

第六节　性传播性疾病

性传播性疾病是指通过性接触而传播的一类疾病。传统的性病只包括梅毒、淋病等。近十年来其病种已多达二十余种。本节仅叙述淋病、尖锐湿疣、梅毒和艾滋病。

一、淋病

淋病是由淋球菌感染引起的急性化脓性炎，是最常见的性传播性疾病。多发生于15～30岁年龄段。成人通过性交而传染，儿童可通过接触患者用过的衣、物等传染。

淋球菌主要侵犯泌尿生殖系统，对柱状上皮和移行上皮有特别的亲和力。淋球菌侵入泌尿生殖道上皮包括黏附和侵入两个步骤。

男性的病变从前尿道开始，可逆行蔓延到后尿道，波及前列腺、精囊和附睾。临床表现为尿道口充血、水肿，有脓性渗出物从尿道口流出（图53-16）。女性的病变累及外阴和阴道腺体、子宫颈内膜、输卵管及尿道。少部分案例可经血行播散引起身体其他部位的病变。

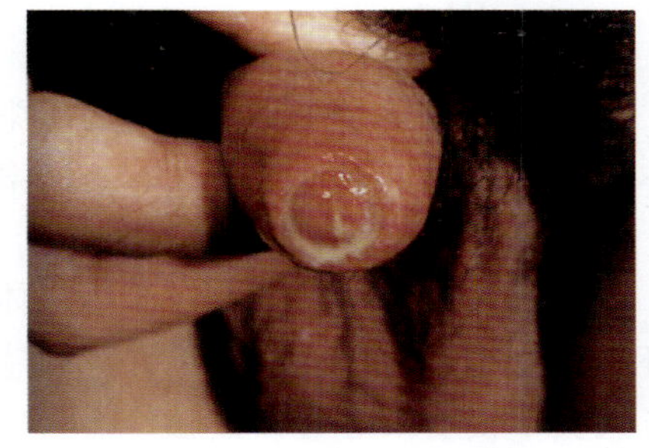

图53-16　尿道化脓性炎

尿道口充血、水肿，有脓性渗出物从尿道口流出

二、尖锐湿疣

尖锐湿疣是由HPV（主要是HPV 6型和11型）引起的性传播性疾病。最常发生于20～40岁年龄组。好发于潮湿、温暖的黏膜和皮肤交界的部位。男性常见于阴茎冠状沟、龟头、系带、尿道口或肛门附近。女性多见于阴蒂、阴唇、会阴部及肛周。也可发生于身体的其他部位如腋窝等。尖锐湿疣主要通过性接触传播，也可通过非性接触的间接感染而致病。

本病潜伏期通常为3个月。初起为小而尖的突起，逐渐扩大。淡红或暗红，质软，表面凹凸不平，呈疣状颗粒。有时较大呈菜花状生长（图53-17）。镜下见表皮角质层轻度增厚，几乎全为角化不全细胞，棘层肥厚，有乳头状瘤样增生，表皮突增粗延长，偶见核分裂。表皮浅层出现的凹空细胞有助诊断。凹空细胞较正常细胞大，胞浆空泡状，细胞边缘常残存带状胞浆。核增大居中，圆形，椭圆形或不规则形，染色深，可见双核或多核（图53-18）。真皮层可见毛细血管及淋巴管扩张，大量慢性炎症细胞浸润。

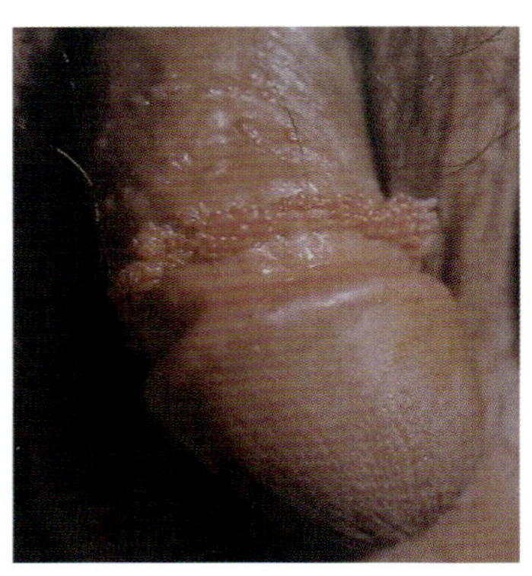

图 53－17 尖锐湿疣肉眼观

阴茎冠状沟处见到多数淡红色乳头状的赘生物

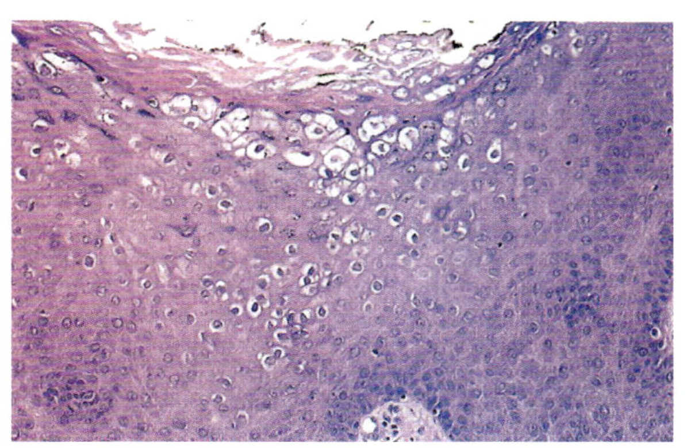

图 53－18 尖锐湿疣镜下观

表皮浅层出现的凹空细胞较正常细胞大，胞浆空泡状，细胞边缘常残存带状胞浆

三、梅毒

梅毒是由梅毒螺旋体引起的传染病。流行于世界各地，新中国成立后，经积极防治已基本消灭了梅毒，但近年来又有新的案例发现，尤其在沿海城市有流行趋势。

（一）病因及传播途径

梅毒螺旋体是梅毒的病原体，体外活力低，不易生存。对理化因素的抵抗力极弱，对四环素、青霉素、汞、砷、铋剂等敏感。大多数患者通过性交传播，少数可因输血、接吻、医务人员不慎受染等直接接触传播（后天性梅毒）。梅毒螺旋体还可经胎盘感染胎儿（先天性梅毒）。梅毒患者为唯一的传染源。

机体在感染梅毒后第六周血清出现梅毒螺旋体特异性抗体及反应素，具有血清诊断价值，但可出现假阳性，应予注意。随着抗体产生，机体对螺旋体的免疫力增强，病变部位的螺旋体数量减少，以至早期梅毒病变有不治自愈的倾向。然而不治疗或治疗不彻底者，播散在全身的螺旋体常难以完全消灭，结果导致复发梅毒、晚期梅毒发生的原因。

（二）基本病变

1. 闭塞性动脉内膜炎和小血管周围炎

闭塞性动脉内膜炎指小动脉内皮细胞及纤维细胞增生，使管壁增厚、血管腔狭窄闭塞（图 53－19）。小动脉周围出现围管性单核细胞、淋巴细胞和浆细胞浸润（图 53－20）。浆细胞出现是本病的病变特点之一。以上病变可见于各期梅毒。

2. 树胶样肿

此病变为细胞介导的迟发型变态反应。是三期梅毒的特征性病变。表现为大小不等的非化脓性局部坏死，小者仅在显微镜下可见，大者可达 3～4cm，不规则形，边界清楚，呈均匀灰白色、质坚韧、有弹性，似树胶。镜下见结构颇似结核结节，中央为凝固性坏死，形态类似干酪样坏死，但坏死不如干酪样坏死彻底，弹力纤维尚保存。坏死灶周围肉芽肿中富含淋巴细胞和浆细胞，而上皮样细胞和朗格汉斯细胞较少，常有闭塞性小动脉内膜炎和血管周围炎。树胶肿后期可被吸收、纤维化，最后使器官变形，但极少钙化，与结核结节不同。

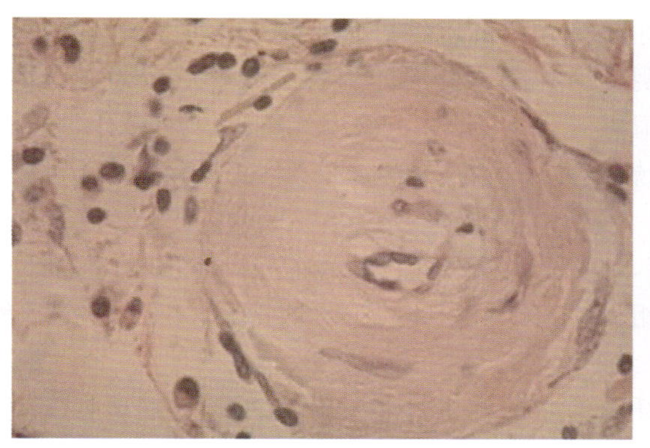

图 53-19 闭塞性动脉内膜炎镜下观

小动脉内皮细胞及纤维细胞增生，使管壁增厚，血管腔狭窄、闭塞

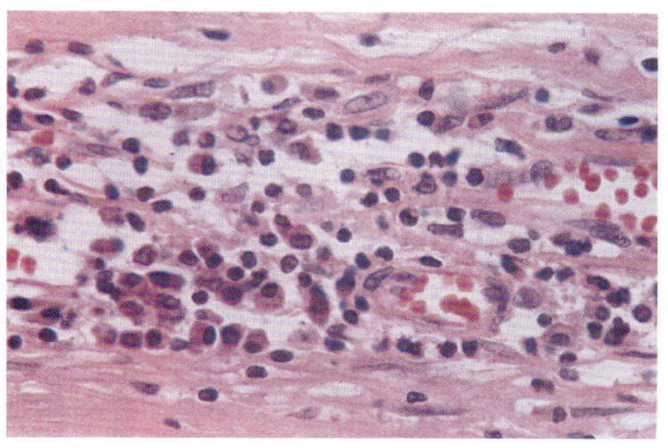

图 53-20 小血管周围炎镜下观

小动脉周围出现围管性单核细胞、淋巴细胞和浆细胞浸润

（三）类型

1. 后天性梅毒

后天性梅毒分一、二、三期。一、二期梅毒称早期梅毒，有传染性；三期梅毒又称晚期梅毒，常累及内脏，也称内脏梅毒。

（1）第一期梅毒：梅毒螺旋体侵入人体后 3 周左右，侵入部位发生炎症反应，形成硬下疳。硬下疳常为单个，直径约 1cm，表面可发生糜烂或溃疡，溃疡底部及边缘质硬。因其质硬，故称硬性下疳，以和杜克雷嗜血杆菌引起的软性下疳相区别。病变多见于阴茎冠状沟、龟头、子宫颈、阴唇，亦可发生于口唇、舌、肛周等处，但无痛（图 53-21）。镜下见溃疡底部有闭塞性小动脉内膜炎和动脉周围炎。

硬下疳出现后 1～2 周，局部淋巴结肿大，呈非化脓性增生性反应。硬下疳经 1 个月左右多自然消退，仅留浅表的疤痕，局部肿大的淋巴结也消退。临床上处于静止状态，但体内的螺旋体仍继续繁殖。

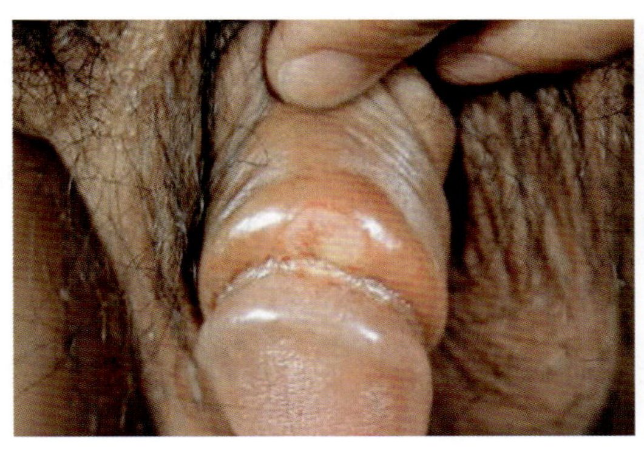

图 53-21 梅毒硬下疳

硬下疳表面可发生糜烂或溃疡，溃疡底部及边缘质硬

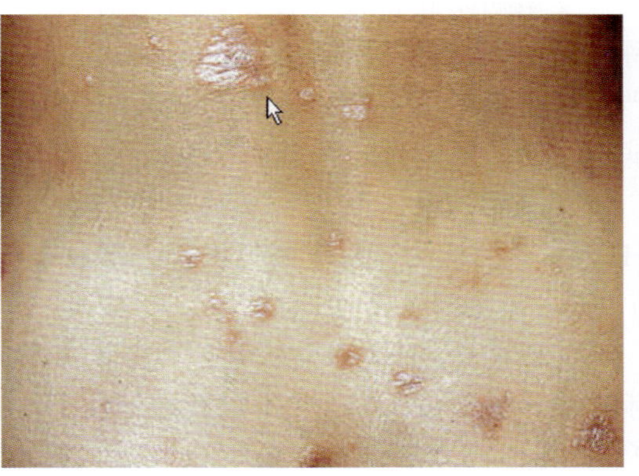

图 53-22 梅毒疹

躯干部见斑疹和丘疹

（2）第二期梅毒：硬下疳发生后 7～8 周，体内螺旋体又大量繁殖，由于免疫复合物的

沉积引起全身皮肤、黏膜广泛的梅毒疹和全身性非特异性淋巴结肿大。梅毒疹通常表现为口腔黏膜、掌心、足心等处的斑疹和丘疹，以及阴茎、外阴、肛周的扁平湿疣，后者为融合成片、表面湿润、暗红色突起的平坦斑块，又称梅毒湿疹（图 53－22）。镜下呈典型的闭塞性动脉内膜炎和血管周围炎改变，病灶内可找到螺旋体。此期梅毒传染性大。梅毒疹可自行消退。

（3）第三期梅毒：常发生于感染后 4～5 年，病变累及内脏，特别是心血管和中枢神经系统。有特征性的树胶样肿形成，引起严重的组织破坏。由于树胶样肿纤维化、瘢痕收缩，常导致器官的变形和功能障碍。

病变常侵犯主动脉，引起以损害中层弹力纤维为主的梅毒性主动脉炎和继发主动脉瓣关闭不全及主动脉瘤等。梅毒性主动脉瘤破裂常导致患者猝死。神经系统病变主要累及中枢神经及脑脊髓膜，可导致麻痹性痴呆和脊髓痨。肝脏病变主要形成树胶样肿，肝呈结节性肿大，继而发生纤维化、瘢痕收缩，以至肝呈分叶状。也可造成骨和关节损害，鼻骨受累时，常损坏鼻中隔致鼻梁塌陷，鼻孔向前，形成所谓马鞍鼻。长骨、肩胛骨与颅骨也常受累。

2. 先天性梅毒

先天性梅毒根据被感染胎儿发病的早晚分以下两种：

（1）早发性先天性梅毒：系指胎儿或婴幼儿期发病的先天性梅毒。螺旋体在胎儿组织和胎盘中大量繁殖，可引起晚期流产、死胎或早产。可见皮肤、黏膜广泛的大疱、大片性剥脱性皮炎及多种梅毒疹形成；内脏病变处淋巴细胞和浆细胞浸润，动脉内膜炎，间质弥漫性纤维组织增生和发育不良等。肺呈弥漫性纤维化，间质血管床减少，呈灰白色，又称白色肺炎。肝、脾、胰等脏器也有类似病变。此外，还常发生骨的病变，长骨骨骺线有梅毒肉芽肿形成，破坏软骨骨化过程。

（2）晚发性先天性梅毒：患儿发育不良，智力低下。可引发间质性角膜炎、神经性耳聋及楔形门齿，并有骨膜炎及马鞍鼻等。皮肤、黏膜病变与成人相似，但不发生硬下疳。内脏可有类似后天性梅毒第三期的改变。

四、艾滋病

艾滋病是获得性免疫缺陷综合征（acquired immunodeficiency syndrome，AIDS）的简称，是由人类免疫缺陷病毒（human immunodificiency virus，HIV）感染所引起的以全身性严重免疫缺陷为主要特征的传染病。总死亡率几乎为 100%。自 1981 年 6 月首次报告艾滋病以来，传播迅速，案例遍及五大洲。

艾滋病的潜伏期长，从病毒感染到出现艾滋病症状要 5 年，甚至更长的时间。现在 HIV 感染的检测仅限于高危人群，因此全球 HIV 的感染数应为报告数的 2～3 倍。

（一）病因及传播途径

艾滋病由 HIV 感染所引起。患者及 HIV 携带者是艾滋病的传染源。传染性最强的是临床无症状而血清 HIV 抗体阳性的感染者。无症状的感染者是艾滋病流行难以控制的重要原因。

HIV 携带者的血液、精液、阴道分泌物、唾液、眼泪、尿、母乳等体液以及脑、皮肤、淋巴、骨髓等组织内存在着 HIV。一般感染以血液、精液、阴道分泌物、母乳等为主。1986 年 12 月，世界卫生组织公布的已证实的传播途径如下：

1. 性行为传播　最常见，男性同性恋者感染率最高，血液和精液中 HIV 的含量几乎相等，是感染力度最强的感染源。

2. 输血或血制品传播　输入被 HIV 污染的血或血液制品，使 HIV 直接进入体内引起感染。

3. 注射针头或医用器械等传播　静脉注射吸毒者感染 HIV 占总报告数的 18%，原因是吸毒者常共同使用未经消毒的注射器。此外，医用器械如内窥镜等若消毒不严，也可造成感染。

4. 母婴垂直传播　统计证明，感染 HIV 的孕妇生下的婴儿，30%～50%也感染 HIV。垂直传播可能是由于母体内感染有 HIV 的淋巴细胞或单核细胞等经胎盘到达胎儿，或由于孕妇存在病毒血症。此外，母婴间传播也可发生于分娩时或产后哺乳过程中。

5. 其他　如器官移植、医务人员的职业性感染等。

知识链接

艾滋病的预防

艾滋病是一种传染性极高的传染病，虽然我们目前还无法根治艾滋病，但它却是能够预防、控制的。因此我们在日常生活中应避免感染艾滋病的高危行为，如无保护性交、多个性伙伴、静脉注射吸毒、与他人共用注射器或使用未经检测的血液或血制品等。如果怀疑自己感染了艾滋病病毒，应该到正规的医疗机构进行艾滋病抗体的检测。同时家庭和社区要为艾滋病患者及感染者营造一个友善、理解、健康的生活和工作环境，鼓励他们采取积极的生活态度，改变高危行为，配合治疗。

（二）病理变化

艾滋病患者各脏器都有不同程度的病理变化，从 HIV 感染不同时期其病理改变也不一样，总的来说，艾滋病的主要病理改变可分三大类：①免疫学损害的形态学表现；②感染：常为混合性机会感染；③肿瘤：常见为 Kaposi 肉瘤和非霍奇金淋巴瘤。

1. 免疫学损害的形态学表现　早期淋巴结滤泡明显增生，生发中心活跃，髓质有较多浆细胞浸润。随着病变的发展，滤泡网状带开始破坏，小血管增生。皮质区及副皮质区淋巴细胞减少，浆细胞浸润。以后网状带消失，滤泡界限不清。晚期淋巴细胞几乎消失殆尽，呈现一片荒芜景象，在淋巴细胞消失区仅有少许巨噬细胞和浆细胞残留。最后淋巴结结构完全消失，有些区域纤维组织增生，甚至玻璃样变。胸腺、消化道和脾亦表现为淋巴组织萎缩。但大多数艾滋病患者可有不同程度脾大，可能与脾淤血等变化有关。

2. 感染　艾滋病患者对各种病原体非常敏感，在一个患者体内可有多种感染混合存在，特别是一些少见的混合性机会感染。

3. 肿瘤　1/3 的艾滋病患者有 Kaposi 肉瘤。该肿瘤起源于血管内皮，广泛累及皮肤、黏膜及内脏，以下肢最多见。艾滋病患者中有 5%～10%的人可发生非霍奇金淋巴瘤，有些患者常出现原发于中枢神经系统的淋巴瘤。

4. 中枢神经系统改变　脑组织是艾滋病最常受累的组织之一。约 60%的艾滋病有神经症状、90%的案例尸检时有神经病理学改变。艾滋病患者神经病理学改变可分三大类，即艾滋病脑病、机会感染和机会性肿瘤。目前认为 HIV 通过巨噬细胞进入中枢神经系统引起病变。

（三）病理临床联系

艾滋病的临床症状多种多样，一般初期的开始症状像流感，表现为咽痛、全身疲劳无力、食欲减退、发热。随着病情的加重，症状日见增多，如皮肤、黏肤出现白念珠菌感染，单纯疱疹、带状疱疹、紫斑、血肿等。以后逐渐侵犯内脏，出现原因不明的持续性发热，可长达3～4个月。还可出现咳嗽、气短、持续性腹泻便血、肝脾大、并发恶性肿瘤等。

对于艾滋病，目前尚无确切有效的疗法，故预后极差，死亡率高达100%，因此大力开展艾滋病的预防工作至关重要。

第七节　肝吸虫病

肝吸虫病也称华支睾吸虫病，是由中华分支睾吸虫成虫，寄生于人体肝内胆道系统引起的一种寄生虫病。本病流行于东南亚和东亚各国，我国除青海、宁夏、新疆、内蒙古、西藏等尚无报道外，已有24个省、市、自治区有不同程度流行，人群感染率为1%～30%。肝吸虫病在一个地区流行的关键因素是当地人群有吃生的或未煮熟的鱼肉的习惯。

一、病因与发病机制

含有成熟毛蚴的虫卵随人或动物粪便入水后，可被第一中间宿主淡水螺吞食，在其消化道内，虫卵内毛蚴逐渐发育为尾蚴。尾蚴自螺体逸出后在水中游动，遇到第二中间宿主淡水鱼或虾时，在鱼和虾的体内尤其是肌肉内发育成囊蚴。当终宿主人或动物食入未经煮熟的含有活囊蚴的鱼或虾后，经胃肠消化酶和胆汁作用，囊蚴在十二指肠内发育成童虫，继而沿胆汁流动方向逆行，经由胆总管至肝内胆管内发育为成虫。从食入囊蚴至粪便中出现虫卵约需1个月，成虫在人体内存活可长达20～30年。

二、病理变化与临床病理联系

华支睾吸虫主要寄生于肝内胆管，重度感染者亦见于肝外胆管、胆囊和胰腺导管等。肝胆管腔内可见数量不等的虫体，重者达千条以上。病变发生除与虫体的机械性阻塞及代谢或崩解产物的化学刺激有关外，虫体产生的抗原所引起的过敏反应也起一定作用。病变程度与感染轻重和病程长短相关。

轻度感染或感染早期，肉眼观肝脏一般无明显异常。重度感染或感染时间长，受累的肝脏可增大，胆管管壁明显增厚，管腔扩张，充满胆汁和数目不等的成虫。虫体量大时轻压肝，可见长10～25mm、宽3～5mm的葵花子样半透明成虫由胆管内鱼贯而出。镜下见胆管上皮细胞和黏膜下腺体活跃增生，严重者呈乳头状或腺瘤样结构。部分胆管上皮细胞还可发生含有黏液的杯状细胞化生。

死亡的虫体、虫卵和脱落的上皮可成为胆石的核心，加之胆汁中β-葡萄糖醛酸酶和糖蛋白分泌增高，都有利于胆石的形成。由于虫体寄生和胆汁淤积继发的细菌感染，可导致胆管炎和胆囊炎。胆管及门静脉周围常见结缔组织增生，淋巴细胞及嗜酸性粒细胞浸润。扩张胆管附近肝细胞可见受压性萎缩。此外，华支睾吸虫感染与原发性肝癌尤其是胆管细胞癌的发生也有较为密切的关系。

患者以疲乏、上腹不适、消化不良、腹痛、腹泻、肝区隐痛、头晕等较为常见，但许多感染者并无明显症状。常见的体征有肝大，脾大较少见，偶见发育欠佳类似侏儒症者。严重感染者在晚期可造成肝硬化、腹水，甚至死亡。

检获虫卵是确诊的主要依据。因虫卵小，粪便直接涂片法易于漏检，故多采用集卵法（如水洗离心沉淀法、乙醚沉淀法）和十二指肠引流胆汁做离心沉淀检查。该虫卵与异形吸虫卵相似，不易鉴别。免疫诊断如皮内试验、间接血凝试验、对流免疫电泳试验、酶联免疫吸附试验、间接荧光抗体试验等都曾试用于华支睾吸虫病的辅助诊断，但检测患者的结果出入较大，且与其他消化道寄生虫感染（尤以吸虫类感染）有较明显的交叉反应，不能用作确诊，现仅作为流行病学调查初筛之用。近年来，有学者曾试用夹心酶联免疫吸附试验等法检测循环抗原，其灵敏性及特异性优于循环抗体检测法。

积极治疗患者和感染者，是保护人民健康、减少传染源的积极措施。治疗药物目前吡喹酮为首选药。经过彻底治疗，经 1～2 个月后检查粪便无虫卵即为治愈。

知识链接

肝吸虫病的预防

大力做好卫生宣传教育工作，提高群众对本病传播途径的认识，自觉不吃生的或不熟的鱼虾。改进烹调方法和改变饮食习惯，注意分开使用切生、熟食物的菜刀、砧板及器皿。也不用生鱼喂猫、犬。合理处理粪便，改变养鱼的习惯，是预防华支睾吸虫病传播的重要措施。

小 结

结核病是由结核杆菌引起的一种常见慢性传染病。典型病变常表现为结核结节形成并伴有不同程度的干酪样坏死。以肺结核最常见，但可见于全身各器官。肺结核分为原发性肺结核病和继发性肺结核病两大类。

伤寒是由伤寒杆菌引起的一种急性传染病。病变特征是全身单核-巨噬细胞系统细胞的增生，尤以回肠末端淋巴组织的病变处最为显著。临床上以持续高热、相对缓脉、脾大、皮肤玫瑰疹和中性粒细胞减少等为主要表现。

细菌性痢疾简称菌痢，是由痢疾杆菌引起的一种肠道传染病。以夏、秋季节多见。病变多局限于结肠，以大量纤维素渗出形成假膜为特征。临床上常表现为腹痛、腹泻、黏液脓血便和里急后重。

流行性脑脊髓膜炎是由脑膜炎双球菌引起的脑膜和脊髓膜的急性化脓性炎，病变部位主要波及脑膜和脊髓膜，临床上表现为寒战、高热、头痛、呕吐、皮肤淤点和脑膜刺激征等。

流行性乙型脑炎是由乙型脑炎病毒感染引起的急性脑实质的变质性炎，病变主要累及脑实质，病理变化为袖套状浸润、神经细胞变性坏死、软化灶形成和胶质细胞增生。临床主要表现为高热、抽搐、嗜睡、昏迷等。

淋病是由淋球菌引起的急性化脓性炎。主要侵犯泌尿生殖系统，引起急性化脓性炎症。临床主要表现为尿频、尿急、尿痛及脓性渗出物流出等尿道炎的症状。

尖锐湿疣是由人乳头状瘤病毒感染引起的疣状增生性病变。病理形态学的改变、尤其是挖空细胞的出现及HPV病源学检测有助于临床诊断。

梅毒是由梅毒螺旋体感染而引起的慢性肉芽肿性炎。基本病变有闭塞性动脉内膜炎、血管周围炎和树胶肿。树胶肿对患者重要器官的破坏起主要作用，特别是晚期对心血管和中枢神经系统的作用。

艾滋病是由人类免疫缺陷病毒（HIV）感染导致严重免疫缺陷继发机会性感染和恶性肿瘤的一种致命性传染病。其主要病理改变有：①免疫学损害的形态学表现；②混合性机会感染；③恶性肿瘤。目前尚无确切有效的疗法，故预后极差，死亡率高。

肝吸虫病是寄生于人体肝内胆道系统引起的一种寄生虫病。流行的关键因素是人群有吃生的或未煮熟的鱼肉的习惯。受累的肝可增大，胆管管壁明显增厚，管腔扩张。患者以上腹不适、消化不良、腹痛、腹泻、肝区隐痛等较为常见。

自测题

一、名词解释

1. 结核结节
2. 肺原发综合征
3. 结核球
4. 神经细胞卫星现象
5. 伤寒细胞

二、单项选择题

1. 典型结核结节的中心部分往往有
   A. 朗格汉斯细胞
   B. 类上皮细胞
   C. 干酪样坏死
   D. 大量淋巴细胞
   E. 变性、坏死的中性粒细胞

2. 原发性肺结核病时原发灶多位于
   A. 肺尖
   B. 肺上叶下部或下叶上部近胸膜处
   C. 肺锁骨下区
   D. 肺上叶的上部
   E. 肺下叶的下部

3. 菌痢的病变主要发生于
   A. 乙状结肠、直肠
   B. 回盲部
   C. 降结肠和乙状结肠
   D. 整个结肠
   E. 回盲部和升结肠

4. 流行性乙型脑炎的病变性质是
   A. 浆液性炎
   B. 化脓性炎
   C. 纤维素性炎
   D. 变质性炎
   E. 出血性炎

5. 下列是艾滋病的主要传播途径，除了
   A. 性接触传播
   B. 输血传播
   C. 污染的针头传播
   D. 经胎盘或哺乳传播
   E. 呼吸道传播

6. 下列哪种病损属第一期梅毒
   A. 肝树胶样肿（梅毒瘤）
   B. 硬腭坏死穿孔
   C. 皮肤斑疹或丘疹
   D. 外生殖器硬下疳
   E. 脊髓后根和后索变性

7. 第二期梅毒的主要表现是
   A. 软性下疳
   B. 颈部淋巴结肿大
   C. 梅毒疹
   D. 主动脉炎
   E. 剥脱性皮炎

8. 伤寒并发肠穿孔多发生于
   A. 第 1 周
   B. 第 2～3 周
   C. 第 4 周
   D. 第 5 周
   E. 第 6 周

9. 淋病的病变性质为
   A. 出血性炎症
   B. 浆液性炎症
   C. 化脓性炎症
   D. 增生性炎症
   E. 纤维蛋白性炎症

10. 尖锐湿疣的病原菌是
   A. 淋球菌
   B. 新型隐球菌
   C. 组织胞浆菌
   D. 人类乳头状病毒
   E. 白念珠菌

三、简答题

1. 继发性肺结核根据其病变特点和临床经过分哪几种类型？
2. 肠伤寒病变分哪几期？其主要并发症是什么？
3. 列表比较流行性乙型脑炎与流行性脑膜炎的主要不同点。

（杨德兴）

附录Ⅰ　病理学的实验方法

一、病理学研究的材料

病理学的实验研究材料主要来自人体病理材料，主要是患病体的病变器官组织标本；实验病理材料主要来自实验动物以及其他实验材料，如组织培养、细胞培养等。

二、病理学诊断及实验研究的观察方法和内容

病理学实验及诊断和研究的观察方法主要包括大体标本观察、组织切片观察，进行尸体解剖、临床病理讨论、动物实验以及观看幻灯片、投影片和电视录像等。

（一）大体标本观察

1. 首先识别标本取自何种组织器官及其大体结构。

2. 观察该器官或组织的大小、形状、色泽是否正常（与相应的正常脏器和组织进行比较）。

3. 注意观看表面和切面状况。

（1）光滑度：平滑或粗糙。

（2）透明度：器官的包膜是正常、透明，还是增厚、混浊。

（3）颜色：暗红或苍白、灰白或灰褐、深黄或棕黄等。

（4）质地：软、硬、韧、松脆、弹性度等。

4. 病灶分布情况观察。

（1）病灶位置与分布：观察病灶在器官的哪一部位及其分布情况。

（2）病灶数量：单个或多个，局限或弥散。

（3）病灶大小：体积以长×宽×厚表示，面积以长×宽表示，常以厘米计。并可以常见的实物大小来形容，如米粒大、黄豆大、鸡蛋大、成人拳头大小等。

（4）病灶颜色：正常器官应保持其固有的色泽，如有不同着色，则往往是由于内源性或外源性色素的影响，如黄色表示含有脂肪或类脂，黄绿色表示含胆汁，暗红色表示含血量增多（淤血）等。

（5）病灶形状：结节状、菜花状、乳头状、不规则状以及圆形、椭圆形等。

（6）病灶与周围组织的关系：境界清楚或模糊，包膜有、无及是否完整，有无压迫或破坏，脏器间有无粘连等。

（二）病理切片观察

1. 先用肉眼观察组织切片的形状、颜色，并进一步确定病变的部位。

2. 显微镜下观察：常用的是光学显微镜。注意切勿将切片放反，以免压碎玻片。

（1）低倍镜下观察：是镜下检查的主要方法。主要特点是可以了解组织结构改变的全貌。操作要领：观察时上、下、左、右扫视全片，确认是何种组织、病变的部位和性质，并明确病变与周围组织的关系。

（2）高倍镜下观察：根据需要选用。主要观察组织和细胞的微细结构变化，切忌一开始

即用高倍镜观察。

（三）动物实验

是在实验动物身上复制人类疾病或病理过程的模型，用以探讨和研究疾病的病因、发病规律、病理变化、药物治疗效果等，是病理生理学常用的实验和研究方法。

三、病理实验观察描述方法、诊断原则及绘图

1. 病理标本的描述　语言要精练、层次要清楚，从局部到整体，由里到外，由上到下，逐次描述。并认真做到描述真实，不可主观臆造，不可照抄书本。

2. 病理标本的诊断　结合病史，细致观察；联系理论，综合分析。

3. 病理诊断原则　器官或组织名称加病理变化。如脾梗死、肝脂肪变性、支气管鳞状上皮化生等。

4. 病理切片观察绘图方法。

（1）首先仔细观察病变的镜下表现。找出比较典型的区域，然后用铅笔淡淡勾出轮廓，勾画时要注意各种成分的位置、比例、关系等。

（2）对草图满意后，再用红蓝铅笔分别图出细胞质、间质和细胞核等。注意落笔由轻到重，色彩由浅入深。

（3）画图要有圆形或方形的边框，注解写于一侧或底部。

（4）绘图要真实，不可人为加工，教材上的图谱可供参考，但不可模仿。

在病理学的实验方法中，病理绘图是学生应该掌握的一种基本技能。学生通过对镜下观察进行真实的绘图后，可加强对病变的观察、理解和记忆，也是对其进行能力训练的一个重要环节。

四、病理学的实验注意事项

1. 实验前仔细阅读实验指导或实训教程，复习相关理论，了解实验目的与要求。

2. 实验时学生自行准备好红蓝铅笔等实验课用品，在老师的指导和帮助下，按实验教程要求仔细观察实验标本、动物及实验结果，及时做好实验记录或绘图或书写实验报告等。

3. 爱护显微镜、教学标本、病理切片、实验动物以及实验室其他用具。实验结束后检查清点所有实验器材，关好水、电、门窗及有关仪器，并认真进行实验室的清洁整理工作。教师及时认真填写实验室使用记录。

4. 示教用切片标本不得擅自移动，以免影响其他同学观察。

5. 用科学、认真的学习态度对待实验学习，切实遵守实验室的各项规章制度，严格规范实验操作程序。

（杨德兴）

附录Ⅱ　显微镜的结构和使用

一、显微镜的主要构造

普通光学显微镜的构造以 L1000 型为例，主要分为三个部分：机械部分、照明部分和光学部分（见下图）。

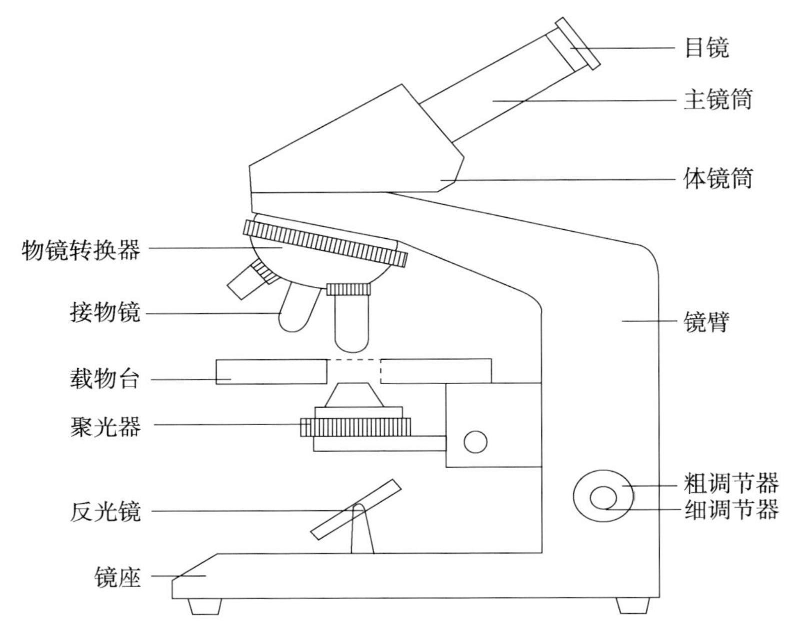

L1000 型光学显微镜结构模式图

（一）机械部分

1. 镜座　是显微镜的底座，用以支持整个镜体。

2. 镜臂　是取放显微镜时手握部位。

3. 镜筒　连在镜臂的前上方，镜筒上端装有目镜，下端装有物镜转换器。

4. 物镜转换器（旋转器）　可自由转动，盘上有 3～4 个圆孔，是安装物镜的部位，转动转换器，可以调换不同倍数的物镜，当听到碰叩声时方可进行观察，此时物镜光轴恰好对准通光孔中心，光路接通。

5. 载物台　在镜筒下方，形状有方、圆两种，用以放置玻片标本，中央有一通光孔，我们所用的显微镜其载物台上装有玻片标本推进器（推片器），推进器一侧有弹簧夹，用以夹持玻片标本，载物台下有推进器调节轮，可使玻片标本向左右、前后方向移动。

6. 调节器　有大小两种螺旋，调节时使载物台作上下方向的移动。

（1）粗调节器（粗螺旋）：大螺旋称粗调节器，移动时可使载物台作快速和较大幅度的升降，所以能迅速调节物镜和标本之间的距离使物像呈现于视野中，通常在使用低倍镜时，先用粗调节器迅速找到物像。

（2）细调节器（细螺旋）：小螺旋称细调节器，移动时可使载物台缓慢地升降，多在运用高倍镜时使用，从而得到更清晰的物像，并借以观察标本的不同层次和不同深度的结构。

（二）光学部分

1. 反光镜　装在镜座上面，可向任意方向转动，它有平、凹两面，其作用是将光源光线反射到聚光器上，再经通光孔照明标本，凹面镜聚光作用强，适于光线较弱的时候使用，平面镜聚光作用弱，适于光线较强时使用。

2. 集光器（聚光器）位于载物台下方的集光器架上，由聚光镜和光圈组成，其作用是把光线集中到所要观察的标本上。在载物台左下方有一调节螺旋，可升降聚光器，以调节视野中光亮度的强弱；光圈在聚光镜下方，由十几张金属薄片组成，其外侧伸出一柄，推动它可调节其开孔的大小，以调节光亮度的强弱。

3. 目镜　装在镜筒的上端，通常备有2～3个，上面刻有5×、10×或15×符号，以表示其放大倍数，一般装的是10×的目镜。

4. 物镜　装在镜筒下端的旋转器上，一般有3～4个物镜，其中最短的刻有“10×”符号的为低倍镜，刻有“40×”符号的为高倍镜，最长的刻有“100×”符号的为油镜。

显微镜的放大倍数＝物镜的放大倍数×目镜的放大倍数，如目镜为10×，物镜为100×，其放大倍数就为10×100＝1000。

二、显微镜的使用方法

（一）低倍镜的使用方法

1. 取镜和放置　显微镜平时存放在柜或箱中，用时从柜中取出，右手紧握镜臂，左手托住镜座，将显微镜放在自己左肩前方的实验台上，镜座后端距桌边5～10cm为宜，便于坐着操作。

2. 对光　用拇指和中指移动旋转器（切忌手持物镜移动），使低倍镜（10×）对准载物台的通光孔（当转动听到碰叩声时，说明物镜光轴已对准镜筒中心）。打开光圈，上升集光器，并将反光镜转向光源，以左眼在目镜上观察（右眼睁开），同时调节反光镜方向，直到视野内的光线均匀明亮为止。

3. 放置玻片标本　取一玻片标本放在载物台上，一定使有盖玻片的一面朝上，切不可放反，用推片器弹簧夹固定，然后旋转推片器螺旋，将所要观察的部位调到通光孔的正中。

4. 调节焦距　转动粗调节器，使载物台缓慢地上升至物镜距标本片约5mm处，应注意在上升载物台时，切勿在目镜上观察。一定要从右侧看着载物台上升，以免上升过多，造成镜头或标本片的损坏。然后，两眼同时睁开，用左眼在目镜上观察，缓慢转动粗调节器，使载物台缓慢下降，直到视野中出现清晰的物像为止。如果在调节焦距时，载物台下降已超过工作距离（＞5.40mm）而未见到物像，说明此次操作失败，应重新操作，切不可心急而盲目地上升载物台。

（二）高倍镜的使用方法

1. 选好目标　一定要先在低倍镜下把需进一步观察的部位调到中心，同时把物像调节到最清晰的程度，才能进行高倍镜的观察。

2. 转动转换器，调换上高倍镜头，转换高倍镜时转动速度要慢，并从侧面进行观察

(防止高倍镜头碰撞玻片),如高倍镜头碰到玻片,说明低倍镜的焦距没有调好,应重新操作。

3. 调节焦距 转换好高倍镜后,用左眼在目镜上观察,此时一般能见到一个不太清楚的物像,可将细调节器的螺旋逆时针移动约 0.5~1 圈,即可获得清晰的物像。(此时切勿用粗调节器!)

如果视野的亮度不合适,可用集光器和光圈加以调节,如果需要更换玻片标本时,必须先下降载物台,方可取下玻片标本。

三、显微镜使用的注意事项

1. 持镜时必须是右手握臂、左手托座的姿势,不可单手提取,以免零件脱落或碰撞到其他地方。

2. 轻拿轻放,不可把显微镜放置在实验台的边缘,以免碰翻落地。

3. 保持显微镜的清洁,光学和照明部分只能用擦镜纸擦拭,切忌口吹、手抹或用布擦,机械部分用布擦拭。

4. 水滴、酒精或其他药品切勿接触镜头和载物台,如果沾污应立即擦净。

5. 放置玻片标本时要对准通光孔中央,且不能反放玻片,防止压坏玻片或碰坏物镜。

6. 要养成两眼同时睁开的习惯,以左眼观察视野,右眼用以绘图。

7. 不要随意取下目镜,以防止尘土落入物镜,也不要任意拆卸各种零件,以防损坏。

8. 使用完毕后,必须复原才能放回镜箱内,其步骤是:取下标本片,转动旋转器使镜头离开通光孔使之呈外“八”或“品”字形,下降载物台,平放反光镜,下降集光器(但不要接触反光镜)、关闭光圈,推片器回位,盖上绸布和外罩,放回实验台柜内。最后填写使用登记表。(注:反光镜通常应垂直放,但有时因集光器没提至应有高度,载物台下降时会碰坏光圈,所以这里改为平放。)

(熊群英)

附录Ⅲ　疾病学基础实验

实验一　细菌的形态检验

一、实验目的

1. 认识细菌的基本形态及特殊结构。
2. 认识革兰染色法。
3. 学会显微镜油镜的使用及保护。

二、实验内容及方法

（一）形态观察（示教）

1. 基本形态的观察

（1）球菌标本片：葡萄球菌、链球菌、脑膜炎双球菌或淋球菌

（2）杆菌标本片：痢疾杆菌或大肠埃希菌、炭疽或枯草杆菌

（3）弧菌标本片：霍乱弧菌

2. 特殊构造的观察

（1）荚膜标本片：肺炎链球菌

（2）芽胞标本片：破伤风杆菌、枯草杆菌。

（3）鞭毛标本片：变形杆菌或伤寒杆菌。

（二）革兰染色法

1. 制作标本片：涂片—干燥—固定

（1）于洁净的载玻片上滴一点生理盐水（不宜过多）。

（2）以无菌操作，用接种环分别挑取大肠杆菌或葡萄球菌菌落少许，涂于载玻片的盐水中，研成均匀混浊的菌膜（如用菌液，可直接挑取一环涂在玻片上），将玻片置于火焰高处来回移动，加速其干燥或自然干燥。

（3）将玻片迅速通过火焰的外焰3次，予以固定。

2. 染色　将制好的标本片放置在染色架上，按下列步骤进行染色（或按说明书）。

（1）滴加结晶紫染液初染1分钟，水洗。

（2）滴加卢戈碘液媒染1分钟，水洗。

（3）滴加95％乙醇脱色，0.5～1分钟至无紫色褪下，水洗。

（4）滴加稀释复红染液复染0.5～1分钟，水洗，待干燥后镜检。

（三）油镜的使用和保护（操作）

1. 采光　光线宜强。将低倍镜对准中央聚光器，聚光器升至最高，开大光圈（将光圈开关打到最右边），以灯光为光源时用反光镜的凹面。

2. 在要观察的玻片标本上滴一小滴香柏油，将玻片放于载物台上，用弹簧夹夹住玻片，

调节载物台移动器将标本移置接物镜下，转换油镜观察。

3. 调焦　有两种方法：①眼睛从镜筒侧面看着，调节粗螺旋，慢慢地将载物台升高至油镜头浸于玻片上的油中，使油镜头与玻片间的距离缩至最小，但勿接触玻片，接着，眼睛移至接目镜，先用粗调节缓慢下降载物台至看见模糊物像，然后用细螺旋调节至物像清晰。②先在低倍镜下看清楚物像，然后直接转换成油镜，调节细螺旋至物像清晰（注意：当油镜头离开玻片上的香柏油时，肯定不能看清物像，需重复此步骤）。

4. 记录　观察标本时，两眼睁开，左眼看镜筒，右眼可配合绘图或记录。

5. 保养　观察完毕，先取下玻片，用擦镜纸将油镜头的油擦净，若油干了，可蘸乙醚或二甲苯擦拭，再用干净擦镜纸擦去遗留在油镜头上的乙醚或二甲苯，然后把镜头转离聚光器，使物镜头成“八”字或“品”字。树起反光镜（L1000 型显微镜则将反光镜平放），把聚光器和载物台降下，罩上镜套，然后右手握紧镜臂，左手托镜座，放回原位。显微镜要放在平稳干燥的地方，以免镜头发霉和损坏。

三、实验报告

（一）细菌的基本形态及特殊构造绘图

（二）记录革兰染色的结果

经革兰染色，大肠埃希菌呈__________色，染色性为__________性；葡萄球菌呈__________色，染色性为__________性。

（三）分析与思考

1. 为什么要用油镜观察细菌形态？如何识别油镜镜头？

2. 使用油镜后应如何保养显微镜？

（熊群英）

实验二　细菌的人工培养

一、实验目的

1. 认识常用培养基的种类。

2. 学会细菌的接种方法及无菌操作法。

3. 认识细菌在各种培养基中的生长现象。

二、实验内容与方法

（一）培养基的制备过程及常用培养基的种类

1. 一般培养基的制备过程　准确称量培养基各成分→混合溶解→测定及矫正 pH→分装、包装→灭菌→检定→保存。

2. 常用培养基的种类　根据不同细菌的营养要求及实验目的制成的培养基种类很多，按培养基的作用可分为：

（1）基础培养基：含有细菌需要的最基本营养成分，如普通肉汤培养基、半固体培养基、普通琼脂培养基（固体）。

（2）营养培养基：用于营养要求较高的细菌培养，如血琼脂培养基（在普通琼脂培养基中加入5%～10%脱纤维动物血）、血清肉汤培养基（在普通肉汤培养基中加入血清）。

（3）选择培养基：可选择性抑制非病原菌的生长，有利于分离病原菌，如中国蓝琼脂培养基、SS琼脂培养基。

（4）鉴别培养基：是供细菌生化反应试验用的，以鉴定细菌，如糖发酵管、含铁双糖培养基。

（5）厌氧培养基：用以培养厌氧菌，如疱肉培养基。

（二）细菌的接种法

1. 平板划线接种法

主要用于细菌分离培养，获得纯菌。方法：①右手以持笔式握接种环，在火焰上灭菌后，挑取葡萄球菌和大肠埃希菌混合液一环。②左手持琼脂平板，以左手拇指和食指将平板盖顶起启开、右手将取了菌液的接种环伸入平板，与平板培养基面约成45角，进行分区(3～4区)划线，后盖好平板，在底部贴上标签。

2. 液体培养基接种法

以无菌手法，用接种环挑取待种的细菌菌落少许，左手将肉汤稍倾斜，用右手小指与手掌拔取棉塞，夹于指掌间（勿乱放，下同），将接种环伸入肉汤管内，并在接近试管底的液面与试管壁交界处轻轻研磨，将细菌涂在试管壁，接着，使试管垂直，塞好棉塞，轻轻摇动，贴上标签。

3. 半固体培养基接种法

方法：①以无菌手法，用接种针挑取单个大肠杆菌或痢疾杆菌菌落少许。②左手持半固体培养基试管，右手小指和手掌拔取试管棉塞，试管口通过火焰灭菌，将挑有细菌的接种针伸入试管内，垂直刺入半固体培养基约2/3，后沿穿刺线退出接种针，管口灭菌，塞上棉塞，贴上标签。

接种完后将接种环（针）灭菌。将以上接种好的培养基放置在37℃恒温箱中培养18～24小时后，观察结果。

（三）细菌在培养基中生长情况

1. 细菌在液体培养基（肉汤）中生长情况

将葡萄球菌、链球菌、枯草杆菌种入肉汤管培养基中，37℃温箱中培养24小时观察生长现象。可见：

葡萄球菌：均匀混浊生长

枯草芽胞杆菌：在液面形成菌膜

链球菌：沉淀生长

2. 细菌在琼脂平板上生长情况

形成菌落和菌苔。观察菌落的大小、形态、透明度、颜色、表面湿润度与边缘是否整齐，菌落周围有无溶血环等。

3. 细菌在半固体培养基中生长情况（动力试验）：将大肠埃希菌和痢疾杆菌分别用接种针穿刺接种于半固体培养基中，置37℃培养24小时后，观察结果。

大肠埃希菌：沿穿刺线向周围扩散生长，穿刺线模糊，整个培养基混浊，动力阳性。

痢疾杆菌：沿穿刺线生长，穿刺线清晰，周围培养基仍为透明，动力阴性。

三、实验报告

（一）记录示教培养基的名称，并说明其用途。

（二）记录细菌在各种培养中的生长现象

1. 细菌在琼脂平板上可观察到菌落的________、________、________、________、________、________、________等。不同的细菌有不同的菌落形态，故可用以鉴别细菌。

2. 细菌在液体培养基（肉膏汤）中的生长现象：

葡萄球菌呈________生长。

链球菌呈________生长。

枯草杆菌呈________生长。

3. 细菌在半固体培养基中的生长现象：

痢疾杆菌在半固体培养基中的生长特点是____________，动力试验________性，说明该菌________鞭毛。

大肠埃希菌在半固体培养基中的生长特点是____________，动力试验________性，说明该菌________鞭毛。

（三）分析与思考

细菌在培养基中生长现象的观察对你所学的专业有什么意义？

（熊群英）

实验三　细菌的分布与消毒灭菌

一、实验目的

1. 认识微生物在自然界及人体的分布，树立有菌意识和无菌观念。
2. 学会常用的物理和化学消毒灭菌法。
3. 认识药物敏感试验的结果观察，并了解其临床意义。

二、实验内容与方法

（一）细菌分布检查

1. 空气中细菌的检查

取普通琼脂平板 2 个，采集两个不同场所空气标本进行培养。方法：到达目的地后，将盖打开，暴露于空气中 10 分钟，然后盖上盖，于平板底面做好标记（取材时间、地点），置 37℃温箱培养 18～24 小时后观察结果。

2. 咽喉部细菌的检查

（1）咽拭子法：每两个同学为一组，取血琼脂平板 1 个，在平板底部正中画线一分为二，两位同学互相用无菌棉签于咽部采集标本，并将标本涂于血琼脂平板一边，再用接种环划线接种。在平板底面注明标记，置 37℃温箱培养 18～24 小时后观察结果。

（2）咳碟法：取血琼脂平板 1 个，将盖打开，置于口腔前 10cm 处，用力咳嗽数次，将盖盖好，在平板底面注明标记，置37℃温箱培养18～24小时后观察结果。

（二）消毒灭菌试验

1．皮肤消毒实验

每两位同学为一组，取1个普通琼脂平板，用蜡笔将平板底部划分为五格，标明序号，两人用手指在培养基上各涂一格，然后用碘附（酒）消毒手指后再各涂另一格，留一格作对照，盖好盖，做好标记，置37℃温箱培养18～24小时后观察结果。

2．紫外线杀菌实验

取普通琼脂平板1个，用接种环密集划线接种大肠埃希菌后，以无菌镊子把经灭菌的长方形纸片贴于平板中央，打开平皿盖的2/3，将平板放在紫外线灯下20～30cm处照射30分钟，除去纸片（置于消毒液中或烧掉，勿乱丢），置37℃温箱培养18～24小时后观察结果（图1）。

图1　高压蒸汽灭菌器

3．常用消毒灭菌器及除菌滤器介绍

（1）高压蒸汽灭菌器

构造：高压蒸汽灭菌器是一个双层的金属圆筒，两层之间盛水。外层坚厚，其上或前方有金属厚盖。盖旁附有螺旋，借以紧闭盖门，使蒸汽不能外溢。灭菌器上装有排气阀门、安全活塞、温度计及压力表等装置。器内装有带孔的金属隔板，用以放置欲灭菌的物体。

用法：加水至外筒内，被灭菌物件放入内筒，不宜过挤。将灭菌器盖子盖上，拧紧螺旋使之密闭。灭菌器下用煤气或电炉等加热，同时打开排气阀门，使灭菌器内的冷空气完全逸出，否则压力表上所示压力并非全部是蒸汽压力，会导致灭菌不彻底。待冷空气全部排出后，关闭排气阀。继续加热，待压力表渐渐升至所需压力（一般是103.4kPa或15磅/平方吋），此时筒内温度为121.3℃，维持15～20分钟。灭菌时间到达后，停止加热，打开阀门放气或待压力自行降至零时，徐徐开放排气阀，排除余气后开盖取物。切不可在压力尚未降低为零时强行开盖取物，以免灭菌器中的液体冲出外溢。手术器械、敷料、传染性污物等都可应用本法灭菌。

（2）干热灭菌器（干烤箱）

构造：干热灭菌器是由双层铁板制成的方形金属箱，外壁内层装有隔热的石棉板。箱底放置有热源或在箱壁中装置电热线圈。内壁上有数个孔，供空气流通用。箱前有铁门及玻璃门，箱内有金属箱板架数层。电热烤箱的前下方装有温度调节器，可以保持所需的温度。

用法：将培养皿、吸管、试管等玻璃器材包装后放入箱内，闭门加热。温度上升至160～170℃，保持2小时。到达时间后，停止加热，待温度自然下降至40℃以下，方可打开取物，否则冷空气突然进入易引起玻璃炸裂。一般吸管、试管、培养皿、凡士林、液状石蜡等用本法灭菌。

（三）药物敏感实验（纸片法）

1．用接种环取大肠埃希菌或葡萄球菌液体培养物，密集划线涂布于整个琼脂平板表面。

2．待平板上菌液稍干后，用镊子以无菌操作手法将各种抗生素药敏纸片，贴于已接种好细菌的平板培养基表面，一次贴成，不得移动。每取一种药敏纸片前，均须先灭菌镊子并冷却。每张药敏纸片中心间距应大于24mm，纸片中心距平板边缘不少于15mm，直径为90mm的平板可贴6张纸片。

3. 将平板放入37℃温箱培养24小时候观察结果。若细菌对某种抗生素敏感，则在药敏纸片周围有一圈无细菌生长的区域，称抑菌圈。通过测量抑菌圈直径的大小来判断药物的敏感度（表1）。

表1　药物敏感实验的判定标准

抑菌圈直径（mm）	20以上	15～20	10～14	10以下	0
敏感度	极敏	高敏	中敏	低敏	不敏

三、实验报告

（一）记录微生物的分布检查试验结果

标本采集部位	检查结果（微生物种类数及菌落数）	结果分析
空气		
咽喉		

（二）记录消毒灭菌试验结果

1. 皮肤消毒试验

状态	结果（微生物种类数及菌落数）	结果分析
消毒前手指皮肤		
消毒后手指皮肤		
对照（不接种）		

2. 紫外线杀菌试验

试验结果：平板上用纸片遮盖部分＿＿＿＿（有/无）菌生长，用平板盖遮盖部分＿＿＿＿（有/无）菌生长，未遮盖部分＿＿＿＿（有/无）菌生长。这说明紫外线具有＿＿＿＿作用，但＿＿＿＿力弱。

（三）药物敏感试验（纸片扩散法）结果记录于下表。

细菌 / 抗生素	大肠埃希菌		金黄色葡萄球菌	
	抑菌圈直（mm）	敏 感 度	抑菌圈直（mm）	敏感度

（四）分析与思考

药物敏感试验有何实际意义？

（熊群英）

实验四　免疫学实验

一、实验目的

1. 观察豚鼠过敏性休克现象，学会分析休克的原因。
2. 学会玻片凝集反应的操作、观察细菌的凝集现象。
3. 认识中性粒细胞的吞噬现象、E 花环试验、常用生物制品的作用。

二、实验内容和方法

（一）豚鼠过敏反应（示教或观看录像）

实验方法和结果：

实验表　豚鼠过敏实验

豚鼠	致敏	发敏	结果	结果解释
1 号	稀释马血清	浓马血清	出现症状，或死亡	具备超敏反应发生的条件
2 号	稀释鸡蛋清	浓马血清	无明显症状	两阶段使用的变应原不同
3 号		浓马血清	无明显症状	未用马血清致敏

（二）玻片凝集反应（操作）

1. 取玻片一张，左侧和中间各加 1∶10 稀释的伤寒免疫血清各 1 滴，在右侧加生理盐水 1 滴，如图 2 所示。

2. 接种环灭菌后取伤寒杆菌培养物少许，分别与中间的伤寒免疫血清、盐水混匀；同法取大肠杆菌培养物在左侧伤寒免疫血清中混匀。轻摇玻片，经 1～2 分钟，观察结果，出现凝集物者为阳性反应。

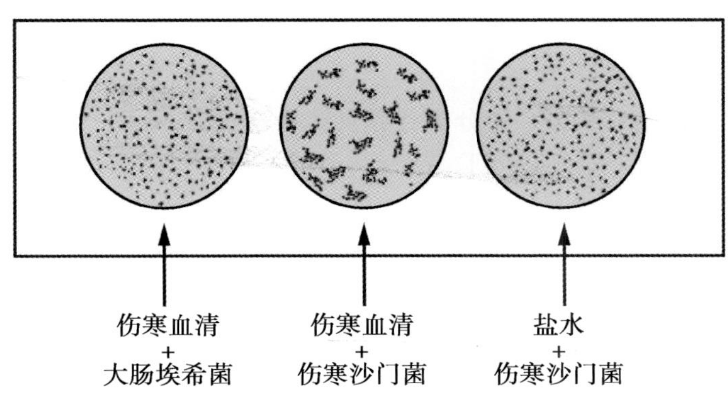

图 2　玻片凝集反应示意图

（三）中性粒细胞吞噬现象结果观察（示教）

1. 原理　血液中的中性粒细胞具有吞噬病原微生物等较小异物的能力。将新鲜血液和细菌混合，经合适的时间后涂片染色，即能观察到被吞噬到中性粒细胞内的但还没有被消化掉的细菌。

2. 意义　计算中性粒细胞的吞噬百分比和吞噬指数可以检测其吞噬功能。

3. 实验内容　用油镜观察中性粒细胞吞噬细菌的染色片标本，观察中性粒细胞吞噬细菌后的形态。

（四）E 花环示教片观察（示教）

1. 原理　T 细胞表面具有绵羊红细胞受体，在体外绵羊红细胞与 T 细胞接触后，能吸附于 T 细胞表面。当 3 个以上绵羊红细胞吸附于 T 细胞表面时便形成一个花环形态，称为玫瑰花结或 E 花环。

2. 意义　E 花环形成率的高低可以反映人外周血中的 T 细胞数，因此 E 花环形成率可在一定程度上反映机体的细胞免疫功能。

3. 实验内容　用油镜观察 E 花环染色片标本，观察 E 花环的形态。T 细胞较大，染成蓝色；绵羊红细胞较小，为红色；如 T 细胞表面吸附了三个以上的绵羊红细胞，则称为 E 花环（表 17－4）。

（五）常用生物制品观察（示教）

生物制品的分类及各类常见制剂见表 2。

表 2　生物制品的分类及各类常见制剂

分类		常用制剂
诊断制剂	诊断抗原	伤寒、副伤寒诊断菌液；布氏诊断菌液等
	诊断抗体	伤寒、副伤寒诊断血清，志贺菌诊断血清等
预防制剂	人工自动免疫	疫苗：乙肝疫苗、狂犬病疫苗等；类毒素：破伤风类毒素、白喉类毒素等
	人工被动免疫	抗毒素：破伤风抗毒素、白喉抗毒素、抗蛇毒血清等
治疗制剂	特异性治疗	抗毒素：破伤风抗毒素、白喉抗毒素、抗蛇毒血清等
	非特异性治疗	胎盘（丙种）球蛋白，细胞因子类（IFN 等），微生物制剂（卡介苗等）

三、实验报告

1. 记录豚鼠过敏试验的结果，并分析各豚鼠结果差异的原因。
2. 记录并解释玻片凝集反应的实验结果。
3. 画出中性粒细胞吞噬细菌后的形态、E 花环的形态。
4. 填表：按作用分类将常用生物制品填入表格。

（钟　云）

实验五 寄生虫学实验

一、实验目的

1. 常见寄生虫成虫的形态观察。
2. 常见寄生虫虫卵的形态观察。
3. 中间宿主、常见昆虫的形态观察。

二、实验内容与方法

1. 成虫形态观察 肉眼观察常见成虫的形态、大小；线虫的雌、雄虫特点区别；吸虫的吸盘特点等。

2. 虫卵形态观察 观察各种常见虫卵的形态、大小、颜色、卵壳及卵内含物，带绦虫卵还要注意胚膜、卵内六钩蚴。

3. 其他

（1）疟原虫的形态观察。

（2）中间宿主的形态观察。

（3）昆虫的形态观察。

三、实验报告

（一）关于寄生虫的成虫

1. 你所观察的成虫中，最大和最小的分别是__________和__________，从大到小排列：____。

2. 蛔虫雌雄性的形态有别，雌性蛔虫的形态特点是____________________，雄性则是____________________。

3. 雌性蛲虫的形态特点____________________。

（二）关于虫卵

1. 体积最大和最小的分别是__________和__________。

2. 以感染期虫卵为感染阶段的寄生虫有____________________。

（三）填表

虫种	寄生部位	感染阶段	感染方式	主要致病
蛔虫				
钩虫				
蛲虫				
肝吸虫				
疟原虫				

（四）简答题

简述肝吸虫的生活史；列出肝吸虫病的流行因素；结合实际谈谈如何预防肝吸虫感染。

（熊群英）

实验六 细胞和组织的适应、损伤与修复

一、实验目标

1. 描述脑萎缩、肾压迫性萎缩、肾梗死、足干性坏疽等大体标本的肉眼形态特点。
2. 描述肝细胞水变性、脂肪变性、肉芽组织等的镜下特点。
3. 绘出肾小管上皮细胞水肿、脂肪变性或肉芽组织的低倍镜下结构图。

二、实验内容

大体标本	组织切片
1. 肾压迫性萎缩	1. 肾小管上皮细胞水肿
2. 脑压迫性萎缩	2. 肝细胞脂肪变性
3. 肝浊肿	3. 肉芽组织
4. 脂肪肝	
5. 脾凝固性坏死	
6. 脑液化性坏死	
7. 肾结核	
8. 足干性坏疽	

（一）大体标本观察

1. 肾压迫性萎缩（肾盂积水） 肾体积增大，切面肾盂扩张，皮质、髓质变薄，皮髓界限模糊。

2. 脑的压迫性萎缩（脑室积水） 脑室明显扩张，脑实质因脑室积水而受压变薄。

3. 肝浊肿 肝体积增大，被膜紧张，表面暗灰色，无光泽，切面隆起，边缘外翻，犹如水煮，较干燥。

4. 脂肪肝 肝体积增大，被膜光滑，表面切面均呈淡黄色、湿润。触之可有油腻感。

5. 脾凝固性坏死 在脾的切面见一梗死区，色灰白，较干燥，边界清楚，并见有一褐色出血带。

6. 脑液化性坏死（脑梗死） 在大脑切面的白质中有一椭圆形，周边不整齐的液化坏死灶，与其周围组织界限清楚，灶内坏死物已流出。

7. 肾结核 此为一侧肾脏，其体积明显增大，表面凸凹不平，切面见绝大部分肾实质已破坏，而由呈分叶状的干酪样坏死所占据，此为一种凝固性坏死，切面质均匀细腻、变实，色淡黄，似奶酪。

8. 足干性坏疽 各趾均以第一趾骨的近端以下坏死，请自己观察有何特点（颜色、体积、与健康组织的界线、干燥或湿润等）。

（二）显微镜下观察

1. 肾小管上皮细胞水肿 病变主要分布在肾皮质近曲小管上皮细胞内。见近曲小管上皮细胞肿大，胞浆内充满了淡红色微细颗粒。核染色较浅，近曲小管上皮细胞肿大，突入管腔内，使管腔呈星芒状，腔内有粉红色絮状物，细胞核一般无明显改变。

2. 肝细胞脂肪变性 选一肝小叶进行观察，全小叶肝细胞胞浆中均有数量不等，大小不一之空泡。个别肝细胞胞浆中仅见一个较大空泡，核被挤压至一侧，似脂肪细胞。

3. 肉芽组织 切片表层可见粉染颗粒状坏死组织，少量纤维素，和中性白细胞，其下方可见多数新生之毛细血管，其纵切面与表面垂直排列，扩张充血，成纤维细胞核圆形或椭圆形，染色质疏松，胞浆略嗜碱性，胞体较大，两端有突起或呈星状突起。此外还可见炎性细胞，多数为中性粒细胞。

（杨德兴）

实验七 局部血液循环障碍

一、实验目标

1. 描述慢性肝淤血、慢性肺淤血、静脉血栓、脾贫血性梗死的大体标本的肉眼形态特点。

2. 描述慢性肺淤血的镜下特点。

3. 了解空气栓塞对机体的影响。

4. 掌握兔耳缘静脉穿刺技术。

5. 初步掌握实验家兔的解剖方法。

二、实验内容

大体标本	组织切片
1. 慢性肝淤血	1. 慢性肺淤血
2. 慢性肺淤血	
3. 静脉血栓	
4. 肾贫血性梗死	

（一）大体标本观察

1. 慢性肝淤血 肝大，包膜紧张，边缘变钝，色暗红，质较实，切面呈红黄相间条纹，似槟榔花纹，故有“槟榔肝”之称。

2. 慢性肺淤血 肺体积增大，包膜紧张，边缘钝圆，支气管腔见粉红色泡沫状液体。

3. 静脉血栓 标本为剖开之静脉，在血管壁内膜上附一圆柱形固体物，血栓的头部呈白色，中间部分呈暗红和灰白色相间，尾部呈红色。

4. 肾贫血性梗死　在肾脏表面与切面均可见灰白色梗死灶，切面呈锥形或楔形，其底部靠近被膜，尖朝向肾门，梗死灶因正常组织被破坏而呈蛋白凝块状，在梗死灶边缘可见暗红色出血带。梗死灶与正常组织分界清楚。

（二）显微镜下观察

慢性肺淤血：①肺泡壁血管高度扩张，血管腔内充满红细胞（淤血）；②肺间质增宽，出现大小不等的间隙，肺泡高度扩张，肺泡腔内充满粉红色的蛋白性液体（水肿所致）；③肺泡间质和肺泡内有较多红细胞，并可见吞噬有含铁血黄素的心衰细胞（出血）。

（三）动物实验：空气栓塞

【实验动物】健康家兔 1 只。

【器材】手术器械一套，10ml 注射器、针头各 1 支。

【步骤与方法】

1. 观察并记录正常家兔的一般情况、活动状态、呼吸频率与深度、心率、嘴唇颜色、角膜反射及瞳孔大小等。

2. 用注射器经耳缘静脉迅速注入空气 1.5～2ml/kg 体重，记录时间，然后观察家兔的情况，并做好记录。

3. 待家兔死后，剖开胸腔，剪开心包壁层，通过扩张的右心耳薄壁，观察心腔内的气泡。此外，尚应注意观察上、下腔静脉和肺动脉内有无气泡。随后将心脏周围的大血管全部结扎，剪断，取出心脏，观察并记录心脏各部分的体积和色泽，再依次剪开左心房、左心室和右心房、右心室，注意观察有什么现象出现。

（杨德兴）

实验八　大白鼠中毒性肺水肿

一、实验目标

1. 复制大白鼠的急性中毒性肺水肿模型。
2. 观察肺水肿的临床表现，掌握其发生机制。

二、实验内容

（一）实验原理

本实验通过给大白鼠快速大量腹腔注射肾上腺素，使肺局部循环迅速发生改变而导致肺水肿的发生。

（二）实验材料

大白鼠，2ml 注射器及针头 2 支，大白鼠固定台，防护手套 1 付、托盘天平、手术剪 1 把、吸水纸、0.1％肾上腺素注射液、2％戊巴比妥钠溶液、玻璃培养皿。

（三）实验步骤和观察项目

1. 取大白鼠一只，称重后用 2％戊巴比妥钠溶液 40～50mg/kg 体重腹腔注射麻醉，然后固定于大鼠固定台。

2. 观察动物一般情况，计数呼吸频率及观察呼吸深度并做记录。

3. 抽取0.1%肾上腺素注射液，按15～20ml/kg体重腹腔注射。记录注射时间，观察动物的一般表现及呼吸频率、幅度的变化，注意口鼻有无泡沫样液体流出，并做记录。

4. 大白鼠死亡后，称重并解剖尸体，切开胸腔观察肺组织变化，然后用线结扎气管下端以防止水分流出，在结扎线上端剪断气管取出心和肺（勿挤压），小心将心肺分离，注意不要损伤肺组织，清除肺周围的其他组织。

5. 将肺放在玻璃培养皿内，用吸水纸吸去其表面血迹、水分后称取肺的重量。

6. 肉眼观察肺的大体改变，切开肺，观察肺切面变化，注意有无泡沫样液体流出。

7. 计算大白鼠肺系数（即肺占体重的百分数），与正常动物对照（教师示范做好一例即可）。

肺系数计算公式＝肺重量（g）/大白鼠体重（kg）。

（四）实验操作要点

1. 熟悉常用手术器械使用方法。

2. 解剖取出肺时，注意勿损伤肺表面和挤压肺组织，以防止水肿液流出，影响肺系数值。

（杨德兴）

实验九 炎 症

一、实验目标

1. 描述浆膜的纤维素性炎，黏膜、浆膜、器官内化脓性炎及炎性息肉的大体标本肉眼形态特点。

2. 描述急性蜂窝织炎性阑尾炎、慢性胆囊炎和鼻息肉的镜下特点。

3. 绘出急性蜂窝织炎性阑尾炎或鼻息肉的镜下结构图。

二、实验内容

大体标本	组织切片
1. 细菌性痢疾	1. 急性蜂窝织炎性阑尾炎
2. 气管白喉	2. 慢性胆囊炎
3. 纤维素性胸膜炎	3. 鼻息肉
4. 纤维素性心包炎	
5. 各型阑尾炎	
6. 化脓性脑膜炎	

（一）大体标本观察

1. 细菌性痢疾　结肠黏膜面可见一层灰白色破絮状的膜状物即假膜，部分区域已经脱落形成不规则表浅溃疡。

2. 气管白喉　气管黏膜面可见一层灰白色膜状物即假膜，部分已经剥离。

3. 纤维素性胸膜炎　肺标本，胸膜增厚、粗糙，覆有一层灰白色渗出物，呈絮状或条索状，有的条索状渗出物又互相联接成网状，部分胸膜粘连。

4. 纤维素性心包炎　心脏标本，心包腔已经打开，心外膜面粗糙，心脏表面可见厚薄不一灰白色破絮状或绒毛状渗出物附着形成绒毛心。

5. 各型阑尾炎　阑尾切除标本，长短、粗细差异较大，均在原有基础上略增粗，浆膜表面明显充血（正常阑尾表面光滑，看不到血管），表面有少许灰白色脓性渗出物；坏疽性阑尾炎其表面呈黑色。

6. 化脓性脑膜炎　一侧大脑及小脑，其表面明显充血，并有脓苔被覆，使脑组织沟回模糊不清，并可见脓液沿血管走形而分布。

（二）显微镜下观察

1. 急性蜂窝织炎性阑尾炎　低倍镜下可见阑尾组织四层结构。阑尾腔中有少量渗出物，黏膜层部分或全部破坏，其余各层组织血管扩张充血，尤以浆膜层为著，各层均有多量中性粒细胞浸润。高倍镜下可见阑尾腔中渗出物主要为白细胞、纤维素及脱落的坏死组织的碎片；黏膜下层、肌层及浆膜层均见大量中性粒细胞浸润。

2. 慢性胆囊炎　低倍镜下可见胆囊黏膜萎缩，纤维化明显，各层均有炎细胞浸润。并可见腺体增生陷入肌层的现象。高倍镜下可见浸润的炎细胞为淋巴细胞和浆细胞。

3. 鼻息肉　低倍镜下可见息肉表面被覆假复层纤毛柱状上皮，内为增生的炎性肉芽组织和腺体，部分腺体腔内分泌物潴留而呈高度扩张状态，腺上皮扁平状。高倍镜下可见增生的肉芽组织为大量新生的毛细血管、成纤维细胞和各种炎细胞。

（杨德兴）

实验十　缺　氧

一、实验目标

针对实验中的现象进行分析，说出各型缺氧血液颜色的变化。

二、实验内容

（一）实验动物

小白鼠

（二）实验器材和药品

钠石灰，5％亚硝酸钠，甲酸，浓硫酸，1％美蓝，0.1％氰化钾，125ml 带塞广口瓶，1ml 及 2ml 注射器，一氧化碳发生装置，酒精灯，剪刀，镊子，玻璃珠，天平。

（三）实验操作要点

1. 缺氧瓶一定要密闭，可用石蜡涂在瓶塞外面。

2. 吸取硫酸与甲酸时，注意不要溅到衣服或皮肤上。CO 中毒实验完毕后，及时处理 CO 发生器内的残余物。

3. 酒精灯加热不可过快；加热时试管的方向不能冲着人。

4. 进行小白鼠腹腔注射时，进针位置应稍靠左下腹，勿损伤肝，亦勿将药液注入肠腔或膀胱。

（四）实验步骤和观察项目

1．低张性缺氧

（1）取 2 只体重相近小鼠，分别投入置有相同体积钠石灰和玻璃珠的广口瓶内，观察记录小鼠呼吸深度，皮肤黏膜色泽，一般活动。

（2）同时密闭二瓶，记录时间、观察 2 小鼠在密闭瓶内的呼吸、皮肤黏膜颜色，活动状况，直至 2 鼠死亡，记录死亡时间。

（3）尸检小鼠，打开胸腔，剪破心脏，取二滴血装入有蒸馏水 5ml 试管内混匀，观察血液颜色，并与内脏一起与其他类型缺氧结果比较。

2．CO 中毒性缺氧

（1）将小白鼠 1 只放入广口瓶中，观察其正常表现，然后与一氧化碳发生装置连接。

（2）取甲酸 3ml 放于试管中，加入浓硫酸 2ml，塞紧。（如气泡产生较少，可用酒精灯加热，加速一氧化碳的产生。但不可过热以至液体连续沸腾，因一氧化碳产生过快可使动物迅速死亡，血液颜色改变不明显。）

$$\text{一氧化碳产生原理：} HCOOH \xrightarrow[\triangle]{\text{浓}} CO + H_2O$$

（3）观察指标与方法同上，尸检方法同上。

3．亚硝酸盐中毒性缺氧

（1）体重相近的小鼠 2，观察其正常表现，向

甲腹腔注射 5%亚硝酸钠（0.015ml/g 体重），再立即注入相同的 1%美蓝溶液。

乙腹腔注射 5%亚硝酸钠（0.015ml/g 体重），再立即注射生理盐水（剂量均同前）。

（2）观察指标同实验 1，比较二鼠表现和死亡时间差异。尸检方法同上。

4．氰化钾中毒

（1）取一只鼠，称重，腹腔注射 0.1%氰化钾（0.015ml/g 体重）。

（2）观察小鼠变化，指标同上，死亡后尸检方法同上。

（杨德兴）

实验十一　肿　瘤

一、实验目标

1．描述各种良、恶性肿瘤大体标本的肉眼形态特点。

2．描述各种良、恶性肿瘤的镜下组织学特点。

3．绘出鳞癌、纤维瘤或纤维肉瘤的低倍镜下结构图。

二、实验内容

大体标本	组织切片
1. 皮肤乳头状瘤	1. 皮肤乳头状瘤
2. 卵巢浆液性囊腺瘤	2. 肠息肉样腺瘤
3. 乳腺纤维腺瘤	3. 鳞癌
4. 阴茎癌	4. 纤维瘤
5. 纤维瘤	5. 纤维肉瘤
6. 脂肪瘤	
7. 子宫平滑肌瘤	
8. 畸胎瘤	
9. 肺转移瘤	

（一）大体标本观察

1. 皮肤乳头状瘤　皮肤表面突出一带蒂肿物，呈乳头状生长。乳头有大有小，大小不一，注意与镜下所见的关系。

2. 卵巢浆液性囊腺瘤　此标本为卵巢切除之肿物，正常卵巢消失，肿物呈椭圆形，灰红色，表面光滑，包膜完整。切面为单囊，内含淡黄色清亮液体；另一标本切面可见多数呈乳头状生长的小囊。

3. 乳腺纤维腺瘤　此为切除乳腺之肿物。肿瘤外表光滑，新鲜标本为灰红色，球状或椭圆形，呈分叶状生长，有完整包膜。

4. 阴茎癌　在阴茎龟头处见有呈灰白色，菜花状生长的瘤组织，龟头正常组织已消失，切面见灰白色的瘤组织向深部呈浸润性生长，故与正常组织分界不清，无明显包膜，有些可见出血和坏死。

5. 纤维瘤　肿瘤呈结节状，四周有明显的被膜，切面呈灰白色。可见有呈编织状的条纹，坏死不明显。

6. 脂肪瘤　肿瘤呈分叶状，淡黄色，有明显的被膜，切面淡黄，似正常的脂肪组织。

7. 子宫平滑肌瘤　平滑肌瘤最多见于子宫。此标本即为切除之子宫，其体积明显增大。切面于子宫肌层见有一圆形肿物，色灰红，并见有呈编织状的条纹，肿瘤被有完整的包膜，与四周组织的分界非常清楚，子宫肌层及腔有受压现象。另一标本在子宫肌层各有几个圆形肿物，颜色灰白，切面观呈编织状的条纹，肿物有完整的包膜，与周围组织的界限清楚。

8. 畸胎瘤　此标本为切除的卵巢标本，畸胎瘤位于卵巢上，肿瘤为球形呈囊状，表面光滑，被膜为囊壁构成，切面为囊腔，腔内有黄色脂类物质充满，并杂有毛发、软骨、腺体、肌肉等多样成分，质软，触之有油腻感。

9. 肺转移瘤　标本之切面可见多个散在、边界清楚、大小不等的圆形瘤结节，呈灰白色，有的结节有出血。

（二）显微镜下观察

1. 皮肤乳头状瘤　瘤细胞呈分枝乳头状生长，乳头表面为增生的瘤细胞，瘤细胞分化成熟，与正常鳞状上皮相似，乳头的中心为纤维组织及血管，如有继发感染时，间质内可见淋巴细胞浸润。

2. 鳞癌　癌细胞分化不成熟向深部浸润形成不规则的团块或条索状癌巢。巢内可见粉红色呈同心圆状排列的角化珠形成，间质内可见淋巴细胞和浆细胞浸润。说明此癌为高分化鳞癌，预后较好。

3. 肠腺癌　癌细胞排列成腺管状，腺体形状不规则，可见共壁现象，腺腔有的呈条索状或巢状排列，癌细胞多呈立方或柱状，细胞大小不等，可见较多的核分裂，间质为结缔组织，癌细胞向深部浸润性生长，已侵及黏膜下层及肌层。

4. 纤维瘤　瘤组织内由分化成熟的纤维细胞和胶原纤维构成，瘤细胞与正常的纤维细胞相似，多呈梭形，胞核狭长，排列呈粗细不等的纤维束，纵横交替，排列紊乱，间质内血管较多，一般不见核分裂。

5. 纤维肉瘤　瘤细胞分化不成熟，大小及形态均不一致，多呈梭形、圆形、卵圆形及不规则形，核分裂象多见，常出现多核巨细胞，间质血管丰富，可见出血和坏死。

（杨德兴）

实验十二　心血管系统疾病

一、实验目标

1. 描述动脉粥样硬化、高血压心脏病、风湿性心脏病的大体标本肉眼形态特点。
2. 描述动脉粥样硬化、风湿性心脏病的镜下特点。
3. 绘出动脉粥样硬化镜下结构图。

二、实验内容

大体标本	组织切片
1. 动脉粥样硬化	1. 动脉粥样硬化
2. 高血压	2. 风湿性肉芽肿
3. 风湿性心脏病	

（一）大体标本观察

1. 动脉粥样硬化

（1）动脉粥样硬化脂纹脂斑：主动脉后壁及分支开口处，为针头大小斑点及宽为1～2mm、长短不一的黄色条纹，不隆起或稍微隆起于内膜表面。

（2）斑块内出血：斑块底部或边缘的新生血管破裂形成血肿，血肿造成斑块更加隆起，甚至使管腔完全闭塞。

（3）动脉粥样硬化性动脉瘤：严重的粥样斑块底部的中膜SMC可发生不同程度的萎缩和弹性下降，在血管内压力的作用下，动脉壁局限性向外扩张，形成动脉瘤。

2. 高血压心脏病　图为左心室肥大，这是对持续性血压升高，心肌工作负荷增加的一种适应性反应。在心脏处于代偿期时，肥大的心脏心腔不扩张，甚至略微缩小，称为向心性肥大。肉眼观，左心室壁增厚；左心室乳头肌和肉柱明显增粗。

3. 风湿性心脏病 病变瓣膜表面，尤以瓣膜闭锁缘受血流冲击面上形成单行排列的，直径为1～2mm的疣状赘生物。这些疣赘物呈灰白色半透明，附着牢固，一般不易脱落。镜下见疣赘物为由血小板和纤维素构成的白色血栓。

（二）显微镜下观察

1. 粥样斑块 斑块表面为一层纤维帽，乃由多量平滑肌细胞及大量细胞外基质（包括胶原、弹性纤维、蛋白聚糖及细胞外脂质）组成。纤维帽下为大量无定形坏死物质，并见胆固醇结晶（石蜡切片上为针状空隙）、钙盐等。底部和边缘可有肉芽组织增生，外周可见少许泡沫细胞和淋巴细胞浸润。

2. 风湿性肉芽肿，即Aschoff小体。Aschoff小体体积颇小，一般显微镜下才能看见多发生于心肌间质、心内膜下和皮下结缔组织；心外膜、关节和血管等处少见。在心肌间质内者多位于小血管旁，略带圆形或梭形，其中心部为纤维素样坏死灶，周围有成堆的风湿细胞：胞浆丰富，嗜碱性，核大，呈卵圆形、空泡状。染色质集中于核的中央，核的横切面状似枭眼；纵切面上，染色质状如毛虫。外围是少量淋巴细胞、成纤维细胞和单核细胞。

（杨德兴）

实验十三 呼吸系统疾病

一、实验目标

1. 描述支气管扩张症、肺气肿、肺源性心脏病、大叶性肺炎、小叶性肺炎的大体标本肉眼形态特点。
2. 描述大叶性肺炎、小叶性肺炎的镜下特点。
3. 绘出大叶性肺炎的低倍镜下结构图。

二、实验内容

大体标本	组织切片
1. 支气管扩张症	1. 大叶性肺炎
2. 肺气肿	2. 小叶性肺炎
3. 慢性肺源性心脏病	3. 间质性肺炎
4. 大叶性肺炎	
5. 小叶性肺炎	

（一）大体标本观察

1. 支气管扩张症 肺切面可见部分支气管官腔呈圆柱状或者囊状扩张，一直延伸到肺膜下，扩张的支气管可见脓性分泌物。

2. 肺气肿 肺叶呈弥漫性膨大，边缘变钝，质地松软，切面呈蜂窝状，肺膜下可见大小不等的囊腔。

3. 慢性肺源性心脏病 心脏体积增大，心尖圆钝，右心室扩张，乳头肌增粗，心室壁明显增厚。

4. 大叶性肺炎

（1）大叶性肺炎（红色肝样变期）：肺叶肿大，质实如肝，颜色暗红，表面可见少量纤维素性渗出物，切面可见肺叶内大片实变区，粗糙、暗红色。

（2）大叶性肺炎（灰色肝样变期）：肺叶肿大，颜色灰白，饱满，表面可见少量纤维素性渗出物，切面可见肺叶内有大片实变区，粗糙，灰白色，病灶边缘暗红色。

5. 小叶性肺炎　肺叶内散在直径1.0cm左右的病灶，多发性，灰白色或灰黄色，部分病灶融合，明显实变，病灶中心可见扩张的细小支气管，病灶之间肺泡扩张。

（二）显微镜下观察

1. 大叶性肺炎

（1）大叶性肺炎（红色肝样变期）：肺泡壁毛细血管扩张充血，肺泡腔内可见大量纤维素、红细胞、少量中性粒细胞以及单核-巨噬细胞，部分区域可见浆液。

（2）大叶性肺炎（灰色肝样变期）：肺组织固有结构存在，肺泡壁变窄，其内毛细血管呈贫血状态，肺泡腔扩张，其内充满大量纤维素和中性粒细胞以及少量巨噬细胞，肺泡间孔扩张，部分区域可见纤维素穿过肺泡间孔与相邻肺泡腔内的纤维素网连接。

2. 小叶性肺炎　病灶中心可见细支气管，黏膜上皮细胞部分坏死脱落，腔内可见脓性分泌物，周围肺泡腔内可见多量中性粒细胞、少量巨噬细胞、浆细胞等，部分病灶内肺组织固有结构破坏，形成小脓肿。肺泡壁毛细血管明显扩张充血。

3. 间质性肺炎　肺间质明显增厚，肺泡壁和肺小叶间质血管扩张充血，有较多淋巴细胞、单核细胞等炎细胞浸润，部分肺泡腔内可见浆液和少量淋巴细胞渗出。

（杨德兴）

实验十四　消化系统疾病

一、实验目标

1. 描述溃疡病、肝炎、门脉性肝硬化的大体标本肉眼形态特点。
2. 描述溃疡病、急性肝炎、门脉性肝硬化的镜下特点。
3. 绘出溃疡病或门脉性肝硬化的低倍镜下结构图。

二、实验内容

大体标本	组织切片
1. 溃疡病	1. 溃疡病
2. 急性重型肝炎	2. 急性肝炎
3. 门脉性肝硬化	3. 急性重型肝炎
4. 坏死后性肝硬化	4. 门脉性肝硬化
	5. 坏死后性肝硬化

（一）大体标本观察

1. 胃溃疡 胃小弯近幽门部一形圆形（或椭圆形）溃疡，直径小于2cm。溃疡边缘整齐，底部平坦，周围黏膜皱壁呈放射状排列。

2. 急性重型肝炎 肝体积明显缩小，包膜皱缩，质地柔软。表面和切面呈土黄色或红褐色。

3. 门脉性肝硬化 肝体积不同程度缩小，表面呈颗粒状。切面见大小比较一致的灰黄色或黄绿色结节，直径小于0.5cm，外由纤细的灰白色纤维包绕，弥漫分布于肝内。

4. 坏死后性肝硬化 肝体积缩小、变形，表面和切面结节大小悬殊，结节周围纤维间隔较宽，且宽窄不一。

（二）显微镜下观察

1. 胃溃疡 组织凹陷处为溃疡底部，两侧为溃疡边缘；溃疡底部由上至下分为四层，即渗出层，坏死层，肉芽层，疤痕层，疤痕层内可见小动脉内膜炎等改变。

2. 急性肝炎 肝细胞体积增大，胞浆透亮；肝细胞点状坏死；少数肝细胞凋亡（嗜酸性变和嗜酸小体）；汇管区及坏死灶内有淋巴细胞浸润。

3. 急性重型肝炎 肝细胞广泛性坏死，仅小叶边缘少量肝细胞残留；浸润的炎细胞主要为淋巴细胞和单核细胞。

4. 门脉性肝硬化 肝结构破坏，代之以形态相对较一致的假小叶，假小叶内肝细胞呈群团状排列，中央静脉缺如，偏位或多个，也可见汇管区结构；假小叶之间纤维间隔相对整齐细窄，将肝细胞结节分隔。

5. 坏死后性肝硬化 肝结构破坏，再生的肝细胞结节（假小叶）大小不等，小的仅为数个肝细胞，假小叶间纤维化明显，纤维间隔宽窄不一，并可见淋巴细胞单核细胞浸润及小胆管增生。

（杨德兴）

实验十五 泌尿系统疾病

一、实验目标

1. 描述急性弥漫增生性肾小球肾炎、颗粒固缩肾、急性和慢性肾盂肾炎等的大体标本肉眼形态特点。

2. 描述急性增生性慢性硬化性肾小球肾炎病理切片的镜下特点。

3. 绘出急性弥漫性增生性肾炎的光镜简图。

二、实验内容

大体标本	组织切片
1. 大红肾（急性弥漫增生性肾小球肾炎）	1. 急性弥漫增生性肾小球肾炎
2. 颗粒固缩肾（慢性硬化性肾小球肾炎）	2. 新月体性肾小球肾炎
3. 急性肾盂肾炎	3. 慢性肾盂肾炎
4. 慢性肾盂肾炎	

（一）大体标本观察

1. 急性弥漫增生性肾小球肾炎　肾大，包膜紧张，表面光滑，色较红（固定后颜色发黑），故称大红肾。有时肾的表面和切面有散在的出血点，故又称蚤咬肾。切面，肾皮质增厚，纹理模糊，髓质明显充血，皮髓质界限尚清楚。

2. 颗粒固缩肾（慢性硬化性肾小球肾炎）　肾体积缩小，质硬，肾包膜已被部分剥离，肾表面呈不规则的细颗粒状，切面肾皮质变薄，皮髓质界限尚清，肾盂部分脂肪组织增多填充。

3. 急性肾盂肾炎　肾体积增大，血管扩张充血，表面可见脓液形成。切面可见由髓质向皮质延伸的黄色条纹病灶，肾盂黏膜充血、水肿及脓性渗出物形成。

4. 慢性肾盂肾炎　可见肾出现畸形，表面有大的凹陷性瘢痕并与肾被膜粘连。切面，肾皮、髓质界限不清，肾乳头萎缩，肾盂、肾盏变形。

（二）显微镜下观察

1. 急性弥漫增生性肾小球肾炎

低倍镜：病变几乎累及所有肾小球，肾小球体积增大，肾小球内细胞数目明显增多，肾间质充血和眼细胞浸润。

高倍镜：①肾小球内毛细血管内皮细胞和系膜细胞增生、肿胀，并伴有中性粒细胞和单核细胞浸润，毛细血管腔狭窄或闭塞，很少见到红细胞；②近曲小管上皮细胞肿胀，部分肾小管内见蛋白管型；③肾间质毛细血管扩张充血及盐细胞浸润。

2. 新月体性肾小球肾炎

低倍镜：多数肾小球内见新月体或环形体形成。

高倍镜：肾球囊壁层上皮细胞增生成多层，形如新月（即新月体），重者有呈环形体。肾小球体积增大，肾小管扩张。肾间质纤维组织增生，有淋巴细胞浸润，有时可见部分小动脉管壁增厚。

3. 慢性肾盂肾炎

低倍镜：病变灶状分布，夹杂在相对正常肾组织之间，肾间质大量纤维结缔组织增生和较多的炎细胞浸润。

（杨德兴）

实验十六　生殖系统与乳腺疾病

一、实验目标

1. 描述子宫颈癌、葡萄胎、绒毛膜癌、卵巢浆液性囊腺瘤及乳腺癌的大体标本肉眼形态特点。

2. 描述葡萄胎及乳腺浸润性导管癌的镜下特点。

3. 绘出乳腺浸润性导管癌的镜下结构图。

二、实验内容

大体标本	组织切片
1. 子宫颈癌	1. 子宫内膜增生症
2. 葡萄胎	2. 乳腺浸润性导管癌
3. 绒毛膜癌	
4. 卵巢浆液性肿瘤	
5. 乳腺癌	

（一）大体标本观察

1. 子宫颈癌　癌组织向宫颈表面生长，呈菜花状，灰白色，质地较硬。

2. 葡萄胎　子宫增大，子宫腔内有大量圆形、椭圆形水泡，其间有细蒂相连。水泡大小不等，晶莹透明，状似葡萄。

3. 绒毛膜癌　子宫腔内有一出血性肿物，其表面凹凸不平，癌组织与子宫壁分界不清。切面呈红褐色（出血处），其间夹杂灰白色，质脆而软。

4. 卵巢浆液性囊腺瘤　肿瘤表面光滑，囊壁薄，切面为单房，囊壁内面光滑，可见白色小乳头，囊内含有淡黄色清亮液体。

5. 乳腺癌　乳头向内回缩，乳房的皮肤凹凸不平，状似橘皮。切面，癌组织呈灰白色结节状，与周围组织界限不清，癌组织可有明显坏死。

（二）显微镜下观察

1. 子宫内膜增生症　低倍镜观察：子宫内膜增厚，腺体数目增多，腺腔大小轻度不等，形态不一，腺上皮呈高柱状，可排列成复层。部分腺体可扩张呈囊状。间质细胞也有增生。(注意分析其属何种类型)。高倍镜观察腺上皮细胞的形态。

2. 乳腺浸润性导管癌（单纯癌）　低倍镜观察：癌细胞呈条索状、小梁状或巢状排列，癌细胞与间质大致相等。高倍镜观察细胞形态。

（杨德兴）

实验十七　传染病与寄生虫病

一、实验目标

1. 描述肺结核、肾结核、细菌性痢疾的大体标本肉眼形态特点。
2. 描述肺结核、细菌性痢疾、肠伤寒病理切片的镜下特点。
3. 绘出肺结核结节的光镜简图。

二、实验内容

大体标本	组织切片
1. 粟粒性肺结核	1. 干酪样肺炎
2. 浸润型肺结核	2. 细菌性痢疾
3. 慢性纤维空洞性肺结核	
4. 干酪样肺炎	
5. 肾结核	
6. 细菌性痢疾	

（一）大体标本观察

1. 粟粒性肺结核　肺表面和切面可见大量散在、均匀分布、大小一致、境界清楚、灰白带黄、圆形的粟粒大小的结节状病灶。

2. 浸润性肺结核　病灶多位于肺上部（相当于锁骨下区域），病变中央为干酪样坏死，色灰黄，周围边界模糊为渗出性炎症（肉眼不易分辨）。干酪样坏死物液化经支气管排出后可形成急性空洞。

3. 慢性纤维空洞型肺结核　可见一个或多个厚壁空洞，大小不一，形状不规则，空洞内壁有干酪样坏死物，外层为较厚的增生的纤维结缔组织。空洞附近肺组织有显著的纤维组织增生，胸膜增厚。有时在空洞肺下叶可见新旧病灶交织存在。

4. 干酪样肺炎　肺切面散在分布大小不一、灰黄色的不规则形干酪样坏死灶，根据病变大小，可有小叶性或大叶性干酪样肺炎之分，肉眼形态与细菌性小叶性或大叶性肺炎相似。大叶性干酪样肺炎的病变肺肿大，切面呈黄色干酪样，坏死物液化排出后可形成急性空洞。小叶性干酪样肺炎的病灶弥散分布于一叶肺或肺叶一侧，大小比较一致，色灰黄。

5. 肾结核　肾体积增大，切面皮髓质分界不清，肾实质内有大小不一的干酪样坏死灶，将肾脏结构大部分破坏，部分坏死物质液化破溃入肾盂、肾盏而形成大小不等的空洞，空洞内可见干酪样坏死物。

6. 细菌性痢疾　结肠黏膜皱襞消失，表面被覆一层灰黄色或灰褐色、干燥似“糠皮”状假膜，此膜由渗出的纤维素、坏死组织、中性粒细胞、红细胞及细菌共同组成。有的区域假膜脱落形成大小不一、形状不规则的浅表性地图样溃疡。

（二）显微镜下观察

1. 干酪样肺炎　部分肺泡腔中充满大量渗出物，主要为巨噬细胞、纤维素和浆液等。部分肺组织广泛干酪样坏死，肺组织结构破坏，呈一片红染无结构的颗粒状物质。坏死物质边缘可见少数结核结节。

2. 细菌性痢疾　整个肠黏膜有假膜覆盖，黏膜上皮及腺体大片消失。假膜主要为纤维素、坏死的肠黏膜、细菌、中性粒细胞及红细胞等，部分有脱落。黏膜下层、肌层、浆膜层有明显的炎症反应。

（杨德兴）

自测题参考答案

第一章

一、名词解释

略。

二、单项选择题

1. D　2. E　3. D　4. D　5. B

三、简答题

1. (1) 病因：①生物性因素；②物理因素；③化学因素；④营养性因素；⑤遗传性因素；⑥遗传性因素；⑦免疫性因素；⑧精神、心理、社会因素。

(2) 转归：①完全康复；②不完全康复；③死亡。

2. 脑死亡的主要判断标准为：①不可逆性昏迷和大脑的无反应性；②自主呼吸停止，进行人工呼吸15分钟以上仍无自主呼吸；③脑神经反射消失；④瞳孔散大或固定；⑤脑电波消失；⑥脑血液循环停止（脑血管造影）。

第二章

一、名词解释

略。

二、单项选择题

1. B　2. C　3. C

第三章

一、单项选择题

1. B　2. C　3. A　4. E　5. D

二、简答题

1. G^+菌细胞壁厚且坚韧，其肽聚糖层数多，肽聚糖含量多，细胞壁含有磷壁酸；G^-菌细胞壁薄且疏松，其肽聚糖层数少，肽聚糖含量少，细胞壁不含磷壁酸，但在细胞壁的外侧有较厚的外膜。

2. 青霉素能干扰G^+肽聚糖的合成，故对G^+菌有杀灭作用。G^-菌由于有外膜的屏障保护，青霉素难以渗透其内破坏肽聚糖，故青霉素对G^-菌无效。

第四章

一、名词解释

略。

二、单项选择题

1. E　2. A　3. B　4. C　5. B

三、简答题

①营养物质：一般细菌所需营养物质包括水分、无机盐类、生长因子、蛋白胨和糖等；②酸碱度：大多数病原菌的最适酸碱度为 pH7.2～7.6；③温度：大多数病原菌生长的最适温度为 37℃；④气体：主要是氧和二氧化碳。

第五章

一、名词解释

略。

二、单项选择题

1. E　　2. B　　3. C

三、简答题

①寄居部位改变：如大肠埃希菌从肠道进入腹腔或尿道，可分别引起腹膜炎和尿道炎。②免疫功能低下：如使用大剂量皮质激素、抗肿瘤药物、放射治疗、大面积烧伤、长期消耗性疾病、过度疲劳等均可导致机体免疫力低下。③滥用抗菌药物：如长期大量应用广谱抗生素，造成正常菌群中的敏感菌被抑制或杀灭，耐药性病原菌趁机大量繁殖。

第六章

一、名词解释

略。

二、单项选择题

1. B　　2. D　　3. C　　4. A　　5. E

三、简答题

1. 原因有：①湿热状态下，菌体蛋白较易凝固；②湿热的穿透力比干热大；③湿热的蒸汽有潜热存在。

2. 影响化学消毒剂作用的因素有：消毒剂的种类、浓度与作用时间；细菌的种类与数量；环境中有机物的存在；温度与湿度；酸碱度。

第七章

一、名词解释

略。

二、单项选择题

1. B　　2. E

三、简答题

形态与结构的变异、毒力变异、耐药性变异。

第八章

一、名词解释

略。

二、单项选择题

1. B　　2. B　　3. E

三、简答题

1. 内毒素与外毒素的主要区别见下表：

区别要点	外毒素	内毒素
来源	革兰阳性菌及革兰阴性菌分泌或少数菌溶解后释放	革兰阴性菌细胞壁成分，菌体裂解后释放
化学成分	蛋白质	脂多糖
稳定性	不稳定，60℃以上能迅速被破坏	耐热，160℃ 2～4h 被破坏
免疫原性	强，刺激机体产生抗毒素，甲醛处理脱毒后可成为类毒素	较弱，甲醛处理不能成为类毒素
毒性作用	强，各种细菌外毒素对组织器官有选择性毒害作用，引起特殊临床症状	较弱，各种细菌内毒素的毒性作用大致相同，可引起发热反应、白细胞反应、内毒素血症与休克、DIC

2. 预防医院内感染主要有以下措施：建立防感染管理组织机构，并完善相应的规章制度；建立并完善医院内感染的监测机构；加强宣传工作，提高患者及医务人员对医院内感染的认识；严格执行医院清洁、消毒、灭菌和隔离制度，严格无菌操作；加强对重点科室的管理如供应室、手术室、血库、实验室等的管理；加强对重点患者如传染病患者、免疫功能低下患者等的管理；合理使用抗生素，避免耐药菌株的产生。

第十章

一、名词解释

略。

二、单项选择题

1. C　2. A　3. D　4. B　5. A　6. C　7. B

三、简答题

免疫系统的三大功能是免疫防御、免疫稳定和免疫监视。免疫防御功能正常，能阻挡病原体的侵入及中和其产生的毒素，发挥抗感染的功能，对机体有利；免疫应答过高，可出现超敏反应，应答过低或功能不全，可出现反复感染或免疫缺陷。免疫稳定功能正常，能识别和排除机体内损伤、衰老、死亡的细胞，维持自身生理平衡和稳定。免疫监视能识别和排出机体内突变细胞，发挥抗肿瘤功能，功能低下可发生肿瘤。

第十一章

一、名词解释

略。

二、单项选择题

1. A　2. D　3. B

第十二章

一、名词解释

略。

二、单项选择题

1. A　2. A　3. C　4. B　5. C

第十三章

一、名词解释

略。

二、单项选择题

1. E　2. B　3. B

三、简答题

①参与抗原加工和提呈；②MHC 限制性；③参与对免疫应答的遗传控制；④参与免疫调节；⑤参与 T 细胞在胸腺的发育、成熟。

第十四章

一、名词解释

略。

二、单项选择题

1. B　2. C　3. D　4. E　5. C　6. C　7. C

三、简答题

1. ①识别启动阶段：T 细胞/B 细胞识别抗原、活化。②活化、增殖、分化阶段：a. T 细胞/B 细胞活化、增殖、分化形成效应细胞和产生抗体；b. 记忆细胞的产生与特点。③效应阶段：包括细胞免疫效应和体液免疫效应。

2. ①抗体产生的一般规律：初次应答和再次应答的特点（见本章相关内容）。②意义：a. 预防接种及制备动物免疫血清时，应设计进行再次免疫，以便产生强化免疫的效果。b. 临床血清学诊断时应注意动态观察抗体含量的变化，以便做出正确评估。c. 检测 IgM 有助于早期诊断或宫内感染诊断。

第十五章

一、单项选择题

1. D　2. B　3. C

二、简答题

1. 固有免疫和适应性免疫的特点比较如下表：

	获得方式	遗传性	特异性	免疫记忆	作用顺序
固有免疫	先天	可遗传	无	无	先
适应性免疫	后天	不可遗传	有	有	后

2. 简述固有免疫和适应性免疫在抗感染中的关系。

答题要点：固有免疫和适应性免疫在抗感染中相辅相成，相互协作，共同抵抗病原体的入侵。①固有免疫和适应性免疫在抗感染中具有互补性；②固有免疫和适应性免疫在抗感染中具有相互促进性。

第十六章

一、名词解释

略。

二、单项选择题

1. C　2. C　3. E　4. A

三、简答题

1. 答题要点：①致敏阶段：青霉素进入机体后能迅速降解产生半抗原，这些半抗原能与机体组织蛋白结合成为完全抗原，从而刺激机体产生针对青霉素的 IgE，IgE 的 Fc 段与肥大细胞或嗜碱性粒细胞膜表面的 Fc 受体结合，使机体处于致敏状态。②发敏阶段：当再次接触青霉素时，变应原与肥大细胞或嗜碱性粒细胞表面的 IgE 结合，并使肥大细胞或嗜碱性粒细胞细胞内颗粒脱出，颗粒中的生物活性介质能迅速引起平滑肌收缩、腺体分泌增加、毛细血管扩张且通透性增加等病理改变，严重者可立即出现呼吸困难、血压下降等甚至休克或死亡。

2. 答题要点：①查明变应原、避免再接触：这是预防超敏反应的最理想的方法。临床实际工作中的主要主要措施是询问病史和皮肤过敏试验。②脱敏治疗：主要适合于抗毒素皮试阳性但又必须注射者。③药物治疗：常用药物主要有肾上腺素等。

第十七章

一、名词解释

略。

二、单项选择题

1. C　2. D　3. A

三、简答题

答题要点：①主要区别见第十七章表 17-2。②用于人工自动免疫的制剂有疫苗、类毒素；用于人工被动免疫的制剂有抗毒素、人免疫球蛋白制剂、细胞因子等。

第十八章

一、单项选择题

1. A　2. B　3. C　4. A

二、简答题

1. 葡萄球菌能产生凝固酶，所形成的化脓性感染病灶比较局限，脓汁黏稠。链球菌能产生透明质酸酶、链激酶和链道酶，引起的化脓性感染病灶与周围组织界限不清，有扩散趋势，脓汁稀薄。

2. ①致病物质：血浆凝固酶、葡萄球菌溶血素、杀白细胞素、肠毒素；②所致疾病：化脓性炎症和毒素性疾病。

3.①致病物质：脂磷壁酸、M 蛋白、致热外毒素、链球菌溶血素、侵袭性酶；②所致疾病：化脓性感染、中毒性疾病和超敏反应性疾病。

第十九章

一、名词解释

肥达试验：用已知的伤寒沙门菌 O、H 抗原和甲、乙、丙型副伤寒沙门菌的 H 抗原与患者血清做定量试管凝集试验以辅助临床诊断肠热症。

二、单项选择题

1. A　　2. C　　3. A

三、简答题

①致病性沙门菌有伤寒沙门菌、副伤寒沙门菌、猪霍乱沙门菌、鼠伤寒沙门菌和肠炎沙门菌；②致病因素有菌毛、Vi 抗原、内毒素和肠毒素；③所致疾病为肠热症、急性肠炎和败血症。

第二十章

一、单项选择题

1. D　　2. A

二、简答题

答案要点：

(1) 霍乱弧菌的致病物质有：①鞭毛和菌毛；②霍乱肠毒素：是主要致病物质。

(2) 传播途径主要是通过污染的水源或食物经口传播。

(3) 所致疾病——霍乱：是一种烈性肠道传染病，在感染细菌后 2～3 天突然出现剧烈腹泻、呕吐，排出如米泔水样物。

第二十一章

一、单项选择题

1. B　　2. C　　3. D　　4. E　　5. B

二、简答题

1.①深而狭窄的伤口（如刺伤），混有泥土或异物；②大面积创伤、烧伤，坏死组织多，局部组织缺血；③同时有需氧菌混合感染的伤口等形成厌氧环境。

2.①伤口处理，防止厌氧环境形成；②人工主动免疫，接种破伤风类毒素，必要时再接种一针；③人工被动免疫进行紧急预防，立即注射 TAT（用前先做皮试）或人抗破伤风免疫球蛋白。④治疗，使用 TAT、抗生素和镇静、解痉药物。

3. ①属内源性感染，感染可遍及全身，呈慢性过程；②无特定病型，大多为化脓性感染；③分泌物或脓汁黏稠，血色或棕黑色，伴恶臭或有气体；④使用氨基糖甙类抗生素（如链霉素、庆大霉素）长期无效；⑤分泌物涂片可见细菌，但普通培养无菌生长。

第二十二章

一、名词解释

略。

二、单项选择题

1. D　　2. E　　3. E

三、简答题

（1）原理：用结核菌素检测受试者对结核分枝杆菌是否有细胞免疫功能及迟发型超敏反应，判断受试者机体对结核分枝杆菌有无免疫力。

（2）意义：阳性反应表明机体已感染过结核枝杆菌或卡介苗接种成功，对结核分枝杆菌有一定免疫力。强阳性反应则表明可能有活动性结核病，应进一步追查病灶。阴性反应表明未感染过结核分枝杆菌或未接种过卡介苗。

但原发感染早期、正患严重结核病或其他严重疾病致细胞免疫功能低下者（如用过免疫抑制者）也可能出现阴性反应。

（3）应用：①用于选择卡介苗接种对象和免疫效果测定；②婴幼儿结核病的辅助诊断；③结核病流行病学调查；④测定机体细胞免疫的功能状态。

第二十三章

单项选择题

1. B　　2. A　　3. E　　4. E

第二十四章

一、名词解释

略。

二、单项选择题

1. C　　2. B　　3. D

三、简答题

1. （1）细菌：个体微小，需用显微镜放大 1000 倍左右才能看到；有一定的细胞结构和较完整的细胞器，可单独生存；以二分裂方式繁殖；对抗生素敏感。

（2）病毒：体积比细菌小 1000 倍，需用电子显微镜才能看到；结构简单，只含一种类型核酸（RNA 或 DNA）；没有完整的细胞器，必须在活的易感细胞内生存；以复制的方式增殖；对抗生素不敏感。

2. 病毒对抗生素不敏感，目前缺乏有效的治疗药物，防治原则以预防为主。特异性预防的主要措施是人工主动免疫（接种各种病毒疫苗），紧急情况也可使用人工被动免疫。

第二十五章

一、名词解释

略。

二、单项选择题

1. A　　2. D　　3. C　　4. D

三、简答题

1. 流感病毒的包膜抗原（HA 和 NA）易发生变异，尤以甲型流感病毒变异频繁。流感病毒的包膜抗原 HA 和 NA 的变异有两种形式，即抗原性漂移和抗原性转变。当变异幅度小，属于量变，即亚型内变异，称为抗原性漂移或小变异，可引起中、小型流行；若变异幅度大，形成一个新的亚型，属于质变，称为抗原性转变或大变异，由于人群对新亚型的流感病毒普遍缺乏免疫力，因此，往往引起较大规模的流行，甚至世界性大流行。

2. 流感病后机体可产生中和抗体，包括 IgG、IgM、SIgA，特别是 SIgA 在呼吸道局部阻止病毒感染中起重要作用；病后对同型病毒有一定的免疫力，但亚型之间无交叉免疫。麻疹病后人体可获得持久免疫力，一般不会再感染。

第二十六章

一、单项选择题

1. C　　2. C

二、简答题

1. 人轮状病毒可引起婴幼儿急性胃肠类；柯萨奇病毒可病毒性心肌炎；新肠道病毒 71 型可引起手-足-口病；脊髓灰质炎病毒可引起小儿麻痹症。

2. 口服脊髓灰质炎活疫苗注意事项：①运输、保存过程要低温；②不能用热开水送服；③不要在哺乳前后服用。

第二十七章

一、名词解释

略。

二、单项选择题

1. C　　2. A　　3. C

三、简答题

1. 答案参考本教材第二十七章表 27－1。

2. (1) HAV：病毒污染水、食物、食具等经口传染；致病机制早期为病毒损伤，后期为免疫损伤；人感染后，多数表现为隐性感染，少数为急性肝炎。

(2) HBV：传播途径有血源、密切接触及垂直传播；发病机制以免疫损伤为主；临床表现因个体而异，可表现为无症状、急性、慢性肝炎、肝硬化等。

第二十八章

一、单项选择题

1. C　　2. D

二、简答题

1. HIV 侵入人体后，病毒通过 gp120 刺突选择性侵犯并破坏带有 CD4 分子的 T 细胞（以 Th 细胞为主），使感染者血循环中的 $CD4^+$ T 细胞减少和 HIV 量增多，感染者出现一系列症状。

2. HIV 的传播方式有三种：①通过异性或同性间的性行为；②输入含有 HIV 的血液或血制品、器官或骨髓移植、静脉药瘾共用污染的注射器及针头、人工授精等；③母婴垂直传播。HIV 感染的预防：①建立 HIV 感染和 AIDS 的监测网络，控制疾病的流行与蔓延；②进行广泛的宣传教育，取缔娼妓，防止性传播疾病的流行，抵制吸毒等社会弊病；③检测高危人群包括供血员、同性恋、静脉注射毒品成瘾者、血友病患者、国外旅游者和外事使馆人员等；④禁止进口血液制品，如凝血因子Ⅷ等；⑤加强国境检疫、留检等。

第三十章

一、名词解释

略。

二、单项选择题

1. D　2. A

三、简答题

1. 疱疹病毒的共同特点：①病毒呈球形，有包膜的DNA病毒。②除EB病毒外，人类疱疹病毒均能在人二倍体细胞核内复制，形成多核巨细胞，核内出现嗜酸性包涵体。③病毒可通过呼吸道、消化道、泌尿生殖道等侵入宿主细胞，可表现为增殖性感染和潜伏状态。④病毒可通过垂直感染胎儿和新生儿。⑤除水痘外，原发感染多为隐性感染。

2. 对犬、猫等宠物应严加管理，定期进行疫苗注射；人被狂犬咬伤后，应立即清洗伤口，可用20%肥皂水反复冲洗伤口，再用70%乙醇及2%碘液涂擦，尽快注射高效价狂犬病毒的免疫血清做伤口周围与底部浸润注射，进行被动免疫。及早接种狂犬病疫苗（48h以内）可预防发病。

第三十一章

一、名词解释

略。

二、选择题

1. B　2. D　3. A　4. D　5. D　6. E

第三十二章

单项选择题

1. D　2. B　3. E　4. D

第三十三章

一、名词解释

略。

二、简答题

1. 寄生虫通过夺取营养、机械性损伤、毒性与免疫损伤作用损伤宿主。

2. 寄生虫的流行因素有三：传染源、传播途径和易感人群。防治原则为控制或消灭传染源、切断传播途径和保护易感人群。

第三十四章

一、名词解释

略。

二、选择题

1. B　2. D　3. B　4. C　5. D　6. A　7. E　8. C　9. B　10. D
11. A　12. C　13. B　14. A　15. E　16. A　17. B　18. C

三、简答题

1. 华支睾吸虫病的流行关键因素是有吃生的或未煮熟的鱼肉的习惯；此外，生熟食物合用刀及砧板也可使人感染。

2. 血吸虫虫卵是血吸虫病的主要致病阶段。虫卵主要是沉着在宿主的肝及结肠壁等组织，通过Ⅳ型超敏反应引起的肉芽肿和纤维化是血吸虫病的主要病变。急性期患者出现发热、腹痛、腹泻、肝脾大及嗜酸性粒细胞增多等症状。慢性血吸虫患者无明显症状和不适，也可出现腹泻、黏液脓血便、肝脾大、贫血和消瘦等症状。晚期血吸虫病表现为肝硬化，出现门脉高压症。

第三十五章

一、单项选择题

1. C　2. D　3. A　4. D　5. B

第三十六章

一、单项选择题

1. A　2. B　3. C　4. A

第三十七章

一、名词解释

略。

二、单项选择题

1. D　2. C　3. E　4. A

三、简答题

1. 病理学的任务是运用各种方法研究疾病的全过程，即探讨疾病的病因、发病机制、患病机体所发生的各种病理变化及疾病的转归和结局。

2. 人体病理学主要诊断和研究方法有：①活体组织检查；②尸体剖验；③动物实验；④组织培养与细胞培养。

第三十八章

一、名词解释

略。

二、单项选择题

1. A　2. C　3. C　4. D　5. D　6. D　7. C　8. C　9. C　10. A

三、简答题

1. ①溶解吸收；②分离排出；③机化；④包裹或钙化

2. ①营养不良性萎缩，如恶性肿瘤晚期，营养摄入不足及消耗过度致器官萎缩；②失用性萎缩，如久病卧床致下肢肌肉萎缩；③神经性萎缩，如脊髓灰质炎患者的下肢肌肉萎缩；④压迫性萎缩，如尿道阻塞致肾萎缩；⑤内分泌性萎缩，如甲状腺功能低下致甲状腺萎缩。

3. 肉芽组织主要由新生的毛细血管、成纤维细胞及炎细胞组成。肉眼观呈颗粒状、鲜红色、柔软、湿润、触之易出血。形似鲜嫩的肉芽故名肉芽组织，但无神经纤维，故无疼痛。功能：①填补伤口及其他组织缺损，或连接断裂的组织；②抗感染保护创面；③机化或包裹坏死组织、血栓、血凝块及其他异物如虫卵、缝线等。

第三十九章

一、名词解释

略。

二、单项选择题

1. E　2. B　3. D　4. A　5. C　6. C　7. E　8. A　9. D　10. B

三、简答题

1. 淤血的原因、病理变化及结局

原因是静脉受压、静脉腔阻塞、心力衰竭。病理变化：①肉眼观：发生淤血的组织、器官体积肿胀，重量增加，包膜紧张，颜色暗红或紫红，切面湿润多血。发生于体表时，由于淤积的血液中氧合血红蛋白减少，还原血红蛋白增多，局部呈紫蓝色，称为发绀。由于局部血液淤滞、血流缓慢，致代谢减慢，局部皮肤温度降低。②镜下观：淤血的组织内，细静脉和毛细血管扩张，管腔内充满血液，有时还伴有淤血性水肿和淤血性出血。

结局：长期淤血可引起淤血性水肿、淤血性出血、实质细胞萎缩、变性、坏死和淤血性硬化等。

2. 血栓形成的条件：①心血管内膜的损伤；②血流状态的改变；③血液凝固性的增高。

血栓对机体的影响；①有利：阻止出血及防止炎症扩散。②不利：阻塞血管、栓塞；心瓣膜变形、出血。

3. ①贫血性梗死：好发于心、肾、脾、脑，肉眼观病变特征灰白色、质地坚实，形状呈不规则地图状或锥体状。②出血性梗死；好发于肺、肠，肉眼观病变呈暗红色、柔软，形状呈扇面或节段性。大多数梗死属于凝固性坏死，而脑梗死属于液化性坏死。

第四十章

一、名词解释

略。

二、单项选择题

1. C　2. C　3. E　4. E　5. B

三、简答题

所谓的失水体征是指组织间液明显减少，导致皮肤弹性降低，眼窝和婴儿囟门凹陷。在低渗性脱水时，细胞外液减少且呈低渗状态，水向细胞内转移。同时细胞外液渗透压降低，ADH 分泌减少，肾小管重吸收水减少。以上原因均导致低渗性脱水患者的细胞外液进一步减少。在高渗性脱水时，细胞内的水向细胞外转移，ADH 释放增多，渴感使患者喝水增多，都在一定程度上补充了细胞外液。所以，高渗性脱水组织间液减少不如低渗性脱水明显，脱水体征较低渗性脱水轻。

第四十一章

一、名词解释

略。

二、单项选择题

1. D　2. A

三、简答题

1. 代谢性酸中毒时，机体的代偿调节有：①血浆缓冲系统立即进行缓冲，缓冲碱被消耗；②细胞外 H^+ 通过离子交换方式进入细胞内；③血液 H^+ 浓度增加，反射性引起呼吸加深加快，使血液中 H_2CO_3 代偿性降低；④肾通过加强泌 H^+、泌 NH_4^+ 及重吸收 HCO_3^-。

第四十二章

一、名词解释

略。

二、单项选择题

1. A　2. E　3. A　4. C　5. C　6. B　7. B　8. D　9. C　10. D

三、简答题

1. 变质、渗出、增生。

2. 分为浆液性炎、纤维素性炎、化脓性炎和出血性炎。

第四十三章

一、名词解释

略。

二、单项选择题

1. B　2. A　3. A　4. B　5. C

三、简答题

单纯性缺氧分为低张性缺氧、血液性缺氧、循环性缺氧和组织性缺氧四种类型。血氧变化如下表：

缺氧类型	动脉血氧分压	动脉血氧饱和度	血氧容量	动脉血氧含量	动-静脉血氧含量差
低张性缺氧	↓	↓	N	↓	↓或N
血液性缺氧	N	↓或N	↓或N	↓或N	↓
循环性缺氧	N	N	N	N	↑
组织性缺氧	N	N	N	N	↓或N或↑

注：↓=降低；↑=升高；N=正常。

第四十四章

一、名词解释

略

二、单项选择题

1. B　2. D　3. A　4. A　5. D　6. B　7. B

三、简答题

1. 发热时机体的代谢改变有：体温升高时物质代谢加快。一般认为，体温每升高1℃，基础代谢率提高13%。发热时糖、脂肪、蛋白质的分解增强，各种维生素的消耗增多，患者的尿量减少。

2. 发热可分为三期：①体温上升期：热代谢的特点是产热明显增加而散热减少，产热大于散热，体温逐渐升高。临床表现为皮肤苍白、畏寒、寒战甚至皮肤出现“鸡皮疙瘩”。②高热持续期：热代谢的特点是产热与散热在新调定点水平上保持动态平衡。临床表现为患者自觉酷热，皮肤发红，口唇、皮肤干燥。③体温下降期：热代谢的特点是散热增加而产热减少，散热大于产热，体温逐渐下降至正常水平。患者表现为出汗和皮肤潮红。

第四十五章

一、名词解释

略。

二、单项选择题

1. D　2. E　3. D　4. C　5. A　6. B　7. A　8. A　9. E　10. C

三、简答题

1. ①休克早期微循环血管（心脑除外）收缩，真毛细血管网关闭，动静脉短路开放，微循环血流呈少灌少流，灌少于流的状态。患者的主要表现有：面色苍白、四肢湿冷、尿量减少、脉搏细速、心率加快、血压可正常，脉压减少等。②休克期微循环前阻力血管的阻力降低、后阻力血管的阻力降低不明显，大量真毛细血管网开放，微循环血流呈灌多于流的状态。患者的主要表现有神志淡漠、意识模糊甚至昏迷；皮肤出现发绀、花斑；血压明显下降、脉压缩小、脉搏细速、心率加快，少尿或无尿。③休克晚期微循环血管麻痹扩张，血液呈不灌不流状态，出现 DIC 和重要器官衰竭等现象。

2. 休克晚期可发生肾衰竭、休克肺、胃肠功能障碍、肝功能障碍；心、脑功能在休克早期无明显变化，随着休克的发展，心脑功能均可发生障碍甚至衰竭。

第四十六章

一、名词解释

略。

二、单项选择题

1. A　2. D　3. B　4. A　5. D　6. E　7. A　8. C　9. B

三、简答题

1. ①血小板和凝血因子消耗性的减少；②继发性纤溶系统的激活；③FDP 的形成；④微血管的损伤。

2. ①组织严重破坏，使大量组织因子入血，启动外源性凝血系统，导致 DIC 的发生发展。②血管内皮细胞广泛损伤，激活Ⅻ因子，启动内源性凝血系统；同时激活激肽释放酶，激活纤溶和补体系统，导致 DIC。③血细胞大量破坏，血小板被激活，导致 DIC。④胰蛋白酶、蛇毒等促凝物质进入血液，也可导致 DIC。

第四十七章

一、名词解释

略。

二、单项选择题

1. A　2. E　3. D　4. A　5. B

三、简答题

	良性肿瘤	恶性肿瘤
分化程度	分化好，异型性小。核分裂象无或少，无病理核分裂象	分化差，异型性大。核分裂象多，可见病理性核分裂象
生长速度	缓慢	较快
生长方式	膨胀性或外生性生长	浸润性或外生性生长
继发改变	少见	常见如出血、坏死、溃疡形成等
转移	不转移	可转移
复发	不复发或很少复发	易复发
对机体的影响	较小，主要为局部压迫	较大，破坏组织器官的结构和功能。常继发坏死、出血、合并感染；晚期可发生恶病质

第四十八章

一、名词解释

略。

二、单项选择题

1. A　2. E　3. A　4. C　5. A　6. B　7. B　8. C　9. B　10. B

三、简答题

1. ①斑块内出血；②斑块破裂；⑤粥瘤性溃疡；④钙化；⑤动脉瘤形成；⑥血管腔狭窄。

2. (1) 原发性高血压：是一种原因不明的以体循环动脉血压升高（收缩压≥140mmHg (18.7kPa) 和（或）舒张压≥90 mmHg (12.0kPa)）为主要表现的独立性全身性疾病；以全身细小动脉硬化为基本病变，常引起心、脑、肾及眼底病变，并有相应的临床表现的临床综合征。

(2) 各型病变特点：①缓进型高血压的病变特点：a. 功能紊乱期的基本改变为全身细、小动脉痉挛（功能性），无器质性病变；b. 动脉系统病变期的病变为细动脉、肌型小动脉硬化，弹力肌型及弹力型动脉可伴发粥样硬化病变，组织、器官开始出现轻微器质性改变；c. 内脏病变期的病变为心脏代偿期左心室壁向心性肥大，失代偿期左心室壁离心性肥大；肾脏：原发性颗粒性固缩肾；脑：高血压脑病，脑软化，脑出血；视网膜：视网膜中央动脉硬化；②急进型高血压的病变特点：增生性小动脉硬化和坏死性细动脉炎。

3. 心力衰竭常见的诱因有：感染、心律失常、酸碱平衡及电解质代谢紊乱、妊娠分娩、过度体力活动、情绪激动等。

第四十九章

一、名词解释

略。

二、单项选择题

1. B　2. C　3. A　4. C　5. D　6. B　7. C　8. C　9. A　10. D

三、简答题

1. 大叶性肺炎分充血水肿期、红色肝样变期、灰色肝样变期、溶解消散期。

2. 大叶性肺炎的并发症有肺肉质变、肺脓肿及脓胸、中毒性休克。

3. 小叶性肺炎的并发症有呼吸衰竭、心力衰竭、肺脓肿及脓胸、支气管扩张。

第五十章

一、名词解释

略。

二、单项选择题

1. E　2. E　3. E　4. C　5. D　6. C　7. C　8. B　9. B　10. E

三、简答题

1. 胃溃疡好发于胃小弯近幽门处，以胃窦部最常见。肉眼观，溃疡通常为单个，圆形或椭圆形，直径多小于 2cm，溃疡边缘较整齐，底部较平坦较干净，周围黏膜皱襞呈放射状向溃疡处集中。

2. ①门脉高压导致门静脉系统的毛细血管流体静压升高；②肝细胞合成的白蛋白减少，致血浆胶体渗透压降低；③肝灭活作用降低，血液中醛固酮、抗利尿激素增多致水、钠潴留。

3. ①干扰脑细胞的能量代谢；②干扰神经递质间的平衡；③干扰神经细胞膜的离子转运。

第五十一章

一、名词解释

略。

二、单项选择题

1. A　2. B　3. E　4. E　5. A

三、简答题

1. 肾病综合征，典型表现为“三高一低”，即大量蛋白尿、高度水肿、高脂血症和低蛋白血症。

2. 肾炎综合征的临床表现有：水肿、少尿、血尿、蛋白尿和高血压。

3. 急性少尿型肾衰竭少尿期的症状有：①尿的改变少尿、无尿；②水中毒；③高钾血症；④代谢性酸中毒；⑤氮质血症。

第五十二章

一、名词解释

略。

二、单项选择题

1. A　2. C　3. D　4. C　5. E　6. D　7. D

三、简答题

1. 子宫颈癌按肉眼形态分为糜烂型、外生菜花型和内生浸润型三种类型。

2. 葡萄胎肉眼可见宫腔内有细蒂相连的大小不等的半透明水泡，状似葡萄串；镜下见绒毛间质显著水肿，血管减少或消失，细胞滋养层和合体滋养层两种上皮增生活跃。

第五十三章

一、名词解释

略。

二、单项选择题

1. C　2. B　3. A　4. D　5. E　6. D　7. C　8. B　9. C　10. D

三、简答题

1. 继发性肺结核根据其病变特点和临床经过分为下列六种类型：①局灶型肺结核；②浸润型肺结核；③慢性纤维空洞型肺结核；④干酪样肺炎；⑤结核球；⑥结核性胸膜炎。

2. 肠伤寒病变分四期：①髓样肿胀期；②坏死期；③溃疡期；④愈合期。

主要并发症有：①肠出血、肠穿孔；多见于溃疡期；②支气管肺炎。

3. 流行性乙型脑炎与流行性脑膜炎的比较见下表：

	流行性乙型脑炎	流行性脑膜炎
病原体	乙型脑炎病毒	脑膜炎双球菌
传染途径	以蚊虫为媒介	呼吸道飞沫传播
流行季节	夏秋季	冬春季
病变性质	脑实质变质性炎	脑脊膜化脓性炎
主要临床症状	脑膜刺激征	神经细胞损伤的症状
预后	预后好	较重病例常有后遗症

疾病学基础教学大纲

（供护理、助产、药剂专业使用）

一、课程性质与任务

疾病学基础是研究疾病的科学，是将与疾病发生密切相关的免疫学与病原生物学、病理学、病理生理学等医学基础学科紧密结合在一起，主要阐述疾病发生的主要原因、从发病机制到引起机体病理改变、临床表现以及防治的全过程，使学生对疾病发生、发展的完整过程有初步认识。它虽属医学基础学课，但它又是解剖、生理、生化等基础学科与临床各学科之间的桥梁学科，同时病理诊断又直接为临床服务。其任务是掌握主要常见病的病因和病理过程的基本变化，及其与临床的联系，并加强对人、环境、健康和疾病四者之间关系的理解，为学生下一步学习各门专业课程打下基础。

二、课程教学目标

（一）知识目标

1. 掌握本学科的基本概念。
2. 熟悉常见疾病发生、发展过程中的共同规律和疾病的转归。
3. 掌握主要常见病多发病的病因、病理特征、临床特征与防治原则。
4. 熟悉运用免疫学基本理论知识进行疾病防治。
5. 了解各基础学科基本知识与相关专业的联系。

（二）技能目标

1. 初步学会微生物的形态检查法和微生物分布检查。
2. 初步学会常用的消毒灭菌法以及具体应用。
3. 初步认识疾病的典型病变特征，知道病理报告中的常见病名。
4. 掌握用辩证唯物论的观点，初步分析疾病过程中局部与整体、形态与功能、损伤与抗损伤的辩证关系。
5. 能运用本门课程所学的基本知识，对简单的病例进行初步的分析讨论。

（三）态度目标

1. 通过学习，树立职业道德意识，同时树立有菌意识和无菌观念。
2. 通过对病因、病理变化的认识，树立热爱生命、人类终将认识与战胜疾病的观念。
3. 通过学习与实践，培养协作精神、科学严谨、辩证求实及主动学习的态度。
4. 培养自我认识、自我发展的能力，形成良好的心理品质和健全的人格。

三、课时分配

章序	内容	理论学时	实践学时	总学时
	第一篇　绪论			
第一章	疾病学概论	1		1
	第二篇　医学微生物学总论			
第二章	医学微生物学概述	0.5		0.5
第三章	细菌的形态与结构	1.5	2	3.5
第四章	细菌的生长繁殖与代谢	0.5	0.5	1
第五章	微生物的分布	0.5	0.5	1
第六章	消毒与灭菌	1	1	2
第七章	细菌的遗传变异	0.5		0.5
第八章	细菌的致病性与感染	1.5		1.5
	第三篇　医学免疫学基础			
第九章	免疫学基础概述	0.5		0.5
第十章	免疫系统	0.5		0.5
第十一章	抗原	1		1
第十二章	免疫球蛋白	0.5		0.5
第十三章	主要组织相容性抗原	0.5		0.5
第十四章	适应性免疫应答	1.5		1.5
第十五章	抗感染免疫	1		1
第十六章	超敏反应	1.5	0.5	2
第十七章	免疫学应用	1	0.5	1.5
	常见致病性细菌			0
第十八章	病原性球菌	1.5		1.5
第十九章	肠道杆菌	1		1
第二十章	螺形菌	0.5		0.5
第二十一章	厌氧性细菌	1		1
第二十二章	分枝杆菌属	1		1
第二十三章	其他致病性细菌	0.5		0.5
	第四篇　医学相关病毒学			
第二十四章	病毒学总论	1.5		1.5
第二十五章	呼吸道病毒	0.5		0.5
第二十六章	肠道病毒	0.5		0.5
第二十七章	肝炎病毒	1.5		1.5

续表

章序	内容	理论学时	实践学时	总学时
第二十八章	逆转录病毒	1		1
第二十九章	疱疹病毒	0.5		0.5
第三十章	其他病毒	0.5		0.5
第三十一章	其他原核型微生物	0.5		0.5
第三十二章	真菌	0.5		0.5
	第五篇　人体寄生虫学			
第三十三章	寄生虫总论	1		1
第三十四章	医学蠕虫	1.5	1	2.5
第三十五章	医学原虫	0.5		0.5
第三十六章	医学昆虫	0.5		0.5
	第六篇　病理学			
第三十七章	病理学概述	1		1
第三十八章	组织和细胞的损伤与修复	2	1	3
第三十九章	局部血液循环障碍	2	1	3
第四十章	水、电解质代谢紊乱	2	3	5
第四十一章	酸碱平衡紊乱	1		1
第四十二章	炎症	2	1	3
第四十三章	肿瘤	2	1	3
第四十四章	缺氧	1	3	4
第四十五章	发热	1		1
第四十六章	弥散性血管内凝血	1		1
第四十七章	休克	1		1
第四十八章	心血管系统疾病	2	0.5	2.5
第四十九章	呼吸系统疾病	2	0.5	2.5
第五十章	消化系统疾病	2	0.5	2.5
第五十一章	泌尿系统疾病	2	0.5	2.5
第五十二章	生殖系统与乳腺疾病	2	0.5	2.5
第五十三章	传染病与寄生虫病	2	0.5	2.5
	合计	59	19	78

四、课程教学内容与要求

教学内容	教学要求	教学重点与难点	教学方法	教学时数	
				理论	实践
第一章　疾病学概论		1. 疾病的经过和结局。 2. 临床死亡期的主要标志、脑死亡的指征。 3. 疾病的原因和条件。	多媒体教学讲授法（结合提问、案例等进行启发式教学等）	1	
第一节　健康与疾病的概念					
一、健康的概念	掌握				
二、疾病的概念	掌握				
第二节　病因学概论					
一、疾病发生的原因	了解				
二、疾病发生的条件	了解				
第三节　发病学概论					
一、疾病发生发展的一般规律	熟悉				
二、疾病发生的基本机制	掌握				
第四节　疾病的经过与转归					
一、潜伏期	熟悉				
二、前驱期	熟悉				
三、症状明显期	熟悉				
四、转归期	熟悉				
第二章　医学微生物学概述		微生物的概念、种类及特点	多媒体教学讲授法（结合提问进行启发式教学）	0.5	
第一节　微生物的概念与种类					
一、微生物的概念					
二、微生物的种类与特点	熟悉				
三、微生物与人类的关系	了解				
四、医学微生物学的概念	了解				
第二节　微生物学的发展简史与现状	了解				
第三章　细菌的形态与结构		1. 细胞壁结构及功能 2. 细菌的特殊结构	多媒体教学讲授法（结合提问进行启发式教学）	1.5	2
第一节　细菌大小与形态	熟悉				
第二节　细菌的结构					
一、细菌的基本结构	熟悉				
（一）细胞壁：成分、功能、青霉素的抗菌原理	掌握				
（二）细胞膜	了解				
（三）细胞质	了解				
（四）核质	了解				
二、细菌的特殊结构：荚膜、鞭毛、菌毛、芽胞	熟悉				
（一）概念	了解				
（二）化学成分与抗原性	了解				
（三）功能	熟悉				
（四）荚膜与芽胞的形成条件	了解				
第三节　细菌形态检查法					
（一）不染色标本检查法					
（二）染色标本检查法					

续表

教学内容	教学要求	教学重点与难点	教学方法	教学时数	
				理论	实践
单染色法 复染色法 革兰染色法 抗酸染色法 负染色法 实验一　细菌的形态结构 一、认识细菌的基本形态及特殊结构（示教） 二、学会显微镜油镜的使用及保护（操作） 三、革兰染色法（操作）	了解 熟悉 了解 了解 认识 学会 认识	油镜的使用与保养	教师示范后学生操作，教师辅导		
第四章　细菌的生长繁殖与代谢 第一节　细菌生长繁殖 一、细菌生长繁殖的条件 二、细菌的繁殖方式与速度 三、细菌生长繁殖的规律 第二节　细菌人工培养 （一）培养基的概念与种类 （二）细菌在培养基中的生长现象 在固体培养基中生长现象 在液体培养基中生长现象 在半固体培养基中生长现象 第三节　细菌的新陈代谢 （一）细菌的分解代谢产物 （二）细菌的合成代谢产物	 掌握 熟悉 熟悉 了解 了解 熟悉 了解 了解 熟悉	1. 细菌生长繁殖的条件 2. 细菌生长繁殖的规律	多媒体教学讲授法（结合提问、案例等进行启发式教学等）以及自学、教学讨论	0.5	
实验二　细菌的人工培养 一、培养基的制备过程及常用培养基的种类（示教） 二、细菌的接种方法及无菌操作法（操作）。 三、观察细菌在各种培养基中生长现象观察（示教）	 认识 认识 学会	1. 无菌操作 2. 观察细菌的生长现象	准备相应实验器材，电教、示范与学生操作相结合		1
第五章　微生物的分布 第一节　微生物在自然界的分布 第二节　微生物在正常人体的分布 正常菌群的概念 一、正常人体有微生物存在的部位 二、正常人体没有微生物存在的部位	 熟悉 掌握 熟悉 掌握	1. 正常菌群概念 2. 微生物在正常人体的分布	多媒体教学讲授法（结合提问、案例等进行启发式教学等）教学讨论	0.5	

续表

教学内容	教学要求	教学重点与难点	教学方法	教学时数	
				理论	实践
第六章　消毒与灭菌 第一节 基本概念 1. 消毒 2. 灭菌 3. 防腐 4. 无菌 5. 无菌操作 第二节 物理消毒灭菌法 一、热力消毒灭菌法 （一）干热与湿热消毒灭菌的主要区别 （二）常用热力消毒灭菌法 焚烧法 干烤法 烧灼法 煮沸法 巴氏消毒法 高压蒸汽灭菌法 二、辐射杀菌法 （一）紫外线 原理 应用：范围与方法 注意事项 （二）微波 （三）电离辐射 三、滤过除菌 第三节 化学消毒灭菌法 一、消毒剂的作用机制 二、消毒剂的种类与使用方法 三、常用消毒剂的应用 四、影响消毒灭菌效果的因素	 掌握 掌握 了解 掌握 掌握 熟悉 了解 了解 了解 了解 熟悉 掌握 了解 掌握 熟悉 了解 了解 了解 了解 熟悉 了解 掌握	1. 消毒、灭菌、无菌操作的概念 2. 高压蒸汽灭菌法、紫外线消毒法 3. 影响消毒灭菌效果的因素	多媒体教学讲授法（结合提问、案例等进行启发式教学等）教学讨论	1	
实验三　细菌的分布与消毒灭菌 一、微生物分布的检查（示教或操作） 二、常用的物理和化学消毒灭菌法	 认识 学会	空气、皮肤、咽喉微生物检查	指导学生采集标本进行接种培养，和观察示教结果		1

续表

教学内容	教学要求	教学重点与难点	教学方法	教学时数	
				理论	实践
第七章　细菌的遗传变异 第一节　细菌遗传与变异的概念 第二节　细菌的变异现象 第三节　细菌变异的实际应用	 了解 熟悉 了解	细菌的变异现象	多媒体教学讲授法（结合提问、案例等进行启发式教学等）教学讨论	0.5	
第八章　细菌的致病性与感染 第一节　细菌的致病性 一、致病性病原菌的概念与影响因素 二、细菌的毒力物质 三、病原菌的其他致病条件 第二节　细菌感染的发生发展与结局 一、感染的来源 二、感染的传播方式与途径 三、感染的类型 第三节　医院内感染	 掌握 掌握 熟悉 了解 了解 熟悉 了解	1. 条件致病菌的概念 2. 内外毒素主要特性及区别 3. 感染的类型	多媒体教学讲授法（结合提问、案例等进行启发式教学等）教学讨论	1.5	
第九章　免疫学基础概述 第一节　免疫及医学免疫学的概念 第二节　学习免疫学的目的	 掌握 了解	免疫的概念	多媒体教学讲授法	0.5	
第十章　免疫系统 第一节　免疫系统的组成 一、免疫器官 二、免疫细胞 三、免疫分子 第二节　免疫系统的功能	 熟悉 熟悉 了解 熟悉	1. 免疫器官功能 2. T、B淋巴细胞表面标志及分类	多媒体教学讲授法（结合案例等）	0.5	
第十一章　抗原 第一节　抗原的概念与特性 第二节　影响抗原免疫原性的因素 第三节　医学上重要的抗原	 掌握 熟悉 熟悉	1. 抗原的概念与特性 2. 抗原的特异性与交叉反应	多媒体教学讲授法（结合提问、案例等进行启发式教学等）教学讨论	1	

续表

教学内容	教学要求	教学重点与难点	教学方法	教学时数	
				理论	实践
第十二章 免疫球蛋白		1. 抗体的概念 2. Ig 的特点与功能	多媒体教学 讲授法（结合提问、案例等进行启发式教学等）教学讨论	0.5	
第一节 免疫球蛋白和抗体的概念	掌握				
第二节 免疫球蛋白的结构					
一、免疫球蛋白的基本结构	熟悉				
二、免疫球蛋白的功能区、水解片段与生物学功能	熟悉				
第三节 各类免疫球蛋白的主要特性					
一、IgG	掌握				
二、IgM	掌握				
三、IgA	掌握				
四、IgD	了解				
五、IgE	熟悉				
第四节 人工制备的抗体	了解				
第十三章 主要组织相容性抗原		1. 主要组织相容性抗原的概念 2. HLA 的分布和功能	多媒体教学 讲授法（结合提问、案例等进行启发式教学等）	0.5	
第一节 MHC 与 HLA 的概念	熟悉				
第二节 HLA 分子结构	了解				
第三节 HLA 分子的分布和主要功能	熟悉				
第四节 HLA 在医学上的意义	了解				
第十四章 适应性免疫应答		1. 适应性免疫应答的概念 2. 适应性免疫应答的过程 3. 体液免疫与细胞免疫的生物学意义	多媒体教学 讲授法（结合提问、案例等进行启发式教学等）教学讨论	1.5	
第一节 概述					
一、适应性免疫应答的概念	熟悉				
二、适应性免疫应答的类型与发生场所	熟悉				
三、适应性免疫应答的基本过程	掌握				
第二节 细胞免疫应答					
一、细胞免疫应答的概念	熟悉				
二、细胞免疫应答的发生过程	了解				
三、细胞免疫的生物学效应	掌握				
第三节 体液免疫应答	掌握				
一、体液免疫应答的概念	熟悉				
二、体液免疫应答的发生过程	了解				
三、抗体产生的一般规律：初次应答与再次应答	掌握				
四、体液免疫的生物学效应	掌握				
第十五章 抗感染免疫		1. 固有免疫的组成与特点 2. 固有免疫与适应性免疫在抗感染过程中的联系与区别	多媒体教学 讲授法（结合提问、案例等进行启发式教学等）教学讨论	1	
第一节 概述	熟悉				
第二节 固有免疫的抗感染作用					
一、概念与特点	熟悉				
二、组成因素及其作用	熟悉				
1. 屏障结构	熟悉				
2. 吞噬细胞	熟悉				
3. 体液中的抗微生物物质	了解				

续表

教学内容	教学要求	教学重点与难点	教学方法	教学时数	
				理论	实践
第三节　适应性免疫的抗感染作用 一、概念与特点 二、体液免疫抗感染的特点 三、细胞免疫抗感染的特点 第四节　固有免疫与适应性免疫在抗感染过程中的关系	 熟悉 熟悉 熟悉 了解				
第十六章　超敏反应 第一节　概述 一、超敏反应、变应原的概念 二、超敏反应的类型 第二节　Ⅰ型超敏反应 一、发生机制 二、特点 三、常见疾病 四、防治原则 第三节　Ⅱ、Ⅲ、Ⅳ型超敏反应 一、发生机制 二、特点 三、常见疾病	 掌握 了解 熟悉 熟悉 掌握 掌握 了解 了解 熟悉	1. 超敏反应的概念 2. Ⅰ型超敏反应的常见疾病与防治原则	多媒体教学讲授法（结合提问、案例等进行启发式教学等）以及自学、教学讨论	1.5	
第十七章　疫学应用 第一节　免疫学预防 免疫学预防的概念 一、人工自动免疫 （一）概念与特点 （二）生物制剂 （三）计划免疫 二、人工被动免疫：概念与特点、生物制剂 第二节　免疫学检测 一、抗原或抗体检测 （一）抗原或抗体检测的原理 （二）抗原或抗体检测的类型 二、免疫细胞功能测定 第三节　免疫学治疗 一、免疫调节 二、免疫重建 三、免疫替代疗法	 了解 掌握 掌握 了解 熟悉 熟悉 了解 了解 了解	1. 人工自动免疫与人工被动免疫 2. 抗原抗体检测的原理	多媒体教学讲授法（结合提问、案例等进行启发式教学等）教学讨论	1	
实验四　免疫学实验 一、动物过敏性休克（示教或电教） 二、凝集反应、吞噬现象、E花环试验结果（示教） 三、免疫防治常用的生物制品（示教）	 学会 认识 认识	过敏性休克的特点观察	示教与电教，指导学生观察		1

续表

教学内容	教学要求	教学重点与难点	教学方法	教学时数	
				理论	实践
第十八章　病原性球菌		葡萄球菌、链球菌的主要生物学特性与致病性	多媒体教学讲授法（结合提问、案例等进行启发式教学等）以及自学、教学讨论	1.5	
球菌的概述和分类	了解				
第一节　葡萄球菌					
一、生物学特性	熟悉				
二、致病性与免疫性	掌握				
三、微生物学检查	了解				
四、防治原则	了解				
第二节　链球菌					
一、生物学特性	了解				
（一）形态与培养	了解				
（二）分类	熟悉				
（三）抵抗力	熟悉				
二、致病性与免疫性	掌握				
三、微生物学检查					
（一）标本采集	了解				
（二）直接染色镜检	了解				
（三）分离培养	了解				
（四）血清学试验	熟悉				
四、防治原则	了解				
第三节　其他常见病原性球菌					
一、肺炎球菌属	了解				
二、肠球菌属	了解				
三、脑膜炎奈瑟菌					
（一）生物学特性					
（二）致病性与免疫性	了解				
（三）微生物学检查	熟悉				
（四）防治原则	了解				
四、淋病奈瑟菌	了解				
（一）生物学特性					
（二）致病性与免疫性	了解				
（三）微生物学检查	熟悉				
（四）防治原则	了解				
	了解				

续表

教学内容	教学要求	教学重点与难点	教学方法	教学时数	
				理论	实践
第十九章　肠道杆菌 第一节　概述 第二节　埃希菌属 一、生物学特性 二、致病性 三、微生物学检查 （一）临床标本细菌学检查 （二）细菌卫生学检查 四、防治原则 第三节　志贺菌属 一、生物学特性 二、致病性与免疫性 三、微生物学检查 四、防治原则 第四节　沙门菌属 一、生物学特性 二、致病性与免疫性 三、微生物学检查 四、防治原则 第五节　其他肠杆菌科细菌：克雷伯菌属、变形菌属、耶尔森菌属	 了解 熟悉 了解 熟悉 了解 了解 掌握 了解 熟悉 了解 熟悉 熟悉 了解 了解	1. 肠道杆菌的共同特性 2. 大肠埃希菌的细菌卫生学检查	多媒体教学讲授法（结合提问、案例等进行启发式教学等）以及自学、教学讨相结合	1	
第二十章　螺形菌 第一节　弧菌属 一、霍乱弧菌 （一）生物学特性 （二）致病性与免疫性 （三）微生物学检查 （四）防治原则 二、副溶血性弧菌 第二节　弯曲菌属与螺杆菌属	 熟悉 掌握 了解 了解 了解 熟悉	1. 霍乱弧菌的主要生物学特性与致病性 2. 幽门螺杆菌的致病性	多媒体教学讲授法与自学、辅导相结合	0.5	
第二十一章　厌氧性细菌 第一节　厌氧芽胞梭菌 一、破伤风梭菌 （一）生物学特性 （二）致病性与免疫性 （三）微生物学检查 （四）防治原则 二、产气荚膜梭菌 三、肉毒梭菌 致病性 第二节　厌氧无芽胞梭菌	 了解 掌握 了解 掌握 了解 熟悉 了解	1. 破伤风梭菌的致病性与防治原则 2. 无芽胞厌氧菌感染特征	多媒体教学讲授法（结合提问、案例等进行启发式教学等）教学讨论	1	

续表

教学内容	教学要求	教学重点与难点	教学方法	教学时数	
				理论	实践
第二十二章　分枝杆菌属 第一节　结核分枝杆菌 一、生物学特性 二、致病性 三、免疫性与超敏反应 四、微生物学检查 五、防治原则 第二节　其他分枝杆菌：麻风杆菌、其他非结核分枝杆菌	 了解 熟悉 掌握 掌握 了解 掌握 了解	1. 结构杆菌的主要生物学特性 2. 结构杆菌的致病性与免疫性	多媒体教学 讲授法（结合提问、案例等进行启发式教学等）教学 讨论	1	
第二十三章　其他致病性细菌 第一节　铜绿假单胞菌 第二节　流感嗜血杆菌 第三节　白喉棒状杆菌 第四节　炭疽杆菌 第五节　李斯特菌 第六节　百日咳杆菌 第七节　军团杆菌	 了解 了解 了解 了解 了解 了解 了解	各细菌的致病性	多媒体教学 讲授法与自学、辅导相结合	0.5	
第二十四章　病毒学总论 第一节　病毒学概述 第二节　病毒的大小与形态 第三节　病毒的结构与化学组成 第四节　病毒的增殖 第五节　理化因素对病毒的影响 第六节　病毒的感染与抗病毒免疫 一、病毒的感染 （一）病毒的感染方式与途径 （二）病毒的致病机制 （三）病毒的感染类型 隐性感染 显性感染 急性感染 持续性感染 二、抗感染免疫 （一）天然免疫 1. 屏障作用 2. 细胞作用 3. 病毒抑制物 4. 干扰素 （二）特异性免疫 第七节　病毒感染的诊断、预防与治疗	 掌握 了解 熟悉 熟悉 熟悉 了解 了解 了解 了解 了解 熟悉 了解 了解 了解 掌握 了解 了解	1. 病毒的概念 2. 病毒的增殖 3. 理化因素对病毒的影响 4. 病毒的感染类型与抗病毒免疫的特点	多媒体教学 讲授法（结合提问、案例等进行启发式教学等）教学 讨论	1.5	

续表

教学内容	教学要求	教学重点与难点	教学方法	教学时数	
				理论	实践
第二十五章　呼吸道病毒 第一节　流感病毒 一、生物学特性 抗原性变异与流行的关系 二、致病性与免疫性 三、防治原则 第二节　其他呼吸道病毒：麻疹病毒、腮腺炎病毒、SARS冠状病毒、风疹病毒、腺病毒、鼻病毒	 了解 掌握 掌握 掌握 了解	1. 流感病毒抗原变异与流行的关系 2. 流感病毒的致病性与防治原则	多媒体教学讲授法（结合提问、案例等进行启发式教学等）教学讨论	0.5	
第二十六章　肠道病毒 第一节　脊髓灰质炎病毒 第二节　柯萨奇病毒 第三节　轮状病毒	 了解 熟悉 了解	柯萨奇病毒与手足口病	多媒体教学讲授法与自学、辅导相结合	0.5	
第二十七章　肝炎病毒 第一节　甲型肝炎病毒 （一）生物学特性 （二）致病性与免疫性 （三）微生物学检查 （四）防治原则 第二节　乙型肝炎病毒 （一）生物学特性 （二）抗原抗体系统 （三）致病性与免疫性 （四）微生物学检查 （五）防治原则 第三节　丙型肝炎病毒 一、生物学特性 二、致病性与免疫性 三、微生物学检查 四、防治原则 第四节　其他肝炎病毒 丁型肝炎病毒、戊型肝炎病毒、庚型肝炎病毒、己型肝炎病毒与TTV	 了解 熟悉 了解 了解 熟悉 熟悉 掌握 熟悉 掌握 了解 熟悉 了解 了解 了解	乙肝病毒的主要生物学特性、致病性与免疫性，微生物学检查，以及防治原则	多媒体教学讲授法（结合提问、案例等进行启发式教学等）教学讨论	1.5	

续表

教学内容	教学要求	教学重点与难点	教学方法	教学时数	
				理论	实践
第二十八章 逆转录病毒 第一节 人类免疫缺陷病毒 (一) 生物学特性 (二) 致病性与免疫性 (三) 微生物学检查 (四) 防治原则 第二节 人类嗜T细胞病毒	 了解 掌握 了解 熟悉 了解	人类免疫缺陷病毒的致病性与免疫性	多媒体教学讲授法（结合提问、案例等进行启发式教学等）教学讨论	1	
第二十九章 疱疹病毒	了解	致病性	自学与辅导结合	1	
第三十章 其他病毒 一、狂犬病毒 (一) 生物学特性 (二) 致病性与免疫性 (三) 微生物学检查 (四) 防治原则 二、人乳头瘤病毒 三、虫媒病毒 (一) 流行性乙型脑炎病毒 (二) 登革病毒 四、朊粒 五、噬菌体	 了解 熟悉 了解 掌握 了解 了解 了解 了解 了解 了解	狂犬病毒的致病性与防治原则	多媒体教学讲授法与自学、辅导相结合		
第三十一章 其他原核型微生物 第一节 支原体 第二节 衣原体 沙眼衣原体 第三节 立克次体 恙虫病立克次体 第四节 螺旋体 梅毒螺旋体 钩端螺旋体 第五节 放线菌	 了解 熟悉 了解 熟悉 熟悉 了解 了解	1. 沙眼衣原体的致病性与防治 2. 梅毒螺旋体的致病性与防治	多媒体教学讲授法与自学、辅导相结合	1	
第三十二章 真菌 第一节 真菌的基本特性 第二节 主要致病性真菌 一、浅部感染真菌 二、条件致病性真菌	 了解 熟悉 熟悉	真菌的致病性	多媒体教学讲授法与自学、辅导相结合		

续表

教学内容	教学要求	教学重点与难点	教学方法	教学时数	
				理论	实践
第三十三章　人体寄生虫学概述 一、人体寄生虫学的概念与分类 二、寄生现象与生活史 三、寄生虫与宿主的相互作用 四、寄生虫病流行与防治	 熟悉 掌握 熟悉 熟悉	寄生虫、宿主、生活史、感染阶段的概念	多媒体教学讲授法	1	
第三十四章　医学蠕虫 第一节　线虫纲 一、蛔虫 （一）形态、 （二）生活史 （三）致病性 （四）实验诊断 （五）流行：分布、流行因素 （六）防治原则 二、钩虫 （一）形态 （二）生活史 （三）致病性 （四）实验诊断 （五）流行：分布、流行因素 （六）防治原则 三、蛲虫 （一）形态 （二）生活史 （三）致病性 （四）实验诊断 （五）流行：分布、流行因素 （六）防治原则 四、旋毛虫 五、毛首鞭形线虫 六、丝虫 第二节　吸虫纲 一、肝吸虫 （一）形态 （二）生活史 （三）致病性 （四）实验诊断 （五）流行：分布、流行因素 （六）防治原则	 了解 熟悉 掌握 了解 了解 了解 了解 熟悉 熟悉 了解 了解 了解 了解 掌握 熟悉 了解 了解 熟悉 了解 了解 了解 了解 掌握 掌握 了解 了解 掌握	蛔虫、钩虫、蛲虫、肝吸虫的生活史、致病性与防治	1. 多媒体教学讲授法与自学、辅导相结合 2. 病例讨论	1.5	

续表

教学内容	教学要求	教学重点与难点	教学方法	教学时数	
				理论	实践
二、布氏姜片吸虫					
（一）形态	了解	蛔虫、钩虫、蛲虫、肝吸虫的生活史、致病性与防治	1. 多媒体教学讲授法与自学、辅导相结合 2. 病例讨论		
（二）生活史	熟悉				
（三）致病性	了解				
（四）实验诊断	了解				
（五）流行：分布、流行因素	了解				
（六）防治原则	了解				
三、日本裂体吸虫					
（一）形态	了解				
（二）生活史	了解				
（三）致病性	熟悉				
（四）实验诊断	了解				
（五）流行：分布、流行因素	了解				
（六）防治原则	了解				
四、肺吸虫	了解				
第三节　绦虫纲					
一、猪带绦虫					
（一）形态	了解				
（二）生活史	了解				
（三）致病性	了解				
（四）实验诊断	了解				
（五）流行：分布、流行因素	了解				
（六）防治原则	了解				
二、牛带绦虫	了解				
第三十五章　医学原虫				1	
第一节　溶组织内阿米巴					
一、形态	了解				
二、生活史	熟悉				
三、致病性	掌握				
四、实验诊断	了解				
五、流行：分布、流行因素	了解				
六、防治原则	了解				
第二节　疟原虫	了解				
第三节　阴道毛滴虫	了解				
第四节　蓝氏贾第鞭毛虫	了解				

续表

教学内容	教学要求	教学重点与难点	教学方法	教学时数	
				理论	实践
第三十六章　医学昆虫		蚊蝇与疾病的关系与防治原则	自学、辅导与多媒体教学精讲相结合		1
第一节　概述					
第二节　昆虫纲					
一、蚊					
(一) 生活史	了解				
(二) 生态：孳生习性、食性、栖息与活动、季节消长、越冬	了解				
(三) 与疾病的关系	熟悉				
(四) 防治原则	熟悉				
二、蝇					
(一) 形态	了解				
(二) 生活史	了解				
(三) 生态	了解				
(四) 与疾病的关系	熟悉				
(五) 防制原则	了解				
第三节　蛛形纲	了解				
实验五　寄生虫形态观察					
一、寄生虫成虫及幼虫、虫卵形态观察（示教与操作）	认识				
二、寄生虫的中间宿主、病理标本（示教）	认识		电教、大体标本与镜下观察指导		
三、痢疾阿米巴（滋养体、包囊）、阴道滴虫、疟原虫红细胞内形态（示教）	认识				
第三十七章　病理学概述		1. 病理学的主要研究方法 2. 病理学的观察方法和新技术的应用	多媒体教学讲授法（结合提问进行启发式教学等）	1	
第一节　病理学的任务和内容	熟悉				
第二节　病理学在医学中的地位和作用	了解				
第三节　病理学的主要研究方法					
一、尸体剖验	熟悉				
二、活体组织检查	掌握				
三、脱落细胞检查	掌握				
四、组织化学	了解				
五、动物实验	了解				
第四节　病理学的观察方法和新技术的应用	了解				

续表

教学内容	教学要求	教学重点与难点	教学方法	教学时数	
				理论	实践
第三十八章　组织和细胞的损伤与修复 第一节　组织和细胞的适应 一、萎缩的概念、原因、分类及结局 二、肥大的概念、原因、分类及结局 三、增生的概念 四、化生的概念、原因及结局 第二节　变性 一、组织和细胞损伤的原因 二、变性和物质沉积 三、细胞死亡 第三节　损伤的修复 一、再生 二、肉芽组织 三、创伤愈合	 熟悉 熟悉 熟悉 熟悉 熟悉 掌握 掌握 掌握 掌握 掌握	1. 常见变性的形态特征 2. 坏死的形态特征 3. 肉芽组织的形态特征及功能 4. 创伤愈合的类型 5. 各种组织的再生能力	多媒体教学讲授法（结合提问、案例等进行启发式教学等）教学讨论	2	
实验六　组织的适应、损伤与修复	掌握		大体标本与镜下观察指导		1
第三十九章　局部血液循环障碍 第一节　充血 一、动脉性充血的概念、原因和结局 二、静脉性充血 第二节　血栓形成 一、血栓和血栓形成的概念 二、血栓形成的基本环节和条件 三、血栓形成的过程及形态 四、血栓的结局 五、血栓对机体的影响 第三节　栓塞 一、栓塞的概念 二、栓子运行的途径 三、栓塞的类型及对机体的影响 第四节　梗死 一、梗死的概念 二、梗死的原因 三、梗死的病理变化 四、梗死对机体的影响	 了解 掌握 掌握 掌握 熟悉 熟悉 熟悉 掌握 掌握 熟悉 掌握 熟悉 熟悉 了解	1. 瘀血的病变特点及后果 2. 血栓形成的条件 3. 常见栓塞的类型及对机体的影响	多媒体教学讲授法（结合提问、案例等进行启发式教学等）教学讨论	2	
实验七　局部血液循环障碍	掌握		大体标本与镜下观察指导		1

续表

教学内容	教学要求	教学重点与难点	教学方法	教学时数	
				理论	实践
第四十章　水、电解质代谢紊乱		1. 脱水类型及主要特征 2. 脱水时机体功能代谢的变化与主要临床表现 3. 低钾血症、高钾血症对机体的主要影响 4. 水肿发生的基本机制	多媒体教学讲授法（结合提问、案例等进行启发式教学等）	2	
第一节　正常水、钠代谢					
一、体液与电解质	了解				
二、水和电解质代谢的调节	了解				
第二节　水、钠代谢紊乱					
一、脱水	掌握				
二、水中毒	了解				
第三节　钾代谢障碍					
一、正常钾代谢	了解				
二、低钾血症	熟悉				
三、高钾血症	熟悉				
第四节　水肿					
一、水肿的概念与分类	掌握				
二、水肿的发病机制	掌握				
实验八　肺水肿	认识		指导观察		3
第四十一章　酸碱平衡紊乱		单纯型酸碱平衡紊乱	多媒体教学讲授法（结合提问、案例等进行启发式教学等）	1	
第一节　酸碱的概念及酸碱物质的来源和调节					
一、酸碱的概念及酸碱物质的来源	掌握				
二、酸碱平衡的调节	熟悉				
第二节　酸碱平衡的常用指标及其意义					
一、pH	熟悉				
二、动脉血二氧化碳分压	熟悉				
三、标准碳酸氢盐和实际碳酸氢盐	熟悉				
四、缓冲碱	熟悉				
五、碱剩余	熟悉				
六、阴离子间隙	熟悉				
第三节　单纯型酸碱平衡紊乱					
一、代谢性酸中毒	熟悉				
二、呼吸性酸中毒	熟悉				
三、代谢性碱中毒	熟悉				
四、呼吸性碱中毒	熟悉				
第四节　混合型酸碱平衡紊乱					
一、双重性酸碱失衡	了解				
二、三重性混合型酸碱平衡紊乱	了解				

续表

<table>
<tr><th rowspan="2">教学内容</th><th rowspan="2">教学要求</th><th rowspan="2">教学重点与难点</th><th rowspan="2">教学方法</th><th colspan="2">教学时数</th></tr>
<tr><th>理论</th><th>实践</th></tr>
<tr><td>第四十二章　炎症
第一节　炎症的概念与原因
第二节　炎症局部的基本病理变化
第三节　炎症的类型
一、炎症的病理分类
二、炎症的临床分类
第四节　炎症的局部表现和全身反应
第五节　炎症的结局
一、痊愈
二、迁延不愈
三、蔓延扩散
实验九　炎症</td><td>
掌握
掌握

掌握
熟悉
熟悉

熟悉
熟悉
熟悉
掌握</td><td>1. 炎症局部的基本病变
2. 炎症的常见类型及其主要特征
3. 炎症的局部表现和全身反应
4. 炎症的原因</td><td>多媒体教学讲授法（结合提问、案例等进行启发式教学等）教学讨论

大体标本与镜下观察指导</td><td>2</td><td>1</td></tr>
<tr><td>第四十三章　肿瘤
第一节　肿瘤的概念
第二节　肿瘤的特性
一、肿瘤的大体形态特征
二、肿瘤的组织结构
三、肿瘤的异型性
四、肿瘤的生长方式
五、肿瘤的扩散
六、肿瘤的复发
七、肿瘤的分级和分期
第三节　肿瘤对机体的影响
一、良性肿瘤对机体的影响
二、恶性肿瘤对机体的影响
第四节　良性肿瘤与恶性肿瘤的区别
第五节　肿瘤的命名与分类
一、肿瘤的命名
二、肿瘤的分类
第六节　常见肿瘤举例
一、上皮组织肿瘤
二、间叶组织肿瘤
三、神经组织肿瘤
四、其他肿瘤
五、癌前病变、原位癌、早期浸润癌
第七节　肿瘤的病因与发病机制
实验十　肿瘤</td><td>
掌握

掌握
掌握
掌握
掌握
熟悉
熟悉
了解

了解
熟悉
掌握

掌握
熟悉

熟悉
了解
了解
了解
熟悉
了解
掌握</td><td>1. 肿瘤的异型性及表现
2. 比较良性肿瘤与恶性肿瘤的区别
3. 肿瘤的命名原则
4. 肿瘤的分类原则
5. 比较癌与肉瘤的区别</td><td>多媒体教学讲授法（结合提问、案例等进行启发式教学等）教学讨论

大体标本与镜下观察指导</td><td>2</td><td>1</td></tr>
</table>

续表

教学内容	教学要求	教学重点与难点	教学方法	教学时数	
				理论	实践
第四十四章　缺氧		1. 四型缺氧皮肤、黏膜的变化特点 2. 缺氧时组织细胞代谢变化、血液变化 3. 四型缺氧的血氧变化特点	多媒体教学讲授法（结合提问、案例等进行启发式教学等）	1	
第一节　氧代谢过程与血氧指标					
一、氧代谢过程	了解				
二、常用血氧指标及意义	熟悉				
第二节　缺氧的类型及血氧变化					
一、低张性缺氧	熟悉				
二、血液性缺氧	熟悉				
三、循环性缺氧	熟悉				
四、组织性缺氧	熟悉				
第三节　缺氧对机体的影响					
一、呼吸系统的变化	熟悉				
二、循环系统的变化	熟悉				
三、血液系统的变化	了解				
四、中枢神经系统的变化	了解				
五、组织细胞的变化	了解				
第四节　影响机体对缺氧耐受性的因素	了解				
实验十一　实验性缺氧	认识		指导观察		3
第四十五章　发热		1. 解释发热的概念 2. 描述发热的分期和热代谢的特点 3. 说出发热时机体的代谢和功能变化 4. 了解发热的机制	多媒体教学讲授法（结合提问、案例等进行启发式教学等）	1	
第一节　概述					
一、发热的概念	掌握				
二、发热的分类	熟悉				
第二节　发热的发病机制					
一、发热激活物	熟悉				
二、内生致热原	熟悉				
三、发热时的体温调节机制	了解				
第三节　发热的分期与热型					
一、发热的分期	掌握				
二、热型	了解				
第四节　代谢与功能的改变					
一、物质代谢的改变	了解				
二、生理功能改变	了解				
第五节　发热的生物学意义	了解				
第六节　发热的处理原则	了解				

续表

教学内容	教学要求	教学重点与难点	教学方法	教学时数	
				理论	实践
第四十六章　弥散性血管内凝血 第一节　概述 一、弥散性血管内凝血的概念 二、机体的凝血与抗凝血平衡 第二节　弥散性血管内凝血的病因和发病机制 一、病因 二、发病机制 第三节　影响弥散性血管内凝血发生发展的因素 一、单核巨噬细胞系统功能受损 二、肝功能严重障碍 三、血液高凝状态 四、微循环障碍 第四节　弥散性血管内凝血的分期及分型 一、分期 二、分型 第五节　主要临床表现的病理生理基础 第六节　弥散性血管内凝血的防治原则	 掌握 了解 了解 了解 熟悉 熟悉 熟悉 熟悉 掌握 了解 了解 了解	1. 弥散性血管内凝血的病因和发病机制 2. 弥散性血管内凝血的分期及分型	多媒体教学讲授法（结合提问、案例等进行启发式教学等）	1	
第四十七章　休克 第一节　病因与分类 一、失血或失液性休克 二、创伤性休克 三、烧伤性休克 四、感染性休克 五、心源性休克 六、过敏性休克 七、神经性休克 第二节　休克的发展过程和发病机制 一、缺血性缺氧期（代偿期） 二、淤血性缺氧期（可逆性失代偿期） 三、微循环衰竭期（难治期） 第三节　休克时的代谢和功能变化 一、细胞损伤 二、代谢障碍 三、器官功能变化与多器官功能障碍和衰竭 四、休克的防治原则	 熟悉 熟悉 熟悉 熟悉 熟悉 熟悉 熟悉 掌握 掌握 熟悉 了解 了解 了解 了解	1. 休克的概念 2. 休克的原因和常见分类 3. 休克各期微循环变化特征及机制。 4. 休克时重要器官的功能变化	多媒体教学讲授法（结合提问、案例等进行启发式教学等）教学讨论	1	

续表

教学内容	教学要求	教学重点与难点	教学方法	教学时数	
				理论	实践
第四十八章　心血管系统疾病		1. 风湿性心脏病的病变及临床联系 2. 动脉粥样硬化症的基本病变 3. 心力衰竭原因和分类	多媒体教学讲授法（结合提问、案例等进行启发式教学等）教学讨论	2	
第一节　风湿病					
一、病因与发病机制	了解				
二、基本病理变化	掌握				
三、急性风湿性心脏病	了解				
四、其他器官风湿性病变	了解				
第二节　慢性心瓣膜病					
一、二尖瓣狭窄	了解				
二、二尖瓣关闭不全	了解				
三、主动脉瓣狭窄	了解				
四、主动脉瓣关闭不全	了解				
第三节　动脉粥样硬化					
一、病因及发病机制	熟悉				
二、基本病理变化	掌握				
三、重要器官的病变及后果	掌握				
第四节　高血压病					
一、病因及发病机制	了解				
二、类型及病理变化	掌握				
第五节　心功能不全					
一、心力衰竭的病因、诱因和分类	熟悉				
二、心力衰竭时机体的代偿反应	掌握				
三、心力衰竭的发生机制	掌握				
四、心力衰竭时机体的代谢和功能变化	了解				0.5
五、心力衰竭的防治原则	了解				
第四十九章　呼吸系统疾病		1. 大叶性肺炎的病因、各期病变及临床病理联系 2. 小叶性肺炎的病因、病理变化、临床病理联系 3. 间质性肺炎的病理变化及临床病理联系 4. 呼吸衰竭的发生机制	多媒体教学讲授法（结合提问、案例等进行启发式教学等）	2	
第一节　慢性支气管炎					
一、病因及发病机制	熟悉				
二、病理变化	掌握				
三、病理临床联系	熟悉				
四、结局及并发症	熟悉				
第二节　肺气肿					
一、病因及发病机制	了解				
二、病理变化和分类	熟悉				
三、病理临床联系	了解				
四、合并症	了解				
第三节　肺炎					
一、大叶性肺炎	熟悉				
二、小叶性肺炎	掌握				
三、间质性肺炎	熟悉				
第四节　肺功能不全					
一、病因和发病机制	了解				
二、急性呼吸窘迫综合征	了解		大体标本与镜下观察指导		0.5
三、主要的代谢功能变化	了解				
实验十二　心血管消化系统	掌握				

续表

教学内容	教学要求	教学重点与难点	教学方法	教学时数	
				理论	实践
第五十章　消化系统疾病		1. 肝硬化、假小叶的概念 2. 消化性溃疡的病理变化及并发症 3. 门脉性肝硬变的病理变化和临床联系 4. 肝性脑病的发病机制	多媒体教学讲授法（结合提问、案例等进行启发式教学等）教学讨论	2	
第一节　胃炎					
一、急性胃炎	了解				
二、慢性胃炎	掌握				
第二节 消化性溃疡					
一、病因及发病机制	了解				
二、病理变化	掌握				
三、病理与临床联系	熟悉				
四、结局与并发症	掌握				
第三节　病毒性肝炎					
一、病因及发病机制	熟悉				
二、传染途径	熟悉				
三、基本病理变化	掌握				
四、各型肝炎病理变化特点及其与临床的联系	熟悉				
第四节　肝硬化					
一、门脉性肝硬化	了解				
二、坏死后肝硬化	掌握				
三、胆汁性肝硬化	了解				
四、寄生虫性肝硬化	了解				
五、淤血性肝硬化	了解				
第五节　肝功能不全					
一、概述	了解				
二、发病机制	掌握				0.5
第五十一章　泌尿系统疾病		1. 常见肾小球肾炎的病因、类型、病理变化和临床病理联系 2. 肾盂肾炎的病理变化和临床病理联系 3. 肾衰竭的发生机制	多媒体教学讲授法（结合提问、案例等进行启发式教学等）教学讨论	2	
第一节　肾小球肾炎					
一、病因及发病机制	了解				
二、肾小球肾炎分类	掌握				
三、常见肾小球肾炎类型	掌握				
第二节　肾盂肾炎					
一、病因及发病机制	熟悉				
二、类型和病理变化	掌握				
第三节　肾功能不全					
一、急性肾衰竭	掌握				
二、慢性肾衰竭	了解				
三、尿毒症	了解				
实验十三　消化泌尿系统	掌握		大体标本与镜下观察指导		0.5

续表

教学内容	教学要求	教学重点与难点	教学方法	教学时数	
				理论	实践
第五十二章　生殖系统与乳腺疾病		1. 慢性子宫颈炎、葡萄胎、恶性葡萄胎、绒癌、子宫颈癌、乳腺癌的病理变化特点 2. 慢性子宫颈炎、葡萄胎、恶性葡萄胎、绒癌、子宫颈癌、乳腺癌的病理临床联系	多媒体教学讲授法（结合提问、案例等进行启发式教学等）教学讨论	2	0.5
第一节　慢性子宫颈炎					
一、病因和发病机制	了解				
二、类型和病理变化	熟悉				
第二节　子宫颈癌					
一、病因和发病机制	了解				
二、病理变化	熟悉				
三、临床病理联系	了解				
第三节　子宫内膜增生症					
一、病因和发病机制	了解				
二、病理变化	熟悉				
三、临床病理联系	了解				
第四节　子宫内膜异位					
一、子宫腺肌病	熟悉				
二、子宫外子宫内膜异位症	了解				
第五节　滋养层上皮细胞疾病					
一、葡萄胎	熟悉				
二、恶性葡萄胎	了解				
三、绒癌	熟悉				
第六节　乳腺癌	掌握				
第五十三章　传染病与寄生虫病		1. 原发性肺结核、继发性肺结核、原发综合征、结核结节、结核球的概念 2. 结核病的病因、传染途径、基本病变及转化规律 3. 细菌性痢疾的病因、传染途径、病理变化 4. 性传播疾病（尖锐湿疣、淋病、艾滋病）的病理变化	多媒体教学讲授法（结合提问、案例等进行启发式教学等）教学讨论	2	
第一节　结核病					
一、病因和发病机制	熟悉				
二、结核病的基本病变	掌握				
三、结核病基本病变的转化规律	熟悉				
四、肺结核病	掌握				
五、肺外器官结核病	了解				
第二节　伤寒					
一、病因及发病机制	了解				
二、病理变化	熟悉				
三、临床病理联系	了解				
第三节　细菌性痢疾					
一、病因及发病机制	了解				
二、病理变化	熟悉				
三、临床病理联系	了解				
第四节　流行性脑脊髓膜炎					
一、病因及发病机制	了解				
二、病理变化	熟悉				
三、临床病理联系	了解				

续表

教学内容	教学要求	教学重点与难点	教学方法	教学时数	
				理论	实践
第五节　流行性乙型脑炎					
一、病因及发病机制	了解				
二、病理变化	熟悉				
三、临床病理联系	了解				
第六节　常见性病					
一、尖锐湿疣	了解				
二、淋病	熟悉				
三、梅毒	了解				
四、艾滋病	了解				
第七节　肝吸虫病					
一、病因及发病机制	了解		大体标本与镜下观察指导		
二、病理变化	了解				
三、临床病理联系	了解				
实验十四　生殖与传染病	掌握				0.5

五、编写说明

（一）适用范围

本教学大纲适用于中等卫生职业教育护理、助产、药剂专业，总学时 78 学时，其中理论教学 59 学时，实践教学 19 学时。

（二）教学要求

1. 对理论教学要求分为三个层次：掌握、熟悉、了解。“掌握”是指学生能根据不同情况对某些概念、定律、原理、方法等在正确理解的基础上结合事例加以运用，包括分析和综合；“熟悉”是指学生能用自己的语言把学过的知识加以叙述、解释、归纳，并能把某一事实或概念分解为若干部分，指出它们之间的内在联系或与其他事物的相互关系；“了解”是指学生应能辨认的科学事实、概念、原则、术语，知道事物的分类、过程及变化倾向，包括必要的记忆。

2. 对实践教学要求分为三个层次：掌握、学会、认识。“掌握”是指学生能进行熟练操作，掌握某方面技能，具有处理一般实际操作问题的能力；“学会”是指学生在实际或实训环境中，能完成教学要求的实际操作；“认识”是指加深对某专业或课程所学理论的认识和理解，提高对就业岗位的感性认识。

（三）教学建议

教学要通过理论讲授和社会实践课的方式进行，在讲授过程中要体现专业特点，使学生作到将理论与实践紧密结合。在精选教学内容的同时，运用案例教学、讨论式教学、研究性教学等教学手段，充分调动学生的主动性；突出现代教育技术的应用，将课堂教学、实践教学、现代化辅助教学手段进行有机结合，形成了一个多方面的教学体系。

课程考核包括疾病学基础概论的理论知识和技能在实践中的应用、人际交往能力、实验报告等。理论考试占总分的 70％～80％、实践考核占总分的 20％～30％。

主要参考文献

1. 彭兰. 临床医学概论. 2版. 北京：科学出版社，2010.
2. 朱军. 疾病概要. 2版. 北京：人民卫生出版社，2010.
3. 肖运本. 免疫学基础与病原生物学. 北京：人民卫生出版社，2004.
4. 吕瑞芳. 病原生物与免疫学基础. 北京：人民卫生出版社，2008.
5. 姚秀缤. 病原生物与免疫学基础. 北京：人民卫生出版社，2002.
6. 沈关心. 微生物学与免疫学. 北京：人民卫生出版社，2007.
7. 陆德源. 医学微生物学. 5版. 北京：人民卫生出版社，2000.
8. 景涛. 病原生物学. 2版. 北京：人民卫生出版社，2007.
9. 聂卫玲. 医学微生物学和免疫学. 北京：中国科学技术出版社，2007.
10. 张卓然. 医学微生物学和免疫学. 北京：人民卫生出版社，2001.
11. 刘晶星. 医学微生物学与寄生虫学. 北京：人民卫生出版社，2007.
12. 徐纪平. 医学微生物学. 北京：科学出版社，2003.
13. 曾庆仁. 病原生物学. 北京：人民卫生出版社，2001.
14. 肖纯凌，赵富玺. 病原生物与免疫学. 北京：人民卫生出版社，2009.
15. 谷鸿喜，陈锦英. 医学微生物学. 北京：北京大学医学出版社，2004.
16. 李仲兴，郑家齐，李家宏. 诊断细菌学. 香港：黄河文化出版社，1992.
17. 郭积燕. 微生物检验技术. 北京：人民卫生出版社，2008.
18. 熊礼宽. 结核病实验诊断学. 北京：人民卫生出版社，2003.
19. 李朝品，曹志然. 微生物学与免疫学. 北京：人民卫生出版社，2007.
20. 周正任. 医学微生物学. 北京：人民卫生出版社，2007.
21. 魏保生. 医学微生物学笔记. 2版. 北京：科学出版社，2009.
22. 张宝恩. 病原生物与免疫学基础. 北京：科学出版社，2003.
23. 张宝恩，苏盛通. 病原生物与免疫学基础. 2版. 北京：科学出版社，2008.
24. 于爱莲，赵英会. 病原生物学应试向导：医学专科版. 上海：同济大学出版社，2006
25. 陈兴保. 病原生物学和免疫学. 5版. 北京：人民卫生出版社. 2006.
26. 刘荣臻. 病原生物与免疫学. 北京：人民卫生出版社. 2001.
27. 曹宁. 病原生物与免疫学基础. 北京：高等教育出版社. 2005.
28. 胡野. 病原生物与免疫学基础. 郑州：郑州大学出版社. 2003.
29. 许正敏，韩乐云. 免疫与病原生物. 武汉：湖北科学技术出版社. 2008.
30. 梁观林. 医学免疫学与病原生物学. 广州：广东高等教育出版社. 2008.
31. 李玉林. 病理学. 北京：人民卫生出版社，2004.
32. 王蓬文，徐军全. 病理学. 北京：高等教育出版社，2009.
33. 王建中，贺平泽. 病理学基础. 北京：科学出版社，2007.
34. 刘宏，钟学仪. 病理学. 北京：科学出版社，2010.
35. 王志敏. 病理学基础. 北京：人民卫生出版社，2008.

36. 陈主初. 病理生理学. 北京：人民卫生出版社，2005.
37. 杨建平，杨德兴. 病理学与病理生理学. 武汉：华中科技大学出版社，2010.
38. 杨光华. 病理学. 北京：人民卫生出版社，2003.
39. 和瑞芝，王家富. 病理学. 北京：人民卫生出版社，2008.
40. 宫恩聪，吴立玲. 病理学. 北京：北京大学医学出版社，2007.
41. 崔瑞耀，倪秀雄等. 病理生理学. 北京：人民卫生出版社，1999.
42. 杨德兴，杜斌. 病理学与病理生理学实验教程. 武汉：华中科技大学出版社，2010.
43. 吴立玲. 病理生理学. 北京. 医科大学出版社. 1999.
44. 金惠铭. 病理生理学. 北京. 人民卫生出版社. 2005.
45. 吴伟康，赵卫星. 北京：人民卫生出版社，2007.
46. 郭慕依. 病理学彩色图谱. 上海：上海医科大学出版社. 2001.
47. 苏敏. 图解病理学. 北京：北京大学医学出版社. 2005.
48. 陈玉林. 病理学. 6 版，北京：人民卫生出版社. 2006.
49. 李甘地. 病理学. 7 版，北京：人民卫生出版社. 2008.
50. 刘红，钟学仪. 病理学. 北京：科学出版社. 2010.
51. 唐建武. 病理学. 2 版. 北京：人民卫生出版社，2007.
52. 步宏. 病理学与病理生理学. 2 版. 北京：人民卫生出版社，2006.
53. 苏敏. 图解病理学. 北京：北京大学医学出版社，2004.
54. 李常应. 病理学基础. 北京：高等教育出版社，2005.
55. 武忠弼，杨光华. 中华外科病理学. 北京：人民卫生出版社，2002.

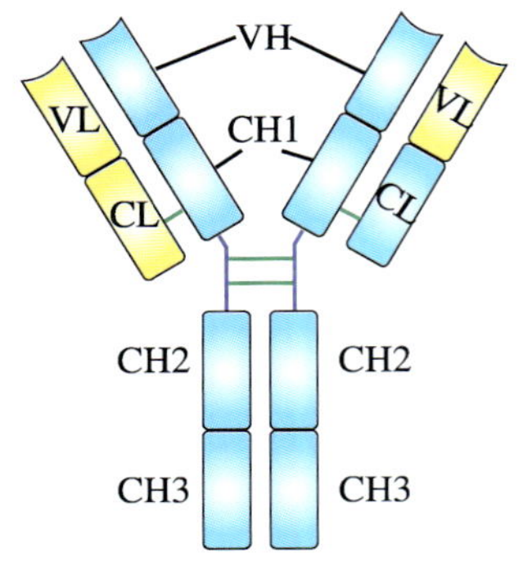

彩图 12－2　免疫球蛋白的功能区

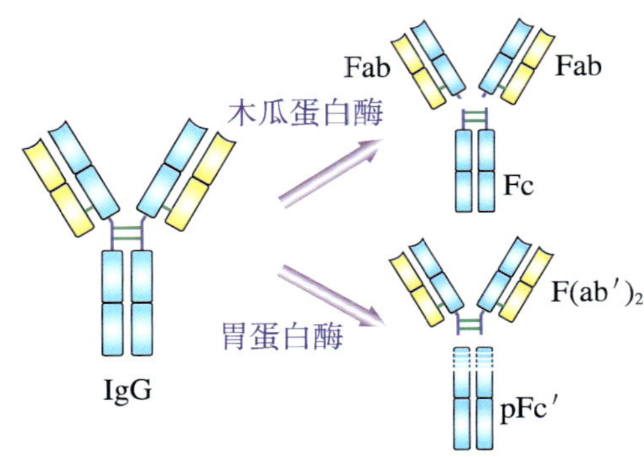

彩图 12－3　免疫球蛋白的水解片段

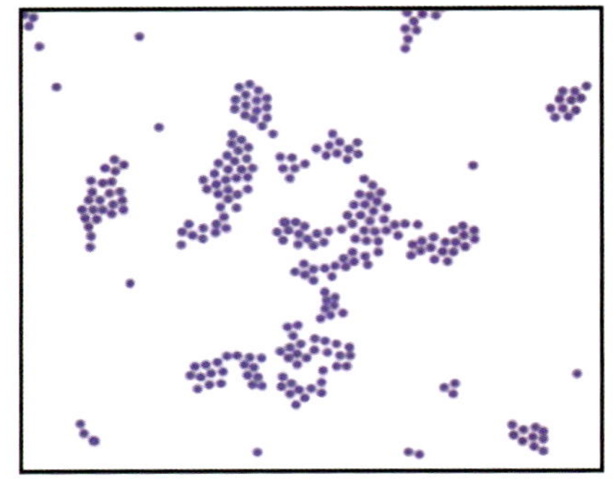

彩图 18－1　金黄色葡萄球菌形态

左为光镜下形态，革兰染色，×1000；右为扫描电镜，×13 500

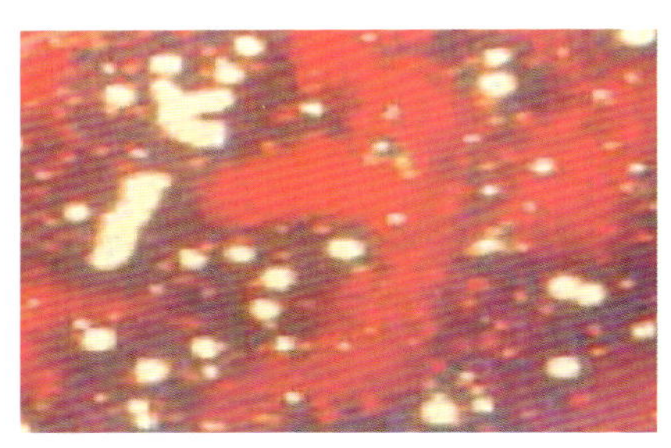

彩图 18－2　金黄色葡萄球菌的溶血现象

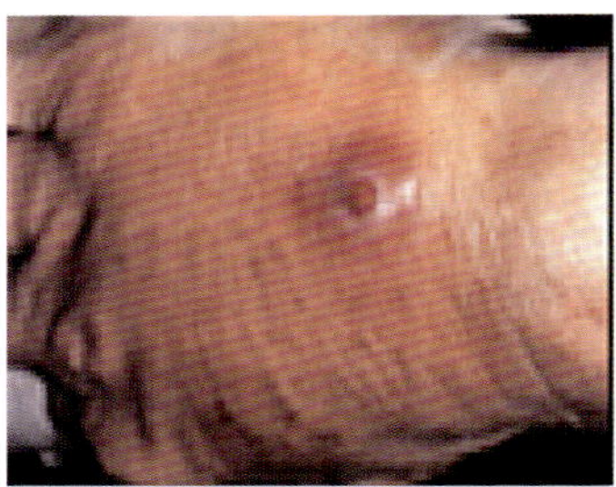

彩图 18－3　疖

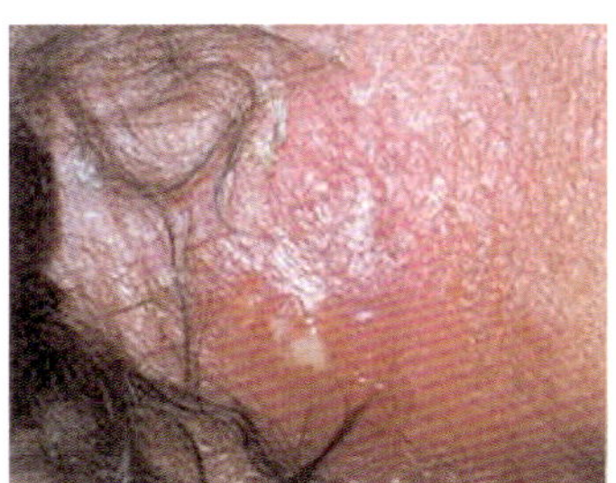

彩图 18－4　痈

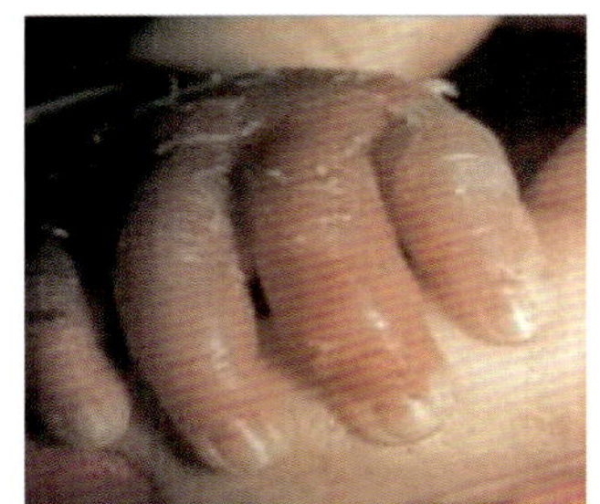

彩图 18－5　剥脱性皮炎

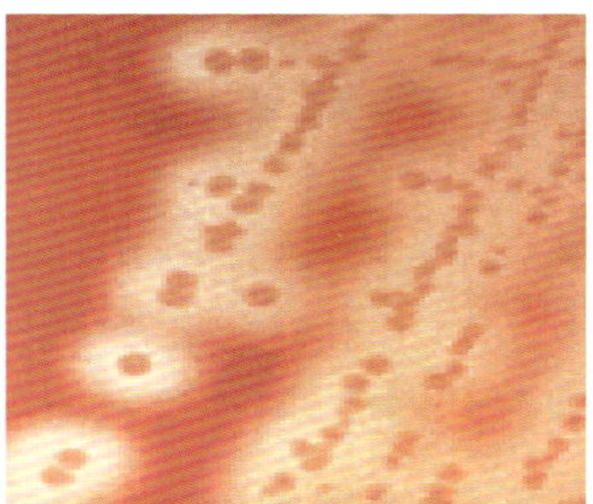

彩图 18－7　乙型链球菌的溶血现象

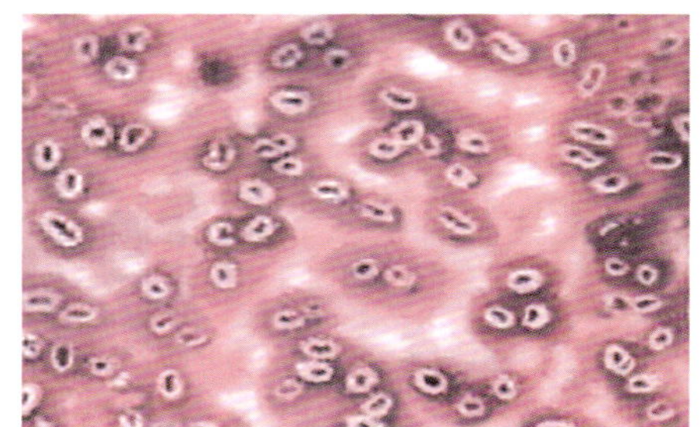

彩图 18－8　肺炎链球菌（荚膜染色）

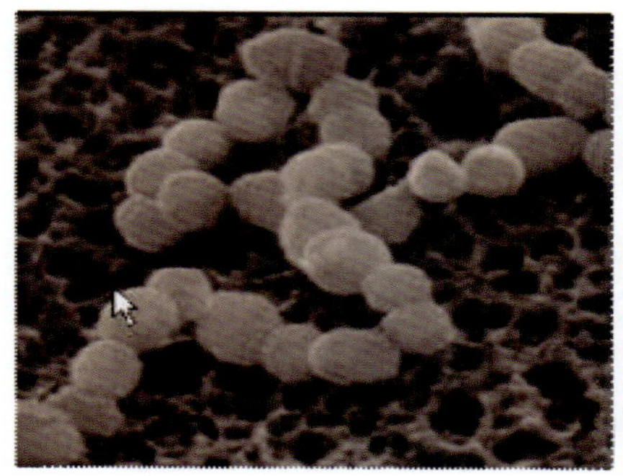

彩图 18－6　链球菌

左为革兰染色，×1000；右为扫描电镜，×13 000

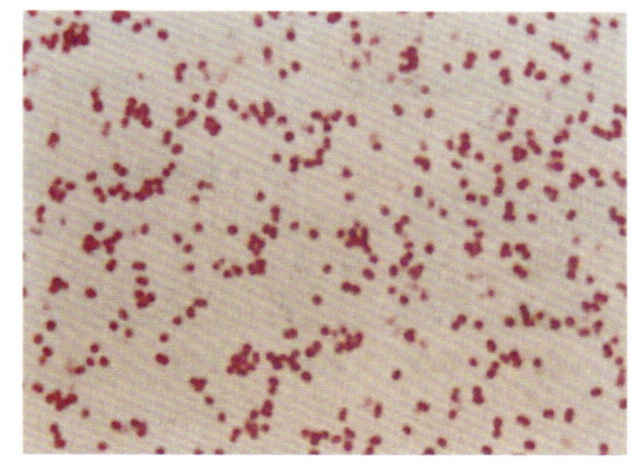

彩图 18－9　脑膜炎奈瑟菌

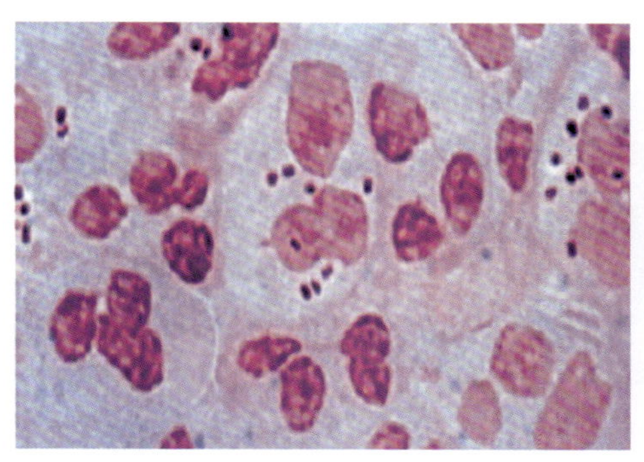

彩图 18－10　淋病奈瑟菌

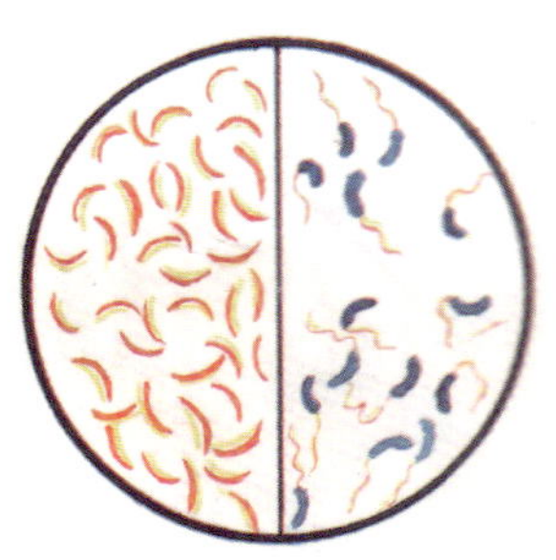

彩图 20－1　霍乱弧菌

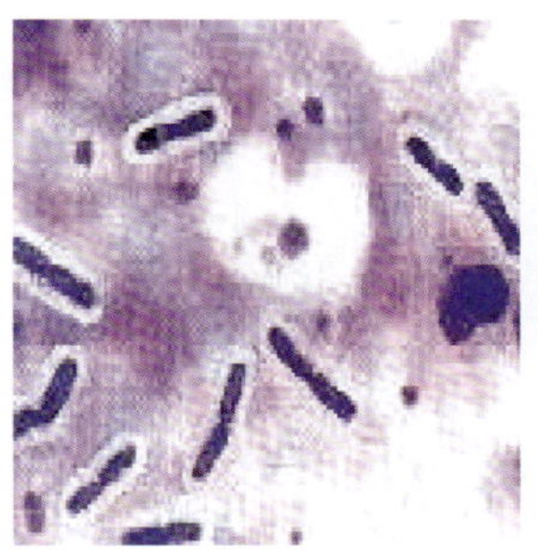

彩图 21－3　产气荚膜梭菌

荚膜染色，显示荚膜

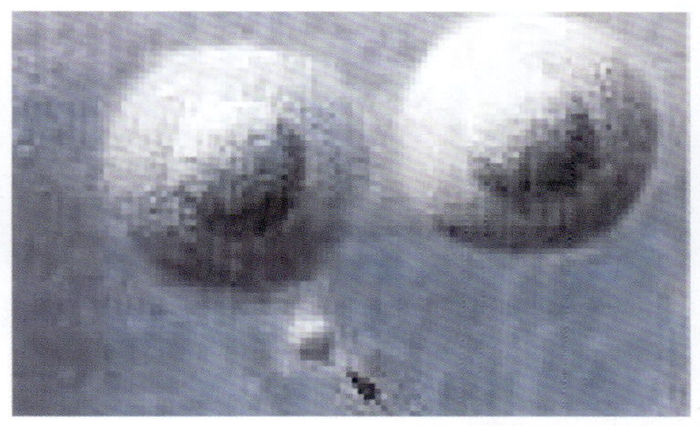

彩图 31－1　支原体典型的“荷包蛋”样菌落

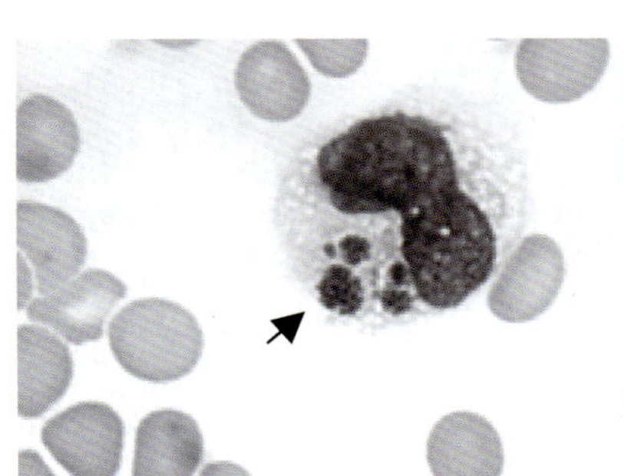
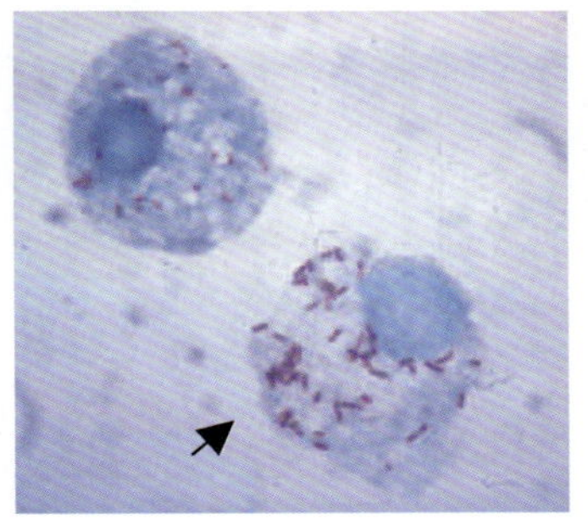

彩图 31－3　恙虫病立克次体的形态（×1000）

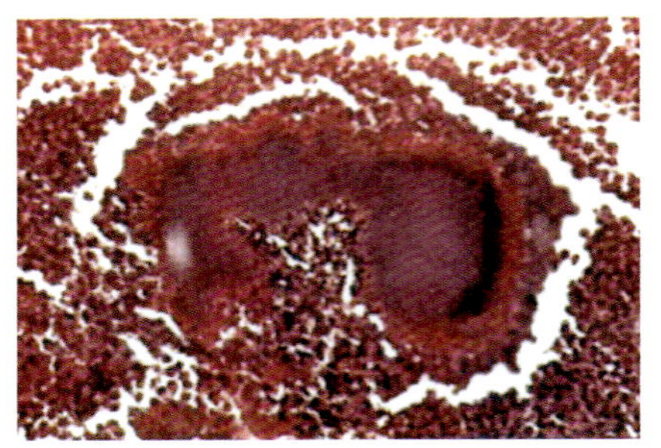

彩图 31－6　放线菌属硫磺样颗粒

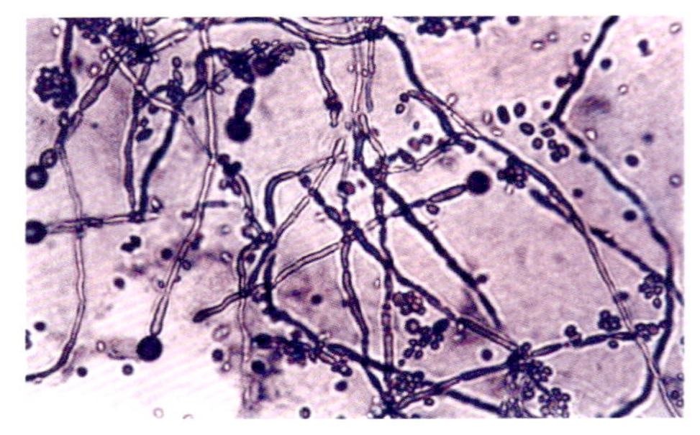

彩图 32－2　主要致病性真菌

A、B　白色念珠菌　C. 新型隐球菌

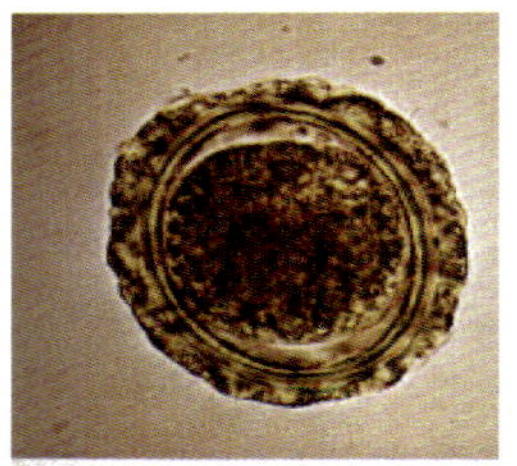

蛔虫受精卵

蛔虫未受精卵

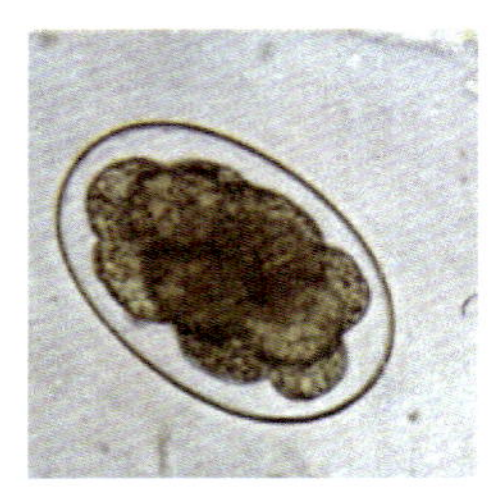

钩虫虫卵

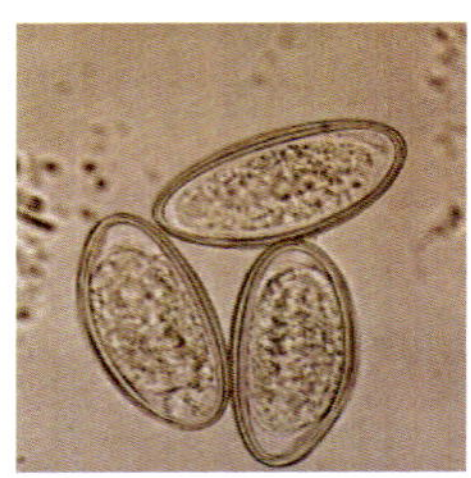

蛲虫虫卵

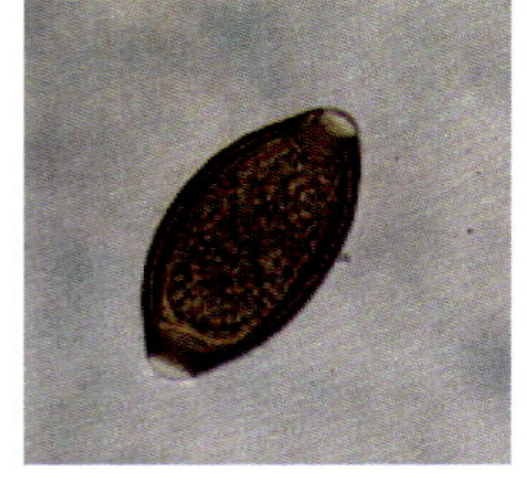

鞭虫虫卵

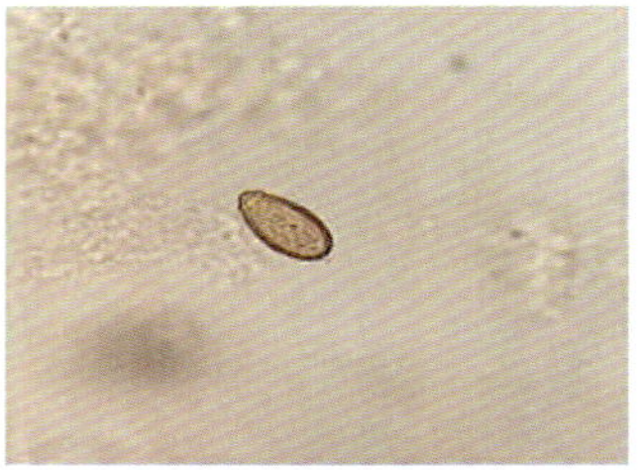

华支睾吸虫虫卵

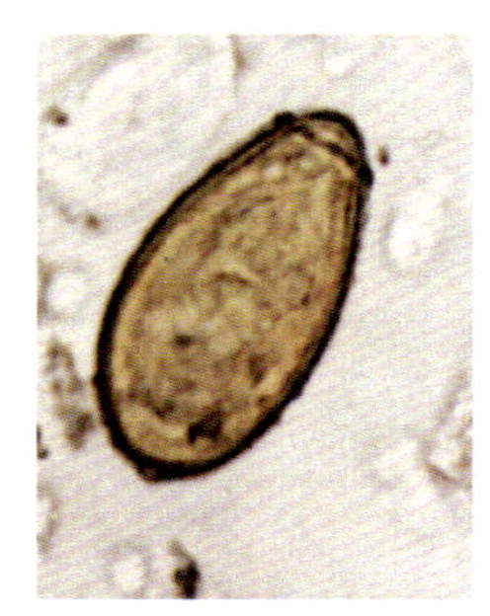

华支睾吸虫虫卵（放大后）

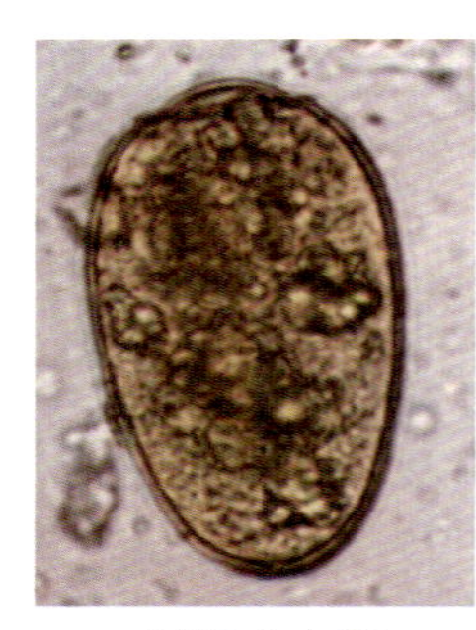

肺吸虫虫卵

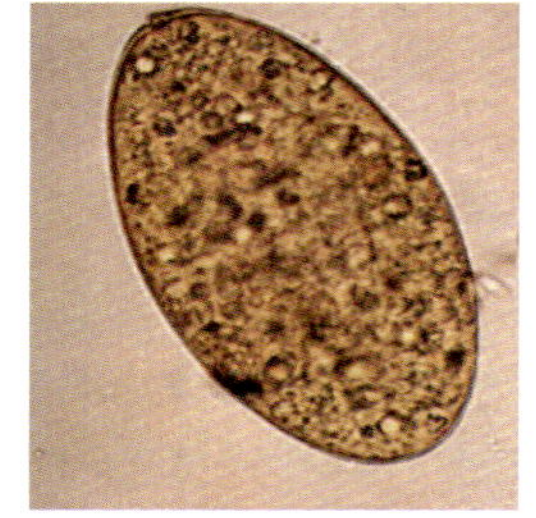

姜片吸虫虫卵

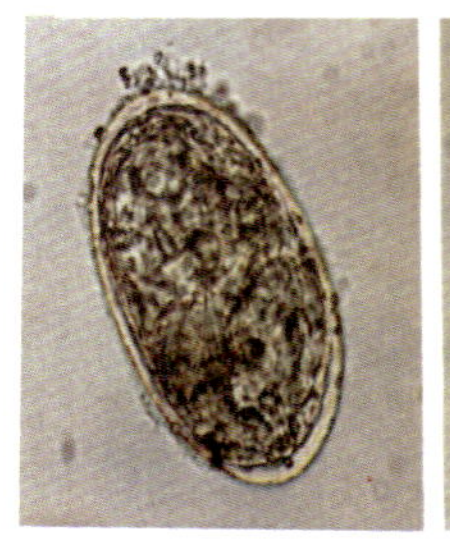

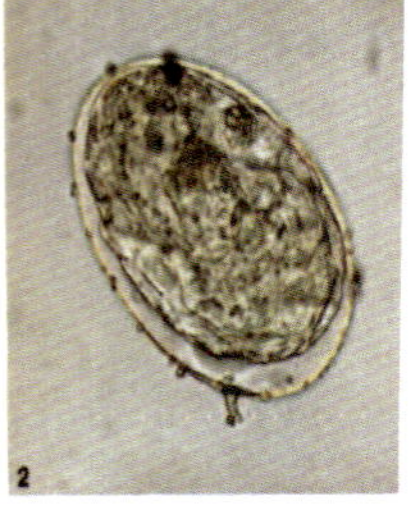

日本血吸虫虫卵

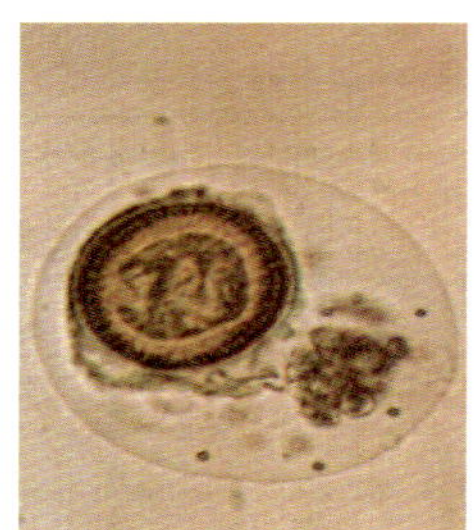

带绦虫虫卵（完整）

彩图 34